Microsoft

Microsoft Excel 2019

VBA e Macros

Microsoft

Microsoft Excel 2019 VBA e Macros

Bill Jelen e Tracy Syrstad

ALTA BOOKS
EDITORA
Rio de Janeiro, 2021

Microsoft Excel 2019 VBA e Macros

ISBN: 978-85-5080-745-4

Impresso no Brasil — 1a Edição, 2021 — Edição revisada conforme o Acordo Ortográfico da Língua Portuguesa de 2009.

Erratas e arquivos de apoio: No site da editora relatamos, com a devida correção, qualquer erro encontrado em nossos livros, bem como disponibilizamos arquivos de apoio se aplicáveis à obra em questão.

Acesse o site **www.altabooks.com.br** e procure pelo título do livro desejado para ter acesso às erratas, aos arquivos de apoio e/ou a outros conteúdos aplicáveis à obra.

Suporte Técnico: A obra é comercializada na forma em que está, sem direito a suporte técnico ou orientação pessoal/exclusiva ao leitor.

A editora não se responsabiliza pela manutenção, atualização e idioma dos sites referidos pelos autores nesta obra.

Dados Internacionais de Catalogação na Publicação (CIP) de acordo com ISBD

J47m Jelen, Bill

Microsoft Excel 2019 VBA e Macros / Bill Jelen, Tracy Syrstad ; traduzido por Renan Amorim. - Rio de Janeiro, RJ : Alta Books, 2021.
608 p. : il. ; 17cm x 24cm.

Tradução de: Microsoft Excel 2019 VBA and Macros
Inclui índice.
ISBN: 978-85-5080-745-4

1. Excel. 2. VBA. 3. Macros. I. Syrstad, Tracy. II. Amorim, Renan. III. Título.

2021-2391 CDD 005.3
CDU 004.42

Elaborado por Vagner Rodolfo da Silva - CRB-8/9410

ALTA BOOKS EDITORA

Rua Viúva Cláudio, 291 — Bairro Industrial do Jacaré
CEP: 20.970-031 — Rio de Janeiro (RJ)
Tels.: (21) 3278-8069 / 3278-8419
www.altabooks.com.br — altabooks@altabooks.com.br

Para Chip Pearson. O site de Chip sobre VBA ajudou dezenas de milhares de pessoas ao redor do mundo. Ficamos tristes de saber que ele faleceu em 2018 devido a um acidente de carro, e dedicamos esta edição do livro a ele.

—Bill Jelen & Tracy Syrstad

Sumário Resumido

	Introdução	xxiii
CAPÍTULO 1	Liberando o poder do Excel com VBA	1
CAPÍTULO 2	Isso se parece com o BASIC. Então, por que ele não me parece familiar?	27
CAPÍTULO 3	Fazendo referência a intervalos	53
CAPÍTULO 4	Loops e controle de fluxo	65
CAPÍTULO 5	Fórmulas no estilo R1C1	89
CAPÍTULO 6	Criando e manipulando nomes no VBA	99
CAPÍTULO 7	Programação orientada a eventos	113
CAPÍTULO 8	Matrizes	131
CAPÍTULO 9	Criando classes e coleções	139
CAPÍTULO 10	Userforms: uma introdução	159
CAPÍTULO 11	Minerando dados com o Filtro Avançado	181
CAPÍTULO 12	Usando o VBA para criar tabelas dinâmicas	219
CAPÍTULO 13	O poder do Excel	263
CAPÍTULO 14	Exemplos de funções definidas pelo usuário	293
CAPÍTULO 15	Criando gráficos	321
CAPÍTULO 16	Visualizações de dados e formatação condicional	347
CAPÍTULO 17	Criando painéis com minigráficos no Excel 2019	371
CAPÍTULO 18	Lendo e gravando da e na internet	393
CAPÍTULO 19	Processando arquivos de texto	411
CAPÍTULO 20	Automatizando o Word	425
CAPÍTULO 21	Usando o Access como um back-end para melhorar o acesso multiusuário aos dados	445
CAPÍTULO 22	Técnicas avançadas para userforms	463
CAPÍTULO 23	A Interface de Programação de Aplicativos (API) do Windows	487
CAPÍTULO 24	Lidando com erros	497
CAPÍTULO 25	Personalizando a Faixa de Opções para executar macros	513
CAPÍTULO 26	Criando suplementos	535
CAPÍTULO 27	Uma introdução à criação de suplementos do Office	543
CAPÍTULO 28	O que há de novo e o que mudou no Excel 2019	565
	Índice	573

Sumário

Introdução ... *xxiii*

Capítulo 1 Liberando o poder do Excel com VBA **1**

Dificuldades iniciais ... 1
- O gravador de macros não funciona! ... 1
- Ninguém do time do Excel se preocupa com o gravador de macros ... 2
- O Visual Basic não é como o BASIC ... 2
- Boas notícias: não é difícil escalar a curva de aprendizado ... 2
- Ótimas notícias: o Excel com VBA vale a pena ... 3

Conhecendo suas ferramentas: a guia Desenvolvedor ... 3
Entendendo que tipos de arquivos permitem macros ... 4
Segurança de macro ... 6
- Adicionando um local confiável ... 6
- Usando as configurações de macro para habilitar macros em pastas de trabalho fora de locais confiáveis ... 7
- Usando a Desabilitar Todas as Macros com Notificação ... 8

Visão geral da gravação, armazenamento e execução de uma macro ... 8
- Preenchendo a caixa de diálogo Gravar Macro ... 9

Executando uma macro ... 10
- Criando um botão de macro na Faixa de Opções ... 10
- Criando um botão de macro na Barra de Ferramentas de Acesso Rápido ... 11
- Atribuindo uma macro a um controle de formulário, caixa de texto ou forma ... 12

Entendendo o VB Editor ... 14
- Configurações do VB Editor ... 14
- O Project Explorer ... 14
- A janela Propriedades ... 15

Entendendo as limitações do gravador de macros ... 15
- Gravando a macro ... 17
- Examinando o código na janela de Programação ... 18
- Executar a macro em outro dia produz resultados indesejáveis ... 19
- Uma possível solução: use referências relativas quando estiver gravando ... 20
- Nunca use o AutoSoma ou a Análise Rápida enquanto estiver gravando uma macro ... 24
- Quatro dicas para usar o gravador de macros ... 25

Próximos passos ... 26

Capítulo 2 Isso se parece com o BASIC. Então, por que ele não me parece familiar? **27**

Entendendo as "classes gramaticais" do VBA ... 28
VBA não é tão difícil ... 32
- Arquivos de Ajuda do VBA: usando F1 para encontrar qualquer coisa ... 32
- Usando os tópicos de Ajuda ... 32

Examinando códigos de macros gravadas: Usando o VB Editor e a Ajuda ... 33
- Parâmetros opcionais ... 34
- Constantes definidas ... 35
- Propriedades podem retornar objetos ... 37

Usando ferramentas de depuração para entender códigos gravados ... 38
- O passo a passo dos códigos ... 38
- Mais opções de depuração: pontos de interrupção ... 39
- Voltando ou avançando no código ... 40

Não tendo que passar por cada linha de código ... 40
Consultando qualquer coisa ao analisar o código ... 41
Usando a inspeção de variáveis para definir um ponto de interrupção ... 43
Usando a inspeção de variáveis em um objeto ... 44
Pesquisador de Objeto: a referência suprema ... 44
Sete dicas para limpar um código gravado ... 45
Dica 1: Não selecione nada ... 45
Dica 2: Use Cells(2,5) porque ela é mais conveniente do que Range("E2") ... 46
Dica 3: Use métodos mais confiáveis para localizar a última coluna ... 47
Dica 4: Use variáveis para evitar linhas e fórmulas inseridas diretamente no código ... 48
Dica 5: Use fórmulas R1C1 para facilitar sua vida ... 49
Dica 6: Copie e cole em uma única instrução ... 49
Dica 7: Use With...End With para executar múltiplas ações ... 49
Próximos passos ... 52

Capítulo 3 Fazendo referência a intervalos 53

O objeto Range ... 53
Sintaxe para especificar um intervalo ... 54
Fazendo referência a intervalos nomeados ... 54
Atalho para fazer referência a intervalos ... 55
Fazendo referência a intervalos em outras planilhas ... 55
Fazendo referência a um intervalo relativo a outro intervalo ... 56
Usando a propriedade Cells para selecionar um intervalo ... 57
Usando a propriedade Offset para fazer referência a um intervalo ... 58
Usando a propriedade Resize para alterar o tamanho de um intervalo ... 60
Usando as propriedades Columns e Rows para especificar um intervalo ... 61
Usando o método Union para unir vários intervalos ... 61
Usando o método Intersect para criar um novo intervalo com base na intersecção de intervalos ... 62
Usando a função IsEmpty para verificar se uma célula está vazia ... 62
Usando a propriedade CurrentRegion para selecionar um intervalo de dados ... 63
Usando a coleção Areas para retornar um intervalo não contíguo ... 66
Fazendo referência a tabelas ... 67
Próximos passos ... 67

Capítulo 4 Loops e controle de fluxo 69

Loops For...Next ... 69
Usando variáveis na instrução For ... 72
Variações do loop For...Next ... 72
Saindo de um loop assim que uma condição é satisfeita ... 73
Aninhando um loop dentro de outro loop ... 74
Loops Do ... 75
Usando os termos While ou Until em loops Do ... 78
O loop do VBA: For Each ... 80
Variáveis de objeto ... 80
Controle de fluxo: usando If...Then...Else e Select Case ... 82
Controle de fluxo básico: If...Then...Else ... 82
Usando Select Case...End Select para condições múltiplas ... 84
Próximos passos ... 87

Capítulo 5 Fórmulas no estilo R1C1 89

Ativando as referências no estilo R1C1 ... 90
Testemunhando o milagre das fórmulas do Excel ... 90
    Digitando uma fórmula uma vez e copiando-a mil vezes ... 91
    O segredo: não é tão incrível assim ... 91
Entendendo o estilo de referência R1C1 ... 93
    Usando R1C1 com referências relativas ... 93
    Usando R1C1 com referências absolutas ... 94
    Usando R1C1 com referências mistas ... 94
    Fazendo referências a colunas ou linhas inteiras com o estilo R1C1 ... 95
    Substituindo muitas fórmulas A1 por uma única fórmula R1C1 ... 95
    Lembrando de números de coluna associados às letras de coluna ... 97
Usando fórmulas R1C1 com fórmulas de matriz ... 97
Próximos passos ... 98

Capítulo 6 Criando e manipulando nomes no VBA 99

Nomes globais e locais ... 99
Adicionando nomes ... 100
Excluindo nomes ... 102
Adicionando comentários ... 102
Tipos de nomes ... 103
    Fórmulas ... 103
    Sequências de caracteres ... 103
    Números ... 105
    Tabelas ... 105
    Usando matrizes em nomes ... 106
    Nomes reservados ... 107
Ocultando nomes ... 108
Verificando se um nome existe ... 108
Próximos passos ... 111

Capítulo 7 Programação orientada a eventos 113

Níveis de eventos ... 113
Usando eventos ... 114
    Parâmetros de eventos ... 114
    Habilitando eventos ... 115
Eventos de pastas de trabalho ... 115
    Eventos de planilha de nível de pasta de trabalho ... 118
Eventos de planilha ... 120
Eventos de gráfico ... 122
    Gráficos incorporados ... 122
    Eventos de gráficos incorporados e de folhas de gráfico ... 123
Eventos a nível de aplicativos ... 124
Próximos passos ... 129

Capítulo 8 Matrizes 131

Declarando uma matriz ... 131
Declarando uma matriz multidimensional ... 132
Preenchendo uma matriz ... 133
Extraindo dados de uma matriz ... 134
Usando matrizes para acelerar o código ... 136
Usando matrizes dinâmicas ... 137
Passando uma matriz ... 138
Próximos passos ... 138

Capítulo 9 **Criando classes e coleções** **139**
Inserindo um módulo de classe ...139
Interceptando eventos de aplicativos e de gráficos incorporados ...140
Eventos de aplicativos ...140
Eventos de gráficos incorporados ...141
Criando um objeto personalizado ...143
Usando um objeto personalizado ...145
Usando coleções ...146
Criando uma coleção ...146
Criando uma coleção em um módulo-padrão ...147
Criando uma coleção em um módulo de classe ...148
Usando dicionários ...151
Usando tipos definidos pelo usuário para criar propriedades personalizadas ...155
Próximos passos ...158

Capítulo 10 **Userforms: uma introdução** **159**
Caixas de entrada ...159
Caixas de mensagem ...160
Criando um userform ...161
Chamando e ocultando um userform ...162
Programando userforms ...162
Eventos de userform ...163
Programando controles ...164
Usando rótulos, caixas de texto e botões de comando ...165
Decidindo quando usar caixas de listagem ou caixas de combinação em formulários ...168
Usando a propriedade MultiSelect de uma caixa de listagem ...169
Adicionando botões de opção a um userform ...171
Incluindo imagens em um userform ...172
Usando um botão de rotação em um userform ...173
Usando o controle Multi-Página para combinar formulários ...175
Verificando as entradas dos campos ...177
Fechamento ilegal de janela ...178
Obtendo um nome do arquivo ...179
Próximos passos ...180

Capítulo 11 **Minerando dados com o Filtro Avançado** **181**
Substituindo um loop pelo AutoFiltro ...181
Usando técnicas de AutoFiltro ...184
Selecionando apenas as células visíveis ...187
Filtro Avançado — mais fácil no VBA do que no Excel ...189
Usando a interface do Excel para criar um filtro avançado ...189
Usando o Filtro Avançado para extrair uma lista exclusiva de valores ...190
Extraindo uma lista exclusiva de valores pela interface de usuário ...191
Extraindo uma lista exclusiva de valores com programação em VBA ...192
Obtendo combinações exclusivas de dois ou mais campos ...196
Usando o Filtro Avançado com intervalos de critérios ...197
Unindo múltiplos critérios com um OU lógico ...199
Unindo dois critérios com um E lógico ...199
Outros intervalos de critérios ligeiramente complexos ...199
O critério mais complexo: substituindo a lista de valores por uma condição criada em resultado de uma fórmula ...200
Configurando uma condição em resultado de uma fórmula ...201
Usando o filtrar no local do Filtro Avançado ...207
Não obtendo registros ao usar filtrar no local ...207
Exibindo todos os registros depois de filtrar no local ...208

O verdadeiro movedor de montanhas: xlFilterCopy com todos os registros em vez de apenas registros exclusivos....208
Copiar todas as colunas....209
Copiando e reordenando um subconjunto de colunas....210
Excel na prática: desativando alguns menus suspensos no AutoFiltro....217
Próximos passos....218

Capítulo 12 Usando o VBA para criar tabelas dinâmicas 219

Entendendo como as tabelas dinâmicas evoluíram nas várias versões do Excel....219
Criando uma tabela dinâmica com o VBA do Excel....220
Definindo o cache dinâmico....220
Criando e configurando a tabela dinâmica....221
Adicionando campos à área de dados....222
Entendendo por que não podemos mover ou alterar uma parte de um relatório dinâmico....225
Determinando o tamanho de uma tabela dinâmica pronta para convertê-la em valores....225
Usando recursos avançados de tabelas dinâmicas....228
Usando múltiplos campos de valores....228
Agrupando as datas diárias em meses, trimestres ou anos....229
Alterando o cálculo para exibir porcentagens....231
Eliminando células em branco na área de valores....233
Controlando a ordem de classificação com AutoSort....234
Replicando o relatório para cada produto....234
Filtrando um conjunto de dados....237
Filtrando manualmente dois ou mais itens de uma tabela dinâmica....237
Usando os filtros conceituais....238
Usando o filtro de busca....242
Definindo segmentações de dados para filtrar uma tabela dinâmica....245
Definindo uma linha do tempo para filtrar uma tabela dinâmica do Excel 2019....249
Usando o Modelo de Dados do Excel 2019....252
Adicionando ambas as tabelas ao Modelo de Dados....253
Criando um vínculo entre as duas tabelas....254
Definindo o cache dinâmico e criando a tabela dinâmica....254
Adicionando campos de modelos à tabela dinâmica....254
Adicionando campos numéricos à área de valores....255
Juntando tudo....256
Usando outros recursos de tabelas dinâmicas....258
Campos de dados calculados....258
Itens calculados....259
Usando ShowDetail para filtrar um conjunto de registros....259
Alterando o layout por meio da guia Design....259
Configurações para o layout do relatório....260
Suprimindo subtotais em campos de múltiplas linhas....260
Próximos passos....261

Capítulo 13 O poder do Excel 263

Operações com arquivos....263
Listar arquivos de um diretório....263
Importar e excluir um arquivo CSV....266
Lendo e analisando um arquivo TXT na memória....266
Combinando e separando pastas de trabalho....267
Separar planilhas em pastas de trabalho....267

Combinando pastas de trabalho ... 268
Copiando dados em planilhas distintas sem usar o Filtro ... 269
Exportando dados para um arquivo XML ... 271
Trabalhando com comentários de células ... 272
Redimensionar comentários ... 272
Inserindo um gráfico em um comentário ... 273
Rastreando alterações de usuários ... 275
Técnicas para os profissionais de VBA ... 276
Criando um módulo de classe de estado do Excel ... 276
Pesquisando dados em uma tabela dinâmica ... 278
Filtrando uma da tabela dinâmica OLAP por meio de uma lista de itens ... 279
Criação de uma ordem de classificação personalizada ... 282
Criando um indicador de progresso de célula ... 283
Usando uma caixa de requisição de senha ... 284
Alterando entre maiúsculas e minúsculas ... 286
Selecionando com SpecialCells ... 288
Reiniciando o formato de uma tabela ... 289
Usando a extensibilidade do VBA para adicionar códigos a novas pastas de trabalho ... 290
Próximos passos ... 291

Capítulo 14 Exemplos de funções definidas pelo usuário 293

Criando funções definidas pelo usuário ... 293
Criando uma função personalizada simples ... 293
Compartilhando UDFs ... 295
Funções personalizadas úteis do Excel ... 296
Definindo o nome da pasta de trabalho atual em uma célula ... 296
Definindo o nome e o caminho da pasta de trabalho atual em uma célula ... 296
Verificando se uma pasta de trabalho está aberta ... 297
Verificando se uma planilha de uma pasta de trabalho aberta existe ... 297
Contando o número de pastas de trabalho em um diretório ... 298
Recuperando a ID do usuário ... 299
Recuperando a data e a hora do último salvamento ... 301
Recuperando data e hora permanentes ... 301
Validando um endereço de e-mail ... 301
Somando células com base na sua cor interna ... 303
Contando os valores exclusivos ... 304
Removendo duplicatas de um intervalo ... 305
Encontrando a primeira célula de comprimento diferente de zero em um intervalo ... 307
Substituindo múltiplos caracteres ... 308
Extraindo números de texto misto ... 309
Convertendo o número da semana em data ... 310
Extraindo um único elemento de uma sequência de caracteres delimitada ... 310
Classificando e concatenando ... 311
Classificando caracteres numéricos e alfanuméricos ... 313
Buscando uma sequência de caracteres dentro de um texto ... 314
Invertendo o conteúdo de uma célula ... 315
Retornando os endereços de duplicatas de valores máximos ... 316
Retornando um endereço de hiperlink ... 317
Retornando a letra da coluna de um endereço de célula ... 317
Usando o aleatório estático ... 318
Usando Select...Case em uma planilha ... 318
Próximos passos ... 319

Capítulo 15 Criando gráficos 321
Usando .AddChart2 para criar um gráfico 322
Entendendo os estilos de gráficos 323
Formatando um gráfico 326
Referindo-se a um gráfico específico 326
Especificando um título para o gráfico 327
Aplicando uma cor ao gráfico 328
Filtrando um gráfico 329
Usando SetElement para emular alterações pelo ícone de adição 330
Usando o método Format para microgerenciar as opções de formatação 335
Alterando o preenchimento de um objeto 336
Formatando as configurações de linha 338
Criando um gráfico de combinação 339
Criando gráficos de mapa 342
Criando gráficos em cascata 343
Exportando um gráfico como imagem 344
Considerando a compatibilidade com versões anteriores 345
Próximos passos 345

Capítulo 16 Visualizações de dados e formatação condicional 347
Métodos e propriedades do VBA para visualizar dados 348
Adicionando barras de dados a um intervalo 350
Adicionando escalas de cores a um intervalo 354
Adicionando conjuntos de ícones a um intervalo 356
Especificando um conjunto de ícones 356
Especificando intervalos para cada ícone 358
Usando truques de visualização 358
Criando um conjunto de ícones para um subconjunto de um intervalo 359
Usando duas cores de barras de dados em um intervalo 360
Usando outros métodos de formação condicional 363
Formatando células que estejam acima ou abaixo da média 363
Formatando células nos 10 maiores ou 5 menores 364
Formatando células exclusivas ou duplicadas 365
Formatando células com base nos seus valores 366
Formatando células que contêm texto 367
Formatando células que contêm datas 367
Formatando células que contêm espaços em branco ou erros 368
Usando uma fórmula para determinar quais células devem ser formatadas 368
Usando a nova propriedade NumberFormat 369
Próximos passos 370

Capítulo 17 Criando painéis com minigráficos no Excel 2019 371
Criando minigráficos 371
Ampliando e diminuindo minigráficos 373
Formatando minigráficos 377
Usando cores de tema 377
Usando cores RGB 380
Formatando elementos de minigráficos 382
Formatando gráficos de ganhos/perdas 384
Criando um painel 386
Observações sobre minigráficos 386
Criando centenas de minigráficos individuais em um painel 387
Próximos passos 391

Capítulo 18 Lendo e gravando da e na internet 393

Obtendo dados da internet ... 393
Criando múltiplas consultas com o VBA ... 395
Encontrando os resultados dos dados coletados ... 396
Juntando tudo ... 397
Exemplos de coletas em sites usando consultas online ... 399
Usando Application.OnTime para analisar dados periodicamente ... 399
Usando o modo Pronto para procedimentos agendados ... 400
Especificando um intervalo de tempo para uma atualização ... 400
Cancelando uma macro previamente agendada ... 401
Fechar o Excel cancela todas as macros agendadas pendentes ... 401
Agendando uma macro para ser executada *x* minutos no futuro ... 402
Agendando um lembrete verbal ... 403
Agendando uma macro para ser executada a cada dois minutos ... 404
Publicando dados em uma página da internet ... 405
Usando o VBA para criar páginas da internet personalizadas ... 406
Usando o Excel como um sistema de gerenciamento de conteúdo ... 407
Bônus: FTP por meio do Excel ... 410
Próximos passos ... 410

Capítulo 19 Processando arquivos de texto 411

Importando arquivos de texto ... 411
Importando arquivos de texto com menos de 1.048.576 linhas ... 411
Lidando com arquivos de texto com mais de 1.048.576 linhas ... 417
Gravando arquivos de texto ... 423
Próximos passos ... 423

Capítulo 20 Automatizando o Word 425

Usando a ligação antecipada para fazer referência a um objeto do Word ... 425
Usando a ligação tardia para fazer referência a um objeto do Word ... 428
Usando a palavra-chave New para fazer referência ao aplicativo Word ... 429
Usando a função CreateObject para criar uma nova ocorrência de um objeto ... 429
Usando a função GetObject para fazer referência a uma ocorrência existente do Word ... 429
Usando valores de constantes ... 431
Usando a janela de Inspeção de Variáveis para obter o valor real de uma constante ... 431
Usando o Pesquisador de Objeto para obter o valor real de uma constante ... 431
Entendendo os objetos do Word ... 433
O objeto Document ... 433
Controlando campos de formulários no Word ... 441
Próximos passos ... 443

Capítulo 21 Usando o Access como um back-end para melhorar o acesso multiusuário aos dados 445

ADO versus DAO ... 446
As ferramentas de ADO ... 448
Adicionando um registro a um banco de dados ... 449
Obtendo registros de um banco de dados ... 451
Atualizando um registro existente ... 453
Excluindo registros por meio do ADO ... 455
Resumindo registros a partir do ADO ... 456
Outros utilitários por meio do ADO ... 457

Verificando a existência de tabelas....457
Verificando a existência de um campo....458
Adicionando uma tabela durante a execução....459
Adicionando um campo durante a execução....460
Exemplos de SQL Server....461
Próximos passos....462

Capítulo 22 Técnicas avançadas para userforms 463

Usando a barra de ferramentas UserForm para criar controles em userforms....463
Mais controles de userforms....464
Controles Caixa de Seleção....464
Controles TabStrip....466
Controles RefEdit....468
Controles Botão de Ativação....469
Usando uma barra de rolagem como um controle deslizante para selecionar valores....470
Controles e coleções....471
Userforms não modais....473
Usando hiperlinks em userforms....474
Adicionando controles em tempo de execução....475
Redimensionando o userform durante a execução....477
Adicionando um controle durante a execução....477
Dimensionando durante a execução....477
Adicionando outros controles....478
Adicionando uma imagem durante a execução....478
Juntando tudo....479
Adicionando ajuda ao userform....482
Exibindo teclas de atalho....482
Adicionando um texto de dica ao controle....482
Criando a ordem de tabulação....483
Colorindo o controle ativo....483
Criando formulários transparentes....485
Próximos passos....486

Capítulo 23 A Interface de Programação de Aplicativos (API) do Windows 487

Entendendo uma declaração de API....487
Usando uma declaração de API....488
Fazendo declarações de API compatíveis com 32 e 64 bits....489
Exemplos de funções de API....490
Obter o nome do computador....490
Verificar se um arquivo do Excel está aberto em uma rede....491
Obter informações da resolução de vídeo....492
Personalizando a caixa de diálogo Sobre....493
Desabilitando o X para fechar um userform....494
Criando um relógio com a hora atual....495
Tocando sons....496
Próximos passos....496

Capítulo 24 Lidando com erros 497

O que acontece quando ocorre um erro?....497
Um erro de depuração enganoso no código de userform....499
Lidando com erros básicos com a sintaxe On Error GoTo....500

Manipuladores genéricos de erro ... 502
Lidando com erros por escolher ignorá-los ... 502
Suprimindo avisos do Excel ... 504
Encontrando erros de propósito ... 504
Treinando nossos clientes ... 505
Erros que não aparecem no modo de depuração ... 506
Erros durante o desenvolvimento e erros meses depois ... 506
Erro em tempo de execução 9: subscrito fora do intervalo ... 507
Erro em tempo de execução 1004: o método 'Range' do objeto '_Global' falhou ... 508
Os males da proteção de código ... 509
Mais problemas com senhas ... 510
Erros causados por versões diferentes ... 511
Próximos passos ... 511

Capítulo 25 Personalizando a Faixa de Opções para executar macros 513
Onde inserir o código: a pasta e o arquivo customui ... 514
Criando uma guia e um grupo ... 515
Adicionando um controle à Faixa de Opções ... 515
Acessando a estrutura do arquivo ... 521
Entendendo o arquivo RELS ... 522
Renomeando um arquivo do Excel e abrindo uma pasta de trabalho ... 523
Usando imagens em botões ... 523
Usando ícones do Microsoft Office em uma Faixa de Opções ... 523
Adicionando imagens personalizadas de ícones a uma Faixa de Opções ... 524
Solucionando mensagens de erro ... 526
O atributo "***Nome do Atributo***" no elemento "customui ribbon" não está definido no DTD ou no esquema ... 526
Caractere ilegal de nome qualificado ... 527
O elemento "***Nome da Tag customui***" não está em conformidade com o modelo de conteúdo do elemento-pai "***Nome da Tag customui***" ... 527
O Excel encontrou conteúdo ilegível ... 528
Número errado de argumentos ou atribuição inválida de propriedade ... 529
Extensão de arquivo ou formato de arquivo inválido ... 529
Nada acontece ... 529
Outras maneiras de executar uma macro ... 530
Usando um atalho do teclado para executar uma macro ... 530
Relacionar uma macro a um botão de comando ... 530
Relacionar uma macro a uma forma ... 531
Relacionar uma macro a um controle ActiveX ... 532
Executar uma macro a partir de um hiperlink ... 533
Próximos passos ... 534

Capítulo 26 Criando suplementos 535
Características de suplementos-padrão ... 535
Convertendo uma pasta de trabalho do Excel em um suplemento ... 536
Usando o Salvar Como para converter um arquivo em um suplemento ... 537
Usando o VB Editor para converter um arquivo em um suplemento ... 538
Fazendo o cliente instalar o suplemento ... 538
Suplementos-padrão não são seguros ... 540
Fechando suplementos ... 540
Removendo suplementos ... 540
Usando uma pasta de trabalho oculta como uma alternativa a um suplemento ... 541
Próximos passos ... 542

Capítulo 27 Uma introdução à criação de suplementos do Office 543
Criando o nosso primeiro suplemento do Office — Olá Mundo ... 544
Incluindo interatividade a um suplemento do Office ... 548
Uma introdução básica ao HTML ... 551
Usando tags ... 551
Adicionando botões ... 552
Usando arquivos CSS ... 552
Usando o XML para definir um suplemento do Office ... 553
Usando o JavaScript para adicionar interatividade a um suplemento do Office ... 553
A estrutura de uma função ... 554
Chaves e espaços ... 554
Pontos e vírgulas e quebras de linha ... 554
Comentários ... 555
Variáveis ... 555
Sequências de caracteres ... 555
Matrizes ... 556
Loops for no JavaScript ... 557
Como elaborar uma instrução if no JavaScript ... 557
Como elaborar uma instrução Select...Case no JavaScript ... 558
Como elaborar uma instrução For each...next no JavaScript ... 559
Operadores Matemáticos, lógicos e de atribuição ... 560
Funções matemáticas do JavaScript ... 561
Exibindo dados no painel de tarefas ou no painel de conteúdo ... 563
Mudanças no JavaScript para trabalhar com um suplemento do Office ... 563
Próximos passos ... 564

Capítulo 28 O que há de novo e o que mudou no Excel 2019 565
Assinatura do Office 365 e o Excel 2019 perpétuo ... 565
Se mudou no front end, mudou no VBA ... 565
A Faixa de Opções ... 565
Interface de documento único ... 566
Fórmulas modernas de matriz ... 567
Ferramenta de Análise Rápida ... 567
Gráficos ... 567
Tabelas dinâmicas ... 568
Segmentações de dados ... 568
Ícones ... 568
Modelos 3D ... 569
SmartArt ... 569
Aprendendo os novos objetos e métodos ... 570
Modo de compatibilidade ... 570
Usando a propriedade Version ... 570
Usando a propriedade Excel8CompatibilityMode ... 571
Próximos passos ... 572

Índice ... 573

Agradecimentos

Agradeço a Tracy Syrstad por ser uma ótima coautora.

Bob Umlas é o cara mais inteligente em Excel que conheço, e um incrível editor técnico. Na Pearson, Loretta Yates é uma excelente editora de aquisições. Agradeço a Kughens por ter guiado este livro durante sua produção. Eu atualizei esta edição da minha residência, o Campo Kola Mi Writing. Meus mais sinceros agradecimentos ao pessoal de lá, por ter me mantido na linha.

Ao longo do caminho, aprendi muito sobre programação em VBA com a incrível comunidade do fórum do MrExcel.com. VoG, Richard Schollar e Jon von der Heyden, todos se destacam por terem contribuído com postagens que resultaram em ideias para este livro. Agradeço à Pam Gensel pela lição nº 1 sobre macro do Excel. Mala Singh me ensinou sobre a criação de gráficos em VBA.

Minha família me apoiou bastante durante esse período. Agradeço a Mary Ellen Jelen, Robert F. Jelen, Barbara Jelen e Robert K. Jelen.

— Bill

Agradeço a todos os moderadores do fórum MrExcel, que mantiveram tudo organizado, apesar dos incansáveis esforços dos spammers. Agradeço a Joe4, RoryA e Petersss por terem ajudado a processar todos os e-mails de contato do fórum.

Programação é uma experiência de aprendizado constante, e eu realmente aprecio os clientes que me encorajaram a programar fora da minha zona de conforto para aumentar meu conhecimento e minhas habilidades.

World of Warcraft — é assim que acabo com meu estresse. Gostaria de enviar um "obrigado" especial aos meus amigos que jogam comigo, ajudando a tornar o jogo tão divertido e descontraído: Louisiv (por me ensinar a ser uma brutamontes, aguentando os ataques), War (o melhor cobrutamontes que existe), Amabeast (por ter me tirado da zona de conforto), Chraz (por ter mantido meu personagem vivo) e Jagdeule (por ter me mostrado o quão genial um caçador de precisão pode ser).

Por último, mas não menos importante, agradeço a Bill Jelen. Seu site, MrExcel.com é um lugar ao qual muitos recorrem em busca de ajuda. É também um lugar no qual eu, e outros como eu, tiveram a oportunidade de aprender e ajudar outros.

— Tracy

Sobre os Autores

Bill Jelen, ganhador do prêmio MVP em Excel e host do MrExcel.com, vem usando planilhas desde 1985, e lançou o site MrExcel.com em 1998. Bill já foi um convidado habitual do *Call for Help*, com Leo Laporte, e produziu mais de 2.200 episódios do seu podcast de vídeo diário, o *Learn Excel from MrExcel*. Ele é autor de 57 livros sobre o Microsoft Excel e escreve uma coluna mensal sobre Excel na revista *Strategic Finance*. Antes de fundar o MrExcel.com, Bill Jelen passou 12 anos nas trincheiras — trabalhando como analista financeiro para os departamentos de finanças, de marketing, de contabilidade e de operações de uma empresa pública de $500 milhões. Ele mora em Merritt Island, na Flórida, com sua esposa, Mary Ellen.

Tracy Syrstad é uma desenvolvedora do Microsoft Excel e autora de nove livros de Excel. Ela ajuda pessoas que têm problemas com o Microsoft Office desde 1997, quando descobriu os fóruns gratuitos online nos quais qualquer pessoa podia fazer e responder perguntas. Tracy descobriu que adorava ensinar novas habilidades aos outros, e, quando começou a trabalhar como desenvolvedora, conseguiu juntar a diversão de ensinar com sessões online individuais de compartilhamento de tela. Tracy mora em uma área de cultivo no leste de Dakota do Sul com seu marido, um cachorro, dois gatos, um cavalo e diversas raposas selvagens, esquilos e coelhos.

Introdução

Nesta Introdução, você vai:

- Descobrir o que há neste livro.
- Dar uma olhada no futuro do VBA e das versões de Windows do Excel.
- Aprender sobre os elementos especiais e convenções tipográficas deste livro.
- Descobrir onde encontrar arquivos de códigos para este livro.

À medida que os departamentos corporativos de TI se viam acumulando cada vez mais solicitações, os usuários do Excel descobriram que eles podem produzir os relatórios necessários para cuidar de seus negócios sozinhos usando a linguagem de macros *Visual Basic for Applications* (VBA). O VBA possibilita que alcancemos uma enorme eficiência no nosso uso diário do Excel. O VBA nos ajuda a descobrir como importar dados e produzir relatórios no Excel para que não precisemos esperar pela ajuda do departamento de TI.

O JavaScript é uma ameaça para o VBA?

Suas primeiras perguntas provavelmente são: "Eu deveria investir tempo para aprender VBA? Por quanto tempo a Microsoft vai suportar o VBA? A nova linguagem JavaScript, anunciada em maio de 2018, vai substituir o VBA?

Seus investimentos em VBA vão lhe servir bem até pelo menos 2046.

A última mudança de linguagem de macros — do XLM para o VBA — aconteceu em 1993. O Excel ainda suporta o XLM. Havia o argumento de que o VBA era melhor do que o XLM, mas o XLM ainda é suportado mesmo depois de 26 anos. Se a Microsoft trocar o VBA pelo JavaScript, espero que eles continuem suportando o VBA nas versões de Excel do Windows e do Mac nos próximos 26 anos.

Em maio de 2018, a Microsoft anunciou uma nova função definida pelo usuário (UDF) de JavaScript que permitiria que um código de macros rodasse na versão de cliente do Excel e no Excel Online. Essa habilidade multiplataforma é interessante.

No universo do Excel de hoje, existem versões do Excel rodando no Windows, no MacOS, em celulares com Android e iOS, e em navegadores modernos que usam o Excel Online. No meu mundo, eu uso o Excel 99% do tempo em um computador com Windows. Em 1% do meu tempo, talvez eu abra uma pasta de trabalho do Excel em um iPad. Mas, se estivermos em um ambiente portátil, utilizando o Excel em um navegador, então as UDFs de JavaScript podem ser a coisa certa para nós.

Para uma introdução sobre as UDFs de JavaScript no Excel, leia o livro *Excel JavaScript UDFs Straight to the Point* (ISBN 978-1-61547-247-5), de Suat M. Ozgur.

No entanto, o desempenho do JavaScript ainda é horrível. Se não precisamos que nossas macros rodem no Excel Online, a versão de VBA da nossa macro rodará oito vezes mais rápido do que a versão de JavaScript. Para as pessoas que pretendem rodar o Excel apenas nas plataformas Mac ou Windows, o VBA será a sua linguagem de macros padrão por mais uma década.

A grande ameaça contra o VBA do Excel são as novas ferramentas Power Query do Excel, encontradas na guia Obter & Transformar da guia Dados do Excel para o Windows. Se estivermos escrevendo macros para limpar dados importados, devemos considerar limpar os dados uma vez com o Power Query e, então, atualizar a pesquisa a cada dia. Eu configurei muitos fluxos de trabalho do Power Query que, antes, exigiriam o VBA. Para saber o básico sobre o Power Query, dê uma olhada em >*Master Your Data with Excel and Power BI: Leveraging Power Query to Get & Transform Your Task Flow*, de Ken Plus e Miguel Escobar (ISBN 978-1-61547-058-7).

O que há neste livro?

Você fez a coisa certa ao comprar este livro. Podemos ajudá-lo a reduzir a curva de aprendizado para que você possa escrever suas próprias macros em VBA e dar um fim no fardo que é a geração manual de relatórios.

Reduzindo a curva de aprendizado

Esta Introdução fornece um estudo de caso do poder das macros. O Capítulo 1, "Liberando o poder do Excel com VBA", lhe apresenta as ferramentas e confirma o que você provavelmente já sabe: o gravador de macros não funciona de forma confiável. O Capítulo 2, "Isso se parece com o BASIC. Então, por que ele não me parece familiar?", lhe ajudará a entender a louca sintaxe do VBA. O Capítulo 3, "Fazendo referência a intervalos", decifra o código de como trabalhar de forma eficiente com intervalos e células.

O Capítulo 4, "Loops e controle de fluxo", abrange o poder dos loops usando VBA. O estudo de caso desse capítulo demonstra como criar um programa que gera um relatório do departamento e, em seguida, encaixa essa rotina do relatório em um loop para produzir 46 relatórios.

O Capítulo 5, "Fórmulas no estilo R1C1", aborda, obviamente, as fórmulas do estilo R1C1. O Capítulo 6, "Criando e manipulando nomes no VBA", abrange os nomes. O Capítulo 7, "Programação orientada a eventos", inclui alguns grandes truques que usam a programação orientada a eventos. Os Capítulos 8, "Matrizes", e 9, "Criando classes e coleções", englobam matrizes, classes e coleções. O Capítulo 10, "Userforms: Uma introdução", apresenta as caixas de diálogo personalizadas que podemos usar para coletar informações de um ser humano usando o Excel.

O poder do VBA do Excel

Os Capítulos 11, "Minerando dados com o Filtro Avançado", e 12, "Usando o VBA para criar tabelas dinâmicas", fornecem uma análise profunda do Filtro, do Filtro Avançado e das tabelas dinâmicas. As ferramentas de automação de relatório dependerão bastante desses conceitos. Os Capítulos 13, "O poder do Excel", e 14, "Exemplos de funções definidas pelo usuário", incluem diversos exemplos de código elaborados para expor o poder do VBA do Excel e das suas funções personalizadas.

Os Capítulos 15, "Criando gráficos", a 20, "Automatizando o Word", lidam com a criação de gráficos, visualização de dados, pesquisas na Internet, minigráficos e automatização do Word.

Conhecimento técnico necessário para criar aplicações

O Capítulo 21, "Usando o Access como um back end para melhorar o acesso multiusuário aos dados", lida com a leitura e a escrita para os bancos de dados do Access e SQL Server. As técnicas de utilização de bancos de dados do Access nos permitem criar um aplicativo com as características multiusuário do Access, ao passo que mantemos a interface amigável do Excel.

O Capítulo 22, "Técnicas avançadas para userforms", aborda tópicos avançados de userforms. O Capítulo 23, "A Interface de Programação de Aplicativos (API) do Windows", nos ensina algumas maneiras complicadas de concluir tarefas usando a API do Windows. Os Capítulos 24, "Lidando com erros", a 26, "Criando suplementos", lidam com tratamento de erros, menus personalizados e suplementos. O Capítulo 27, "Uma introdução à criação de suplementos do Office", fornece uma breve introdução à criação do nosso próprio aplicativo de JavaScript no Excel. O Capítulo 28, "O que há de novo e o que mudou no Excel 2019", resume as mudanças no Excel 2019.

Este livro ensina Excel?

A Microsoft acredita que o usuário comum do Office usa apenas 10% dos seus recursos. Entendemos que todos aqueles que forem ler este livro estão acima da média, e que os visitantes do MrExcel.com compõem um público bem inteligente. Mesmo assim, uma pesquisa com 8 mil leitores do MrExcel.com mostrou que apenas 42% dos usuários "mais espertos do que a média" usam algum dos 10 recursos mais poderosos do Excel.

Bill regularmente ministra um seminário sobre Excel Avançado para contadores. Esses são usuários muito experientes do Excel, que o utilizam de 30 a 40 horas por semana. Mesmo assim, duas coisas sempre acontecem em todos os seminários. A primeira é que metade do público fica surpreso quando vê o quão rapidamente é possível realizar tarefas usando um determinado recurso, como os subtotais automáticos ou as tabelas dinâmicas. A segunda é que alguém no auditório sempre o surpreende. Por exemplo, alguém faz uma pergunta, Bill responde e outra pessoa na segunda fila levanta a mão para dar uma resposta melhor.

Qual é o ponto? Tanto nós, os autores, como o público-alvo deste livro sabemos muito sobre o Excel. No entanto, achamos que, em qualquer dado capítulo, 58% das pessoas talvez não tenham usado tabelas dinâmicas antes e, talvez, uma porção ainda menor tenha utilizado a característica "10 Primeiros" das tabelas dinâmicas. Com isso em mente, antes de mostrar como automatizar alguma coisa em VBA, abordaremos brevemente como fazer a mesma tarefa na interface do Excel. Este livro não ensina como fazer tabelas dinâmicas, mas nos alerta quando talvez tenhamos que explorar um tópico e aprender mais sobre ele em outro lugar.

Estudo de caso: relatórios mensais de contabilidade

Esta é uma história real. Valerie é uma analista de negócios do departamento de contabilidade de uma corporação de médio porte. Sua empresa havia recentemente instalado um sistema de planejamento de recursos empresariais (ERP) de um superorçamento de $16 milhões. Com o projeto perto do fim, não havia nenhum recurso disponível no orçamento de TI para produzir o relatório mensal que essa corporação usava para resumir cada departamento.

Entretanto, Valerie estava próxima o suficiente do processo de implementação e pensou em uma maneira de produzir o relatório sozinha. Ela entendeu que podia exportar os dados do livro-razão geral do sistema de ERP para um arquivo de texto de valores separados por vírgulas. Usando o Excel, Valerie foi capaz de importar os dados do livro-razão geral do sistema de ERP para o Excel.

Não foi fácil criar o relatório. Como muitas companhias, havia exceções nos dados. Valerie sabia que certas contas de um determinado centro de custos precisavam ser reclassificadas como despesas. Ela sabia que outras contas precisavam ser excluídas do relatório por completo. Trabalhando cuidadosamente no Excel, Valerie fez esses ajustes. Ela criou uma tabela dinâmica para produzir a primeira seção de resumo do relatório, recortou os resultados da tabela dinâmica e os colou em uma planilha em branco. Depois, ela criou um novo relatório de tabela dinâmica para a segunda seção do resumo. Depois de umas três horas, ela importou os dados, produziu cinco tabelas dinâmicas, as organizou no formato de um resumo e formatou o relatório com cores para que ele ficasse claro.

Tornando-se a heroína

Valerie entregou o relatório ao seu gerente. Ele havia acabado de ouvir do departamento de TI que levaria meses antes que conseguissem produzir "aquele relatório complexo". Quando Valerie criou o relatório do Excel, ela se tornou a heroína do dia de uma hora para outra. Em três horas, ela havia feito o impossível. Valerie estava no paraíso depois de um merecido elogio.

Mais felicitações

No dia seguinte, o gerente de Valerie compareceu à reunião mensal dos departamentos. Quando os gerentes de departamento começaram a reclamar que eles não conseguiam o relatório do sistema de ERP, o gerente dela puxou seu relatório de departamento e colocou na mesa. Os outros gerentes ficaram maravilhados. Como ele conseguiu gerar esse relatório? Todos ficaram aliviados de saber que alguém tinha descoberto o segredo. O presidente da empresa perguntou ao gerente de Valerie se ele poderia se certificar de gerar o relatório de cada departamento.

A felicidade se transforma em pavor

Você provavelmente já consegue adivinhar o que aconteceu. Essa empresa específica tinha 46 departamentos. Isso significava que 46 páginas de relatórios tinham que ser geradas todos os meses. Cada relatório precisava importar dados do sistema de ERP, interromper certas contas, produzir 5 tabelas dinâmicas e, então, formatar o relatório em cores. Valerie havia levado 3 horas para gerar o primeiro relatório, mas, depois que ela pegou o jeito da coisa, conseguiu gerar os 46 relatórios em 40 horas. Mesmo depois de reduzir seu tempo por relatório, porém, isso era horrível. Valerie tinha um trabalho a fazer antes de haver se tornado a responsável por gastar 40 horas mensais produzindo esses relatórios no Excel.

O VBA ao resgate

Valerie encontrou a empresa de Bill, a MrExcel Consulting, e explicou sua situação. Durante uma semana, Bill pôde criar uma série de macros em Visual Basic que realizava todas as tarefas rotineiras. Por exemplo, as macros importavam os dados, cortavam certas contas, faziam cinco tabelas dinâmicas e aplicavam a formatação de cores. Do início ao fim, o processo manual de 40 horas foi reduzido a dois cliques de botão e cerca de 4 minutos.

Neste momento, você ou alguém na sua empresa provavelmente está empacado fazendo tarefas manuais no Excel que poderiam ser automatizadas com o VBA. Temos certeza de que podemos entrar em qualquer empresa com 20 ou mais usuários do Excel e encontrar um caso tão incrível quanto o de Valerie.

As versões do Excel

Esta sexta edição de *VBA e Macros* foi elaborada para se trabalhar com os recursos do Excel 2019 e do Office 365, lançadas até junho de 2018. As edições anteriores deste livro abordavam o código do Excel 97 até o Excel 2016. Em 80% dos capítulos, o código para o Excel 2019 será idêntico ao código das versões anteriores.

Diferenças para os usuários de Mac

Embora o Excel para Windows e o Excel para Mac sejam similares em termos de interface de usuário, existem várias diferenças quando comparamos o ambiente de VBA. Com toda certeza, nada do Capítulo 23, que usa a API do Windows, vai funcionar no Mac. Tendo isso sido dito, os conceitos gerais discutidos neste livro se aplicam ao Mac. Podemos encontrar uma lista geral das diferenças que se aplicam ao Mac em *http://www.mrexcel.com/macvba.html* (conteúdo em inglês). O desenvolvimento em VBA para o Excel 2019 em um Mac é bem mais difícil do que no Windows, apenas com ferramentas rudimentares de edição. Em geral, a Microsoft recomenda que escrevamos todo o nosso VBA no Excel 2019 para Windows e que, então, usemos esse VBA no Mac.

Elementos especiais e convenções tipográficas

As seguintes convenções tipográficas são usadas neste livro:

- *Itálico* — Indica novos termos quando eles forem definidos, ênfases especiais, palavras ou expressões em outro idioma, e letras ou palavras usadas como palavras.
- `Monoespaçado` — Indica partes de código de VBA, como nomes de objetos ou de métodos.
- **`Monoespaçado negrito`** — Indica entrada do usuário.

Além dessas convenções tipográficas, temos muitos outros elementos especiais. Cada capítulo possui pelo menos um estudo de caso que apresenta uma solução do mundo real para problemas comuns. Os estudos de caso também demonstrarão aplicações práticas dos tópicos abordados no capítulo.

Além dos estudos de caso, veremos ícones de Nota, Dica e Atenção.

Nota As notas fornecem informações adicionais além do assunto principal do capítulo e que pode ser útil saber.

Dica As dicas fornecem métodos alternativos e técnicas que podem economizar nosso tempo e que nos ajudam a trabalhar de modo mais eficiente.

Atenção Os quadros Atenção nos alertam contra possíveis armadilhas que podemos encontrar. Fique atento aos quadros de Atenção; eles nos alertam contra problemas que, de outra forma, poderiam nos causar horas de frustração.

Sobre o conteúdo complementar

Como um agradecimento por ter comprado este livro, nós juntamos um conjunto de 50 pastas de trabalho do Excel que demonstram os conceitos incluídos neste livro. Esse conjunto de arquivos inclui todo o código encontrado no livro, exemplos de dados e notas adicionais dos autores. Para fazer o download dos arquivos de código, acesse o site microsoftpressstore.com/Excel2019VBAMacros/downloads; ou wwww.altabooks.com.br (procure pelo nome do livro ou ISBN, (conteúdo em inglês).

Suporte e feedback

As seções a seguir fornecem informações sobre erratas, suporte do livro, feedback e informações de contato.

Mantenha contato

Vamos continuar conversando! Estamos no Twitter:

http://twitter.com/MicrosoftPress

http://twitter.com/MrExcel

Erratas, atualizações e suporte do livro

Esforçamo-nos para garantir a exatidão deste livro e do seu conteúdo complementar. Quaisquer erros que tenham sido relatados desde a publicação do livro estão alistados em microsoftpressstore.com/Excel2019VBAMacros/errata (conteúdo em inglês).

Se encontrar um erro que ainda não foi listado, fique à vontade para nos informar sobre isso por meio da mesma página.

Se precisar de suporte adicional, envie um e-mail para o Microsoft Press Book Support (microsoftpresscs@pearson.com).

Tenha em mente, por favor, que o suporte de produtos para o software e hardware da Microsoft não é mais fornecido por meio dos endereços anteriores. Para obter assistência para software ou hardware da Microsoft, acesse http://support.microsoft.com.

CAPÍTULO 1

Liberando o poder do Excel com VBA

Neste capítulo, você vai:

- Entender o poder do Excel.
- Saber quais são as dificuldades iniciais do uso do Excel.
- Conhecer suas ferramentas: a guia Desenvolvedor.
- Entender que tipos de arquivos permitem macros.
- Ser apresentado à segurança das macros.
- Obter uma visão geral da gravação, armazenamento e execução de uma macro.
- Descobrir como executar uma macro.
- Entender o VB Editor.
- Entender as limitações do gravador de macros.

O *Visual Basic for Applications* (VBA) em combinação com o Microsoft Excel é, provavelmente, a ferramenta mais poderosa que existe. O VBA existe nos computadores de 850 milhões de usuários do Microsoft Office, e a maioria nunca descobriu como aproveitar seu poder no Excel. Usar o VBA pode acelerar a produção de qualquer tarefa no Excel. Se usamos o Excel regularmente para, por exemplo, produzir uma série de gráficos mensais, podemos fazer com que o VBA realize essa mesma tarefa em questão de segundos.

Dificuldades iniciais

Existem duas barreiras para o aprendizado bem-sucedido da programação em VBA. Primeiro, o gravador de macros do Excel é falho e não produz códigos funcionais que possam ser usados como modelos. Segundo, para muitos que aprenderam uma linguagem de programação como o BASIC, a sintaxe do VBA é terrivelmente frustrante.

O gravador de macros não funciona!

A Microsoft começou a dominar o mercado de planilhas em meados da década de 1990. Apesar de ela ter sido extremamente bem-sucedida em construir um poderoso programa de planilhas para que qualquer usuário do Lotus 1-2-3 pudesse fazer a transição facilmente, a linguagem de macros era bem diferente. Qualquer pessoa proficiente na gravação de macros no Lotus 1-2-3 que tentasse gravar algumas macros no Excel provavelmente falharia. Apesar de a linguagem VBA da Microsoft ser muito mais poderosa do que a linguagem de macros do Lotus 1-2-3, a falha fundamental era que o gravador de macros não funcionava quando usávamos as configurações-padrão.

Com o Lotus 1-2-3, podíamos gravar uma macro hoje e executá-la novamente amanhã, e ela funcionaria perfeitamente. Se tentássemos a mesma coisa no Microsoft Excel, a macro poderia funcionar hoje, mas amanhã não. Em 1995, quando tentei gravar minha primeira macro no Excel, fiquei terrivelmente frustrado com isso. Neste livro, vou lhe ensinar três regras para tirar o máximo de proveito do gravador de macros.

Ninguém do time do Excel se preocupa com o gravador de macros

Conforme a Microsoft vai adicionando novos recursos ao Excel, o gerente de projetos individuais de determinado recurso se certifica de que o gravador de marcos gravará algo quando executarmos o comando. Códigos gravados nesta última década talvez funcionem em algumas situações, mas eles costumam não funcionar em todas as situações. Se a Microsoft tivesse alguém focado em criar um gravador de macro funcional, o código gravado poderia ser muito mais generalizado do que é atualmente.

Antigamente, um comando poderia ser gravado de cinco maneiras diferentes e o código gravado ainda funcionava. Hoje em dia, porém, se quisermos usar o gravador de macros, precisamos tentar gravar a macro de diversas formas, até descobrir os passos que gravam o código de maneira confiável.

O Visual Basic não é como o BASIC

Há 20 anos, o código gerado pelo gravador de macro era diferente de tudo o que eu já tinha visto. Diziam que ele era chamado de "Visual Basic" (VB). Tive o prazer de aprender uma meia dúzia de linguagens de programação em momentos diferentes da minha vida. Essa linguagem, porém, era esquisita, terrivelmente contraintuitiva e não se parecia com a linguagem BASIC que eu havia aprendido na escola.

Para piorar as coisas, mesmo em 1995 eu já era o guru das planilhas no meu escritório. Minha companhia obrigou todo mundo a migrar do Lotus 1-2-3 para o Excel, o que significou que tive que encarar um gravador de macros que não funcionava e uma linguagem que eu não conseguia entender. Essa não foi uma boa combinação de eventos.

Ao escrever este livro, suponho que você já saiba usar bem uma planilha. E que provavelmente saiba mais do que 90% das pessoas em seu escritório. Também suponho que, mesmo que não seja um programador, você já tenha tido alguma aula sobre BASIC em algum ponto. No entanto, saber BASIC não é um requisito — na verdade é um obstáculo para entrar no grupo dos programadores de VBA bem-sucedidos. Há uma boa chance de você já ter gravado uma macro no Excel e uma chance similar de não ter ficado feliz com os resultados.

Boas notícias: não é difícil escalar a curva de aprendizado

Mesmo que já tenha se frustrado com o gravador de macros, isso não passou de um pequeno inconveniente na sua jornada de escrever programas poderosos no Excel. Este livro não vai apenas lhe ensinar o porquê das falhas do gravador de macros, mas também como transformar o código gravado em algo útil. Para todos os antigos programadores BASIC na plateia, vou decodificar o VBA de modo que vocês possam facilmente ver o código gravado e entender o que está acontecendo.

Ótimas notícias: o Excel com VBA vale a pena

Apesar de você provavelmente já ter se frustrado com a Microsoft por causa da sua inabilidade de gravar macros no Excel, a ótima notícia é que o VBA do Excel é poderoso. Absolutamente qualquer coisa feita na interface do Excel pode ser duplicada com rapidez incrível no VBA do Excel. Se estivermos criando os mesmos relatórios manualmente, dia após dia ou semana após semana, o VBA do Excel otimizará bastante essas tarefas.

Nós, os autores deste livro, trabalhamos para a MrExcel Consulting. Nessa função, já automatizamos relatórios para centenas de clientes. As histórias costumam ser parecidas: o departamento de TI tem um acúmulo de requisições de vários meses. Alguém na contabilidade ou engenharia descobre que pode importar alguns dados para o Excel e obter os relatórios necessários para gerir os negócios. Esse é um evento libertador: eles não precisam mais esperar por meses até que o departamento de TI escreva um programa. Entretanto, o problema é que depois de importar os dados no Excel e ganhar os cumprimentos do seu gerente por terem produzido o relatório, provavelmente vão lhes pedir para produzir o mesmo relatório todo mês ou toda semana. Isso se torna entediante.

De novo: a ótima notícia é que, com algumas horas de programação em VBA, podemos automatizar o processo de geração do relatório e transformá-lo em alguns poucos cliques de botão. A recompensa é muito grande. Então, fique conosco enquanto abrangemos um pouco do básico.

Este capítulo explica por que o gravador de macro não funciona, aborda um exemplo de código gravado e demonstra por que ele vai funcionar hoje, mas não amanhã. Sei que o código que você verá neste capítulo pode não lhe ser familiar, mas tudo bem. O objetivo é demonstrar o problema fundamental do gravador de macros. Este capítulo também aborda o básico do ambiente do Visual Basic.

Conhecendo suas ferramentas: a guia Desenvolvedor

Vamos começar com uma visão geral básica das ferramentas necessárias para se usar o VBA. Por padrão, a Microsoft oculta as ferramentas de VBA. Precisamos realizar os seguintes passos a fim de mudar uma configuração para acessar a guia Desenvolvedor:

1. Clique com o botão direito na Faixa de Opções e selecione Personalizar a Faixa de Opções.
2. Na caixa de listagem à direita, selecione a caixa de seleção do Desenvolvedor.
3. Clique em OK para retornar para o Excel.

O Excel exibirá a guia Desenvolvedor, tal como exibido na Figura 1-1.

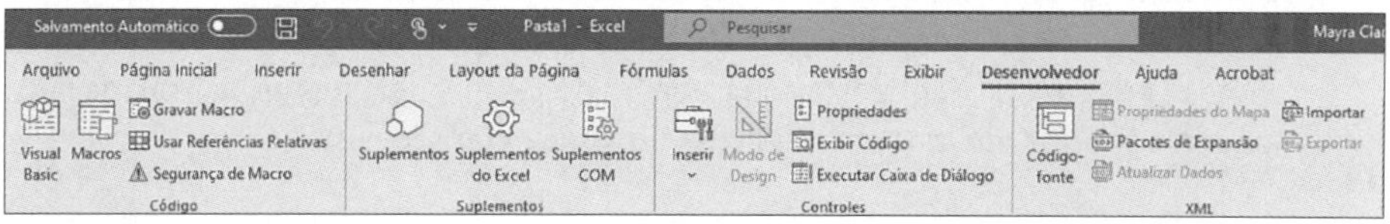

FIGURA 1-1 A guia Desenvolvedor fornece uma interface para executar e gravar macros.

O grupo Código da guia Desenvolvedor contém os ícones usados para gravar e executar as macros em VBA, tal como listados aqui:

- **Visual Basic** — Abre o Editor do Visual Basic.
- **Macros** — Exibe a caixa de diálogo Macro, na qual podemos escolher executar ou editar uma macro de uma lista de macros.
- **Gravar Macro** — Inicia o processo de gravação de uma macro.
- **Usar Referências Relativas** — Alterna entre o uso de gravação relativa ou absoluta. Com a gravação relativa, o Excel grava que movemos três células para baixo. Com a gravação absoluta, o Excel grava que selecionamos a célula A4.
- **Segurança de Macro** — Acessa a Central de Confiabilidade, na qual podemos escolher habilitar ou desabilitar a execução de macros nesse computador.

O grupo Suplementos fornece ícones para gerenciar suplementos regulares e suplementos de COM.

O grupo Controles da guia Desenvolvedor contém um menu Inserir, por meio do qual podemos acessar vários controles de programação que podem ser colocados na planilha. Veja "Atribuindo uma macro a um controle de formulário, caixa de texto ou forma", mais à frente, neste capítulo. Outros ícones desse grupo nos possibilitam trabalhar com controles embutidos na planilha. O botão Executar Caixa de Diálogo nos possibilita exibir uma caixa de diálogo personalizada ou um userform desenvolvido no VBA. Para saber mais sobre os userforms, veja o Capítulo 10, "Userforms: Uma introdução".

O grupo XML da guia Desenvolvedor contém ferramentas para importar e exportar documentos XML.

O grupo Modificar nos permite especificar se o Painel de Documentos sempre será exibido para novos documentos. Os usuários podem digitar palavras-chave e uma descrição de documento no Painel de Documentos. Se tivermos o SharePoint e o InfoPath, podemos criar campos personalizados para aparecerem no Painel de Documentos.

Entendendo que tipos de arquivos permitem macros

O Excel 2019 oferece suporte para quatro tipos de arquivos. As macros não têm permissão para serem armazenadas no tipo de arquivo .xlsx, e esse é o tipo de arquivo padrão! Precisamos usar o Salvar Como para todas as nossas pastas de trabalho com macros ou mudar o tipo de arquivo padrão usado no Excel 2019.

Os tipos de arquivos disponíveis são os seguintes:

- **Pasta de Trabalho do Excel (.xlsx)** — Os arquivos são armazenados como uma série de objetos XML e depois compactados em um único arquivo. Isso cria arquivos significativamente menores e permite que outros aplicativos (até mesmo o Bloco de Notas!) editem ou criem pastas de trabalho do Excel. Infelizmente, as macros não podem ser armazenadas em arquivos com uma extensão .xlsx.

- **Pasta de Trabalho Habilitada para Macro do Excel (.xlsm)** — Isso é similar ao formato-padrão .xlsx. A diferença é que as macros são permitidas. O conceito básico é que, se tivermos um arquivo.xlsx, não precisaremos nos preocupar com macros maliciosas. Entretanto, se virmos um arquivo .xlsm, devemos estar cientes de que podem haver macros anexadas.
- **Pasta de Trabalho Binária do Excel (.xlsb)** — Esse é um formato binário desenvolvido para lidar com planilhas de mais de 1 milhão de linhas introduzidas no Excel 2007. Versões antigas do Excel armazenavam seus arquivos em um formato binário proprietário. Embora os formatos binários talvez sejam carregados mais rápido, eles têm uma tendência maior de se corromperem, e uns poucos bits perdidos podem destruir o arquivo inteiro. As macros são permitidas nesse formato.
- **Pasta de Trabalho do Excel 97-2003 (.xls)** — Esse formato produz arquivos que podem ser lidos por qualquer um usando versões antigas do Excel. As macros são permitidas nesse formato binário. Contudo, quando salvamos nesse formato, perdemos acesso a quaisquer células além de A1:IV65536. Além disso, se abrirmos o arquivo no Excel 2003, perderemos acesso a qualquer coisa que tenha usado características introduzidas no Excel 2007 ou mais recentes.

Para evitarmos ter que escolher uma pasta de trabalho com macros habilitadas na caixa de diálogo Salvar Como, podemos personalizar nossa cópia do Excel para sempre salvar novos arquivos no formato .xlsm, seguindo os seguintes passos:

1. Clique no menu Arquivo e selecione Opções.
2. Na caixa de diálogo Opções do Excel, selecione a categoria Salvar no painel de navegação à esquerda.
3. Abra Salvar Arquivos Neste Formato e selecione Pasta de Trabalho Habilitada para Macro do Excel (*.xlsm). Clique em OK.

Nota Apesar de você e eu não termos medo de usar macros, tenho encontrado algumas pessoas que parecem surtar quando veem a extensão .xlsm. Elas chegam a ficar nervosas se eu lhes envio um arquivo .xlsm que não tenha macros. O Gmail do Google entrou para esse time, recusando-se a exibir uma preview de quaisquer anexos enviados no formato .xlsm.

Caso encontre alguém que parece ter medo do tipo .xlsm, lembre-o destes pontos:

- Com esses argumentos, espero que você possa superar quaisquer medos que tenha da extensão .xlsm, de forma que ela possa se tornar seu tipo de arquivo padrão.
- Todas as pastas de trabalho criadas nos últimos 30 anos poderiam ter macros, mas, na verdade, a maioria não tinha.

Se estivermos tentando evitar macros, devemos usar as configurações de segurança para impedir as macros de serem executadas. Dessa forma, ainda podemos abrir o arquivo .xlsm para obter os dados da planilha.

Segurança de macro

Depois que a macro VBA do Word foi utilizada como método de ataque do vírus Melissa, a Microsoft mudou as configurações-padrão de segurança para prevenir que as macros fossem executadas. Sendo assim, antes que possamos discutir a gravação de macros, precisamos dar uma olhada em como ajustar as configurações-padrão.

No Excel 2019, podemos ajustar as configurações de segurança em nível global ou controlar as configurações de macros para certas pastas de trabalho, salvando-as em um local de confiança. Quaisquer pastas de trabalho armazenadas em uma pasta que tenha sido marcada como um local de confiança terão suas macros habilitadas automaticamente.

Podemos encontrar as configurações de segurança para macros sob o ícone Segurança de Macro na guia Desenvolvedor. Ao clicar nesse ícone, a categoria Configurações de Macros da Central de Confiabilidade será exibida. Podemos usar a barra de navegação à esquerda da caixa de diálogo para acessar a lista Locais Confiáveis.

Adicionando um local confiável

Podemos escolher armazenar nossas pastas de trabalho com macros em uma pasta que tenha sido marcada como local confiável. Qualquer pasta de trabalho armazenada em uma pasta confiável terá suas macros habilitadas. A Microsoft sugere que um local confiável deve estar no nosso HD. A configuração-padrão é que não podemos confiar em um local que esteja em um drive de rede.

Para especificar um local confiável, siga estes passos:

1. Clique em Segurança de Macro na guia Desenvolvedor.
2. Clique em Locais Confiáveis no painel de navegação esquerdo da Central de Confiabilidade.
3. Se você quiser confiar num local em um drive de rede, marque Permitir Locais Confiáveis na Minha Rede.
4. Clique no botão Adicionar Novo Local. O Excel exibirá a caixa de diálogo Local Confiável do Microsoft Office (veja a Figura 1-2).
5. Clique no botão Procurar. O Excel exibirá a caixa de diálogo Procurar.
6. Navegue até a pasta que contém a pasta que você deseja classificar como local confiável. Clique na pasta confiável. Apesar de o nome completo da pasta não aparecer no campo Nome da Pasta, clique em OK. O nome correto da pasta aparecerá na caixa de diálogo Procurar.
7. Se desejar confiar nas subpastas da pasta selecionada, marque As Subpastas Deste Local Também São Confiáveis.
8. Clique em OK para adicionar a pasta à lista Locais Confiáveis.

Atenção Tenha cuidado ao selecionar um local confiável. Ao clicar duas vezes em uma planilha do Excel anexada em um e-mail, o Outlook armazenará o arquivo em um diretório temporário do seu drive C. Você não vai querer adicionar globalmente o drive C e todas as suas subpastas à lista Locais Confiáveis.

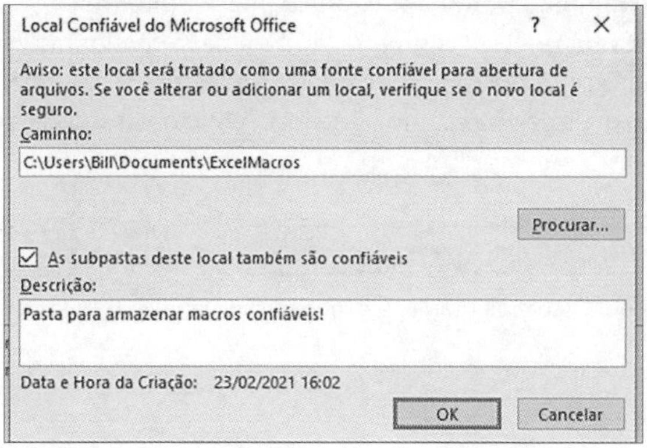

FIGURA 1-2 Gerencie as pastas confiáveis na categoria Locais Confiáveis da Central de Confiabilidade.

Usando as configurações de macro para habilitar macros em pastas de trabalho fora de locais confiáveis

No caso de todas as macros não armazenadas em um local confiável, o Excel irá se basear nas configurações de macros. As configurações Baixa, Média, Alta e Muito Alta, que eram familiares no Excel 2003, foram renomeadas.

Para acessar as configurações de macros, clique em Configurações de Macro, na guia Desenvolvedor. O Excel exibirá a categoria Configurações de Macro da caixa de diálogo Central de Confiabilidade. Marque a segunda opção, Desabilitar Todas as Macros com Notificação. Segue uma descrição de cada opção:

- **Desabilitar Todas as Macros sem Notificação** — Essa configuração impede que todas as macros sejam executadas. Ela é indicada para pessoas que nunca têm a intenção de executar macros. Mas, como você está segurando um livro que lhe ensina como usar macros neste exato momento, supõe-se que essa configuração não seja para você. Essa configuração é, grosso modo, o equivalente à configuração de segurança Muito Alta do Excel 2003. Com ela, apenas as macros das pastas Locais Confiáveis poderão ser executadas.
- **Desabilitar Todas as Macros com Notificação** — As palavras essenciais dessa configuração são "Com Notificação". Isso significa que veremos uma notificação quando abrirmos um arquivo com macros e poderemos escolher habilitar o conteúdo. Se ignorarmos a notificação, as macros permanecerão desabilitadas. Essa configuração é similar à segurança Média no Excel 2003 e é a recomendada. No Excel 2019, uma mensagem é exibida na área de Mensagem indicando que as macros foram desabilitadas. Podemos escolher habilitar o conteúdo clicando na opção correspondente, tal como exibido na Figura 1-3.

- **Desabilitar Todas as Macros, Exceto as Digitalmente Assinadas** — Essa configuração requer que obtenhamos uma ferramenta de assinatura digital da Verisign ou de outro fornecedor. Isso pode ser apropriado se formos vender suplementos para outras pessoas, mas pode incomodar um pouco se formos escrever macros apenas para fins particulares.
- **Habilitar Todas as Macros (Não recomendado: códigos possivelmente perigosos podem ser executados)** — Essa configuração é similar à configuração de segurança de macros Baixa do Excel 2003. Apesar de menos trabalhosa, ela também expõe nosso computador a ataques de vírus como o Melissa. A Microsoft sugere que não usemos essa configuração.

FIGURA 1-3 A opção Habilitar Conteúdo é exibida quando usamos a configuração Desabilitar Todas as Macros com Notificação.

Usando a Desabilitar Todas as Macros com Notificação

É recomendado que definamos nossas configurações de macros como Desabilitar Todas as Macros com Notificação. Se usarmos essa configuração e abrirmos uma pasta de trabalho que contém macros, veremos um aviso de segurança na área, logo acima da barra de fórmulas. Se estiver esperando macros nessa pasta de trabalho, clique em Habilitar Conteúdo. Caso não queira habilitar as macros para a pasta de trabalho atual, descarte o aviso de segurança clicando no *X*, no canto direito da barra de mensagem.

Se esquecermos de habilitar as macros e tentarmos executar uma delas, o Excel indicará que não foi possível executá-la porque todas foram desabilitadas. Se isso acontecer, feche a pasta de trabalho e abra-a novamente para acessar a barra de mensagens mais uma vez.

> **Atenção** Depois de habilitarmos as macros em uma pasta de trabalho armazenada em um HD local, e então salvarmos a pasta de trabalho, o Excel se lembrará de que havíamos habilitado as macros anteriormente nessa pasta de trabalho. Da próxima vez que abrirmos essa pasta de trabalho, as macros serão habilitadas automaticamente.

Visão geral da gravação, armazenamento e execução de uma macro

Gravar uma macro é útil quando não temos experiência em escrever linhas de código em uma macro. Ao passo que ganhamos mais conhecimento e experiência, vamos passar a gravar macros com menos frequência.

Para começar a gravar uma macro, selecione Gravar Macro na guia Desenvolvedor. Antes de a gravação começar, o Excel exibirá a caixa de diálogo Gravar Macro, tal como exibida na Figura 1-4.

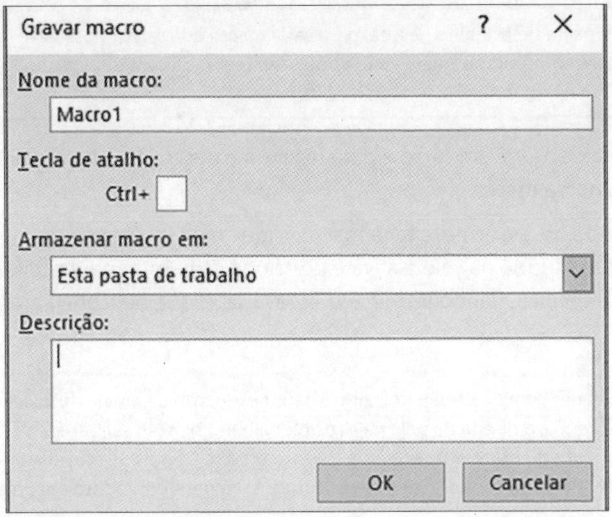

FIGURA 1-4 Use a caixa de diálogo Gravar Macro para atribuir um nome e uma tecla de atalho à macro que está sendo gravada.

Preenchendo a caixa de diálogo Gravar Macro

No campo Nome da Macro, digite um nome para a macro. Certifique-se de usar caracteres contínuos. Por exemplo, digite **Macro1** (sem espaços) e não **Macro 1** (com um espaço). Supondo que você logo estará criando muitas macros, use nomes significativos. Um nome como FormatarRelatório é muito mais útil do que Macro1.

O segundo campo da caixa de diálogo Gravar Macro é uma tecla de atalho. Se digitarmos um j minúsculo nesse campo e, então, pressionarmos Ctrl+J, essa macro será executada. Tenha cuidado, pois os atalhos de Ctrl+A a Ctrl+Z (exceto Ctrl+J) já estão todos associados a outras tarefas no Excel. Se atribuirmos uma macro a Ctrl+N, por exemplo, não poderemos mais usar Ctrl+N para negrito. Uma alternativa seria atribuir as macros aos atalhos de Ctrl+Shift+A a Ctrl+Shift+Z. Para atribuir uma macro a Ctrl+Shift+A, digite Shift+A na caixa de atalho.

Atenção Podemos reutilizar uma tecla de atalho para uma macro. Por exemplo, se atribuirmos uma macro a Ctrl+C, o Excel executará nossa macro em vez de realizar a ação normal de copiar.

Na caixa de diálogo Gravar Macro, escolha onde você vai querer salvar a macro quando ela for gravada: Pasta de Trabalho Pessoal de Macros, Nova Pasta de Trabalho ou Esta Pasta de Trabalho. Minha recomendação é que você armazene as macros relacionadas a determinada pasta de trabalho em Esta Pasta de Trabalho.

A Pasta de Trabalho Pessoal de Macros (Personal.xlsm) não é uma pasta de trabalho visível. Ela é criada se escolhermos salvar a gravação na Pasta de Trabalho Pessoal de Macros. Essa pasta é usada para salvar uma macro em uma pasta de trabalho que será aberta automaticamente ao iniciarmos o Excel, permitindo que utilizemos a macro. Depois de o Excel ser iniciado, a pasta de trabalho será ocultada. Se quiser exibi-la, selecione Reexibir na guia Exibição.

> **Dica** Não é recomendável utilizar a pasta de trabalho pessoal para cada macro que salvarmos. Salve apenas aquelas macros que lhe ajudam em tarefas gerais — não as que são realizadas em uma pasta de trabalho ou planilha específica.

O quarto campo da caixa de diálogo Gravar Macro é para fazer uma descrição, que é incluída como um comentário no início da nossa macro.

Depois de selecionar o local onde deseja armazenar a macro, clique em OK. Grave sua macro. Para este exemplo, digite Alô Mundo na célula ativa e pressione Ctrl+Enter para aceitar a entrada e permanecer na mesma célula. Quando terminar de gravá-la, clique no ícone Parar Gravação da guia Desenvolvedor.

> **Dica** Também podemos acessar o ícone Parar Gravação no canto inferior esquerdo da janela do Excel. Procure por um pequeno quadrado branco, à direita da palavra **Pronto**, na barra de status. Usar esse botão de Parar pode ser mais conveniente do que retornar à guia Desenvolvedor. Depois de gravar sua primeira macro, essa área normalmente exibirá o ícone Gravar Macro, que é um pequeno ponto em uma planilha do Excel.

Executando uma macro

Se tivermos atribuído um atalho à nossa macro, poderemos executá-la pressionando essa combinação de teclas. As macros podem também ser atribuídas a botões na Faixa de Opções ou na Barra de Ferramentas de Acesso Rápido, a controles de formulários ou objetos de desenho, ou podemos executá-las pela barra de ferramentas do Visual Basic.

Criando um botão de macro na Faixa de Opções

Podemos adicionar um ícone a um novo grupo da Faixa de Opções para executar nossa macro. Isso é apropriado para macros armazenadas na Pasta de Trabalho Pessoal de Macros. Os ícones adicionados à Faixa de Opções continuam habilitados mesmo que a pasta de trabalho da nossa macro não esteja aberta. Se clicarmos no ícone quando a pasta de trabalho da macro não estiver aberta, o Excel abrirá a pasta de trabalho e irá executá-lo. Siga esses passos para adicionar um botão de macro na Faixa de Opções:

1. Clique com o botão direito na Faixa de Opções e selecione Personalizar a Faixa de Opções.
2. Na caixa de listagem à direita, escolha o nome da guia onde deseja adicionar um ícone.
3. Clique no botão Novo Grupo, abaixo da caixa de listagem da direita. O Excel adicionará uma entrada chamada Novo Grupo (Personalizado) no fim dos grupos daquela guia da faixa de opções.
4. Para mover o grupo para a esquerda na guia da Faixa de opções, clique várias vezes no ícone da seta para cima à direita da caixa de diálogo.

5. Para renomear o grupo, clique no botão Renomear. Digite um novo rótulo, tal como **Macros de Relatórios**. Clique em OK. O Excel exibirá o grupo na caixa de listagem como Macros de Relatórios (Personalizado). Repare que a palavra *Personalizado* não vai aparecer na Faixa de Opções.
6. Abra o menu suspenso no canto superior esquerdo e escolha Macros dessa lista. A categoria Macros é a quarta da lista. O Excel exibirá uma lista de macros disponíveis na caixa de listagem da esquerda.
7. Escolha uma macro da caixa de listagem à esquerda. Clique no botão Adicionar no centro da caixa de diálogo. O Excel moverá a macro para a caixa de listagem da direita no grupo selecionado. O Excel usa um ícone VBA genérico para todas as macros.
8. Clique na macro na caixa de listagem da direita. Clique no botão Renomear, na parte de baixo da caixa. O Excel exibirá uma lista de 180 ícones possíveis. Escolha um. Uma alternativa poderia ser digitar um nome amigável para o ícone, tal como Formatar Relatório.
9. Podemos mover o grupo Macros de Relatórios para uma nova posição na guia Faixa de Opções. Clique em Macros de Relatórios (Personalizado) e use as setas para cima e para baixo à direita da caixa de diálogo.
10. Clique em OK para fechar a caixa de diálogo Opções do Excel. O novo botão aparecerá na guia selecionada da Faixa de Opções.

Criando um botão de macro na Barra de Ferramentas de Acesso Rápido

Podemos adicionar um ícone na Barra de Ferramentas de Acesso Rápido para executar uma macro. Se a macro estiver armazenada na Pasta de Trabalho Pessoal de Macros, podemos fazer com que esse botão seja exibido de modo permanente na Barra de Ferramentas de Acesso Rápido. Se a macro estiver armazenada na pasta de trabalho atual, podemos especificar que o ícone deverá aparecer apenas quando a pasta de trabalho estiver aberta. Siga esses passos para adicionar um botão de macro à Barra de Ferramentas de Acesso Rápido:

1. Clique com o botão direito na Barra de Ferramentas de Acesso Rápido e selecione Personalizar Barra de Ferramentas de Acesso Rápido.
2. Se quiser que sua macro esteja disponível apenas quando a pasta de trabalho atual estiver aberta, clique no menu suspenso superior direito e mude de Para Todos os Documentos (Padrão) para De *NomeDoArquivo.xlsm*. Quaisquer ícones associados com a pasta de trabalho atual serão exibidos no final da barra de ferramentas de Acesso Rápido.
3. Abra o menu suspenso no canto superior esquerdo e selecione Macros dessa lista. A categoria Macros é a quarta da lista. O Excel exibirá uma lista de macros disponíveis na caixa de listagem da esquerda.
4. Escolha uma macro da caixa de listagem da esquerda. Clique no botão Adicionar no centro da caixa de diálogo. O Excel moverá a macro para a caixa de listagem da direita. O Excel usa um ícone VBA genérico para todas as macros.

5. Clique na macro na caixa de listagem da direita. Clique no botão Modificar, na parte inferior da caixa de listagem da direita. O Excel exibirá uma lista de 180 ícones possíveis (veja a Figura 1-5). Escolha um ícone dessa lista. Na caixa de Nome Para Exibição, substitua o nome da macro por um nome curto que aparecerá como Dica de Ferramenta do ícone.
6. Clique em OK para fechar a caixa de diálogo Modificar Botão.
7. Clique em OK para fechar a caixa de diálogo Opções do Excel. O novo botão aparecerá na Barra de Ferramentas de Acesso Rápido.

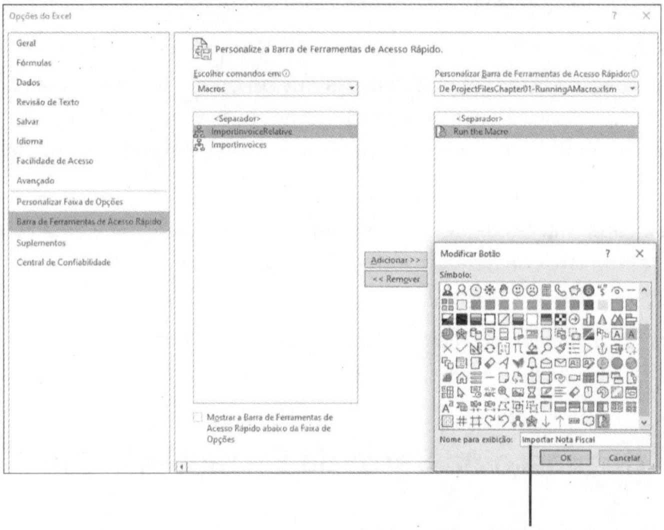

Digite a Dica de Ferramenta aqui

FIGURA 1-5 Podemos anexar uma macro a um botão da Barra de Ferramentas de Acesso Rápido.

Atribuindo uma macro a um controle de formulário, caixa de texto ou forma

Se quiser criar uma macro específica para uma pasta de trabalho, armazene a macro na pasta de trabalho e anexe-a a um controle de formulário ou qualquer outro objeto da planilha.

Siga estes passos para anexar uma macro a um controle de formulário da planilha:

1. Na guia Desenvolvedor, clique no botão Inserir para abrir seu menu suspenso. O Excel nos oferece 12 controles de formulário e 12 controles ActiveX nesse menu suspenso. Os controles de formulário estão em cima e os controles ActiveX estão embaixo. A maioria dos ícones da seção ActiveX do menu suspenso parece idêntica aos ícones da seção controles de formulário. Clique no ícone Botão de Controle de Formulário, no canto superior esquerdo do menu suspenso de Inserir.
2. Mova o cursor sobre a planilha; o cursor mudará para um sinal de mais.
3. Desenhe um botão na planilha clicando e segurando o botão esquerdo do mouse, desenhando uma forma retangular. Solte o botão quando terminar.

4. Escolha uma macro da caixa de diálogo Atribuir Macro e clique em OK. O botão será criado com um texto genérico, tal como Botão 1.
5. Digite um novo rótulo para o botão. Observe que, enquanto digitamos, a borda de seleção ao redor do botão muda de pontos para linhas diagonais para indicar que estamos no modo Editar Texto. Não podemos mudar a cor do botão no modo Editar Texto. Para sair do modo Editar Texto, clique nas linhas em diagonal para mudá-las para pontos ou, novamente, dê Ctrl+clique no botão para selecioná-lo novamente. Perceba que, se clicar acidentalmente fora do botão, será necessário dar Ctrl+clique no botão para selecioná-lo. Então, arraste o cursor sobre o texto no botão para selecionar o texto.
6. Clique com o botão direito nos pontos ao redor do botão e selecione Formatar Controle. O Excel exibirá a caixa de diálogo Formatar Controle, com sete guias na parte de cima. Se nossa caixa de diálogo Formatar Controle tiver apenas a guia Fonte, isso quer dizer que ainda não saímos do modo Editar Texto. Se isso acontecer, feche a caixa de diálogo, dê Ctrl+clique no botão e repita esse passo.
7. Use as configurações da caixa de diálogo Formatar Controle para mudar o tamanho da fonte, a cor da fonte, as margens e configurações similares do controle. Clique em OK para fechar a caixa de diálogo Formatar Controle quando terminar. Clique em uma célula qualquer para desmarcar o botão.
8. Clique no botão para executar a macro.

As macros podem ser atribuídas a qualquer objeto de planilha, tal como um Clipart, uma forma, gráficos SmartArt ou uma caixa de texto. Na Figura 1-6, o botão de cima é um botão de controle de formulário tradicional. As outras imagens são um Clipart, uma forma com WordArt e um gráfico SmartArt. Para atribuir uma macro a um objeto, clique com o botão direito no objeto e selecione Atribuir Macro.

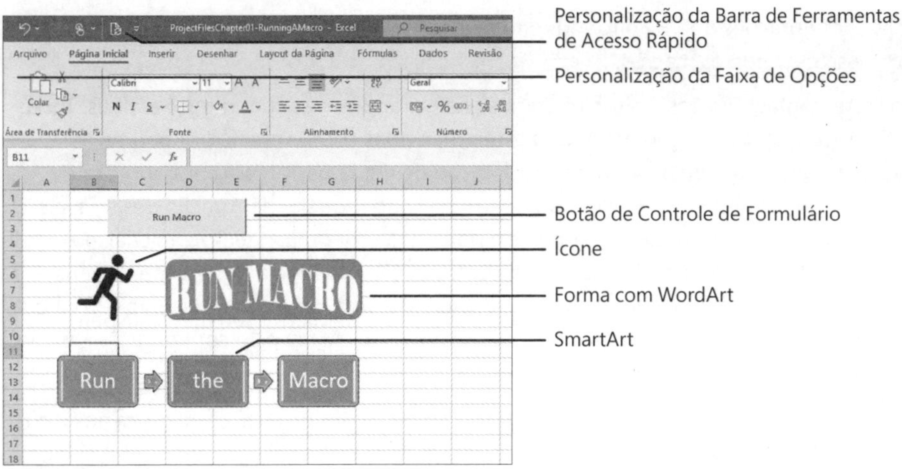

FIGURA 1-6 Atribuindo uma macro a um controle de formulário ou a um objeto apropriado para macros armazenado na mesma pasta de trabalho que o controle. Podemos atribuir uma macro a qualquer um desses objetos.

Entendendo o VB Editor

Se quisermos editar uma macro gravada, temos que fazer isso no VB Editor. Pressione Alt+F11 ou use o ícone Visual Basic na guia Desenvolvedor.

A Figura 1-7 apresenta um exemplo de uma tela típica do VB Editor. Podemos ver três janelas: Project Explorer, Propriedades e Programação. Não se preocupe se a sua janela não for exatamente igual a essa, porque você vai aprender como exibir as janelas das quais precisa nessa revisão do editor.

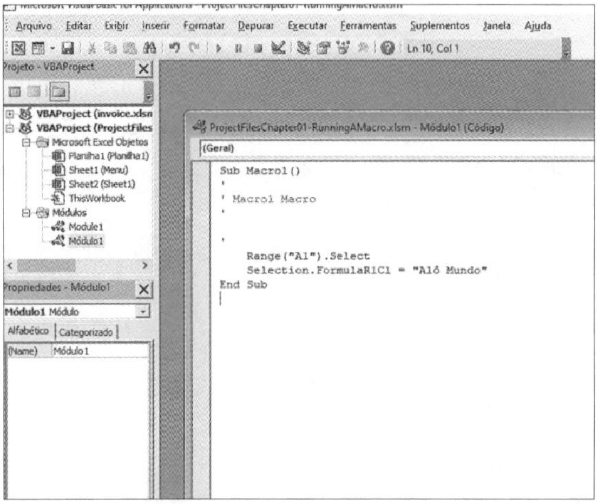

FIGURA 1-7 A janela do VB Editor.

Configurações do VB Editor

Diversas configurações do VB Editor nos dão a possibilidade de personalizar esse editor e nos ajudam a escrever nossas macros.

Em Ferramentas, Opções, Editor, podemos encontrar diversas configurações úteis. Todas as configurações, com exceção de uma, já estão marcadas corretamente por padrão. A configuração restante requer alguma consideração de nossa parte. Essa configuração é a Requerer Declaração de Variável. Por padrão, o Excel não requer a declaração de variáveis. Eu prefiro escolher essa configuração porque ela pode nos economizar tempo ao criarmos um programa. Minha coautora prefere que essa configuração requeira a declaração de variáveis. Essa mudança força o compilador a parar caso encontre uma variável que ele não reconheça, o que diminui a quantidade de nomes de variáveis com erros. Ativar essa configuração ou deixá-la desativada é uma questão de gosto pessoal.

O Project Explorer

O Project Explorer lista todas as pastas de trabalho abertas e os suplementos que foram carregados. Ao clicar no ícone de + na lateral do VBA Project, veremos uma pasta que contém objetos do Microsoft Excel. Também pode haver pastas de formulários, módulos de classes e módulos-padrão. Cada pasta inclui um ou mais componentes individuais.

Clicar com o botão direito em um componente e selecionar Exibir Código, ou simplesmente clicar duas vezes nos componentes faz que com seu código seja exibido na janela Programação. A exceção são os userforms, nos quais um duplo clique exibe o userform no modo de exibição de Criação.

Para exibir a janela Project Explorer, selecione Exibir, Project Explorer, pressione Ctrl+R ou localize o ícone esquisito do Project Explorer na barra de ferramentas, situado entre o ícone Modo de Criação e o ícone Janela Propriedades.

Para inserir um módulo, clique com o botão direito, selecione Inserir e, em seguida, escolha o tipo de módulo que deseja. Os módulos disponíveis são os seguintes:

- **Microsoft Excel Objetos** — Por padrão, um projeto consiste em módulos de planilha para cada planilha da pasta de trabalho e um único módulo Esta Pasta_de_trabalho. Códigos específicos para uma planilha, tal como controles ou eventos de planilha, são colocados na planilha correspondente. Eventos de pastas de trabalho são colocados no módulo Esta Pasta_de_trabalho. Vamos aprender mais sobre eventos no Capítulo 7, "Programação orientada a eventos".
- **Formulários** — O Excel permite que projetemos nossos próprios formulários para interagir com o usuário. Vamos aprender mais sobre esses formulários no Capítulo 10.
- **Módulos** — Quando gravamos uma macro, o Excel automaticamente cria um módulo no qual insere o código. A maior parte dos nossos códigos vai se encontrar nesse tipo de módulo.
- **Módulos de Classe** — Módulos de classe são a maneira do Excel permitir que criemos nossos próprios objetos. Eles também permitem que partes do código sejam compartilhadas entre programadores sem que seja necessário entender como eles funcionam. Vamos aprender mais sobre os módulos de classe no Capítulo 9, "Criando classes e coleções".

A janela Propriedades

A janela Propriedades nos permite editar as propriedades de vários componentes, tais como planilhas, pastas de trabalho, módulos e controles de formulário. A lista de propriedades varia de acordo com o componente selecionado. Para exibir essa janela, selecione Exibir, Janela Propriedades no menu, pressione F4 ou clique no ícone Janela Propriedades na barra de ferramentas.

Entendendo as limitações do gravador de macros

Vamos supor que trabalhamos em um departamento de contabilidade. A cada dia recebemos um arquivo de texto do sistema da empresa que contém todas as notas fiscais emitidas no dia anterior. Esse arquivo de texto tem vírgulas separando cada campo. As colunas do arquivo são InvDate (Data da Nota Fiscal), InvNbr (Número da Nota Fiscal), RepNbr (Número do Representante de Vendas), CustNbr (Número do Cliente), ProdRevenue (Renda do Produto), ServRevenue (Renda do Serviço) e ProdCost (Custo do Produto) (veja a Figura 1-8).

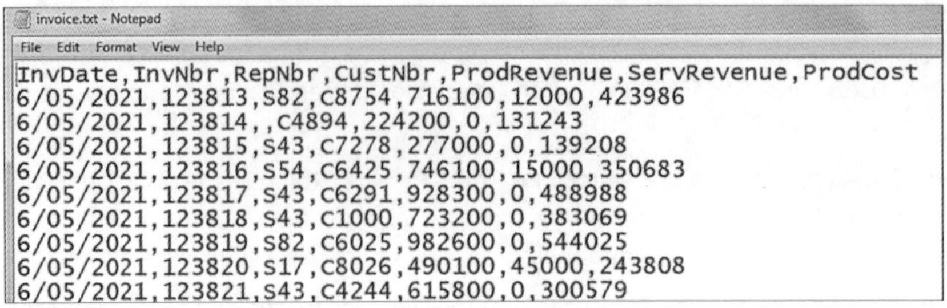

invoice.txt - Notepad

File Edit Format View Help

```
InvDate,InvNbr,RepNbr,CustNbr,ProdRevenue,ServRevenue,ProdCost
6/05/2021,123813,S82,C8754,716100,12000,423986
6/05/2021,123814,,C4894,224200,0,131243
6/05/2021,123815,S43,C7278,277000,0,139208
6/05/2021,123816,S54,C6425,746100,15000,350683
6/05/2021,123817,S43,C6291,928300,0,488988
6/05/2021,123818,S43,C1000,723200,0,383069
6/05/2021,123819,S82,C6025,982600,0,544025
6/05/2021,123820,S17,C8026,490100,45000,243808
6/05/2021,123821,S43,C4244,615800,0,300579
```

FIGURA 1-8 O arquivo invoice.txt (NotaFiscal.txt) possui sete colunas separadas por vírgulas.

A cada manhã, importamos esse arquivo manualmente no Excel. Acrescentamos uma linha de totalização nos dados, colocamos os títulos em negrito e, então, imprimimos o relatório para distribuí-lo entre alguns gerentes.

Esse parece ser um processo simples, ideal para a gravação de macros. Entretanto, devido a alguns problemas com o gravador de macros, nossas primeiras tentativas podem não ser bem-sucedidas. O estudo de caso a seguir explica como lidar com esses problemas.

Estudo de caso: preparando-se para gravar uma macro

A tarefa mencionada na seção anterior é perfeita para uma macro. Entretanto, antes de gravar uma macro, devemos pensar nos passos que daremos. Nesse caso, os passos são os seguintes:

1. Clique no menu Arquivo e selecione Abrir.
2. Navegue até a pasta em que o arquivo invoice.txt (NotaFiscal.txt) está armazenado.
3. Selecione Todos os Arquivos (*.*) no menu suspenso de Tipo de Arquivos.
4. Selecione invoice.txt (NotaFiscal.txt).
5. Clique em Abrir.
6. No Assistente de Importação de Texto — Etapa 1 de 3, selecione Delimitado, na seção Tipo de Dados Originais.
7. Clique em Avançar.
8. No Assistente de Importação de Texto — Etapa 2 de 3, desmarque Tabulação e selecione Vírgula, na seção Delimitadores.
9. Clique em Avançar.
10. No Assistente de Importação de Texto — Etapa 3 de 3, selecione Geral na seção Formato dos Dados da Coluna e mude-a para Data: MDA.
11. Clique em Concluir para importar o arquivo.
12. Pressione Ctrl+seta para baixo para ir até a última linha de dados.
13. Pressione a seta para baixo mais uma vez para ir para a linha de totalização.
14. Digite a palavra **Total**.
15. Pressione a seta para direita quatro vezes para ir até a coluna E da linha de totalização.
16. Clique no botão AutoSoma e pressione Ctrl+Enter para incluir o total da coluna de Renda do Produto e continuar na mesma célula.

17. Clique na alça AutoPreenchimento e arraste-a da coluna E até a coluna G, a fim de copiar a fórmula de totalização para as colunas F e G.
18. Selecione a linha 1 e clique no ícone Negrito, da guia Página Inicial, para colocar os títulos em negrito.
19. Selecione a Total 1 e clique no ícone Negrito, da guia Página Inicial, para colocar os totais em negrito.
20. Pressione Ctrl+* para selecionar a região atual.
21. Na guia Página Inicial, selecione Formatar, AutoAjuste da Largura da Coluna.

Depois de ter ensaiado esses passos na sua cabeça, você estará pronto para gravar sua primeira macro. Abra uma pasta de trabalho em branco e salve-a com um nome tal como MacroParaImportarNotasFiscais.xlsm. Clique no botão Gravar Macro da guia Desenvolvedor.

Na caixa de diálogo Gravar Macro, o nome-padrão da macro é Macro1. Mude-o para algo mais descritivo, como ImportarNotaFiscal. Certifique-se de que as macros sejam armazenadas em Esta Pasta de Trabalho. Você talvez deseje ter uma maneira fácil de executar essa macro mais tarde; assim, insira a letra **i** no campo Tecla de Atalho. No campo Descrição, insira um pequeno texto descritivo que diga o que essa macro faz (veja a Figura 1-9). Clique em OK quando estiver pronto.

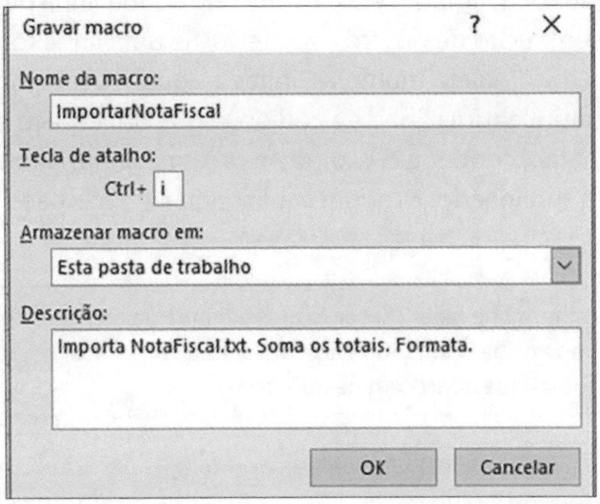

FIGURA 1-9 Antes de gravarmos uma macro, precisamos preencher a caixa de diálogo Gravar Macro.

Gravando a macro

O gravador de macros agora registrará cada movimento que fizermos. Por esse motivo, devemos executar cada passo na ordem exata sem ações irrelevantes. Se nos movermos sem querer para a coluna F, digitarmos um valor, apagarmos o valor e depois voltarmos para a coluna E para digitar o primeiro total, a macro gravada repetirá cegamente esses mesmos erros vez após vez, após vez, após vez. As macros gravadas são executadas rapidamente, mas não há nada como assistir ao gravador de macros reproduzir nossos erros indefinidamente.

Execute todas as ações necessárias para produzir o relatório com cuidado. Depois de ter dado o passo final, clique no botão Parar Gravação, na guia Desenvolvedor da Faixa de Opções.

Examinando o código na janela de Programação

Vamos examinar o código que acabamos de gravar na seção "Preparando-se para gravar uma macro". Não se preocupe se ele não fizer nenhum sentido para você ainda.

Para abrir o VB Editor, pressione Alt+F11. No seu projeto de VBA (MacroParaImportar NotasFiscais.xlsm), encontre o componente Módulo1, clique com o botão direito no módulo e selecione Exibir Código. Perceba que algumas linhas começam com um apóstrofo; elas são comentários e são ignoradas pelo programa. O gravador de macros começa as macros com alguns comentários, usando a descrição que inserimos na caixa de diálogo Gravar Macro. O comentário do atalho do teclado está lá para nos lembrar dele.

> **Nota** O comentário *não* atribui o atalho. Se alterarmos o comentário para ser Ctrl+J, isso não vai mudar o atalho. Precisamos alterar essa definição na caixa de diálogo Macro do Excel ou executar a seguinte linha de código:
>
> ```
> Application.MacroOptions Macro:="ImportarNotaFiscal", _
>  Description:="", ShortcutKey:="j"
> ```

O código de macros gravadas costuma ser bem limpo (veja a Figura 1-10). Cada linha de código que não for um comentário recebe um recuo de quatro caracteres. Se uma linha for maior do que 100 caracteres, o gravador irá dividi-la em múltiplas linhas, as quais receberão um recuo adicional de 4 caracteres. Para continuar uma linha de código, digite um espaço e um sublinhado no fim da primeira linha e, então, continue o código na próxima linha. Não se esqueça de acrescentar um espaço antes do sublinhado. Usar um sublinhado sem o espaço precedente causa um erro.

> **Nota** As limitações físicas deste livro não permitem que haja 100 caracteres em uma única linha. Assim, as linhas serão divididas em 80 caracteres para que caibam em uma página. Por essa razão, sua macro gravada pode parecer um pouco diferente daquelas que aparecem neste livro.

```
Sub ImportInvoice()
'
' ImportInvoice Macro
' Import Invoice.txt. Add Total Row. Format.
'
' Keyboard Shortcut: Ctrl+i
'
    Workbooks.OpenText Filename:="G:\2016VBA\SampleFiles\invoice.txt", Origin:= _
        437, StartRow:=1, DataType:=xlDelimited, TextQualifier:=xlDoubleQuote, _
        ConsecutiveDelimiter:=False, Tab:=False, Semicolon:=False, Comma:=True _
        , Space:=False, Other:=False, FieldInfo:=Array(Array(1, 3), Array(2, 1), _
        Array(3, 1), Array(4, 1), Array(5, 1), Array(6, 1), Array(7, 1)), TrailingMinusNumbers _
        :=True
    Selection.End(xlDown).Select
    Range("A11").Select
    ActiveCell.FormulaR1C1 = "Total"
    Range("E11").Select
    Selection.FormulaR1C1 = "=SUM(R[-9]C:R[-1]C)"
    Selection.AutoFill Destination:=Range("E11:G11"), Type:=xlFillDefault
    Range("E11:G11").Select
    Rows("1:1").Select
    Selection.Font.Bold = True
    Rows("11:11").Select
    Selection.Font.Bold = True
    Selection.CurrentRegion.Select
    Selection.Columns.AutoFit
End Sub
```

FIGURA 1-10 A macro gravada está bem organizada e com os devidos recuos.

Considere que as seguintes sete linhas do código gravado são, na verdade, uma única linha de código que foi dividida em sete linhas para facilitar a leitura:

```
Workbooks.OpenText Filename:="C:\algumcaminho\notafiscal.txt", _
  Origin:=437, StartRow:=1, DataType:=xlDelimited, _
  TextQualifier:=xlDoubleQuote, ConsecutiveDelimiter:=False, _
  Tab:=True, Semicolon:=False, Comma:=True, Space:=False, _
  Other:=False, FieldInfo:=Array(Array(1, 3), Array(2, 1), _
  Array(3, 1), Array(4, 1), Array(5, 1), Array(6, 1), _
  Array(7, 1)), TrailingMinusNumbers:=True
```

Contando isso como uma linha, o gravador de macros foi capaz de gravar nosso processo de 21 passos em 14 linhas de código, o que é bastante impressionante.

Nota Cada ação que realizamos na interface de usuário do Excel pode ser equivalente a uma ou mais linhas do código gravado. Algumas ações podem gerar uma dúzia de linhas de código.

Teste cada macro

Sempre é uma boa ideia testar as macros. Para testar sua nova macro, retorne para a interface normal do Excel pressionando Alt+F11. Feche o NotaFiscal.txt sem salvar nenhuma mudança. A MacroParaImportarNotasFiscais.xlsm ainda está aberta.

Pressione Ctrl+I para executar a macro gravada. Ela deverá funcionar direito caso tenha executado os passos corretamente. Os dados são importados, os totais são somados, a formatação em negrito é aplicada e as colunas estão alargadas. Essa parece ser a solução perfeita (veja a Figura 1-11).

	A	B	C	D	E	F	G	H
1	**InvDate**	**InvNbr**	**RepNbr**	**CustNbr**	**ProdRevenue**	**ServRevenue**	**ProdCost**	
2	6/5/2021	123813	S82	C8754	716100	12000	423986	
3	6/5/2021	123814		C4894	224200	0	131243	
4	6/5/2021	123815	S43	C7278	277000	0	139208	
5	6/5/2021	123816	S54	C6425	746100	15000	350683	
6	6/5/2021	123817	S43	C6291	928300	0	488988	
7	6/5/2021	123818	S43	C1000	723200	0	383069	
8	6/5/2021	123819	S82	C6025	982600	0	544025	
9	6/5/2021	123820	S17	C8026	490100	45000	243808	
10	6/5/2021	123821	S43	C4244	615800	0	300579	
11	**Total**				**5703400**	**72000**	**3005589**	
12								

FIGURA 1-11 A macro formata os dados da planilha.

Executar a macro em outro dia produz resultados indesejáveis

Depois de testar a macro, lembre-se de salvar seu arquivo de macro para usá-lo em outro dia. No dia seguinte, depois de recebermos um novo arquivo NotaFiscal.txt do sistema e abrimos a macro, pressionamos Ctrl+I para executá-la e o desastre acontece. Os dados de 5 de junho tinham 9 notas fiscais, mas os dados de 6 de junho tinham 17 notas fiscais. Entretanto, a macro gravada cegamente somou os totais na Linha 11, visto que foi ali que colocamos os totais quando a macro foi gravada (veja a Figura 1-12).

Para os que estão usando os arquivos de exemplos deste livro, renomeie o arquivo invoice.txt para NotaFiscal.txt e siga estes passos para tentar importar os dados em outro dia:

1. Feche o NotaFiscal.txt no Excel.
2. No Explorador de Arquivos, renomeie o NotaFiscal.txt para NotaFiscal1.txt.
3. No Explorador de Arquivos, renomeie o NotaFiscal2.txt para NotaFiscal.txt.
4. Retorne ao Excel e à pasta de trabalho MacroParaImportarNotasFiscais.xlsm.
5. Pressione Ctrl+I para executar a macro com o maior conjunto de dados.

Esse problema surge porque o gravador de macros, por padrão, está gravando todas as nossas ações no modo Absoluto. Em vez de usar o estado-padrão do gravador de macros, a próxima seção aborda a gravação relativa e como ela pode nos aproximar da solução que desejamos.

	A	B	C	D	E	F	G	H
1	**InvDate**	**InvNbr**	**RepNbr**	**CustNbr**	**ProdRevenue**	**ServRevenue**	**ProdCost**	
2	6/6/2021	123829	S21	C8754	21000	0	9875	
3	6/6/2021	123830	S45	C3390	188100	0	85083	
4	6/6/2021	123831	S54	C2523	510600	0	281158	
5	6/6/2021	123832	S21	C5519	86200	0	49967	
6	6/6/2021	123833	S45	C3245	800100	0	388277	
7	6/6/2021	123834	S54	C7796	339000	0	195298	
8	6/6/2021	123835	S21	C1654	161000	0	90761	
9	6/6/2021	123836	S45	C6460	275500	10000	146341	
10	6/6/2021	123837	S54	C5143	925400	0	473515	
11	**Total**	**123838**	**S21**	**C7868**	**3306900**	**10000**	**1720275**	
12	6/6/2021	123839	S45	C3310	890200	0	468333	
13	6/6/2021	123840	S54	C2959	986000	0	528980	
14	6/6/2021	123841	S21	C8361	94400	0	53180	
15	6/6/2021	123842	S45	C1842	36500	55000	20696	
16	6/6/2021	123843	S54	C4107	599700	0	276718	
17	6/6/2021	123844	S21	C5205	244900	0	143393	
18	6/6/2021	123845	S45	C7745	63000	0	35102	
19	6/6/2021	123846	S54	C1730	212600	0	117787	
20	6/6/2021	123847	S21	C6292	974700	0	478731	
21	6/6/2021	123848	S45	C2008	327700	0	170968	
22	6/6/2021	123849	S54	C4096	30700	0	18056	
23								

FIGURA 1-12 A intenção da macro gravada era somar um total ao final dos dados, mas o gravador criou uma macro que sempre soma os totais na linha 11.

Uma possível solução: use referências relativas quando estiver gravando

Por padrão, o gravador de macros grava todas as ações como ações *absolutas*. Se selecionarmos a linha 11 enquanto estivermos gravando uma macro, a macro sempre irá até a linha 11 quando for executada. Isso raramente é apropriado quando estamos lidando com um número variável de linhas de dados. A melhor opção é usar referências relativas ao gravar.

Macros gravadas com referências absolutas registram o endereço real do ponteiro de células, tal como A11. Macros gravadas com referências relativas registram que o ponteiro de células deve se mover por um certo número de linhas e colunas a partir de sua posição atual. Por exemplo, se o ponteiro de células começasse na célula A1, o código `ActiveCell.Offset(16, 1).Select` moveria o ponteiro de células para B17, que é a célula 16 linhas abaixo e 1 coluna à direita.

Embora a gravação relativa seja apropriada na maioria das situações, às vezes precisamos fazer algo absoluto ao gravar uma macro. Este é um ótimo exemplo: depois de somar os totais de um conjunto de dados, precisamos voltar para a linha 1. Se simplesmente clicarmos na linha 1 enquanto estiver no modo Relativo, o Excel registrará que queremos selecionar a linha que está 10 linhas acima da linha atual. Isso funciona para o primeiro arquivo de notas fiscais, mas não com arquivos maiores ou menores. Estas são duas sugestões:

- Desative a gravação relativa, clique na linha 1 e, então, ative a gravação relativa novamente.
- Mantenha a gravação relativa ativa. Exiba a caixa de diálogo Ir Para pressionando F5. Digite **A1** e clique em OK. A caixa de diálogo Ir Para será registrada, como sempre, indo para o endereço absoluto que você digitou, mesmo se a gravação relativa estiver ativa. Uma variação desse método é utilizada no exemplo a seguir.

O exemplo a seguir aborda a mesma tarefa do caso anterior, mas dessa vez usa referências relativas. Essa solução estará muito mais próxima do funcionamento correto.

Estudo de caso: gravando uma macro com referências relativas

Vamos tentar gravar a macro novamente, mas dessa vez usando referências relativas:

1. Feche o NotaFiscal.txt no Excel.
2. Renomeie o NotaFiscal.txt como NotaFiscal2.txt.
3. Renomeie o NotaFiscal1.txt como NotaFiscal.txt.
4. Volte para a pasta de trabalho MacroParaImportarNotasFiscais.xlsm.

Na guia Desenvolvedor, selecione Usar Referências Relativas para ativar a gravação relativa. Essa configuração continuará assim até que ela seja desativada ou até que o Excel seja fechado.

Na pasta de trabalho MacroParaImportarNotasFiscais.xlsm, grave uma nova macro clicando em Gravar Macro, da guia Desenvolvedor. Dê um nome à nova macro, tal como ImportarNotaFiscalRelativa e atribua uma tecla de atalho diferente a ela, tal como Ctrl+J.

Repita os passos de 1 a 11 da seção "Preparando-se para gravar uma macro" para importar o arquivo e, então, siga estes passos:

1. Pressione Ctrl+seta para baixo para ir até a última linha de dados.
2. Pressione a seta para baixo mais uma vez para ir para a linha de totalização.
3. Digite a palavra **Total**.
4. Pressione a seta para direita quatro vezes para ir até a coluna E da linha de totalização.
5. Segure a tecla Shift enquanto pressiona a seta para direita duas vezes para selecionar E11:G11.
6. Clique no botão AutoSoma.

7. Pressione Shift+barra de espaço para selecionar a linha inteira. Pressione Ctrl+N para aplicar a formatação negrito nela.
8. Pressione F5 para exibir a caixa de diálogo Ir Para.
9. Na caixa de diálogo Ir Para, digite A1:G1 e clique em OK. Embora a gravação relativa esteja ativada, qualquer navegação realizada por meio da caixa de diálogo Ir Para é gravada como uma referência absoluta.
10. Clique no ícone Negrito para colocar os títulos em negrito.
11. Pressione Ctrl+* para selecionar todos os dados da região atual.
12. Na guia Página Inicial, selecione Formatar, AutoAjuste da Largura da Coluna.
13. Pare a gravação.

Pressione Alt+F11 para acessar o VB Editor e revisar o código. A nova macro aparecerá no Módulo1, abaixo da macro anterior.

Se fecharmos o Excel entre a gravação da primeira e da segunda macro, ele inserirá um novo módulo chamado Módulo2 para a macro recém-gravada:

```
Sub ImportarNotaFiscalRelativa()
' ImportarNotaFiscalRelativa Macro
' Importa. Linha de Totalização. Formata.
' Atalho de teclado: Ctrl+J
Workbooks.OpenText Filename:="C:\dados\notafiscal.txt", _
 Origin:= 437, StartRow:=1, DataType:=xlDelimited, _
 TextQualifier:=xlDoubleQuote, ConsecutiveDelimiter:=False, _
 Tab:=False, Semicolon:=False, Comma:=True, Space:=False, _
 Other:=False, FieldInfo:=Array(Array(1, 3), Array(2, 1), _
 Array(3, 1), Array(4, 1), Array(5, 1), Array(6, 1), _
 Array(7, 1)), TrailingMinusNumbers:=True
Selection.End(xlDown).Select
ActiveCell.Offset(1, 0).Range("A1").Select
ActiveCell.FormulaR1C1 = "Total"
ActiveCell.Offset(0, 4).Range("A1:C1").Select
Selection.FormulaR1C1 = "=SUM(R[-9]C:R[-1]C)"
ActiveCell.Rows("1:1").EntireRow.Select
ActiveCell.Activate
Selection.Font.Bold = True
Application.Goto Reference:="R1C1:R1C7"
Selection.Font.Bold = True
Selection.CurrentRegion.Select
Selection.Columns.AutoFitSelection.Font.Bold = True
End Sub
```

Para testar a macro, feche o NotaFiscal.txt sem salvar e, então, execute a macro com Ctrl+J. Tudo deve parecer bem e os resultados deverão ser os mesmos da macro que criamos com o gravador de macros.

O próximo teste é ver se o programa funciona no dia seguinte, quando talvez tenhamos mais linhas. Se estiver trabalhando com arquivos de exemplo, feche o NotaFiscal.txt no Excel. Renomeie o NotaFiscal.txt como NotaFiscal1.txt. Renomeie o NotaFiscal2.txt como NotaFiscal.txt.

Abra o MacroParaImportarNotasFiscais.xlsm e execute a nova macro com Ctrl+J. Dessa vez, tudo deve estar certo, com os totais nos locais devidos. Veja a Figura 1-13. Consegue ver algo fora do comum?

Se não formos cuidadosos, podemos acabar imprimindo esses resultados para o nosso gerente. E, se fizermos isso, vamos ter problemas. Se dermos uma olhada na célula E19, veremos que Excel inseriu um triângulo verde, dizendo que devemos dar uma olhada nessa célula.

Quando movemos o ponteiro de células para E19, um indicador de alerta surge perto da célula. Esse indicador nos informa que a fórmula não incluiu as células adjacentes. Se dermos uma olhada na barra de fórmulas, veremos que a macro fez a soma somente da linha 10 até a 18. Nem a gravação relativa nem a não relativa são inteligentes o suficiente para replicar a lógica do botão AutoSoma.

Vamos imaginar que recebemos registros com menos notas fiscais nesse dia específico. O Excel nos teria fornecido a ilógica fórmula =`SOMA(E6:E1048574)`, tal como exibido na Figura 1-14. Visto que essa fórmula estaria em E7, os avisos de referência circular aparecem na barra de status.

Nota Para tentar fazer isso, feche o NotaFiscal.txt no Excel. Renomeie o NotaFiscal.txt como NotaFiscal2.txt. Renomeie o NotaFiscal4.txt como NotaFiscal.txt.

	A	B	C	D	E	F	G	H
1	InvDate	InvNbr	RepNbr	CustNbr	ProdRevenue	ServRevenue	ProdCost	
2	6/6/2021	123829	S21	C8754	21000	0	9875	
3	6/6/2021	123830	S45	C3390	188100	0	85083	
4	6/6/2021	123831	S54	C2523	510600	0	281158	
5	6/6/2021	123832	S21	C5519	86200	0	49967	
6	6/6/2021	123833	S45	C3245	800100	0	388277	
7	6/6/2021	123834	S54	C7796	339000	0	195298	
8	6/6/2021	123835	S21	C1654	161000	0	90761	
9	6/6/2021	123836	S45	C6460	275500	10000	146341	
10	6/6/2021	123837	S54	C5143	925400	0	473515	
11	6/6/2021	123838	S21	C7868	148200	0	75700	
12	6/6/2021	123839	S45	C3310	890200	0	468333	
13	6/6/2021	123840	S54	C2959	986000	0	528980	
14	6/6/2021	123841	S21	C8361	94400	0	53180	
15	6/6/2021	123842	S45	C1842	36500	55000	20696	
16	6/6/2021	123843	S54	C4107	599700	0	276718	
17	6/6/2021	123844	S21	C5205	244900	0	143393	
18	6/6/2021	123845	S45	C7745	63000	0	35102	
19	6/6/2021	123846	S54	C1730	212600	0	117787	
20	6/6/2021	123847	S21	C6292	974700	0	478731	
21	6/6/2021	123848	S45	C2008	327700	0	170968	
22	6/6/2021	123849	S54	C4096	30700	0	18056	
23	Total				2584200	55000	1314631	

FIGURA 1-13 Depois de executar a macro Relativa, os totais aparecem na linha certa.

E7 =SUM(E6:E1048574)

	A	B	C	D	E	F	G
1	InvDate	InvNbr	RepNbr	CustNbr	ProdRevenue	ServRevenue	ProdCost
2	6/7/2021	123850		C1654	161000	0	90761
3	6/7/2021	123851		C6460	275500	10000	146341
4	6/7/2021	123852		C5143	925400	0	473515
5	6/7/2021	123853		C7868	148200	0	75700
6	6/7/2021	123854		C3310	890200	0	468333
7	Total				0	0	0

FIGURA 1-14 Uma fórmula incorreta aparece quando executamos a macro relativa com menos registros de notas fiscais.

Caso tenha tentado usar o gravador de macros, você muito provavelmente teve problemas similares aos produzidos pelos dois últimos estudos de caso. Embora isso seja frustrante, podemos ficar felizes de saber que o gravador de macros, na verdade, realiza 95% do serviço necessário para que possamos obter uma macro útil.

Nosso trabalho é perceber onde o gravador de macros provavelmente vai falhar e, então, sermos capazes de acessar o código VBA para consertar uma ou duas linhas que precisem de ajustes para obtermos uma macro perfeita. Com um pouco de inteligência humana, podemos produzir macros incríveis para acelerar nosso trabalho diário.

Caso seja como eu, você deve estar xingando a Microsoft agora. Perdemos uma boa quantidade de tempo nos últimos dias, e nenhuma das macros funciona. O pior é que esse tipo de procedimento teria funcionado perfeitamente com o gravador de macros do velho Lotus 1-2-3, criado em 1983. Mitch Kapor resolveu esse problema há 33 anos, e a Microsoft ainda não conseguiu consertar isso.

Você sabia que, até o Excel 97, o Microsoft Excel executava secretamente macros de linhas de comando do Lotus? Eu descobri isso pouco depois de a Microsoft deixar de dar suporte ao Excel 97. Naquela época, várias empresas fizeram o upgrade para o Excel XP, que não suportava mais as macros do Lotus 1-2-3. Muitas delas, então, contrataram a minha empresa para converter as antigas macros do Lotus 1-2-3 para o VBA do Excel. É interessante que, no Excel 5, 95 e 97, a Microsoft oferecia um intérprete que conseguia tratar as macros do Lotus que resolviam esse problema corretamente, mas que seu próprio gravador de macros não conseguia (e ainda não consegue!) resolver.

Nunca use o AutoSoma ou a Análise Rápida enquanto estiver gravando uma macro

Na verdade, podemos resolver esse problema de gravar uma AutoSoma com o gravador de macros. É importante reconhecer que o gravador de macros nunca gravará corretamente a intenção do botão AutoSoma.

Se estivermos na célula E99 e clicarmos no botão AutoSoma, o Excel começará a fazer uma varredura das células E98 para cima até localizar uma célula de texto, em branco ou com uma fórmula. Então, ele propõe uma fórmula que soma tudo entre a célula atual e a célula encontrada.

Entretanto, o gravador de macros grava o resultado específico da busca do dia em que a macro foi gravada. Em vez de gravar algo do tipo que "siga a lógica normal da AutoSoma", o gravador de macros insere uma única linha de código para somar as 98 células anteriores.

O Excel 2013 acrescentou o recurso Análise Rápida. Selecione E2:G99, clique no ícone Análise Rápida, que fica na parte de baixo e à direita de uma seleção retangular; selecione Totais, Soma na Parte Inferior; e, então, poderá ver os totais corretos na linha 100. O gravador macros inserirá as fórmulas diretamente no código para sempre aparecerem na linha 100 e sempre somar o total da linha 2 até a linha 99.

A solução, um tanto estranha, seria digitar uma função `SOMA` que use uma mistura de referências de linha relativas e absolutas. Se digitarmos `=SOMA(E$2:E10)` enquanto o gravador de macros estiver ativo, o Excel incluirá corretamente o código que sempre fará a soma da segunda linha fixa para baixo, até a referência relativa, que está logo acima da célula atual.

Aqui está o código resultante com alguns comentários:

```
Sub FormatarNotaFiscal3()
 ' FormatarNotaFiscal3 Macro
' Importa. Soma. Formata.
' Atalho de teclado: Ctrl+K
Workbooks.OpenText Filename:="C:\Dados\notafiscal.txt", _
    Origin:=437, StartRow:=1, DataType:=xlDelimited, _
    TextQualifier:=xlDoubleQuote, ConsecutiveDelimiter:=False, _
     Tab:=False, Semicolon:=False, Comma:=True, Space:=False, _
     Other:=False, FieldInfo:=Array(Array(1, 3), Array(2, 1), _
     Array(3, 1), Array(4, 1), Array(5, 1), Array(6, 1), _
     Array(7, 1)), TrailingMinusNumbers:=True
Selection.End(xlDown).Select
ActiveCell.Offset(1, 0).Range("A1").Select
ActiveCell.FormulaR1C1 = "Total"
ActiveCell.Offset(0, 4).Range("A1").Select
Selection.FormulaR1C1 = "=SUM(R2C:R[-1]C)"
Selection.AutoFill Destination:=ActiveCell.Range("A1:C1"), _
    Type:=xlFillDefault
ActiveCell.Range("A1:C1").Select
ActiveCell.Rows("1:1").EntireRow.Select
ActiveCell.Activate
Selection.Font.Bold = True
Application.Goto Reference:="R1C1:R1C7"
Selection.Font.Bold = True
Selection.CurrentRegion.Select
Selection.Columns.AutoFit
End Sub
```

Essa terceira macro vai funcionar de modo consistente com um conjunto de dados de qualquer tamanho.

Quatro dicas para usar o gravador de macros

Raramente conseguiremos gravar 100% das nossas macros e fazê-las funcionar. Entretanto, podemos chegar mais perto disso usando as quatro dicas a seguir.

Dica 1: Ative as configurações de Referências Relativas

A Microsoft deveria tornar essa configuração o padrão. Ative essa configuração e a deixe ativa quando estiver gravando suas macros.

Dica 2: Use teclas especiais de navegação para ir até a última linha de um conjunto de dados

Se estiver nas primeiras linhas do conjunto de dados e precisar ir até a última célula que contém dados, você pode pressionar Ctrl+seta para baixo ou pressionar a tecla End e, então, a tecla seta para baixo.

De modo similar, para ir até a última coluna da linha atual do conjunto de dados, pressione Ctrl+seta para direita ou pressione End e, então, a tecla seta para direita.

Se usarmos essas teclas de navegação, poderemos pular para o fim de um conjunto de dados, independentemente de quantas linhas ou colunas temos no momento.

Use Ctrl+* para selecionar a região atual da célula ativa. Desde que não haja células ou colunas em branco em seus dados, essa combinação de teclas selecionará o conjunto de dados inteiro.

Dica 3: Nunca clique no ícone AutoSoma quando estiver gravando uma macro

O gravador de macros não gravará a "essência" do botão AutoSoma. Pelo contrário, ele vai inserir a fórmula resultante de se pressionar o botão AutoSoma no código. Essa fórmula não funciona quando temos mais ou menos registros no conjunto de dados.

Assim, em vez de fazer isso, digite uma fórmula com um único sinal de cifrão, tal como `=SOMA(E$2:E10)`. Quando fazemos isso, o gravador de macros registra o primeiro E$2 como uma referência fixa e inicia o intervalo de SOMA logo abaixo dos títulos da linha 1. Supondo que a célula ativa seja a E11, o gravador de macros reconhecerá E10 como uma referência relativa, apontando diretamente acima da célula atual.

Dica 4: Tente gravar métodos diferentes se um método não funcionar

Existem muitos modos de executar tarefas no Excel. Se nos depararmos com código defeituoso de um método, podemos experimentar outro. Com 16 gerentes de projeto diferentes no time do Excel, é provável que cada método tenha sido programado por um grupo diferente. Em um dos estudos de caso deste capítulo, uma tarefa envolveu aplicar o AutoAjuste da Largura da Coluna em todas as células. Algumas pessoas pressionaram Ctrl+T para selecionar todas as células. Outras podem ter pressionado Ctrl+*. Desde o Excel 2007, o código gerado por Ctrl+T não funciona quando pressionado no modo Relativo. O código Ctrl+* é bem antigo e continua funcionando em todos os casos.

Próximos passos

O Capítulo 2, "Isso se parece com o BASIC. Então, por que ele não me parece familiar?", examinará as três macros que gravamos neste capítulo para que possamos entendê-las melhor. Depois de aprender a decodificar o código VBA, corrigir macros gravadas ou simplesmente escrever códigos a partir do zero vai lhe parecer algo natural. Leia mais um capítulo. Em breve, você verá por que aprender VBA é a solução, e estará escrevendo códigos úteis que funcionam de modo consistente.

CAPÍTULO 2

Isso se parece com o BASIC. Então, por que ele não me parece familiar?

Neste capítulo, você vai:

- Descobrir em que sentido o VBA é diferente do BASIC.
- Entender as "classes gramaticais" do VBA.
- Descobrir que aprender VBA não é tão difícil assim.
- Examinar códigos de macros gravadas com o VB Editor e a Ajuda.
- Usar ferramentas de depuração para entender códigos gravados.
- Conhecer o Pesquisador de Objeto.
- Aprender sete dicas para limpar um código gravado.

Como mencionado no Capítulo 1, "Liberando o poder do Excel com VBA", se tivemos aulas de linguagens procedurais, como o BASIC ou o COBOL, talvez fiquemos confusos ao dar uma olhada em um código de VBA. Embora VBA queira dizer *Visual Básico para Aplicações* (Visual Basic for Applications), ele é uma versão *orientada a objetos* do BASIC. Veja aqui uma parte de um código de VBA:

```
Selection.End(xlDown).Select
Range("A11").Select
ActiveCell.FormulaR1C1 = "Total"
Range("E11").Select
Selection.FormulaR1C1 = _
 "=SUM(R[-9]C:R[-1]C)"
Selection.AutoFill _
 Destination:=Range("E11:G11"), _
 Type:=xlFillDefault
```

Esse código provavelmente não faz nenhum sentido para alguém que só esteja familiarizado com linguagens procedurais. Infelizmente, sua primeira experiência com programação na faculdade (supondo que você tenha mais de 40 anos) provavelmente foi uma linguagem procedural.

Veja aqui uma seção de um código escrito na linguagem BASIC:

```
For x = 1 to 10
 Print Rpt$(" ",x);
 Print "*"
Next x
```

Se executarmos esse código, veremos uma pirâmide de asteriscos na nossa tela:

```
*
  *
    *
      *
        *
          *
            *
              *
                *
                  *
```

Se já teve em alguma aula de linguagens procedurais, você provavelmente conseguirá dar uma olhadinha nesse código e descobrir o que está acontecendo porque as linguagens procedurais são mais parecidas com o nosso idioma natural do que as linguagens orientadas a objetos. A instrução `Print "Olá, Mundo"` segue o formato verbo-objeto, que é a nossa forma geral de falar. Vamos sair um pouco da programação por um segundo e analisar um exemplo concreto.

Entendendo as "classes gramaticais" do VBA

Se fôssemos escrever um código de instruções para jogar futebol usando o BASIC, a instrução para chutar a bola seria algo como isto:

```
"Chute a Bola"
```

Ei, é assim que falamos! Isso faz sentido. Temos um verbo (*chute*) seguido de um substantivo (*bola*). O código do BASIC da seção anterior tinha um verbo (`Print` [imprimir]) e um substantivo (o asterisco, *). Até aqui, tudo bem.

Mas o problema é o seguinte: o VBA não funciona assim. Na verdade, nenhuma linguagem orientada a objetos funciona assim. Em uma linguagem orientada a objetos, os objetos (substantivos) são o mais importante, e é daí que vem o nome: orientada a objetos. Se fôssemos escrever um código com instruções para jogar futebol com VBA, a estrutura básica seria assim:

```
Bola.Chute
```

Temos um substantivo (`bola`), que vem primeiro. No VBA, isso é um *objeto*. Depois, temos o verbo (`Chute`), que vem logo em seguida. No VBA, isso é um *método*.

A estrutura básica do VBA é um conjunto de linhas de códigos com esta sintaxe:

`Objeto.Método`

Nem é preciso dizer que isso não é português. Aqueles que tiveram aulas de línguas românicas na escola devem se lembrar de que esses idiomas usam uma construção "substantivo-adjetivo". No entanto, ninguém usa a construção "substantivo-verbo" a fim de dizer a alguém para fazer algo:

```
Água.Beba
Comida.Coma
Garota.Beije
```

É por isso que o VBA é confuso para alguém que anteriormente teve aulas de programação procedural.

Continuaremos com a analogia mais um pouco. Vamos imaginar que estamos andando em um campo gramado e que há cinco bolas na nossa frente: uma bola de futebol, uma de basquete, uma de beisebol, uma de boliche e uma de tênis. Queremos mandar um menino do nosso time de futebol "chutar a bola de futebol".

Se o mandarmos simplesmente chutar a bola (ou `bola.chute`), não poderemos ter certeza de qual das cinco bolas ele chutará. Talvez ele chute a que esteja mais perto dele, o que poderia ser um problema se ele estiver parado bem em frente da bola de boliche.

Para quase todos os substantivos, ou objetos, no caso do VBA, existe uma coleção desses objetos. Pense no Excel. Se podemos ter uma linha, podemos ter um conjunto de linhas. Se podemos ter uma célula, podemos ter um conjunto de células. Se podemos ter uma planilha, podemos ter um conjunto de planilhas. A única diferença entre um objeto e uma coleção é que acrescentamos um *s* ao nome do objeto:

```
Linha se torna Linhas.
Célula se torna Células.
Bola se torna Bolas.
```

Quando fazemos referência a uma coleção, temos que dizer à linguagem de programação a qual item estamos nos referindo. Existem algumas maneiras de se fazer isso. Podemos fazer referência a um item usando um número. Por exemplo, se a bola de futebol for a segunda, poderíamos dizer o seguinte:

```
Bolas(2).Chute
```

Embora isso funcione bem, essa poderia ser uma maneira perigosa de programar. Por exemplo, isso poderia funcionar na terça-feira. Entretanto, se voltássemos ao campo na quarta-feira e alguém tivesse reorganizado as bolas, `Bolas(2).Chute` poderia se tornar uma ação dolorosa.

Uma maneira muito segura de fazer isso seria usar um nome para o objeto em uma coleção. Poderíamos dizer o seguinte:

```
Bolas("Futebol").Chute
```

Com esse método, sempre vamos saber que a bola de futebol será chutada.

Até agora tudo bem. Sabemos que uma bola será chutada, e sabemos que será a bola de futebol. Para a maioria dos verbos, ou métodos do VBA do Excel, existem *parâmetros* que dizem *como* executar a ação. Esses parâmetros agem como advérbios. Talvez queiramos que a bola de futebol seja chutada para a esquerda e bem forte. Nesse caso, o método teria uma determinada quantidade de parâmetros que diriam como o programa deveria realizar o método:

```
Bolas("Futebol").Chute Direção:=Esquerda, Força:=Forte
```

Analisando o código de VBA, a combinação dois-pontos+sinal de igual (:=) indica que estamos vendo os parâmetros de como o verbo deve ser executado.

Às vezes, um método terá uma lista de 10 parâmetros, alguns dos quais são opcionais. Por exemplo, se o método Chute tiver um parâmetro Elevação, teremos esta linha de código:

```
Bolas("Futebol").Chute Direção:=Esquerda, Força:=Forte, Elevação:=Alta
```

Esta é a parte confusa: todos os métodos têm uma ordem-padrão para os seus parâmetros. Se não formos programadores conscientes, e se soubermos qual é a ordem dos parâmetros, podemos omitir os nomes dos parâmetros. O seguinte código seria o equivalente à linha de código anterior:

```
Bolas("Futebol").Chutar Esquerda, Forte, Alta
```

Ficamos sem entender nada. Sem o :=, não fica óbvio que temos parâmetros. A menos que saibamos qual é a ordem dos parâmetros, muito provavelmente não vamos entender o que está sendo dito. No caso de Esquerda, Forte e Alta, fica fácil de entender ao que eles estão se referindo, mas quando temos parâmetros como estes:

```
ActiveSheet.Shapes.AddShape type:=1, Left:=10, Top:=20, _
 Width:=100, Height:=200
```

ficaria confuso se tivéssemos isto:

```
ActiveSheet.Shapes.AddShape 1, 10, 20, 100, 200
```

A linha anterior é um código válido. Entretanto, a menos que saibamos que a ordem-padrão dos parâmetros desse método Add é Type, Left, Top, Width e Height, esse código não fará sentido. A ordem-padrão de qualquer método específico é a ordem dos parâmetros conforme exibida no tópico de Ajuda desse método.

Para nos confundir ainda mais, podemos começar a especificar os parâmetros em sua ordem-padrão sem nomeá-los e, então, começar a nomeá-los quando chegarmos em um que não esteja na ordem-padrão. Se quisermos chutar a bola para a esquerda e alto, mas não nos importamos com a força (ou seja, estamos dispostos a aceitar a força-padrão), as duas instruções seguintes são equivalentes:

```
Bolas("Futebol").Chute Direção:=Esquerda, Elevação:=Alta
Bolas("Futebol").Chute Esquerda, Elevação:=Alta
```

Entretanto, devemos ter em mente que, assim que se começarmos a nomear parâmetros, eles deverão continuar a ser nomeados pelo restante daquela linha de código.

Alguns métodos simplesmente agem por conta própria. Para simular o pressionar a tecla F9, usamos este código:

```
Application.Calculate
```

Outros métodos executam uma ação e criam alguma coisa. Por exemplo, podemos adicionar uma planilha usando o seguinte:

```
Worksheets.Add Before:=Worksheets(1)
```

Contudo, como Worksheets.Add cria um novo objeto, podemos atribuir os resultados desse método a uma variável. Nesse caso, devemos colocar os parâmetros entre parênteses:

```
Set MyWorksheet = Worksheets.Add(Before:=Worksheets(1))
```

Só precisamos de mais uma classe gramatical: adjetivos. Assim como os adjetivos descrevem um substantivo, as *propriedades* descrevem um objeto. Como você é um fã do Excel, vamos trocar o exemplo do futebol por um com o Excel. Existe um objeto que descreve células ativas. Felizmente, ele tem um nome bastante intuitivo:

```
ActiveCell
```

Vamos supor que queremos mudar a cor da célula ativa para vermelho. Existe uma propriedade chamada `Interior.Color` para células que usam uma série complexa de códigos. No entanto, podemos fazer com que uma célula fique vermelha usando este código:

```
ActiveCell.Interior.Color = 255
```

Podemos ver como isso pode ser confuso. Novamente, temos a construção *substantivo*-ponto-*algo*, mas dessa vez temos um `Objeto.Propriedade` em vez de um `Objeto.Método`. A diferença entre eles é bem sutil: Não temos dois-pontos antes do sinal de igual. As propriedades quase sempre são definidas como iguais a alguma coisa, ou talvez o valor de uma propriedade seja atribuído a alguma outra coisa.

Para fazer com que a cor de uma célula seja igual à da célula A1, poderíamos dizer o seguinte:

```
ActiveCell.Interior.Color = Range("A1").Interior.Color
```

`Interior.Color` é uma propriedade. Quando mudamos o valor de uma propriedade, podemos alterar a aparência das coisas. É meio bizarro: quando mudamos um adjetivo, estamos, na verdade, fazendo alguma coisa com a célula. Os seres humanos diriam: "Pinte a célula de vermelho"; o VBA, porém, diz o seguinte:

```
ActiveCell.Interior.Color = 255
```

A Tabela 2-1 faz um resumo das "classes gramaticais" do VBA.

TABELA 2-1 Classes gramaticais da linguagem de programação VBA

Componente do VBA	Correspondente A	Observações
Objeto	Substantivo	Exemplos incluem células ou planilhas.
Coleção	Substantivo no plural	Geralmente especifica o objeto: `Worksheets(1)`.
Método	Verbo	Aparece como `Objeto.Método`.
Parâmetro	Advérbio	Lista parâmetros depois do método. Separe o nome do parâmetro do seu valor com `:=`.
Propriedade	Adjetivo	Podemos definir uma propriedade (por exemplo, `activecell.height=10`) ou armazenar o valor de uma propriedade (por exemplo, `x = activecell.height`).

VBA não é tão difícil

Saber se estamos lidando com propriedades ou métodos nos ajuda a definir qual é a sintaxe correta do nosso código. Não se preocupe se tudo isso parecer confuso agora. Quando estamos escrevendo códigos de VBA do zero, é difícil saber se o processo de mudar uma célula para amarelo requer um verbo ou um adjetivo. Temos um método ou uma propriedade?

É aqui que o gravador de macros é especialmente útil. Quando não sabemos como codificar algo, podemos gravar uma pequena macro, dar uma olhada no código gravado e descobrir o que está acontecendo.

Arquivos de Ajuda do VBA: usando F1 para encontrar qualquer coisa

A Ajuda do VBA do Excel é um recurso incrível, desde que estejamos conectados à internet. Se vamos escrever macros de VBA, então *precisamos* ter acesso aos tópicos de Ajuda do VBA instalados. Siga estes passos para ver como é fácil obter ajuda no VBA:

1. Abra o Excel e acesse o VB Editor pressionando Alt+F11. No menu Inserir, selecione Módulo.
2. Digite estas três linhas de código:

   ```
   Sub Teste()
    MsgBox "Olá, Mundo!"
   End Sub
   ```

3. Clique na palavra `MsgBox`.
4. Com o cursor na palavra `MsgBox`, pressione F1. Se tivermos acesso à internet, veremos o tópico de Ajuda para a função `MsgBox`.

Usando os tópicos de Ajuda

Se requisitarmos ajuda para uma função ou método, o tópico de Ajuda nos apresentará os muitos possíveis argumentos. Se descermos até a parte inferior dos tópicos de Ajuda, poderemos ver um grande recurso: amostras de códigos são apresentadas sob o cabeçalho Exemplo (veja a Figura 2-1).

Podemos selecionar o código, copiá-lo para a Área de Transferência pressionando Ctrl+C e, então, colá-lo no nosso módulo pressionando Ctrl+V.

Se, depois de gravarmos uma macro, tivermos objetos ou métodos sobre os quais temos dúvidas, podemos obter ajuda posicionando o cursor em qualquer palavra-chave e pressionando F1.

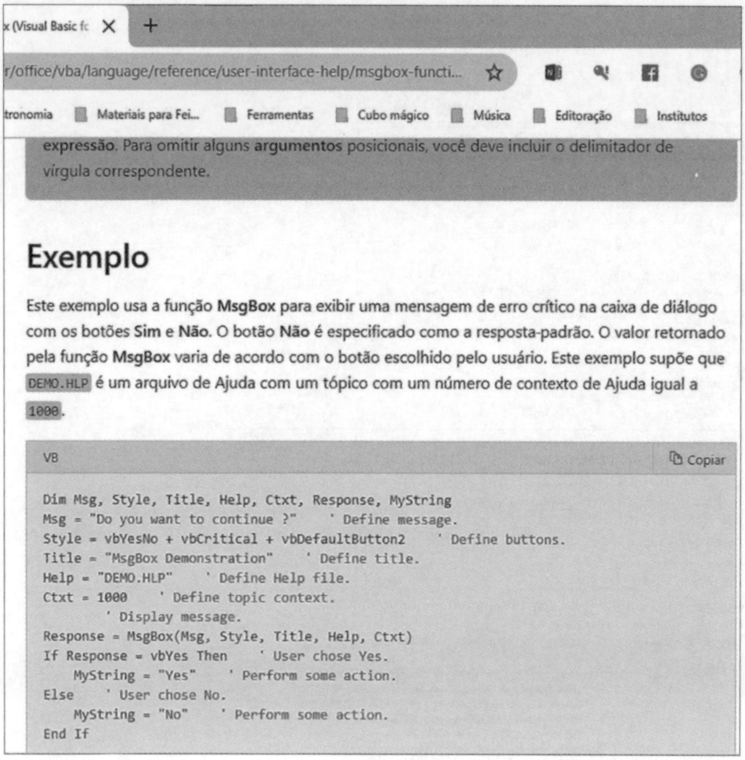

FIGURA 2-1 A maioria dos tópicos de Ajuda inclui amostras de códigos.

Examinando códigos de macros gravadas: Usando o VB Editor e a Ajuda

Vamos examinar o código que gravamos no Capítulo 1 para ver se conseguimos entendê-lo melhor agora que aprendemos sobre objetos, propriedades e métodos. Também veremos se podemos corrigir erros cometidos pelo gravador de macros.

A Figura 2-2 exibe o primeiro código que o Excel gravou no exemplo do Capítulo 1.

Agora que entendemos o conceito de `Substantivo.Verbo` ou `Objeto.Método`, vamos considerar a primeira linha de código que diz `Workbooks.OpenText`. Nesse caso, `Workbooks` é um objeto e `OpenText` é um método. Clique com o cursor na palavra `OpenText` e pressione F1 para obter uma explicação do método `OpenText` (veja a Figura 2-3).

O arquivo de Ajuda confirma que `OpenText` é um método ou uma palavra de ação. A ordem-padrão de todos os argumentos que podem ser usados com `OpenText` é exibida na caixa cinza. Observe que apenas um argumento é exigido: `Filename`. Todos os outros argumentos são listados como opcionais.

```
Sub ImportInvoice()
'
' ImportInvoice Macro
' Import Invoice.txt. Add Total Row. Format.
'
' Keyboard Shortcut: Ctrl+i
'
    Workbooks.OpenText Filename:="G:\2016VBA\SampleFiles\invoice.txt", Origin:= _
        437, StartRow:=1, DataType:=xlDelimited, TextQualifier:=xlDoubleQuote, _
        ConsecutiveDelimiter:=False, Tab:=False, Semicolon:=False, Comma:=True _
        , Space:=False, Other:=False, FieldInfo:=Array(Array(1, 3), Array(2, 1), _
        Array(3, 1), Array(4, 1), Array(5, 1), Array(6, 1), Array(7, 1)), TrailingMinusNumbers _
        :=True
    Selection.End(xlDown).Select
    Range("A11").Select
    ActiveCell.FormulaR1C1 = "Total"
    Range("E11").Select
    Selection.FormulaR1C1 = "=SUM(R[-9]C:R[-1]C)"
    Selection.AutoFill Destination:=Range("E11:G11"), Type:=xlFillDefault
    Range("E11:G11").Select
    Rows("1:1").Select
    Selection.Font.Bold = True
    Rows("11:11").Select
    Selection.Font.Bold = True
    Selection.CurrentRegion.Select
    Selection.Columns.AutoFit
End Sub
```

FIGURA 2-2 Temos aqui o código gravado no exemplo do Capítulo 1.

Parâmetros

Nome	Obrigatório/Opcional	Tipo de dados	Descrição
FileName	Obrigatório	String	Especifica o nome do arquivo de texto a ser aberto ou analisado.
Origin	Opcional	Variant	Especifica a origem do arquivo de texto. Pode ser uma das seguintes constantes XlPlatform : **xlMacintosh**, **xlWindows**ou **xlMSDOS**. Adicionalmente, poderia ser um inteiro representando o número da página de código da página de código desejada. Por exemplo, "1256" especificaria que a codificação do arquivo de texto de origem é Árabe (Windows). Se esse argumento for omitido, o método usará a configuração atual da opção **origem do arquivo** no assistente de importação de texto.
StartRow	Opcional	Variant	O número da linha na qual o texto começa a ser analisado. O valor-padrão é 1.
DataType	Opcional	Variant	Especifica o formato da coluna dos dados no arquivo. Pode ser uma das seguintes constantes XlTextParsingType: **xlDelimited** ou **xlFixedWidth**. Se esse argumento não for especificado, o Microsoft Excel tentará determinar o formato da coluna quando abrir o arquivo.
TextQualifier	Opcional	XlTextQualifier	Especifica o qualificador do texto.
ConsecutiveDelimiter	Opcional	Variant	**True** para ter delimitadores consecutivos considerados como um delimitador. O padrão é **False**.

FIGURA 2-3 Essa figura apresenta uma parte do tópico de Ajuda do método `OpenText`.

Parâmetros opcionais

O arquivo de Ajuda pode nos informar se pulamos um parâmetro opcional. Para `StartRow`, o arquivo de Ajuda indica que o valor-padrão é 1. Se não usarmos o parâmetro `StartRow`, o Excel iniciará o processo de importação pela linha 1. Isso é bem seguro.

Agora dê uma olhada na observação no arquivo de Ajuda sobre `Origin`. Se esse argumento for omitido, herdaremos qualquer valor que tenha sido usado para `Origin` da última vez que alguém usou esse recurso no Excel no mesmo computador. Isso é uma receita para o desastre. Por exemplo, nosso código poderia funcionar 98% das vezes. Entretanto, logo depois de alguém importar um arquivo em árabe, o Excel se lembrará da configuração para o árabe e concluirá que é isso que a nossa macro quer, se não codificarmos explicitamente esse parâmetro.

Constantes definidas

Dê uma olhada na entrada DataType do arquivo de Ajuda da Figura 2-3, que diz que ele pode ser uma das seguintes constantes: `xlDelimited` ou `xlFixedWidth`. O arquivo de Ajuda nos diz que essas são constantes `xlTextParsingType` válidas e predefinidas no VBA do Excel. No VB Editor, pressione Ctrl+G para abrir a janela Verificação Imediata. Nessa janela, digite a seguinte linha e pressione Enter:

```
Print xlFixedWidth
```

A resposta aparecerá na janela Verificação Imediata. `xlFixedWidth` é o equivalente a dizer 2 (veja a Figura 2-4). Na janela Verificação Imediata, digite `Print xlDelimited`, que é o mesmo que digitar 1. A Microsoft supôs corretamente que é mais fácil ler `xlDelimited`, um código que usa um termo que se aproxima mais do inglês, do que ler 1.

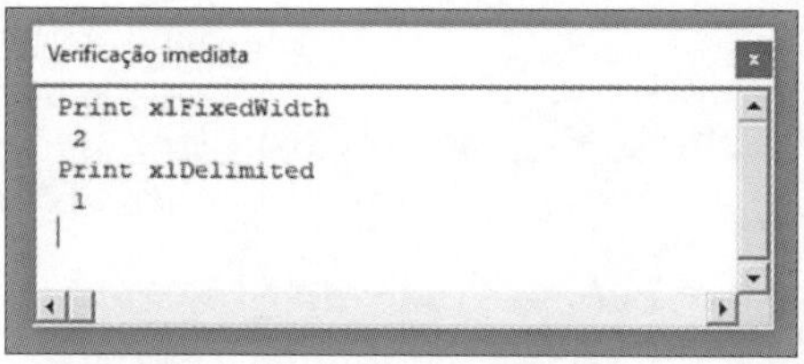

FIGURA 2-4 Na janela Verificação Imediata do VB Editor, podemos consultar qual será o valor verdadeiro de constantes como `xlFixedWidth`.

Se fôssemos programadores malignos, poderíamos, com toda a certeza, memorizar todas essas constantes e escrever nossos códigos usando os equivalentes numéricos delas. Entretanto, os deuses da programação (e a próxima pessoa que tiver que trabalhar com o nosso código) vão nos amaldiçoar por isso.

Na maioria dos casos, o arquivo de Ajuda nos diz exatamente quais são os valores válidos das constantes ou nos oferece um hiperlink que abre o tópico de Ajuda que apresenta a enumeração completa e os valores válidos das constantes (veja a Figura 2-5).

Uma reclamação concernente a esse excelente sistema de Ajuda é que ele não identifica quais parâmetros podem ser novos para determinada versão. Nesse caso específico, `TrailingMinusNumbers` foi introduzido no Excel 2002. Se tentarmos dar esse programa para alguém que ainda estiver usando o Excel 2000, esse código não será executado porque o Excel não entenderá o parâmetro `TrailingMinusNumbers`. Infelizmente, a única maneira de aprendermos a lidar com esse frustrante problema é por meio da tentativa e erro.

Se você leu o tópico de Ajuda sobre o `OpenText`, talvez tenha percebido que ele basicamente é o equivalente a abrir um arquivo usando o Assistente de Importação de Texto. Na etapa 1 do assistente, normalmente escolhemos entre as opções Delimitado ou Largura Fixa. Também podemos especificar a origem do arquivo e em qual linha começar. O primeiro passo do assistente é executado a partir destes parâmetros do método `OpenText`:

```
Origin:=437
StartRow:=1
DataType:=xlDelimited
```

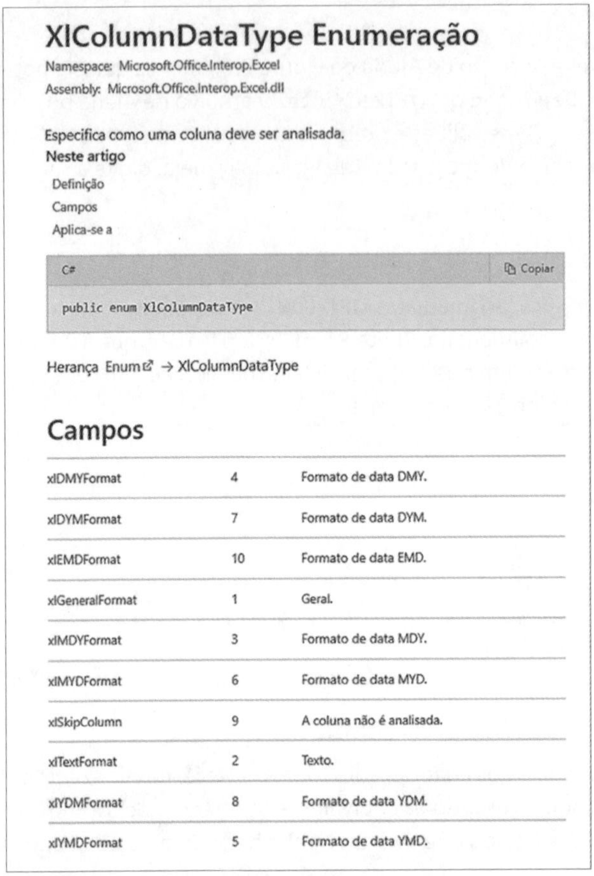

XlColumnDataType Enumeração

Namespace: Microsoft.Office.Interop.Excel
Assembly: Microsoft.Office.Interop.Excel.dll

Especifica como uma coluna deve ser analisada.

Neste artigo

Definição
Campos
Aplica-se a

C# Copiar

```
public enum XlColumnDataType
```

Herança Enum → XlColumnDataType

Campos

xlDMYFormat	4	Formato de data DMY.
xlDYMFormat	7	Formato de data DYM.
xlEMDFormat	10	Formato de data EMD.
xlGeneralFormat	1	Geral.
xlMDYFormat	3	Formato de data MDY.
xlMYDFormat	6	Formato de data MYD.
xlSkipColumn	9	A coluna não é analisada.
xlTextFormat	2	Texto.
xlYDMFormat	8	Formato de data YDM.
xlYMDFormat	5	Formato de data YMD.

FIGURA 2-5 Clique no hiperlink para visualizar todos os valores de constante possíveis. Aqui, as 10 constantes de `xlColumnDataType` possíveis são reveladas em um novo tópico de Ajuda.

A etapa 2 do Assistente de Importação de Texto nos permite especificar que os nossos campos devem ser delimitados por vírgulas. Como não queremos tratar duas vírgulas como uma única, a caixa de seleção Considerar Delimitadores Consecutivos Como Um Só não deve ser marcada. Às vezes, um campo pode conter uma vírgula, tal como "XYZ, Inc.". Essa segunda etapa do assistente é executada por meio dos seguintes parâmetros do método `OpenText`:

```
TextQualifier:=xlDoubleQuote
ConsecutiveDelimiter:=False
Tab:=False
Semicolon:=False
Comma:=True
Space:=False
Other:=False
```

A etapa 3 do assistente é onde de fato identificamos os tipos dos campos. Nesse caso, deixamos todos os campos como Geral, com exceção do primeiro campo, que foi marcado como uma data no formato MDA (Mês, Dia, Ano). Isso é representado no código pelo parâmetro `FieldInfo`.

A terceira etapa do Assistente de Importação de Texto é bem complexa. O inteiro parâmetro `FieldInfo` do método `OpenText` duplica as escolhas feitas nessa etapa do assistente. Se clicarmos no botão Avançado na terceira etapa do assistente, teremos a oportunidade de especificar outros separadores decimais e de milhares, além dos padrões, e a configuração de Sinal de Menos Posterior em Números Negativos.

> **Nota** Perceba que o gravador de macros não escreverá o código para `DecimalSeparator` ou `ThousandsSeparator`, a menos que alteremos suas opções-padrão. Porém, o gravador de macros sempre gravará o parâmetro `TrailingMinusNumbers`.

Lembre-se de que cada ação que realizamos no Excel enquanto estamos gravando uma macro é traduzida para código de VBA. No caso de muitas caixas de diálogo, as configurações que não alteramos costumam ser gravadas junto com os itens que alteramos. Ao clicarmos em OK para fechar a caixa de diálogo, o gravador de macros costuma gravar todas as configurações atuais da caixa de diálogo na macro.

Vejamos outro exemplo. A próxima linha do código da macro é a seguinte:

```
Selection.End(xlDown).Select
```

Podemos clicar para obter ajuda em relação a três tópicos dessa linha de código: `Selection`, `End`, e `Select`. Supondo que `Selection` e `Select` sejam um tanto autoexplicativos, clique na palavra End e pressione F1 para acessar a Ajuda.

Esse tópico de Ajuda diz que `End` é uma propriedade. Ele retorna um objeto `Range` que é equivalente a pressionar End+seta para cima ou End+seta para baixo na interface do Excel (veja a Figura 2-6). Ao clicarmos no hiperlink azul de `xlDirection`, veremos os parâmetros válidos que podem ser passados para a função End.

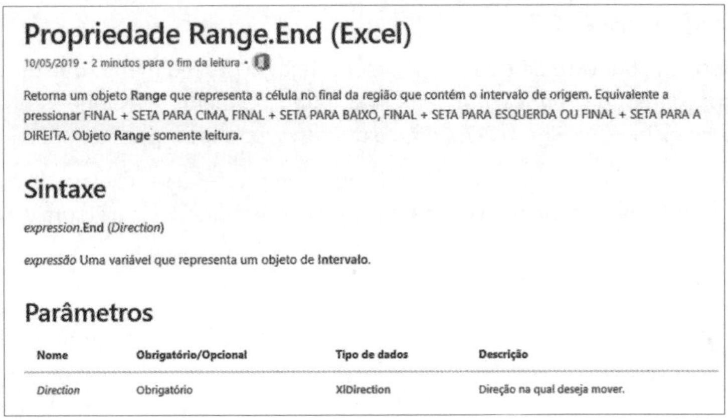

Propriedade Range.End (Excel)

10/05/2019 • 2 minutos para o fim da leitura •

Retorna um objeto **Range** que representa a célula no final da região que contém o intervalo de origem. Equivalente a pressionar FINAL + SETA PARA CIMA, FINAL + SETA PARA BAIXO, FINAL + SETA PARA ESQUERDA OU FINAL + SETA PARA A DIREITA. Objeto **Range** somente leitura.

Sintaxe

expression.**End** (*Direction*)

expressão Uma variável que representa um objeto de **Intervalo**.

Parâmetros

Nome	Obrigatório/Opcional	Tipo de dados	Descrição
Direction	Obrigatório	XlDirection	Direção na qual deseja mover.

FIGURA 2-6 O tópico de Ajuda correto da propriedade End.

Propriedades podem retornar objetos

Lembre-se de que vimos anteriormente neste capítulo que a sintaxe básica do VBA é `Objeto.Método`. Considere a linha de código que estamos examinando:

```
Selection.End(xlDown).Select
```

Nessa linha de código específica, o método é `Select`. A palavra-chave End é uma propriedade, mas, com base no arquivo de Ajuda, podemos ver que ela retorna um objeto Range. Como o método `Select` pode ser aplicado a um objeto Range, o método na verdade está anexado a uma propriedade.

Com base nessa informação, podemos supor que `Selection` é o objeto dessa linha de código. Se clicarmos com o mouse na palavra `Selection` e pressionarmos F1, veremos que, de acordo com o tópico da Ajuda, `Selection` é, na verdade, uma propriedade e não um objeto. Na verdade, o código apropriado seria `Application.Selection`. Entretanto, quando executado dentro do Excel, o VBA supõe que estamos nos referindo ao modelo de objetos do Excel, de modo que podemos deixar o objeto `Application` de lado. Se fôssemos escrever um programa no VBA do Word para automatizar o Excel, seríamos obrigados a incluir uma variável de objeto antes da propriedade `Selection` para qualificar a qual aplicativo estamos nos referindo.

Nesse caso, `Application.Selection` pode retornar vários tipos de objetos. Se uma célula estiver selecionada, ele retornará o objeto Range.

Usando ferramentas de depuração para entender códigos gravados

Esta seção apresenta algumas ferramentas de depuração incríveis que estão disponíveis no VB Editor e são excelentes para nos ajudar a ver o que uma macro gravada está fazendo.

O passo a passo dos códigos

Em geral, as macros são executadas rapidamente: as executamos e, menos de um segundo depois, elas terminam. Se alguma coisa der errado, não temos nem chance de descobrir o que a macro está fazendo. Entretanto, se usarmos o recurso Depuração Total do Excel, poderemos executar uma linha de código por vez.

Para usar esse recurso, certifique-se de que o seu cursor esteja no procedimento que deseja executar, tal como o procedimento `ImportarNotaFiscal` e, então, no menu, selecione Depurar, Depuração Total, tal como exibido na Figura 2-7. Como alternativa, podemos pressionar F8.

O VB Editor passará para o modo Interromper. A linha que está prestes a ser executada é destacada em amarelo, com uma seta amarela na margem antes do código (veja a Figura 2-8).

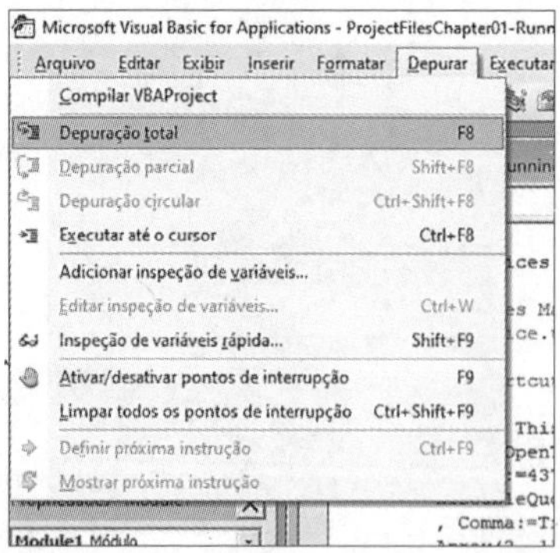

FIGURA 2-7 Podemos usar o recurso Depuração Total para executar uma única linha de código por vez.

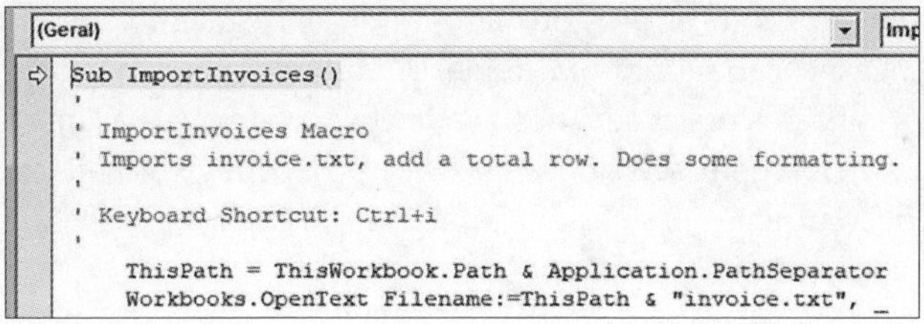

FIGURA 2-8 A primeira linha da macro está prestes a ser executada.

Nesse caso, a linha que está prestes a ser executada é a linha `Sub ImportarNotaFiscal()`. Isso basicamente está nos dizendo: "Você está prestes a iniciar a execução deste procedimento." Pressione a tecla F8 para executar a linha em amarelo e passar para a próxima linha de código. O longo código de `OpenText` passa então a ser destacado. Pressione F8 para executar essa linha de código. Quando virmos que a linha `Selection.End(xlDown).Select` está destacada, saberemos que o Visual Basic terminou de executar o comando `OpenText`. Nesse ponto, poderemos pressionar Alt+Tab para voltar para o Excel e ver que o arquivo `NotaFiscal.txt` foi processado. Perceba que A1 está selecionada.

> **Nota** Se você tiver um monitor grande, poderá usar o ícone Restaurar Tamanho no canto superior direito da janela de VBA para posicionar a janela de modo que possa ver tanto a janela de VBA como a do Excel. (Restaurar Tamanho é o ícone com duas janelas entre o "traço" de Minimizar e o *X* de Fechar na parte superior de cada janela.)
>
> Esse também é um ótimo truque a se usar ao gravar novos códigos. Podemos ver o código aparecendo à medida que fazemos coisas no Excel.

Volte para o VB Editor pressionando Alt+Tab. A próxima linha a ser executada é a `Selection.End(xlDown).Select`. Pressione F8 para executar esse código. Volte para o Excel e veja que a última célula no seu conjunto de dados está selecionada.

Pressione F8 de novo para executar a linha `Range("A11").Select`. Se voltarmos para o Excel pressionando Alt+Tab, veremos que é aqui que a macro começa a ter problemas. Em vez de pular para a primeira linha em branco, o programa pula para a linha errada.

Agora que identificamos a área com o problema, podemos interromper a execução do código usando o comando Redefinir. Podemos executar o comando Redefinir selecionando Executar, Redefinir ou clicando no botão Redefinir na barra de ferramentas (é um pequeno quadrado azul perto dos ícones de Executar e de Interromper). Depois de clicar em Redefinir, volte para o Excel e desfaça tudo o que foi feito pela macro parcialmente executada. Nesse caso, feche o arquivo NotaFiscal.txt sem salvar.

Mais opções de depuração: pontos de interrupção

Se tivermos centenas de linhas de código, talvez não seja interessante passarmos por cada linha, uma de cada vez. Se tivermos uma ideia geral de que está ocorrendo um problema em determinada seção do programa, podemos definir um ponto de interrupção. Então, poderemos executar o código, sabendo que a macro irá parar logo antes de executar a linha de código do ponto de interrupção.

Para definir um ponto de interrupção, clique na área de margem cinza à esquerda da linha de código na qual deseja que a execução seja interrompida. Um grande ponto marrom aparecerá ao lado desse código, e a linha de código será destacada em marrom (veja a Figura 2-9). (Se não estiver vendo essa área de margem, selecione Ferramentas, Opções, Formato do Editor, e marque Barra Indicadora de Margem.) Ou selecione uma linha de código e pressione F9 para ativar ou desativar o ponto de interrupção.

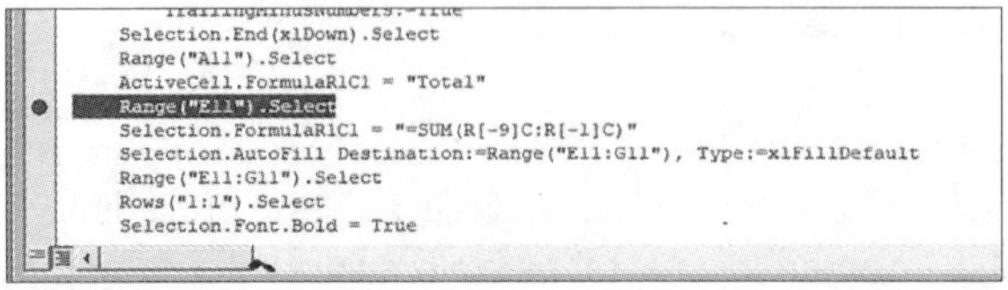

FIGURA 2-9 O grande ponto marrom representa um ponto de interrupção.

Em seguida, no menu do Visual Basic, selecione Executar, Executar Sub/UserForm, ou pressione F5. O programa será executado, mas parará antes de executar a linha do ponto de interrupção. O VB Editor destacará a linha do ponto de interrupção em amarelo. Agora, você pode pressionar F8 para analisar o código passo a passo.

Uma vez que tiver terminado de depurar seu código, remova os pontos de interrupção clicando nos pontos marrons na margem para desativá-los. Como alternativa, podemos selecionar Depurar, Limpar Todos os Pontos de Interrupção, ou pressionar Ctrl+Shift+F9 para limpar todos os pontos de interrupção definidos no projeto.

Voltando ou avançando no código

Quando estamos analisando um código passo a passo, talvez queiramos pular algumas linhas de código ou corrigir algumas linhas de código que queremos executar novamente. Isso é fácil de se fazer quando estamos trabalhando no modo Interromper. Um método favorito de muitos é usar o mouse para selecionar a seta amarela. O cursor será alterado para um ícone de três setas, o que nos permite pular para a linha de cima ou de baixo. Arraste a linha amarela para qualquer linha que deseje executar em seguida. A outra opção seria clicar com o botão direito na linha para a qual queremos pular e, então, selecionar Definir Próxima Instrução.

Não tendo que passar por cada linha de código

Quando analisamos um código passo a passo, talvez queiramos executar uma seção do código sem ter que passar por cada linha, tal como quando entramos em um loop. Talvez queiramos que o VBA execute o loop 100 vezes para que possamos analisar as linhas passo a passo depois do loop. Pressionar a tecla F8 algumas centenas de vezes para fazer a análise em um loop é algo especialmente monótono. Em vez disso, clique com o cursor na linha para a qual deseja ir e pressione Ctrl+F8, ou selecione Depurar, Executar Até o Cursor. Esse comando também está disponível no menu do botão direito.

Consultando qualquer coisa ao analisar o código

Embora ainda não tenhamos discutido variáveis, podemos consultar o valor de qualquer coisa enquanto estivermos no modo Interromper. Entretanto, tenha em mente que o gravador de macros nunca grava uma variável.

Usando a janela Verificação Imediata

Pressione Ctrl+G para exibir a janela Verificação Imediata no VB Editor. Enquanto a macro estiver no modo Interromper, peça ao VB Editor para lhe informar qual célula está selecionada no momento, o nome da planilha ativa ou o valor de qualquer variável. A Figura 2-10 apresenta diversos exemplos de consultas digitadas na janela Verificação Imediata.

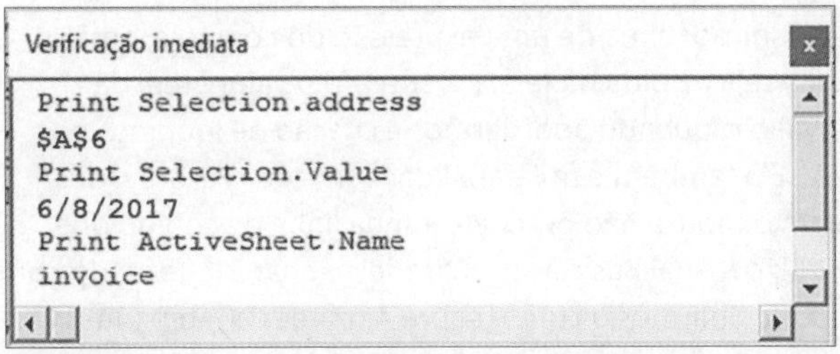

FIGURA 2-10 Consultas que podem ser digitadas na janela Verificação Imediata enquanto uma macro estiver no modo Interromper, exibidas junto com as suas respostas.

Em vez de digitarmos `Print`, podemos digitar um ponto de interrogação: `? Selection.Address`. Esse ponto de interrogação pode ser lido como "O que é...?"

Quando chamada com Ctrl+G, a janela Verificação Imediata normalmente aparece ao pé da janela de código. Podemos usar a alça de redimensionamento, que está localizada acima da barra de título azul de Verificação Imediata, para aumentar ou diminuir seu tamanho.

Há uma barra de rolagem ao lado da janela Verificação Imediata que podemos usar para retroceder ou avançar por entradas anteriores da janela Verificação Imediata.

Não precisamos executar consultas apenas na parte de baixo da janela Verificação Imediata. Por exemplo, se acabamos de executar uma linha de código, podemos executar o `Selection.Address` na janela Verificação Imediata para garantir que essa linha de código tenha funcionado.

Pressione F8 para executar a próxima linha de código. Em vez de digitar a mesma consulta novamente, clique, na janela Verificação Imediata, em qualquer lugar da linha que contém a última consulta e pressione Enter.

A janela Verificação Imediata executará essa consulta novamente, exibindo os resultados na linha seguinte e empurrando os resultados antigos mais para baixo na janela. Nesse caso, o endereço selecionado é $E$11:$G$11. A resposta anterior, $A$6, é empurrada mais para baixo.

Também podemos usar esse método para alterar a consulta, clicando à direita da palavra `Address` na janela Verificação Imediata. Pressione a tecla backspace para apagar a palavra `Address` e digite `Columns.Count`. Pressione Enter, e a janela Verificação Imediata exibirá o número de colunas na seleção.

Essa é uma excelente técnica para se usar quando estamos tentando decifrar uma seção confusa de código. Por exemplo, podemos consultar o nome da planilha ativa (`Print Activesheet.Name`), a seleção (`Print Selection.Address`), a célula ativa (`Print ActiveCell.Address`), a fórmula da célula ativa (`Print ActiveCell.Formula`), o valor da célula ativa (`Print ActiveCell.Value` ou `Print ActiveCell` porque `Value` é a propriedade-padrão de uma célula), e por aí vai.

Para descartar a janela Verificação Imediata, clique no *X*, no canto superior direito dela.

Nota Ctrl+G não desativa a janela. Use o *X* no canto superior direito da janela Verificação Imediata para fechá-la.

Consultando com o mouse

Em muitos casos, podemos passar o cursor por cima de uma expressão do código e, então, esperar um segundo para que uma dica seja exibida na tela, mostrando o valor atual da expressão. Essa será uma ferramenta valiosa quando abordarmos a criação de loopings no Capítulo 4, "Loops e controle de fluxo". Ela também é útil para lidar com códigos gravados. Observe que a expressão analisada com o mouse não precisa estar na linha de código que acabou de ser executada. Na Figura 2-11, o Visual Basic acabou de selecionar E11, fazendo com que E11 se tornasse a célula ativa. Se posicionarmos o cursor sobre `ActiveCell.FormulaR1C1`, veremos uma dica mostrando que a fórmula da célula ativa é `"=SUM(R[-9]C:R[-1]C)"`.

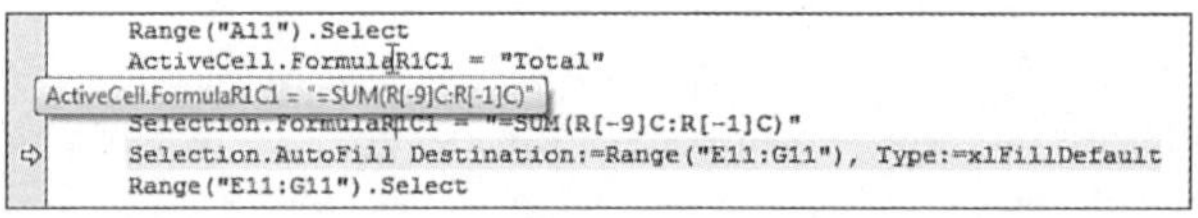

FIGURA 2-11 Passe o mouse por cima de qualquer expressão, por alguns segundos, e uma dica exibirá o valor atual da expressão.

Às vezes, parece que a janela de VBA não está respondendo ao posicionamento do mouse. Como algumas expressões não retornam valores, é difícil dizer se o VBA não está exibindo o valor de propósito ou se estamos no modo defeituoso de "não respondendo". Podemos tentar posicionar o mouse sobre alguma coisa que sabemos que deveria responder, como uma variável. Se não obtivermos resposta, podemos posicionar o mouse, clicar na variável e mantê-lo em cima dela. Isso costuma fazer o Excel despertar da sua letargia, e o posicionamento do mouse voltará a funcionar.

Ficou impressionado? Este capítulo começou reclamando que o VBA não se parecia muito com o BASIC. Todavia, a essa altura, você já teve que admitir que o ambiente do Visual Basic é ótimo para se trabalhar e que suas ferramentas de depuração são excelentes.

Consultando por meio de uma janela Inspeção de Variáveis

No Visual Basic, a inspeção de variáveis nos permite observar o valor de qualquer expressão enquanto analisamos um código passo a passo. Digamos que, no exemplo atual, queremos ver o que é selecionado quando o código é executado. Podemos fazer isso definindo uma inspeção de variáveis para `Selection.Address`.

No menu Depurar do VB Editor, selecione Adicionar Inspeção de Variáveis. Na caixa de diálogo Adicionar Inspeção de Variáveis, insira `Selection.Address` na caixa de texto Expressão e clique em OK (veja a Figura 2-12).

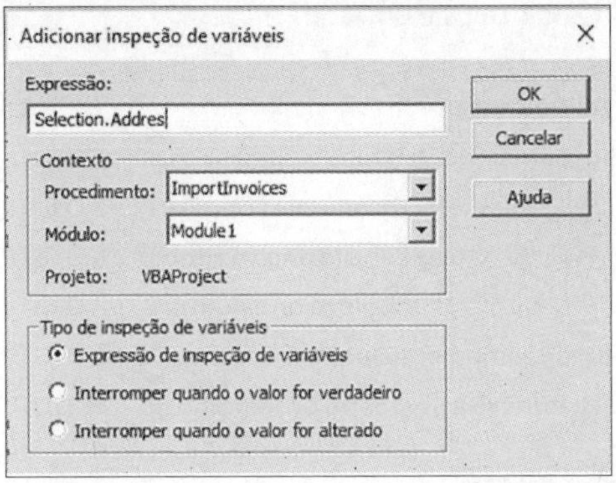

FIGURA 2-12 Configurando uma inspeção de variáveis para ver o endereço da seleção atual.

Uma janela Inspeção de Variáveis é adicionada à janela do Visual Basic, que já contém muita informação, geralmente ao pé da janela de código. Quando começar a executar a macro, importe o arquivo e pressione End+seta para baixo para pular para a última linha com dados. A janela Inspeções de Variáveis confirma que `Selection.Address` é $A$18 (veja a Figura 2-13).

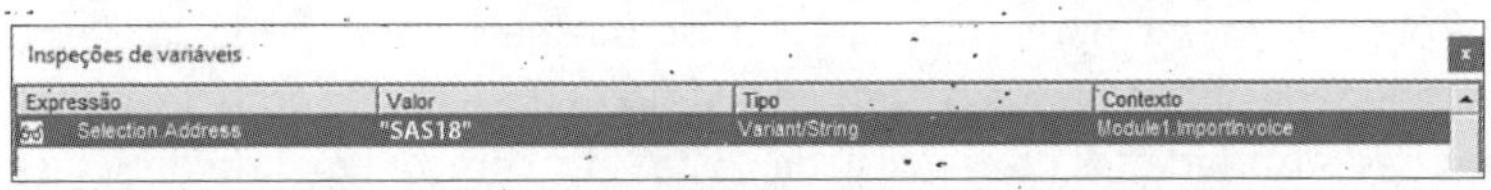

FIGURA 2-13 Sempre poderemos ver o valor das expressões inspecionadas sem precisar passar o mouse por cima delas ou digitar comandos na janela Verificação Imediata.

Pressione a tecla F8 para executar o código `Rows("1:1").Select`. A janela Inspeção de Variáveis é atualizada para mostrar que o endereço atual de `Selection` agora é `$1:$1`.

Na janela Inspeção de Variáveis, a coluna valor é de leitura/gravação (onde possível)! Podemos digitar um novo valor ali e vê-lo ser alterado na planilha.

Usando a inspeção de variáveis para definir um ponto de interrupção

Clique com o botão direito em qualquer linha da janela Inspeção de Variáveis e selecione Editar Inspeção de Variáveis. Na seção Tipo de Inspeção de Variáveis da caixa de diálogo Editar Inspeção de Variáveis, selecione Interromper Quando o Valor For Alterado. Clique em OK.

O ícone dos óculos mudará para um ícone de uma mão com um triângulo. Podemos pressionar F5 para executar o código. A macro começará a executar as linhas de código até que algo novo seja selecionado. Isso é muito poderoso. Em vez de precisarmos analisar cada linha de código, agora podemos fazer com que a macro pare apenas quando alguma coisa importante acontecer, o que é bem conveniente. Também podemos configurar uma inspeção de variável para parar quando o valor de determinada variável mudar.

Usando a inspeção de variáveis em um objeto

No exemplo anterior, inspecionamos uma propriedade específica: `Selection.Address`. Também é possível inspecionar um objeto, como `Selection`. Na Figura 2-14, quando uma inspeção de variável é definida para `Selection`, vemos o ícone de óculos e um ícone de +.

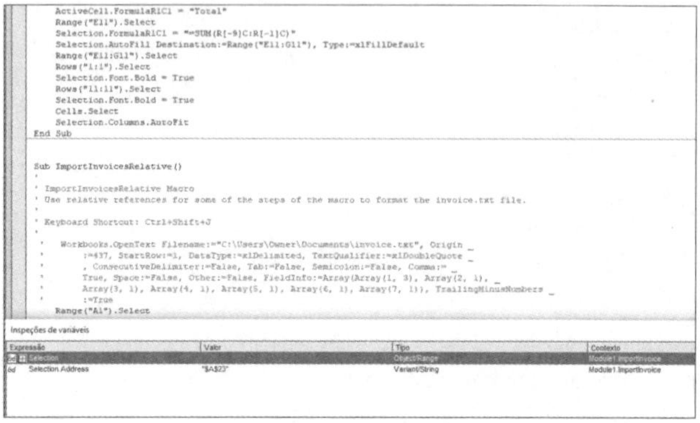

FIGURA 2-14 Configurar uma inspeção de variáveis para um objeto faz com que um ícone de + apareça ao lado dos óculos.

Clicando no ícone de +, podemos ver todas as propriedades associadas a `Selection`. Analisando a Figura 2-15, podemos ver mais do gostaríamos de saber sobre `Selection`! Existem propriedades que você provavelmente nunca havia percebido que estavam disponíveis. Também podemos ver que a propriedade `AddIndent` está definida como `False` e a propriedade `AllowEdit` como True. Temos algumas propriedades úteis mais abaixo na lista, como a `Formula` da seleção.

Nessa janela Inspeção de Variáveis, algumas entradas podem ser expandidas. Por exemplo, a coleção Borders tem um sinal de + ao lado dela, o que significa que podemos clicar nele para obter mais detalhes.

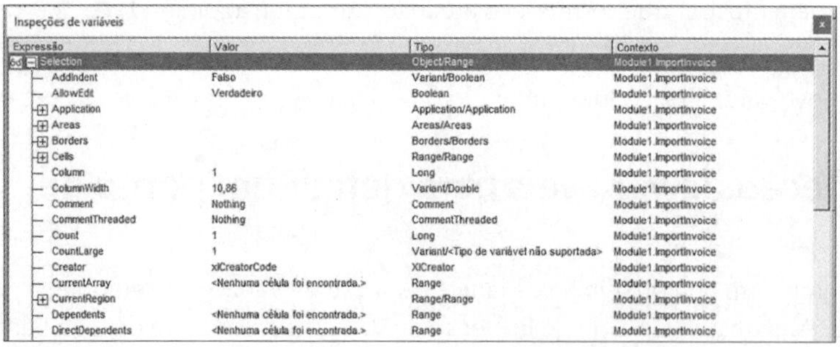

FIGURA 2-15 Clicar no ícone de + nos fornece uma diversidade de propriedades e seus valores atuais.

Pesquisador de Objeto: a referência suprema

No VB Editor, pressione F2 para abrir o Pesquisador de Objeto, que nos permite navegar e pesquisar na biblioteca de objetos do Excel inteira. Antes, eu tinha livros enormes de Excel que dedicavam 400 páginas ou mais para listar todos os objetos do Pesquisador de Objeto. Podemos salvar uma árvore aprendendo a usar o Pesquisador de Objeto, que é muito mais poderoso. O Pesquisador de Objeto predefinido está sempre disponível, basta pressionarmos a tecla F2. As próximas páginas vão lhe ensinar como utilizá-lo.

Quando pressionamos F2, o Pesquisador de Objeto aparece onde a janela de código normalmente fica. O menu suspenso mais acima atualmente nos apresenta <Todas as Bibliotecas>. Existe uma entrada nesse menu suspenso para Excel, Office, VBA e cada pasta de trabalho que estiver aberta, além de referências adicionais para tudo que podemos verificar em Ferramentas, Referências. Por enquanto, clique no menu suspenso e selecione apenas Excel.

Na janela esquerda do Pesquisador de Objeto, vemos uma lista de todas as classes disponíveis para o Excel. Clique na classe `Application` na janela esquerda. A janela da direita vai se ajustar para exibir todas as propriedades e métodos que se aplicam ao objeto `Application`. Clique em alguma coisa na janela da direita, como em `ActiveCell`. A janela debaixo do Pesquisador de Objeto nos dirá que `ActiveCell` é uma propriedade que retorna um intervalo. Ela também nos dirá que `ActiveCell` é somente leitura (um alerta de que não podemos atribuir um endereço a `ActiveCell` para mover o ponteiro de células).

Vimos no Pesquisador de Objeto que `ActiveCell` retorna um intervalo. Clicando no hiperlink verde de `Range` na janela de baixo, veremos todas as propriedades e métodos que se aplicam aos objetos `Range` e, consequentemente, à propriedade `ActiveCell`. Clique em qualquer propriedade ou método e, em seguida, no ponto de interrogação amarelo perto do topo do Pesquisador de Objeto para acessar o tópico de Ajuda dessa propriedade ou método.

Digite um termo na caixa de texto do lado dos binóculos e clique neles para encontrar todos os membros da biblioteca do Excel que batem com o que você escreveu. Os métodos aparecerão como livros verdes com linhas de velocidade. As propriedades aparecerão como cartões de indexação com uma mão apontando para eles.

A capacidade de busca e os hiperlinks disponíveis no Pesquisador de Objeto o tornam muito mais valioso do que uma lista com todas as informações impressas em ordem alfabética. Aprenda a utilizar o Pesquisador de Objeto pela janela do VBA pressionando F2. Para fechar o Pesquisador de Objeto e retornar à janela de código, clique no X no canto superior direito.

Sete dicas para limpar um código gravado

O Capítulo 1 nos deu quatro dicas de como gravar códigos. Até agora, este capítulo abordou como entender um código gravado, como acessar a Ajuda do VBA para qualquer palavra e como usar as excelentes ferramentas de depuração do VBA para analisar o código passo a passo. O restante deste capítulo apresentará sete dicas que podem ser usadas para fazer a limpeza do código gravado.

Dica 1: Não selecione nada

Nada dá uma aparência melhor de "código gravado" a um código do que fazê-lo selecionar coisas antes de atuar em cima delas. Isso faz sentido: na interface do Excel, precisamos selecionar a linha 1 antes de poder colocá-la em negrito.

Entretanto, isso raramente é feito no VBA. Existem algumas exceções a essa regra. Por exemplo, precisamos selecionar uma célula ao configurar uma fórmula para formatação condicional. E podemos formatar a fonte da linha 1 para negrito diretamente, sem selecioná-la.

Para otimizar o código que o gravador de macros nos fornece, em muitos casos podemos remover a parte do código que faz essa seleção. As duas linhas de código a seguir são códigos do gravador de macros antes da otimização:

```
Cells.Select
Selection.Columns.AutoFit
```

Podemos otimizar o código gravado para que ele fique assim:

```
Cells.Columns.AutoFit
```

Existem algumas vantagens em fazer essa otimização. Primeira, o número de linhas de código do nosso programa será reduzido pela metade. Segunda, o programa será executado com mais rapidez.

Para realizar essa otimização, depois de gravar o código selecione desde antes da palavra `Select`, no fim de uma linha, até o ponto depois da palavra `Selection` da linha seguinte e pressione Delete (veja as Figuras 2-16 e 2-17).

```
    Range("E11:G11").Select
    Rows("1:1").Select
    Selection.Font.Bold = True
    Rows("11:11").Select
    Selection.Font.Bold = True
    Selection.CurrentRegion.Select
    Selection.Columns.AutoFit
End Sub
```

FIGURA 2-16 Selecione a parte do código destacada aqui...

```
    Selection.End(xlDown).Select
    Selection.Offset(1, 0).Select
    Range("A11").FormulaR1C1 = "Total"
    Range("E11").FormulaR1C1 = "=SUM(R[-9]C:R[-1]C)"
    Range("E11").AutoFill Destination:=Range("E11:G11"), Type:=xlFillDefault
    Rows("1:1").Font.Bold = True
    Rows("11:11").Font.Bold = True
    Range("A1").CurrentRegion.Columns.AutoFit
End Sub
```

FIGURA 2-17 ...e pressione a tecla Delete. Essa é a Aula Básica de Limpeza de Macros.

Dica 2: Use `Cells(2,5)` porque ela é mais conveniente do que Range("E2")

O gravador de macros usa a propriedade `Range()` com frequência. Se seguirmos o exemplo dele, vamos acabar produzindo um monte de códigos complicados. Por exemplo, se tivermos o número da linha do total armazenado em uma variável, podemos tentar escrever este código:

```
Range("E" & LinhaTotal).Formula = "=SUM(E2:E" & LinhaTotal-1 & ")"
```

Nesse código, estamos usando a concatenação para juntar a letra *E* com o valor atual da variável `LinhaTotal`. Isso funciona, mas vamos acabar precisando nos referir a um intervalo em que a coluna esteja armazenada em uma variável. Digamos que `ColFinal` seja 10, indicando a coluna J. Para nos referirmos a essa coluna em um comando Range, precisamos fazer algo assim:

```
LetraColFinal = MID("ABCDEFGHIJKLMNOPQRSTUVWXYZ",ColFinal,1)
Range(LetraColFinal & "2").Select
```

Como alternativa, talvez poderíamos fazer isso:

```
LetraColFinal = CHR(64 + ColFinal)
Range(LetraColFinal & "2").Select
```

Essas abordagens funcionam para as primeiras 26 colunas, mas falham para as restantes 99,85%.

Poderíamos começar a escrever funções de 10 linhas para calcular que a letra para a coluna 15896 é WMJ, mas isso não é necessário. Em vez de usar `Range("WMJ17")`, podemos usar a sintaxe `Cells(Linha,Coluna)`.

O Capítulo 3, "Fazendo referência a intervalos", aborda esse tópico em detalhes. Entretanto, por enquanto, precisamos entender que tanto `Range("E10")` como `Cells(10,5)` apontam para a célula na interseção da quinta coluna com a décima linha. O Capítulo 3 também vai nos ensinar a usar `.Resize` para apontar para um intervalo retangular. `Cells(11, 5).Resize(1, 3)` é `E11:G11`.

Dica 3: Use métodos mais confiáveis para localizar a última coluna

É difícil confiar em dados que podem ter vindo de qualquer lugar. Se estivermos analisando dados no Excel, devemos nos lembrar de que eles podem ter vindo de um sistema qualquer, escrito sabe-se Deus quando. A verdade universal é que, eventualmente, algum atendente vai descobrir uma maneira de vencer o sistema e inserir um registro sem um número de nota fiscal. Talvez seja necessária uma queda de energia para isso aconteça, mas, invariavelmente, não podemos confiar que todas as células estejam preenchidas.

Isso é um problema quando usamos o atalho End+seta para baixo. Essa combinação de teclas não nos leva até a última linha com dados da planilha. Ela nos leva até a última linha com dados do intervalo atual. Na Figura 2-18, pressionar End+seta para baixo moveria o cursor até a célula A7 em vez da última linha que de fato contém dados.

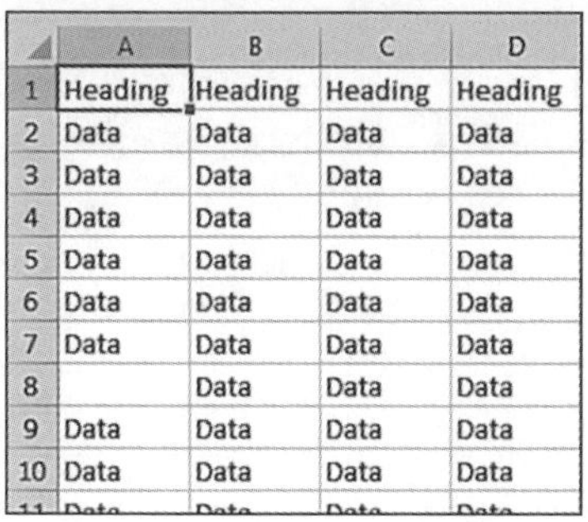

FIGURA 2-18 End+seta para baixo não funciona na interface de usuário se um valor estiver faltando em um registro. De modo similar, `End(xlDown)` não funciona no VBA do Excel.

Uma solução melhor seria começar na parte inferior da planilha e procurar pela primeira célula que não esteja vazia usando o seguinte:

```
LinhaFinal = Cells(Rows.Count, 1).End(xlUp).Row
```

Esse método pode falhar se acontecer de o último registro ter uma linha em branco. Se os dados não estão espaçados o suficiente de modo a haver um caminho diagonal de células não brancas até a última linha, poderemos usar:

```
LinhaFinal = Cells(1,1).CurrentRegion.Rows.Count
```

Se tivermos certeza de que não há notas ou células aleatórias ativadas abaixo do conjunto de dados, podemos experimentar o seguinte:

```
LinhaFinal = Cells(1, 1).SpecialCells(xlLastCell).Row
```

A propriedade `xlLastCell` costuma estar errada. Digamos que temos dados em A1:F500. Se, por acaso, pressionarmos Ctrl+seta para baixo a partir de A500, chegaremos em A1048576. Então, se aplicarmos negrito às células vazias, elas serão ativadas. Ou, se digitarmos Total e, então, limparmos as células, elas serão ativadas. Nesse ponto, `xlLastCell` fará referência a F1048576.

Outro alternativa seria usar o método Find:

```
LinhaFinal = Cells.Find("*", SearchOrder:=xlByRows, _
 SearchDirection:=xlPrevious).Row
```

Vamos precisar escolher entre um desses vários métodos com base na natureza do nosso conjunto de dados. Se não tivermos certeza, poderemos percorrer todas as colunas. Se estivermos esperando por sete colunas de dados, poderíamos usar o seguinte código:

```
LinhaFinal = 0
For i = 1 to 7
 EstaFinal = Cells(Rows.Count, i).End(xlUp).Row
 If EstaFinal > LinhaFinal then LinhaFinal = EstaFinal
Next i
```

Dica 4: Use variáveis para evitar linhas e fórmulas inseridas diretamente no código

O gravador de macros nunca grava variáveis. Variáveis são fáceis de usar, mas, assim como no BASIC, uma variável pode se lembrar de um valor. Variáveis serão abordadas com mais detalhes no Capítulo 4.

O recomendável é que definamos a última linha com dados como uma variável. Certifique-se de usar nomes de variáveis significativos, como `LinhaFinal`:

```
LinhaFinal = Cells(Rows.Count, 1).End(xlUp).Row
```

Quando souber qual é o número da linha do último registro, ponha a palavra *Total* na coluna A da próxima linha:

```
Cells(LinhaFinal + 1, 1).Value = "Total"
```

Podemos até usar variáveis ao criar fórmulas. Essa fórmula soma o total de tudo desde E2 até `LinhaFinal` de E:

```
Cells(LinhaFinal + 1, 5).Formula = "=SUM(E2:E" & LinhaFinal & ")"
```

Dica 5: Use fórmulas R1C1 para facilitar sua vida

O gravador de macros costuma escrever fórmulas no misterioso estilo R1C1. Entretanto, a maioria das pessoas altera o código para que ele volte a usar as fórmulas normais, no estilo A1. Depois de ler o Capítulo 5, "Fórmulas no estilo R1C1", você vai entender que, às vezes, podemos criar fórmulas no estilo R1C1 que são mais simples do que suas fórmulas correspondentes no estilo A1. Se usarmos uma fórmula R1C1, podemos somar os totais de todas as três células da linha de totais com este código:

```
Cells(LinhaFinal+1, 5).Resize(1, 3).FormulaR1C1 = "=SUM(R2C:R[-1]C)"
```

Dica 6: Copie e cole em uma única instrução

Códigos gravados são notórios por copiar um intervalo, selecionar outro intervalo e depois fazer um `ActiveSheet.Paste`. O método Copy, quando aplicado a um intervalo, é, na verdade, muito mais poderoso. Podemos especificar o que copiar e o destino com uma instrução.

Veja a seguir o código gravado:

```
Range("E14").Select
Selection.Copy
Range("F14:G14").Select
ActiveSheet.Paste
```

Agora, confira um código melhor:

```
Range("E14").Copy Destination:=Range("F14:G14")
```

Dica 7: Use `With...End With` para executar múltiplas ações

Se fôssemos colocar a linha com os totais em negrito, com sublinhado duplo, com uma fonte maior e uma cor especial, poderíamos obter um código gravado como este:

```
Range("A14:G14").Select
Selection.Font.Bold = True
Selection.Font.Size = 12
Selection.Font.ColorIndex = 5
Selection.Font.Underline = xlUnderlineStyleDoubleAccounting
```

Para quatro dessas linhas de código, o VBA deve resolver a expressão `Selection.Font`. Como temos quatro linhas que se referem ao mesmo objeto, podemos nomear o objeto uma vez no topo de um bloco `With`. Dentro do bloco `With...End With`, conclui-se que tudo que começa com um ponto se refere ao objeto `With`:

```
With Range("A14:G14").Font
  .Bold = True
  .Size = 12
  .ColorIndex = 5
  .Underline = xlUnderlineStyleDoubleAccounting
End With
```

Estudo de caso: juntando tudo — consertando o código gravado

Usando as sete dicas abordadas na seção anterior, podemos converter o código gravado do Capítulo 1 em um código eficiente, de aparência profissional. Vemos aqui o código gravado pelo gravador de macro no fim do Capítulo 1:

```
Sub FormatarNotaFiscal3()
Workbooks.OpenText Filename:="C:\Dados\notafiscal.txt", Origin:=437, _
 StartRow:=1, DataType:=xlDelimited, TextQualifier:=xlDoubleQuote, _
 ConsecutiveDelimiter:=False, Tab:=False, Semicolon:=False, _
 Comma:=True, Space:=False, Other:=False, FieldInfo:=Array(_
 Array(1, 3), Array(2, 1), Array(3, 1), Array(4, 1), _
 Array(5, 1), Array(6, 1), Array(7, 1))
Selection.End(xlDown).Select
ActiveCell.Offset(1, 0).Range("A1").Select
ActiveCell.FormulaR1C1 = "Total"
ActiveCell.Offset(0, 4).Range("A1").Select
Selection.FormulaR1C1 = "=SUM(R2C:R[-1]C)"
Selection.AutoFill Destination:=ActiveCell.Range("A1:C1"), Type:= _
 xlFillDefault
ActiveCell.Range("A1:C1").Select
ActiveCell.Rows("1:1").EntireRow.Select
ActiveCell.Activate
Selection.Font.Bold = True
Application.Goto Reference:="R1C1:R1C7"
Selection.Font.Bold = True
Selection.CurrentRegion.Select
Selection.Columns.AutoFit
End Sub
```

Siga os seguintes passos para limpar a macro gravada:

1. Não mexa com as linhas do `Workbook.OpenText.` Elas estão corretas da maneira como foram gravadas.
2. Perceba que a seguinte linha de código tenta localizar a linha final de dados de modo que o programa saiba onde inserir a linha dos totais:

   ```
   Selection.End(xlDown).Select
   ```
3. Não precisamos selecionar nada para encontrar a última linha. Também seria útil atribuir o número de linha da linha final e da linha dos totais a uma variável de modo que elas possam ser usadas mais tarde. Para lidar com o caso inesperado em que uma única célula da coluna A esteja em branco, comece na parte de baixo da planilha e suba até encontrar a última linha usada:

   ```
   ' Encontra a última linha com dados. Isso poderá mudar todo dia
   LinhaFinal = Cells(Rows.Count, 1).End(xlUp).Row
   LinhaTotal = LinhaFinal + 1
   ```

   Observe que estas linhas de código inserem a palavra `Total` na coluna A da linha de totais:

   ```
   ActiveCell.Offset(1,0).Select
   ActiveCell.FormulaR1C1 = "Total"
   ```

O melhor código usa a variável `LinhaTotal` para localizar onde inserir a palavra `Total`. Novamente, não há necessidade de selecionar a célula antes de inserir o rótulo:

```
' Cria uma linha de Total abaixo dessa
Cells(LinhaTotal,1).Value = "Total"
```

4. Observe que essas linhas do código inserem a fórmula de `Total` na coluna E e a copiam nas duas colunas seguintes:

```
ActiveCell.Offset(0, 4).Range("A1").Select
Selection.FormulaR1C1 = "=SUM(R2C:R[-1]C)"
Selection.AutoFill Destination:=ActiveCell.Range("A1:C1"), Type:= _
 xlFillDefault
ActiveCell.Range("A1:C1").Select
Não há motivo para fazermos toda essa seleção. A seguinte linha insere a
fórmula em três células:
Cells(LinhaFinal+1, 5).Resize(1, 3).FormulaR1C1 = "=SUM(R2C:R[-1]C)"
```

(O estilo R1C1 de fórmulas será abordado no Capítulo 5.)

5. Observe que o gravador de macros seleciona um intervalo e, então, aplica a formatação:

```
ActiveCell.Rows("1:1").EntireRow.Select

ActiveCell.Activate

Selection.Font.Bold = True

Application.Goto Reference:="R1C1:R1C7"

Selection.Font.Bold = True
```

Não temos motivos para fazer a seleção antes de aplicar a formatação. As cinco linhas acima podem ser simplificadas nas duas linhas abaixo. Essas duas linhas fazem a mesma coisa e muito mais rápido:

```
Cells(LinhaTotal, 1).Resize(1, 7).Font.Bold = True
Cells(1, 1).Resize(1, 7).Font.Bold = True
```

6. Observe que o gravador de macros seleciona todas as células antes de executar o comando `AutoFit`:

```
Selection.CurrentRegion.Select
Selection.Columns.AutoFit
```

Não precisamos selecionar todas as células antes de executar o `AutoFit`:

```
Cells(1, 1).Resize(LinhaTotal, 7).Columns.AutoFit
```

7. Observe que o gravador de macros acrescenta uma breve descrição na parte de cima de cada macro:

```
' ImportarNotaFiscal Macro
```

O código da macro gravada foi alterado para algo que realmente vai funcionar. Assim, sinta-se à vontade para incluir seu nome como autor na descrição e mencionar o que a macro faz:

```
' Escrita por Bill Jelen. Importa NotaFiscal.txt e soma os totais.
```

Veja aqui a macro final com todas essas mudanças:

```
Sub FormatarNotaFiscalConsertada()
' Escrita por Bill Jelen. Importa NotaFiscal.txt e soma os totais.
Workbooks.OpenText Filename:="C:\Dados\notafiscal.txt", Origin:=437, _
    StartRow:=1, DataType:=xlDelimited, TextQualifier:=xlDoubleQuote, _
    ConsecutiveDelimiter:=False, Tab:=False, Semicolon:=False, _
   Comma:=True, Space:=False, Other:=False, FieldInfo:=Array(_
    Array(1, 3), Array(2, 1), Array(3, 1), Array(4, 1), _
    Array(5, 1), Array(6, 1), Array(7, 1))
LinhaFinal = Cells(Rows.Count, 1).End(xlUp).Row
LinhaTotal = LinhaFinal + 1
Cells(LinhaTotal, 1).Value = "Total"
Cells(LinhaTotal+1, 5).Resize(1, 3).FormulaR1C1 = "=SUM(R2C:R[-1]C)"
Cells(LinhaTotal, 1).Resize(1, 7).Font.Bold = True
Cells(1, 1).Resize(1, 7).Font.Bold = True
Cells(1, 1).Resize(LinhaTotal, 7).Columns.AutoFit
End Sub
```

Próximos passos

Agora, você já deve saber como gravar uma macro e deve ser capaz de usar a Ajuda e fazer a depuração para descobrir como o código funciona. Este capítulo forneceu sete ferramentas para fazer com que o código gravado tenha uma aparência mais profissional.

Os próximos capítulos entrarão em mais detalhes sobre como fazer referências a intervalos, loops e o inusitado, porém, útil estilo de fórmulas R1C1 que o gravador de macros adora usar.

CAPÍTULO 3

Fazendo referência a intervalos

Neste capítulo, você vai:

- Aprender a fazer referência ao objeto Range.
- Fazer referências a intervalos em outras planilhas.
- Fazer referência a um intervalo relativo a outro intervalo.
- Usar a propriedade `Cells` para selecionar um intervalo.
- Usar a propriedade `Offset` para fazer referência a um intervalo.
- Usar a propriedade `Resize` para alterar o tamanho de um intervalo.
- Usar as propriedades `Columns` e `Rows` para especificar um intervalo.
- Usar o método `Union` para unir vários intervalos.
- Usar o método `Intersect` para criar um novo intervalo com base na intersecção de intervalos.
- Usar a função `IsEmpty` para verificar se uma célula está vazia.
- Usar a propriedade `CurrentRegion` para selecionar um intervalo de dados.
- Usar a propriedade `SpecialCells` para interagir com as células especificadas de um intervalo.
- Usar a coleção `Areas` para retornar um intervalo não contíguo.
- Aprender a sintaxe usada para tabelas.

Um *intervalo* pode ser uma célula, uma linha, uma coluna ou um grupo de qualquer um desses itens. O objeto Range (intervalo) é, provavelmente, o objeto usado com mais frequência no VBA do Excel; afinal, estamos manipulando dados em uma planilha. Apesar de um intervalo poder se referir a qualquer agrupamento de células em uma planilha, ele pode se referir apenas a uma planilha de cada vez. Se quisermos fazer referência a intervalos de diversas planilhas, vamos precisar nos referir a cada planilha separadamente.

Este capítulo nos apresenta duas maneiras diferentes de fazer referência a intervalos, tal como especificar uma linha ou coluna. Também vamos aprender a manipular células com base na célula ativa e como criar um novo intervalo com base na intersecção de intervalos.

O objeto Range

A hierarquia de objetos do Excel é a seguinte:

```
Application > Workbook > Worksheet > Range
```

O objeto Range é uma propriedade do objeto `Worksheet`. Isso significa que ele requer que uma planilha esteja ativa ou que ele faça referência a uma planilha. As duas linhas a seguir têm o mesmo significado se `Worksheets(1)` for a planilha ativa:

```
Range("A1")
Worksheets(1).Range("A1")
```

Existem diversas maneiras de se referir a um objeto Range. Range("A1") é o mais identificável porque é assim que o gravador de macros se refere a ele. Entretanto, cada uma das linhas a seguir é equivalente ao se referir à célula D5:

```
Range("D5")
[D5]
Range("B3").Range("C3")
Cells(5,4)
Range("A1").Offset(4,3)
Range("MeuIntervalo") 'supondo que D5 possua o 'Nome de MeuIntervalo
```

O formato que devemos usar dependerá das nossas necessidades. Continue lendo. Tudo fará sentido em breve!

Sintaxe para especificar um intervalo

A propriedade Range tem duas sintaxes aceitáveis. Para especificar um intervalo retangular na primeira sintaxe, especifique a referência completa do intervalo assim como fazemos em uma fórmula do Excel:

```
Range("A1:B5")
```

Na sintaxe alternativa, especifique o canto superior esquerdo e o canto inferior direito do intervalo retangular desejado. Nessa sintaxe, a instrução equivalente poderia ser esta:

```
Range("A1", "B5")
```

Para qualquer canto, podemos substituir um intervalo nomeado, a propriedade Cells ou a propriedade ActiveCell. A linha de código a seguir seleciona um intervalo retangular de A1 até a célula ativa:

```
Range("A1", ActiveCell).Select
```

A instrução seguinte seleciona da célula ativa até cinco linhas abaixo da mesma e duas colunas à direita:

```
Range(ActiveCell, ActiveCell.Offset(5, 2)).Select
```

Fazendo referência a intervalos nomeados

Você provavelmente já usou intervalos nomeados em planilhas e em fórmulas. Eles também podem ser usados no VBA.

Use o seguinte código para fazer referência ao intervalo "MeuIntervalo" na Plan1:

```
Worksheets("Plan1").Range("MeuIntervalo")
```

Perceba que o nome do intervalo está entre aspas — diferentemente do uso de intervalos nomeados em fórmulas de planilhas em si. Se esquecermos de pôr o nome entre aspas, o Excel achará que estamos nos referindo a uma variável do programa. Uma exceção é o uso da sintaxe de atalho, que será abordada na próxima seção. Nesse caso, as aspas não são usadas.

Atalho para fazer referência a intervalos

Um atalho se torna disponível quando fazemos referência a intervalos. O atalho envolve o uso de colchetes, tal como exibido na Tabela 3-1.

TABELA 3-1 Atalhos para fazer referência a intervalos

Método-padrão	Atalho
`Range("D5")`	`[D5]`
`Range("A1:D5")`	`[A1:D5]`
`Range("A1:D5, G6:I17")`	`[A1:D5, G6:I17]`
`Range("MeuIntervalo")`	`[MeuIntervalo]`

Fazendo referência a intervalos em outras planilhas

Ficar alternando entre planilhas por se ativar a planilha necessária pode fazer com que o nosso código se torne mais lento. Para evitar isso, podemos fazer referência a uma planilha que não esteja ativa fazendo referência primeiro ao objeto `Worksheet`:

```
Worksheets("Plan1").Range("A1")
```

Essa linha de código faz referência à Plan1 da pasta de trabalho ativa, mesmo se a planilha ativa for a Plan2.

Para fazer referência a um intervalo em outra pasta de trabalho, inclua o objeto `Workbook`, o objeto `Worksheet` e, então, o objeto `Range`:

```
Workbooks("DadosNotasFiscais.xlsx").Worksheets("Plan1").Range("A1")
```

Para usar a propriedade `Range` como um argumento dentro de outra propriedade `Range`, sempre identifique o intervalo na íntegra. Por exemplo, vamos supor que a Plan1 seja nossa planilha ativa e que precisamos somar o total dos dados da Plan2:

```
WorksheetFunction.Sum(Worksheets("Plan2").Range(Range("A1"), _
 Range("A7")))
```

Essa linha não funciona. Por que não? Embora a ideia de `Range("A1"), Range("A7")` seja fazer referência à planilha do início da linha de código (Plan2), o Excel não supõe que queremos transferir a referência do objeto `Worksheet` para esses outros objetos `Range`, e presume que eles se referiram à planilha ativa, a Plan1. Então, o que podemos fazer? Bem, podemos escrever o seguinte:

```
WorksheetFunction.Sum(Worksheets("Plan2").Range(Worksheets("Plan2"). _
 Range("A1"), Worksheets("Plan2").Range("A7")))
```

Porém, além de isso ser uma longa linha de código, ela é difícil de ler! Felizmente, existe uma maneira mais simples, usando `With...End With`:

```
With Worksheets("Plan2")
 WorksheetFunction.Sum(.Range(.Range("A1"), .Range("A7")))
End With
```

Observe agora que temos um `.Range` no nosso código, mas sem a referência do objeto precedente. Isso porque `With Worksheets("Plan2")` já deixa implícito que o objeto do intervalo é a planilha. Toda vez que o Excel vê um ponto sem uma referência a um objeto logo à sua esquerda, ele procura no código pela instrução `With` mais próxima e a usa como a referência de objeto.

Fazendo referência a um intervalo relativo a outro intervalo

Normalmente, o objeto Range é uma propriedade de uma planilha. Mas também é possível que Range seja a propriedade de outro intervalo. Nesse caso, a propriedade Range é relativa ao intervalo original, o que faz com que o código não seja intuitivo. Considere este exemplo:

```
Range("B5").Range("C3").Select
```

Esse código, na verdade, seleciona a célula D7. Pense na célula C3, que está localizada duas linhas abaixo e duas colunas à direita da célula A1. A linha de código anterior começa na célula B5. Se supormos que B5 esteja na posição de A1, o VBA encontrará a célula que estaria na posição C3 relativa a B5. Em outras palavras, o VBA encontrará a célula que está duas linhas abaixo e duas colunas à direita de B5, que é a D7.

Novamente, acho que esse estilo de código não é muito intuitivo. Essa linha de código menciona dois endereços, e a célula que realmente foi selecionada não é nenhum desses endereços! A leitura desse código parece nos levar para outros resultados.

Podemos cogitar usar essa sintaxe para nos referirmos a uma célula relativa à célula ativa. Por exemplo, a linha de código a seguir ativa a célula que se encontra três linhas abaixo e quatro colunas à direita da célula que está ativa no momento:

```
Selection.Range("E4").Select
```

Essa sintaxe só foi mencionada porque o gravador de macros a utiliza. Lembre-se de quando gravamos uma macro no Capítulo 1, "Liberando o poder do Excel com VBA", com referências relativas ativadas, a seguinte linha foi gravada:

```
ActiveCell.Offset(0, 4).Range("A2").Select
```

Essa linha encontrou a célula que estava quatro colunas à direita da célula ativa e, de lá, ela selecionou a célula que corresponderia a A2. Essa não é a maneira mais simples de se escrever códigos, mas é como o gravador de macro o faz.

Embora as planilhas costumem ser o objeto da propriedade Range, às vezes, tal como durante a gravação, um intervalo pode ser a propriedade de um intervalo.

Usando a propriedade Cells para selecionar um intervalo

A propriedade `Cells` se refere a todas as células do objeto Range especificado, o qual pode ser uma planilha ou um intervalo de células. Por exemplo, essa linha seleciona todas as células da planilha ativa:

```
Cells.Select
```

Usar a propriedade `Cells` com o objeto Range pode parecer redundante:

```
Range("A1:D5").Cells
```

Essa linha se refere ao objeto Range original. Contudo, a propriedade `Cells` tem uma propriedade `Item` que faz com que a propriedade `Cells` seja muito útil. A propriedade `Item` nos permite fazer referência a uma célula específica relativa ao objeto Range.

A sintaxe para o uso da propriedade `Item` com a propriedade `Cells` é a seguinte:

```
Cells.Item(Linha,Coluna)
```

Precisamos usar um valor numérico para `Linha`, mas podemos usar um valor numérico ou uma sequência de caracteres para `Coluna`. As duas linhas a seguir se referem à célula C5:

```
Cells.Item(5,"C")
Cells.Item(5,3)
```

Como a propriedade `Item` é a propriedade-padrão do objeto Range, podemos diminuir essas linhas da seguinte forma:

```
Cells(5,"C")
Cells(5,3)
```

A habilidade de usar valores numéricos em parâmetros é especialmente útil se precisarmos fazer um loop pelas linhas ou colunas. O gravador de macros geralmente usa algo como `Range("A1").Select` para uma única célula e `Range("A1:C5").Select` para um intervalo de células. Se estivermos aprendendo a criar códigos apenas por meio do gravador, podemos nos sentir tentados a escrever um código como este:

```
LinhaFinal = Cells(Rows.Count, 1).End(xlUp).Row
For i = 1 to LinhaFinal
 Range("A" & i & ":E" & i).Font.Bold = True
Next i
```

Esse pequeno trecho de código, que faz um loop pelas linhas e coloca as células das colunas de A a E em negrito, é estranho de ler e de escrever. Mas qual seria a alternativa? Algo assim:

```
LinhaFinal = Cells(Rows.Count, 1).End(xlUp).Row
For i = 1 to LinhaFinal
 Cells(i,"A").Resize(,5).Font.Bold = True
Next i
```

Em vez de tentar digitar os endereços dos intervalos, esse novo código usa as propriedades `Cells` e `Resize` para encontrar a célula desejada, com base na célula ativa. Veja a seção "Usando a propriedade `Resize` para alterar o tamanho de um intervalo", mais adiante, neste capítulo, para obter mais informações sobre a propriedade `Resize`.

Podemos usar as propriedades `Cells` como parâmetros da propriedade `Range`. A linha seguinte se refere ao intervalo A1:E5:

```
Range(Cells(1,1),Cells(5,5))
```

Isso é especialmente útil quando precisamos especificar as variáveis com um parâmetro, como no exemplo anterior de looping.

Usando a propriedade Offset para fazer referência a um intervalo

Já vimos uma referência a `Offset` quando gravamos uma referência relativa. `Offset` nos permite manipular uma célula com base na localização de outra célula, tal como uma célula ativa. Assim, não precisamos saber qual é o endereço da célula que queremos manipular.

A sintaxe para a propriedade `Offset` é a seguinte:

```
Range.Offset(RowOffset, ColumnOffset)
```

Por exemplo, o código a seguir afeta a célula F5 a partir da célula A1:

```
Range("A1").Offset(RowOffset:=4, ColumnOffset:=5)
```

Ou, para encurtar mais, escreva isto:

```
Range("A1").Offset(4,5)
```

A contagem das linhas e colunas começa em A1, mas não inclui A1.

Se precisarmos pular para apenas uma linha ou coluna, mas não ambas, não precisamos inserir os parâmetros de linha e coluna. Se precisar se referir a uma célula que está uma coluna acima, use uma das seguintes linhas:

```
Range("A1").Offset(ColumnOffset:=1)
Range("A1").Offset(,1)
```

As duas linhas têm o mesmo significado, portanto, a escolha é sua. Se usar a segunda linha, certifique-se de acrescentar a vírgula para que o Excel saiba que o `1` se refere ao argumento `ColumnOffset`. Fazer referência a uma célula que está uma linha acima é similar:

```
Range("B2").Offset(RowOffset:=-1)
Range("B2").Offset(-1)
```

Novamente, você pode escolher qual usar. É uma questão de legibilidade do código.

Vamos supor temos uma lista de frutas na coluna A, com os totais ao lado dos itens de produção da coluna B. Se quisermos encontrar qualquer total que seja igual a zero e escrever BAIXO na célula do lado, devemos fazer o seguinte:

```
Set Rng = Range("B1:B16").Find(What:="0", LookAt:=xlWhole, _
    LookIn:=xlValues)
Rng.Offset(, 1).Value = "BAIXO"
```

Quando usado em uma Sub e fazendo loops em um conjunto de dados, o código ficaria assim:

```
Sub EncontrarBaixo()
  With Range("B1:B16")
     Set Rng = .Find(What:="0", LookAt:=xlWhole, LookIn:=xlValues)
     If Not Rng Is Nothing Then
         primeiroEndereço = Rng.Address
         Do
           Rng.Offset(, 1).Value = "BAIXO"
           Set Rng = .FindNext(Rng)
         Loop While Not Rng Is Nothing And Rng.Address <> primeiroEndereço
    End If
  End With
End Sub
```

Os totais de BAIXO são anotados pelo programa, como visto na Figura 3-1.

	A	B	C
1	Apples	45	
2	Oranges	12	
3	Grapefruit	86	
4	Lemons	0	BAIXO

FIGURA 3-1 O código escreve "BAIXO" do lado dos zeros do conjunto de dados.

Nota Veja a seção "Variáveis de objeto" do Capítulo 4, "Loops e controle de fluxo", para obter mais informações sobre a instrução Set.

Offset não é usado apenas para células isoladas; ele também pode ser usado com intervalos. Podemos mudar o foco de um intervalo da mesma maneira que mudamos a célula ativa. A seguinte linha se refere a B2:D4 (veja a Figura 3-2):

```
Range("A1:C3").Offset(1,1)
```

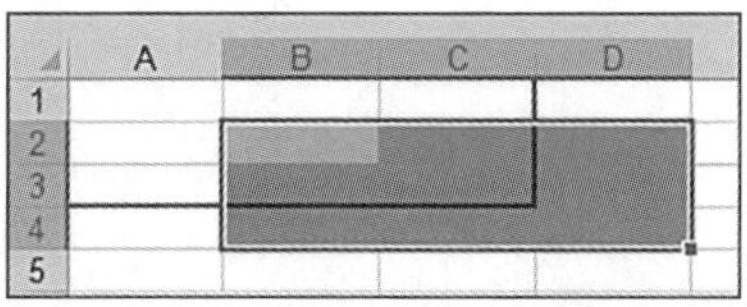

FIGURA 3-2 Usar Offset no intervalo A1:C3 original em uma linha e uma coluna faz referência a um novo intervalo, B2:D4.

Usando a propriedade Resize para alterar o tamanho de um intervalo

A propriedade `Resize` nos permite mudar o tamanho de um intervalo com base na localização da célula ativa. Podemos criar um novo intervalo conforme a necessidade. Essa é a sintaxe para a propriedade `Resize`:

```
Range.Resize(RowSize, ColumnSize)
```

Para fazer referência ao intervalo B3:D13, use o seguinte código:

```
Range("B3").Resize(RowSize:=11, ColumnSize:=3)
```

Esta é uma maneira mais simples de fazer referência a esse intervalo:

```
Range("B3").Resize(11, 3)
```

Mas e se precisarmos redimensionar apenas uma linha ou uma coluna — e não ambas? Não precisamos inserir os dois parâmetros.

Para expandir em duas colunas, use o seguinte código:

```
Range("B3").Resize(ColumnSize:=2)
```

ou

```
Range("B3").Resize(,2)
```

As duas linhas significam a mesma coisa. A escolha é sua. Se usar a segunda, certifique-se de acrescentar a vírgula para que o Excel saiba que o 2 se refere ao argumento `ColumnSize`. Redimensionar apenas as linhas é similar. Você pode usar um destes códigos:

```
Range("B3").Resize(RowSize:=2)
```

ou

```
Range("B3").Resize(2)
```

Novamente, a escolha é sua. É uma questão de legibilidade do código.

Com base na lista de produtos, digamos que queremos encontrar os totais que são iguais a zero e colorir as células do total e do produto correspondente (veja a Figura 3-3). Veja o que fazer:

```
Set Rng = Range("B1:B16").Find(What:="0", LookAt:=xlWhole, _
    LookIn:=xlValues)
Rng.Offset(, -1).Resize(, 2).Interior.ColorIndex = 15
```

	A	B
1	**Apples**	45
2	**Oranges**	12
3	**Grapefruit**	0
4	**Lemons**	26

FIGURA 3-3 Podemos redimensionar um intervalo para estender a seleção.

Perceba que a propriedade Offset primeiro move a célula ativa para a coluna de produção. Ao redimensionarmos, a célula do canto superior esquerdo deve permanecer a mesma.

O redimensionamento não se restringe apenas a células individuais. Podemos usá-lo para redimensionar um intervalo existente. Por exemplo, se tivermos um intervalo nomeado, mas precisarmos dele e da coluna do lado dele, podemos usar o seguinte código:

```
Range("Frutas").Resize(,2)
```

Lembre-se, o número pelo qual faremos o redimensionamento é o número total de linhas/colunas que queremos aplicar.

Usando as propriedades Columns e Rows para especificar um intervalo

As propriedades Columns e Rows se referem às colunas e linhas de um objeto Range especificado, o qual pode ser uma planilha ou um intervalo de células. Eles retornam um objeto Range que faz referência às linhas ou colunas do objeto especificado.

Já vimos a linha abaixo sendo usada, mas o que ela faz?

```
LinhaFinal = Cells(Rows.Count, 1).End(xlUp).Row
```

Essa linha de código encontra a última linha em uma planilha na qual a coluna A possua um valor e insere o número da linha desse objeto Range na variável chamada LinhaFinal. Isso pode ser útil quando precisamos fazer um loop por uma planilha, linha por linha. Assim, vamos saber exatamente por quantas linhas precisamos passar.

Nota Algumas propriedades das colunas e linhas exigem linhas e colunas contíguas para funcionarem direito. Por exemplo, se fôssemos usar a linha de código a seguir, 9 seria a resposta, visto que apenas o primeiro intervalo seria avaliado:

```
Range("A1:B9, C10:D19").Rows.Count
```

Entretanto, se os intervalos estivessem agrupados separadamente, a resposta seria 19. O Excel pega o endereço da célula superior esquerda, A1, e da célula inferior direita, D19, e conta as linhas do intervalo A1:D19:

```
Range("A1:B9", "C10:D19").Rows.Count
```

Usando o método Union para unir vários intervalos

O método Union nos permite juntar dois ou mais intervalos não contíguos. Ele cria um objeto temporário com os múltiplos intervalos, o que nos permite trabalhar sobre eles simultaneamente:

```
Application.Union(argumento1, argumento2, etc.)
```

A expressão Application não é obrigatória. O seguinte código une dois intervalos nomeados da planilha, insere a fórmula =ALEATÓRIO() e os coloca em negrito:

```
Set UniãoIntervalo = Union(Range("Intervalo1"), Range("Intervalo2"))
With UniãoIntervalo
      .Formula = "=ALEATÓRIO()"
      .Font.Bold = True
End With
```

Usando o método Intersect para criar um novo intervalo com base na intersecção de intervalos

O método Intersect retorna as células da intersecção de dois ou mais intervalos. Se não houver intersecção, um erro será retornado:

```
Application.Intersect(argumento1, argumento2, etc.)
```

A expressão Application não é obrigatória. O código abaixo colore as células da intersecção dos dois intervalos:

```
Set IntervaloIntersecção = Intersect(Range("Intervalo1"), Range("Intervalo2"))
IntervaloIntersecção.Interior.ColorIndex = 6
```

Usando a função IsEmpty para verificar se uma célula está vazia

A função IsEmpty retorna um valor booleano que indica se determinada célula está vazia: True se estiver vazia e False se não estiver. A célula deve estar realmente vazia para que a função retorne True. Se ela tiver nem que seja um espaço que não podemos ver, o Excel não considerará a célula como vazia:

```
IsEmpty(Célula)
```

Digamos que temos vários grupos de dados separados por uma linha em branco. Queremos fazer com que as separações sejam um pouco mais óbvias. O código a seguir verifica os dados da coluna A. Quando encontra uma célula vazia na coluna A, ele colore as quatro primeiras células dessa linha (veja a Figura 3-4).

```
ÚltimaLinha = Cells(Rows.Count, 1).End(xlUp).Row
For i = 1 To ÚltimaLinha
      If IsEmpty(Cells(i, 1)) Then
        Cells(i, 1).Resize(1, 4).Interior.ColorIndex = 1
  End If
Next i
```

	A	B	C	D
1	Apples	Oranges	Grapefruit	Lemons
2	45	12	86	15
3	71%	53%	82%	52%
4				
5	Tomatoes	Cabbage	Lettuce	Green Peppers
6	58	24	31	0
7	30%	43%	68%	1%
8				
9	Potatoes	Yams	Onions	Garlic
10	10	61	26	29
11	18%	19%	22%	82%

FIGURA 3-4 Podemos fazer separações mais óbvias usando linhas coloridas.

Usando a propriedade CurrentRegion para selecionar um intervalo de dados

A propriedade `CurrentRegion` retorna um objeto Range que representa um conjunto de dados contíguos. Desde que os dados estejam cercados por uma linha e uma coluna vazias, podemos selecionar o conjunto de dados usando `CurrentRegion`:

```
ObjetoIntervalo.CurrentRegion
```

A linha abaixo seleciona A1:D3, visto que esse é o intervalo contínuo de células ao redor de A1 (veja a Figura 3-5):

```
Range("A1").CurrentRegion.Select
```

Isso é útil se tivermos um conjunto de dados cujo tamanho esteja em fluxo constante.

	A	B	C	D	E
1	Apples	Oranges	Grapefruit	Lemons	
2	85	93	85	77	
3	6%	36%	80%	77%	
4					
5	Tomatoes	Cabbage	Lettuce	Green Peppers	
6	82	60	60	98	

FIGURA 3-5 Podemos usar `CurrentRegion` para selecionar um intervalo de dados contíguos ao redor da célula ativa.

Estudo de Caso: usando o método `SpecialCells` para selecionar determinadas células

Até os usuários avançados do Excel podem não ter encontrado a caixa de diálogo Ir Para Especial. Se pressionarmos a tecla F5 em uma planilha do Excel, veremos a caixa de diálogo Ir Para normal (veja a Figura 3-6). No canto inferior esquerdo dessa caixa de diálogo há um botão rotulado Especial. Clique nesse botão para acessar a superpoderosa caixa de diálogo Ir Para Especial (veja a Figura 3-7).

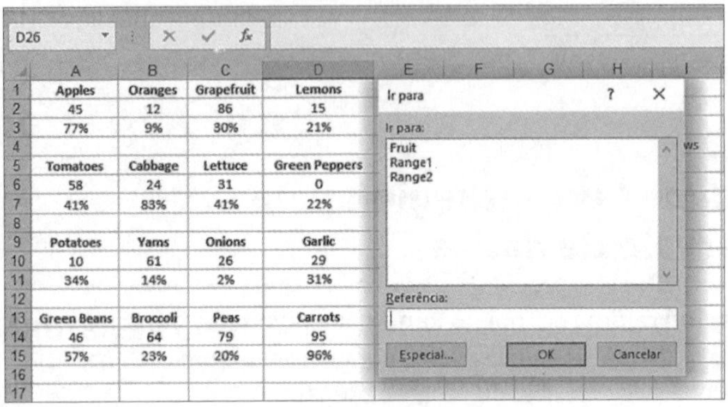

FIGURA 3-6 Embora a caixa de diálogo Ir Para não pareça útil, clique no botão Especial no canto inferior esquerdo para especificar que tipo de células devem ser selecionadas.

Na interface do Excel, a caixa de diálogo Ir Para Especial nos permite selecionar apenas células com fórmulas, apenas células em branco ou apenas as células visíveis. Selecionar somente as células visíveis é excelente para obter os resultados visíveis de dados AutoFiltrados.

Para simularmos a caixa de diálogo Ir Para Especial no VBA, devemos usar o método `SpecialCells`. Isso nos permite trabalhar com células que satisfazem determinado critério, assim:

```
ObjetoIntervalo.SpecialCells(Tipo, Valor)
```

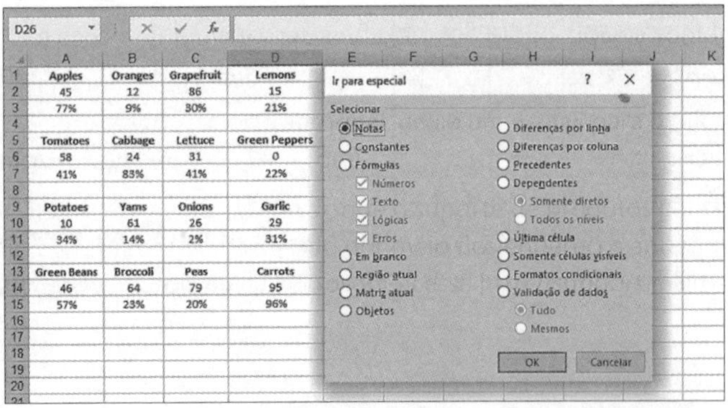

FIGURA 3-7 A caixa de diálogo Ir Para Especial apresenta diversas ferramentas de seleção que são muito úteis, tal como a ferramenta para selecionar apenas as fórmulas de uma planilha.

O método `SpecialCells` tem dois parâmetros: `Tipo` e `Valor`. `Tipo` é uma das constantes `xlCellType`:

```
xlCellTypeAllFormatConditions
xlCellTypeAllValidation
xlCellTypeBlanks
```

```
xlCellTypeComments
xlCellTypeConstants
xlCellTypeFormulas
xlCellTypeLastCell
xlCellTypeSameFormatConditions
xlCellTypeSameValidation
xlCellTypeVisible
```

Atribua uma das seguintes constantes opcionais de `Value` se for utilizar `xlCellTypeConstants` ou `xlCellTypeFormulas`:

```
xlErrors
xlLogical
xlNumbers
xlTextValues
```

O código abaixo retorna todos os intervalos que têm uma formatação condicional. Ele produzirá um erro se não houver formatos condicionais e adicionará uma borda ao redor de cada seção contígua que encontrar:

```
Set intCond = ActiveSheet.Cells.SpecialCells(xlCellTypeAllFormatConditions)
If Not intCond Is Nothing Then
 intCond.BorderAround xlContinuous
End If
```

Alguém já lhe enviou uma planilha cujos rótulos não estavam preenchidos? Algumas pessoas acham que os dados da Figura 3-8 estão organizados. Elas inserem o campo Region (Região) apenas uma vez para cada região. Isso pode ser esteticamente agradável, mas torna a classificação impossível.

	A	B	C
1	Region	Product	Sales
2	North	ABC	766,469
3		DEF	776,996
4		XYZ	832,414
5	East	ABC	703,255
6		DEF	891,799
7		XYZ	897,949

FIGURA 3-8 As células em branco da coluna Region (Região) dificultam a classificação de conjuntos de dados como este.

Usar o método `SpecialCells` para selecionar todas as células em branco nesse intervalo é uma maneira de preencher rapidamente todas as células em branco das regiões utilizando a região encontrada acima delas:

```
Sub Preencher()
On Error Resume Next 'Isto é necessário porque, se não houver células
'em branco, o código retornará um erro
Range("A1").CurrentRegion.SpecialCells(xlCellTypeBlanks).FormulaR1C1 _
 = "=R[-1]C"
Range("A1").CurrentRegion.Value = Range("A1").CurrentRegion.Value
End Sub
```

Nesse código, Range("A1").CurrentRegion se refere ao intervalo contíguo de dados do relatório. O método SpecialCells retorna apenas as células em branco desse intervalo. Essa fórmula específica preenche todas as células em branco com uma fórmula que aponta para a célula acima da célula em branco. (Você pode ler mais sobre as Fórmulas do Estilo R1C1 no Capítulo 5, "Fórmulas no estilo R1C1".) A segunda linha do código é uma maneira rápida de fazer uma simulação usando os comandos de Copiar e Colar Valores Especiais. A Figura 3-9 apresenta os resultados:

	A	B	C
1	Region	Product	Sales
2	North	ABC	766,469
3	North	DEF	776,996
4	North	XYZ	832,414
5	East	ABC	703,255
6	East	DEF	891,799
7	East	XYZ	897,949

FIGURA 3-9 Depois de a macro ser executada, as células em branco da coluna Region (Região) foram preenchidas com dados.

Usando a coleção Areas para retornar um intervalo não contíguo

A coleção Areas é um conjunto de intervalos não contíguos de uma seleção. Ela consiste em objetos Range individuais que representam intervalos contíguos de células dentro de uma seleção. Se a seleção tiver apenas uma área, a coleção Areas possuirá um único objeto Range que corresponderá a essa seleção.

Podemos nos sentir tentados a percorrer as linhas de uma planilha em um loop e verificar as propriedades da célula de uma linha, tais como a sua formatação (por exemplo, fonte ou preenchimento) ou se a célula contém uma fórmula ou valor. Depois, poderemos copiar a linha e colá-la em outra seção. Porém, existe uma forma mais fácil. Na Figura 3-10, o usuário insere os valores abaixo de cada fruta e vegetal. As porcentagens são fórmulas. O código a seguir seleciona as células com constantes numéricas e as copia em outra área:

```
Range("A:D").SpecialCells(xlCellTypeConstants, xlNumbers).Copy _
   Range("I1")
```

	A	B	C	D	E	F	G	H	I	J	K	L
1	Apples	Oranges	Grapefruit	Lemons					45	12	86	15
2	45	12	86	15					58	24	31	0
3	6%	65%	78%	45%					10	61	26	29
4									46	64	79	95
5	Tomatoes	Cabbage	Lettuce	Green Peppers								
6	58	24	31	0								
7	22%	31%	70%	65%								
8												
9	Potatoes	Yams	Onions	Garlic								
10	10	61	26	29								
11	18%	49%	57%	86%								
12												
13	Green Beans	Broccoli	Peas	Carrots								
14	46	64	79	95								
15	27%	56%	21%	42%								

FIGURA 3-10 A coleção Areas facilita a manipulação de intervalos não contíguos.

Fazendo referência a tabelas

As tabelas são um tipo especial de intervalo que oferece a conveniência das referências a intervalos nomeados. Entretanto, as tabelas não são criadas da mesma forma que outros intervalos. Para obter mais informações sobre como criar uma tabela nomeada, veja o Capítulo 6, "Criando e manipulando nomes no VBA".

Apesar de ser possível fazer referência a uma tabela usando `Worksheets(1).Range("Tabela1")`, obtemos acesso a mais propriedades e métodos únicos de tabelas se usarmos o objeto `ListObjects`, assim:

```
Worksheets(1).ListObjects("Tabela1")
```

Isso abre as propriedades e métodos de uma tabela, mas não podemos usar essa linha para selecionar a tabela. Para fazer isso, devemos especificar a parte da tabela com a qual queremos trabalhar. Para selecionar uma tabela inteira, incluindo o cabeçalho e o total de linhas, especifique a propriedade `Range`:

```
Worksheets(1).ListObjects("Tabela1").Range.Select
```

As propriedades de parte de uma tabela incluem o seguinte:

- `Range` — Retorna a tabela inteira.
- `DataBodyRange` — Retorna apenas a parte dos dados.
- `HeaderRowRange` — Retorna apenas a linha do cabeçalho.
- `TotalRowRange` — Retorna apenas a linha dos totais.

Algo que realmente gosto na hora de escrever códigos com tabelas é a facilidade de se fazer referência a colunas específicas delas. Não precisamos saber o número de colunas que vamos precisar mover a partir de uma posição inicial ou a letra/número da coluna, e não precisamos usar a função FIND. Em vez disso, podemos usar o nome do cabeçalho da coluna. Por exemplo, faça o seguinte para selecionar os dados da coluna Qde da tabela, mas não o cabeçalho e o total de linhas:

```
Worksheets(1).ListObjects("Tabela1").ListColumns("Qde")_
    .DataBodyRange.Select
```

> **Nota** Para obter mais detalhes sobre como escrever códigos com tabelas, veja *Excel Tables: A Complete Guide for Creating, Using and Automating Lists and Tables* de Zack Barresse e Kevin Jones (ISBN: 9781615470280).

Próximos passos

O Capítulo 4 descreve um componente fundamental de qualquer linguagem de programação: loops. Se já teve aulas de programação, você estará familiarizado com estruturas básicas de loops. O VBA suporta todos os loops normais. Esse capítulo, também vai apresentar um loop especial, `For Each...Next`, que é exclusivo da programação orientada a objetos, como o VBA.

CAPÍTULO 4

Loops e controle de fluxo

Neste capítulo, você vai:

- Trabalhar com loops For...Next.
- Conhecer os loops Do.
- Ser apresentado ao loop de VBA: For Each.
- Usar If...Then...Else e Select Case para controle de fluxo.

Os loops facilitam a nossa vida. Digamos que temos 20 linhas de código de macro que fazem algo bacana uma vez. Basta acrescentar uma linha de código acima e abaixo delas e, de repente, essa macro estará consertando milhares de linhas em vez de uma só. Os loops são um componente fundamental de qualquer linguagem de programação. Se você já teve alguma aula de programação — até do BASIC —, você provavelmente já viu um loop For...Next. Felizmente, o VBA suporta todos os loops comuns, mais um loop especial que é excelente para se usar com VBA.

Este capítulo abrange as estruturas básicas de loops:

- For...Next.
- Do...While.
- Do...Until.
- While...Wend.
- Do Until...Loop.

Este capítulo também discute uma estrutura de loop muito útil que é única de linguagens orientadas a objetos: For Each...Next.

Loops For...Next

For e Next são estruturas comuns de loops. Tudo entre For e Next é executado diversas vezes. Cada vez que o código é executado, uma certa variável contadora, especificada na instrução For, terá um valor diferente.

Considere este código:

```
For i = 1 to 10
     Cells(i, i).Value = i
Next i
```

Quando esse programa começa a ser executado, precisamos atribuir um nome à variável contadora. Nesse exemplo, o nome da variável é i. Na primeira vez que passamos pelo código, a variável i é definida como 1. Na primeira vez que o loop é executado, i é igual a 1; assim, a célula da linha 1, coluna 1, será definida como 1 (veja a Figura 4-1).

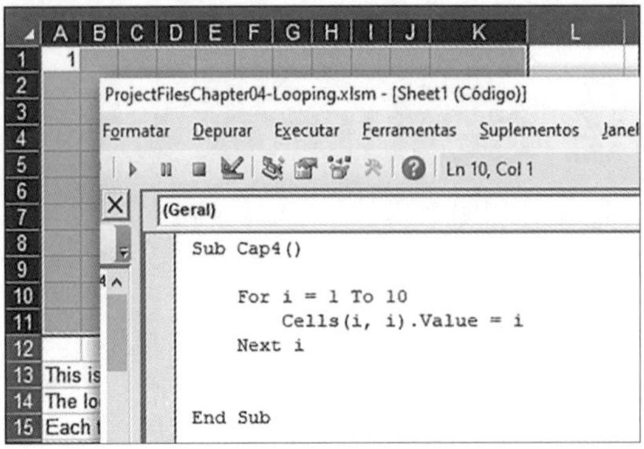

FIGURA 4-1 Depois da primeira iteração pelo loop, a célula da linha 1, coluna 1 terá o valor de 1.

> **Nota** Para aprimorar a legibilidade, sempre devemos aplicar um recuo às linhas de código dentro de um loop. Você pode escolher se prefere aplicar um recuo de 1, 2, 3 ou 4 espaços.

Vamos entender melhor o que acontece quando o VBA chega na linha que diz `Next i`. Antes de executar essa linha, a variável `i` é igual a `1`. Durante a execução de `Next i`, o VBA deverá tomar uma decisão. O VBA somará 1 à variável `i` e irá compará-la com o valor máximo do termo To da instrução `For`. Se ela estiver dentro dos limites especificados no termo To, o loop não será finalizado. Nesse caso, o valor de `i` passará a ser 2. Então, a execução do código voltará para a primeira linha do código depois da instrução `For`. A Figura 4-2 apresenta a situação do programa antes da execução da linha `Next`. A Figura 4-3 mostra o que acontece depois da execução da linha `Next`.

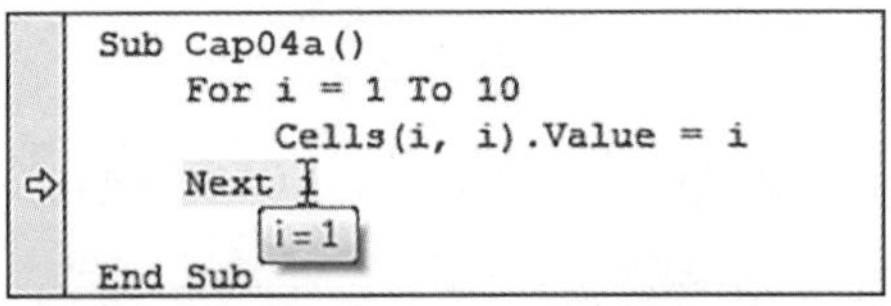

FIGURA 4-2 Antes da execução da instrução Next i, i é igual a 1. O VBA pode somar 1 ao i com segurança, e ele será menor ou igual ao 10 especificado no termo To da instrução For.

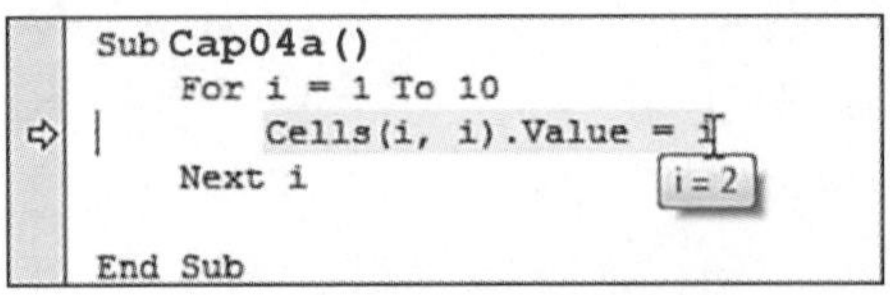

FIGURA 4-3 Depois da execução da instrução Next i, o valor de i passará a ser 2. A execução do código continuará com a linha de código que vem imediatamente após a instrução For, que escreve 2 na célula B2.

Na segunda vez que o loop for executado, o valor de `i` será 2. A célula da linha 2, coluna 2 (ou seja, a célula B2) receberá o valor de 2.

Ao passo que o processo continua, a instrução `Next i` elevará `i` para 3, 4, e assim por diante. Na décima execução do loop, a célula na linha 10, coluna 10, receberá o valor de 10.

É interessante observar o que acontece com a variável `i` na última passagem por `Next i`. Antes de executar a linha `Next i`, o valor da variável será 10. Agora, o VBA deverá tomar uma decisão. Ele somará 1 à variável `i`. Agora, o valor armazenado em `i` é igual a `11`, o que é maior que o limite do loop `For...Next`. Então, o VBA passará a executar a próxima linha da macro, depois da instrução `Next` (veja a Figura 4-4). Caso nos sintamos tentados a usar a variável `i` mais tarde na macro, é importante perceber que o valor somado da mesma estará além do limite especificado pelo termo To da instrução `For`.

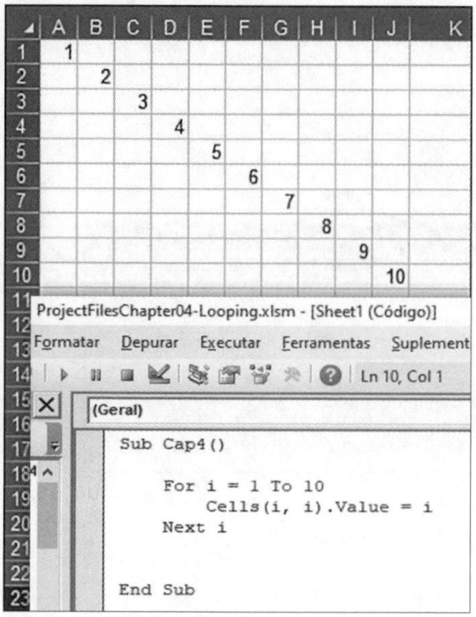

FIGURA 4-4 Depois que o valor de i chega em 11, a execução do código passa para a linha que vem depois da instrução Next.

Esse tipo de loop costuma ser usado para percorrer todas as linhas de um conjunto de dados e decidir realizar alguma ação com base em algum critério. Por exemplo, se quisermos marcar todas as linhas da coluna F que tenham uma receita de serviço positiva, podemos usar o seguinte loop:

```
For i = 2 to 10
 If Cells(i, 6).Value > 0 Then
 Cells(i, 8).Value = "Receita de Serviço"
 Cells(i, 1).Resize(1, 8).Interior.ColorIndex = 4
 End If
Next i
```

Esse loop verifica cada item de dado da linha 2 até a linha 10. Se houver um número positivo na coluna F, a coluna H dessa linha receberá um novo rótulo, e as células das colunas A:H da linha serão pintadas com a cor de índice 4, ou seja, verde. Depois da execução dessa macro, os resultados são muito parecidos com a Figura 4-5.

Usando variáveis na instrução For

O exemplo anterior não é muito útil pelo fato de funcionar apenas quando temos exatamente 10 linhas de dados. Podemos usar uma variável para especificar o limite superior e inferior da instrução For. O exemplo de código abaixo identifica a `LinhaFinal` que contém dados e, então, realiza o loop da linha 2 até essa linha:

```
LinhaFinal = Cells(Rows.Count, 1).End(xlUp).Row
For i = 2 to LinhaFinal
    If Cells(i, 6).Value > 0 Then
      Cells(i, 8).Value = "Receita de Serviço"
      Cells(i, 1).Resize(1, 8).Interior.ColorIndex = 4
   End If
Next i
```

	A	B	C	D	E	F	G	H	I
1	InvoiceDate	InvoiceNumber	SalesRepNumber	CustomerNumber	ProductRevenue	ServiceRevenue	ProductCost		
2	6/8/2015	123829	S21	C8754	21000	0	9875		
3	6/8/2015	123834	S54	C7796	339000	0	195298		
4	6/8/2015	123835	S21	C1654	161000	0	90761		
5	6/8/2015	123836	S45	C6460	275500	10000	146341	Service Revenue	
6	6/8/2015	123837	S54	C5143	925400	0	473515		
7	6/8/2015	123841	S21	C8361	94400	0	53180		
8	6/8/2015	123842	S45	C1842	36500	55000	20696	Service Revenue	
9	6/8/2015	123843	S54	C4107	599700	0	276718		
10	6/8/2015	123844	S21	C5205	244900	0	143393		
11									

FIGURA 4-5 Depois de o loop executar todas as nove iterações, quaisquer linhas com valores positivos na coluna F serão pintadas de verde e terão o rótulo "Receita de Serviços" escrito na Coluna H.

Atenção Tenha cuidado ao usar variáveis. E se o arquivo importado hoje estiver vazio e apresentar apenas a linha de cabeçalhos? Nesse caso, a variável `LinhaFinal` seria igual a `1`. Isso faz com que a primeira instrução do loop basicamente diga o seguinte: `For i = 2 to 1`. Como o número inicial é maior que o número final, o loop nunca é executado. A variável `i` é igual a 2, e a execução do código pula para a linha depois de `Next`.

Variações do loop For...Next

Em um loop `For...Next` podemos fazer com que os intervalos das variáveis sejam um valor diferente de 1. Por exemplo, podemos usá-lo para aplicar uma formatação da barra verde em linhas alternadas de um conjunto de dados. Nesse caso, vamos precisar que a variável contadora `i` examine as linhas alternadas do conjunto de dados. Indique isso acrescentando o termo `Step` no fim da instrução `For`:

```
LinhaFinal = Cells(Rows.Count, 1).End(xlUp).Row
For i = 2 to LinhaFinal Step 2
 Cells(i, 1).Resize(1, 7).Interior.ColorIndex = 35
Next i
```

Quando executarmos esse código, o VBA adicionará um preenchimento verde-claro nas linhas 2, 4, 6 e assim por diante (veja a Figura 4-6).

	A	B	C	D	E
1	InvoiceDate	InvoiceNumber	SalesRepNumber	CustomerNumber	ProductRevenue
2	6/7/2011	123829	S21	C8754	21000
3	6/7/2011	123830	S45	C3390	188100
4	6/7/2011	123831	S54	C2523	510600
5	6/7/2011	123832	S21	C5519	86200
6	6/7/2011	123833	S45	C3245	800100
7	6/7/2011	123834	S54	C7796	339000
8	6/7/2011	123835	S21	C1654	161000

FIGURA 4-6 O termo Step da instrução For do loop faz a ação ocorrer em linhas alternadas.

O termo `Step` pode ser qualquer número. Talvez queiramos verificar cada décima linha de um conjunto de dados para extrair uma amostra aleatória. Nesse caso, poderíamos usar `Step 10`:

```
LinhaFinal = Cells(Rows.Count, 1).End(xlUp).Row
PróximaLinha = LinhaFinal + 5
Cells(PróximaLinha-1, 1).Value = "Amostra Aleatória dos Dados Acima"
For i = 2 to LinhaFinal Step 10
    Cells(i, 1).Resize(1, 8).Copy Destination:=Cells(PróximaLinha, 1)
    PróximaLinha = PróximaLinha + 1
Next i
```

Também podemos ter um loop `For...Next` sendo executado para trás, do maior para o menor. Isso é especialmente útil se estivermos apagando linhas de modo seletivo. Para fazer isso, reverta a ordem da instrução `For` e faça com que o termo `Step` especifique um número negativo:

```
' ' Apaga todas as linhas nas quais a coluna C é o rep Interno - S54
LinhaFinal = Cells(Rows.Count, 1).End(xlUp).Row
For i = LinhaFinal to 2 Step -1
    If Cells(i, 3).Value = "S54" Then
        Rows(i).Delete
    End If
Next i
```

Nota Existe uma maneira mais rápida de apagar os registros, a qual será abordada na seção "Substituindo um loop pelo AutoFiltro", do Capítulo 11, "Minerando dados com o Filtro Avançado".

Saindo de um loop assim que uma condição é satisfeita

Às vezes, não precisamos executar o loop inteiro. Talvez só precisemos fazer a leitura do conjunto de dados até encontrar um registro que satisfaça certo critério. Nesse caso, queremos encontrar o primeiro registro e então parar o loop. Uma instrução chamada `Exit For` faz isso.

O exemplo de macro a seguir procura por uma linha do conjunto de dados na qual a receita de serviços na coluna F é positiva e a receita de produtos na coluna E é 0. Se tal linha for encontrada, poderemos apresentar uma mensagem indicando que o arquivo necessitará de processamento manual ainda hoje e, então, mover o ponteiro de célula para essa linha:

```
' Esses dados contêm alguma situação especial de processamento?
LinhaFinal = Cells(Rows.Count, 1).End(xlUp).Row
ProblemaEncontrado = False
For i = 2 to LinhaFinal
     If Cells(i, 6).Value > 0 Then
     If Cells(i, 5).Value = 0 Then
       Cells(i, 6).Select

      ProblemaEncontrado = True
      Exit For
    End If
    End If
Next i
If ProblemaEncontrado Then
   MsgBox "Há um problema na linha " & i
   Exit Sub
End If
```

Aninhando um loop dentro de outro loop

Não há problema em se executar um loop dentro de outro loop. O código a seguir tem um primeiro loop que passa por todas as linhas de um conjunto de registros, enquanto o segundo loop passa por todas as colunas:

```
' Realiza o loop em todas as linhas e colunas
' Realiza uma formação do tipo tabuleiro de xadrez
LinhaFinal = Cells(Rows.Count, 1).End(xlUp).Row
ColFinal = Cells(1, Columns.Count).End(xlToLeft).Column
For I = 2 to LinhaFinal
    ' Para linhas de números pares, começa na coluna 1
    ' Para linhas de números ímpares, começa na coluna 2
     If I Mod 2 = 1 Then ' Divide I por 2 e guarda o resto
         ColInício = 1
     Else
         ColInício = 2
    End If
    For J = ColInício To ColFinal Step 2
       Cells(I, J).Interior.ColorIndex = 35
    Next J
Next I
```

Nesse código, o loop externo está usando a variável contadora I para fazer o loop em todas as linhas do conjunto de dados. O loop interno está usando a variável contadora J para fazer o loop por todas as colunas dessa linha. Como a Figura 4-7 tem sete linhas de dados, o código passa pelo loop I sete vezes. Cada vez que ele passa pelo loop I, o código passa pelo loop J seis ou sete vezes. Isso significa que a linha de código que está dentro do loop J acaba sendo executada diversas vezes cada vez que ela passa pelo loop I. A Figura 4-7 apresenta o resultado.

	A	B	C	D	E
1	Item	January	February	March	April
2	Hardware Revenue	1,972,637	1,655,321	1,755,234	1,531,060
3	Software Revenue	236,716	198,639	210,628	183,727
4	Service Revenue	473,433	397,277	421,256	367,454
5	Cost of Good Sold	1,084,951	910,427	965,379	842,083
6	Selling Expense	394,527	331,064	351,047	306,212
7	G&A Expense	150,000	150,000	150,000	150,000
8	R&D	125,000	125,000	125,000	125,000

FIGURA 4-7 O resultado de se aninhar um loop dentro do outro; o VBA pode fazer o loop em cada linha e, então, em cada coluna.

Loops Do

Existem diversas variações do loop Do. O mais básico dos loops Do é útil para realizar várias tarefas comuns. Por exemplo, vamos supor que alguém nos enviou uma lista de endereços em uma coluna, tal como exibido na Figura 4-8.

Nesse caso, talvez precisemos reordenar esses endereços na forma de um banco de dados com nomes na coluna B, ruas na coluna C, e cidades e estados na coluna D. Selecionando a gravação relativa (veja o Capítulo 1, "Liberando o poder do Excel com VBA") e usando a tecla de atalho Ctrl+Shift+A, podemos gravar este trecho útil de código:

```
Sub ConsertarUmRegistro()
' Atalho de Teclado: Ctrl+Shift+A
    ActiveCell.Offset(1, 0).Range("A1").Select
    Selection.Cut
    ActiveCell.Offset(-1, 1).Range("A1").Select
    ActiveSheet.Paste
    ActiveCell.Offset(2, -1).Range("A1").Select
    Selection.Cut
    ActiveCell.Offset(-2, 2).Range("A1").Select
    ActiveSheet.Paste
    ActiveCell.Offset(1, -2).Range("A1:A3").Select
    Selection.EntireRow.Delete
    ActiveCell.Select
End Sub
```

5	
6	John Smith
7	123 Main Street
8	Akron OH 44308
9	
10	Jane Doe
11	245 State Street
12	Merritt Island FL 32953
13	
14	Ralph Emerson
15	345 2nd Ave
16	New York NY 10011
17	
18	George Washington
19	456 3rd St
20	Philadelphia PA 12345
21	

FIGURA 4-8 Seria mais útil ter esses endereços na forma de banco de dados para que eles pudessem ser usados em uma mala direta de e-mails.

Esse código foi feito para copiar um único endereço no formato de banco de dados. O código também posiciona o ponteiro de célula ao nome do próximo endereço da lista. Toda vez que pressionarmos Ctrl+Shift+A, um endereço será reformatado.

> **Nota** Não devemos supor que o código anterior seja adequado para fins profissionais. Lembre--se de que não precisamos selecionar nada antes de trabalhar nela. Às vezes, porém, as macros são gravadas para automatizar uma tarefa comum que ocorre apenas uma vez.

Sem uma macro, seria necessário copiar e colar muitas coisas manualmente. Entretanto, com a macro gravada anterior, podemos simplesmente posicionar o ponteiro da célula em um nome da coluna A e pressionar Ctrl+Shift+A. Esse endereço será copiado em três colunas, e o ponteiro da célula vai se mover para o início do próximo endereço (veja a Figura 4-9).

5			
6	John Smith	123 Main Street	Akron OH 44308
7	Jane Doe		
8	245 State Street		
9	Merritt Island FL 32953		
10			

FIGURA 4-9 Depois de executarmos a macro uma vez, um endereço é movido no formato apropriado, e o ponteiro de célula é posicionado para executar a macro novamente.

Quando usamos essa macro, podemos processar um endereço por segundo usando a tecla de atalho. Entretanto, se precisarmos processar 5 mil endereços, não vamos querer continuar executando a mesma macro vez após vez. Nesse caso, podemos usar um `Do...Loop` para fazer com que a macro seja executada continuamente. Podemos fazer o VBA executar esse código continuamente colocando o código gravado entre `Do`, no topo, e `Loop`, no fim. Agora, podemos relaxar e ver o código realizar essa tarefa incrivelmente chata em minutos em vez de horas.

Observe que esse `Do...Loop` em particular continuará a ser executado para sempre, visto que ele não tem um mecanismo para encerrá-lo. Isso funcionará para essa tarefa porque podemos observar o progresso na tela e pressionar Ctrl+Break com o objetivo de parar a execução quando o programa avançar para além do fim desse banco de dados.

Este código usa um loop Do para consertar os endereços:

```
Sub ConsertarTodosRegistros()
Do
    ActiveCell.Offset(1, 0).Range("A1").Select
    Selection.Cut
    ActiveCell.Offset(-1, 1).Range("A1").Select
    ActiveSheet.Paste
    ActiveCell.Offset(2, -1).Range("A1").Select
    Selection.Cut
    ActiveCell.Offset(-2, 2).Range("A1").Select
    ActiveSheet.Paste
    ActiveCell.Offset(1, -2).Range("A1:A3").Select
    Selection.EntireRow.Delete
    ActiveCell.Select
Loop
End Sub
```

Esses exemplos apresentaram loops simples que são ótimos para quando precisamos realizar tarefas rapidamente. O `Do...Loop` nos fornece várias opções que nos permitem fazer com que o programa pare automaticamente uma vez que ele chega no fim da tarefa.

A primeira opção é incluir uma linha no `Do...Loop` que detecte o fim do conjunto de dados e saia do loop. No exemplo atual, isso poderia ser realizado por meio do comando `Exit Do` em uma instrução `If`. Se a célula de dados atual estiver vazia, podemos concluir que chegamos no fim dos dados e que paramos o processamento do loop:

```
Sub LoopAtéAcabar()
Do
    If Selection.Value = "" Then Exit Do
    ActiveCell.Offset(1, 0).Range("A1").Select
    Selection.Cut
    ActiveCell.Offset(-1, 1).Range("A1").Select
    ActiveSheet.Paste
    ActiveCell.Offset(2, -1).Range("A1").Select
    Selection.Cut
    ActiveCell.Offset(-2, 2).Range("A1").Select
    ActiveSheet.Paste
    ActiveCell.Offset(1, -2).Range("A1:A3").Select
    Selection.EntireRow.Delete
    ActiveCell.Select
Loop
End Sub
```

Usando os termos While ou Until em loops Do

Existem quatro variações no uso de While ou Until. Esses termos podem ser adicionados tanto à instrução Do quanto à instrução Loop. Em cada caso, os termos While e Until incluem algum teste que retorna True ou False.

Com uma estrutura Do While <expressão de teste>...Loop, o loop nunca é executado se <expressão de teste> for falsa. Caso estejamos lendo registros de um arquivo de texto, não poderemos supor que o arquivo tem um ou mais registros. Em vez disso, vamos precisar fazer um teste para ver se já estamos no fim do arquivo usando a função EOF antes de entrar no loop:

```
' Lê um arquivo de texto pulando as linhas de Total
 Open "C:\NotaFiscal.txt" For Input As #1
 r = 1
 Do While Not EOF(1)
     Line Input #1, Data
      If Not Left (Data, 5) = "TOTAL" Then
        ' Importa essa linha
     r = r + 1
     Cells(r, 1).Value = Data
    End If
 Loop
 Close #1
```

Nesse exemplo, a palavra-chave Not na frente de EOF(1) retorna True depois que não há mais registros para serem lidos em NotaFiscal.txt. Alguns programadores acham que é difícil ler um programa que contém muitos Not. Para evitar o uso de Not, use a estrutura Do Until <expressão de teste>...Loop:

```
' Lê um arquivo de texto pulando as linhas de Total
 Open "C:\NotaFiscal.txt" For Input As #1
 r = 1
 Do Until EOF(1)
    Line Input #1, Data
     If Not Left(Data, 5) = "TOTAL" Then
       ' Importa essa linha
     r = r + 1
     Cells(r, 1).Value = Data
   End If
 Loop
 Close #1
```

Em outros exemplos, talvez queiramos que o loop sempre seja executado pelo menos uma vez. Nesse caso, mova as instruções While ou Until para o fim do loop. Esse exemplo de código pede que o usuário insira a quantidade de vendas feitas no dia. Ele continua a pedir pelas quantias até que um zero seja inserido:

```
TotalVendas = 0
Do
   x = InputBox( _
```

```
        Prompt:="Insira o valor da próxima Nota Fiscal. Digite 0 quando terminar.", _
        Type:=1)
    TotalVendas = TotalVendas + x
Loop Until x = 0
MsgBox "O total de hoje é de $" & TotalVendas
```

No loop a seguir, uma quantia em cheque é inserida e, então, ele procura por notas fiscais em aberto às quais o cheque pode ser aplicado. Entretanto, o que costuma acontecer é que um único cheque recebido cobre diversas notas fiscais. O programa abaixo aplica o cheque sequencialmente às faturas mais antigas até que 100% do cheque tenha sido aplicado:

```
' Pergunta o valor do cheque recebido. Soma zero para converter em numérico.
ValorParaAplicar = InputBox("Digite o Valor do Cheque") + 0
' Realizar o loop na lista de faturas em aberto.
    ' Aplica o cheque às notas fiscais mais antigas em aberto e Subtrai de
ValorParaAplicar
ProximaLinha = 2
Do While ValorParaAplicar > 0
 ValorAberto = Cells(PróximaLinha, 3)
 If ValorAberto > ValorParaAplicar Then
 ' Aplica o total do cheque a essa nota fiscal
 Cells(PróximaLinha, 4).Value = ValorParaAplicar
 ValorParaAplicar = 0
 Else
     Cells(PróximaLinha, 4).Value = ValorAberto
     ValorParaAplicar = ValorParaAplicar - ValorAberto
   End If
 PróximaLinha = PróximaLinha + 1
Loop
```

Como podemos construir o `Do...Loop` com os qualificadores `While` e `Until` no início ou no fim, temos um controle sutil sobre se o loop sempre é executado pelo menos uma vez, mesmo quando a condição é verdadeira no início.

Loops `While...Wend`

Os loops `While...Wend` são incluídos no VBA por uma questão de compatibilidade com o código antigo. Nos arquivos de ajuda do VBA, a Microsoft sugere que a estrutura `Do...Loop` seja mais flexível. No entanto, como podemos encontrar loops `While...Wend` em códigos escritos por outras pessoas, este capítulo inclui um exemplo rápido. Nesse loop, a primeira linha sempre será `While <condição>`. A última linha do loop sempre será `Wend`. Observe que não existe uma instrução `Exit While`. Em geral, esses loops não apresentam nenhum problema, mas a estrutura `Do...Loop` é mais robusta e flexível. Como o loop `Do` oferece os qualificadores `While` e `Until`, podemos usá-los no início ou no fim do loop, e podemos sair de um loop `Do` mais cedo:

```
' Lê um arquivo de texto, somando os valores
    Open "C:\NotaFiscal.txt" For Input As #1
    TotalVendas = 0
    While Not EOF(1)
```

```
        Line Input #1, Data
        TotalVendas = TotalVendas + Data
    Wend
    MsgBox "Total de Vendas=" & TotalVendas
Close #1
```

O loop do VBA: For Each

Embora os loops do VBA sejam excelentes, o gravador de macros nunca grava esse tipo de loop. O VBA é uma linguagem orientada a objetos. É comum termos uma coleção de objetos do Excel, tal como uma coleção de planilhas em uma pasta de trabalho, células em um intervalo, tabelas dinâmicas em uma planilha ou séries de dados em um gráfico.

Esse tipo especial de loop é ótimo para passar por todos os itens de uma coleção. Entretanto, antes de entrar em mais detalhes sobre esse loop, precisamos saber mais sobre um tipo especial de variável chamado "variáveis de objeto".

Variáveis de objeto

Nesse ponto, já vimos uma variável que contém um único valor. Quando temos uma variável como `TotalVendas = 0`, a `TotalVendas` é uma variável normal e costuma conter apenas um único valor. Também podemos ter uma variável mais poderosa chamada de *variável de objeto*, que contém muitos valores. Em outras palavras, qualquer propriedade associada ao objeto também está associada à variável de objeto.

Em geral, os desenvolvedores não tiram tempo para declarar variáveis. Muitos livros imploram que usemos a instrução `DIM` para identificar todas as nossas variáveis no topo do procedimento. Isso nos permite especificar que certa variável deverá ser de certo tipo, tal como `Integer` ou `Double`. Embora isso economize um pouquinho de memória, também requer que já saibamos de antemão quais variáveis pretendemos usar. Entretanto, desenvolvedores têm a tendência de criar variáveis na hora, quando surge a necessidade. Mesmo assim, os benefícios de se declarar variáveis de objeto são muitos. Por exemplo, o recurso AutoCompletar do VBA será ativado quando declaramos uma variável de objeto no início do nosso procedimento. As seguintes linhas de código declaram três variáveis de objeto — uma planilha, um intervalo e uma tabela dinâmica:

```
Sub Teste()
    Dim WSD as Worksheet
    Dim MinhaCélula as Range
    Dim TD as PivotTable
    Set WSD = ThisWorkbook.Worksheets("Dados")
    Set MinhaCélula = WSD.Cells(Rows.Count, 1).End(xlUp).Offset(1, 0)
    Set TD = WSD.PivotTables(1)
    ...
```

Nesse código, foi possível ver que mais do que um sinal de igual é usado para definir variáveis de objeto. Também precisamos usar a instrução `Set` para atribuir um objeto específico a uma variável de objeto.

Existem muitas boas razões para se usar variáveis de objeto, sendo que uma delas é que, assim, poderemos usar abreviações. É muito mais fácil termos muitas linhas de código fazendo referência a WSD em vez de a `ThisWorkbook.Worksheets("Dados")`. Além disso, como mencionado anteriormente, a variável de objeto herda todas as propriedades do objeto ao qual ela se refere.

O loop `For Each` usa uma variável de objeto em vez de uma variável `Contadora`. O código a seguir realiza um loop por todas as células da coluna A:

```
For Each célula in Range("A1").CurrentRegion.Resize(, 1)
  If célula.Value = "Total" Then
     célula.Resize(1,8).Font.Bold = True
   End If
Next célula
```

Esse código usa a propriedade `.CurrentRegion` para definir a região atual e, em seguida, a propriedade `.Resize` para limitar o intervalo selecionado a uma única coluna. A variável de objeto é chamada de `célula`. Qualquer nome poderia ter sido utilizado para a variável de objeto, mas `célula` parece mais apropriado do que qualquer coisa arbitrária, tipo `Fred`.

O exemplo de código abaixo faz uma busca em todas as pastas de trabalho abertas, procurando por uma em que a primeira planilha tenha o nome Menu:

```
For Each pt in Workbooks
     If pt.Worksheets(1).Name = "Menu" Then
     PTEncontrada = True
     NomePT = pt.Name
     Exit For
End If
Next pt
```

Este exemplo de código apaga todas as tabelas dinâmicas na planilha ativa:

```
For Each td in ActiveSheet.PivotTables
    td.TableRange2.Clear
Next td
```

Controle de fluxo: usando If...Then...Else e Select Case

Outro aspecto de programação que nunca será registrado pelo gravador de macros é o conceito de controle de fluxo. Às vezes, não queremos que cada linha de um programa seja executada toda vez que executamos uma macro. O VBA oferece duas excelentes opções para o controle de fluxo: as estruturas `If...Then...Else` e `Select Case`.

Controle de fluxo básico: If...Then...Else

O dispositivo mais comum de controle de fluxo em programação é a instrução `If`. Por exemplo, vamos supor que temos uma lista de produtos, tal como exibida na Figura 4-10. Queremos fazer um loop por cada produto da lista e copiá-lo na lista de Frutas ou de Vegetais. Programadores iniciantes poderiam se sentir tentados a fazer o loop pelas linhas duas vezes — uma vez para procurar pelas frutas e a segunda para procurar pelos vegetais. Entretanto, não há necessidade de fazer o loop duas vezes porque podemos usar uma estrutura `If...Then...Else` em um único loop para copiar cada linha no local correto.

	A	B	C
1	**Classe**	**Produto**	**Qtd**
2	Fruta	Maçãs	1
3	Fruta	Damascos	3
4	Vegetal	Aspargos	62
5	Fruta	Bananas	55
6	Fruta	Mirtilo	17
7	Vegetal	Brócolis	56
8	Vegetal	Repolho	35
9	Fruta	Cerejas	59
10	Erva	Dill	91
11	Vegetal	Berinjela	94
12	Fruta	Kiwi	86

FIGURA 4-10 Um único loop pode procurar por frutas ou vegetais.

Usando condições

Todas as instruções `If` precisam de uma condição para serem testadas. A condição deve sempre retornar TRUE ou FALSE. Estes são alguns exemplos de condições simples e complexas:

- `If Range("A1").Value = "Título" Then`
- `If Not Range("A1").Value = "Título" Then`
- `If Range("A1").Value = "Título" And Range("B1").Value = "Fruta" Then`
- `If Range("A1").Value = "Título" Or Range("B1").Value = "Fruta" Then`

Usando If...Then...End If

Depois da instrução If, podemos incluir uma ou mais linhas de programação que serão executadas apenas se a condição for satisfeita. Então, precisamos fechar o bloco If com uma linha End If. Veja aqui um exemplo simples de uma instrução If:

```
Sub CorFrutaVermelhoNegrito()
 LinhaFinal = Cells(Rows.Count, 1).End(xlUp).Row

 For i = 2 to LinhaFinal
    If Cells(i, 1).Value = "Fruta" Then
      Cells(i, 1).Resize(1, 3).Font.Bold = True
      Cells(i, 1).Resize(1, 3).Font.ColorIndex = 3
    End If
 Next i

 MsgBox "A fruta agora está em negrito e vermelha"
End Sub
```

Decisões Um/ou: If...Then...Else...End If

Às vezes, vamos querer executar um conjunto de instruções se a condição for verdadeira e outro conjunto de instruções se a condição não for verdadeira. Para fazer isso no VBA, o segundo conjunto de condições deve ser escrito depois da instrução Else. Ainda existe apenas uma instrução End If associada a essa estrutura. Por exemplo, podemos usar o seguinte código para colorir as frutas de vermelho e os vegetais de verde:

```
Sub FrutaVermelhoVegVerde()
    LinhaFinal = Cells(Rows.Count, 1).End(xlUp).Row

    For i = 2 to LinhaFinal
        If Cells(i, 1).Value = "Fruta" Then
            Cells(i, 1).Resize(1, 3).Font.ColorIndex = 3
        Else
            Cells(i, 1).Resize(1, 3).Font.ColorIndex = 50
        End If
    Next i

    MsgBox "Frutas são vermelhas / Vegetais são verdes"
End Sub
```

Usando If...ElseIf...End If para condições múltiplas

Observe que nossa lista de produtos inclui um item que é classificado como uma erva. Temos três condições que podem ser usadas para testar itens na lista. Podemos criar uma estrutura If...End If com múltiplas condições. Primeiro, teste para ver se o registro é uma fruta. Depois, use um ElseIf para testar se o registro é um vegetal. Depois, teste para ver se o registro é uma erva. Finalmente, se o registro não for nenhum dos anteriores, marque o registro como um erro. Veja o código que faz tudo isso:

```
Sub MúltiplosIf()
    LinhaFinal = Cells(Rows.Count, 1).End(xlUp).Row

    For i = 2 to LinhaFinal
        If Cells(i, 1).Value = "Fruta" Then
            Cells(i, 1).Resize(1, 3).Font.ColorIndex = 3
        ElseIf Cells(i, 1).Value = "Vegetal" Then
            Cells(i, 1).Resize(1, 3).Font.ColorIndex = 50
        ElseIf Cells(i, 1).Value = "Ervas" Then
            Cells(i, 1).Resize(1, 3).Font.ColorIndex = 5
        Else
            ' Esse deve ser um registro com erro
            Cells(i, 1).Resize(1, 3).Interior.ColorIndex = 6
        End If
   Next i

   MsgBox "Frutas são vermelhas / Vegetais são verdes / Ervas são azuis"
End Sub
```

Usando `Select Case...End Select` para condições múltiplas

Quando temos diversas condições diferentes, usar muitas expressões `ElseIf` pode deixar as coisas confusas. Por essa razão, o VBA nos oferece outra estrutura conhecida como `Select Case`. No exemplo atual, sempre devemos verificar a classe da coluna A. Esse valor é chamado de *expressão de teste*. A sintaxe básica dessa construção começa com as palavras `Select Case` seguidas pela expressão de teste:

```
Select Case Cells(i, 1).Value
```

Pensando nesse problema em linguagem natural, poderíamos dizer: "Nos casos em que o registro for fruta, pinte o registro de vermelho." O VBA usa uma versão reduzida disso. Escrevemos a palavra `Case` seguida do literal `"Fruta"`. Todas as instruções que vierem depois de `Case "Frutas"` serão executadas sempre que a expressão de teste for uma fruta. Depois dessas instruções, teremos a próxima instrução `Case`: `Case "Vegetais"`. Continuamos assim, escrevendo uma instrução `Case` seguida pelas linhas de programa que serão executadas se o caso for verdadeiro.

Depois de listarmos todas as possíveis condições que conseguimos imaginar, podemos optar por incluir uma seção `Case Else` no fim. A seção `Case Else` inclui o que o programa deve fazer se a expressão de teste não coincidir com nenhum dos casos. Abaixo, a macro escreve uma observação na coluna D se um valor inesperado for encontrado em A. Para concluir, fechamos a estrutura inteira com a instrução `End Select`.

O programa a seguir realiza a mesma operação da macro anterior, mas usa a instrução `Select Case`:

```
Sub SelecionarCase()
    LinhaFinal = Cells(Rows.Count, 1).End(xlUp).Row
```

```
    For i = 2 to LinhaFinal
        Select Case Cells(i, 1).Value
            Case "Frutas"
                Cells(i, 1).Resize(1, 3).Font.ColorIndex = 3
            Case "Vegetais"
                Cells(i, 1).Resize(1, 3).Font.ColorIndex = 50
            Case "Ervas"
                Cells(i, 1).Resize(1, 3).Font.ColorIndex = 5
            Case Else
                Cells(i, 4).Value = "Valor inesperado!"
        End Select
   Next i

  MsgBox "Frutas são vermelhas / Vegetais são verdes / Ervas são azuis"
End Sub
```

Expressões complexas em instruções Case

Podemos ter expressões bem complexas em instruções `Case`. Por exemplo, digamos que queremos executar as mesmas ações para todos os registros de bagas:

```
Case "Morango", "Mirtilo", "Framboesa"
       CódigoAd = 1
```

Caso isso faça sentido, podemos programar um intervalo de valores na instrução `Case`:

```
Case 1 to 20
     Desconto = 0.05
Case 21 to 100
     Desconto = 0.1
```

Podemos incluir a palavra-chave `Is` e um operador de comparação, como > ou <:

```
Case Is < 10
    Desconto = 0
Case Is > 100
    Desconto = 0.2
Case Else
    Desconto = 0.10
```

Aninhando instruções If

Aninhar instruções `If` dentro de outra instrução `If` não só é possível, como é comum. Nessa situação, é importante usar o recuo apropriado. Vamos encontrar diversas linhas `End If` no fim da estrutura com frequência. Se usarmos o recuo apropriado, será mais fácil identificar qual `End If` está associado com determinado `If`.

A macro final deste capítulo contém muita lógica que lida com as seguinte regras de desconto:

- Para frutas, quantidades menores do que 5 caixas não ganham desconto.
- Quantidades de frutas de 5 a 20 caixas ganham 10% de desconto.
- Quantidades de frutas acima de 20 caixas ganham 15% de desconto.

- Para ervas, quantidades abaixo de 10 caixas não ganham desconto.
- Quantidades de ervas entre 10 e 15 caixas ganham 3% de desconto.
- Quantidades de ervas acima de 15 caixas ganham 6% de desconto.
- Para vegetais, com exceção do aspargo, quantidades de 5 caixas ou mais ganham um desconto de 12%.
- Aspargos precisam de 20 caixas para um desconto de 12%.
- Nenhum dos descontos será aplicado se o produto estiver em promoção durante a semana. O preço promocional tem um desconto de 25% em relação ao preço normal. Os itens em promoção nesta semana são morango, alface e tomate.

O código para executar essa lógica é o seguinte:

```
Sub IfComplexos()
  LinhaFinal = Cells(Rows.Count, 1).End(xlUp).Row

  For i = 2 to LinhaFinal
    EstaClasse = Cells(i, 1).Value
    EsteProduto = Cells(i, 2).Value
    EstaQtd = Cells(i, 3).Value

    ' Primeiro, descobrir se o item está em promoção
    Select Case EsteProduto
      Case "Morangos", "Alface", "Tomates"
        Promoção = True
      Case Else
        Promoção = False
    End Select

    ' Calcular o desconto
    If Promoção Then
      Desconto = 0.25
    ElseIf EstaClasse = "Frutas" Then
      Select Case EstaQtd
        Case Is < 5
          Desconto = 0
        Case 5 To 20
          Desconto = 0.1
        Case Is > 20
          Desconto = 0.15
        End Select
    ElseIf EstaClasse = "Ervas" Then
      Select Case EstaQtd
        Case Is < 10
```

```
            Desconto = 0
          Case 10 To 15
            Desconto = 0.03
          Case Is > 15
            Desconto = 0.06
        End Select
      ElseIf EstaClasse = "Vegetais" Then
        ' Há uma condição especial para aspargos
        If EsteProduto = "Aspargos" Then
          If EstaQtd < 20 Then
            Desconto = 0
          Else
            Desconto = 0.12
          End If
        Else
          If EstaQtd < 5 Then
            Desconto = 0
          Else
            Desconto = 0.12
          End If ' O produto é aspargo ou não?
      End If ' O produto está em promoção?

      Cells(i, 4).Value = Desconto

      If Promoção Then
        Cells(i, 4).Font.Bold = True
      End If

    Next i

    Range("D1").Value = "Desconto"

    MsgBox "Os descontos foram aplicados"

  End Sub
```

Próximos passos

Os loops aumentam em muito o poder das nossas macros gravadas. Quando precisamos repetir um processo em todas as planilhas ou em todas as linhas de uma planilha, os loops são a solução. O VBA do Excel suporta os loops tradicionais de programação `For...Next` e `Do...Loop` e o loop orientado a objeto `For Each...Next`. O Capítulo 5, "Fórmulas no estilo R1C1", aborda o aparentemente indecifrável estilo de fórmulas R1C1 e mostra por que ele é importante no VBA do Excel.

CAPÍTULO 5

Fórmulas no estilo R1C1

Neste capítulo, você vai:

- Entender as referências A1 x R1C1.
- Ativar as referências no estilo R1C1.
- Testemunhar o milagre das fórmulas do Excel.
- Examinar o estilo de referências R1C1.
- Usar fórmulas R1C1 com fórmulas de matriz.

Entender fórmulas R1C1 fará com que o nosso trabalho com o VBA seja mais fácil. Você poderia pular este capítulo, mas, se fizer isso, seus códigos serão mais difíceis de escrever. Reservar 30 minutos para entender o R1C1 fará com que suas macros sejam mais fáceis de programar pelo resto da sua vida.

Podemos associar o estilo de referência A1 ao VisiCalc. Dan Bricklin e Bob Frankston usaram A1 para fazer referência à célula no canto superior esquerdo da planilha. Mitch Kapor usou o mesmo esquema de endereçamento no Lotus 1-2-3. O arrogante Multiplan da Microsoft tentou mudar a tendência e começou a usar algo chamado de endereçamento no estilo R1C1. No endereçamento R1C1, a célula conhecida como A1 é referida como R1C1 porque ela está na linha 1, coluna 1 (row 1, column 1, em inglês).

Com a predominância do Lotus 1-2-3 nos anos 1980 e início dos anos 1990, o estilo A1 se tornou o padrão. A Microsoft percebeu que estava lutando em uma batalha perdida e, eventualmente, passou a oferecer tanto o endereçamento R1C1 quanto A1 no Excel. Atualmente, ao abrir o Excel, o estilo A1 é usado como padrão. Oficialmente, porém, a Microsoft suporta ambos os estilos de endereçamento.

Talvez você ache que este capítulo é irrelevante. Qualquer um que use a interface do Excel concordaria que o estilo R1C1 está morto. Entretanto, diante disso, temos o que parece ser um problema irritante: o gravador de macros grava as fórmulas no estilo R1C1. Assim, agora você talvez esteja pensando que só precisa aprender o endereçamento R1C1 para ler o código gravado e convertê-lo para o estilo A1, mais familiar.

Devo dar crédito à Microsoft. As fórmulas no estilo R1C1, que você vai acabar entendendo, são, na verdade, mais eficientes, em especial quando estamos lidando com a criação de fórmulas em VBA. Usar o estilo de endereçamento R1C1 nos permite escrever código de maneira mais eficiente. Além disso, existem alguns recursos, tais como a elaboração de fórmulas de matriz, que exigem o uso de uma fórmula no estilo R1C1.

Consigo ouvir o resmungo coletivo dos usuários de Excel do mundo inteiro. Você poderia pular estas páginas sobre o estilo antigo se ele não passasse de uma questão menor ou de uma questão de eficiência. Entretanto, como precisamos entender o estilo R1C1 para, de forma eficaz, usar recursos importantes como as fórmulas de matriz, você terá que mergulhar de cabeça nele e aprendê-lo.

Ativando as referências no estilo R1C1

Não precisamos ativar o estilo R1C1 para usar `.FormulaR1C1` nos nossos códigos. Entretanto, quando estivermos aprendendo sobre R1C1, será útil ativar o estilo R1C1 temporariamente.

Para ativar o estilo de endereçamento R1C1, selecione Opções do menu Arquivo. Na categoria Fórmulas, marque a caixa de seleção Estilo de Referência L1C1 (tal como é escrito na interface de usuário do Excel. Veja a Figura 5-1).

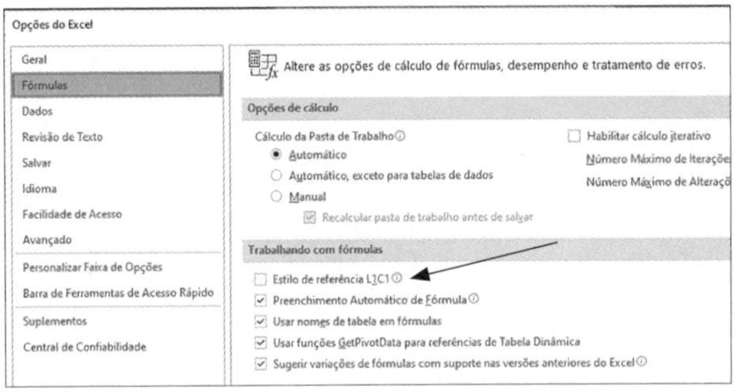

FIGURA 5-1 Selecionar o Estilo de Referência L1C1 na categoria Fórmulas da caixa de diálogo Opções do Excel faz com que o Excel use o estilo R1C1 na sua interface do usuário.

Depois de ativar o estilo R1C1, as letras da coluna A, B e C na parte de cima da planilha serão substituídas pelos números 1, 2 e 3 (veja a Figura 5-2).

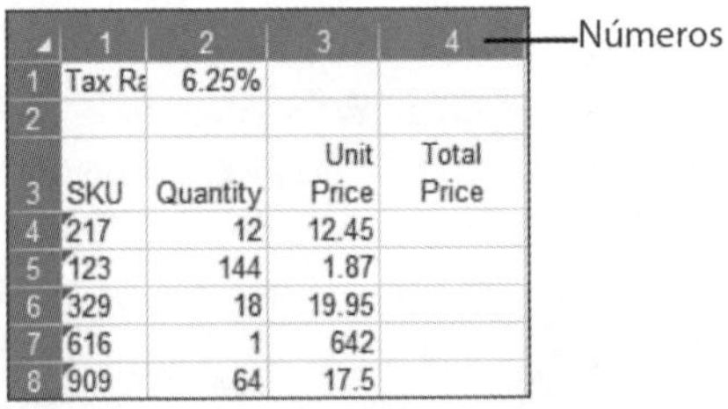

FIGURA 5-2 No estilo R1C1, as letras das colunas são substituídas por números.

Nesse formato, a célula que conhecemos como B5 é chamada de R5C2 porque ela está na linha 5, coluna 2.

Semana sim, semana não, alguém acidentalmente ativa essa opção e recebemos um pedido urgente de suporte na MrExcel. Noventa e nove por cento dos usuários de planilhas não conhece esse estilo.

Testemunhando o milagre das fórmulas do Excel

Recalcular automaticamente milhares de células é o principal benefício das planilhas eletrônicas em comparação com as folhas de papel pautadas usadas até 1979. Entretanto, o prêmio de segundo lugar seria poder inserir uma fórmula e copiá-la em milhares de células.

Digitando uma fórmula uma vez e copiando-a mil vezes

Volte para o referenciamento no estilo A1. Considere a planilha exibida na Figura 5-3. Insira uma fórmula simples, tal como =B4*C4 na célula D4, clique duas vezes na alça AutoPreenchimento e a fórmula será mudada de modo inteligente à medida que é copiada para baixo no intervalo.

D4 | =B4*C4

	A	B	C	D	E
1	Tax Rate	6.25%			
2					
3	SKU	Quantity	Unit Price	Total Price	Taxable?
4	217	12	12.45	149.4	TRUE
5	123	144	1.87		TRUE
6	329	18	19.95		TRUE
7	616	1	642		FALSE
8	909	64	17.5		TRUE
9	527	822	0.12		TRUE
10	Total				

FIGURA 5-3 Clique duas vezes na alça AutoPreenchimento, e o Excel copiará essa fórmula de referência relativa de modo inteligente para baixo, na coluna.

A fórmula foi reescrita em cada linha, eventualmente se tornando =C9*B9. Parece intimidante pensar em fazer uma macro inserir essas várias fórmulas. A Figura 5-4 mostra como as fórmulas mudam à medida que as copiamos para baixo, nas colunas D, F e G.

Nota Pressione Ctrl + Shift + ' para alternar entre mostrar as fórmulas em vez de ver os resultados. Pressione essas teclas novamente para voltar a visualizar os valores.

D	E	F	G
Total Price	Taxable?	Tax	Total
=B4*C4	TRUE	=IF(E4,ROUND(D4*$B$1,2),0)	=F4+D4
=B5*C5	TRUE	=IF(E5,ROUND(D5*$B$1,2),0)	=F5+D5
=B6*C6	TRUE	=IF(E6,ROUND(D6*$B$1,2),0)	=F6+D6
=B7*C7	FALSE	=IF(E7,ROUND(D7*$B$1,2),0)	=F7+D7
=B8*C8	TRUE	=IF(E8,ROUND(D8*$B$1,2),0)	=F8+D8
=B9*C9	TRUE	=IF(E9,ROUND(D9*$B$1,2),0)	=F9+D9
=C10*B10		=SUM(G4:G9)	

FIGURA 5-4 De maneira incrível, o Excel ajusta as referências das células em cada fórmula à medida que a copiamos para baixo, na coluna. (Ao acionar o comando para visualizar as fórmulas, o Excel as exibirá no idioma predefinido no menu Opções>Idioma. Como o VBA utiliza comandos e fórmulas em inglês, para visualizar as fórmulas como nesta figura, altere o idioma para inglês.)

A fórmula da célula F4 inclui tanto fórmulas relativas quanto absolutas: `=IF(E4;ROUND(D4*$B$1;2);0)`. Graças ao cifrão inserido na célula B1, podemos copiar essa fórmula para baixo, e ela sempre multiplicará o preço total dessas linhas pela taxa de imposto da célula B1.

O segredo: não é tão incrível assim

Na verdade, o Excel usa fórmulas no estilo R1C1 nos bastidores. Ele mostra endereços e fórmulas no estilo A1 só porque ele precisa se adequar ao padrão que se tornou popular por causa do VisiCalc e do Lotus.

Se ativarmos o estilo R1C1 na planilha da Figura 5-4, veremos que as fórmulas "diferentes" de D4:D9 não passam de fórmulas idênticas escritas na versão R1C1. O mesmo vale para F4:F9 e G4:G9.

Use a caixa de diálogo Opções para ativar o estilo de endereçamento R1C1 na planilha de exemplo. Se examinarmos as fórmulas na Figura 5-5, veremos que, na linguagem R1C1, todas as fórmulas da coluna 4 são idênticas. Visto que o Excel armazena as fórmulas no estilo R1C1, copiá-las e simplesmente convertê-las para o estilo A1, para que possamos entendê-las, faz com que a sua manipulação de fórmulas em estilo A1 não seja mais tão incrível.

D	E	F	G
Total Price	Taxable?	Tax	Total
=C4*B4	VERDADEIRO	=SE(E4;ARRED(D4*$B$1;2);0)	=+F4+D4
=C5*B5	VERDADEIRO	=SE(E5;ARRED(D5*$B$1;2);0)	=+F5+D5
=C6*B6	VERDADEIRO	=SE(E6;ARRED(D6*$B$1;2);0)	=+F6+D6
=C7*B7	FALSO	=SE(E7;ARRED(D7*$B$1;2);0)	=+F7+D7
=C8*B8	VERDADEIRO	=SE(E8;ARRED(D8*$B$1;2);0)	=+F8+D8
=C9*B9	VERDADEIRO	=SE(E9;ARRED(D9*$B$1;2);0)	=+F9+D9
		=SOMA(F$4:F9)	

FIGURA 5-5 As mesmas fórmulas da Figura 5-4 são apresentadas no estilo R1C1. Observe que todas as fórmulas da coluna 4 e da coluna 6 são idênticas.

Essa é uma das razões pela qual as fórmulas no estilo R1C1 são mais eficientes do que aquelas no estilo A1 no VBA. Ficamos menos confusos quando a mesma fórmula é inserida no intervalo inteiro.

Estudo de caso: usar A1 ou R1C1 no VBA

Pense em como poderíamos configurar essa planilha na interface do Excel. Primeiro, inseriríamos uma fórmula nas células D4, F4 e G4. Depois, as copiaríamos e as colaríamos no resto da coluna, para baixo. Ao usar o estilo de fórmulas R1C1, podemos inserir a mesma fórmula em uma coluna inteira de uma vez só.

O código equivalente no estilo R1C1 permite que as fórmulas sejam inseridas na coluna inteira por meio de uma única instrução. Lembre-se, a vantagem do estilo de fórmulas R1C1 é que todas as fórmulas nas colunas D e F, e na maior parte da G, são idênticas:

```
Sub EstiloR1C1()
    ' Localiza a LinhaFinal
    LinhaFinal = Cells(Rows.Count, 2).End(xlUp).Row
    ' Insere a primeira fórmula
    Range("D4:D" & LinhaFinal).FormulaR1C1 = "=RC[-1]*RC[-2]"
    Range("F4:F" & LinhaFinal).FormulaR1C1 = _
    "=IF(RC[-1],ROUND(RC[-2]*R1C2,2),0)"
    Range("G4:G" & LinhaFinal).FormulaR1C1 = "=RC[-1]+RC[-3]"
    ' Insere a Linha de Total
    Cells(LinhaFinal + 1, 1).Value = "Total"
    Cells(LinhaFinal + 1, 6).FormulaR1C1 = "=SUM(R4C:R[-1]C)"
End Sub
```

> **Nota** Pode parecer contraintuitivo, mas, quando especificamos uma fórmula no estilo A1, a Microsoft a converte internamente para R1C1 e, então, a insere em um intervalo inteiro. Assim, podemos inserir a "mesma" fórmula no estilo A1 em um intervalo inteiro usando uma única linha de código:
>
> ```
> Range("D4:D" & LinhaFinal).Formula = "=B4*C4"
> ```

> **Nota** Embora estejamos pedindo para que a fórmula =B4*C4 seja inserida em D4:D1000, o Excel insere essa fórmula na linha 4 e a ajusta de acordo com as linhas adicionais.

Entendendo o estilo de referência R1C1

Um estilo de referência R1C1 inclui a letra *R* para se referir à linha e a letra *C* para se referir à coluna. Como a maioria das referências comuns em uma fórmula é uma referência relativa, vamos dar uma olhada nas referências relativas no estilo R1C1 primeiro.

Usando R1C1 com referências relativas

Imagine que estamos inserindo uma fórmula em uma célula. Para apontar para uma célula em uma fórmula, usamos as letras *R* e *C*. Depois de cada letra, inserimos o número das linhas ou colunas entre colchetes.

A lista abaixo explica as "regras" de uso das referências relativas em R1C1:

- Para colunas, um número positivo significa ir certo número de colunas para a direita e um número negativo significa ir determinado número de colunas para a esquerda. Por exemplo, da célula E5, use RC[1] para se referir à célula F5 e RC[-1] para se referir à célula D5.
- Para linhas, um número positivo significa descer uma certa quantidade de linhas na planilha. Um número negativo significa subir uma certa quantidade de linhas na planilha. Por exemplo, a partir da célula E5, use R[1]C para se referir à célula E6 e use R[-1]C para se referir à célula E4.
- Se não incluirmos os números de R ou C, isso significa que estamos apontando para uma célula na mesma linha ou coluna que a célula que possui a fórmula. Por exemplo, o R em RC[3] significa que estamos apontando para a mesma linha.
- Se digitarmos =R[-1]C[-1] na célula E5, estaremos nos referindo a uma célula uma linha acima e uma coluna à esquerda: a D4.
- Se digitarmos =RC[1] na célula E5, estaremos nos referindo a uma célula na mesma linha, mas uma coluna à direita: a F5.
- Se digitarmos =RC na célula E5, estaremos nos referindo a uma célula na mesma linha e coluna, ou seja, a própria célula E5. Em geral, nunca faríamos isso porque uma referência circular seria criada.

A Figura 5-6 mostra como poderíamos inserir uma referência na célula E5 para apontar para várias células ao redor de E5.

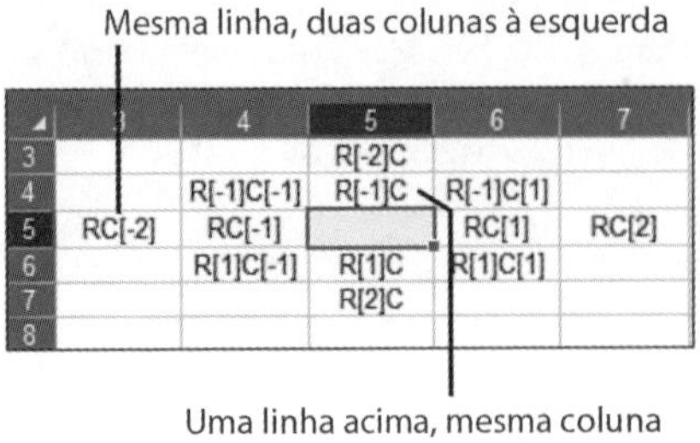

FIGURA 5-6 Temos aqui várias referências relativas. Elas seriam inseridas na célula E5 para descrever cada célula ao redor de E5.

Podemos usar o estilo R1C1 para nos referirmos a um intervalo de células. Se quisermos adicionar as 12 células à esquerda da célula atual, podemos usar a seguinte fórmula:

```
=SUM(RC[-12]:RC[-1])
```

Usando R1C1 com referências absolutas

Uma *referência absoluta* é aquela na qual a linha e a coluna se mantêm fixas quando a fórmula é copiada para um novo local. No estilo de escrita A1, o Excel usa um $ antes do número da linha ou letra da coluna para manter essa linha ou coluna absoluta quando a fórmula for copiada.

Para nos referirmos sempre a um número absoluto de linha ou coluna, basta não usarmos os colchetes. Esta referência indica a célula $B$3, independentemente de onde ela seja inserida:

```
=R3C2
```

Usando R1C1 com referências mistas

Uma *referência mista* é aquela na qual a linha é fixa e a coluna tem permissão para ser relativa, ou na qual a coluna é fixa e a linha tem permissão para ser relativa. Isso é útil em muitas situações.

Imagine que estamos escrevendo uma macro para importar o NotaFiscal.txt no Excel. Usando `.End(xlUp)`, podemos descobrir onde a linha dos totais deve estar. Ao inserirmos os totais, sabemos que queremos somar os valores da linha acima da fórmula até a linha 2. O código a seguir lida com isso:

```
Sub ReferênciaMista()
    LinhaTotal = Cells(Rows.Count, 1).End(xlUp).Row + 1
    Cells(LinhaTotal, 1).Value = "Total"
    Cells(LinhaTotal, 5).Resize(1, 3).FormulaR1C1 = "=SUM(R2C:R[-1]C)"
End Sub
```

Nesse código, a referência `R2C:R[-1]C` indica que essa fórmula deve somar os valores da linha 2 da mesma coluna até a linha logo acima da fórmula na coluna atual. Consegue ver a vantagem de usarmos fórmulas R1C1 nesse caso? Uma única fórmula R1C1 com uma referência mista pode ser usada para inserir com facilidade uma fórmula para lidar com um número indeterminado de linhas de dados (veja a Figura 5-7).

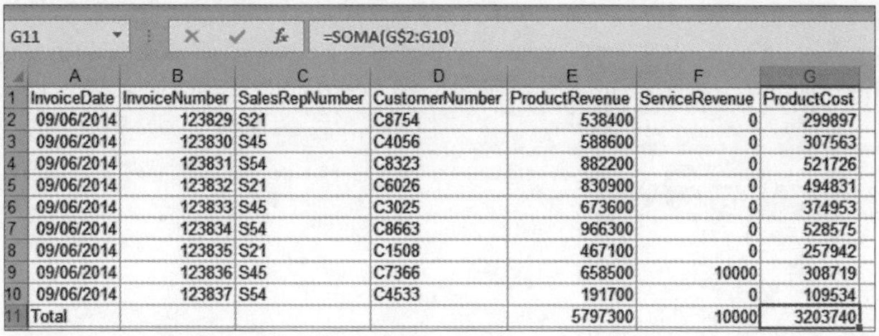

G11 =SOMA(G$2:G10)

	A	B	C	D	E	F	G
1	InvoiceDate	InvoiceNumber	SalesRepNumber	CustomerNumber	ProductRevenue	ServiceRevenue	ProductCost
2	09/06/2014	123829	S21	C8754	538400	0	299897
3	09/06/2014	123830	S45	C4056	588600	0	307563
4	09/06/2014	123831	S54	C8323	882200	0	521726
5	09/06/2014	123832	S21	C6026	830900	0	494831
6	09/06/2014	123833	S45	C3025	673600	0	374953
7	09/06/2014	123834	S54	C8663	966300	0	528575
8	09/06/2014	123835	S21	C1508	467100	0	257942
9	09/06/2014	123836	S45	C7366	658500	10000	308719
10	09/06/2014	123837	S54	C4533	191700	0	109534
11	Total				5797300	10000	3203740

FIGURA 5-7 Depois de executar a macro, as fórmulas nas colunas 5:7 da linha de totais terão uma referência a um intervalo que está travado na linha 2, mas todos os outros aspectos são relativos.

Fazendo referências a colunas ou linhas inteiras com o estilo R1C1

Ocasionalmente, vamos escrever uma fórmula que se refere a uma coluna inteira. Por exemplo, talvez queiramos saber qual é o valor máximo na coluna G. Se não soubermos quantas linhas teremos na coluna G, podemos escrever =`MAX($G:$G)` no estilo A1, ou =`MAX(C7)` no estilo R1C1. Para encontrar o valor mínimo da linha 1, use =`MIN($1:$1)` no estilo A1 ou =`MIN(R1)` em estilo R1C1. Podemos usar referências relativas tanto para colunas quanto para linhas. Para encontrar a média de uma linha acima da célula atual, use =AVERAGE(`R[-1]`).

Substituindo muitas fórmulas A1 por uma única fórmula R1C1

Depois de nos acostumarmos com as fórmulas em estilo R1C1, elas na verdade se parecem mais intuitivas de se criar. Um exemplo clássico para ilustrar as fórmulas no estilo R1C1 é criar uma tabela de multiplicação. É muito fácil criar uma tabela de multiplicação no Excel usando uma única fórmula de referência mista.

Criando a tabela

Insira os números de **1** a **12** no intervalo B1:M1. Copie e transponha esses números de forma que os mesmos números estejam em A2:A13. Agora, o desafio é criar uma única fórmula que funcione em todas as células de B2:M13 e que mostre as multiplicações do número na linha 1 pelo número na coluna 1. Usando fórmulas em estilo A1, pressione a tecla F4 cinco vezes para colocar os sinais de cifrão nos locais apropriados. A fórmula a seguir é muito mais simples no estilo R1C1:

```
Sub TabelaMultiplicação()
    ' Cria uma tabela de multiplicação usando uma única fórmula
    Range("B1:M1").Value = Array(1, 2, 3, 4, 5, 6, 7, 8, 9, 10, 11, 12)
    Range("B1:M1").Font.Bold = True
    Range("B1:M1").Copy
    Range("A2:A13").PasteSpecial Transpose:=True
    Range("B2:M13").FormulaR1C1 = "=RC1*R1C"
    Cells.EntireColumn.AutoFit
End Sub
```

A referência no estilo R1C1 =RC1*R1C não poderia ser mais simples. Em português, isso seria o mesmo que dizer: "Pegue a coluna 1 dessa linha e multiplique-a pela linha 1 desta coluna." Ela funciona perfeitamente para criar a tabela de multiplicação exibida na Figura 5-8.

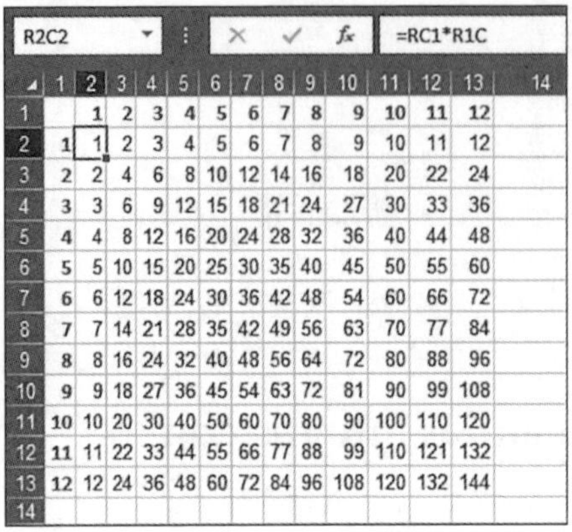

	1	2	3	4	5	6	7	8	9	10	11	12	13	14
1		1	2	3	4	5	6	7	8	9	10	11	12	
2	1	1	2	3	4	5	6	7	8	9	10	11	12	
3	2	2	4	6	8	10	12	14	16	18	20	22	24	
4	3	3	6	9	12	15	18	21	24	27	30	33	36	
5	4	4	8	12	16	20	24	28	32	36	40	44	48	
6	5	5	10	15	20	25	30	35	40	45	50	55	60	
7	6	6	12	18	24	30	36	42	48	54	60	66	72	
8	7	7	14	21	28	35	42	49	56	63	70	77	84	
9	8	8	16	24	32	40	48	56	64	72	80	88	96	
10	9	9	18	27	36	45	54	63	72	81	90	99	108	
11	10	10	20	30	40	50	60	70	80	90	100	110	120	
12	11	11	22	33	44	55	66	77	88	99	110	121	132	
13	12	12	24	36	48	60	72	84	96	108	120	132	144	
14														

FIGURA 5-8 A macro cria uma tabela de multiplicação. A fórmula em B2 usa duas referências mistas: =$A2*B$1.

Atenção Depois de executar a macro e gerar a tabela de multiplicação exibida na Figura 5-8, observe que o Excel mantém o intervalo copiado da linha 2 da macro como o item ativo na Área de Transferência. Se o usuário dessa macro selecionar uma célula e pressionar Enter, os conteúdos dessas células serão copiados para o novo local. Entretanto, isso geralmente não é desejável. Para fazer o Excel sair do modo Cortar/Copiar, insira esta linha de código antes do fim do programa:

```
Application.CutCopyMode = False
```

Uma virada interessante

Tente fazer o seguinte: mova o ponteiro de células para F6. Ligue o gravador de macros usando o botão Gravar Macro da guia Desenvolvedor. Clique no botão Usar Referências Relativas, na guia Desenvolvedor. Insira a fórmula =A1 e pressione Ctrl+Enter para permanecer em F6. Clique no botão Parar Gravação, na barra de tarefas flutuante. O resultado será esta macro de uma única linha, que insere uma fórmula que aponta para uma célula cinco linhas acima e cinco colunas à esquerda:

```
Sub Macro1()
    ActiveCell.FormulaR1C1 = "=R[-5]C[-5]"
End Sub
```

Agora, mova o ponteiro de células para a célula A1 e execute a macro que você acabou de gravar. Poderíamos concluir que apontar para uma célula cinco linhas acima de A1 resultaria o onipresente Erro em Tempo de Execução 1004. Mas isso não acontece! Quando a macro é executada, a fórmula na célula A1 aponta para =XFA1048572, tal como exibido na Figura 5-9, o que significa que, na verdade, as fórmulas no estilo R1C1 dão a volta pelo lado esquerdo da pasta de trabalho, saindo do lado direito. Não consigo pensar em nenhuma situação em que isso poderia ser útil de verdade, mas, para aqueles que acham que o Excel gerará um erro quando pedem por algo que não faz sentido, saibam que sua macro gerará com prazer um resultado que, provavelmente, não é aquele que esperavam!

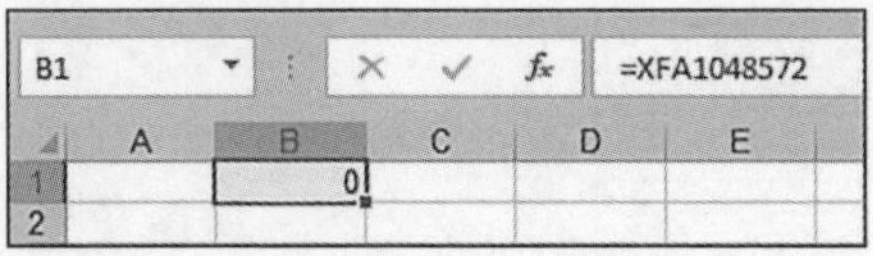

FIGURA 5-9 Para apontar para cinco linhas acima de B1, a fórmula dá a volta e retorna pela parte de baixo da pasta de trabalho.

Lembrando de números de coluna associados às letras de coluna

Eu gosto o suficiente das fórmulas no estilo R1C1 para usá-las regularmente no VBA. Mas não gosto delas o suficiente para mudar minha interface do Excel para usar números no estilo R1C1. Assim, eu rotineiramente preciso saber que a célula conhecida como U21, por exemplo, na verdade é a R21C21.

Saber que *U* é a 21ª letra do alfabeto não é algo que nos lembramos naturalmente. Temos 26 letras, então *A* é 1 e *Z* é 26. *M* está no meio do alfabeto e é a coluna 13. O resto das letras não são especialmente intuitivas. Uma maneira rápida de saber qual é o número de qualquer coluna é digitar =COLUNA() na célula vazia dessa coluna. O resultado nos diz que, por exemplo, DGX é a coluna 2910 (veja a Figura 5-10).

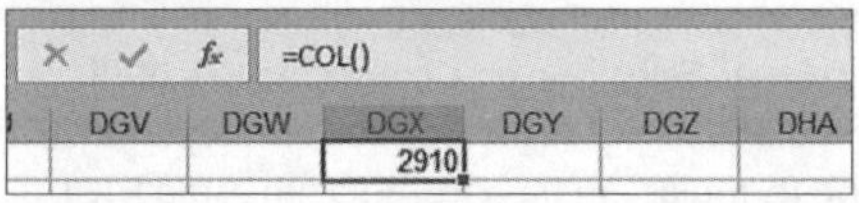

FIGURA 5-10 Use a fórmula temporária COLUNA() para saber qual é o número da coluna de qualquer célula.

Também podemos selecionar qualquer célula em DGX, acessar o VBA, pressionar Ctrl+G para ativar a janela Verificação Imediata, digitar **? ActiveCell.Column** e pressionar Enter.

Usando fórmulas R1C1 com fórmulas de matriz

As fórmulas de matriz são poderosas "superfórmulas". Na MrExcel.com, nós as chamamos de fórmulas CSE porque precisamos usar Ctrl+Shift+Enter para inseri-las. Caso não esteja familiarizado com fórmulas de matriz, você provavelmente deve achar, com base na sua aparência, que elas não deveriam funcionar.

A fórmula de matriz em F4, exibida na Figura 5-11, é uma fórmula que faz 19 mil multiplicações e, então, soma os resultados. Parece que essa fórmula deveria ser ilegal. Na verdade, se a inserirmos sem usar o Ctrl+Shift+Enter, receberemos o esperado erro #VALOR!. Entretanto, se a inserirmos com Ctrl+Shift+Enter, a fórmula miraculosamente exibirá uma matriz de 19 mil valores e avaliará cada um deles.

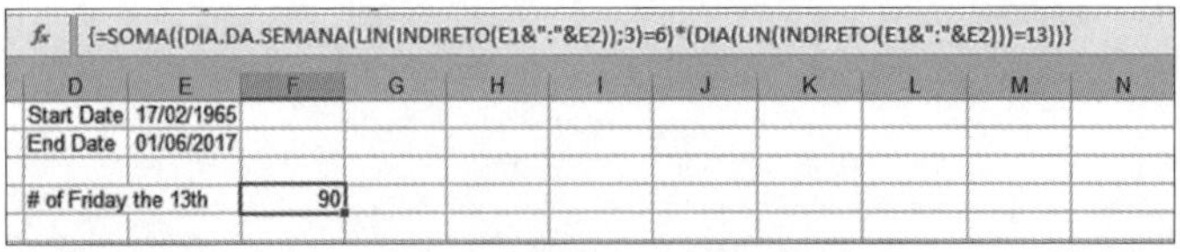

FIGURA 5-11 A fórmula de matriz em F4 faz 19 mil cálculos. Precisamos usar Ctrl+Shift+Enter para inserir essa fórmula.

> **Nota** Não precisamos digitar as chaves ao inserir a fórmula. O Excel as adiciona quando pressionamos Ctrl+Shift+Enter.
>
> O código para inserir essa fórmula é o seguinte:

```
Sub InserirFórmulasMatriz()
Cells(4, 6).FormulaArray = "=SUM((WEEKDAY(ROW(INDIRECT(" & _
    "R[-3]C[-1]& "":""&R[-2]C[-1])),3)=6)*(DAY(ROW(INDIRECT(" & _
    "(R[-3]C[-1]&"":""&R[-2]C[-1])))=13))"
 End Sub
```

Repare que, embora as fórmulas apareçam na interface do usuário no estilo de escrita A1, precisamos usar o estilo R1C1 para inserir as fórmulas de matriz.

> **Dica** Use este truque para encontrar a fórmula R1C1 rapidamente: insira uma fórmula normal, no estilo A1, ou uma fórmula de matriz em qualquer célula do Excel. Selecione essa célula. Acesse o VB Editor. Pressione Ctrl+G para exibir a janela Verificação Imediata. Digite **Print ActiveCell.FormulaR1C1** e pressione Enter. O Excel converterá a fórmula na barra de fórmulas em uma fórmula em estilo R1C1. Também podemos usar um ponto de interrogação em vez de `Print`.

Próximos passos

Leia o Capítulo 6, "Criando e manipulando nomes no VBA", para aprender a usar intervalos nomeados em macros.

CAPÍTULO 6

Criando e manipulando nomes no VBA

Neste capítulo, você vai:

- Aprender qual é a diferença entre os nomes globais e locais.
- Aprender como adicionar e excluir nomes.
- Incluir informações sobre um nome adicionando um comentário.
- Aprender sobre os diferentes tipos de nomes.
- Criar nomes invisíveis.
- Verificar se um nome existe.

Você provavelmente já nomeou intervalos em uma planilha destacando o intervalo e digitando um nome na Caixa de Nome à esquerda da barra de fórmulas. Você também já pode ter criado nomes mais complicados contendo fórmulas. Por exemplo, você talvez tenha criado um nome com uma fórmula que encontra a última linha de uma coluna. A capacidade de definir um nome para um intervalo facilita muito a escrita de fórmulas.

A capacidade de criar e manipular nomes também está disponível no VBA, a qual fornece os mesmos benefícios que a nomeação de intervalos em uma planilha. Por exemplo, podemos armazenar um novo intervalo em um nome.

Este capítulo aborda diferentes tipos de nomes e as várias maneiras que podemos usá-los.

Nomes globais e locais

Os nomes *globais* estão disponíveis em qualquer lugar da pasta de trabalho. Os nomes *locais* só estão disponíveis em uma planilha específica. Com nomes locais, podemos ter múltiplas referências em uma pasta de trabalho com o mesmo nome. Nomes globais devem ser únicos na pasta de trabalho.

A caixa de diálogo Gerenciador de Nomes (acessada por meio da guia Fórmulas) lista todos os nomes de uma pasta de trabalho, até mesmo um nome que tenha sido atribuído a ambos os níveis, global e local. A coluna Escopo lista o escopo do nome, seja ele a pasta de trabalho ou uma planilha específica, como a Sheet1.

Por exemplo, na Figura 6-1, o nome Apples foi atribuído à Sheet1 e à workbook (pasta de trabalho, em português).

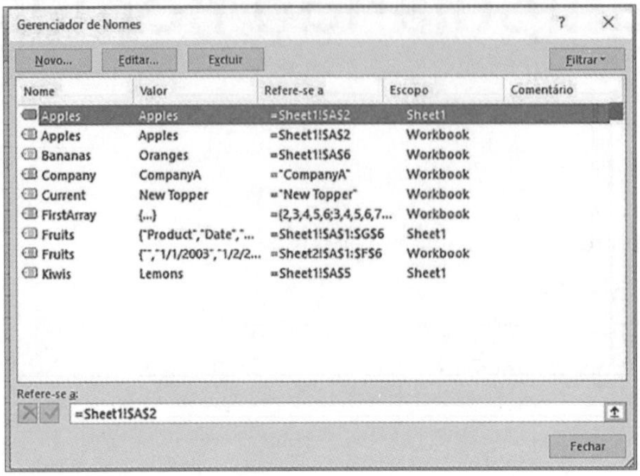

FIGURA 6-1 O Gerenciador de Nomes lista todos os nomes locais e globais.

Adicionando nomes

Se gravarmos a criação de um intervalo nomeado e, então, visualizarmos o código, veremos algo deste tipo:

```
ActiveWorkbook.Names.Add Name:="Fruits", RefersToR1C1:="=Plan2!R1C1:R6C6"
```

Isso cria um nome global `Fruits`, que inclui o intervalo A1:F6 (R1C1:R6C6). A fórmula está entre aspas, e o sinal de igual da fórmula deve ser incluído. Além disso, a referência do intervalo deve ser absoluta (ou seja, ela deve incluir o sinal de $) ou ser escrita no estilo R1C1. Se a planilha na qual o nome foi criado for a planilha ativa, a referência à planilha não precisa ser incluída. Entretanto, incluir a referência da planilha pode facilitar o entendimento do código.

Para criar um nome local, inclua o nome da planilha com o parâmetro `Name`:

```
ActiveWorkbook.Names.Add Name:="Plan2!Fruits", _
 RefersToR1C1:="=Plan2!R1C1:R6C6"
```

De modo alternativo, especifique que a coleção `Names` pertence a uma planilha:

```
Worksheets("Plan2").Names.Add Name:="Fruits", _
 RefersToR1C1:="=Plan2!R1C1:R6C6"
```

> **Nota** Se a referência não for absoluta, o nome pode ser criado, mas ele não vai apontar para o intervalo correto. Por exemplo, se executarmos a linha de código abaixo, o nome será criado na pasta de trabalho:
>
> ```
> ActiveWorkbook.Names.Add Name:="Citrus", _
>  RefersTo:="=Plan1!A1"
> ```
>
> Entretanto, como podemos ver na Figura 6-2, o nome não foi realmente atribuído ao intervalo. A referência mudará dependendo de qual célula estiver ativa quando o nome for visualizado.
>
> 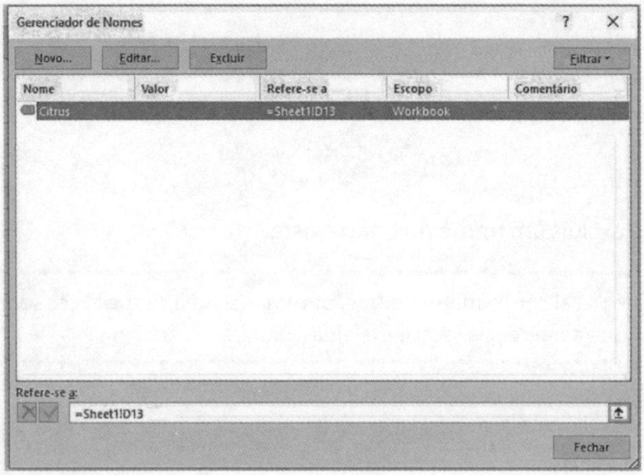
>
>
> **FIGURA 6-2** Apesar do que foi programado, como a referência absoluta não foi usada, Citrus se refere à célula ativa.

O exemplo anterior é o que obteríamos do gravador de macros. Existe um código mais simples que obtém o mesmo resultado:

```
Range("A1:F6").Name = "Fruits"
```

De forma alternativa, apenas para uma variável local, podemos usar o seguinte:

```
Range("A1:F6").Name = "Plan1!Fruits"
```

Quando criamos nomes por meio desse método, a referência absoluta não é necessária.

> **Nota** Podemos usar nomes de tabelas como nomes definidos, mas eles não são criados da mesma maneira. Veja a seção "Tabelas", mais à frente neste capítulo, para obter mais informações sobre a criação de nomes de tabelas.

Embora esse método seja muito mais fácil e rápido do que o que o gravador de macros cria, ele é limitado, pois trabalha com intervalos. Fórmulas, sequências de caracteres, números e matrizes exigem o uso do método Add.

O nome que criamos se torna um objeto quando referenciado desta forma:

```
Names("Fruits")
```

O objeto tem muitas propriedades, incluindo Name, a qual podemos usar para renomear o nome existente, assim:

```
Names("Fruits").Name = "Produce"
```

Fruits não existe mais. Agora, Produce é o nome do intervalo.

Quando estamos mudando nomes nos quais tanto a referência local quanto a global têm o mesmo nome, a linha anterior renomeia a referência local primeiro.

Excluindo nomes

Use o método Delete para excluir um nome:

```
Names("ProduceNum").Delete
```

Um erro ocorrerá se tentarmos excluir um nome que não existe.

Nota Se tivermos referências local e global com o mesmo nome, devemos ser mais específicos sobre qual nome está sendo excluído, visto que a referência local é excluída primeiro.

Adicionando comentários

Podemos adicionar comentários sobre nomes. Por exemplo, podemos dizer por que um nome foi criado ou onde ele é usado. Para inserir um comentário para o nome local EscritórioLocal, faça o seguinte:

```
ActiveWorkbook.Worksheets("Plan7").Names("EscritórioLocal").Comment = _
"Contém o nome do escritório atual"
```

Esse comentário vai aparecer em uma coluna do Gerenciador de Nomes, tal como visto na Figura 6-3.

Atenção O nome deve existir antes de podermos adicionar um comentário a ele.

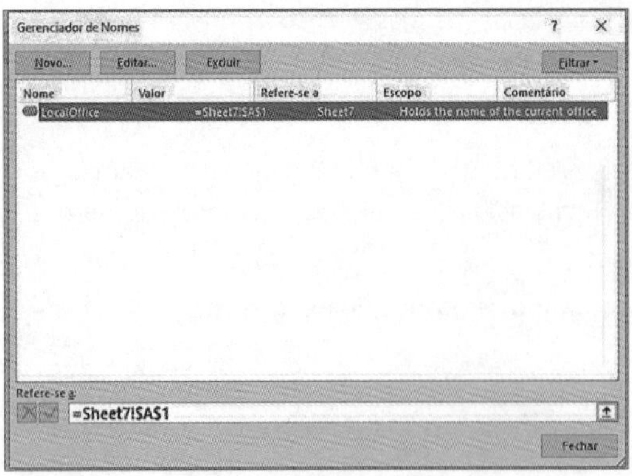

FIGURA 6-3 Podemos adicionar comentários sobre nomes que nos ajudarão a lembrar seu objetivo.

Tipos de nomes

O uso mais comum dos nomes é o armazenamento de intervalos. Entretanto, os nomes podem armazenar mais do que apenas intervalos. Afinal, eles armazenam informações. Os nomes nos ajudam a lembrar das coisas e nos ajudam a usar informações potencialmente complexas ou grandes quantidades das mesmas. Além disso, ao contrário das variáveis, os nomes se lembram do que eles armazenaram além da existência do programa.

Nós já vimos como criar nomes de intervalos, mas também podemos atribuir nomes a fórmulas, sequências de caracteres, números e matrizes, tal como veremos nas páginas seguintes.

Fórmulas

A sintaxe para armazenar uma fórmula em um nome é a mesma que para um intervalo, visto que um intervalo é, essencialmente, uma fórmula. O código abaixo permite que uma coluna nomeada dinamicamente liste itens começando em A2:

```
Names.Add Name:="ListaProdutos", _
    RefersTo:="=OFFSET(Plan2!$A$2,0,0,COUNTA(Plan2!$A:$A))"
```

Esse código é útil para criar conjuntos de dados dinâmicos ou para fazer referência a qualquer listagem dinâmica na qual os cálculos podem ser realizados, tal como visto na Figura 6-4.

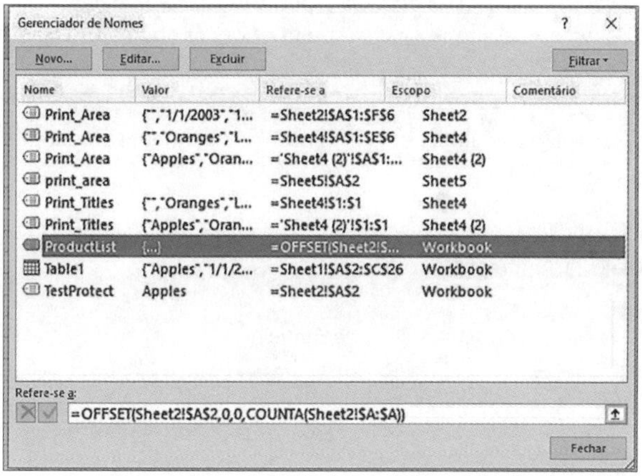

FIGURA 6-4 Podemos atribuir nomes a fórmulas dinâmicas.

Sequências de caracteres

Quando usamos nomes para armazenar sequências de caracteres, tal como o nome do produtor de frutas atual, devemos usar o valor da sequência de caracteres entre aspas. Como não há nenhuma fórmula envolvida, o sinal de igual não é necessário. Se incluíssemos um sinal de igual, o Excel trataria o valor como uma fórmula. Deixe o Excel incluir o sinal de igual exibido no Gerenciador de Nomes:

```
Names.Add Name: = "Empresa", RefersTo:="EmpresaA"
```

A Figura 6-5 mostra como o nome programado é exibido na janela Gerenciador de Nomes.

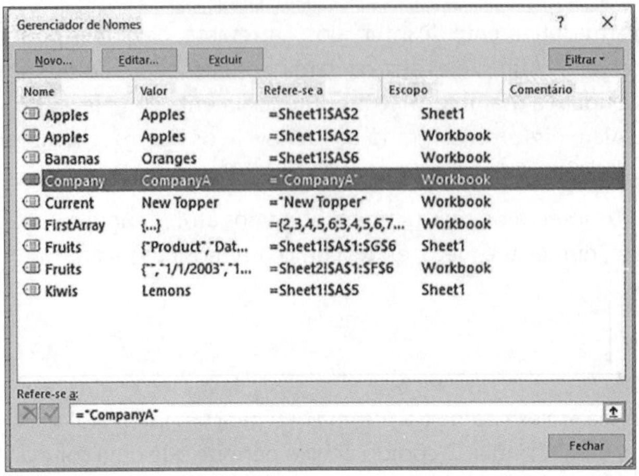

FIGURA 6-5 Podemos atribuir um nome a um valor de sequência de caracteres.

Dica Como os nomes não perdem suas referências entre sessões, usar nomes é uma ótima maneira de armazenar valores, ao contrário de armazená-los em células de onde a informação teria de ser recuperada. Por exemplo, para acompanhar a situação do produtor principal entre safras, crie um nome Líder. Se o maior produtor da nova safra bater com o nome da referência, poderemos criar um relatório especial comparando as safras. A outra opção seria criar uma planilha especial para acompanhar os valores entre as safras e, então, recuperar os valores conforme a necessidade. Com os nomes, os valores ficam disponíveis imediatamente.

O procedimento a seguir nos mostra como as células em uma planilha variável são usadas para armazenar informações entre sessões:

```
Sub SemNomes(ByRef MaiorAtual As String)
MaiorVendedor = Worksheets("Variáveis").Range("A1").Value
If MaiorAtual = MaiorVendedor Then
     MsgBox "O Maior Produtor é " & MaiorVendedor & " de novo."
Else
    MsgBox "O novo Maior Produtor é " & MaiorAtual
End If
End Sub
```

O procedimento a seguir mostra como os nomes são usados para armazenar informações entre sessões:

```
Sub ComNomes()
If Evaluate("Atual") = Evaluate("Anterior") Then
    MsgBox "O Maior Produtor é " & Evaluate("Anterior") & " de novo."
Else
    MsgBox "O novo Maior Produtor é " & Evaluate("Atual")
End If
End Sub
```

Se `Atual` e `Anterior` forem dois nomes previamente declarados, podemos acessá-los diretamente em vez de criar variáveis para passá-los. Observe o uso do método `Evaluate` para extrair os valores dos nomes. O texto que está sendo armazenado não pode ter mais que 255 caracteres.

Números

Também podemos usar nomes para armazenar números entre sessões. Veja um exemplo:

```
NúmdeVendas = 5123
Names.Add Name:="TotalVendas", RefersTo:=NúmdeVendas
```

De modo alternativo, podemos usar isto:

```
Names.Add Name:="TotalVendas", RefersTo:=5123
```

Perceba a ausência de aspas e um sinal de igual no parâmetro `RefersTo`. Usar aspas transforma o número em uma sequência de caracteres. Adicionar um sinal de igual nas aspas transforma o número em uma fórmula.

Para recuperar o valor do nome, temos uma opção mais longa e uma mais curta:

```
NúmdeVendas = Names("TotalVendas").Value
```

ou isto:

```
NúmdeVendas = [TotalVendas]
```

> **Nota** Tenha em mente que se outra pessoa for ler nosso código, ela pode não estar familiarizada com o uso do método `Evaluate` (colchetes). Se soubermos que mais alguém lerá nosso código, devemos evitar usar o método `Evaluate` ou adicionar um comentário para explicá-lo.

Tabelas

As tabelas do Excel compartilham algumas das propriedades dos nomes definidos, mas elas também têm seus próprios métodos únicos. Diferentemente dos nomes definidos com os quais estamos acostumados a lidar, não podemos criar tabelas manualmente. Em outras palavras, não podemos selecionar um intervalo em uma planilha e digitar um nome no campo Caixa de Nome. Entretanto, podemos criá-las manualmente por meio do VBA.

As tabelas não são criadas por meio do mesmo método que os nomes definidos. Em vez de `Range(xx).Add` ou `Names.Add`, use `ListObjects.Add`.

Para criar uma tabela a partir das células A1:C26, e supondo que a tabela de dados possui cabeçalhos nas colunas, conforme exibido na Figura 6-6, faça o seguinte:

```
ActiveSheet.ListObjects.Add(xlSrcRange, Range("$A$1:$C$26"), , xlYes).Name = "Tabela1"
```

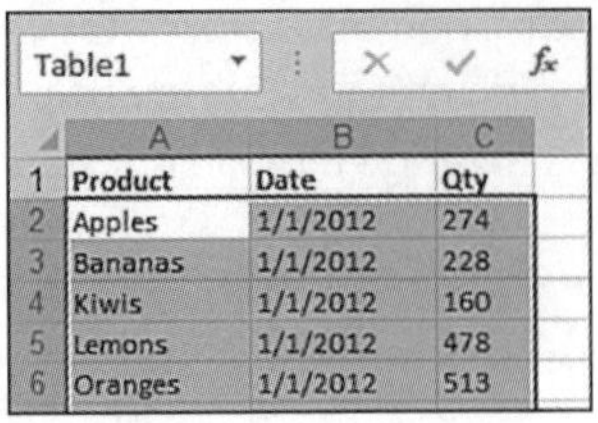

FIGURA 6-6 Podemos transformar uma tabela normal em uma tabela do Excel atribuindo um nome a ela por meio do VBA.

O `xlSrcRange` (o `SourceType`) informa ao Excel que a fonte dos dados é um intervalo do Excel. Então, precisamos especificar o intervalo (a fonte) da tabela. Se tivermos cabeçalhos na tabela, devemos incluir essa linha ao indicar o intervalo. O argumento seguinte, que não é usado no exemplo anterior, é o `LinkSource`, um valor booleano que indica se temos uma fonte de dados externa que não é usada se o `SourceType` for `xlSrcRange`. O `xlYes` informar ao Excel se a tabela de dados possui cabeçalhos de coluna. Caso contrário, o Excel irá gerá-los automaticamente. O argumento final, que não é exibido no exemplo anterior, é o destino. Ele é usado quando o `SourceType` é `xlSrcExternal`, indicando a célula do canto superior esquerdo onde a tabela vai começar.

Usando matrizes em nomes

Um nome também pode armazenar dados contidos em uma matriz. O tamanho da matriz é limitado pela memória disponível. Veja o Capítulo 8, "Matrizes", para obter mais informações sobre elas.

Uma referência de matriz é armazenada em um nome da mesma maneira que uma referência numérica:

```
Sub MatrizNomeada()
Dim minhaMatriz(10, 5)
Dim i As Integer, j As Integer
'Os loops For abaixo preenchem a matriz minhaMatriz
For i = 0 To 10 'o padrão é que as matrizes começam em 0
    For j = 0 To 5
     minhaMatriz(i, j) = i + j
    Next j
Next i
'A linha abaixo pega nossa matriz e lhe dá um nome
Names.Add Name:="PrimeiraMatriz", RefersTo:=minhaMatriz
End Sub
```

Como o nome faz referência a uma variável, não são necessárias aspas ou o sinal de igual.

Nomes reservados

O Excel usa seus próprios nomes locais para manter controle das informações. Esses nomes locais são considerados reservados e, se os usarmos para nomear nossas próprias referências, isso pode causar problemas.

Destaque uma área na planilha. Depois, na guia Layout da Página, selecione Área de Impressão, Definir Área de Impressão.

Como podemos ver na Figura 6-7, uma lista chamada `Area_de_impressao` está no campo Caixa de Nome. Desfaça a seleção da área e verifique o menu suspenso do campo Caixa de Nome de novo. O nome ainda está lá. Selecione-o. Isso fará com que a área de impressão que havia sido selecionada anteriormente seja destacada novamente. Se salvarmos, fecharmos e reabrirmos a pasta de trabalho, a `Area_de_impressao` ainda estará definida para o mesmo intervalo. `Area_de_impressao` é um nome reservado pelo Excel para o seu próprio uso.

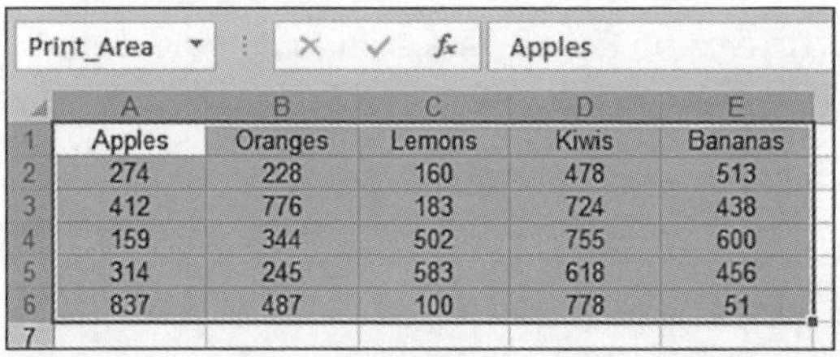

	A	B	C	D	E
1	Apples	Oranges	Lemons	Kiwis	Bananas
2	274	228	160	478	513
3	412	776	183	724	438
4	159	344	502	755	600
5	314	245	583	618	456
6	837	487	100	778	51
7					

FIGURA 6-7 O Excel cria seus próprios nomes.

Nota Cada planilha tem sua própria área de impressão. Além disso, definir uma nova área de impressão em uma planilha que já tem uma sobrescreverá o nome da área de impressão original.

Felizmente, o Excel não tem uma grande lista de nomes reservados:

```
Criterios
Banco_de_dados
Area_de_extracao
Area_de_impressao
Titulos_de_impressao
```

`Criterios` e `Area_de_extracao` são usados quando o Filtro Avançado (na guia Dados, selecione Filtro Avançado do grupo Classificar e Filtrar) é configurado para extrair os resultados do filtro para um novo local.

`Banco_de_dados` não é mais necessário no Excel. Entretanto, alguns recursos, tal como o Formulário de Dados, ainda o reconhecem. Versões antigas do Excel o usam para identificar os dados que desejamos manipular em certas funções.

`Area_de_impressao` é usada quando uma área de impressão é definida (na guia Layout da Página, selecione Área de Impressão, Definir Área de Impressão) ou quando as opções de Configurar Página que designam a área de impressão (da guia Layout da Página, Dimensionar) são alteradas.

Titulos_de_impressao é usado quando títulos de impressão são definidos (Layout de Página, Imprimir Títulos).

Devemos evitar usar esses nomes reservados, e devemos usar variações desses nomes com cautela. Por exemplo, se criarmos o nome TitulosDeImpressao, podemos acabar escrevendo o seguinte código:

```
Worksheets("Plan4").Names("Titulos_de_impressao").Delete
```

Se fizermos isso, apagaremos o nome do Excel em vez do nosso nome personalizado.

Ocultando nomes

Os nomes são incrivelmente úteis, mas nós não necessariamente queremos ver todos os que criamos. Assim como muitos outros objetos, os nomes têm a propriedade Visible. Para ocultar um nome, defina a propriedade Visible como False. Para exibir um nome, defina a propriedade Visible como True:

```
Names.Add Name:="NúmFrutos", RefersTo:="=$A$1", Visible:=False
```

> **Dica** Se um usuário criar um objeto Name cujo nome é igual ao seu nome oculto, o nome oculto será sobrescrito sem qualquer mensagem de aviso. Para evitar isso, proteja a planilha.

Verificando se um nome existe

Podemos usar a seguinte função para confirmar a existência de um nome definido pelo usuário, mesmo que ele esteja oculto:

```
Function NomeExiste(ByVal EncontrarNome As String, _
    Optional LivroAlvo As Workbook) As Boolean
If LivroAlvo Is Nothing Then
    If ActiveWorkbook Is Nothing Then
        NomeExiste = False
        Exit Function
    End If
    Set LivroAlvo = ActiveWorkbook
End If

On Error Resume Next
NomeExiste = CBool(Len(LivroAlvo.Names(EncontrarNome).Name) <> 0)
On Error GoTo 0
End Function
```

Lembre-se de que essa função não retorna a existência dos nomes reservados do Excel. Mesmo assim, essa é uma inclusão muito útil para o nosso arsenal de "códigos úteis para programadores". (Veja o Capítulo 14, "Exemplos de funções definidas pelo usuário", para obter mais informações sobre como implementar funções personalizadas.)

O código anterior também é um exemplo de como usar erros para o nosso proveito. Se o nome pelo qual estivermos fazendo uma busca não existir, uma mensagem de erro será gerada. Ao incluirmos a linha `On Error Resume Next` no início, forçamos o código a continuar. Use `On Error GoTo 0` para reiniciar o erro encontrado. Caso contrário, outros erros poderão ser ignorados. O uso de `CBool` garante que o valor retornado à função será um booleano.

Usando intervalos nomeados para VLOOKUP

Digamos que importamos um arquivo de dados de vendas todos os dias de uma rede de lojas de varejo. Esse arquivo inclui o número da loja, mas não o nome. Obviamente, não queremos ter que digitar os nomes das lojas todos os dias, mas gostaríamos que eles aparecessem no relatório gerado.

Temos uma tabela (listobject) de números e nomes de lojas em uma planilha oculta. Queremos usar o VBA para nos ajudar a fazer a manutenção da lista de lojas a cada dia e depois usar a função VLOOKUP para colocar os nomes das lojas da lista no nosso conjunto de dados.

Os passos básicos são estes:

1. Importe o arquivo de dados.
2. Encontre todos os números únicos de lojas no arquivo do dia.
3. Verifique se algum desses números de lojas não está na sua tabela atual de nomes de lojas.
4. No caso de lojas novas, inclua-as na tabela e peça que o usuário dê um nome de loja.
5. A tabela StoreList é maior, mas como as tabelas se dimensionam automaticamente, você não precisa fazer nada.
6. Use a função VLOOKUP no conjunto de dados original para incluir um nome de loja em todos os registros. Essa VLOOKUP faz referência ao intervalo nomeado do recém-expandido conjunto de dados Nomes das Lojas.

O seguinte código realiza esses seis passos:

```
Sub ImportarDados()
'Esta rotina importa o vendas.csv na planilha de dados
'Verifica se alguma loja na coluna A é nova
'Se alguma for nova, então a acrescenta na tabela ListaLojas
Dim WSD As Worksheet, WSM As Worksheet
Dim PT As Workbook
Dim tblLojas As ListObject
Dim NovaLinha As ListRow

Set PT = ThisWorkbook
'Os dados são armazenados na planilha Dados
Set WSD = PT.Worksheets("Dados")
'ListaLojas é armazenada em uma planilha de menu
Set WSM = WB.Worksheets("Menu")
Set tblLojas = WSM.ListObjects("tblBuscaLojas")
```

```
'Abre o arquivo. Isso ativa o arquivo cvs
Workbooks.Open Filename:="C:\Vendas.csv"
'Copia os dados a WSD e fecha
ActiveWorkbook.Range("A1").CurrentRegion.Copy _
Destination:=WSD.Range("A1")
ActiveWorkbook.Close SaveChanges:=False

'Cria uma lista de lojas únicas a partir da coluna A e as insere na Z
LinhaFinal = WSD.Cells(WSD.Rows.Count, 1).End(xlUp).Row
WSD.Range("A1").Resize(FinalRow, 1).AdvancedFilter _
 Action:=xlFilterCopy, CopyToRange:=WSD.Range("Z1"), Unique:=True

'Para todas as lojas únicas, verifica se elas estão na
'lista de lojas atual
'ISNA retornará True em caso de lojas faltantes porque VLOOKUP
'retornará um erro
LojaFinal = WSD.Range("Z" & WSD.Rows.Count).End(xlUp).Row
WSD.Range("AA1").Value = "Lá?"
WSD.Range("AA2:AA" & LojaFinal).FormulaR1C1 = _
 "=ISNA(VLOOKUP(RC[-1], tblBuscaLojas[#All],1,False))"

'Faz um loop pela lista das lojas de hoje. Se forem exibidas
' como faltantes, então as acrescenta no fim de ListaLojas
For i = 2 To LojaFinal
 If WSD.Cells(i, 27).Value = True Then
     'pega a próxima linha disponível da tabela
     Set NovaLinha = tblLojas.ListRows.Add
     EstaLoja = Cells(i, 26).Value
     With NovaLinha.Range
       .Columns(1) = EstaLoja
       .Columns(2) = _
        InputBox(Prompt:="Digite o nome da loja " _
        & EstaLoja, Title:="Nova Loja Encontrada")
     End With
 End If
Next i

'Deleta a lista temporária de lojas em Z & AA
WSD.Range("Z1:AA" & LojaFinal).Clear

'Usa VLOOKUP para acrescentar NomeLoja à coluna B do conjunto de dados
WSD.Range("B1").EntireColumn.Insert
WSD.Range("B1").Value = "NomeLoja"
WSD.Range("B2:B" & LinhaFinal).FormulaR1C1 = _
 "=VLOOKUP(RC1, tblBuscaLojas[#All],2,False)"

'Transforma Fórmulas em Valores
WSD.Range("B2:B" & LinhaFinal).Value = Range("B2:B" & LinhaFinal).Value
```

```
'Conserta columnwidths
WSD.Range("A1").CurrentRegion.EntireColumn.AutoFit

'Libera as variáveis para liberar memória do sistema
Set NovaLinha = Nothing
Set tblLojas = Nothing
Set PT = Nothing
Set WSD = Nothing
Set WSM = Nothing
End Sub
```

Próximos passos

No Capítulo 7, "Programação orientada a eventos", vamos aprender como escrever códigos que podem ser executados automaticamente com base nas ações dos usuários, tais como ativar uma planilha ou selecionar uma célula. Isso é feito com eventos, que são ações no Excel que podemos capturar e usar a nosso favor.

CAPÍTULO 7

Programação orientada a eventos

Neste capítulo, você vai:

- Aprender o que são eventos e como usá-los.
- Revisar os diferentes tipos de eventos a nível de pastas de trabalho, planilhas, gráficos e aplicativos.
- Usar um evento de planilha para inserir rapidamente o horário de 24 horas em uma célula.

Neste livro, você já leu sobre eventos de pasta de trabalho e viu exemplos de eventos de planilha. Os eventos nos permitem executar um procedimento automaticamente com base em alguma coisa que um usuário ou programa faz no Excel. Por exemplo, se um usuário altera o conteúdo de uma célula, depois de pressionar Enter ou Tab, podemos fazer com que um código seja executado automaticamente. O evento que ativou o código foi a mudança do conteúdo da célula.

Níveis de eventos

Podemos encontrar eventos nos seguintes níveis:

- **Nível de aplicação** — Controle com base em ações de aplicativos, como Application_NewWorkbook.
- **Nível de pasta de trabalho** — Controle com base em ações de pasta de trabalho, como Workbook_Open.
- **Nível da planilha** — Controle com base em ações de planilha, como Worksheet_SelectionChange.
- **Nível de folha de gráfico** — Controle com base em ações de gráficos, como Chart_Activate.

Estes são os locais nos quais devemos inserir os diferentes tipos de eventos:

- Eventos de pastas de trabalho são colocados no módulo Esta Pasta_de_trabalho.
- Eventos de planilha são colocados no módulo da planilha que eles afetam, tal como Plan1.
- Eventos da folha de gráfico são colocados no módulo da folha de gráfico que eles afetam, tal como Gráf1.
- Eventos de tabela dinâmica são colocados no módulo da planilha que contém a tabela dinâmica, ou eles podem ser colocados no módulo Esta Pasta_de_trabalho.
- Eventos de gráficos incorporados e de aplicativos são colocados nos módulos de classe.

Os eventos também podem fazer chamadas de procedimentos ou funções fora de seus próprios módulos. Dessa maneira, se quisermos que a mesma ação aconteça em duas planilhas diferentes, não precisaremos copiar o código. Em vez disso, basta colocar o código em um módulo e fazer cada evento de planilha chamar o procedimento.

Este capítulo aborda os diferentes níveis de eventos, onde encontrá-los e como usá-los.

> **Nota** Eventos de userform e de controles serão abordados no Capítulo 10, "Userforms: Uma introdução", e no Capítulo 22, "Técnicas avançadas para userforms".

Usando eventos

Cada nível consiste em diversos tipos de eventos, e memorizar a sintaxe de todos eles seria um feito e tanto. O Excel facilita a visualização e inserção dos eventos disponíveis em seus módulos apropriados diretamente no VB Editor.

Quando um módulo Esta Pasta_de_trabalho, de planilha, de folha de gráfico ou de classe estiver ativo, os eventos correspondentes vão se tornar disponíveis por meio dos menus suspensos Objeto e Procedimento, tal como exibido na Figura 7-1.

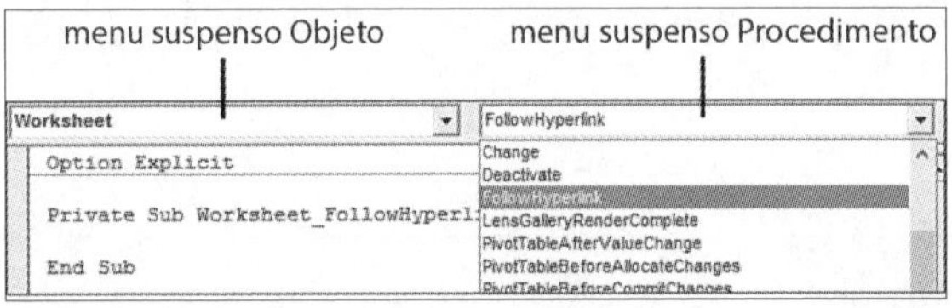

FIGURA 7-1 Os diferentes eventos são fáceis de ser acessados a partir dos menus suspensos Objeto e Procedimento do VB Editor.

Depois de um objeto ser selecionado, o menu suspenso Procedimento é atualizado para exibir os eventos disponíveis desse objeto. Selecionar um procedimento automaticamente insere o cabeçalho (Private Sub) e o rodapé (End Sub) do procedimento no editor, tal como exibido na Figura 7-2.

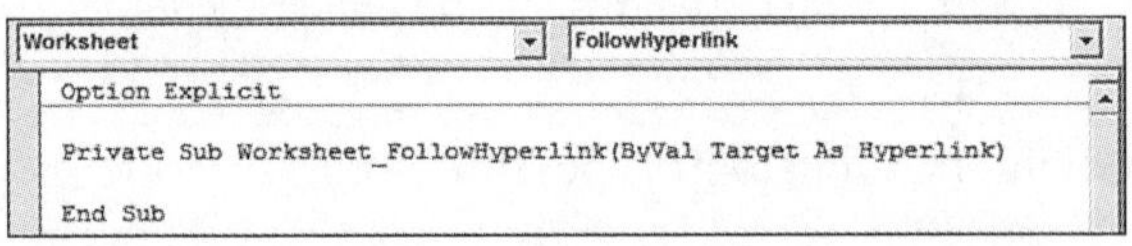

FIGURA 7-2 O cabeçalho e o rodapé do procedimento são inseridos automaticamente quando selecionamos um item nos menus suspensos.

Parâmetros de eventos

Alguns eventos têm parâmetros, tais como Target ou Cancel, que permitem que os valores sejam passados para o procedimento. Por exemplo, alguns procedimentos são ativados antes do evento real, como BeforeRightClick. Atribuir True ao parâmetro Cancel impede que a ação-padrão ocorra. Nesse caso, o menu de atalho é impedido de aparecer:

```
Private Sub Worksheet_BeforeRightClick(ByVal Target As Range, _
    Cancelar As Boolean)
Cancelar = True
End Sub
```

Habilitando eventos

Alguns eventos podem ativar outros eventos, incluindo a si mesmos. Por exemplo, o evento Worksheet_Change é disparado por uma alteração em uma célula. Se o evento for ativado e o próprio procedimento alterar a célula, o evento será ativado novamente, o que alterará uma célula, ativando o evento e assim por diante. Esse procedimento ficará preso em um loop infinito.

Para evitar isso, desabilite os eventos e depois reabilite-os no fim do procedimento:

```
Private Sub Planilha_Alteração(ByVal Target As Range, _
    Application.EnableEvents = False
    Range("A1").Value = Target.Value
    Application.EnableEvents = True
End Sub
```

> **Dica** Para interromper uma macro, pressione Esc ou Ctrl+Break. Para reiniciá-la, clique em Executar na barra de ferramentas ou pressione F5.

Eventos de pastas de trabalho

A Tabela 7-1 lista os procedimentos de eventos que estão disponíveis a nível de pasta de trabalho. Alguns, como Workbook_SheetActivate, são eventos de planilha que estão disponíveis a nível de pasta de trabalho. Isso significa que não precisamos copiar e colar o código em cada planilha na qual desejamos que ele seja executado.

> **Nota** A Tabela 7-1 não inclui os eventos de planilha que também estão disponíveis a nível de planilha. Para aprender mais sobre esses eventos, como `Workbook_SheetChange`, veja o evento Change na Tabela 7-3.

TABELA 7-1 Eventos de pasta de trabalho.

Nome do Evento	Descrição
`Workbook_Activate`	Ocorre quando a pasta de trabalho que contém esse evento se torna a pasta de trabalho ativa.
`Workbook_Deactivate`	Ocorre quando a pasta de trabalho ativa deixa de ser a pasta de trabalho que contém o evento.
`Workbook_Open`	É o evento-padrão da pasta de trabalho. Ele ocorre quando uma pasta de trabalho é aberta. Nenhuma interface de usuário é necessária.

(Continua)

Nome do Evento	Descrição
`Workbook_BeforeSave`	Ocorre quando a pasta de trabalho é salva. `SaveAsUI` será definido como `True` se a caixa de diálogo Salvar Como tiver que ser exibida. Definir `Cancel` como `True` impede que a pasta de trabalho seja salva.
`Workbook_AfterSave`	Ocorre depois de a pasta de trabalho ser salva. `Success` retornará `True` se o arquivo for salvo com sucesso e `False` se ele não for salvo com sucesso.
`Workbook_BeforePrint`	Ocorre quando um comando de impressão é utilizado, quer por meio da Faixa de Opções, do teclado ou de uma macro. Definir `Cancel` como `True` impede que a pasta de trabalho seja impressa.
`Workbook_BeforeClose`	Ocorre quando o usuário fecha uma pasta de trabalho. Definir `Cancel` como `True` impede que a pasta de trabalho seja fechada.
`Workbook_NewSheet`	Ocorre quando uma nova planilha é adicionada à pasta de trabalho ativa. `Sh` é o novo objeto de planilha ou de folha de gráfico.
`Workbook_NewChart`	Ocorre quando o usuário adiciona um novo gráfico à pasta de trabalho ativa. `Ch` é o novo objeto de gráfico. O evento não será acionado se o gráfico for movido de um local para outro, a não ser que ele seja movido entre uma folha de gráfico e um objeto de gráfico. Nesse caso, o evento será acionado porque uma nova folha de gráfico ou objeto está sendo criado.
`Workbook_WindowResize`	Ocorre quando o usuário redimensiona a janela da pasta de trabalho ativa. `Wn` é a janela.
`Workbook_WindowActivate`	Ocorre quando o usuário ativa uma janela de pasta de trabalho. `Wn` é a janela. Somente a ativação da janela da pasta de trabalho aciona esse evento.
`Workbook_WindowDeactivate`	Ocorre quando o usuário desativa uma janela de pasta de trabalho. `Wn` é a janela. Somente a desativação da janela da pasta de trabalho aciona esse evento.
`Workbook_AddInInstall`	Ocorre quando o usuário instala a pasta de trabalho como um suplemento (selecionando Arquivo, Opções, Suplementos). Clicar duas vezes em um arquivo .xlam (um suplemento) para abri-lo não ativará esse evento.
`Workbook_AddInUninstall`	Ocorre quando o usuário desinstala a pasta de trabalho (suplemento). O suplemento não é fechado automaticamente.
`Workbook_Sync`	Ocorre quando o usuário sincroniza a cópia local de uma planilha em uma pasta de trabalho que faz parte de um Espaço de Trabalho de Documento com a cópia no servidor. `SyncEventType` é o status da sincronização.
`Workbook_PivotTableCloseConnection`	Ocorre quando um relatório de tabela dinâmica fecha sua conexão com a fonte de dados. `Target` é a tabela dinâmica que fechou a conexão.

Nome do Evento	Descrição
Workbook_PivotTableOpenConnection	Ocorre quando um relatório de tabela dinâmica abre uma conexão com sua fonte de dados. Target é a tabela dinâmica que abriu a conexão.
Workbook_RowsetComplete	Ocorre quando o usuário navega em um conjunto de registros ou chama uma ação de um conjunto de linhas em uma tabela dinâmica OLAP. Description é a descrição do evento. Sheet é o nome da planilha na qual o conjunto de registros é criado. Success indica sucesso ou falha.
Workbook_BeforeXmlExport	Ocorre quando o usuário exporta ou salva dados XML. Map é o mapa usado para exportar ou salvar os dados. Url é a localização do arquivo XML. Definir Cancel como True cancela a operação de exportação.
Workbook_AfterXmlExport	Ocorre depois que o usuário exporta ou salva dados XML. Map é o mapa usado para exportar ou salvar os dados. Url é a localização do arquivo XML. Result indica sucesso ou falha.
Workbook_BeforeXmlImport	Ocorre quando o usuário importa ou atualiza os dados XML. Map é o mapa usado para importar os dados. Url é a localização do arquivo XML. IsRefresh retornará True se o evento for acionado pela atualização de uma conexão existente e False se ele for acionado pela importação de uma nova fonte de dados. Definir Cancel como True cancelará a operação de importação ou atualização.
Workbook_AfterXmlImport	Ocorre quando o usuário exporta ou salva dados XML. Map é o mapa usado para exportar ou salvar os dados. IsRefresh retornará True se o evento for acionado pela atualização de uma conexão existente e False se ele for acionado pela importação de uma nova fonte de dados. Result indica sucesso ou falha.
Workbook_ModelChange	Ocorre quando o usuário altera um Modelo de Dados. Changes é o tipo de alteração, tal como colunas adicionadas, alteradas ou excluídas, que foram feitas no Modelo de Dados.
Workbook_BeforeRemoteChange	Ocorre antes que as alterações feitas por um usuário remoto sejam mescladas em uma pasta de trabalho.
Workbook_AfterRemoteChange	Ocorre depois que as alterações feitas por um usuário remoto forem mescladas em uma pasta de trabalho.

Eventos de planilha de nível de pasta de trabalho

A Tabela 7-2 lista eventos de planilha e de tabela dinâmica que estão disponíveis a nível de pasta de trabalho. Esses eventos afetam todas as planilhas da pasta de trabalho.

TABELA 7-2 Eventos de planilha e de tabela dinâmica a nível de pasta de trabalho.

Nome do Evento	Descrição
`Workbook_SheetActivate`	Ocorre quando o usuário ativa uma folha de gráfico ou planilha da pasta de trabalho. Sh é a planilha ativa.
`Workbook_SheetBeforeDelete`	Ocorre antes da exclusão de uma planilha da pasta de trabalho. Sh é a planilha que está sendo excluída.
`Workbook_SheetBeforeDoubleClick`	Ocorre quando o usuário clica duas vezes em uma folha de gráfico ou planilha da pasta de trabalho ativa. Sh é a planilha ativa. `Target` é o objeto que recebeu o duplo clique. Definir `Cancel` como `True` impede que a ação-padrão aconteça.
`Workbook_SheetBeforeRightClick`	Ocorre quando o usuário clica com o botão direito em uma planilha da pasta de trabalho ativa. Sh é a planilha ativa. `Target` é o objeto que recebeu o clique com o botão direito. Definir `Cancel` como `True` impede que a ação-padrão aconteça.
`Workbook_SheetCalculate`	Ocorre quando uma planilha é recalculada ou um dado atualizado é plotado em um gráfico. Sh é a planilha que aciona o cálculo.
`Workbook_SheetChange`	Ocorre quando o usuário altera um intervalo em uma planilha. Sh é a planilha. `Target` é o intervalo alterado.
`Workbook_SheetDeactivate`	Ocorre quando o usuário desativa uma folha de gráfico ou planilha da pasta de trabalho. Sh é a planilha sendo desativada.
`Workbook_SheetFollowHyperlink`	Ocorre quando o usuário clica em um hiperlink no Excel. Sh é a planilha ativa. `Target` é o hiperlink.
`Workbook_SheetSelectionChange`	Ocorre quando o usuário seleciona um novo intervalo em uma planilha. Sh é a planilha ativa. `Target` é o intervalo afetado.
`Workbook_SheetTableUpdate`	Ocorre após a atualização de uma tabela de consulta (não um objeto de lista) conectada ao modelo de dados. Sh é a planilha com a tabela de consulta. `Target` é a tabela de consulta que foi atualizada.
`Workbook_SheetLensGalleryRenderComplete`	Ocorre quando o usuário seleciona a ferramenta Análise Rápida. Sh é a planilha ativa.
`Workbook_SheetPivotTableUpdate`	Ocorre quando o usuário atualiza uma tabela dinâmica. Sh é a planilha com a tabela dinâmica. `Target` é a tabela dinâmica atualizada.

Nome do Evento	Descrição
`Workbook_SheetPivotTableAfterValueChange`	Ocorre depois de o usuário editar células dentro de uma tabela dinâmica ou depois de o usuário as recalcular se elas possuírem uma fórmula. Sh é a planilha que contém a tabela dinâmica. `TargetPivotTable` é a tabela dinâmica com as células alteradas. `TargetRange` é o intervalo que foi alterado.
`Workbook_ SheetPivotTableBeforeAllocateChanges`	Ocorre antes de uma tabela dinâmica ser atualizada a partir de sua fonte de dados OLAP. Sh é a planilha que contém a tabela dinâmica. `TargetPivotTable` é a tabela dinâmica atualizada. `ValueChangeStart` é o número de índice da primeira alteração. `ValueChangeEnd` é o número de índice da última alteração. Definir `Cancel` como `True` impede que as alterações sejam aplicadas à tabela dinâmica.
`Workbook_ SheetPivotTableBeforeCommitChanges`	Ocorre antes de uma tabela dinâmica OLAP atualizar sua fonte de dados. Sh é a planilha que contém a tabela dinâmica. `TargetPivotTable` é a tabela dinâmica atualizada. `ValueChangeStart` é o número de índice da primeira alteração. `ValueChangeEnd` é o número de índice da última alteração. Definir `Cancel` como `True` impede que as alterações sejam aplicadas à fonte de dados.
`Workbook_ SheetPivotTableBeforeDiscardChanges`	Ocorre antes de uma tabela dinâmica OLAP descartar alterações a partir da sua fonte de dados. Sh é a planilha que contém a tabela dinâmica. `TargetPivotTable` é a tabela dinâmica com alterações que estão aguardando para ser descartadas. `ValueChangeStart` é o número de índice da primeira alteração. `ValueChangeEnd` é o número de índice da última alteração.
`Workbook_SheetPivotTableChangeSync`	Ocorre depois que o usuário altera uma tabela dinâmica. Sh é a planilha que contém a tabela dinâmica. `Target` é a tabela dinâmica que foi alterada.

Eventos de planilha

A Tabela 7-3 lista os procedimentos de eventos que estão disponíveis a nível de planilha.

TABELA 7-3 Eventos de planilha.

Nome do Evento	Descrição
`Worksheet_Activate`	Ocorre quando a planilha na qual o evento está localizado se torna a planilha ativa.
`Worksheet_BeforeDelete`	Ocorre antes de a planilha na qual o evento está localizado ser excluída.
`Worksheet_Deactivate`	Ocorre quando outra planilha se torna a planilha ativa. Se um evento Deactivate estiver em uma planilha ativa e passarmos para uma planilha com um evento `Activate`, o evento `Deactivate` será executado primeiro, seguido pelo evento `Activate`.
`Worksheet_BeforeDoubleClick`	Permite o controle sobre o que acontece quando o usuário clica duas vezes na planilha. `Target` é o intervalo selecionado na planilha. `Cancel` é definido como `False` por padrão, mas, se definido como `True`, ele impedirá que a ação-padrão — entrar em uma célula, por exemplo — aconteça.
`Worksheet_BeforeRightClick`	Ocorre quando o usuário clica com o botão direito em um intervalo. `Target` é o objeto que recebeu o clique com o botão direito. Definir `Cancel` como `True` impede que a ação-padrão aconteça.
`Worksheet_Calculate`	Ocorre depois de uma planilha ser recalculada.
`Worksheet_Change`	É ativado por uma mudança no valor de uma célula, tal como quando o usuário digita, edita, apaga ou cola um texto. O recálculo de um valor não ativa o evento. `Target` é a célula que foi alterada.
`Worksheet_SelectionChange`	Ocorre quando o usuário seleciona um novo intervalo. `Target` é o intervalo recém-selecionado.
`Worksheet_FollowHyperlink`	Ocorre quando o usuário clica em um hiperlink. `Target` é o hiperlink.
`Worksheet_LensGalleryRenderComplete`	Ocorre quando o usuário seleciona a ferramenta Análise Rápida.
`Worksheet_PivotTableUpdate`	Ocorre quando o usuário atualiza uma tabela dinâmica. `Target` é a tabela dinâmica atualizada.
`Worksheet_PivotTableAfterValueChange`	Ocorre depois de o usuário editar células dentro de uma tabela dinâmica ou depois de o usuário as recalcular se elas possuírem uma fórmula. `TargetPivotTable` é a tabela dinâmica que contém as células alteradas. `TargetRange` é o intervalo que foi alterado.

Nome do Evento	Descrição
`Worksheet_PivotTableBeforeAllocateChanges`	Ocorre antes de uma tabela dinâmica ser atualizada a partir de sua fonte de dados OLAP. Sh é a planilha que contém a tabela dinâmica. `TargetPivotTable` é a tabela dinâmica atualizada. `ValueChangeStart` é o número de índice da primeira alteração. `ValueChangeEnd` é o número de índice da última alteração. Definir `Cancel` como `True` impede que as alterações sejam aplicadas à tabela dinâmica.
`Worksheet_PivotTableBeforeCommitChanges`	Ocorre antes de uma tabela dinâmica OLAP atualizar sua fonte de dados. `TargetPivotTable` é a tabela dinâmica atualizada. `ValueChangeStart` é o número de índice da primeira alteração. `ValueChangeEnd` é o número de índice da última alteração. Definir `Cancel` como `True` impede que as alterações sejam aplicadas à fonte de dados.
`Worksheet_PivotTableBeforeDiscardChanges`	Ocorre antes de uma tabela dinâmica OLAP descartar alterações a partir da sua fonte de dados. `TargetPivotTable` é a tabela dinâmica com alterações que estão aguardando para serem descartadas. `ValueChangeStart` é o número de índice da primeira alteração. `ValueChangeEnd` é o número de índice da última alteração.
`Worksheet_PivotTableChangeSync`	Ocorre depois que uma tabela dinâmica for alterada. `Target` é a tabela dinâmica que foi alterada.
`Worksheet_TableUpdate`	Ocorre após a atualização de uma tabela de consulta (não um objeto de lista) conectada ao modelo de dados. `Target` é a tabela de consulta que foi alterada.

Estudo de caso: inserindo rapidamente o horário de 24 horas em uma célula

Digamos que estamos inserindo horários de chegada e saída e queremos que eles estejam no formato do padrão de 24 horas, que também é conhecido como horário militar. Nós tentamos formatar a célula, mas não importa como inserimos as horas, elas são exibidas no formato 0:00 horas e minutos.

A única maneira de fazer o horário aparecer no formato de 24 horas, como em 23:45, é inserir o horário na célula dessa maneira. Visto que digitar os dois-pontos consome bastante tempo, seria mais eficiente inserir os números e deixar que o Excel os formate para nós.

A solução seria usar um evento `Change` para pegar o que está na célula e inserir os dois-pontos:

```
Private Sub Planilha_Alteração(ByVal Target As Range, _
Dim EstaColuna As Integer
Dim EntradaUsuário As String, NovaEntrada As String

EstaColuna = Target.Column
If EstaColuna < 3 Then
   If Target.Count > 1 Then Exit Sub 'mais de 1 célula selecionada
   If Len(Target) = 1 Then Exit Sub 'apenas 1 caractere inserido
   EntradaUsuário = Target.Value
```

```
        If IsNumeric(EntradaUsuário) Then
            If EntradaUsuário > 1 Then
                NovaEntrada = Left(EntradaUsuário, Len(EntradaUsuário) - 2) & ":" & _
                    Right(EntradaUsuário, 2)
                Application.EnableEvents = False
                Target = NovaEntrada
                Application.EnableEvents = True
            End If
        End If
    End If
End Sub
```

A entrada 2345 será exibida como 23:45. Observe que o código limita essa mudança de formato às coluna A e B (`If EstaColuna < 3`). Sem essa limitação, inserir números em qualquer lugar em uma planilha, como em uma coluna de totais, forçaria os números a serem reformatados.

Nota Use `Application.EnableEvents = False` para impedir que o procedimento chame a si mesmo quando o valor do alvo for atualizado.

Eventos de gráfico

Os eventos de gráfico ocorrem quando um gráfico é alterado ou ativado. Os gráficos incorporados requerem o uso de módulos de classe para acessarem os eventos. Para obter mais informações sobre módulos de classe, veja o Capítulo 9, "Criando classes e coleções".

Gráficos incorporados

Como os gráficos incorporados não criam folhas de gráfico, os eventos de gráfico não se tornam disponíveis tão prontamente como os de folhas de gráfico. Entretanto, podemos fazer com que se tornem disponíveis incluindo um módulo de classe, tal como descrito a seguir:

1. Insira um módulo de classe.
2. Renomeie o módulo para algo que faça sentido para você, como cl_EventosGráfico.
3. Insira a seguinte linha de código no módulo de classe:

   ```
   Public WithEvents minhaClasseGráfico As Chart
   ```

   Os eventos de gráfico agora estarão disponíveis para o gráfico, tal como exibido na Figura 7-3. Eles são acessados no módulo de classe em vez de na folha de gráfico.
4. Insira um módulo-padrão.
5. Insira as seguintes linhas de código no módulo-padrão:

   ```
   Dim meuMóduloClasse As New cl_EventosGráfico
   Sub InicializarGráfico()
       Set meuMóduloClasse.minhaClasseGráfico = _
          Worksheets(1).ChartObjects(1).Chart
   End Sub
   ```

Essas linhas inicializam o gráfico incorporado para ser reconhecido como um objeto de gráfico. O procedimento deve ser executado uma vez por sessão no Excel.

> **Nota** Podemos usar `Workbook_Open` para executar o procedimento `InitializeChart` automaticamente.

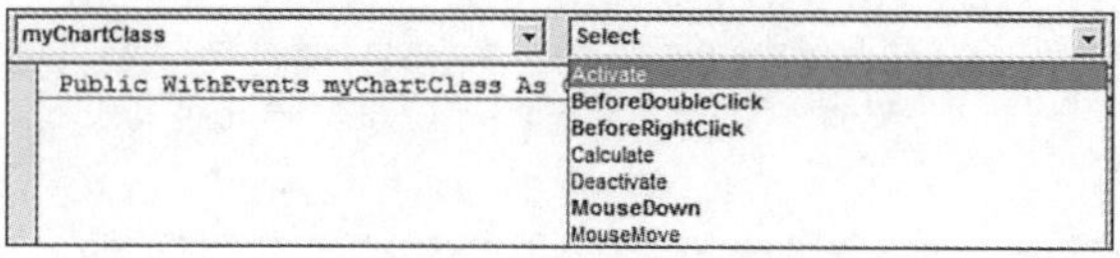

FIGURA 7-3 Eventos de gráficos incorporados agora estão disponíveis no módulo de classe.

Eventos de gráficos incorporados e de folhas de gráfico

Quer um gráfico esteja incorporado em uma planilha normal ou em sua própria folha de gráfico, os mesmos estarão disponíveis. A única diferença será que o procedimento que aponta para o gráfico incorporado substitui Chart pelo objeto de classe que criamos. Por exemplo, para acionar o evento BeforeDoubleClick em uma planilha de gráfico, o cabeçalho do procedimento seria o seguinte: Chart_BeforeDoubleClick.

Para acionar o evento BeforeDoubleClick em um gráfico incorporado (usando o objeto de classe criado na seção anterior), o cabeçalho do procedimento seria o seguinte: minhaClasseGráfico_BeforeDoubleClick.

A Tabela 7-4 lista os muitos eventos de gráfico disponíveis para os gráficos incorporados e para as folhas de gráfico:

TABELA 7-4 Eventos de gráfico.

Nome do Evento	Descrição
`Chart_Activate`	Ocorre quando uma folha de gráfico é ativada ou alterada.
`Chart_BeforeDoubleClick`	Ocorre quando uma parte de um gráfico recebe um duplo clique. `ElementID` é a parte do gráfico que recebe o duplo clique, como a legenda. `Arg1` e `Arg2` são dependentes de `ElementID`. Definir `Cancel` como `True` impede que a ação-padrão do duplo clique ocorra.
`Chart_BeforeRightClick`	Ocorre quando o usuário clica com o botão direito em um gráfico. Definir `Cancel` como `True` impede que a ação-padrão de clicar com o botão direito ocorra.
`Chart_Calculate`	Ocorre quando o usuário altera os dados de um gráfico.
`Chart_Deactivate`	Ocorre quando o usuário faz com que outro objeto (como outro gráfico ou planilha) se torne o objeto ativo.
`Chart_MouseDown`	Ocorre quando o cursor está em cima do gráfico e o usuário clica em qualquer botão do mouse. `Button` é o botão do mouse que foi clicado. `Shift` indica se Shift, Ctrl ou Alt foram pressionados. X é a coordenada X do cursor de quando o botão é pressionado. Y é a coordenada Y do cursor de quando o botão é pressionado.

(Continua)

Nome do Evento	Descrição
`Chart_MouseMove`	Ocorre quando o usuário move o cursor sobre um gráfico. `Button` é o botão do mouse que está sendo pressionado, se estiver. `Shift` indica se Shift, Ctrl ou Alt foram pressionados. X é a coordenada X do cursor no gráfico. Y é a coordenada Y do cursor no gráfico.
`Chart_MouseUp`	Ocorre quando o usuário solta algum botão do mouse enquanto o cursor estiver sobre o gráfico. `Button` é o botão do mouse que foi clicado. `Shift` indica se Shift, Ctrl ou Alt foram pressionados. X é a coordenada X do cursor de quando o botão é liberado. Y é a coordenada Y do cursor de quando o botão é liberado.
`Chart_Resize`	Ocorre quando o usuário redimensiona um gráfico usando as alças de redimensionamento. Entretanto, isso não ocorre quando o tamanho é alterado usando os controles de tamanho das Ferramentas de Gráficos, da guia Formatar ou do painel de tarefas Formatar Área do Gráfico.
`Chart_Select`	Ocorre quando o usuário seleciona um elemento de gráfico. `ElementID` é a parte do gráfico selecionada, como a legenda. `Arg1` e `Arg2` são dependentes de `ElementID`.
`Chart_SeriesChange`	Ocorre quando um ponto de dados do gráfico é atualizado. `SeriesIndex` é o deslocamento da coleção Series da série atualizada. `PointIndex` é o deslocamento na coleção Point dos pontos atualizados.

Eventos a nível de aplicativos

Os eventos a nível da aplicativos, listados na Tabela 7-5, afetam todas as pastas de trabalho abertas em uma sessão do Excel. Precisamos de um módulo de classe para acessá-los. Isso é similar ao módulo de classe usado para acessar eventos de eventos de gráficos incorporados. Para obter mais informações sobre os módulos de classe, veja o Capítulo 9.

Siga estes passos para criar o módulo de classe:

1. Insira um módulo de classe.
2. Renomeie o módulo para algo que faça sentido para você, como cl_EventosApp.
3. Insira a seguinte linha de código no módulo de classe:

```
Public WithEvents EventoApp As Application
```

Os eventos de aplicativos agora estarão disponíveis para a pasta de trabalho, tal como exibido na Figura 7-4. Eles são acessados no módulo de classe em vez de em um módulo--padrão.

4. Insira um módulo-padrão.
5. Insira as seguintes linhas de código no módulo-padrão:

```
Dim meuEventoApp As New cl_EventosApp
Sub InicializarEventoApp()
    Set meuEventoApp.EventoApp = Application
End Sub
```

Essas linhas inicializam o aplicativo para reconhecer eventos de aplicativos. O procedimento deve ser executado uma vez por sessão.

> **Dica** Podemos usar `Workbook_Open` para executar o procedimento `InitializeAppEvent` automaticamente.

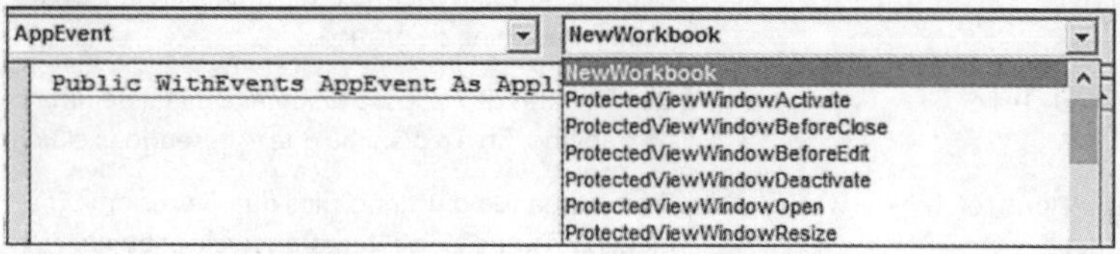

FIGURA 7-4 Eventos de aplicativos agora estão disponíveis por meio do módulo de classe.

> **Nota** O objeto na frente do evento, tal como `EventoApp`, é dependente do nome dado no módulo de classe.

TABELA 7-5 Eventos de aplicativos.

Nome do Evento	Descrição
`AppEvent_AfterCalculate`	Ocorre depois de todos os cálculos terem sido concluídos, depois de `AfterRefresh`, e eventos `SheetChange`, e quando `Application.CalculationState` é definido como `xlDone` e não há mais nenhuma consulta em execução ou cálculos incompletos.
`AppEvent_NewWorkbook`	Ocorre quando o usuário cria uma nova pasta de trabalho. `Wb` é a nova pasta de trabalho.
`AppEvent_ProtectedViewWindowActivate`	Ocorre quando o usuário ativa uma pasta de trabalho no modo de Exibição Protegido. Pvw é a pasta de trabalho que está sendo ativada.
`AppEvent_ProtectedViewWindowBeforeClose`	Ocorre quando o usuário fecha uma pasta de trabalho no modo de Exibição Protegido. Pvw é a pasta de trabalho que está sendo desativada. `Reason` é o motivo de a pasta de trabalho estar sendo fechada. Definir `Cancel` como `True` impede que a pasta de trabalho seja fechada.
`AppEvent_ProtectedViewWindowDeactivate`	Ocorre quando o usuário desativa uma pasta de trabalho no modo de Exibição Protegido. Pvw é a pasta de trabalho que está sendo desativada.
`AppEvent_ProtectedViewWindowOpen`	Ocorre quando uma pasta de trabalho é aberta no modo de Exibição Protegido. Pvw é a pasta de trabalho que está sendo aberta.
`AppEvent_ProtectedViewWindowResize`	Ocorre quando o usuário redimensiona a janela da pasta de trabalho protegida. Entretanto, isso não ocorre no aplicativo em si. Pvw é a pasta de trabalho que está sendo redimensionada.

(Continua)

Nome do Evento	Descrição
AppEvent_ProtectedViewWindowBeforeEdit	Ocorre quando o usuário clica no botão Permitir Edição de uma pasta de trabalho protegida. Pvw é a pasta de trabalho protegida; definir Cancel como True impede que a pasta de trabalho seja liberada para edição.
AppEvent_SheetActivate	Ocorre quando o usuário ativa uma planilha. Sh é a planilha ou folha de gráfico.
AppEvent_SheetBeforeDelete	Ocorre antes da exclusão de uma planilha de uma pasta de trabalho. Sh é a planilha que está sendo excluída.
AppEvent_SheetBeforeDoubleClick	Ocorre quando o usuário clica duas vezes em uma planilha. Target é o intervalo selecionado na planilha. Cancel é definido como False por padrão. Entretanto, quando definido como True, ele impede que a ação-padrão — entrar em uma célula, por exemplo — aconteça.
AppEvent_SheetBeforeRightClick	Ocorre quando o usuário clica com o botão direito em uma planilha. Sh é a planilha ativa. Target é o objeto que recebeu o clique com o botão direito. Definir Cancel como True impede que a ação-padrão aconteça.
AppEvent_SheetCalculate	Ocorre quando o usuário recalcula uma planilha ou plota um dado atualizado em um gráfico. Sh é a planilha ativa.
AppEvent_SheetChange	Ocorre quando o usuário altera o valor de uma célula. Sh é a planilha. Target é o intervalo alterado.
AppEvent_SheetDeactivate	Ocorre quando o usuário desativa uma folha de gráfico ou planilha em uma pasta de trabalho. Sh é a planilha que está sendo desativada.
AppEvent_SheetFollowHyperlink	Ocorre quando o usuário clica em um hiperlink no Excel. Sh é a planilha ativa. Target é o hiperlink.
AppEvent_SheetSelectionChange	Ocorre quando o usuário seleciona um novo intervalo em uma planilha. Sh é a planilha ativa. Target é o intervalo selecionado.
AppEvent_SheetTableUpdate	Ocorre quando o usuário altera um objeto de tabela. Sh é a planilha ativa. Target é o objeto de tabela que foi atualizado.
AppEvent_SheetLensGalleryRenderComplete	Ocorre quando o usuário seleciona a ferramenta Análise Rápida. Sh é a planilha ativa.
AppEvent_SheetPivotTableUpdate	Ocorre quando o usuário atualiza uma tabela dinâmica. Sh é a planilha ativa. Target é a tabela dinâmica atualizada.
AppEvent_SheetPivotTableAfterValueChange	Ocorre depois de o usuário editar células dentro de uma tabela dinâmica ou, se a célula tiver uma fórmula, depois de o usuário a recalcular. Sh é a planilha que contém a tabela dinâmica. TargetPivotTable é a tabela dinâmica com as células alteradas. TargetRange é o intervalo que foi alterado.

Nome do Evento	Descrição
AppEvent_ SheetPivotTableBeforeAllocateChanges	Ocorre antes de uma tabela dinâmica ser atualizada a partir de sua fonte de dados OLAP. Sh é a planilha que contém a tabela dinâmica. TargetPivotTable é a tabela dinâmica atualizada. ValueChangeStart é o número de índice da primeira alteração. ValueChangeEnd é o número de índice da última alteração. Definir Cancel como True impede que as alterações sejam aplicadas à tabela dinâmica.
AppEvent_ SheetPivotTableBeforeCommitChanges	Ocorre antes de uma tabela dinâmica OLAP atualizar sua fonte de dados. Sh é a planilha que contém a tabela dinâmica. TargetPivotTable é a tabela dinâmica atualizada. ValueChangeStart é o número de índice da primeira alteração. ValueChangeEnd é o número de índice da última alteração. Definir Cancel como True impede que as alterações sejam aplicadas à fonte de dados.
AppEvent_ SheetPivotTableBeforeDiscardChanges	Ocorre antes de uma tabela dinâmica OLAP descartar alterações a partir da sua fonte de dados. Sh é a planilha que contém a tabela dinâmica. TargetPivotTable é a tabela dinâmica com alterações que estão aguardando para serem descartadas. ValueChangeStart é o número de índice da primeira alteração. ValueChangeEnd é o número de índice da última alteração.
AppEvent_WindowActivate	Ocorre quando o usuário ativa uma janela de pasta de trabalho. Wb é a pasta de trabalho que está sendo desativada. Wn é a janela. Isso funciona apenas se houver múltiplas janelas.
AppEvent_WindowDeactivate	Ocorre quando o usuário desativa uma janela de pasta de trabalho. Wb é a pasta de trabalho ativa. Wn é a janela. Isso funciona apenas se houver múltiplas janelas.
AppEvent_WindowResize	Ocorre quando o usuário redimensiona a pasta de trabalho ativa. Wb é a pasta de trabalho ativa. Wn é a janela.
AppEvent_WorkbookActivate	Ocorre quando o usuário ativa uma pasta de trabalho. Wb é a pasta de trabalho que está sendo ativada.
AppEvent_WorkbookDeactivate	Ocorre quando o usuário alterna entre pastas de trabalho. Wb é a pasta de trabalho que está sendo deixada na alternação.
AppEvent_WorkbookAddinInstall	Ocorre quando o usuário instala a pasta de trabalho como um suplemento (via Arquivo, Opções, Suplementos). Clicar duas vezes em um arquivo .xlam para abri-lo não ativará esse evento. Wb é a pasta de trabalho que está sendo instalada.
AppEvent_WorkbookAddinUninstall	Ocorre quando o usuário desinstala uma pasta de trabalho (suplemento). O suplemento não é fechado automaticamente. Wb é a pasta de trabalho que está sendo desinstalada.

(Continua)

Nome do Evento	Descrição
AppEvent_WorkbookBeforeClose	Ocorre quando o usuário fecha uma pasta de trabalho. Wb é a pasta de trabalho. Definir Cancel como True impede que a pasta de trabalho seja fechada.
AppEvent_WorkbookBeforePrint	Ocorre quando o usuário usa um comando de impressão (por meio da Faixa de Opções, do teclado ou de uma macro). Wb é a pasta de trabalho. Definir Cancel como True impede que a pasta de trabalho seja impressa.
AppEvent_Workbook_BeforeSave	Ocorre quando o usuário salva uma pasta de trabalho. Wb é a pasta de trabalho. SaveAsUI é definido como True se a caixa de diálogo Salvar Como for exibida. Definir Cancel como True impede que a pasta de trabalho seja salva.
AppEvent_WorkbookAfterSave	Ocorre depois de o usuário ter salvo a pasta de trabalho. Wb é a pasta de trabalho. Success retorna True se o arquivo foi salvo com sucesso e False se ele não foi salvo com sucesso.
AppEvent_WorkbookNewSheet	Ocorre quando o usuário adiciona uma nova planilha à pasta de trabalho ativa. Wb é a pasta de trabalho. Sh é a nova planilha.
AppEvent_WorkbookNewChart	Ocorre quando o usuário adiciona um novo gráfico à pasta de trabalho ativa. Wb é a pasta de trabalho. Ch é o novo objeto de gráfico. O evento não será acionado se o usuário mover um gráfico de um local para outro, a não ser que ele o mova entre uma folha de gráfico e um objeto de gráfico. Nesse caso, o evento será acionado porque uma nova folha de gráfico ou objeto está sendo criado.
AppEvent_WorkbookOpen	Ocorre quando o usuário abre uma pasta de trabalho. Wb é a pasta de trabalho que acabou de ser aberta.
AppEvent_ WorkbookPivotTableCloseConnection	Ocorre quando um relatório de tabela dinâmica fecha sua conexão com a fonte de dados. Wb é a pasta de trabalho que contém a tabela dinâmica que acionou o evento; Target é a tabela dinâmica que encerrou a conexão.
AppEvent_WorkbookPivotTableOpenConnection	Ocorre quando um relatório de tabela dinâmica abre uma conexão com sua fonte de dados. Wb é a pasta de trabalho que contém a tabela dinâmica que acionou o evento. Target é a tabela dinâmica que abriu a conexão.
AppEvent_WorkbookRowsetComplete	Ocorre quando o usuário navega em um conjunto de registros ou chama uma ação de um conjunto de linhas em uma tabela dinâmica OLAP. Wb é a pasta de trabalho que acionou o evento. Description é uma descrição do evento. Sheet é o nome da planilha na qual o conjunto de registros é criado. Success indica sucesso ou falha.

Nome do Evento	Descrição
AppEvent_WorkbookSync	Ocorre quando o usuário sincroniza a cópia local de uma planilha em uma pasta de trabalho que faz parte de um espaço de trabalho de documento com a cópia no servidor. Wb é a pasta de trabalho que acionou o evento; SyncEventType é o status da sincronização.
AppEvent_WorkbookBeforeXmlExport	Ocorre quando o usuário exporta ou salva dados XML. Wb é a pasta de trabalho que acionou o evento; Map é o mapa usado para exportar ou salvar os dados; Url é o local do arquivo XML; definir Cancel como True cancela a operação de exportação.
AppEvent_WorkbookAfterXmlExport	Ocorre depois que o usuário exporta ou salva dados XML. Wb é a pasta de trabalho que acionou o evento; Map é o mapa usado para exportar ou salvar os dados; Url é o local do arquivo XML; Result indica sucesso ou falha.
AppEvent_WorkbookBeforeXmlImport	Ocorre quando o usuário importa ou atualiza os dados XML. Wb é a pasta de trabalho que acionou o evento; Map é o mapa usado para importar os dados; Url é a localização do arquivo XML; IsRefresh retornará True se o evento for acionado pela atualização de uma conexão existente e False se ele for acionado pela importação de uma nova fonte de dados; definir Cancel como True cancelará a operação de importação ou atualização.
AppEvent_WorkbookAfterXmlImport	Ocorre depois que o usuário importa ou atualiza os dados XML. Wb é a pasta de trabalho que acionou o evento; Map é o mapa usado para exportar ou salvar os dados; IsRefresh retornará True se o evento for acionado pela atualização de uma conexão existente e False se ele for acionado pela importação de uma nova fonte de dados; definir Result indica sucesso ou falha.
AppEvent_WorkbookModelChange	Ocorre quando o usuário altera um Modelo de Dados. Wb é a pasta de trabalho que acionou o evento; Changes é o tipo de alteração — colunas adicionadas, alteradas ou excluídas, por exemplo — que o usuário fez no Modelo de Dados.
AppEvent_WorkbookAfterRemoteChange	Ocorre depois que as alterações feitas por um usuário remoto forem mescladas em uma pasta de trabalho. Wb é a pasta de trabalho que acionou o evento.
AppEvent_WorkbookBeforeRemoteChange	Ocorre antes que as alterações feitas por um usuário remoto sejam mescladas na pasta de trabalho. Wb é a pasta de trabalho que acionou o evento.

Próximos passos

Neste capítulo, aprendemos mais sobre como interagir com a interface do Excel. No Capítulo 8, "Matrizes", vamos compreender como utilizar matrizes multidimensionais, ler dados e transferi-los para uma matriz multidimensional, realizar cálculos na matriz e, então, gravar a matriz de volta em um intervalo, o que pode acelerar nossas macros dramaticamente.

CAPÍTULO 8

Matrizes

Neste capítulo, você vai:

- Aprender como declarar uma matriz.
- Preencher uma matriz.
- Extrair dados de uma matriz.
- Usar uma matriz para acelerar o código.
- Usar matrizes dinâmicas.
- Passar uma matriz para outro procedimento ou função.

Uma matriz é um tipo de variável que pode ser usada para armazenar mais de um dado. Por exemplo, se tivermos que trabalhar com o nome e o endereço de um cliente, nosso primeiro impulso poderia ser atribuir uma variável para o nome e outra para o endereço do cliente. Em vez disso, poderíamos considerar o uso de uma matriz, que pode armazenar ambas as informações — e não apenas para um cliente, mas para centenas.

Declarando uma matriz

Podemos declarar uma matriz adicionando parênteses depois do seu nome e especificando o número de elementos de matriz entre parênteses:

```
Dim minhaMatriz(2)
```

Isso cria uma matriz — `minhaMatriz` — que contém três elementos:

```
minhaMatriz(0) = 10
minhaMatriz(1) = 20
minhaMatriz(2) = 30
```

Os três elementos são incluídos porque, por padrão, a contagem do índice começa em 0. Se o contador de índice precisar começar em 1, use `Option Base 1` para forçar o contador a começar em 1. Para fazer isso, coloque a instrução `Option Base` na seção de declarações no topo do módulo:

```
Option Base 1
Sub MinhaPrimeiraMatriz()
Dim minhaMatriz(2)
```

Isso agora força a matriz a ter apenas dois elementos.

Também podemos criar uma matriz independentemente da instrução `Option Base` declarando seus limites inferior e superior:

```
Dim minhaMatriz(1 to 10)
Dim GrandeMatriz(100 to 200)
```

Todas as matrizes possuem um limite inferior (LBound) e superior (UBound). Quando declaramos `Dim minhaMatriz(2)`, estamos declarando o limite superior e permitindo que a instrução `Option Base` declare o limite inferior. Quando declaramos `Dim minhaMatriz(1 to 10)`, declaramos o limite inferior, 1, e o limite superior, 10.

Declarando uma matriz multidimensional

As matrizes acima são consideradas unidimensionais porque apenas um número designa a posição de um elemento da matriz. Uma matriz assim é como uma única linha de dados, mas como ela só pode ter uma linha, não precisamos nos preocupar com o número da linha — apenas com o número da coluna. Por exemplo, para extrair o segundo elemento (`Option Base 0`), use `minhaMatriz(1)`.

Em alguns casos, uma dimensão não é suficiente. É aí que as matrizes multidimensionais entram. Ao passo que matrizes unidimensionais são compostas de apenas uma única linha de dados, as matrizes multidimensionais contêm linhas e colunas.

Para declarar outra dimensão para uma matriz, precisamos adicionar outro argumento. O código abaixo cria uma matriz de 10 linhas e 20 colunas:

```
Dim minhaMatriz(1 to 10, 1 to 20)
```

> **Nota** As planilhas não passam de matrizes. O objeto `Cells` se refere aos elementos de uma planilha — e uma célula é formada por uma linha e uma coluna. Estávamos usando matrizes esse tempo todo!
>
> Podemos criar dimensões adicionais incluindo argumentos adicionais. Por exemplo, para criar uma matriz tridimensional, faça o seguinte:
>
> ```
> Dim minhaMatriz(1 to 4, 1 to 20, 1 to 4)
> ```

O código a seguir insere valores nas duas primeiras colunas da primeira linha, tal como exibido na Figura 8-1:

```
minhaMatriz(1,1) = 10
minhaMatriz(1,2) = 20
```

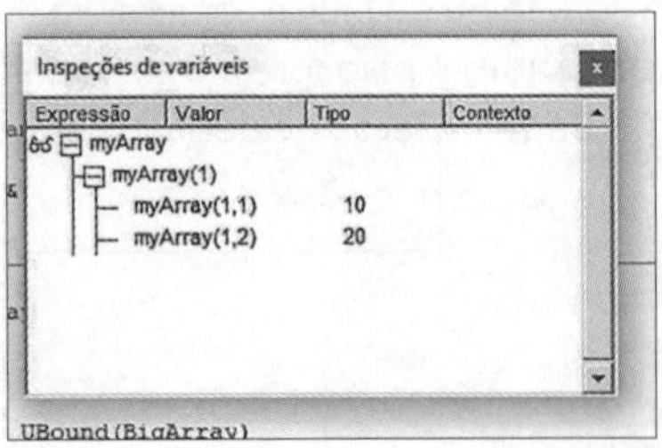

FIGURA 8-1 A janela Inspeção de Variáveis do VB Editor exibe a primeira "linha" da matriz que está sendo preenchida por meio das linha de código anteriores.

O código abaixo insere valores nas primeiras duas colunas da segunda linha:

```
minhaMatriz(2,1) = 20
```

```
minhaMatriz(2,2) = 40
```

E assim por diante. Claro, isso consome bastante tempo e pode exigir muitas linhas de código. Outras maneiras de preencher uma matriz serão abordadas na próxima seção.

> **Nota** Para obter os limites superiores e inferiores de outra dimensão, precisamos especificá-la. Por exemplo, para extrair o limite superior da segunda dimensão, use o seguinte: `UBound(MinhaMatriz,2)`.

Preenchendo uma matriz

Agora que sabemos como declarar uma matriz, precisamos preenchê-la. Um método, discutido anteriormente, seria inserir um valor para cada elemento da matriz individualmente. Entretanto, existe uma maneira mais rápida, conforme apresentado no exemplo de código abaixo e na Figura 8-2:

```
Option Base 1
Sub CabeçalhosColunas()
Dim minhaMatriz As Variant 'As variantes podem armazenar qualquer tipo de dados,
incluindo matrizes
Dim minhaContagem As Integer

'Preenche a variante com dados de matriz
minhaMatriz = Array("Nome", "Endereço", "Telefone", "e-mail")

'Insere os dados da matriz em uma planilha colocando-a em um intervalo do mesmo
tamanho
'se não estiver utilizando Option Base 1, e acrescentando 1 a LBound
Worksheets("PLan2").Range("A1").Resize(LBound(minhaMatriz), _
     UBound(minhaMatriz)).Value = minhaMatriz
End With
End Sub
```

	A	B	C	D	E
1	Name	Address	Phone	Email	
2					

FIGURA 8-2 Use uma matriz para criar cabeçalhos de coluna rapidamente.

Variáveis `Variant` podem armazenar qualquer tipo de informação. Crie uma variável do tipo `Variant` que possa ser tratada como uma matriz. Use a função `Array` para inserir os dados na variante e obrigá-la a assumir as propriedades de uma matriz. Repare que não precisamos declarar o tamanho da matriz quando preenchê-la, tal como ilustrado no exemplo anterior.

Se a informação necessária para a matriz já estiver na planilha, use o seguinte código para preencher uma matriz rapidamente. Esse código cria uma matriz de 16 linhas e 2 colunas:

```
Dim minhaMatriz As Variant
minhaMatriz = Worksheets("Plan1").Range("B2:C17")
```

Apesar desses dois métodos serem rápidos e diretos, pode acontecer deles nem sempre se adequarem à situação. Por exemplo, se precisarmos das linhas da matriz de forma alternada, podemos usar o seguinte código (veja a Figura 8-3):

```
Sub LinhasAlternadas()
'temos 16 linhas de dados, mas vamos alternar o preenchimento delas
'metade do tamanho da tabela; assim, nossa matriz precisará de apenas 8 linhas
Dim minhaMatriz(1 To 8, 1 To 2)
Dim i As Integer, j As Integer, minhaContagem As Integer

'Preenche a matriz, alternando entre as linhas
For i = 1 To 8
     For j = 1 To 2
'i*2 orienta o programa a extrair os dados das linhas de forma alternada
          minhaMatriz(i, j) = Worksheets("Plan1").Cells(i * 2, j + 1).Value
     Next j
Next i

'Calcula o conteúdo da matriz e transfere os resultados para a planilha
For minhaContagem = LBound(minhaMatriz) To UBound(minhaMatriz)
     Worksheets("Plan1").Cells(minhaContagem * 2, 4).Value = _
     WorksheetFunction.Sum(minhaMatriz(minhaContagem, 1), minhaMatriz(minhaContagem, 2))
Next minhaContagem
End Sub
```

	A	B	C	D
1		Dec '17	Jan '18	Sum
2	Apples	45	0	45
3	Oranges	12	10	
4	Grapefruit	86	12	98
5	Lemons	15	15	
6	Tomatoes	58	101	159

FIGURA 8-3 Podemos preencher a matriz com dados alternando entre as linhas.

LBound encontra o local inicial — o limite inferior — da matriz (`minhaMatriz`). UBound encontra a posição final — o limite superior — da matriz. Então, o programa pode fazer um loop pela matriz e somar as informações à medida que as escreve na planilha. A próxima seção explica como extrair os dados de uma matriz.

Extraindo dados de uma matriz

Depois de preencher uma matriz, os dados precisam ser extraídos. Entretanto, antes de fazer isso, podemos manipular os dados ou retornar informações sobre eles, como o maior número inteiro, tal como ilustrado no código abaixo (veja a Figura 8-4):

```
Sub PreenchimentoRápidoMáx()
Dim minhaMatriz As Variant

minhaMatriz = Worksheets("Plan1").Range("B2:C12").Value
MsgBox "O Maior Número Inteiro é: " & WorksheetFunction.Max(minhaMatriz)
End Sub
```

	A	B	C	D
1		Dec '17	Jan '18	
2	Apples	45	0	
3	Oranges	12	10	
4	Grapefruit	86	12	
5	Lemons	15	15	
6	Tomatoes	58	101	
7	Cabbage	24	26	
8	Lettuce	31	29	
9	Peppers	0	31	
10	Potatoes	10	45	

Microsoft Excel

Maximum Integer is: 101

OK

FIGURA 8-4 Podemos retornar o valor Máx de uma matriz.

Os dados também podem ser manipulados antes de serem retornados para a planilha. No exemplo abaixo, LBound e UBound são usados em um loop For para fazer um loop pelos elementos da matriz e tirar a média de cada conjunto:

> **Nota** `MyCount + 1` é usado para inserir os resultados de volta na planilha porque LBound é 1 e os dados começam na linha 2.

```
Sub PreenchimentoRápidoMédia()
Dim minhaMatriz As Variant
Dim minhaContagem As Integer
'preenche a matriz
minhaMatriz = Worksheets("Plan1").Range("B2:C12")

'Tira a média dos dados da matriz assim que são inseridos na planilha
For minhaContagem = LBound(minhaMatriz) To UBound(minhaMatriz)
'calcula a média e insere o resultado na coluna E
     Worksheets("Plan1").Cells(minhaContagem + 1, 5).Value = _
     WorksheetFunction.Average(minhaMatriz(minhaContagem, 1),
minhaMatriz(minhaContagem, 2))
Next minhaContagem
End Sub
```

Os resultados são inseridos na planilha em uma nova coluna (veja a Figura 8-5).

	A	B	C	D	E
1		Dec '17	Jan '18	Sum	Average
2	Apples	45	0	45	22.5
3	Oranges	12	10		11
4	Grapefruit	86	12	98	49
5	Lemons	15	15		15
6	Tomatoes	58	101	159	79.5
7	Cabbage	24	26		25

FIGURA 8-5 Podemos realizar cálculos com os dados assim que são retornados à planilha.

Usando matrizes para acelerar o código

Até agora, aprendemos que matrizes podem facilitar a manipulação de dados e a obtenção de informações sobre eles. Mas será que elas servem só para isso? Não. As matrizes são poderosas porque, na verdade, elas podem fazer o código ser executado de forma mais rápida!

No exemplo anterior, cada linha foi processada como se estivesse dentro da planilha. Imagine fazer isso 10 mil vezes, 100 mil vezes ou mais. Cada vez que o Excel tiver que escrever algo na planilha, ele vai desacelerar. Podemos minimizar a escrita na planilha fazendo todo o processamento na memória e, então, escrevendo os dados na planilha de uma só vez.

No exemplo a seguir, a média calculada é colocada em uma segunda matriz: `MinhaMédia`. Primeiro, vamos usar `ReDim` na matriz para que ela tenha espaço suficiente para armazenar todos os valores calculados. (Veja a próxima seção, "Usando matrizes dinâmicas", para obter mais informação.) Então, depois de fazer um loop e preenchê-la, inserimos a matriz inteira na planilha. Perceba que o intervalo inserido nela foi redimensionado para caber na matriz inteira. Além disso, como a matriz foi criada como código e não passa de um único elemento (linha), precisamos transpô-la no formato de coluna:

```
Sub PreenchimentoRápidoMédiaRápida()
'Escreve os dados em uma planilha uma vez
'Além disso, mais flexível com intervalo dinâmico
Dim minhaMatriz As Variant, MinhaMédia As Variant
Dim minhaContagem As Long, ÚltimaLinha As Long
Dim Dadospln As Worksheet
Set Dadospln = Worksheets("TodosOutros")
With Dadospln
     ÚltimaLinha = .Range("A" & .Rows.Count).End(xlUp).Row
     minhaMatriz = .Range("B2:C" & ÚltimaLinha)

     ReDim MinhaMédia(UBound(minhaMatriz))
     For minhaContagem = LBound(minhaMatriz) To UBound(minhaMatriz)
       MinhaMédia(minhaContagem) = _
         WorksheetFunction.Average(minhaMatriz(minhaContagem, 1), _
           minhaMatriz(minhaContagem, 2))
     Next minhaContagem
     .Range("E2").Resize(UBound(MinhaMédia)).Value = _
         Application.Transpose(MinhaMédia)
End With
End Sub
```

Usando matrizes dinâmicas

Nem sempre sabemos o quão grande uma matriz precisa ser. Seria possível criar uma matriz com base em quão grande ela poderia ser, mas isso seria um desperdício de memória — e se, no fim das contas, a matriz precisasse ser ainda maior? Para evitar esse problema, podemos usar uma matriz dinâmica, que consiste em uma matriz que não possui um tamanho definido. Em outras palavras, declaramos a matriz, mas deixamos os parênteses vazios, assim:

```
Dim minhaMatriz()
```

Mais tarde, à medida que usamos a matriz, `ReDim` é utilizado para definir o tamanho dela. O programa a seguir, que retorna os nomes de todas as planilhas da pasta de trabalho, cria uma matriz sem limites primeiro e, então, define o limite superior assim que souber quantas planilhas existem na pasta de trabalho:

```
Sub MinhasPlanilhas()
Dim minhaMatriz() As String
Dim minhaContagem As Integer, NúmTent As Integer
NúmTent = ActiveWorkbook.Worksheets.Count

'Define o tamanho da matriz
ReDim minhaMatriz(1 To NúmTent)

For minhaContagem = 1 To NúmTent
 minhaMatriz(minhaContagem) = ActiveWorkbook.Sheets(minhaContagem).Name
Next minhaContagem
End Sub
```

Usar `ReDim` reinicializa a matriz. Dessa maneira, se o usarmos demais, como em um loop, perderíamos todos os dados contidos nele. Para evitar que isso aconteça, precisamos usar `Preserve`. A palavra-chave `Preserve` nos permite redimensionar a última dimensão da matriz, mas não podemos utilizá-la para mudar o número de dimensões.

O exemplo abaixo faz uma busca por todos os arquivos de Excel em um diretório e insere os resultados em uma matriz. Como não sabemos quantos arquivos haverá até que realmente procuremos por eles, não poderemos dimensionar a matriz antes da execução do programa:

```
Sub ArquivosXL()
Dim NomeA As String
Dim Nomesmat() As String
Dim minhaContagem As Integer

NomeA = Dir("C:\Excel VBA 2019 by Jelen & Syrstad\*.xls*")
Do Until NomeA = ""
    minhaContagem = minhaContagem + 1
    ReDim Preserve Nomesmat(1 To minhaContagem)
    Nomesmat(minhaContagem) = NomeA
    NomeA = Dir
Loop
End Sub
```

Nota Usar `Preserve` com grandes quantidades de dados em um loop pode deixar o programa mais lento. Se possível, use o código para descobrir qual é o tamanho máximo de uma matriz assim que possível.

Passando uma matriz

Assim como sequências de caracteres, números inteiros e outras variáveis, as matrizes podem ser passadas para outros procedimentos. Isso torna um código mais eficiente e fácil de ler. A seguinte sub, `PassarUmaMatriz`, passa a matriz `minhaMatriz` para uma função `VendasRegião`. Os dados da matriz são somados para a região especificada, e o resultado é retornado para a sub:

```
Sub PassarUmaMatriz()
Dim minhaMatriz() As Variant
Dim minhaRegião As String

minhaMatriz = Range("meusDadosVendas") 'intervalo nomeado que contém todos os dados
minhaRegião = InputBox("Insira a Região - Central, Leste, Oeste")
MsgBox minhaRegião & " Vendas são: " & Format(VendasRegião(minhaMatriz, _
 minhaRegião), "$#,#00.00")
End Sub

Function VendasRegião(ByRef GrandeMatriz As Variant, Regiãov As String) As Long
Dim minhaContagem As Integer
VendasRegião = 0
For minhaContagem = LBound(GrandeMatriz) To UBound(GrandeMatriz)
'As regiões são listadas na coluna 1 dos dados,
'assim, a 1ª coluna da matriz
     If GrandeMatriz(minhaContagem, 1) = Regiãov Then
       'Os dados que serão somados estão na 6ª coluna dos dados
       VendasRegião = GrandeMatriz(minhaContagem, 6) + VendasRegião
     End If
Next minhaContagem
End Function
```

Atenção Não podemos atribuir os valores de uma matriz para serem os valores de outra a menos que ambas tenham o mesmo tamanho ou a menos que a segunda não possua dimensões especificamente declaradas. Para incluir os valores de uma matriz em outra ou passar os valores entre matrizes de tamanhos diferentes, precisamos fazer um loop pelas matrizes.

Próximos passos

As matrizes são um tipo de variável usada para conter mais de um dado. No Capítulo 9, "Criando classes e coleções", vamos aprender sobre a poderosa técnica de criar nosso próprio módulo de classe. Com essa técnica, poderemos configurar nosso próprio objeto com seus próprios métodos e propriedades.

CAPÍTULO 9

Criando classes e coleções

Neste capítulo, você vai:

- Aprender a inserir um módulo de classe.
- Interceptar eventos de aplicativos e de gráficos incorporados.
- Criar e usar um objeto personalizado.
- Aprender vários métodos de criação de coleções.
- Minimizar o uso de códigos repetidos utilizando uma coleção.
- Aprender sobre dicionários.
- Criar propriedades personalizadas com tipos definidos pelo usuário (UDTs).

O Excel já possui muitos objetos disponíveis, mas há momentos em que o trabalho em mãos exige um objeto personalizado . Podemos criar objetos personalizados que são usados da mesma maneira que os objetos predefinidos do Excel. Esses objetos especiais são criados em *módulos de classe.*

Módulos de classe são usados para criar objetos personalizados com propriedades e métodos personalizados. Eles podem ser usados para interceptar eventos de aplicativos, eventos de gráficos incorporados, eventos de controles ActiveX e muito mais.

As coleções são um tipo de variável que pode armazenar grupos de itens similares, incluindo objetos personalizados. Cada item de uma coleção possui uma chave única, e podemos usá-la para extrair um valor de uma coleção, incluindo todas as propriedades de um objeto.

Inserindo um módulo de classe

No VB Editor, selecione Inserir, Módulo de Classe. Um novo módulo, `Classe1`, é adicionado à pasta de trabalho do VBAProject e pode ser visto na janela do Project Explorer (veja a Figura 9-1). Devemos manter duas coisas em mente no que se refere a módulos de classe:

- Cada objeto personalizado deve possuir seu próprio módulo. (A interceptação de eventos pode compartilhar um módulo.)
- O módulo de classe deve ser renomeado para refletir o objeto personalizado.

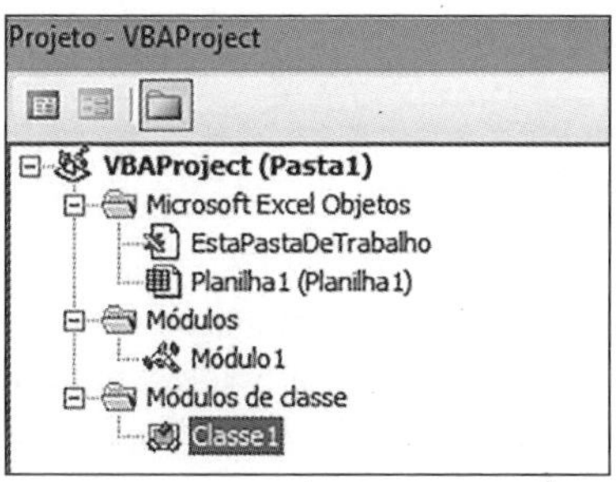

FIGURA 9-1 Objetos personalizados são criados nos módulos de classe.

Interceptando eventos de aplicativos e de gráficos incorporados

O Capítulo 7, "Programação orientada a eventos", explicou como certas ações em pastas de trabalho, planilhas e gráficos não incorporados podem ser interceptadas e usadas para ativar códigos. Ele resumiu como criar um módulo de classe para interceptar eventos de aplicativos e de gráficos. No texto a seguir, vamos entrar em mais detalhes sobre o que foi mostrado naquele capítulo.

Eventos de aplicativos

O evento `Workbook_BeforePrint` é acionado quando a pasta de trabalho na qual ele está é impressa. Se quisermos executar o mesmo código em cada pasta de trabalho disponível, vamos precisar copiar o código em cada pasta de trabalho. Uma alternativa seria usar um evento de aplicativo, `Workbook_BeforePrint`, que é acionado quando qualquer pasta de trabalho é impressa.

Os eventos de aplicativos já existem, mas um módulo de classe deve ser configurado primeiro para que eles possam ser vistos. Para criar um módulo de classe, siga estes passos:

1. Insira um módulo de classe no projeto. Selecione Exibir, Janela 'Propriedades' e renomeie o módulo para algo que faça mais sentido para você, como `cEventosApp`.
2. Digite o seguinte no módulo de classe:

   ```
   Public WithEvents xlApp As Application
   ```

   O nome da variável, `xlApp`, pode ser qualquer nome de variável. A palavra-chave `WithEvents` expõe os eventos associados com o objeto `Application`.
3. Selecione `xlApp` a partir do menu suspenso Objeto do módulo de classe e, então, clique no menu suspenso Procedimento, à direita, para visualizar os eventos que estão disponíveis para o tipo de objeto de `xlApp` (`Application`), tal como ilustrado na Figura 9-2.

> **Dica** Para uma revisão dos vários eventos de aplicativos, veja a seção "Eventos a nível de aplicativos" do Capítulo 7.

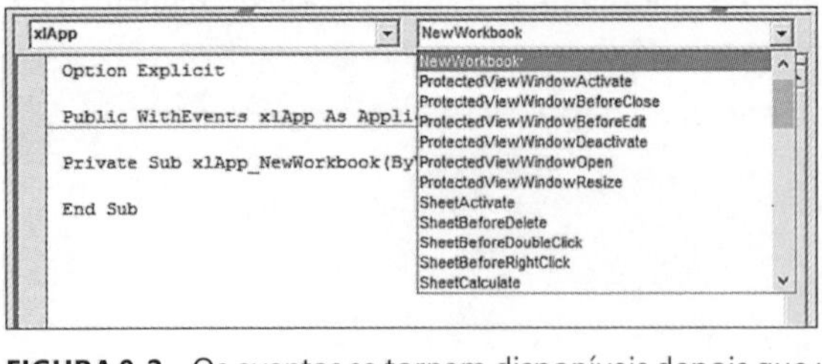

FIGURA 9-2 Os eventos se tornam disponíveis depois que um objeto é criado.

Todos os eventos listados podem ser capturados, assim como os eventos de pasta de trabalho e de planilha foram capturados no Capítulo 7. O exemplo a seguir usa o evento `NewWorkbook` para configurar as informações de rodapé automaticamente. Este código é colocado no módulo de classe, abaixo da linha da declaração `xlApp`, que acabamos de adicionar:

```
Private Sub xlApp_NewWorkbook(ByVal Pt As Workbook)
Dim pln As Worksheet
With Pt
     For Each pln In .Worksheets
       pln.PageSetup.LeftFooter = "Criado por: " & Application.UserName
       pln.PageSetup.RightFooter = Now
    Next pln
End With
End Sub
```

O procedimento colocado em um módulo de classe não é executado automaticamente, diferentemente dos eventos em módulos de pasta de trabalho ou de planilha. Uma ocorrência do módulo de classe deve ser criada, e o objeto `Application` deve ser atribuído à propriedade `xlApp`. Uma vez concluído, o procedimento `TrapAppEvent` precisa ser executado. Enquanto o processo estiver em execução, o rodapé será criado, em cada planilha, sempre que uma nova pasta de trabalho for criada. Insira seguinte o código em um módulo-padrão:

```
Public clsEventoApp As New cEventosApp

Sub InterceptarEventoApp()
     Set meuEventoApp.xlApp = Application
End Sub
```

> **Nota** A interceptação de eventos de aplicativos pode ser encerrada por qualquer ação que redefina as variáveis a nível de módulo ou públicas, incluindo a edição do código no VB Editor. Para reiniciar a interceptação do evento, execute o procedimento que cria o objeto (`InterceptarEventoApp`).

Neste exemplo, a declaração pública `meuEventoApp` foi inserida em um módulo-padrão com o procedimento `InterceptarEventoApp`. Para automatizar a execução da interceptação do evento inteiro, todos os módulos poderão ser transferidos para `Personal.xlsb`, e o processo poderia ser transferido para um evento `Workbook_Open`. Em todo caso, a declaração `Public` de `meuEventoApp` *deve* permanecer em um módulo-padrão para que ela possa ser compartilhada entre os módulos.

Eventos de gráficos incorporados

Nós nos preparamos para interceptar eventos de gráficos incorporados da mesma forma que nos preparamos para interceptar eventos de aplicativos. Crie um módulo de classe, insira a declaração pública para um tipo gráfico, crie um procedimento para o evento desejado e então adicione um procedimento de módulo-padrão para iniciar a interceptação. O mesmo módulo de classe utilizado para os eventos de aplicativos pode ser usado para o evento de gráfico incorporado.

Insira a seguinte linha na seção de declaração do módulo de classe:

```
Public WithEvents xlChart As Chart
```

Agora, os eventos de gráfico disponíveis passarão a ser visíveis (veja a Figura 9-3).

> **Dica** Para uma revisão dos vários eventos de gráfico, veja "Eventos de gráficos incorporados e de folhas de gráfico" no Capítulo 7.

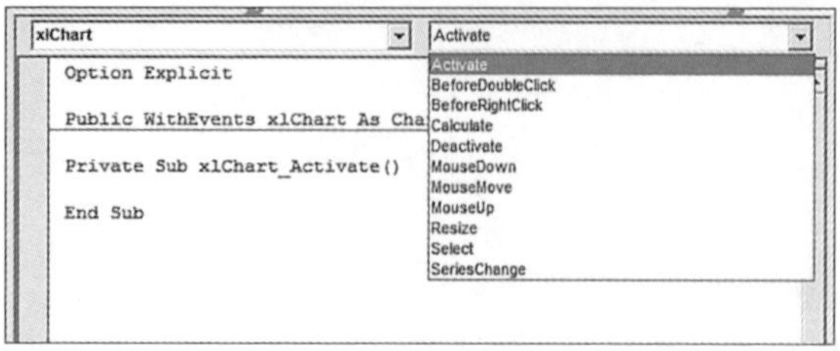

FIGURA 9-3 Os eventos de gráfico estarão disponíveis depois que a variável do tipo de gráfico tiver sido declarada.

Agora, vamos criar um programa para mudar a escala dos gráficos. Precisamos criar três eventos. O evento principal, `MouseDown`, muda a escala do gráfico com um clique do botão direito ou com clique duplo. Como essas ações também têm outras ações associadas a elas, vamos precisar de mais dois eventos: `BeforeRightClick` e `BeforeDoubleClick`, que impedem que a ação normal aconteça.

O evento `BeforeDoubleClick` abaixo impede que o resultado normal de um duplo clique aconteça:

```
Private Sub xlChart_BeforeDoubleClick(ByVal IDElemento As Long, _
     ByVal Arg1 As Long, ByVal Arg2 As Long, Cancelar As Boolean)
     Cancelar = True
End Sub
```

O evento `BeforeRightClick` a seguir impede que o resultado normal de um clique no botão direito aconteça:

```
Private Sub xlChart_BeforeRightClick(Cancelar As Boolean)
    Cancelar = True
End Sub
```

Agora que as ações normais do clique duplo e do botão direito foram controladas, `MouseDown` reescreve as ações iniciadas por um clique com o botão direito e por um clique duplo:

```
Private Sub xlChart_MouseDown(ByVal Botão As Long, _
     ByVal Shift As Long, ByVal x As Long, ByVal y As Long)
      If Botão = 1 Then 'botão esquerdo do mouse
        xlChart.Axes(xlValue).MaximumScale = _
           xlChart.Axes(xlValue).MaximumScale - 50
      End If

      If Botão = 2 Then 'botão direito do mouse
          xlChart.Axes(xlValue).MaximumScale = _
            xlChart.Axes(xlValue).MaximumScale + 50
      End If
End Sub
```

Uma vez que os eventos são definidos no módulo de classe, tudo o que resta a fazer é declarar a variável em um módulo padrão, como segue:

```
Public meuEventoGráfico As New clsEventos
```

Em seguida, crie um procedimento que intercepte os eventos do gráfico incorporado:

```
Sub InterceptarEventoGráfico()
    Set meuEventoGráfico.xlChart = Worksheets("GráficoIncorporado"). _
      ChartObjects("Gráfico 2").Chart
End Sub
```

Criando um objeto personalizado

Os módulos de classe são úteis para a interceptar eventos, mas também são importantes porque podemos usá-los para criar objetos personalizados. Quando estamos criando um objeto personalizado, o módulo de classe se torna um modelo das propriedades e métodos do objeto. Para ajudá-lo a entender isso melhor, nesta seção vamos criar um objeto funcionário para registrar o nome, ID, salário por hora e as horas trabalhadas dos funcionários.

Insira um módulo de classe e o renomeie para `cFuncionário`. O objeto `cEmployee` possui seis propriedades e um método. As *Propriedades* são variáveis do objeto às quais podemos atribuir um valor ou a partir das quais podemos ler um valor. Elas podem ser privadas, sendo que, nesse caso, elas só poderão ser acessadas dentro do próprio módulo de classe, ou elas podem ser públicas, o que quer dizer que elas poderão ser acessadas a partir de qualquer módulo.

Bem no início do módulo de classe, insira as seguintes variáveis privadas. Repare que cada linha começa com a palavra `Private`. Essas variáveis serão usadas somente dentro do próprio módulo de classe. Elas recebem seus valores a partir das propriedades ou funções internas do módulo de classe:

```
Private m_nomefuncionário As String
Private m_idfuncionário As String
Private m_taxahoráriafuncionário As String
Private m_horassemanaisfuncionário As String
Private m_horasnormais As Double
Private m_horasextras As Double
```

Os procedimentos `Property Let` são usados para atribuir valores às propriedades. Por padrão, as propriedades são públicas. Assim, não precisamos dizer que:

```
Property Let NomeFuncionário(LD As String)
    m_nomefuncionário = LD
End Property

Property Let IDFuncionário(LD As String)
    m_idfuncionário = LD
End Property

Property Let TaxaHoráriaFuncionário(LD As Double)
    m_taxahoráriafuncionário = LD
```

```
End Property

Property Let HorasSemanaisFuncionário(LD As Double)
    m_horassemanaisfuncionário = LD
    m_horasnormais = WorksheetFunction.Min(40, LD)
    m_horasextras = WorksheetFunction.Max(0, LD - 40)
End Property
```

Esses quatro objetos das propriedades são graváveis. Insira-os depois de declarar as variáveis privadas. O argumento LD é o valor que está sendo atribuído à propriedade, a qual, depois, é atribuída a uma das variáveis privadas. Gosto de usar LD (Lado Direito — fácil de lembrar!) como o nome de argumento comum para a consistência, mas você pode usar o que preferir.

Os procedimentos `Property Get` são propriedades de somente leitura dos módulos de classe:

```
Property Get NomeFuncionário() As String
    NomeFuncionário = m_nomefuncionário
End Property

Property Get IDFuncionário() As String
    IDFuncionário = m_idfuncionário
End Property

Property Get HorasSemanaisFuncionário() As Double
     HorasSemanaisFuncionário = m_horassemanaisfuncionário
End Property

Property Get HorasNormaisFuncionário() As Double
     HorasNormaisFuncionário = m_horasnormais
End Property

Property Get HorasExtrasFuncionário() As Double
     HorasExtrasFuncionário = m_horasextras
End Property
```

Além das três propriedades às quais atribuímos valores, outras duas estão disponíveis para receberem valores de: `HorasNormaisFuncionário` e `HorasExtrasFuncionário`. `TaxaHoráriaFuncionário` é a única propriedade na qual um valor pode ser gravado, mas da qual esse valor não pode ser lido. Por quê? Imagine que temos outra rotina que lê todos os valores a partir de um banco de dados e os transfere para a memória do programa. Um programador que estivesse usando nosso módulo de classe não precisaria ver esses dados brutos. Usando a propriedade `Get`, podemos controlar quais dados o programador poderá acessar e ainda manter os dados disponíveis para o programa.

Nota Os procedimentos `Property Set` são usados para atribuir um objeto a uma propriedade. Por exemplo, se quisermos criar uma propriedade de planilha que passe um objeto de planilha, devemos fazer o seguinte:

```
Property Set DadosPlanilhas(LD as Worksheet)
```

Usaríamos `Get` para a extração, da seguinte forma:

```
Property Get DadosPlanilhas() As Worksheet
```

Por fim, temos a função que se torna um método de objeto:

```
Public Function SalárioSemanalFuncionário() As Double
    SalárioSemanalFuncionário = (m_horasnormais * m_taxahoráriafuncionário) + _
      (m_horasextras * m_taxahoráriafuncionário * 1.5)
End Function
```

Assim como uma função normal, ela pode ter argumentos, mas, nesse caso, já definimos todas as variáveis necessárias utilizando Let.

Também podemos usar Subs em módulos de classe. Nesse caso, uma função seria usada porque queremos que um valor seja retornado. Mas, se quisermos realizar uma ação, como Range.Cut, então devemos usar uma Sub.

Agora o objeto está completo. O próximo passo é usá-lo em um programa real.

Usando um objeto personalizado

Depois que um objeto personalizado é configurado corretamente em um módulo de classe, ele pode ser referenciado a partir de outros módulos. Para acessar as propriedades e funções do objeto, primeiro declare uma variável como o módulo de classe e, então, defina uma nova ocorrência do objeto. Então, poderemos escrever o código, fazendo referência ao objeto personalizado e tirando vantagem do IntelliSense para acessar suas propriedades e métodos, tal como ilustrado na Figura 9-4.

O exemplo a seguir usa o objeto personalizado criado na seção anterior, "Criando um objeto personalizado". Ele define os valores das propriedades e, então, gera uma caixa de mensagem, extraindo alguns daqueles valores e acessando o método que criamos:

```
Sub TempoPagamentoÚnicoFuncionário()
'declara uma variável como sendo o módulo/objeto de classe
Dim clsFuncionário As cFuncionário
'define uma nova ocorrência para o objeto
Set clsFuncionário = New cFuncionário
With clsFuncionário
    .NomeFuncionário = "Tracy Syrstad"
    .IDFuncionário = "1651"
    .TaxaHoráriaFuncionário = 35.15
    .HorasSemanaisFuncionário = 45
    MsgBox.NomeFuncionário & Chr(10) & Chr(9) & _
    "Horas Normais: " & .HorasNormaisFuncionário & Chr(10) & Chr(9) & _
    "Horas Extras: " & .HorasExtrasFuncionário & Chr(10) & Chr(9) & _
    "Salário Semanal : $" & .SalárioSemanalFuncionário
End With
End Sub
```

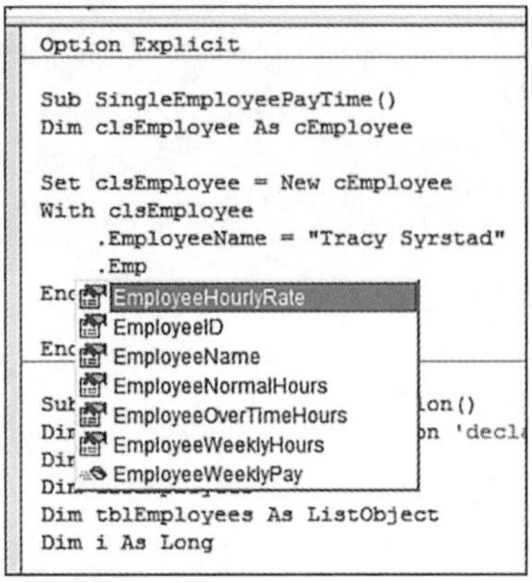

FIGURA 9-4 As propriedades e o método do objeto personalizado são tão facilmente acessíveis quanto os objetos-padrão.

Usando coleções

Uma *coleção* armazena um grupo de itens similares. Por exemplo, Worksheet é um membro da coleção Worksheets. Podemos adicionar, remover, contar e fazer referência a cada planilha de uma pasta de trabalho por meio do seu número de item.

Criando uma coleção

Para usar uma coleção, declare uma variável como coleção primeiro e, então, defina uma nova ocorrência da coleção. Podemos utilizar o método Add para adicionar itens nela:

```
CollectionName.Add Item, Key, Before, After
```

O método Add apresenta quatro argumentos. `Item` é alguma informação armazenada pela coleção. Ela pode ser qualquer coisa, desde uma sequência de caracteres a um objeto, tal como uma planilha. O segundo valor, que é opcional, é a Key. Ele é usado para procurar por um membro da coleção. Ele deve ser um valor de sequência de caracteres único. Podemos usar Key para fazer uma referência direta a um item de uma coleção. Caso você não saiba qual é a Key, a única maneira de encontrar um item em uma coleção é fazer um loop por ela.

`Before` e `After` são argumentos opcionais que podemos usar para posicionar um item em uma coleção. Podemos fazer referência à chave ou à posição do item. O exemplo a seguir cria uma coleção com dois itens. O primeiro item é adicionado com uma chave; o segundo, não.

```
Dim minhaPrimeiraColeção as Collection
Set MinhaPrimeiraColeção = New Collection
MinhaPrimeiraColeção.Add Item1, "Chave1" 'com uma chave
MinhaPrimeiraColeção.Add Item2 'sem uma chave
```

Observe que a chave é uma sequência de caracteres. Se quiser usar números para a chave, então force os números a serem tratados como uma sequência de caracteres, assim:

```
MinhaPrimeiraColeção.Add Item3, CStr(1)
```

Criando uma coleção em um módulo-padrão

Se criarmos uma coleção em um módulo-padrão, poderemos acessar os quatro métodos--padrão de coleção: Add, `Remove`, `Count` e `Item`. O exemplo a seguir lê uma lista de funcionários de uma planilha e a insere em uma matriz. Em seguida, ele faz um loop pela matriz, fornecendo um valor a cada propriedade do objeto personalizado, e inserindo cada registro na coleção, tal como ilustrado na Figura 9-5:

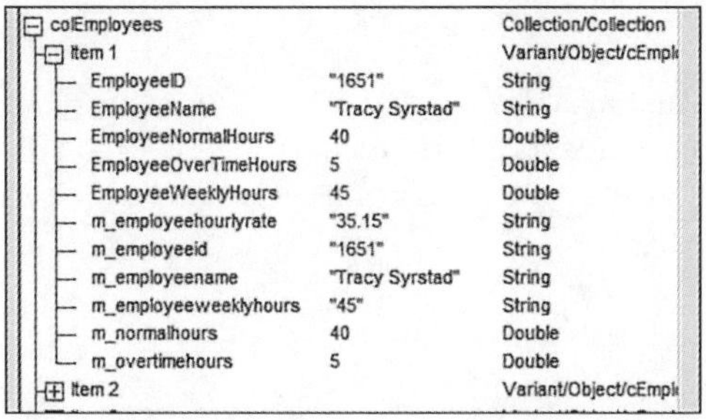

FIGURA 9-5 Uma coleção pode armazenar qualquer tipo de variável, incluindo as propriedades de um objeto personalizado.

> **Nota** Este exemplo armazena um objeto personalizado em uma coleção. Como dito anteriormente, o valor que uma coleção armazena pode ser de qualquer tipo, incluindo as várias propriedades de um módulo de classe. Tecnicamente, um único registro da coleção armazena somente um valor: o objeto personalizado. Mas o objeto personalizado em si consiste em múltiplos valores.

```
Sub SalárioFuncionáriosUsandoColeção()
Dim colFuncionários As Collection 'declara uma variável para a coleção
Dim clsFuncionário As cFuncionário
Dim matFuncionários
Dim tblFuncionários As ListObject
Dim i As Long
Dim NomeCompleto As String

Set colFuncionários = New Collection 'define uma nova ocorrência da coleção
Set tblFuncionários = Worksheets("Informações dos Funcionários").
ListObjects("tblFuncionários")

matFuncionários = tblFuncionários.DataBodyRange

'faz um loop por cada funcionário
'atribui valores às propriedades do objeto personalizado
'então insere o objeto personalizado na coleção
'usando a id de funcionário como a chave única
For i = 1 To UBound(matFuncionários)
    Set clsFuncionário = New cFuncionário
    With clsFuncionário
        .NomeFuncionário = matFuncionários(i, 1)
        .IDFuncionário = matFuncionários(i, 2)
        .TaxaHoráriaFuncionário = matFuncionários(i, 3)
        .HorasSemanaisFuncionário = matFuncionários(i, 4)
```

```
        colFuncionários.Add clsFuncionário, CStr(.IDFuncionário)
      End With
Next i

'extrai informações do objeto personalizado da coleção
'mais especificamente, o segundo membro da coleção
Set clsFuncionário = colFuncionários(2)
MsgBox "Número de Funcionários: " & colFuncionários.Count & Chr(10) & _
 "Funcionário(2) Nome: " & clsFuncionário.NomeFuncionário

'extrai informações usando a chave
NomeCompleto = colFuncionários("1651").NomeFuncionário
MsgBox Left(NomeCompleto, Len(NomeCompleto) - InStr(1, NomeCompleto, " ") - 2) & _
    "Salário Semanal: $" & colFuncionários("1651").SalárioSemanalFuncionário
Set colFuncionários = Nothing
Set tblFuncionários = Nothing
Set clsFuncionário = Nothing
End Sub
```

A coleção colFuncionários é declarada como uma nova coleção, e o registro clsFuncionário é atribuído como um novo objeto do módulo de classe cFuncionário.

Depois de serem dados valores às propriedades do objeto, o registro clsFuncionário é adicionado à coleção. O segundo parâmetro do método Add aplica uma chave única ao registro, que, nesse caso, é IDFuncionário. Isso permite que um registro específico seja acessado rapidamente, tal como exibido pela segunda caixa de mensagem (colFuncionários("1651").SalárioSemanalFuncionário) (veja a Figura 9-6).

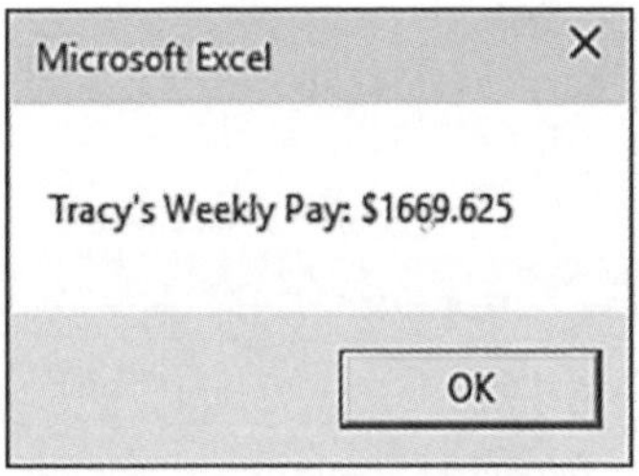

FIGURA 9-6 Registros individuais de uma coleção podem ser acessados com facilidade.

Criando uma coleção em um módulo de classe

Quando criamos uma coleção em um módulo de classe, os métodos inatos da coleção (Add, Remove, Count, Item) não podem ser acessados fora do módulo de classe. Precisamos criar nossos próprios métodos e propriedades. As vantagens de se criar uma coleção em um módulo de classe são os seguintes:

- O código inteiro estará em apenas um módulo.
- Temos mais controle sobre o que é feito com a coleção.
- Podemos impedir o acesso à coleção.

Insira um novo módulo de classe para a coleção e o renomeie como `cFuncionários`. Declare uma coleção privada para ser usada dentro do módulo de classe:

```
Private TodosFuncionários As New Collection
```

Adicione as novas propriedades e métodos necessários para fazer a coleção funcionar. Os métodos inatos da coleção estarão disponíveis no módulo de classe e poderão ser usados para criar os métodos e propriedades personalizados.

Insira um método `Add` para adicionar novos itens à coleção:

```
Public Sub Add(recFuncionário As clsFuncionário)
TodosFuncionários.Add recFuncionário, CStr(recFuncionário.IDFuncionário)
End Sub
```

Insira uma propriedade `Remove` para remover um item específico da coleção:

```
Public Sub Remove(meuItem As Variant)
TodosFuncionários.Remove (meuItem)
End Sub
```

Insira uma propriedade `Count` para retornar o número de itens da coleção:

```
Public Property Get Count() As Long
Count = TodosFuncionários.Count
End Property
```

Insira uma propriedade `Items` para retornar a coleção inteira:

```
Public Property Get Items() As Collection
Set Items = TodosFuncionários
End Property
```

Insira uma propriedade `Item` para retornar um item específico da coleção:

```
Public Property Get Item(meuItem As Variant) As cFuncionário
Set Item = TodosFuncionários(meuItem)
End Property
```

`Property Get` é usado com `Count`, `Item` e `Items` porque elas são propriedades somente de leitura. `Item` retorna uma referência a um único membro da coleção, ao passo que `Items` retorna a coleção inteira, de modo que ela possa ser usada em loops do tipo `For Each Next`.

Uma vez que a coleção estiver configurada no módulo de classe, podemos escrever um procedimento em um módulo-padrão para usá-la:

```
Sub SalárioFuncionáriosUsandoColeção()
'usando uma coleção em um módulo de classe
Dim colFuncionários As cFuncionários
Dim clsFuncionário As cFuncionário
Dim matFuncionários
Dim tblFuncionários As ListObject
Dim i As Long
Dim NomeCompleto As String
```

```
Set colFuncionários = New cFuncionários 'define uma nova ocorrência da coleção
Set tblFuncionários = Worksheets("Informações dos Funcionários").
ListObjects("tblFuncionários")

matFuncionários = tblFuncionários.DataBodyRange

'faz um loop por cada funcionário
'atribui valores às propriedades do objeto personalizado
'então insere o objeto personalizado na coleção
'usando a id de funcionário como a chave única
For i = 1 To UBound(matFuncionários)
     Set clsFuncionário = New cFuncionário
     With clsFuncionário
         .NomeFuncionário = matFuncionários(i, 1)
         .IDFuncionário = matFuncionários(i, 2)
         .TaxaHoráriaFuncionário = matFuncionários(i, 3)
         .HorasSemanaisFuncionário = matFuncionários(i, 4)
         'a chave é adicionada pelo método de módulo de classe Add
         colFuncionários.Add clsFuncionário
    End With
Next i

'extrai informações do objeto personalizado da coleção
'mais especificamente, o segundo membro da coleção
Set clsFuncionário = colFuncionários.Item(2)
MsgBox "Número de Funcionários: " & colFuncionários.Count & Chr(10) & _
      "Funcionário(2) Nome: " & clsFuncionário.NomeFuncionário

'extrai informações usando a chave
NomeCompleto = colFuncionários("1651").NomeFuncionário
MsgBox Left(NomeCompleto, Len(NomeCompleto) - InStr(1, NomeCompleto, " ") - 2) & _
    "Salário Semanal: $" & colFuncionários("1651").SalárioSemanalFuncionário

Set colFuncionários = Nothing
Set tblFuncionários = Nothing
Set clsFuncionário = Nothing
End Sub
```

Esse programa não é muito diferente daquele utilizado com a coleção-padrão, mas existem algumas diferenças fundamentais:

- Em vez de declarar `colFuncionários` como uma `Collection`, a declaramos como do tipo `cFuncionários`, a nova coleção de módulo de classe.
- A matriz e a coleção são preenchidas da mesma maneira, mas a forma com que os registros da coleção são referenciados mudou. Quando um membro da coleção, como registro de empregado 2, é referenciado, a propriedade `Item` deve ser usada.

Usando dicionários

A habilidade de usar uma chave para procurar valores em uma coleção é muito útil. De vez em quando, eu comparo coleções e matrizes para que seja mais fácil encontrar informações em uma matriz. Por exemplo, uso a chave na coleção para procurar por um valor, que é a localização de um registro dentro da matriz.

O lado negativo das coleções, porém, é que, depois de adicionarmos um item em uma coleção, não podemos mais mudá-lo. Portanto, se precisarmos dos benefícios de uma coleção, mas também precisarmos alterar o valor, vamos precisar usar um dicionário. Um *dicionário* faz tudo o que uma coleção faz e muito mais. No entanto, ele requer um pouco mais de configuração porque faz parte da Biblioteca Microsoft Scripting Runtime.

Algumas outras diferenças entre coleções e dicionários são:

- Um dicionário requer uma chave.
- A chave de um dicionário pode ser qualquer tipo de variável, exceto uma matriz.
- A chave de um dicionário pode ser alterada.
- Precisamos usar a chave para extrair o valor. Não podemos usar a localização do item.
- Podemos alterar um valor.
- Podemos confirmar a existência de uma chave.

No exemplo a seguir, que declara o dicionário usando uma ligação tardia, os dados são inseridos em uma matriz e processados, usando o nome do produto como a chave. Então, as quantidades somadas são inseridas na planilha, com as chaves do dicionário como rótulos, como ilustrado na Figura 9-7.

Region	Product	Date	Customer	Quantity
East	Tools	1/1/2015	Exclusive Shovel Trad	1000
Central	Accessories	1/2/2015	Bright Hairpin Compa	100
East	Jewelry	1/4/2015	Cool Jewelry Corpora	800
East	Food	1/4/2015	Tasty Kettle Inc.	400
East	Tools	1/7/2015	Remarkable Meter Cc	400
East	Jewelry	1/7/2015	Wonderful Jewelry Ir	1000
Central	Tools	1/9/2015	Remarkable Meter Cc	800
Central	Tools	1/10/2015	Safe Flagpole Supply	900
Central	Tools	1/12/2015	Reliable Tripod Comp	300
East	Tools	1/14/2015	Matchless Vise Inc.	100
East	Accessories	1/15/2015	Bright Hairpin Compa	500
East	Tools	1/16/2015	Appealing Calculator	600
West	Accessories	1/19/2015	Bright Hairpin Compa	100
East	Food	1/21/2015	Best Vegetable Comp	800
Electrical Tools	4100			
Accessories	700			
Jewelry	1800			
Food	1200			

FIGURA 9-7 Podemos usar um dicionário para armazenar valores que poderiam mudar várias vezes à medida que o código é executado.

> **Dica** Veja o Capítulo 20, "Automatizando o Word", para obter mais informações sobre a diferença entre a ligação antecipada e a tardia.

```
Sub UsandoUmDicionário()
Dim dicDados As Object
Dim ItembExiste As Boolean
Dim tblVendas As ListObject
Dim matDados, matRelatório, matCabeçalhos
Dim i As Long
Dim int As Range

'cria o objeto dicionário
Set dicDados = CreateObject("Scripting.Dicionário")
Set tblVendas = Worksheets("Tabela").ListObjects("tblVendas")

'insere os dados em uma matriz para um processamento mais rápido
matDados = tblVendas.DataBodyRange
'faz um loop pela matriz
For i = 1 To UBound(matDados)
     'se a chave existe, adiciona nela
     'se não, cria e adiciona nela
     If dicDados.Exists(matDados(i, 2)) Then
        dicDados.Item(matDados(i, 2)) = dicDados.Item(matDados(i, 2)) + _
          matDados(i, 5)
      Else
         dicDados.Add matDados(i, 2), matDados(i, 5)
      End If
Next i

'renomeia uma chave, só por diversão
'a única maneira de renomear uma chave é sabendo o nome dela
dicDados.Key("Ferramentas") = "Ferramentas Elétricas"

'o local 2 linhas abaixo da tabela
Set int = tblVendas.Range.Offset(tblVendas.Range.Rows.Count + 2).Resize(1, 1)

'insere cada chave e valores do dicionário na matriz
'então os insere na planilha
matCabeçalhos = dicDados.Keys
int.Resize(dicDados.Count, 1).Value = Application.Transpose(matCabeçalhos)
matRelatório = dicDados.Items
int.Offset(, 1).Resize(dicDados.Count, 1).Value = _
     Application.Transpose(matRelatório)
Set dicDados = Nothing
Set tblVendas = Nothing
Set int = Nothing
End Sub
```

O método `Exists` nos permite confirmar a existência de uma chave. Se a chave existir, `True` será retornado; do contrário, `False` será retornado. Podemos renomear uma chave por simplesmente atribuir um novo nome a ela (`dicDados.Key("Ferramentas") = "Ferramentas Elétricas"`). Os dicionários têm dois métodos — `Keys` e `Items` — que nos permitem inserir esses valores em uma matriz. As coleções não têm esses métodos.

Estudo de caso: minimizando códigos duplicados para rótulos ActiveX

Digamos que temos uma planilha complexa que requer uma maneira para o usuário obter ajuda. Podemos inserir as informações em caixas de comentários, mas elas não são muito óbvias, em especial para usuários iniciantes do Excel. Outra opção seria criar botões de ajuda.

Para fazer isso, crie pequenos rótulos ActiveX (não rótulos de Controle de Formulário) com um ponto de interrogação em cada uma das planilhas. Para obter a aparência de botão, tal como ilustrado na Figura 9-8, defina a propriedade `SpecialEffect` dos rótulos como `Raised`, e escureça `BackColor`. Insira um rótulo por linha. Em outra planilha, insira o texto de ajuda que deseja que apareça quando o rótulo for clicado. Certifique-se de que o número do nome do rótulo bata com a linha na qual o texto se encontra. Por exemplo, se o nome do rótulo for `Rótulo1`, insira o texto correspondente na célula A1; se o nome do rótulo for `Rótulo51`, insira o texto na célula A51.

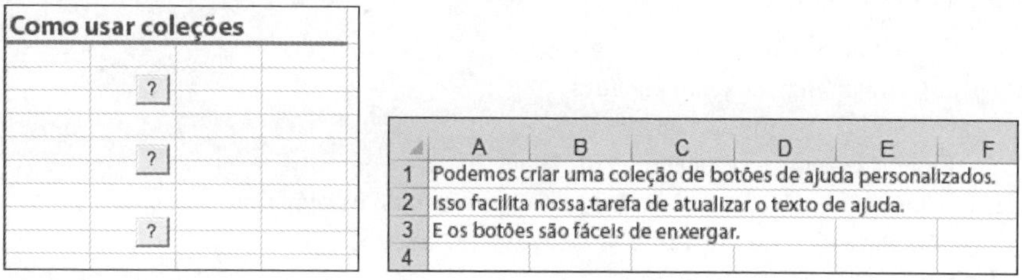

FIGURA 9-8 Podemos inserir botões de ajuda na planilha e digitar o texto de ajuda em outra planilha, a qual pode ser oculta mais tarde.

Crie um userform simples com um rótulo e um botão Fechar. (Veja o Capítulo 10, "Userforms: Uma introdução", para mais informações sobre os userforms.) Renomeie o formulário como `FormAjuda`, o botão como `FecharAjuda` e o rótulo `TextoAjuda`. Certifique-se de que o tamanho do rótulo seja grande o suficiente para armazenar o texto de ajuda. Adicione a seguinte macro — `FecharAjuda_Click` — atrás do formulário para ocultá-lo quando clicarem no botão:

```
Private Sub FecharAjuda_Click()
Unload Me
End Sub
```

Nesse ponto, podemos programar cada botão separadamente. Se tivermos muitos botões, essa tarefa poderá ser tediosa. E, se algum dia precisarmos adicionar mais botões, também teremos que atualizar o código. Ou poderíamos criar um módulo de classe e uma coleção que incluirá automaticamente todos os botões de ajuda da planilha, agora e no futuro.

Insira um módulo de classe chamado `cRótulo`. Vamos precisar de uma variável pública, `RótuloAjuda`, para capturar os eventos de controle:

```
Public WithEvents RótuloAjuda As MSForms.Label
```

Além disso, vamos precisar de um método para encontrar e exibir o texto de ajuda correspondente. O código a seguir extrai o número no final do nome do rótulo e o usa para encontrar a linha correspondente na planilha com o texto de ajuda:

```
Private Sub RótuloAjuda_Click()
Dim NúmeroLinha As Long

NúmeroLinha = Right(RótuloAjuda.Name, Len(RótuloAjuda.Name) - 5)
If RótuloAjuda.Caption = "?" Then
   FormAjuda.Caption = "Rótulo na célula " & "A" & NúmeroLinha
   FormAjuda.TextoAjuda.Caption = Worksheets("Texto de Ajuda").Cells(NúmeroLinha, 1)
   FormAjuda.Show
End If
End Sub
```

No módulo `Esta Pasta_de_trabalho`, declare uma coleção global no início do módulo. Depois, crie um procedimento `Workbook_Open` para criar uma coleção de rótulos na pasta de trabalho:

```
Dim colRótulos As Collection

Sub Workbook_Open()
Dim pln As Worksheet
Dim clsRót As cRótulo
Dim OleObj As OLEObject

Set colRótulos = New Collection
For Each pln In ThisWorkbook.Worksheets
     For Each OleObj In pln.OLEObjects
       If OleObj.OLEType = xlOLEControl Then
'se tiver outros controles na planilha, inclua apenas os rótulos
         If TypeName(OleObj.Object) = "Rótulo" Then
           Set clsRót = New cRótulo
           Set clsRót.RótuloAjuda = OleObj.Object
           colRótulos.Add clsRót
         End If
       End If
     Next OleObj
Next pln
End Sub
```

Execute `Workbook_Open` para criar a coleção. Clique em um rótulo da planilha. O texto de ajuda correspondente aparecerá no formulário de ajuda, tal como ilustrado na Figura 9-9.

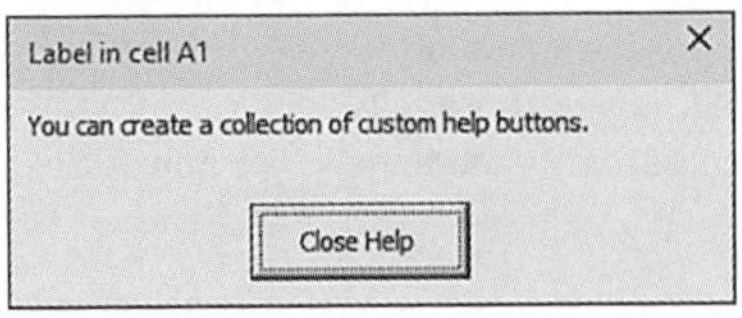

FIGURA 9-9 O texto de ajuda está a somente um clique de distância.

Usando tipos definidos pelo usuário para criar propriedades personalizadas

Tipos definidos pelo usuário (UDTs) fornecem parte do poder de um objeto personalizado, mas sem a necessidade de um módulo de classe. Um módulo de classe nos permite criar propriedades e métodos personalizados, ao passo que um UDT nos permite criar apenas propriedades personalizadas. No entanto, às vezes, isso é exatamente do que precisamos.

Um UDT é declarado com uma instrução `Type... End Type`. Ele pode ser público ou privado. Um nome que é tratado como um objeto é dado ao UDT. Dentro de `Type`, variáveis individuais que são declaradas se tornam as propriedades do UDT.

Dentro de um procedimento, uma variável do tipo personalizado é definida. Quando essa variável é utilizada, as propriedades se tornam disponíveis, assim como no caso de um objeto personalizado (veja a Figura 9-10).

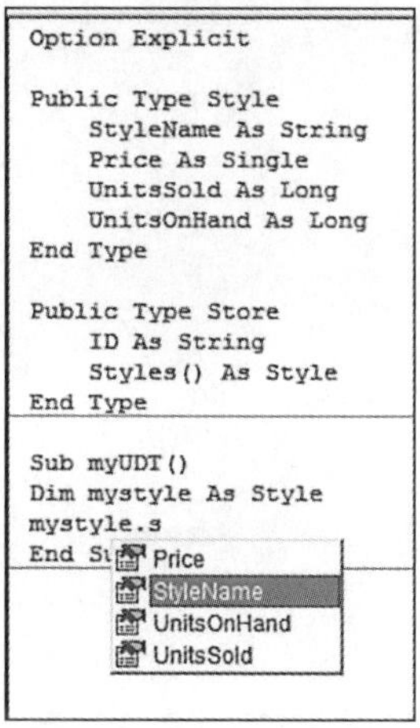

FIGURA 9-10 As propriedades de um UDT estão disponíveis, visto que elas estão em um objeto personalizado.

O exemplo a seguir usa dois UDTs para resumir um relatório de estilos de produtos em várias lojas. O primeiro UDT consiste em propriedades de cada estilo de produto:

```
Public Type Estilo
     NomeEstilo As String
     Preço As Single
     UnidadesVendidas As Long
     UnidadesEmMãos As Long
End Type
```

O segundo UDT consiste no nome da loja e em uma matriz cujo tipo é o primeiro UDT:

```
Public Type Loja
    ID As String
    Estilos() As Estilo
End Type
```

Uma vez que os UDTs são estabelecidos, o programa principal é escrito. Apenas uma variável do segundo tipo do UDT, `Loja`, é necessária, porque esse tipo contém o primeiro tipo, `Estilo` (veja a Figura 9-11). No entanto, todas as propriedades dos UDTs podem ser acessadas com facilidade. Além disso, com o uso do UDT, as diversas variáveis são fáceis de lembrar — elas estão apenas a um ponto (.) de distância. Este é o programa principal:

```
Sub UDTPrincipal()
Dim EstaLoja As Long, EsteEstilo As Long
Dim LinhaAtual As Long, i As Long
Dim ValorTotalVendido As Double, ValorTotalEmMãos As Double
Dim TotalUnidadesVendidas As Long, TotalUnidadesEmMãos As Long
Dim IDLoja As String
Dim tblLojas As ListObject
Dim matLojas 'para armazenar os dados da tabela
ReDim Lojas(0 To 0) As Loja 'O UDT é declarado como a matriz externa

Set tblLojas = Worksheets("Dados de Vendas").ListObjects("tblLojas")
'garante que os dados são armazenados por nome
With tblLojas
      .Sort.SortFields.Add .ListColumns(1).DataBodyRange, _
         xlSortOnValues, xlAscending
      .Sort.Apply
      .Sort.SortFields.Clear
End With
'insere os dados em uma matriz para que o processamento seja mais rápido
matLojas = tblLojas.DataBodyRange

'O loop For a seguir preenche ambas as matrizes.
'A matriz externa é preenchida com o
'nome da loja e a matriz interna é composta de detalhes dos produtos.
'Para realizar isso, o nome da loja é rastreado e, quando ele é alterado,
'a matriz externa é expandida.
'A matriz interna para cada matriz externa é expandida a cada novo produto
For i = LBound(matLojas) To UBound(matLojas)
    IDLoja = matLojas(i, 1)
    'Verifica se essa é a primeira entrada da matriz externa
    If LBound(Lojas) = 0 Then
        EstaLoja = 1
        ReDim Lojas(1 To 1) As Loja
        Lojas(1).ID = IDLoja
        ReDim Lojas(1).Estilos(0 To 0) As Estilo
    Else
        'se não for a primeira entrada, verifica se a loja já foi adicionada
        For EstaLoja = LBound(Lojas) To UBound(Lojas)
            'a loja já foi adicionada; não é necessário adicioná-la de novo
            If Lojas(EstaLoja).ID = IDLoja Then Exit For
        Next EstaLoja
        'a loja não foi adicionada, então ela será adicionada agora
        If EstaLoja > UBound(Lojas) Then
            ReDim Preserve Lojas(LBound(Lojas) To_
```

```
                UBound(Lojas) + 1) As Loja
            Lojas(EstaLoja).ID = IDLoja
            ReDim Lojas(EstaLoja).Estilos(0 To 0) As Estilo
        End If
    End If
    'agora adiciona os detalhes da loja
    With Lojas(EstaLoja)
        'verifica se o estilo já existe na matriz interna
        If LBound(.Estilos) = 0 Then
            ReDim .Estilos(1 To 1) As Estilo
        Else
            ReDim Preserve .Estilos(LBound(.Estilos) To _
                    UBound(.Estilos) + 1) As Estilo
        End If
        'adiciona o restante dos detalhes do Estilo
        With .Estilos(UBound(.Estilos))
            .NomeEstilo = matLojas(i, 2)
            .Preço = matLojas(i, 3)
            .UnidadesVendidas = matLojas(i, 4)
            .UnidadesEmMãos = matLojas(i, 5)
        End With
    End With
Next i

'Cria um relatório sobre a nova planilha
Sheets.Add
Range("A1").Resize(, 5).Value = Array("ID da Loja", "Unidades Vendidas", _
       "Valor Vendido", "Unidades Em Mãos", "Valor Em Mãos")
LinhaAtual = 2

'faz um loop pela matriz externa
For EstaLoja = LBound(Lojas) To UBound(Lojas)
   With Lojas(EstaLoja)
      ValorTotalVendido = 0
      TotalUnidadesVendidas = 0
      ValorTotalEmMãos = 0
      TotalUnidadesEmMãos = 0
      'Passa pela matriz interna de estilos de produtos na matriz
      'de lojas para resumir informações
      For EsteEstilo = LBound(.Estilos) To UBound(.Estilos)
        With .Estilos(EsteEstilo)
            ValorTotalVendido = ValorTotalVendido + .UnidadesVendidas *.Preço
            TotalUnidadesVendidas = TotalUnidadesVendidas + .UnidadesVendidas
            ValorTotalEmMãos = ValorTotalEmMãos + .UnidadesEmMãos * _
               .Preço
               TotalUnidadesEmMãos = TotalUnidadesEmMãos + .UnidadesEmMãos
         End With
```

```
        Next EsteEstilo
        Range("A" & LinhaAtual).Resize(, 5).Value = _
            Array(.ID, TotalUnidadesVendidas, ValorTotalVendido, _
            TotalUnidadesEmMãos, ValorTotalEmMãos)
    End With
    LinhaAtual = LinhaAtual + 1
Next EstaLoja
Set tblLojas = Nothing
End Sub
```

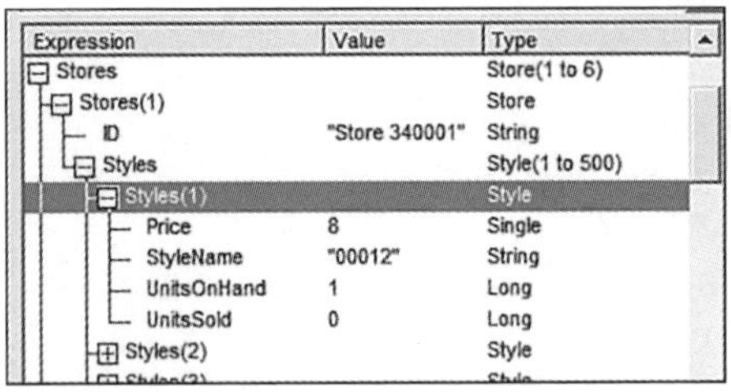

FIGURA 9-11 A variável `Lojas` é do tipo `Loja`, a qual inclui a matriz de variáveis `Estilos`. Isso nos permite organizar vários dados com duas variáveis.

Próximos passos

O Capítulo 10 nos apresenta as ferramentas que podemos usar para interagir com usuários. Vamos aprender como solicitar informações das pessoas para usá-las no nosso código, alertá-las sobre ações ilegais e lhes fornecer uma interface de trabalho além da planilha.

CAPÍTULO 10

Userforms: uma introdução

Neste capítulo, você vai:

- Usar uma caixa de entrada para requisitar uma entrada do usuário.
- Usar uma caixa de mensagem para exibir informações.
- Aprender a criar um userform.
- Adicionar controles ao userform.
- Verificar se um campo obrigatório possui uma entrada.
- Impedir que um usuário feche um formulário.
- Requisitar que o usuário selecione um arquivo.

Os userforms nos possibilitam exibir informações e permitem que o usuário insira informações. Usar os controles `InputBox` e `MsgBox` são maneiras simples de fazer isso. Podemos usar os controles de userform no VB Editor para criar formulários mais complexos.

Este capítulo aborda as interfaces simples de usuário usando caixas de entrada e caixas de mensagem, e os fundamentos da criação de userforms no VB Editor.

> **Nota** Para aprender mais sobre programação avançada de userforms, veja o Capítulo 22, "Técnicas avançadas para userforms".

Caixas de entrada

A função `InputBox` é usada para criar um elemento básico de interface que requisita uma entrada por parte do usuário antes que o programa possa continuar. Podemos configurar a mensagem, o título da janela, um valor-padrão, a posição da janela e os arquivos de ajuda do usuário. Os únicos dois botões fornecidos são os de OK e Cancelar. O valor retornado será uma sequência de caracteres.

O seguinte código pede ao usuário o número de meses dos quais será tirada uma média. A Figura 10-1 apresenta a caixa de entrada resultante.

```
MédMeses = InputBox(Prompt:="Insira o número " & " de meses para tirar a média", _
    Title:="Insira os Meses", Default:="3")
```

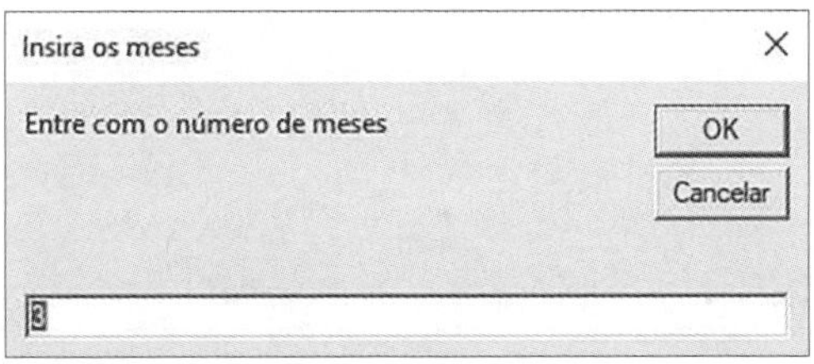

FIGURA 10-1 Uma caixa de entrada pode ser simples, mas ainda assim eficaz.

Dica Se precisar forçar a entrada de um tipo de variável diferente de uma sequência de caracteres, use `Application.InputBox`. Esse método nos permite especificar o tipo de dado de retorno, incluindo uma fórmula, um número ou uma referência de célula.

Caixas de mensagem

A função `MsgBox` cria uma caixa de mensagem que exibe informações e espera até que o usuário clique em um botão antes de continuar. Ao passo que `InputBox` possui apenas os botões de OK e Cancelar, a função `MsgBox` nos permite escolher entre diversas configurações de botões, incluindo Sim, Não, OK e Cancelar. Também podemos configurar a mensagem, o título da janela e os arquivos de ajuda. O código abaixo gera uma mensagem para descobrir se o usuário deseja continuar. Usamos uma instrução `Select Case` para fazer com que o programa prossiga com a ação apropriada:

```
meuTítulo = "Relatório Concluído"
minhaMsg = "Deseja salvar as alterações e fechar?"
Resposta = MsgBox(minhaMsg, vbExclamation + SimNãoCancelar, meuTítulo)
Select Case Resposta
     Case Is = vbSim
        ActiveWorkbook.Close SaveChanges:=True
     Case Is = vbNão
        ActiveWorkbook.Close SaveChanges:=False
     Case Is = vbCancelar
        Exit Sub
End Select
```

A Figura 10-2 apresenta a caixa de mensagem personalizada resultante.

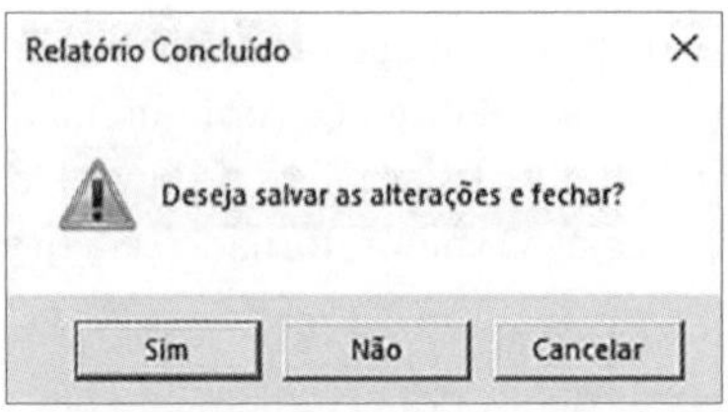

FIGURA 10-2 A função `MsgBox` é usada para exibir informações e obter uma resposta básica do usuário.

Dica Podemos combinar uma opção ícone e uma opção botões no argumento `buttons` separando-as com o símbolo mais (+). No exemplo anterior, `vbExclamation + vbYesNoCancel` instruiu o Excel a exibir o símbolo de exclamação e os botões Sim, Não e Cancelar.

Criando um userform

Os userforms combinam as capacidades de `InputBox` e de `MsgBox` para criar uma maneira mais eficiente de interagir com o usuário. Por exemplo, em vez de obrigar o usuário a preencher uma planilha com suas informações pessoais, podemos criar um userform que requisita os dados necessários ao usuário (veja a Figura 10-3).

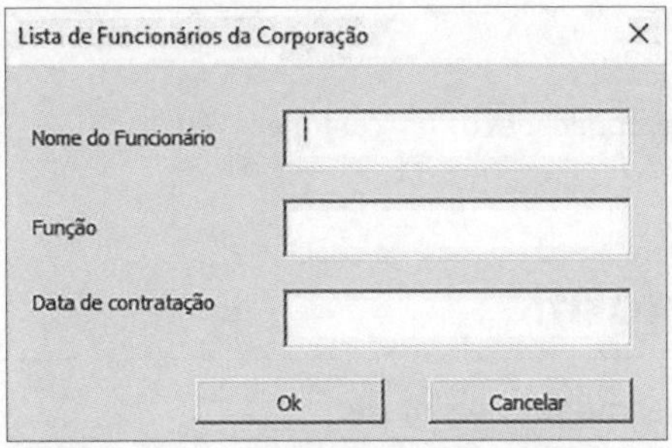

FIGURA 10-3 Crie um userform personalizado para obter mais informações do usuário.

Insira um userform no VB Editor selecionando Inserir, UserForm por meio do menu principal. Quando um módulo UserForm é adicionado ao Project Explorer, um formulário em branco aparece na janela em que nosso código geralmente fica, e a caixa de ferramentas Controles aparece.

Para trocar o codinome do userform, selecione o formulário e altere a propriedade (`Name`). O codinome do código de um userform é usado para se referir ao formulário, tal como ilustrado nas seções a seguir. Podemos redimensionar o userform agarrando e arrastando as alças do seu lado direito, nas bordas inferiores ou no canto inferior direito. Para adicionar controles ao formulário, clique no controle desejado da caixa de ferramentas e arraste-o para o formulário. Podemos mover e redimensionar os controles a qualquer momento.

> **Nota** Por padrão, a caixa de ferramentas exibe os controles mais comuns. Para acessar mais controles, clique com o botão direito na caixa de ferramentas e selecione Controles Adicionais. Tenha cuidado, porém, outros usuários poderão não ter os mesmos controles adicionais que você. Se enviarmos um formulário a um usuário que não tem um controle instalado, o programa vai gerar um erro.

Depois de adicionar um controle ao formulário, podemos alterar suas propriedades a partir da janela Propriedades. (Ou, se não quisermos definir essas propriedades manualmente agora, poderemos fazer isso mais tarde por meio da programação.) Se a janela Propriedades não estiver visível, podemos fazê-la aparecer selecionando Exibir, janela Propriedades. A Figura 10-4 apresenta a janela Propriedades para uma caixa de texto.

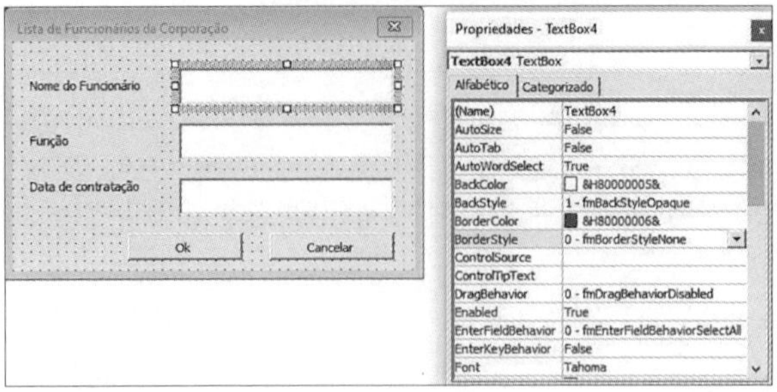

FIGURA 10-4 Use a janela Propriedades para alterar as propriedades de um controle.

Chamando e ocultando um userform

Um userform pode ser chamado a partir de qualquer módulo. A sintaxe `NomeDoFormulario.Show` apresenta um formulário para o usuário:

```
frm_AdicFunc.Show
```

O método `Load` também pode ser usado para chamar um userform e inseri-lo na memória. Isso permite que o formulário seja carregado, mas permaneça oculto:

```
Load frm_AdicFunc
```

Para ocultar um userform, use o método `Hide`. Quando fazemos isso, o formulário ainda permanece ativo, mas fica oculto do usuário. Entretanto, os controles do formulário ainda podem ser acessados por meio de programação:

```
frm_AdicFunc.Hide
```

O método `Unload` descarrega o formulário da memória e o remove da visão do usuário, o que significa que o formulário não pode ser acessado pelo usuário ou por programação:

```
Unload Me
```

Dica `Me` é uma palavra-chave que pode ser usada para se referir ao userform. Ela pode ser usada no código de qualquer controle para se referir a ele mesmo.

Programando userforms

O código de um controle é inserido no módulo do formulário. Ao contrário de outros módulos, um duplo clique no módulo do formulário o abrirá no modo de exibição de Criação. Para visualizar o código, podemos clicar com o botão direito no módulo ou no userform, no modo de exibição de Criação, e selecionar Exibir Código.

Eventos de userform

Assim como uma planilha, um userform possui eventos que podem ser acionados por ações. Depois de o userform ser adicionado ao projeto, os eventos vão se tornar disponíveis no menu suspenso Propriedades, no canto superior direito da janela de código (veja a Figura 10-5); para acessá-los, selecione UserForm no menu suspenso Objeto, na esquerda.

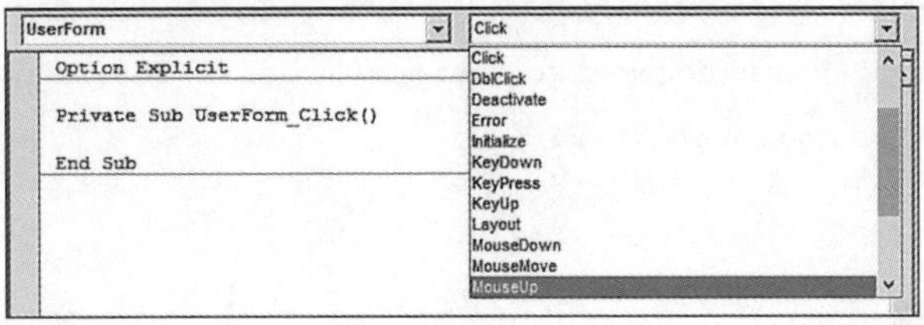

FIGURA 10-5 Podemos selecionar diversos eventos para um userform a partir do menu suspenso, acima da janela de código.

Os eventos disponíveis para userforms são descritos na Tabela 10-1.

TABELA 10-1 Eventos de userforms.

Evento	Descrição
`Activate`	Ocorre quando um userform é carregado ou exibido. Esse evento é acionado depois do evento `Initialize`.
`AddControl`	Ocorre quando um controle é adicionado a um userform em tempo de execução. Ele não é executado em tempo de design ou na inicialização do userform.
`BeforeDragOver`	Ocorre quando o usuário arrasta e solta no userform.
`BeforeDropOrPaste`	Ocorre quando o usuário está prestes a soltar ou colar dados no userform.
`Click`	Ocorre quando o usuário clica no userform com o mouse.
`DblClick`	Ocorre quando o usuário clica duas vezes no userform com o mouse. Se um evento de clique também estiver em uso, o evento de duplo clique não vai funcionar.
`Deactivate`	Ocorre quando um userform é desativado.
`Error`	Ocorre quando o userform encontra um erro e não consegue retornar a informação do erro.
`Initialize`	Ocorre quando o userform é carregado pela primeira vez, antes do evento `Activate`.
`KeyDown`	Ocorre quando o usuário pressiona uma tecla no teclado.
`KeyPress`	Ocorre quando o usuário pressiona uma tecla ANSI. Uma tecla ANSI é um caractere digitável, como a letra A. Um exemplo de um caractere não digitável é a tecla Tab.
`KeyUp`	Ocorre quando o usuário deixa de pressionar uma tecla no teclado.
`Layout`	Ocorre quando o controle muda de tamanho.
`MouseDown`	Ocorre quando o usuário pressiona o botão do mouse dentro dos limites do userform.
`MouseMove`	Ocorre quando o usuário move o mouse dentro dos limites do userform.
`MouseUp`	Ocorre quando o usuário deixa de pressionar o botão do mouse dentro dos limites do userform.

(Continua)

Evento	Descrição
`QueryClose`	Ocorre antes de o userform fechar. Isso nos permite reconhecer o método usado para fechar um formulário e fazer o código para responder concordemente.
`RemoveControl`	Ocorre quando um controle é excluído de dentro do userform.
`Resize`	Ocorre quando o userform é redimensionado.
`Scroll`	Ocorre quando uma caixa de barra de rolagem visível é reposicionada.
`Terminate`	Ocorre quando o userform foi descarregado. Ele é acionado depois de `QueryClose`.
`Zoom`	Ocorre quando o valor do zoom é alterado.

Programando controles

Para programar um controle, destaque-o e selecione Exibir, Código. O rodapé, o cabeçalho e a ação-padrão do controle serão inseridos no campo de programação automaticamente. Para visualizar as outras ações que estão disponíveis para um controle, selecione o controle no menu suspenso Objeto e visualize as ações no menu suspenso Propriedades, tal como ilustrado na Figura 10-6.

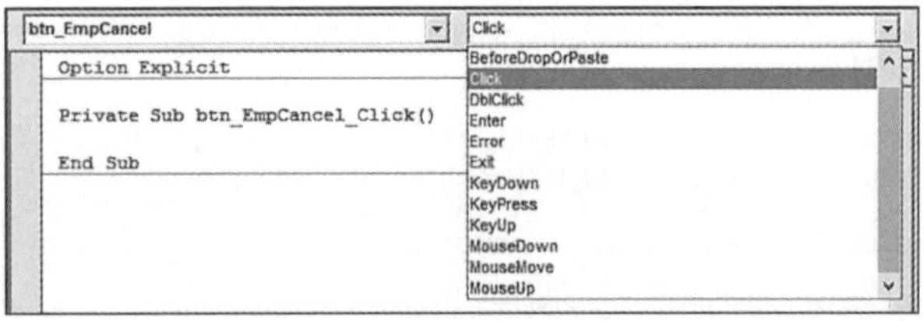

FIGURA 10-6 Podemos selecionar várias ações para um controle por meio dos menus suspensos do VB Editor.

Os controles são objetos, como `ActiveWorkbook`. Eles têm propriedades e métodos que dependem do tipo de controle. A maioria da programação dos controles é feita no módulo do formulário. Entretanto, se algum outro módulo precisar se referir ao controle, o pai, que é o formulário, precisará ser incluído com o objeto. Veja abaixo um exemplo de um evento de botão que fecha o formulário:

```
Private Sub bot_FuncCancelar_Click()
Unload Me
End Sub
```

O código acima pode ser dividido nestas três seções:

- `btn_FuncCancelar` — O nome dado ao controle.
- `Click` — A ação do controle.
- `Unload Me` — O código por trás do controle, que, nesse caso, está descarregando o formulário.

Dica Mude a propriedade (`Name`) da janela Propriedades do controle para lhe dar um nome diferente do padrão atribuído pelo editor.

Estudo de caso: conserto de bug ao adicionar controles a um formulário existente

Se já estivermos usando um userform há algum tempo e, mais tarde, tentarmos adicionar um novo controle, talvez vejamos o Excel exibindo sinais de confusão em relação a esse controle. Veremos que o controle foi adicionado ao formulário, mas, ao clicarmos com o botão direito no controle e selecionarmos Exibir Código, o módulo do código parecerá não reconhecer que o controle existe. O nome do controle não estará disponível no menu suspenso esquerdo acima do módulo de código.

Para contornar essa situação, siga estes passos:

1. Inclua todos os controles que precisam ser adicionados ao formulário existente.
2. No Project Explorer, clique com o botão direito no userform e selecione Exportar Arquivo. Selecione Salvar para salvar o arquivo no local-padrão.
3. No Project Explorer, clique com o botão direito no userform e selecione Remover. Como acabamos de exportar o userform, clique em Não para a pergunta sobre a exportação.
4. Clique com o botão direito em qualquer lugar do Project Explorer e selecione Importar Arquivo. Selecione o nome de arquivo salvo no passo 2.

Agora, os novos controles estarão disponíveis na janela de código do userform.

Usando controles básicos de formulário

Cada controle possui diferentes eventos associados a ele, de modo que podemos programar o que acontece com base nas ações do usuário. Uma tabela que revisa os eventos de controle estará disponível no fim de cada uma das seções abaixo.

Um controle de rótulo é usado para exibir texto com informações ao usuário.

Um controle de caixa de texto é usado para obter uma entrada manual do usuário.

Um controle de botão de comando é usado para criar um botão que o usuário possa pressionar para que o programa execute uma ação.

Usando rótulos, caixas de texto e botões de comando

O formulário básico exibido na Figura 10-7 consiste em rótulos, caixas de texto e botões de comando. Usar um desses formulários é uma maneira simples, porém eficaz, de requisitar informações do usuário. Uma vez que as caixas de texto são preenchidas, o usuário clica em OK, e o nosso código reformatará os dados, se necessário, e, então, inserirá a informação na planilha (veja a Figura 10-8), tal como exemplificado no código a seguir:

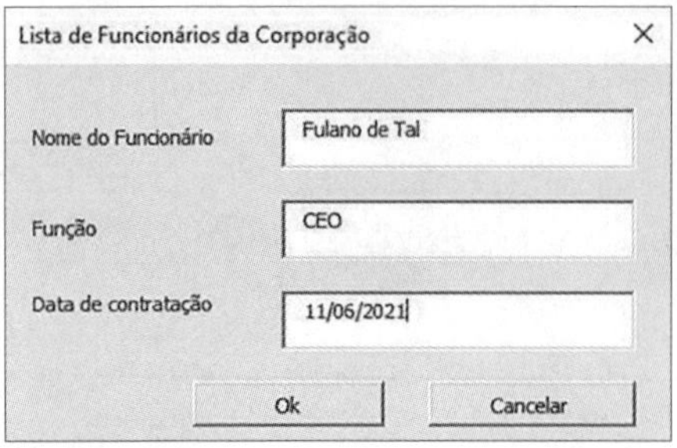

FIGURA 10-7 Podemos usar um formulário simples como este para coletar informações do usuário.

Name	Position	Hire Date
Tracy Syrstad	Developer	20-Jul-03
Cort Chilldon_Hoff	CEO	6-Aug-03

FIGURA 10-8 A informação do formulário é inserida na planilha.

```
Private Sub bot_FuncOK_Click()
Dim ÚltimaLinha As Long
Dim tblFuncionários As ListObject

Set tblFuncionários = Worksheets("Funcionários").ListObjects("tblFuncionários")
With tblFuncionários
    .ListRows.Add 'adiciona uma nova linha
    With .DataBodyRange
        ÚltimaLinha = .Rows.Count 'pega a nova linha
        .Cells(ÚltimaLinha, 1).Value = tb_NomeFunc.Value
        .Cells(ÚltimaLinha, 2).Value = tb_CargoFunc.Value
        .Cells(ÚltimaLinha, 3).Value = tb_DataContratFunc.Value
    End With
End With
Set tblFuncionários = Nothing
End Sub
```

Se alterarmos o código tal como ilustrado no exemplo seguinte, poderemos usar o mesmo design de formulário para extrair informações. O código abaixo extrai o cargo e a data de contratação depois que o nome do funcionário é informado:

```
Private Sub bot_FuncOK_Click()
Dim FuncLocalizado As Range
Dim tblFuncionários As ListObject

Set tblFuncionários = Worksheets("Funcionários").ListObjects("tblFuncionários")
With tblFuncionários.ListColumns("Nome").DataBodyRange
    Set FuncLocalizado = .Find(tb_NomeFunc.Value)
    If FuncLocalizado Is Nothing Then
        Msgbox ("Funcionário não localizado!")
        tb_NomeFunc.Value = ""
    Else
        With .Cells(FuncLocalizado.Row - 1, 1)
```

```
            tb_CargoFunc = .Offset(0, 1)
            tb_DataContrat = .Offset(0, 2)
        End With
    End If
End With
Set FuncLocalizado = Nothing
Set tblFuncionários = Nothing
End Sub
```

FuncLocalizado retorna a localização da correspondência em relação à planilha, não a ListObject. Para retornar a localização correta em relação a DataBodyRange de ListObject, subtraia 1 FuncLocalizado.Row.

Os eventos disponíveis para os controles Rótulo, Caixa de Texto e Botão de Comando são descritos na Tabela 10-2.

TABELA 10-2 Eventos dos controles Rótulo, Caixa de Texto e Botão de Comando.

Evento	Descrição
AfterUpdate[1]	Ocorre depois que os dados do controle são alterados pelo usuário.
BeforeDragOver	Ocorre enquanto o usuário arrasta e solta dados no controle.
BeforeDropOrPaste	Ocorre quando o usuário está prestes a soltar ou colar dados no controle.
BeforeUpdate[1]	Ocorre antes dos dados no controle serem alterados.
Change[1]	Ocorre quando o valor do controle é alterado.
Click[2]	Ocorre quando o usuário clica no controle com o mouse.
DblClick	Ocorre quando o usuário clica duas vezes no controle com o mouse.
DropButtonClick[1]	Ocorre quando o usuário pressiona F4 no teclado. Isso é similar ao controle suspenso da caixa de combinação, mas as caixas de texto não têm o recurso de suspensão.
Enter[3]	Ocorre logo antes de o controle receber o foco vindo de outro controle do mesmo userform.
Error	Ocorre quando o controle encontra um erro e não consegue retornar a informação do erro.
Exit[3]	Ocorre logo depois de o controle perder o foco para outro controle do mesmo userform.
KeyDown[3]	Ocorre quando o usuário pressiona uma tecla no teclado.
KeyPress[3]	Ocorre quando o usuário pressiona uma tecla ANSI, que consiste em um caractere digitável, como a letra A. Um exemplo de um caractere não digitável é a tecla Tab.
KeyUp[3]	Ocorre quando o usuário deixa de pressionar uma tecla no teclado.
MouseDown	Ocorre quando o usuário pressiona o botão do mouse dentro dos limites do controle.
MouseMove	Ocorre quando o usuário move o mouse dentro dos limites do controle.
MouseUp	Ocorre quando o usuário deixa de pressionar o botão do mouse dentro dos limites do controle.

[1] Apenas para o controle Caixa de Texto.

[2] Controles Rótulo e Botão de Comando.

[3] Controles Caixa de Texto e Botão de Comando.

Decidindo quando usar caixas de listagem ou caixas de combinação em formulários

Podemos permitir que os usuários digitem nomes de funcionários para fazer buscas, mas e se eles digitarem algum nome errado? Precisamos de uma maneira de garantir que os nomes sejam digitados corretamente. O que devemos usar para isso: uma caixa de listagem ou uma caixa de combinação? Como explicado a seguir, as duas são similares, mas a caixa de combinação possui um recurso adicional que talvez não seja necessário.

Uma caixa de listagem exibe uma lista de valores a partir da qual o usuário pode fazer uma seleção.

Uma caixa de combinação exibe uma lista de valores a partir da qual o usuário pode fazer uma seleção e permite que o usuário insira um novo valor.

Nesse caso, quando quisermos limitar as opções do usuário, devemos usar uma caixa de listagem para listar os nomes dos empregados, tal como ilustrado na Figura 10-9.

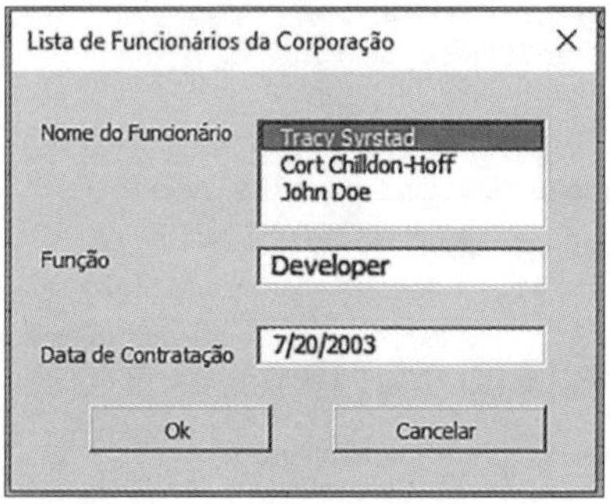

FIGURA 10-9 Podemos usar uma caixa de listagem para controlar as entradas e seleções do usuário.

Utilize o seguinte evento `Initialize` para preencher a caixa de listagem com nomes:

```
Private Sub UserForm_Initialize()
Dim tblFuncionários As ListObject

Set tblFuncionários = Worksheets("Funcionários").ListObjects("tblFuncionários")
Me.rt_NomeFunc.RowSource = tblFuncionários.ListColumns(1).DataBodyRange.Address
Set tblFuncionários = Nothing
End Sub
```

Use o evento `Click` para preencher os campos cargo e data de contratação quando um nome for selecionado:

```
Private Sub rt_NomeFunc_Click()
Dim FuncLocalizado As Range
Dim tblFuncionários As ListObject

Set tblFuncionários = Worksheets("Funcionários").ListObjects("tblFuncionários")
With tblFuncionários.ListColumns("Nome").DataBodyRange
    Set FuncLocalizado = .Find(rt_NomeFunc.Value)
    With .Cells(FuncLocalizado.Row - 1, 1)
```

```
        tb_CargoFunc.Value = .Offset(0, 1)
        tb_DataContrat.Value = .Offset(0, 2)
    End With
End With

Set FuncLocalizado = Nothing
Set tblFuncionários = Nothing
End Sub
```

Usando a propriedade `MultiSelect` de uma caixa de listagem

As caixas de listagem têm uma propriedade chamada `MultiSelect`, que permite que o usuário selecione múltiplos itens dentre as opções da caixa de listagem (veja a Figura 10-10):

- `fmMultiSelectSingle` — A configuração-padrão permite apenas a seleção de um único item por vez.
- `fmMultiSelectMulti` — Permite que um item seja desmarcado ao clicar nele novamente; múltiplos itens também podem ser selecionados.
- `fmMultiSelectExtended` — Permite que as teclas Ctrl e Shift sejam usadas para selecionar múltiplos itens.

Se múltiplos itens forem selecionados, a propriedade `Value` não poderá ser usada para extrair os itens. Em vez disso, verifique se o item foi selecionado e, então, o manipule conforme a necessidade usando o seguinte código:

```
Private Sub bot_FuncOK_Click()
Dim ÚltimaLinha As Integer, i As Integer
Dim tblFuncionários As ListObject

Set tblFuncionários = Worksheets("Funcionários").ListObjects("tblFuncionários")
With tblFuncionários
    .ListRows.Add 'adiciona uma nova linha
    With .DataBodyRange
        ÚltimaLinha = .Rows.Count 'pega a nova linha
        .Cells(ÚltimaLinha, 1).Value = tb_NomeFunc.Value
        For i = 0 To rt_CargoFunc.ListCount - 1
            'se o item for selecionado, ele é adicionado à planilha
            If rt_CargoFunc.Selected(i) = True Then
                .Cells(ÚltimaLinha, 2).Value = .Cells(ÚltimaLinha, 2).Value & _
                    rt_CargoFunc.List(i) & ","
            End If
        Next i
        .Cells(ÚltimaLinha, 3).Value = tb_DataContrat.Value
        'remove o excesso de vírgulas
        .Cells(ÚltimaLinha, 2).Value = Left(.Cells(ÚltimaLinha, 2).Value, _
            Len(.Cells(ÚltimaLinha, 2).Value) - 1)
    End With
End With
Set tblFuncionários = Nothing
End Sub
```

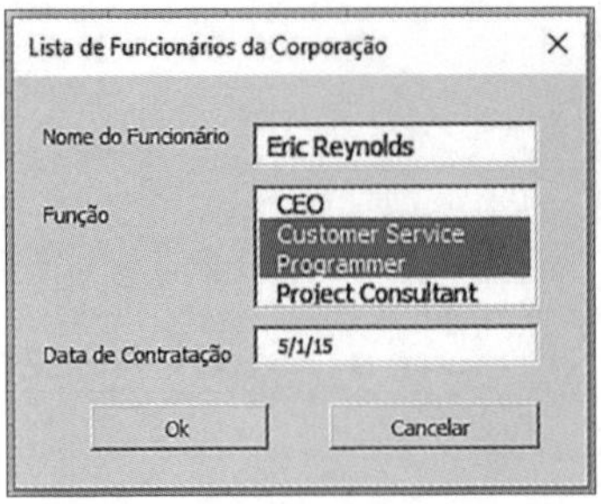

FIGURA 10-10 A propriedade `MultiSelect` permite que o usuário selecione múltiplos itens a partir de uma caixa de listagem.

Os itens em uma caixa de listagem começam a contagem do zero. Por essa razão, se usarmos a propriedade `ListCount`, vamos precisar subtrair 1 do resultado:

```
For i = 0 To rt_CargoFunc.ListCount - 1
```

Os eventos disponíveis para os controles `Caixa de Listagem` e `Caixa de Combinação` são descritos na Tabela 10-3.

TABLA 10-3 Eventos dos controles `Caixa de Listagem` e `Caixa de Combinação`.

Evento	Descrição
`AfterUpdate`	Ocorre depois que os dados do controle são alterados pelo usuário.
`BeforeDragOver`	Ocorre enquanto o usuário arrasta e solta dados no controle.
`BeforeDropOrPaste`	Ocorre quando o usuário está prestes a soltar ou colar dados no controle.
`BeforeUpdate`	Ocorre antes dos dados no controle serem alterados.
`Change`	Ocorre quando o valor do controle é alterado.
`Click`	Ocorre quando o usuário seleciona um valor da caixa de listagem ou da caixa de combinação.
`DblClick`	Ocorre quando o usuário clica duas vezes no controle com o mouse.
`DropButtonClick`[1]	Ocorre quando o menu suspenso aparece depois de o usuário clicar na seta suspensa da caixa de combinação ou pressionar F4 no teclado.
`Enter`	Ocorre logo antes de o controle receber o foco vindo de outro controle do mesmo userform.
`Error`	Ocorre quando o controle encontra um erro e não consegue retornar a informação do erro.
`Exit`	Ocorre logo depois de o controle perder o foco para outro controle do mesmo userform.
`KeyDown`	Ocorre quando o usuário pressiona uma tecla no teclado.
`KeyPress`	Ocorre quando o usuário pressiona uma tecla ANSI,que consiste em um caractere digitável, como a letra A. Um exemplo de caractere não digitável é a tecla Tab.
`KeyUp`	Ocorre quando o usuário deixa de pressionar uma tecla no teclado.
`MouseDown`	Ocorre quando o usuário pressiona o botão do mouse dentro dos limites do controle.

Evento	Descrição
`MouseMove`	Ocorre quando o usuário move o mouse dentro dos limites do controle.
`MouseUp`	Ocorre quando o usuário deixa de pressionar o botão do mouse dentro dos limites do controle.

[1] Apenas para o controle `Caixa de Combinação`.

Adicionando botões de opção a um userform

Os botões de opção são similares às caixas de seleção no sentido de que eles podem ser usados para fazer seleções. Contudo, ao contrário das caixas de seleção, os botões de opção podem ser configurados para permitir a seleção de apenas um valor dentro de um grupo.

Usando a ferramenta Quadro, desenhe um quadro para separar o próximo conjunto de controles dos outros controles no userform. O quadro é usado para agrupar botões de opção, tal como ilustrado na Figura 10-11.

FIGURA 10-11 Podemos usar um quadro para agrupar botões de opção.

Os botões de opção têm uma propriedade chamada `GroupName`. Se atribuirmos o mesmo nome de grupo — Prédios, por exemplo — a um conjunto de botões de opção, nós os obrigamos a agir de modo coletivo, como um interruptor, de maneira que apenas um botão do conjunto poderá ser selecionado. Selecionar um botão de opção desmarcará automaticamente os outros botões do mesmo grupo ou quadro. Para evitar esse comportamento, deixe a propriedade `GroupName` em branco ou insira um nome único para cada botão de opção.

> **Nota** No caso de usuários que preferem selecionar o rótulo do botão de opção em vez do botão em si, crie um rótulo em separado e escreva o seguinte código ao rótulo para ativar o botão de opção:

```
Private Sub Rót_Préd1_Click()
BotO_Préd1.Value = True
End Sub
```

Os eventos disponíveis para os controles `Botão de Opção` e `Quadro` são descritos na Tabela 10-4.

TABELA 10-4 Eventos dos controles `Botão de Opção` e `Quadro`

Evento	Descrição
`AfterUpdate`[1]	Ocorre depois que os dados do controle são alterados pelo usuário.
AddControl[2]	Ocorre quando um controle é adicionado ao quadro em um formulário em tempo de execução. Ele não é executado em tempo de design ou na inicialização do userform.
`BeforeDragOver`	Ocorre quando o usuário arrasta e solta no controle.
`BeforeDropOrPaste`	Ocorre quando o usuário está prestes a soltar ou colar dados no controle.
`BeforeUpdate`[1]	Ocorre antes dos dados no controle serem alterados.
Change[1]	Ocorre quando o valor do controle é alterado.
`Click`	Ocorre quando o usuário clica no controle com o mouse.
`DblClick`	Ocorre quando o usuário clica duas vezes no controle com o mouse.
`Enter`	Ocorre logo antes de o controle receber o foco vindo de outro controle do mesmo userform.
`Error`	Ocorre quando o controle encontra um erro e não consegue retornar a informação do erro.
`Exit`	Ocorre logo depois de o controle perder o foco para outro controle do mesmo userform.
`KeyDown`	Ocorre quando o usuário pressiona uma tecla no teclado.
`KeyPress`	Ocorre quando o usuário pressiona uma tecla ANSI, que consiste em um caractere digitável, como a letra A. Um exemplo de caractere não digitável é a tecla Tab.
`KeyUp`	Ocorre quando o usuário deixa de pressionar uma tecla no teclado.
`Layout`[2]	Ocorre quando o quadro muda de tamanho.
`MouseDown`	Ocorre quando o usuário pressiona o botão do mouse dentro dos limites do controle.
`MouseMove`	Ocorre quando o usuário move o mouse dentro dos limites do controle.
`MouseUp`	Ocorre quando o usuário deixa de pressionar o botão do mouse dentro dos limites do controle.
`RemoveControl`[2]	Ocorre quando um controle é excluído de dentro do controle de quadro.
`Scroll`[2]	Ocorre quando a caixa de barra de rolagem, se visível, é reposicionada.
Zoom[2]	Ocorre quando o valor do zoom é alterado.

[1] Apenas para o controle `Botão de Opção`.
[2] Apenas para o controle `Quadro`.

Incluindo imagens em um userform

Uma lista de um formulário pode ser ainda mais útil se uma imagem correspondente for incluída no formulário. O código abaixo exibe a fotografia correspondente do empregado selecionado a partir da caixa de listagem:

```
Private Sub rt_NomeFunc_Change()
Dim FuncLocalizado As Range
Dim tblFuncionários As ListObject
```

```
Set tblFuncionários = Worksheets("Funcionários").ListObjects("tblFuncionários")
With tblFuncionários
    Set FuncLocalizado = .ListColumns("Nome"). _
        DataBodyRange.Find(rt_NomeFunc.Value)
    If FuncLocalizado Is Nothing Then
        MsgBox ("Funcionário não localizado!")
        rt_NomeFunc.Value = ""
        Exit Sub
    Else
        With .DataBodyRange.Cells(FuncLocalizado.Row - 1, _
            .ListColumns("Nome").Index)
            tb_CargoFunc = .Offset(0, 1)
            tb_DataContrat = .Offset(0, 2)
            On Error Resume Next
            Img_Funcionário.Picture = LoadPicture _
            (ThisWorkbook.Path & "\" & FuncLocalizado.Value & ".jpg")
            On Error GoTo 0
        End With
    End If
End With
Set FuncLocalizado = Nothing
Set tblFuncionários = Nothing
End Sub
```

Os eventos disponíveis para o controle `Imagem` são descritos na Tabela 10.5.

TABELA 10-5 Eventos do controle `Imagem`.

Evento	Descrição
`BeforeDragOver`	Ocorre enquanto o usuário arrasta e solta dados no controle.
`BeforeDropOrPaste`	Ocorre quando o usuário está prestes a soltar ou colar dados no controle.
`Click`	Ocorre quando o usuário clica na imagem com o mouse.
`DblClick`	Ocorre quando o usuário clica duas vezes na imagem com o mouse.
`Error`	Ocorre quando o controle encontra um erro e não consegue retornar a informação do erro.
`MouseDown`	Ocorre quando o usuário pressiona o botão do mouse dentro dos limites da imagem.
`MouseMove`	Ocorre quando o usuário move o mouse dentro dos limites da imagem.
`MouseUp`	Ocorre quando o usuário deixa de pressionar o botão do mouse dentro dos limites do controle.

Usando um botão de rotação em um userform

No exemplo com o qual estamos trabalhando, o campo Data de Contratação permite que o usuário insira a data em qualquer formato, tal como 1/1/08 ou 1º de janeiro de 2008. Essa possível inconsistência poderia criar problemas mais tarde, caso precisássemos usar ou procurar datas. A solução? Forçar os usuários a inserir datas de uma maneira uniforme.

Os botões de rotação permitem que o usuário aumente/diminua uma série de números. Dessa maneira, o usuário é obrigado a inserir números em vez de texto. Desenhe um botão de rotação para a entrada Mês no formulário. Na janela Propriedades, defina `Min` como 1 para Janeiro e `Max` como 12 para Dezembro. Na propriedade `Value`, insira 1, o primeiro mês. Depois, desenhe uma caixa de texto ao lado do botão de rotação. Essa caixa de texto refletirá o valor do botão de rotação. Além disso, podemos usar rótulos. Insira o código abaixo por trás do controle do botão de rotação do mês:

```
Private Sub BotRot_Mês_Change()
tb_Mês.Value = BotRot_Mês.Value
End Sub
```

Conclua a elaboração do formulário. Use o `Min` de 1 e o `Max` de 31 para Dia, ou um `Min` de 1900 e um `Max` de 2100 para Ano:

```
Private Sub bot_FuncOK_Click()
Dim ÚltimaLinha As Integer, i As Integer
Dim tblFuncionários As ListObject

Set tblFuncionários = Worksheets("Funcionários").ListObjects("tblFuncionários")
If tb_NomeFunc.Value = "" Then
    frm_AdicFunc.Hide
    MsgBox ("Por favor, digite um Nome de Funcionário")
    frm_AdicFunc.Show
    Exit Sub
End If

With tblFuncionários
    .ListRows.Add 'adiciona uma nova linha
    With .DataBodyRange
        ÚltimaLinha = .Rows.Count 'pega a nova linha
        .Cells(ÚltimaLinha, 1).Value = tb_NomeFunc.Value
        For i = 0 To rt_CargoFunc.ListCount - 1
            If rt_CargoFunc.Selected(i) = True Then
                .Cells(ÚltimaLinha, 2).Value = _
                .Cells(ÚltimaLinha, 2).Value & rt_CargoFunc.List(i) & ","
            End If
        Next i
        'Concatena os valores das caixas de texto para criar a data
        .Cells(ÚltimaLinha, 3).Value = tb_Dia.Value & "/" & tb_Mês.Value & _
            "/" & tb_Ano.Value
    End With
End With
End Sub
```

Os eventos disponíveis para o controle `Botão de Rotação` são descritos na Tabela 10.6.

TABELA 10-6 Eventos do controle `Botão de Rotação`.

Evento	Descrição
`AfterUpdate`	Ocorre depois que os dados do controle são alterados pelo usuário.
`BeforeDragOver`	Ocorre enquanto o usuário arrasta e solta dados no controle.
`BeforeDropOrPaste`	Ocorre quando o usuário está prestes a soltar ou colar dados no controle.
`BeforeUpdate`	Ocorre antes dos dados no controle serem alterados.
`Change`	Ocorre quando o valor do controle é alterado.
`Enter`	Ocorre logo antes de o controle receber o foco vindo de outro controle do mesmo userform.
`Error`	Ocorre quando o controle encontra um erro e não consegue retornar a informação do erro.
`Exit`	Ocorre logo depois de o controle perder o foco para outro controle do mesmo userform.
`KeyDown`	Ocorre quando o usuário pressiona uma tecla no teclado.
`KeyPress`	Ocorre quando o usuário pressiona uma tecla ANSI, que consiste em um caractere digitável, como a letra A. Um exemplo de caractere não digitável é a tecla Tab.
`KeyUp`	Ocorre quando o usuário deixa de pressionar uma tecla no teclado.
`SpinDown`	Ocorre quando o usuário clica no botão de rotação para baixo ou para a esquerda, diminuindo o valor.
`SpinUp`	Ocorre quando o usuário clica no botão de rotação para cima ou para a direita, aumentando o valor.

Usando o controle `Multi-Página` para combinar formulários

O controle `Multi-Página` fornece uma ótima maneira de organizar múltiplos formulários. Em vez de ter um formulário para as informações pessoais de empregados e um para as informações de trabalho, podemos combinar as informações em um único formulário multipágina, tal como ilustrado nas Figuras 10-12 e 10-13.

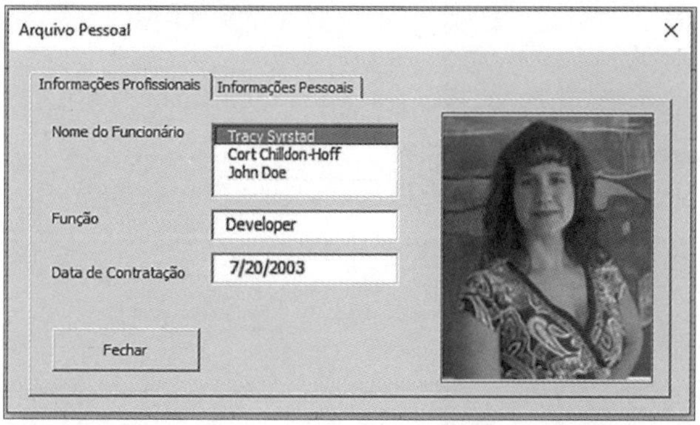

FIGURA 10-12 Use o controle `Multi-Página` para combinar vários formulários. Esta é a primeira página do formulário.

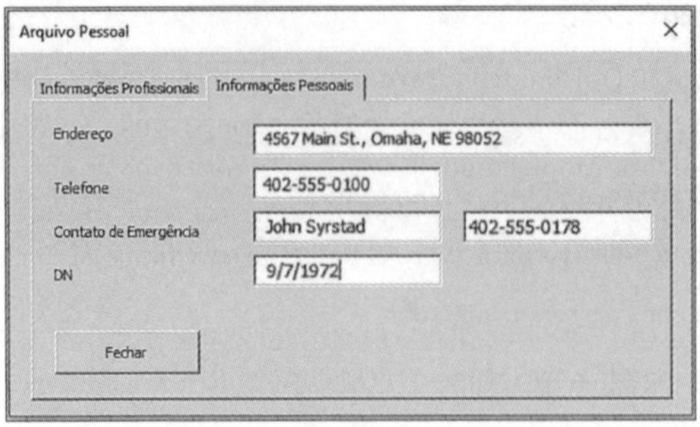

FIGURA 10-13 Esta é a segunda página do formulário.

Podemos modificar uma página clicando com o botão direito na guia da página e, então, escolhendo uma das seguintes opções de menu: Nova Página, Excluir Página, Renomear e Mover.

> **Dica** Adicionar formulários multipágina depois que o resto do formulário já tiver sido criado não é uma tarefa fácil. Assim, planeje seus formulários multipágina no início. Caso decida mais tarde que um formulário multipágina será necessário, insira um novo formulário, desenhe o controle `Multi-Página` e copie/cole os controles de outros formulários para o novo formulário.

> **Nota** Não clique com o botão direito na área da guia para visualizar o código do `Multi-Página`. Antes, clique com o botão direito na área principal do controle `Multi-Página` para obter a opção Exibir Código.

Ao contrário de muitos dos outros controles nos quais a propriedade `Value` contém um valor inserido ou selecionado pelo usuário, o controle `Multi-Página` usa a propriedade `Value` para armazenar o número da página ativa, começando do zero. Por exemplo, se você tiver um formulário de cinco páginas e quiser ativar a quarta página, faça isto:

```
MultiPage1.Value = 3
```

Se você tiver um controle que deseja compartilhar com todas as páginas, tais como os botões Salvar, Cancelar ou Fechar, insira o controle no userform principal em vez de nas páginas individuais, tal como ilustrado na Figura 10-14.

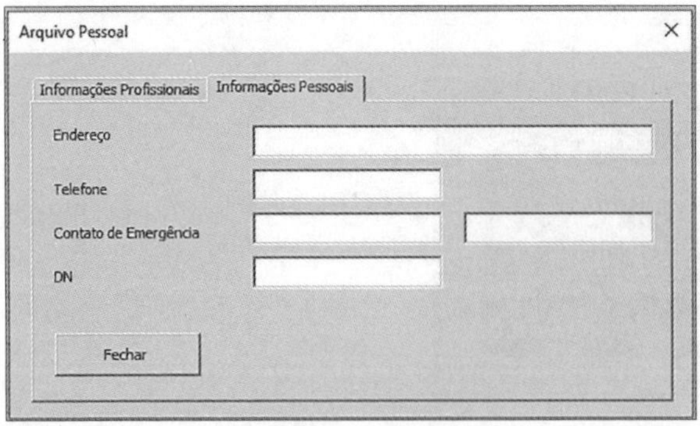

FIGURA 10-14 Insira controles comuns, tal como o botão Fechar, no userform principal.

Os eventos disponíveis para o controle `Multi-Página` são descritos na Tabela 10-5.

TABELA 10-7 Eventos do controle `Multi-Página`

Evento	Descrição
`AddControl`	Ocorre quando um controle é adicionado a uma página do controle `Multi-Página`. Ele não é executado em tempo de design ou na inicialização do userform.
`BeforeDragOver`	Ocorre enquanto o usuário arrasta e solta dados em uma página do controle `Multi-Página`.
`BeforeDropOrPaste`	Ocorre quando o usuário está prestes a soltar ou colar dados em uma página do controle `Multi-Página`.
`Change`	Ocorre quando um usuário altera as páginas de um controle `Multi-Página`.
`Click`	Ocorre quando um usuário clica em uma página do controle `Multi-Página`.
`DblClick`	Ocorre quando o usuário clica duas vezes em uma página do controle `Multi-Página`.
`Enter`	Ocorre logo antes de o controle `Multi-Página` receber o foco vindo de outro controle do mesmo userform.
`Error`	Ocorre quando o controle `Multi-Página` encontra um erro e não consegue retornar a informação do erro.
`Exit`	Ocorre logo depois de o controle `Multi-Página` perder o foco para outro controle do mesmo userform.
`KeyDown`	Ocorre quando o usuário pressiona uma tecla no teclado.
`KeyPress`	Ocorre quando o usuário pressiona uma tecla ANSI, que consiste em um caractere digitável, como a letra A. Um exemplo de caractere não digitável é a tecla Tab.
`KeyUp`	Ocorre quando o usuário deixa de pressionar uma tecla no teclado.
`Layout`	Ocorre quando o controle `Multi-Página` muda de tamanho.
`MouseDown`	Ocorre quando o usuário pressiona o botão do mouse dentro dos limites do controle.
`MouseMove`	Ocorre quando o usuário move o mouse dentro dos limites do controle.
`MouseUp`	Ocorre quando o usuário deixa de pressionar o botão do mouse dentro dos limites do controle.
`RemoveControl`	Ocorre quando um controle é removido a uma página do controle `Multi-Página`.
`Scroll`	Ocorre quando a caixa de barra de rolagem, se visível, é reposicionada.
`Zoom`	Ocorre quando o valor do zoom é alterado.

Verificando as entradas dos campos

Mesmo quando orientados a preencher todos os campos, os usuários nem sempre fazem isso. Com um formulário de papel, não temos como obrigá-los a fazer isso. Como programadores, podemos garantir que todos os campos obrigatórios sejam preenchidos por não permitir que o usuário continue até que todas as exigências tenham sido atendidas. Veja como fazer isso:

```
If tb_NomeFunc.Value = "" Then
    frm_AdicFunc.Hide
    MsgBox "Por favor, digite um Nome de Funcionário"
```

```
        frm_AdicFunc.Show
        Exit Sub
    End If
```

Fechamento ilegal de janela

Os userforms criados no VB Editor não são tão diferentes das caixas de diálogo normais; eles também têm o botão X de fechar no canto superior direito. Embora não seja errado usar esse botão, isso pode nos causar problemas, dependendo do objetivo do userform. Em casos como esse, talvez queiramos controlar o que acontece se o usuário pressioná-lo. Use o evento `QueryClose` do userform para descobrir que método está sendo usado para fechar o formulário e programe uma ação apropriada:

```
Private Sub UserForm_QueryClose(Cancelar As Integer, ModoFechar As Integer)
If ModoFechar = vbFormControlMenu Then
    MsgBox "Por favor, use os botões OK ou Cancelar para fechar o formulário", _
      vbCritical
    Cancelar = True 'impede que o formulário seja fechado'
End If
End Sub
```

Depois de descobrir qual método o usuário usou para fechar o formulário, podemos criar uma caixa de mensagem similar àquela exibida na Figura 10-15 para avisar ao usuário que esse método foi ilegal.

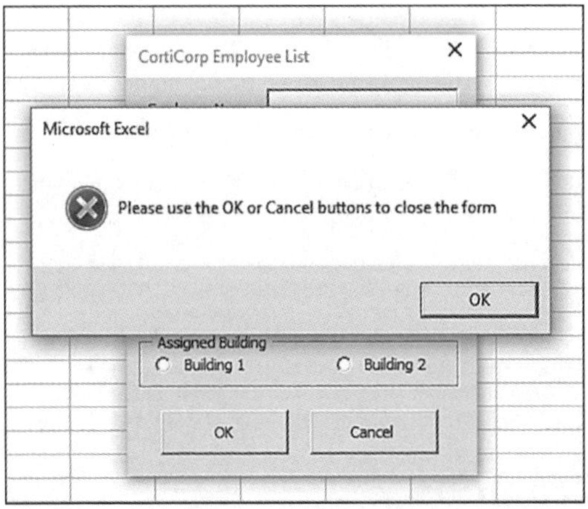

FIGURA 10-15 Podemos controlar o que acontece quando o usuário clica no botão X.

O evento `QueryClose` pode ser ativado de quatro maneiras:

- `vbFormControlMenu` — O usuário clica com o botão direito na barra de título do formulário e seleciona o comando Fechar ou clica no X no canto superior direito do formulário.
- `vbFormCode` — A instrução `Unload` é usada.
- `vbAppWindows` — O Windows é desligado.
- `vbAppTaskManager` — O aplicativo é fechado pelo Gerenciador de Tarefas.

Obtendo um nome do arquivo

Uma das interações mais comuns com o cliente ocorre quando precisamos que ele especifique um caminho e um nome de arquivo. O VBA do Excel possui uma função predefinida para exibir a caixa de diálogo Abrir Arquivo, como podemos ver na Figura 10-16. O cliente navega e seleciona um arquivo. Quando o cliente clica no botão Abrir, em vez de abrir o arquivo, o VBA do Excel retorna o caminho completo do arquivo para o código:

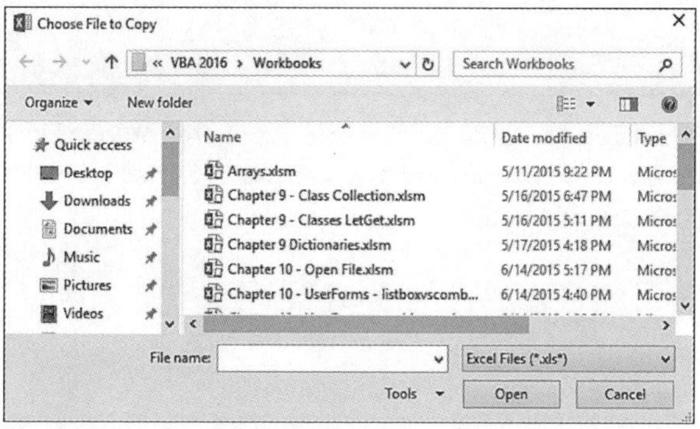

FIGURA 10-16 Use a caixa de diálogo Abrir Arquivo para permitir que o usuário selecione um arquivo.

```
Sub SelecionarArquivo()
'Pergunta qual arquivo copiar
x = Application.GetOpenFilename( _
     FileFilter:="Arquivos do Excel (*.xls*), *.xls*", _
     Title:="Selecione um Arquivo para Copiar", MultiSelect:=False)
'verifica se nenhum arquivo foi selecionado
If x = "Falso" Then Exit Sub
MsgBox "Você selecionou " & x
End Sub
```

O código acima permite que o cliente selecione um arquivo. Se desejar que o usuário especifique múltiplos arquivos, use este código:

```
Sub MuitosArquivos()
Dim x As Variant
x = Application.GetOpenFilename( _
    FileFilter:="Arquivos do Excel (*.xls*), *.xls*", _
    Title:="Selecione os Arquivos", MultiSelect:=True)
On Error Resume Next
If Ubound(x) > 0 Then
    For i = 1 To UBound(x)
    MsgBox "Você selecionou " & x
    Next i
ElseIf x = "Falso" Then
   Exit Sub
End If
On Error GoTo 0
End Sub
```

De modo similar, podemos usar `Application.GetSaveAsFileName` para encontrar o caminho e o nome do arquivo que devem ser utilizados para salvar um arquivo.

Próximos passos

Os userforms nos permitem obter informações dos usuários e orientá-los sobre como fornecê--las ao programa. No Capítulo 11, "Minerando dados com o Filtro Avançado", vamos aprender a usar o Filtro Avançado para gerar relatórios rapidamente.

CAPÍTULO 11

Minerando dados com o Filtro Avançado

Neste capítulo, você vai:

- Substituir um loop usando o AutoFiltro.
- Conhecer o Filtro Avançado.
- Usar o Filtro Avançado para extrair uma lista exclusiva de valores.
- Usar o Filtro Avançado com intervalos de critérios.
- Usar o filtrar no local do Filtro Avançado.
- Usar o Filtro Avançado para retornar todos os registros que satisfazem os critérios.

Leia este capítulo.

Embora pouquíssimas pessoas usem o Filtro Avançado do Excel, ele pode mover montanhas no VBA do Excel. Calculo que já acabei usando uma dessas técnicas de filtragem como a parte principal de 80% das macros que desenvolvi para os usuários. Visto que o Filtro Avançado é usado em menos de 1% das sessões de Excel, essa é uma estatística interessante.

Então, mesmo que quase nunca use o Filtro Avançado no Excel no dia a dia, você deve estudar este capítulo para aprender algumas técnicas poderosas do VBA.

Substituindo um loop pelo AutoFiltro

No Capítulo 4, "Loops e controle de fluxo", abordamos diferentes maneiras de fazer um loop a partir de um conjunto de dados para formatar registros que satisfazem certos critérios. Usando o Filtro (nome usado pela Microsoft para o que originalmente era o AutoFiltro), podemos obter o mesmo resultado muito mais rápido. Embora outros exemplos deste capítulo usem o Filtro Avançado, esse exemplo pode ser resolvido com o Filtro simples. Embora a Microsoft tenha mudado o nome do AutoFiltro para Filtro no Excel 2007, o código VBA ainda faz referência ao AutoFiltro.

Quando o AutoFiltro foi adicionado ao Excel, a equipe da Microsoft lhe dispensou atenção e cuidado extras. Itens ocultos por meio do AutoFiltro não são tratados da mesma maneira que outras linhas ocultas. O AutoFiltro recebe um tratamento especial. Você provavelmente já deve ter passado pela frustrante situação no passado em que teve que formatar linhas visíveis e essa formatação foi aplicada a linhas ocultas. Esse certamente é um problema quando temos que ocultar linhas clicando no Grupo #2 e no botão Contorno depois de usar o comando Subtotal. Isso sempre é um problema quando ocultamos linhas manualmente. Mas isso nunca é um problema quando as linhas são ocultas por meio do AutoFiltro.

Quando usamos o AutoFiltro para ocultar linhas, qualquer ação realizada em `CurrentRegion` é aplicada somente às linhas visíveis. Podemos aplicar negrito. Podemos mudar a cor da fonte para vermelho. Podemos até usar `CurrentRegion.EntireRow.Delete` para excluir as linhas visíveis sem afetar as linhas ocultas pelo filtro.

Digamos que temos um conjunto de dados similar ao exibido na Figura 11-1, e que queremos realizar algumas ações em todos os registros que satisfazem certos critérios, tal como todos os registros de Ford.

1	Region	Product	Date	Customer	Quantity	Revenue	COGS	Profit
81	West	M556	7-Sep-21	Trustworthy Flagpole Partners	300	5700	2795	2905
82	Central	W435	9-Sep-21	Trustworthy Flagpole Partners	600	12282	6494	5788
83	Central	R537	10-Sep-21	Magnificent Eggbeater Corporation	500	11525	5621	5904
84	East	R537	11-Sep-21	Mouthwatering Notebook Inc.	1000	20940	11242	9698
85	East	R537	12-Sep-21	Trustworthy Flagpole Partners	100	2257	1082	1175
86	**Central**	**W435**	**13-Sep-21**	**Ford**	**900**	**20610**	**9742**	**10868**
87	Central	R537	13-Sep-21	Distinctive Wax Company	700	17367	7869	9498
88	West	M556	13-Sep-21	Guarded Aerobic Corporation	700	12145	6522	5623
89	Central	R537	13-Sep-21	Magnificent Eggbeater Corporation	1000	25140	11242	13898

FIGURA 11-1 Localize todos os registros de Ford e marque-os.

No Capítulo 5, "Fórmulas no estilo R1C1", vimos como escrever códigos como o apresentado abaixo, o qual podemos usar para colorir todos os registros de Ford de verde:

```
Sub LoopAntigo()
    LinhaFinal = Cells(Rows.Count, 1).End(xlUp).Row
    For i = 2 To LinhaFinal
     If Cells(i, 4) = "Ford" Then
      Cells(i, 1).Resize(1, 8).Interior.Color = RGB(0,255,0)
     End If
    Next i
End Sub
```

Se precisarmos excluir registros, vamos precisar ter o cuidado de executar o loop de baixo do conjunto de dados para cima, usando um código como este:

```
Sub LoopAntigoParaExcluir()
    LinhaFinal = Cells(Rows.Count, 1).End(xlUp).Row
    For i = LinhaFinal To 2 Step -1
     If Cells(i, 4) = "Ford" Then
       Rows(i).Delete
     End If
    Next i
End Sub
```

O método `AutoFilter`, porém, nos permite isolar todos os registros de Ford em uma única linha de código:

```
Range("A1").AutoFilter Field:=4, Criteria1:= "Ford"
```

Depois de isolar os registros correspondentes, não precisamos usar a configuração `VisibleCellsOnly` para formatá-los. Antes, podemos usar a seguinte linha de código para colorir todos os registros coincidentes de verde:

```
Range("A1").CurrentRegion.Interior.Color = RGB(0,255,0)
```

Essa macro de duas linhas tem dois problemas. Primeiro, o programa deixa os menus suspensos do AutoFiltro no conjunto de dados. Segundo, a linha do cabeçalho também é colorida de verde.

> **Nota** A propriedade `.CurrentRegion` estende a referência A1 para incluir o conjunto de dados inteiro.

Esta única linha de código desativa os menus suspensos do AutoFiltro e limpa o filtro:

```
Range("A1").AutoFilter
```

Se quisermos que os menus suspensos do AutoFiltro permaneçam ativos, mas impedindo que o menu suspenso da coluna D exiba Ford, podemos usar esta linha de código:

```
ActiveSheet.ShowAllData
```

Lidar com o segundo problema já é um pouco mais difícil. Depois de aplicarmos o filtro e selecionarmos `Range("A1").CurrentRegion`, a seleção incluirá os cabeçalhos automaticamente nela. Qualquer formatação também será aplicada à linha do cabeçalho.

Se não nos importarmos com a primeira linha em branco abaixo dos dados, poderemos simplesmente adicionar `OFFSET(1)` para mover a região atual para baixo e começar em A2. Isso funcionaria muito bem se nosso objetivo fosse excluir todos os registros de Ford:

```
Sub ExcluirFord()
    ' pula o cabeçalho, mas também exclui a linha em branco abaixo
     Range("A1").AutoFilter Field:=4, Criteria1:="Ford"
     Range("A1").CurrentRegion.Offset(1).EntireRow.Delete
     Range("A1").AutoFilter

End Sub
```

> **Nota** A propriedade OFFSET costuma exigir o número de linhas e o número de colunas. Usar `.OFFSET(-2, 5)` move duas linhas para cima e cinco colunas para a direita. Se não quisermos fazer nenhum ajuste de coluna, basta excluir o parâmetro coluna. Usar `.OFFSET(1)` significa uma linha para baixo e zero colunas para o lado.

O código acima funciona quando não nos importamos se a primeira linha em branco abaixo dos dados for excluída. Entretanto, quando aplicamos uma formatação verde a essas linhas, o código aplicará a formatação verde à linha abaixo do conjunto de dados, o que não pareceria muito certo.

Se formos fazer alguma formatação, poderemos determinar a altura do conjunto de dados e usar `.Resize` para reduzir a altura da região atual ao usarmos OFFSET:

```
Sub ColorirFord()
    AltDados = Range("A1").CurrentRegion.Rows.Count
    Range("A1").AutoFilter Field:=4, Criteria1:="Ford"
    With Range("A1").CurrentRegion.Offset(1).Resize(AltDados - 1)
    ' Não precisamos usar VisibleCellsOnly para formatar
      .Interior.Color = RGB(0,255,0)
      .Font.Bold = True
```

```
    End With
    ' Limpa o AutoFiltro & remove os menus suspensos
    Range("A1").AutoFilter
End Sub
```

Usando técnicas de AutoFiltro

O Excel 2007 introduziu a possibilidade de selecionar múltiplos itens por meio de um filtro: filtrar por cor, filtrar por ícone, filtrar pelos 10 mais e filtrar para filtros de datas virtuais. O Excel 2010 introduziu a nova caixa de pesquisa no menu suspenso de filtro. Todos esses novos filtros têm equivalentes no VBA, embora alguns deles tenham sido implementados no VBA usando métodos de filtragem antigos.

Selecionando múltiplos itens

Versões antigas do Excel nos permitiam selecionar dois valores, conectados por AND ou OR. Nesse caso, especificaríamos `xlAND` ou `xlOR` como o operador:

```
Range("A1").AutoFilter Field:=4, _
    Criteria1:="Ford", _
    Operator:=xlOr, _
    Criteria2:="General Motors"
```

Como o comando `AutoFilter` se tornou mais flexível, a Microsoft continuou a usar esses mesmos três parâmetros, ainda que eles não fizessem muito sentido. Por exemplo, o Excel ainda nos permite filtrar um campo solicitando os cinco primeiros itens ou os últimos 8% dos registros. Para usar esse tipo de filtro, especifique `"5"` ou `"8"` como o argumento `Criteria1` e, então, especifique `xlTop10Items`, `xlTop10Percent`, `xlBottom10Items` ou `xlBottom10Percent` como o operador. Por exemplo, o código abaixo apresenta os 12 maiores registros de receita:

```
Sub Filtro10Mais()
    ' Os 12 Maiores Registros de Receita
    Range("A1").AutoFilter Field:=6, _
      Criteria1:="12", _
      Operator:=xlTop10Items
End Sub
```

O código desse `AutoFilter` inclui vários números `(6, 12, 10)`. `Field:=6` indica que estamos olhando para a sexta coluna. `xlTop10Items` é o nome do filtro, mas o filtro não se limita a 10 itens. O critério de 12 indica o número de itens que queremos que o filtro retorne.

O Excel nos oferece diversas novas opções de filtro. Ele continua a forçar essas opções de filtro a se adaptarem ao antigo modelo de objetos, no qual o comando de filtro deveria ter um operador e até dois campos de critério.

Se quiser escolher três ou mais itens, mude o operador para `Operator:=xlFilterValues` e especifique a lista de itens com uma matriz no argumento `Criteria1`:

```
Range("A1").AutoFilter Field:=4, _
    Criteria1:=Array("General Motors", "Ford", "Fiat"), _
    Operator:=xlFilterValues
```

Selecionando o uso da caixa de Pesquisa

O Excel 2010 introduziu a caixa de Pesquisa no menu suspenso do AutoFiltro. Depois de digitar alguma coisa na caixa de Pesquisa, podemos usar o item Selecionar Todos os Resultados da Pesquisa.

O gravador de macros faz um trabalho terrível ao gravar a partir da caixa de Pesquisa. O gravador de macros inserirá a lista de clientes que corresponderam à pesquisa diretamente no código quando executarmos a macro.

Pense na caixa de Pesquisa. Ela, na verdade, é um atalho para selecionar Filtros de Texto, Contém. Além disso, o filtro Contém é, na verdade, um atalho para especificar uma sequência de caracteres de pesquisa entre asteriscos. Assim, para filtrar todos os registros que contenham "at", use o seguinte:

```
Range("A1").AutoFilter, Field:=4, Criteria1:="*at*"
```

Filtrando por cor

Para encontrar registros que tenham uma cor de fonte específica, use o operador `xlFilterFontColor` e especifique um valor RGB para o critério. Este código encontra todas as células com uma fonte vermelha na coluna F:

```
Sub FiltrarPorCorFonte()
   Range("A1").AutoFilter Field:=6, _
    Criteria1:=RGB(255, 0, 0), Operator:=xlFilterFontColor
End Sub
```

Para encontrar registros que não possuam uma cor de fonte específica, use o operador `xlFilterAutomaticFillColor` e não especifique os critérios:

```
Sub FiltrarNenhumaCorFonte()
    Range("A1").AutoFilter Field:=6, _
     Operator:=xlFilterAutomaticFontColor
End Sub
```

Para encontrar registros que tenham uma cor de preenchimento específica, use o operador `xlFilterCellColor` e especifique um valor RGB como o critério. Este código encontra todas as células vermelhas na coluna F:

```
Sub FiltrarPorCorPreenchimento()
    Range("A1").AutoFilter Field:=6, _
     Criteria1:=RGB(255, 0, 0), Operator:=xlFilterCellColor
End Sub
```

Para encontrar registros que não tenham cor de preenchimento, use o operador `xlFilterNoFill` e não especifique os critérios.

Filtrando por ícone

Se estivermos esperando que um conjunto de dados tenha um conjunto de ícones aplicado a ele, podemos filtrar para exibir apenas os registros que tenham um ícone específico usando o operador `xlFilterIcon`.

Para os critérios, precisamos saber qual conjunto de ícones foi aplicado e qual ícone do conjunto queremos filtrar. Os conjuntos de ícones são identificados a partir dos nomes exibidos na coluna A da Figura 11-2. Os itens vão de 1 a 5. O código abaixo filtra a coluna Receita para exibir as linhas que contêm uma seta apontando para cima no conjunto de ícones 5 Setas Cinza:

```
Sub FiltrarPorÍcone()
    Range("A1").AutoFilter Field:=6, _
      Criteria1:=ActiveWorkbook.IconSets(xl5ArrowsGray).Item(5), _
      Operator:=xlFilterIcon
End Sub
```

Para encontrar registros que não tenham um ícone de formatação condicional, use o operador `xlFilterNoIcon` e não especifique os critérios.

FIGURA 11-2 Para procurar um ícone específico, precisamos conhecer o conjunto de ícones da coluna A e o número do item da linha 1.

Selecionando um intervalo dinâmico de datas usando os AutoFiltros

A característica mais poderosa no mundo dos filtros do Excel talvez sejam os filtros dinâmicos. Esses filtros nos permitem escolher registros que estão acima da média ou com um campo de datas para selecionar períodos virtuais, como a próxima semana ou o ano passado.

Para usar um filtro dinâmico, especifique `xlFilterDynamic` como o operador e, então, use 1 de 34 valores como `Criteria1`. O código abaixo encontra todas as datas que estão no próximo ano:

```
Sub AutoFiltroDinâmico()
    Range("A1").AutoFilter Field:=3, _
     Criteria1:=xlFilterNextYear, _
     Operator:=xlFilterDynamic
End Sub
```

A seguir, vemos todas as opções de critérios de filtros dinâmicos, as quais especificamos como `Criteria1` no método `AutoFilter`:

- **Critérios para valores** — Use `xlFilterAboveAverage` ou `xlFilterBelowAverage` para encontrar todas as linhas que estejam acima ou abaixo de uma média.
- **Critérios para períodos futuros** — Use `xlFilterTomorrow`, `xlFilterNextWeek`, `xlFilterNextMonth`, `xlFilterNextQuarter` ou `xlFilterNextYear` para encontrar linhas que caiam em um certo período futuro. Observe que a "próxima semana" começa no domingo e termina no sábado.
- **Critérios para períodos atuais** — Use `xlFilterToday`, `xlFilterThisWeek`, `xlFilterThisMonth`, `xlFilterThisQuarter` ou `xlFilterThisYear` para encontrar linhas que caiam dentro do período atual. O Excel usará o relógio do sistema para descobrir o dia atual.
- **Critérios para períodos passados** — Use `xlFilterYesterday`, `xlFilterLastWeek`, `xlFilterLastMonth`, `xlFilterLastQuarter`, `xlFilterLastYear` ou `xlFilterYearToDate` para encontrar linhas que caiam em períodos passados.
- **Critérios para trimestres específicos** — Use `xlFilterDatesInPeriodQuarter1`, `xlFilterDatesInPeriodQuarter2`, `xlFilterDatesInPeriodQuarter3` ou `xlFilterDatesInPeriodQuarter4` para filtrar linhas que caiam dentro de um trimestre específico. Observe que esses filtros não se diferenciam com base no ano. Se pedirmos pelo 1º trimestre, poderemos obter registros deste mês janeiro, do fevereiro passado e de março que vem.
- **Critérios para meses específicos** — Use de `xlFilterDatesInPeriodJanuary` até `xlFilterDatesInPeriodDecember` para filtrar registros que caiam durante certo mês. Assim como com os trimestres, o filtro não filtra nenhum ano específico.

Infelizmente, não podemos combinar critérios. Podemos pensar em combinar `xlFilterDatesInPeriodJanuary` como `Criteria1` e `xlFilterDatesNextYear` como `Criteria2`. Embora seja uma ideia brilhante, a Microsoft não suporta essa sintaxe (ainda).

Selecionando apenas as células visíveis

Uma vez aplicado um filtro, a maioria dos comandos só opera nas linhas visíveis da seleção. Se precisarmos excluir, formatar ou aplicar uma formatação condicional aos registros, podemos simplesmente nos referir a `.CurrentRegion` (região atual) da primeira coluna de título e executar o comando.

Entretanto, se tivermos um conjunto de dados no qual as linhas foram ocultas usando o comando Ocultar Linhas, qualquer formatação aplicada a `.CurrentRegion` também será aplicada às linhas ocultas. Nesses casos, devemos usar a opção Somente Células Visíveis da caixa de diálogo Ir Para Especial, tal como exibido na Figura 11-3.

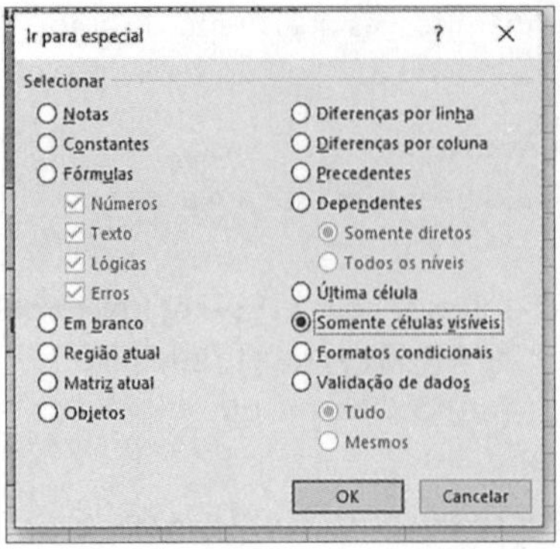

FIGURA 11-3 Se as linhas foram ocultadas manualmente, use Somente Células Visíveis da caixa de diálogo Ir Para Especial.

Para usar Somente Células Visíveis no código, utilize a propriedade `SpecialCells`:

```
Range("A1").CurrentRegion.SpecialCells(xlCellTypeVisible)
```

Estudo de caso: usando o Ir Para Especial em vez de loops

A caixa de diálogo Ir Para Especial também exerce um papel neste estudo de caso.

Em um evento do Data Analyst Boot Camp, um dos participantes tinha uma macro que estava levando muito tempo para ser executada. A pasta de trabalho tinha uma boa quantidade de controles de seleção. Uma função `IF()` complexa nas células H10:H750 selecionava quais registros deveriam ser incluídos em um relatório. Ao mesmo tempo que essa condição `IF()` tinha muitas condições aninhadas, a fórmula estava inserindo KEEP ou HIDE em cada célula:

`=IF(`*`teste_lógico`*`,"KEEP","HIDE")`

A seguinte seção de código estava ocultando linhas individuais:

```
For Each cell In Range("H10:H750")
 If cell.Value = "HIDE" Then
 cell.EntireRow.Hidden = True
 End If
Next cell
```

Essa macro estava demorando diversos minutos para ser executada. Fórmulas SUBTOTAL, que excluíam linhas ocultadas, eram recalculadas depois de cada passada pelo loop. A primeira tentativa de acelerar a macro envolveu o desligamento da atualização de tela e o cálculo:

```
Application.ScreenUpdating = False
Application.Calculation = xlCalculationManual
For Each cell In Range("H10:H750")
 If cell.Value = "HIDE" Then
 cell.EntireRow.Hidden = True
 End If
Next cell
Application.Calculation = xlCalculationAutomatic
Application.ScreenUpdating = True
```

Por algum motivo, fazer o loop por todos os registros ainda estava demorando muito. Nós tentamos usar o AutoFiltro para isolar os registros HIDE e, então, ocultar essas linhas, mas perdemos a ocultação manual de linhas depois de desligar o AutoFiltro.

A solução foi fazer uso da habilidade da caixa de diálogo Ir Para Especial para limitar a seleção aos resultados de texto das fórmulas. Primeiro, a fórmula da coluna H foi alterada para retornar HIDE ou um número:

```
=IF(teste_lógico,"HIDE",1)
```

Depois, a próxima linha de código pôde ocultar as linhas que encontravam um valor de texto na coluna H:

```
Range("H10:H750") _
  .SpecialCells(xlCellTypeFormulas, xlTextValues) _
  .EntireRow.Hidden = True
```

Como todas as linhas foram ocultadas com um único comando, essa seção da macro pode ser executada em segundos em vez de minutos.

Filtro Avançado — mais fácil no VBA do que no Excel

Usar o misterioso comando do Filtro Avançado é tão difícil na interface de usuário do Excel que raramente encontrarmos alguém que goste de usá-lo com regularidade.

Entretanto, usar os filtros avançados no VBA é um prazer. Com uma única linha de código, podemos rapidamente extrair um subconjunto de registros de um banco de dados ou rapidamente obter uma lista exclusiva de valores em qualquer coluna. Isso é fundamental quando queremos executar relatórios para uma região ou cliente específicos. Dois filtros avançados são usados com mais frequência no mesmo procedimento — um para obter uma lista exclusiva de clientes e um segundo para filtrar com base em cada cliente, tal como ilustrado na Figura 11-4. O resto deste capítulo é desenvolvido com essa rotina em mente.

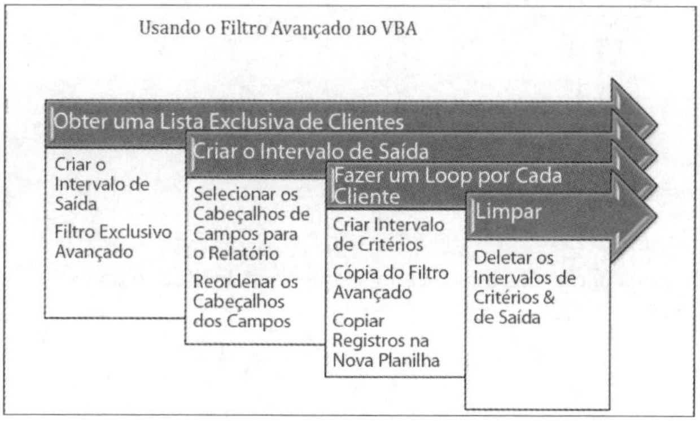

FIGURA 11-4 Uma macro típica usa dois filtros avançados.

Usando a interface do Excel para criar um filtro avançado

Como não são muitas as pessoas que usam o recurso Filtro Avançado, esta seção nos apresenta alguns exemplos que usam a interface de usuário para criar um filtro avançado e, então, nos mostra o código análogo. Você vai se surpreender com o quanto a interface do usuário parece complexa e, também, com como é fácil programar um poderoso filtro avançado para extrair registros.

Uma das razões pela qual é difícil de usar o Filtro Avançado é que podemos usá-lo de diversas maneiras diferentes. Todos os Filtros Avançados precisam ter um Intervalo de Lista. Devemos fazer três escolhas básicas na caixa de diálogo Filtro Avançado. Como cada escolha possui duas opções, temos oito possíveis combinações (2 × 2 × 2) dessas escolhas. As três escolhas básicas são exibidas na Figura 11-5 e descritas abaixo:

- **Ação** — Podemos selecionar Filtrar a Lista no Local ou Copiar para Outro Local. Caso escolha filtrar os registros no local, as linhas não coincidentes são ocultadas. Escolher copiar para um novo local copia os registros que coincidem com o filtro para um novo intervalo.
- **Critérios** — Podemos filtrar com ou sem critérios. Filtrar com critérios é apropriado para obter um subconjunto de linhas. Filtrar sem critérios ainda é útil quando queremos um subconjunto de colunas ou quando estamos usando a opção Somente Registros Exclusivos.
- **Registros Exclusivos** — Podemos escolher requisitar Somente Registros Exclusivos ou todos os registros coincidentes. A opção Registros Exclusivos faz com que o comando Filtro Avançado seja uma das maneiras mais rápidas de se encontrar uma lista de valores exclusivos em um campo. Se colocarmos o título Cliente no intervalo de saída, obteremos uma lista de valores exclusiva para essa coluna.

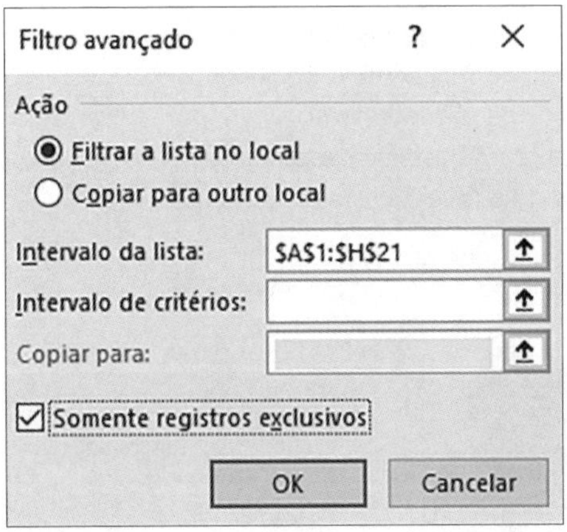

FIGURA 11-5 É complicado usar a caixa de diálogo Filtro Avançado na interface de usuário do Excel. Felizmente, isso é muito mais fácil no VBA.

Usando o Filtro Avançado para extrair uma lista exclusiva de valores

Um dos usos mais simples do Filtro Avançado é extrair uma lista de valores exclusiva de um único campo de um conjunto de dados. Neste exemplo, queremos obter uma lista exclusiva de clientes de um relatório de vendas. Sabemos que Cliente está na coluna D do conjunto de dados. Temos um número desconhecido de registros, começando na célula A2, e a linha 1 é a linha de cabeçalhos. Não há nada à direita do conjunto de dados.

Extraindo uma lista exclusiva de valores pela interface de usuário

Para extrair uma lista exclusiva de valores, siga estes passos:

1. Com o cursor em qualquer lugar do intervalo de dados, selecione Avançado, do grupo Classificar e Filtrar, da guia Dados. Quando usamos o comando Filtro Avançado em uma planilha pela primeira vez, o Excel automaticamente preenche a caixa de texto Intervalo da Lista com o intervalo inteiro do nosso conjunto de dados. Em usos subsequentes do comando Filtro Avançado, essa caixa de diálogo vai se lembrar das configurações do filtro avançado anterior.
2. Marque a caixa de seleção Somente Registros Exclusivos na parte de baixo da caixa de diálogo.
3. Na seção Ação, selecione Copiar para Outro Local.
4. Digite `J1` na caixa de texto Copiar Para.

Por padrão, o Excel copia todas as colunas do conjunto de dados. Podemos filtrar apenas a coluna Cliente limitando o Intervalo da Lista para incluir apenas a coluna D ou especificando um ou mais cabeçalhos do intervalo Copiar Para. Todos os métodos têm suas próprias desvantagens.

Alterando o intervalo da lista para uma única coluna

Edite o Intervalo da Lista para apontar para a coluna Cliente. Nesse caso, será necessário alterar o padrão de `$A$1:$H$1127` para `$D$1:$D$1127`. A caixa de diálogo Filtro Avançado deverá aparecer.

> **Nota** Quando editamos inicialmente qualquer intervalo na caixa de diálogo, o Excel deve estar no modo Aponte. Nesse modo, pressionar a tecla seta para esquerda ou seta para direita inserirá uma referência de célula na caixa de texto. Se vir a palavra *Aponte* no canto inferior esquerdo da sua janela do Excel, pressione a tecla F2 para mudar do modo Aponte para o modo de Edição.

A desvantagem desse método é que o Excel vai se lembrar do intervalo da lista nos usos subsequentes do comando Filtro Avançado. Se, mais tarde, quisermos obter uma lista exclusiva de regiões, vamos precisar estar constantemente especificando o intervalo de lista.

Copiando o cabeçalho de clientes antes de filtrar

Com um pouco de pré-planejamento, antes de chamar o comando do Filtro Avançado, podemos permitir que o Excel mantenha o intervalo de lista padrão de `$A$1:$H$1127`. Na célula J1, digite o cabeçalho Cliente, tal como ilustrado na Figura 11-6. Mantenha o campo Intervalo da Lista apontando para as colunas de A a H. Como o intervalo Copiar Para de J1 já contém um cabeçalho válido do intervalo de lista, o Excel copiará dados apenas da coluna Cliente. Esse é o método preferido, em especial se formos usar vários filtros avançados. Como o Excel vai se lembrar das configurações do último filtro avançado, seria mais conveniente sempre filtrar as colunas inteiras do intervalo de lista e limitar as colunas definindo os cabeçalhos no intervalo Copiar Para.

Depois de usarmos um desses métodos para realizar a filtragem avançada, uma lista concisa de clientes exclusivos aparecerá na coluna J (veja a Figura 11-6).

J	K	L	M
Customer			
Trustworthy Flagpole Partners			
Amazing Shoe Company			
Mouthwatering Notebook Inc.			
Cool Saddle Traders			
Tasty Shovel Company			
Distinctive Wax Company			
Guarded Aerobic Corporation			
Tasty Yogurt Corporation			
Agile Aquarium Inc.			
Magnificent Eggbeater Corporation			
User-Friendly Luggage Corporation			
Guarded Umbrella Traders			

FIGURA 11-6 O filtro avançado extraiu uma lista exclusiva de clientes do conjunto de dados e os copiou para a coluna J.

Extraindo uma lista exclusiva de valores com programação em VBA

No VBA, usamos o método `AdvancedFilter` para executar o comando Filtro Avançado. Novamente, temos três escolhas a fazer:

- **Ação** — Escolha entre filtrar no local com o parâmetro `Action:=xlFilterInPlace` ou copiar com `Action:=xlFilterCopy`. Se desejar copiar, também será necessário especificar o parâmetro `CopyToRange:=Range("J1")`.
- **Critérios** — Para filtrar com critérios, inclua o parâmetro `CriteriaRange:=Range("L1:L2")`. Para filtrar sem critérios, omita esse parâmetro opcional.
- **Registros Exclusivos** — Para retornar apenas registros exclusivos, especifique o parâmetro `Unique:=True`.

O seguinte código define um intervalo de saída de uma coluna, duas colunas à direita da última coluna usada no intervalo de dados:

```
Sub ObterClientesExclusivos()
 Dim IntervaloE As Range
 Dim IntervaloS As Range

 ' Obtém o tamanho do conjunto de dados de hoje
LinhaFinal = Cells(Rows.Count, 1).End(xlUp).Row
 PróxCol = Cells(1, Columns.Count).End(xlToLeft).Column + 2

 ' Define o intervalo de saída. Copia o cabeçalho de D1 ali
 Range("D1").Copy Destination:=Cells(1, PróxCol)
 Set IntervaloS = Cells(1, PróxCol)

 ' Define o intervalo de entrada
 Set IntervaloE = Range("A1").Resize(LinhaFinal, PróxCol - 2)
```

```
' Usa o Filtro Avançado para obter uma lista exclusiva de clientes
IntervaloE.AdvancedFilter Action:=xlFilterCopy, CopyToRange:=IntervaloS, _
Unique:=True

End Sub
```

Por padrão, um filtro avançado copia todas as colunas. Se desejar apenas uma coluna específica, use esse cabeçalho de coluna como o cabeçalho do intervalo de saída.

O primeiro trecho de código obtém a linha e a coluna finais do conjunto de dados. Embora não seja necessário fazer isso, podemos definir uma variável de objeto para o intervalo de saída (`IntervaloS`) e para o intervalo de entrada (`IntervaloE`).

Esse código é genérico o bastante para não precisar ser reescrito se novas colunas forem adicionadas ao conjunto de dados mais tarde. A definição das variáveis de objeto para os intervalos de entrada e saída é feita por motivo de legibilidade em vez de necessidade. O código anterior poderia ser escrito tão facilmente como esta versão reduzida:

```
Sub ClientesExclusivosReduç()
    ' Copia um cabeçalho para criar um intervalo de saída
    Range("J1").Value = Range("D1").Value
   ' Usa o Filtro Avançado
    Range("A1").CurrentRegion.AdvancedFilter xlFilterCopy, _
     CopyToRange:=Range("J1"), Unique:=True
End Sub
```

Ao executar um dos blocos de código anteriores sobre o conjunto de dados de exemplo, obtemos uma lista exclusiva de clientes à direita dos dados. A chave para obter uma lista exclusiva de clientes é copiar o cabeçalho do campo Cliente para uma célula em branco e especificar essa célula como intervalo de saída.

Depois de obtermos a lista exclusiva de clientes, poderemos classificá-la e adicionar uma fórmula SUMIF (SOMASE) para obter a receita total por cliente. O código abaixo obtém uma lista exclusiva de clientes, a classifica e, então, cria uma fórmula para totalizar a receita por cliente. A Figura 11-7 apresenta o resultado:

```
Sub ReceitaPorClientes()
    Dim IntervaloE As Range
    Dim IntervaloS As Range
    ' Obtém o tamanho do conjunto de dados de hoje

    LinhaFinal = Cells(Rows.Count, 1).End(xlUp).Row
    PróxCol = Cells(1, Columns.Count).End(xlToLeft).Column + 2

' Define o intervalo de saída. Copia o cabeçalho de D1 ali
Range("D1").Copy Destination:=Cells(1, PróxCol)
Set IntervaloS = Cells(1, PróxCol)

' Define o intervalo de entrada
Set IntervaloE = Range("A1").Resize(LinhaFinal, PróxCol - 2)

' Usa o Filtro Avançado para obter uma lista exclusiva de clientes
IntervaloE.AdvancedFilter Action:=xlFilterCopy, _
CopyToRange:=IntervaloS, Unique:=True
```

```
' Determina quantos clientes exclusivos temos
ÚltimaLinha = Cells(Rows.Count, PróxCol).End(xlUp).Row

' Classifica os dados
Cells(1, PróxCol).Resize(ÚltimaLinha, 1).Sort Key1:=Cells(1, PróxCol), _
Order1:=xlAscending, Header:=xlYes

' Adiciona uma fórmula SUMIF para obter os totais
Cells(1, PróxCol + 1).Value = "Receita"
Cells(2, PróxCol + 1).Resize(ÚltimaLinha - 1).FormulaR1C1 = _
   "=SUMIF(R2C4:R" & LinhaFinal & _
   "C4,RC[-1],R2C6:R" & LinhaFinal & "C6)"

End Sub
```

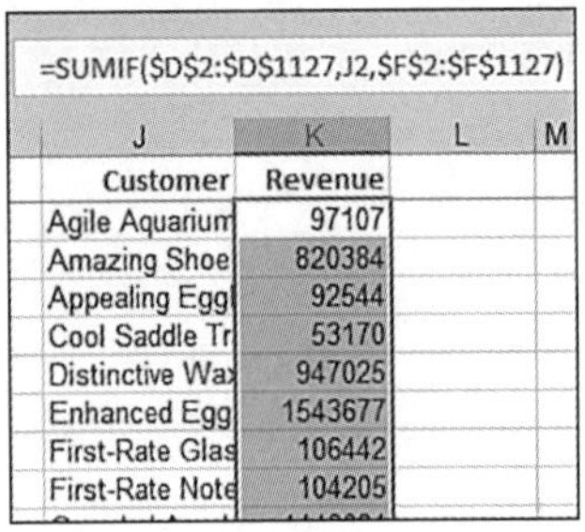

FIGURA 11-7 Esta macro produziu um relatório resumido por cliente a partir de um grande conjunto de dados. Usar `AdvancedFilter` é a chave de macros poderosas como essa.

Outro uso para uma lista exclusiva de valores é preencher rapidamente uma caixa de listagem ou uma caixa de combinação em um userform. Por exemplo, vamos supor que temos uma macro que consegue gerar um relatório para qualquer cliente específico. Para permitir que seus usuários escolham para quais clientes gerar o relatório, crie um userform simples. Adicione uma caixa de listagem ao userform e defina a propriedade `MultiSelect` da caixa de listagem como `1-fmMultiSelectMulti`. Nesse caso, o formulário será chamado de `frmRelatório`. Além da caixa de listagem, temos quatro botões de comando: OK, Cancelar, Marcar Todos e Desmarcar Todos. Segue abaixo o código para executar o formulário. Observe que o procedimento `Userform_Initialize` inclui um filtro avançado para obter uma lista exclusiva de clientes do conjunto de dados:

```
Private Sub BotãoCancelar_Click()
    Unload Me
End Sub

Private Sub bcSubTudo_Click()
    For i = 0 To rtClnt.ListCount - 1
     Me.rtClnt.Selected(i) = True
    Next i
End Sub

Private Sub bcSubLimpar_Click()
    For i = 0 To rtClnt.ListCount - 1
```

```
      Me.rtClnt.Selected(i) = False
    Next i
End Sub

Private Sub BotãoOK_Click()
    For i = 0 To rtClnt.ListCount - 1
      If Me.rtClnt.Selected(i) = True Then
        ' Chama uma rotina (abordada mais tarde) para gerar esse relatório
        ExeRelatórioClnt QualClnt:=Me.rtClnt.List(i)
    End If
 Next i
 Unload Me
End Sub

Private Sub UserForm_Initialize()
 Dim IntervaloE As Range
 Dim IntervaloS As Range

 ' Obtém o tamanho do conjunto de dados de hoje
LinhaFinal = Cells(Rows.Count, 1).End(xlUp).Row
 PróxCol = Cells(1, Columns.Count).End(xlToLeft).Column + 2

 ' Define o intervalo de saída. Copia o cabeçalho de D1 ali
 Range("D1").Copy Destination:=Cells(1, PróxCol)
 Set IntervaloS = Cells(1, PróxCol)

 ' Define o intervalo de entrada
 Set IntervaloE = Range("A1").Resize(LinhaFinal, PróxCol - 2)

 ' Usa o Filtro Avançado para obter uma lista exclusiva de clientes
 IntervaloE.AdvancedFilter Action:=xlFilterCopy, _
     CopyToRange:=IntervaloS, Unique:=True

 ' Determina quantos clientes exclusivos temos
 ÚltimaLinha = Cells(Rows.Count, PróxCol).End(xlUp).Row

 ' Classifica os dados
 Cells(1, PróxCol).Resize(ÚltimaLinha, 1).Sort Key1:=Cells(1, PróxCol), _
 Order1:=xlAscending, Header:=xlYes

With Me.rtClnt
 .RowSource = ""
 .List = Cells(2, PróxCol).Resize(ÚltimaLinha - 1, 1).Value
End With

 ' Apaga a lista temporária de clientes
 Cells(1, PróxCol).Resize(ÚltimaLinha, 1).Clear
End Sub
```

Execute esse formulário com um módulo simples, como este:

```
Sub ExibirFormClnt()
   frmRelatório.Show
End Sub
```

Seus usuários verão uma lista de todos os clientes válidos do conjunto de dados. Como a propriedade `MultiSelect` da caixa de listagem é configurada para permitir isso, os usuários poderão selecionar qualquer número de clientes.

Obtendo combinações exclusivas de dois ou mais campos

Para obter as combinações exclusivas de dois ou mais campos, configure o intervalo de saída de modo que ele inclua os campos adicionais. Este exemplo de código gera uma lista de combinações exclusivas de dois campos — Cliente e Produto:

```
Sub ClienteProdutoExclusivos()
    Dim IntervaloE As Range
    Dim IntervaloS As Range

    ' Obtém o tamanho do conjunto de dados de hoje
    LinhaFinal = Cells(Rows.Count, 1).End(xlUp).Row
    PróxCol = Cells(1, Columns.Count).End(xlToLeft).Column + 2

    ' Define o intervalo de saída. Copia os cabeçalhos de D1 & B1
    Range("D1").Copy Destination:=Cells(1, PróxCol)
    Range("B1").Copy Destination:=Cells(1, PróxCol + 1)
    Set IntervaloS = Cells(1, PróxCol).Resize(1, 2)

    ' Define o intervalo de entrada
     Set IntervaloE = Range("A1").Resize(LinhaFinal, PróxCol - 2)

    ' Usa o Filtro Avançado para obter uma lista exclusiva de clientes & produtos
     IntervaloE.AdvancedFilter Action:=xlFilterCopy, _
     CopyToRange:=IntervaloS, Unique:=True

     ' Determina quantas linhas exclusivas temos
     ÚltimaLinha = Cells(Rows.Count, PróxCol).End(xlUp).Row

    ' Classifica os dados
    Cells(1, PróxCol).Resize(ÚltimaLinha, 2).Sort Key1:=Cells(1, PróxCol), _
    Order1:=xlAscending, Key2:=Cells(1, NextCol + 1), _
    Order2:=xlAscending, Header:=xlYes

End Sub
```

No resultado apresentado na Figura 11-8, podemos ver que Enhanced Eggbeater compra apenas um produto e que Distinctive Wax compra três produtos. Isso pode ser útil como guia na geração de relatórios com base em clientes por produto ou produto por cliente.

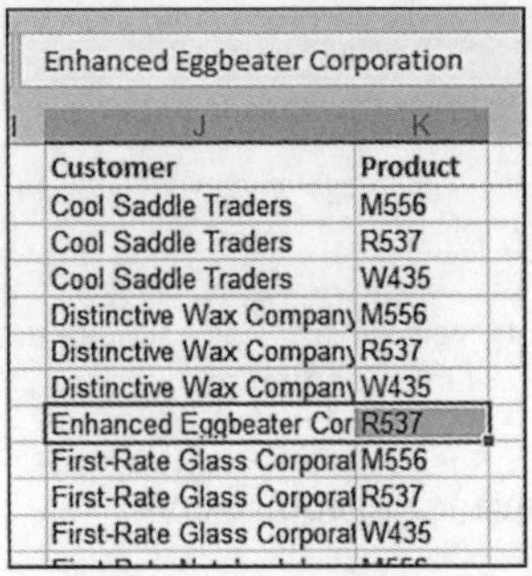

Enhanced Eggbeater Corporation

Customer	Product
Cool Saddle Traders	M556
Cool Saddle Traders	R537
Cool Saddle Traders	W435
Distinctive Wax Company	M556
Distinctive Wax Company	R537
Distinctive Wax Company	W435
Enhanced Eggbeater Cor	R537
First-Rate Glass Corporat	M556
First-Rate Glass Corporat	R537
First-Rate Glass Corporat	W435

FIGURA 11-8 Por incluir duas colunas no intervalo de saída de uma pesquisa de Valores Exclusivos, obtemos todas as combinações de clientes e produtos.

Usando o Filtro Avançado com intervalos de critérios

Como o nome já diz, o Filtro Avançado costuma ser usado para filtrar registros — em outras palavras, para obter um subconjunto de dados. Especificamos o subconjunto definindo um intervalo de critérios.

Nota Mesmo que já esteja familiarizado com critérios, certifique-se de ver como usar as poderosas fórmulas booleanas nos intervalos de critérios mais à frente, neste capítulo, na seção "Os critérios mais complexos: substituindo a lista de valores por uma condição criada em resultado de uma fórmula".

Defina um intervalo de critérios em uma área em branco de uma planilha. Um intervalo de critérios sempre inclui duas ou mais linhas. A primeira linha do intervalo de critérios contém um ou mais valores de cabeçalhos de campos para coincidir com aquele(s) no intervalo de dados que queremos filtrar. A segunda linha contém um valor que mostra quais registros devem ser extraídos. Na Figura 11-9, J1:J2 é o intervalo de critérios, e L1 é o intervalo de saída.

Na interface de usuário do Excel, para extrair uma lista exclusiva de produtos que foram comprados por um cliente específico, selecione Filtro Avançado e configure a caixa de diálogo Filtro Avançado tal como exibido na Figura 11-9. A Figura 11-10 apresenta os resultados.

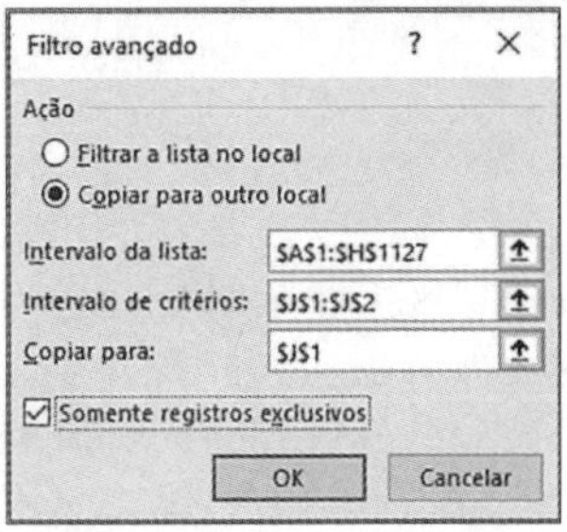

FIGURA 11-9 Para ver uma lista exclusiva de produtos comprados pela Cool Saddle Traders, defina o intervalo de critérios em J1:J2.

J	K	L
Customer		Product
Cool Saddle Traders		R537
		M556
		W435

FIGURA 11-10 Vemos aqui o resultado do filtro avançado que usa um intervalo de critérios e solicita uma lista exclusiva de produtos. Obviamente, critérios mais complexos e interessantes podem ser criados.

Podemos usar o seguinte código de VBA para criar um filtro avançado equivalente:

```
Sub ProdutosExclusivosUmCliente()
    Dim IntervaloE As Range
    Dim IntervaloS As Range
    Dim IntervaloC As Range

    ' Obtém o tamanho do conjunto de dados de hoje
    LinhaFinal = Cells(Rows.Count, 1).End(xlUp).Row
    PróxCol = Cells(1, Columns.Count).End(xlToLeft).Column + 2

    ' Define o intervalo de saída com um cliente
    Cells(1, PróxCol).Value = Range("D1").Value
    ' Na verdade, esse valor deve ser passado do userform
    Cells(2, PróxCol).Value = Range("D2").Value
     Set IntervaloC = Cells(1, PróxCol).Resize(2, 1)

    ' Define o intervalo de saída. Copia o cabeçalho de B1 ali
     Range("B1").Copy Destination:=Cells(1, PróxCol + 2)
     Set IntervaloS = Cells(1, PróxCol + 2)

    ' Define o intervalo de entrada
     Set IntervaloE = Range("A1").Resize(LinhaFinal, PróxCol - 2)

    ' Usa o Filtro Avançado para obter uma lista exclusiva de clientes & produtos
    IntervaloE.AdvancedFilter Action:=xlFilterCopy, _
    CriteriaRange:=IntervaloC, CopyToRange:=IntervaloS, Unique:=True
    ' O acima também poderia ser escrito da seguinte forma:
    'IntervaloE.AdvancedFilter xlFilterCopy, IntervaloC, IntervaloS, True

    ' Determina quantas linhas exclusivas temos
    ÚltimaLinha = Cells(Rows.Count, PróxCol + 2).End(xlUp).Row

    ' Classifica os dados
     Cells(1, PróxCol + 2).Resize(ÚltimaLinha, 1).Sort Key1:=Cells(1, PróxCol), _
    NextCol + 2), Order1:=xlAscending, Header:=xlYes

End Sub
```

Unindo múltiplos critérios com um OU lógico

Talvez queiramos filtrar registros que batam com um critério ou outro. Por exemplo, podemos extrair clientes que compraram o produto M556 ou o produto M537. Isso é chamado de critério *OU lógico.*

Quando seus critérios precisarem ser unidos por um OU lógico, insira os critérios em linhas subsequentes do intervalo de critérios. Por exemplo, o intervalo de critérios exibido em J1:J3 da Figura 11-11 nos diz quais clientes pediram o produto M556 ou o produto W435.

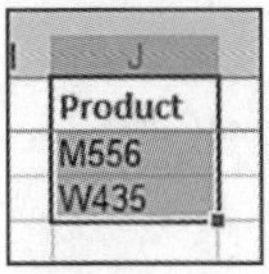

FIGURA 11-11 Insira critérios em linhas sucessivas para uni-los com um OU. Esse intervalo de critérios obtém os clientes que pediram o produto M556 ou o produto W435.

Unindo dois critérios com um E lógico

Às vezes, vamos querer filtrar registros que batem com um critério *e* com outro critério. Por exemplo, talvez queiramos extrair registros nos quais o produto vendido tenha sido o W435 *e* que a região seja a Oeste. Isso é chamado de um *E lógico.*

Para unir dois critérios com um E, insira ambos os critérios na mesma linha do intervalo de critérios. Por exemplo, o intervalo de critérios exibido em J1:K2 da Figura 11-12 obtém os clientes que pediram o produto W435 na região Oeste.

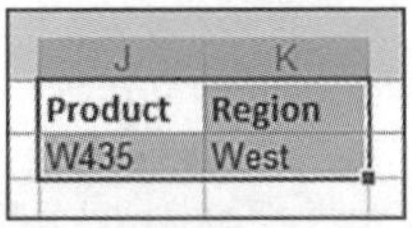

FIGURA 11-12 Insira critérios na mesma linha para uni-los com um E. O intervalo de critérios em J1:K2 obtém clientes da região Oeste que tenham pedido o produto W435.

Outros intervalos de critérios ligeiramente complexos

O intervalo de critérios exibido na Figura 11-13 se baseia em dois campos diferentes que são unidos com um OU. A pesquisa encontra todos os registros da região Oeste ou cujo produto seja o W435.

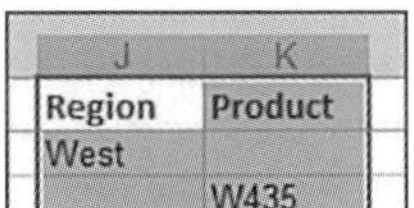

FIGURA 11-13 O intervalo de critérios em J1:K3 retorna registros nos quais a região seja Oeste ou o produto seja W435.

O critério mais complexo: substituindo a lista de valores por uma condição criada em resultado de uma fórmula

Podemos ter um intervalo de critérios com múltiplos critérios E e OU lógicos juntos. Embora isso funcione em algumas situações, em outros cenários perdemos o controle do mesmo rapidamente. Felizmente, o Excel permite critérios nos quais os registros são selecionados em resultado de uma fórmula para lidar com essa situação.

Estudo de caso : trabalhando com critérios muito complexos

Nossos clientes gostaram tanto do relatório "Criar um Cliente" que nos contrataram para escrever um novo relatório. Nesse caso, eles poderiam selecionar qualquer cliente, produto, região ou uma combinação deles. Podemos rapidamente adaptar o userform `frmRelatório` para exibir três caixas de listagem, tal como vemos na Figura 11-14.

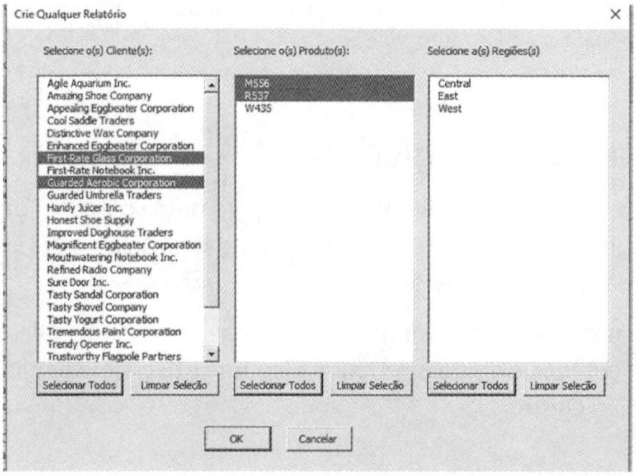

FIGURA 11-14 Esse formulário superflexível permite que nossos clientes executem qualquer tipo de relatório que puderem imaginar. Porém, ele gera alguns intervalos de critérios assustadores, a menos que encontremos uma saída. No nosso primeiro teste, vamos imaginar que selecionamos dois clientes e dois produtos. Nesse caso, o programa precisará criar um intervalo de critérios de cinco linhas, tal como exibido na Figura 11-15. Isso não é tão ruim.

J	K
Customer	Product
First-Rate Glass Corporation	R537
First-Rate Glass Corporation	M556
Guarded Aerobic Corporation	R537
Guarded Aerobic Corporation	M556

FIGURA 11-15 Esse intervalo de critérios retorna quaisquer registros nos quais os dois clientes selecionados encomendaram algum dos dois produtos selecionados.

Isso ficaria confuso se alguém selecionasse 10 produtos, todas as regiões, com exceção da sua, e todos os clientes, com exceção dos internos. Nosso intervalo de critérios precisaria de combinações exclusivas dos campos selecionados. Isso poderia facilmente ser 10 produtos vezes 9 regiões vezes 499 clientes — ou mais de 44 mil linhas de intervalo de critérios. Não demoraríamos para acabar com um intervalo de critérios que abrangesse milhares de linhas e três colunas. Certa vez, eu fui tolo o suficiente para realmente tentar executar um filtro avançado com um intervalo de critérios assim. Ele ainda estaria tentando fazer os cálculos se eu não tivesse reiniciado o computador.

A solução para esse relatório é substituir as listas de valores por uma condição baseada em fórmulas.

Configurando uma condição em resultado de uma fórmula

Surpreendentemente, existe uma versão obscura dos critérios do Filtro Avançado que pode substituir o intervalo de critérios de 44 mil linhas do estudo de caso anterior. Na forma alternativa do intervalo de critérios, a linha de cima é deixada em branco. Não temos nenhum cabeçalho acima dos critérios. O critério definido na linha 2 é uma fórmula que resulta em `Verdadeiro` ou `Falso`. Se a fórmula possuir alguma referência relativa à linha 2 do intervalo de dados, o Excel comparará essa fórmula com cada linha do intervalo de dados, uma a uma.

Por exemplo, se quisermos todos os registros nos quais o Percentual de Lucro Bruto esteja abaixo de 53%, a fórmula criada em J2 fará referência ao lucro em H2 e à receita em F2. Precisamos deixar J1 em branco para dizer ao Excel que estamos usando um critério calculado. A célula J2 contém a fórmula `=(H2/F2)<0,53`. O intervalo de critérios para o filtro avançado seria especificado como `J1:J2`.

À medida que executa o filtro avançado, o Excel copia a fórmula de forma lógica e a aplica a todas as linhas do banco de dados. Em todos os lugares que a fórmula avaliar como `Verdadeiro`, o registro será incluído no intervalo de saída.

Isso é incrivelmente poderoso e é executado com bastante rapidez. Podemos combinar múltiplas fórmulas nas colunas ou linhas adjacentes para unir os critérios da fórmula com E ou OU, da mesma forma como fazemos com critérios normais.

Nota A linha 1 do intervalo de critérios não precisa ficar em branco, mas ela não pode conter palavras que formem o cabeçalho do intervalo de dados. Talvez possamos usar essa linha para explicar que a pessoa deve consultar esta página do livro para obter uma explicação sobre esses critérios calculados.

Estudo de caso: usando condições baseadas em fórmulas na interface de usuário do Excel

Podemos usar condições baseadas em fórmulas para resolver o problema do relatório apresentado no estudo de caso anterior. A Figura 11-16 apresenta o fluxo envolvido na configuração de uma condição baseada em fórmulas.

Para ilustrar, à direita do intervalo de critérios, defina uma coluna de células com a lista dos clientes selecionados. Atribua um nome ao intervalo, tal como MeusClnt. Na célula J2 do intervalo de critérios, insira uma fórmula, tal como `=NÃO(É.NÃO.DISP(CORRESP(D2, MeusClnt,0)))`.

À direita do intervalo MeusClnt, defina um intervalo com uma lista de produtos selecionados. Atribua a esse intervalo o nome de MeusProd. Em K2 do intervalo de critérios, adicione esta fórmula para verificar os produtos: `=NÃO(É.NÃO.DISP(CORRESP(B2,MeusProd,0)))`.

À direita do intervalo MeusProd, defina um intervalo com a lista de regiões selecionadas. Atribua a esse intervalo o nome de MinhasReg. Em L2 do intervalo de critérios, adicione esta fórmula para verificar as regiões selecionadas: `=NÃO(É.NÃO.DISP(CORRESP(A2, MinhasReg,0)))`.

Agora, com o intervalo de critérios de J1:L2, podemos efetivamente obter os registros que correspondam com qualquer combinação de seleções do userform.

FIGURA 11-16 Esses são os passos lógicos do uso das condições baseadas em fórmulas para resolver o problema.

Usando condições baseadas em fórmulas com o VBA

Voltando ao userform exibido na Figura 11-14, podemos usar condições baseadas em fórmulas para filtrar o relatório usando o userform. Abaixo, temos o código para esse userform. Observe a lógica de `BotãoOK_Click`, que cria a fórmula. A Figura 11-17 apresenta a planilha do Excel logo antes da execução do filtro avançado.

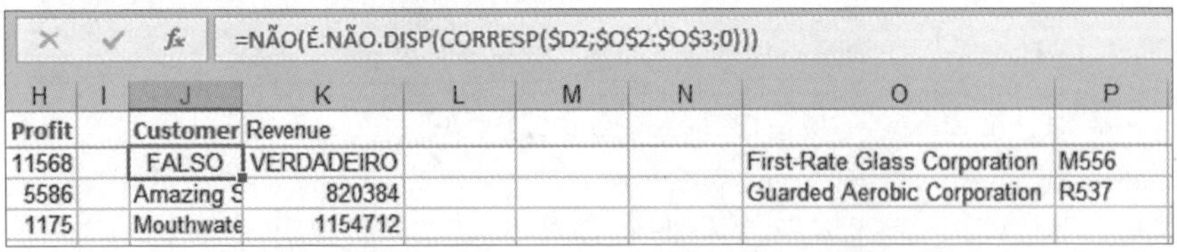

=NÃO(É.NÃO.DISP(CORRESP($D2;$O$2:$O$3;0)))

H	I	J	K	L	M	N	O	P
Profit		Customer	Revenue					
11568		FALSO	VERDADEIRO				First-Rate Glass Corporation	M556
5586		Amazing S	820384				Guarded Aerobic Corporation	R537
1175		Mouthwate	1154712					

FIGURA 11-17 Vemos aqui a planilha antes de a macro executar o filtro avançado.

O código abaixo inicializa o userform. Três filtros avançados encontram a lista exclusiva de clientes, produtos e regiões:

```
Private Sub UserForm_Initialize()
   Dim IntervaloE As Range
   Dim IntervaloS As Range

    ' Obtém o tamanho do conjunto de dados de hoje
    LinhaFinal = Cells(Rows.Count, 1).End(xlUp).Row
    PróxCol = Cells(1, Columns.Count).End(xlToLeft).Column + 2

    ' Define o intervalo de entrada
    Set IntervaloE = Range("A1").Resize(LinhaFinal, PróxCol - 2)

    ' Define o intervalo de saída para Cliente. Copia o cabeçalho de D1 ali
    Range("D1").Copy Destination:=Cells(1, PróxCol)
    Set IntervaloS = Cells(1, PróxCol)

    ' Usa o Filtro Avançado para obter uma lista exclusiva de clientes
    IntervaloE.AdvancedFilter Action:=xlFilterCopy, CriteriaRange:="", _
    CopyToRange:=IntervaloS, Unique:=True

    ' Determina quantos clientes exclusivos temos
    ÚltimaLinha = Cells(Rows.Count, PróxCol).End(xlUp).Row

    ' Classifica os dados
    Cells(1, PróxCol).Resize(ÚltimaLinha, 1).Sort Key1:=Cells(1, PróxCol), _
    Order1:=xlAscending, Header:=xlYes

    With Me.rtClnt
    .RowSource = ""
    .List = Application.Transpose( _
    Cells(2, PróxCol).Resize(ÚltimaLinha-1,1))
    End With

    ' Apaga a lista temporária de clientes
     Cells(1, PróxCol).Resize(ÚltimaLinha, 1).Clear

    ' Define um intervalo de saída para o produto. Copia o cabeçalho de D1 ali
    Range("B1").Copy Destination:=Cells(1, PróxCol)
    Set IntervaloS = Cells(1, PróxCol)

    ' Usa o Filtro Avançado para obter uma lista exclusiva de clientes
    IntervaloE.AdvancedFilter Action:=xlFilterCopy, _
    CopyToRange:=IntervaloS, Unique:=True

    ' Determina quantos clientes exclusivos temos
     ÚltimaLinha = Cells(Rows.Count, PróxCol).End(xlUp).Row

    ' Classifica os dados
    Cells(1, PróxCol).Resize(ÚltimaLinha, 1).Sort Key1:=Cells(1, PróxCol), _
    Order1:=xlAscending, Header:=xlYes

    With Me.rtProduto
```

```
    .RowSource = ""
    ' A lista deve atravessar, então transponha os dados verticais.
    .List = Application.Transpose( _
    Cells(2, PróxCol).Resize(ÚltimaLinha-1,1))
    End With

    ' Apaga a lista temporária de clientes
    Cells(1, PróxCol).Resize(ÚltimaLinha, 1).Clear

    ' Define o intervalo de saída para Região. Copia o cabeçalho de A1 ali
    Range("A1").Copy Destination:=Cells(1, PróxCol)
    Set IntervaloS = Cells(1, PróxCol)

    ' Usa o Filtro Avançado para obter uma lista exclusiva de clientes
    IntervaloE.AdvancedFilter Action:=xlFilterCopy, CopyToRange:=IntervaloS, _
    Unique:=True

    ' Determina quantos clientes exclusivos temos
    ÚltimaLinha = Cells(Rows.Count, PróxCol).End(xlUp).Row

    ' Classifica os dados
    Cells(1, PróxCol).Resize(ÚltimaLinha, 1).Sort Key1:=Cells(1, PróxCol), _
       Order1:=xlAscending, Header:=xlYes

    With Me.rtRegião
      .RowSource = ""
      .List = Application.Transpose( _
       Cells(2, PróxCol).Resize(ÚltimaLinha-1,1))
    End With

    ' Apaga a lista temporária de clientes
    Cells(1, PróxCol).Resize(ÚltimaLinha, 1).Clear
End Sub
```

Estes pequenos procedimentos são executados quando alguém clica em Marcar Todos ou Desmarcar Todos no userform da Figura 11-14:

```
Private Sub BotãoCancelar_Click()
    Unload Me
End Sub

Private Sub bcSubTudo_Click()
    For i = 0 To rtClnt.ListCount - 1
     Me.rtClnt.Selected(i) = True
    Next i
End Sub

Private Sub bcSubLimpar_Click()
    For i = 0 To rtClnt.ListCount - 1
     Me.rtClnt.Selected(i) = False
    Next i
End Sub
```

```
Private Sub BotãoComando1_Click()
    ' Limpa todos os produtos
    For i = 0 To rtProduto.ListCount - 1
     Me.rtProduto.Selected(i) = False
   Next i
End Sub

Private Sub BotãoComando2_Click()
    ' Marca todos os produtos
     For i = 0 To rtProduto.ListCount - 1
      Me.rtProduto.Selected(i) = True
    Next i
End Sub

Private Sub BotãoComando3_Click()
    ' Limpa todas as regiões
    For i = 0 To rtRegião.ListCount - 1
     Me.rtRegião.Selected(i) = False
    Next i
End Sub

Private Sub BotãoComando4_Click()
    ' Marca todas as regiões
    For i = 0 To rtRegião.ListCount - 1
     Me.rtRegião.Selected(i) = True
    Next i
End Sub
```

O código a seguir está ligado ao botão OK. Ele cria os três intervalos em O, P e Q que listam os clientes, produtos e regiões selecionados. O verdadeiro intervalo de critérios é composto de três células em branco em J1:L1 e, então, de três fórmulas em J2:L2:

```
Private Sub BotãoOK_Click()
    Dim IntervaloC As Range, IntervaloE As Range, IntervaloS As Range
   ' Cria um critério complexo que une todas as opções com E
    PróxColC = 10
    PróxColT = 15

    For j = 1 To 3
    Select Case j
      Case 1
       MeuControle = "rtClnt"
       MinhaColuna = 4
     Case 2
        MeuControle = "rtProduto"
        MinhaColuna = 2
 Case 3
        MeuControle = "rtRegião"
        MinhaColuna = 1
 End Select
 PróxLin = 2
```

```
' Verifica o que foi selecionado.
For i = 0 To Me.Controls(MeuControle).ListCount - 1
If Me.Controls(MeuControle).Selected(i) = True Then
    Cells(PróxLin, PróxColT).Value = _
      Me.Controls(MeuControle).List(i)
    PróxLin = PróxLin + 1
End If
Next i
' Se alguma coisa foi selecionada, cria uma nova fórmula de critérios
If PróxLin > 2 Then
   ' a referência à Linha 2 deve ser relativa para funcionar
    MinhaFórmula = "=NOT(ISNA(MATCH(RC" & MinhaColuna & ",R2C" & _
      PróxColT & ":R" & PróxLin - 1 & "C" & PróxColT & ",0)))"
    Cells(2, PróxColC).FormulaR1C1 = MinhaFórmula
    PróxColT = PróxColT + 1
    PróxColC = PróxColC + 1
  End If
Next j
Unload Me

' A Figura 11-17 apresenta a planilha neste ponto
' Se criarmos algum critério, define o intervalo de critérios
If PróxColC > 10 Then
    Set IntervaloC = Range(Cells(1, 10), Cells(2, PróxColC - 1))
    Set IntervaloE = Range("A1").CurrentRegion
    Set IntervaloS = Cells(1, 20)
    'IntervaloE.AdvancedFilter xlFilterCopy, IntervaloC, IntervaloS

Limpa os critérios
Cells(1, 10).Resize(1, 10).EntireColumn.Clear
End If

' Neste ponto, os registros correspondentes estarão em T1

End Sub
```

A Figura 11-17 apresenta a planilha logo antes do método `AdvancedFilter` ser chamado. O usuário selecionou clientes, produtos e regiões. A macro criou tabelas temporárias nas colunas O, P e Q para mostrar quais valores o usuário selecionou. O intervalo de critérios é J1:L2. A fórmula de critérios em J2 verifica se o valor em $D2 está na lista de clientes selecionados em O. As fórmulas em K2 e L2 comparam $B2 com a coluna P e $A2 com a coluna Q.

> **Nota** A Ajuda do VBA do Excel diz que, se não especificarmos um intervalo de critérios, nenhum critério será usado. Isso não acontece nos Excel 2013, 2016 e 2019. Se nenhum critério for especificado nessas versões do Excel, o filtro avançado herdará o intervalo de critérios do filtro avançado anterior. Devemos incluir `CriteriaRange:=""` para limpar o valor anterior.

Usando condições baseadas em fórmulas para retornar registros acima da média

Os critérios de fórmulas de condições baseadas em fórmulas são legais, mas são um recurso raramente usado de uma função raramente usada. Alguns aplicativos interessantes de negócios usam essa técnica. Por exemplo, esta fórmula de critérios encontraria todas as linhas acima da média dentro do conjunto de dados:

```
=$A2>MÉDIA($A$2:$A$1048576)
```

Usando o filtrar no local do Filtro Avançado

Podemos filtrar um grande conjunto de dados no mesmo local. Nesse caso, não precisamos de um intervalo de saída. Em geral, especificaríamos um intervalo de critérios. Caso contrário, retornaríamos 100% dos registros, e não precisaríamos usar o filtro avançado!

Na interface de usuário do Excel, Filtrar no Local faz sentido: podemos facilmente examinar a lista filtrada, procurando por alguma coisa específica.

Executar um filtrar no local no VBA é um pouco menos conveniente. A única boa maneira de examinar os registros filtrados por meio de programação é usar a opção `xlCellTypeVisible` do método `SpecialCells`. Na interface de usuário do Excel, a ação equivalente seria selecionar Página Inicial, Localizar e Selecionar, Ir Para Especial. Na caixa de diálogo Ir Para Especial, selecione Somente Células Visíveis.

Para Filtrar no Local, use a constante `XLFilterInPlace` como o parâmetro `Action` do comando `AdvancedFilter` e remova CopyToRange do comando:

```
IntervaloE.AdvancedFilter Action:=xlFilterInPlace, CriteriaRange:=IntervaloC, _
 Unique:=False
```

Então, usamos este equivalente em programação do loop utilizando Somente Células Visíveis:

```
For Each cell In Range("A2:A" & LinhaFinal).SpecialCells(xlCellTypeVisible)
 Ctr = Ctr + 1
Next cell
MsgBox Ctr & " células correspondem aos critérios"
```

Se soubermos que não haverá células em branco nas células visíveis, podemos eliminar o loop com o seguinte:

```
Ctr = Application.Counta(Range("A2:A" & _
LinhaFinal).SpecialCells(xlCellTypeVisible))
```

Não obtendo registros ao usar filtrar no local

Assim como quando usamos Copy, precisamos estar alertas à possibilidade de não haver registros que correspondam aos critérios. Entretanto, nesse caso, será mais difícil perceber que nada foi retornado. Em geral, descobrimos isso quando o método `.SpecialCells` retorna o erro em tempo de execução 1004, indicando que nenhuma célula foi encontrada.

Para obter essa condição, precisamos definir uma verificação de erros a fim de antecipar o erro 1004 com o método SpecialCells.

```
On Error GoTo SemRegs
   For Each cell In _
     Range("A2:A" & LinhaFinal).SpecialCells(xlCellTypeVisible)
     Ctr = Ctr + 1
   Next cell
   On Error GoTo 0
   MsgBox Ctr & " células correspondem aos critérios"
   Exit Sub
SemRegs:
    MsgBox "Nenhum registro corresponde aos critérios"
End Sub
```

Nota **Veja** o Capítulo 24, "Lidando com erros", para obter mais informações sobre como interceptar erros.

Essa interceptação de erros funciona porque ela exclui especificamente a linha de cabeçalho do intervalo SpecialCells. A linha de cabeçalho sempre será visível depois de um filtro avançado. Incluí-la no intervalo evita que o erro 1004 aconteça.

Exibindo todos os registros depois de filtrar no local

Depois de filtrar no local, podemos fazer com que todos os registros sejam exibidos novamente, usando o método ShowAllData:

```
ActiveSheet.ShowAllData
```

O verdadeiro movedor de montanhas: xlFilterCopy com todos os registros em vez de apenas registros exclusivos

Os exemplos no início deste capítulo falaram sobre usar xlFilterCopy para obter uma lista exclusiva de valores de um campo. Usamos listas exclusivas de clientes, regiões e produtos para preencher as caixas de listagem dos nossos userforms de relatório.

Entretanto, um cenário mais comum é usar um filtro avançado para retornar todos os registros que batem com o critério. Depois de o usuário selecionar qual cliente inserir no relatório, um filtro avançado pode extrair todos os registros desse cliente.

Em todos os exemplos das seções a seguir, vamos precisar manter a caixa de seleção Somente Registros Exclusivos desmarcada. Podemos fazer isso no VBA especificando Unique:=False como um parâmetro do método AdvancedFilter. Isso não é difícil de fazer, e temos algumas opções poderosas. Se precisar apenas de um subconjunto de campos para o relatório, copie apenas os cabeçalhos desses campos no intervalo de saída. Se quisermos reordenar os campos para que eles apareçam exatamente como desejamos que apareçam no relatório, podemos fazer isso alterando a sequência dos cabeçalhos no intervalo de saída.

As próximas seções apresentarão três exemplos rápidos para mostrar quais opções temos disponíveis.

Copiar todas as colunas

Para copiar todas as colunas, especifique uma única célula em branco como o intervalo de saída. Você obterá todas as colunas desses registros que batem com os critérios, tal como ilustrado na Figura 11-18:

```
Sub TodasColunasUmCliente()
    Dim IntervaloE As Range
    Dim IntervaloS As Range
    Dim IntervaloC As Range

    ' Obtém o tamanho do conjunto de dados de hoje
    LinhaFinal = Cells(Rows.Count, 1).End(xlUp).Row
    PróxCol = Cells(1, Columns.Count).End(xlToLeft).Column + 2

    ' Define o intervalo de critérios com um cliente
    Cells(1, PróxCol).Value = Range("D1").Value
    ' Na verdade, esse valor deve ser passado do userform
    Cells(2, PróxCol).Value = Range("D2").Value
    Set IntervaloC = Cells(1, PróxCol).Resize(2, 1)

    ' Define o intervalo de saída. Ele é uma única célula em branco
    Set IntervaloS = Cells(1, PróxCol + 2)

    ' Define o intervalo de entrada
     Set IntervaloE = Range("A1").Resize(LinhaFinal, PróxCol - 2)

    ' Usa o Filtro Avançado para obter uma lista exclusiva de clientes & produtos
    IntervaloE.AdvancedFilter Action:=xlFilterCopy, _
     CriteriaRange:=IntervaloC, CopyToRange:=IntervaloS

End Sub
```

J	K	L	M	N	O
Customer		Region	Product	Date	Cust
Trustworthy Flagpole		East	R537	19-Jul-21	Trust
		East	W435	3-Sep-21	Trust
		West	M556	7-Sep-21	Trust
		Central	W435	9-Sep-21	Trust

FIGURA 11-18 Ao usarmos `xlFilterCopy` com um intervalo de saída em branco, obtemos todas as colunas na mesma ordem em que elas aparecem no intervalo da lista original.

Copiando e reordenando um subconjunto de colunas

Se estivermos criando um filtro avançado para enviar registros para um relatório, muito provavelmente vamos precisar apenas de um subconjunto de colunas, e talvez precisemos delas em uma sequência diferente.

Este exemplo conclui o exemplo de `frmRelatório`, que foi apresentado anteriormente neste capítulo. Como deve se lembrar, `frmRelatório` permite que o usuário selecione um cliente. Então, o botão OK chama a rotina `ExeRelatórioClnt`, passando um parâmetro a fim de identificar para qual cliente elaborar um relatório.

Imagine que esse seja um relatório que será enviado para o nosso cliente. Ele não se importa com a região ao redor, e não queremos revelar qual é o nosso custo de bens vendidos ou nosso lucro. Supondo que vamos inserir o nome do cliente no título do relatório, os campos necessários para gerar o relatório são Data, Quantidade, Produto e Receita.

O código a seguir copia esses cabeçalhos no intervalo de saída:

```
Sub ExeRelatórioClnt(QualClnt As Variant)
    Dim IntervaloE As Range
    Dim IntervaloS As Range
    Dim IntervaloC As Range
    Dim PTN As Workbook
    Dim PLN As Worksheet
    Dim PLO As Worksheet

   Set PLO = ActiveSheet
    ' Obtém o tamanho do conjunto de dados de hoje
    LinhaFinal = Cells(Rows.Count, 1).End(xlUp).Row
    PróxCol = Cells(1, Columns.Count).End(xlToLeft).Column + 2

    ' Define o intervalo de critérios com um cliente
    Cells(1, PróxCol).Value = Range("D1").Value
    Cells(2, PróxCol).Value = QualClnt
    Set IntervaloC = Cells(1, PróxCol).Resize(2, 1)

    ' Define o intervalo de saída. Queremos Data, Quantidade, Produto, Receita
    ' Essas colunas estão em C, E, B e F
    Cells(1, PróxCol + 2).Resize(1, 4).Value = _
    Array(Cells(1, 3), Cells(1, 5), Cells(1, 2), Cells(1, 6))
    Set IntervaloS = Cells(1, PróxCol + 2).Resize(1, 4)

    ' Define o intervalo de entrada
    Set IntervaloE = Range("A1").Resize(LinhaFinal, PróxCol - 2)

    ' Usa o Filtro Avançado para obter uma lista exclusiva de clientes & produtos
    IntervaloE.AdvancedFilter Action:=xlFilterCopy, _
    CriteriaRange:=IntervaloC, CopyToRange:=IntervaloS

    ' Cria uma nova pasta de trabalho com uma planilha em branco para armazenar a
```

```
saída
    ' xlWBATWorksheet é o nome modelo de uma única planilha
    Set PTN = Workbooks.Add(xlWBATWorksheet)
    Set PLN = PTN.Worksheets(1)

    ' Define um título em PLN
    PLN.Cells(1, 1).Value = "Relatório de Vendas para " & QualClnt

    ' Copia dados de PLO para PLN
    PLO.Cells(1, PróxCol + 2).CurrentRegion.Copy _
    Destination:=PLN.Cells(3, 1)
    LinhaTotal = PLN.Cells(Rows.Count, 1).End(xlUp).Row + 1
    PLN.Cells(LinhaTotal, 1).Value = "Total"
    PLN.Cells(LinhaTotal, 2).FormulaR1C1 = "=SUM(R2C:R[-1]C)"
    PLN.Cells(LinhaTotal, 4).FormulaR1C1 = "=SUM(R2C:R[-1]C)"

    ' Formata o novo relatório com negrito
    PLN.Cells(3, 1).Resize(1, 4).Font.Bold = True
    PLN.Cells(LinhaTotal, 1).Resize(1, 4).Font.Bold = True
    PLN.Cells(1, 1).Font.Size = 18

    PTN.SaveAs ThisWorkbook.Path & Application.PathSeparator & _
    QualClnt & ".xlsx"
    PTN.Close SaveChanges:=False

    PLO.Select

    ' limpa o intervalo de saída etc.
    Range("J:Z").Clear

End Sub
```

O filtro avançado produz os dados, tal como ilustrado na Figura 11-19. Então, o programa passa a copiar os registros correspondentes em uma nova pasta de trabalho. Um título e uma linha de total são adicionados, e o relatório é salvo com o nome do cliente. A Figura 11-20 apresenta o relatório final.

J	K	L	M	N	O	P
Customer		**Date**	**Product**	**Quantity**	**Revenue**	
Cool Saddle Traders		22-Jul-21	R537	400	9152	
		25-Jul-21	R537	600	13806	
		16-Aug-21	M556	400	7136	
		23-Sep-21	R537	100	2358	
		29-Sep-21	R537	100	1819	
		21-Oct-21	R537	100	2484	
		3-Mar-22	W435	200	4270	
		18-Aug-22	W435	700	12145	

FIGURA 11-19 Imediatamente depois do filtro avançado, temos apenas as colunas e registros necessários para o relatório.

	A	B	C	D	E	F
1	Report of Sales to Cool Saddle Traders					
2						
3	Date	Quantity	Product	Revenue		
4	22-Jul-21	400	R537	9152		
5	25-Jul-21	600	R537	13806		
6	16-Aug-21	400	M556	7136		
7	23-Sep-21	100	R537	2358		
8	29-Sep-21	100	R537	1819		
9	21-Oct-21	100	R537	2484		
10	3-Mar-22	200	W435	4270		
11	18-Aug-22	700	W435	12145		
12	Total	2600		53170		
13						

FIGURA 11-20 Depois de copiar os dados filtrados em uma nova planilha e aplicar alguma formatação, teremos um belo relatório para enviar a cada cliente.

Estudo de caso: utilizando dois tipos de filtros avançados para criar um relatório para cada cliente

O exemplo final de filtro avançado deste capítulo usa diversas técnicas de filtro avançado. Digamos que, depois de importar os registros de faturamento, queremos enviar um resumo de compras a cada cliente. O processo seria o seguinte:

1. Execute um filtro avançado, requisitando valores exclusivos, para obter uma lista dos clientes na coluna J. Esse `AdvancedFilter` especifica o parâmetro `Unique:=True` e usa um CopyToRange que inclui um único cabeçalho, Cliente:

```
' Define o intervalo de saída. Copia o cabeçalho de D1 ali
Range("D1").Copy Destination:=Cells(1, PróxCol)
Set IntervaloS = Cells(1, PróxCol)

' Define o intervalo de entrada
Set IntervaloE = Range("A1").Resize(LinhaFinal, PróxCol - 2)
' Usa o Filtro Avançado para obter uma lista exclusiva de clientes
IntervaloE.AdvancedFilter Action:=xlFilterCopy, CriteriaRange:="", _
 CopyToRange:=IntervaloS, Unique:=True
```

2. Para cada cliente na lista de clientes exclusivos da coluna J, execute os passos de 3 a 7. Encontre o número de clientes no intervalo de saída do passo 1. Depois, use `For Each Cell` para fazer um loop pelos clientes:

```
' Faz um loop por cada cliente
ClntFinal = Cells(Rows.Count, PróxCol).End(xlUp).Row
For Each cell In Cells(2, PróxCol).Resize(ClntFinal - 1, 1)
 EsteClnt = cell.Value
 ' ... Passos de 3 a 7 aqui.
Next Cell
```

3. Crie um intervalo de critérios em L1:L2 para ser usado em um novo filtro avançado. O intervalo de critério incluiria o cabeçalho Cliente em L1 e o nome do cliente dessa iteração do loop na célula L2:

```
' Define o intervalo de critérios com um cliente
Cells(1, PróxCol + 2).Value = Range("D1").Value
Cells(2, PróxCol + 2).Value = EsteClnt
Set IntervaloC = Cells(1, PróxCol + 2).Resize(2, 1)
```

4. Use um filtro avançado para copiar os registros correspondentes desse cliente na coluna N. Essa instrução `AdvancedFilter` especifica o parâmetro `Unique:=False`. Como queremos apenas as colunas Data, Quantidade, Produto e Receita, o CopyToRange especifica um intervalo de quatro colunas com esses cabeçalhos copiados na ordem apropriada:

```
' Define o intervalo de saída. Queremos Data, Quantidade, Produto, Receita
' Essas colunas estão em C, E, B e F
Cells(1, PróxCol + 4).Resize(1, 4).Value = _
Array(Cells(1, 3), Cells(1, 5), Cells(1, 2), Cells(1, 6))
Set IntervaloS = Cells(1, PróxCol + 4).Resize(1, 4)

' Usa o Filtro Avançado para obter uma lista exclusiva de clientes & produtos
IntervaloE.AdvancedFilter Action:=xlFilterCopy, CriteriaRange:=IntervaloC, _
 CopyToRange:=IntervaloS

' Usa o Filtro Avançado para obter uma lista exclusiva de clientes
IntervaloE.AdvancedFilter Action:=xlFilterCopy, CriteriaRange:="", _
 CopyToRange:=IntervaloS, Unique:=True
```

5. Para cada cliente na lista de clientes exclusivos da coluna J, execute os passos de 3 a 7. Encontre o número de clientes no intervalo de saída do passo 1. Depois, use `For Each Cell` para fazer um loop pelos clientes:

```
' Faz um loop por cada cliente
ClntFinal = Cells(Rows.Count, PróxCol).End(xlUp).Row
For Each cell In Cells(2, PróxCol).Resize(ClntFinal - 1, 1)
 EsteClnt = cell.Value
 ' ... Passos de 3 a 7 aqui.
Next Cell
```

6. Crie um intervalo de critérios em L1:L2 para ser usado em um novo filtro avançado. O intervalo de critério incluiria o cabeçalho Cliente em L1 e o nome do cliente dessa iteração do loop na célula L2:

```
' Define o intervalo de critérios com um cliente
Cells(1, PróxCol + 2).Value = Range("D1").Value
Cells(2, PróxCol + 2).Value = EsteClnt
Set IntervaloC = Cells(1, PróxCol + 2).Resize(2, 1)
```

7. Use um filtro avançado para copiar os registros correspondentes desse cliente na coluna N. Essa instrução `AdvancedFilter` especifica o parâmetro `Unique:=False`. Como queremos apenas as colunas Data, Quantidade, Produto e Receita, o CopyToRange especifica um intervalo de quatro colunas com esses cabeçalhos copiados na ordem apropriada:

```
' Define o intervalo de saída. Queremos Data, Quantidade, Produto, Receita
' Essas colunas estão em C, E, B e F
Cells(1, PróxCol + 4).Resize(1, 4).Value = _
Array(Cells(1, 3), Cells(1, 5), Cells(1, 2), Cells(1, 6))
Set IntervaloS = Cells(1, PróxCol + 4).Resize(1, 4)

' Usa o Filtro Avançado para obter uma lista exclusiva de clientes & produtos
IntervaloE.AdvancedFilter Action:=xlFilterCopy, CriteriaRange:=IntervaloC, _
 CopyToRange:=IntervaloS
```

8. Copie os registros de clientes em uma planilha de relatório em uma nova pasta de trabalho. O código VBA usa o método `Workbooks.Add` para criar uma nova pasta de trabalho em branco. Usamos o nome modelo `xlWBATWorksheet` para especificar que queremos uma pasta de trabalho com uma única planilha. Os registros extraídos do passo 4 são copiados na célula A3 da nova pasta de trabalho:

```
' Cria uma nova pasta de trabalho com uma planilha em branco para armazenar
a saída
Set PTN = Workbooks.Add(xlWBATWorksheet)
Set PLN = PTN.Worksheets(1)
' Copia dados de PLO para PLN
PLO.Cells(1, PróxCol + 4).CurrentRegion.Copy _
Destination:=PLN.Cells(3, 1)
```

9. Formate o relatório com um título e totais. No VBA, adicione um título que reflita o nome do cliente na célula A1. Coloque os cabeçalhos em negrito e acrescente um total abaixo da última linha:

```
' Define um título em PLN
PLN.Cells(1, 1).Value = "Relatório de Vendas para " & EsteClnt

LinhaTotal = PLN.Cells(Rows.Count, 1).End(xlUp).Row + 1
PLN.Cells(LinhaTotal, 1).Value = "Total"
PLN.Cells(LinhaTotal, 2).FormulaR1C1 = "=SUM(R2C:R[-1]C)"
PLN.Cells(LinhaTotal, 4).FormulaR1C1 = "=SUM(R2C:R[-1]C)"

' Formata o novo relatório com negrito
PLN.Cells(3, 1).Resize(1, 4).Font.Bold = True
PLN.Cells(LinhaTotal, 1).Resize(1, 4).Font.Bold = True
PLN.Cells(1, 1).Font.Size = 18
```

10. Use `SaveAs` para salvar a pasta de trabalho com base no nome do cliente. Depois de salvar a pasta de trabalho, feche a nova pasta de trabalho. Retorne para a pasta de trabalho original e limpe o intervalo de saída para preparar a nova passada pelo loop:

```
PTN.SaveAs ThisWorkbook.Path & Application.PathSeparator & _
 QualClnt & ".xlsx"
PTN.Close SaveChanges:=False
PLO.Select
' Libera a memória definindo as variáveis de objeto como nada
```

```
Set PLN = Nothing
Set PTN = Nothing
' limpa o intervalo de saída, etc.
Cells(1, PróxCol + 2).Resize(1, 10).EntireColumn.Clear
```

O código completo é o seguinte:

```
Sub GerarRelatórioParaCadaCliente()
 Dim IntervaloE As Range
 Dim IntervaloS As Range
 Dim IntervaloC As Range
 Dim PTN As Workbook
 Dim PLN As Worksheet
 Dim PLO As Worksheet

 Set PLO = ActiveSheet
 ' Obtém o tamanho do conjunto de dados de hoje
LinhaFinal = Cells(Rows.Count, 1).End(xlUp).Row
 PróxCol = Cells(1, Columns.Count).End(xlToLeft).Column + 2
 ' Primeiro - obtém uma lista exclusiva dos clientes em J
 ' Define o intervalo de saída. Copia o cabeçalho de D1 ali

 Range("D1").Copy Destination:=Cells(1, PróxCol)
 Set IntervaloS = Cells(1, PróxCol)

 ' Define o intervalo de entrada
 Set IntervaloE = Range("A1").Resize(LinhaFinal, PróxCol - 2)

 ' Usa o Filtro Avançado para obter uma lista exclusiva de clientes
 IntervaloE.AdvancedFilter Action:=xlFilterCopy, CriteriaRange:="", _
 CopyToRange:=IntervaloS, Unique:=True
' Faz um loop por cada cliente
 ClntFinal = Cells(Rows.Count, PróxCol).End(xlUp).Row
 For Each cell In Cells(2, PróxCol).Resize(ClntFinal - 1, 1)
 EsteClnt = cell.Value

 ' Define o intervalo de critérios com um cliente
 Cells(1, PróxCol + 2).Value = Range("D1").Value
 Cells(2, PróxCol + 2).Value = EsteClnt
 Set IntervaloC = Cells(1, PróxCol + 2).Resize(2, 1)

 ' Define o intervalo de saída. Queremos Data, Quantidade, Produto, Receita
 ' Essas colunas estão em C, E, B e F
 Cells(1, PróxCol + 4).Resize(1, 4).Value = _
Array(Cells(1, 3), Cells(1, 5), Cells(1, 2), Cells(1, 6))
 Set IntervaloS = Cells(1, PróxCol + 4).Resize(1, 4)
```

```
' Filtro Avan. para clientes & produtos exclusivos
IntervaloE.AdvancedFilter Action:=xlFilterCopy, _
CriteriaRange:=IntervaloC, _
CopyToRange:=IntervaloS

' Cria uma nova pasta de trabalho com uma planilha em branco para armazenar
a saída
Set PTN = Workbooks.Add(xlWBATWorksheet)
Set PLN = PTN.Worksheets(1)
' Copia dados de PLO para PLN
PLO.Cells(1, PróxCol + 4).CurrentRegion.Copy _
Destination:=PLN.Cells(3, 1)

' Define um título em PLN
PLN.Cells(1, 1).Value = "Relatório de Vendas para " & EsteClnt

LinhaTotal = PLN.Cells(Rows.Count, 1).End(xlUp).Row + 1
PLN.Cells(LinhaTotal, 1).Value = "Total"
PLN.Cells(LinhaTotal, 2).FormulaR1C1 = "=SUM(R2C:R[-1]C)"
PLN.Cells(LinhaTotal, 4).FormulaR1C1 = "=SUM(R2C:R[-1]C)"

' Formata o novo relatório com negrito
PLN.Cells(3, 1).Resize(1, 4).Font.Bold = True
PLN.Cells(LinhaTotal, 1).Resize(1, 4).Font.Bold = True
PLN.Cells(1, 1).Font.Size = 18
PTN.SaveAs ThisWorkbook.Path & Application.PathSeparator & _
QualClnt & ".xlsx"
PTN.Close SaveChanges:=False
PLO.Select
Set PLN = Nothing

Set PTN = Nothing

' limpa o intervalo de saída etc.
Cells(1, PróxCol + 2).Resize(1, 10).EntireColumn.Clear
Next cell

Cells(1, PróxCol).EntireColumn.Clear
MsgBox ClntFinal - 1 & " Relatórios foram criados!"
End Sub
```

Essas são incríveis 58 linhas de código. Incorporando um par de filtros avançados e não muito mais do que isso, conseguimos criar uma ferramenta que gerou 27 relatórios em menos de 1 minuto. Mesmo um usuário avançado de Excel normalmente levaria de 2 a 3 minutos por relatório para criá-los manualmente. Em menos de 60 segundos, esse código economizará algumas horas a alguém toda vez que esses relatórios precisarem ser criados. Imagine um cenário real no qual temos centenas de clientes. Sem dúvida, existem pessoas em todas as cidades que geram esses relatórios manualmente no Excel porque elas simplesmente não percebem o quão poderoso é o VBA do Excel.

Excel na prática: desativando alguns menus suspensos no AutoFiltro

O VBA do Excel realiza um truque muito legal que só ele pode fazer. Ao passarmos uma lista pelo AutoFiltro da interface de usuário do Excel, todas as colunas do conjunto de dados ganham uma seta suspensa na linha de cabeçalhos. Às vezes, temos um campo que não faz muito sentido para o AutoFiltro. Por exemplo, no nosso conjunto de dados atual, talvez queiramos fornecer menus suspensos de AutoFiltro para Região, Produto e Cliente, mas não os campos numéricos ou de datas. Depois de configurar o AutoFiltro, precisamos de uma linha de código para desligar cada menu suspenso que não desejamos que apareça. O seguinte código desativa os menus suspensos para as colunas C, E, F, G e H:

```
Sub AutoFiltroPersonalizado()
 Range("A1").AutoFilter Field:=3, VisibleDropDown:=False
 Range("A1").AutoFilter Field:=5, VisibleDropDown:=False
 Range("A1").AutoFilter Field:=6, VisibleDropDown:=False
 Range("A1").AutoFilter Field:=7, VisibleDropDown:=False
 Range("A1").AutoFilter Field:=8, VisibleDropDown:=False
End Sub
```

Usar essa ferramenta é muito raro. Na maioria das vezes, o VBA do Excel nos permite fazer coisas que são possíveis na interface de usuário — e nos permite fazer isso com rapidez. O parâmetro `VisibleDropDown`, na verdade, nos permite fazer algo no VBA que geralmente não está disponível na interface de usuário do Excel. Nossos clientes bem-informados vão ficar coçando a cabeça, tentando descobrir como configuramos esse fantástico filtro automático com apenas algumas colunas filtráveis (veja a Figura 11-21).

	A	B	C	D	E
1	Region	Produc	Date	Customer	Quantity
2	East	R537	19-Jul-21	Trustworthy Flagpole Partners	1000
3	East	M556	20-Jul-21	Amazing Shoe Company	500
4	Central	W435	20-Jul-21	Amazing Shoe Company	100
5	Central	R537	21-Jul-21	Mouthwatering Notebook Inc.	500
6	East	R537	22-Jul-21	Cool Saddle Traders	400
7	East	W435	22-Jul-21	Tasty Shovel Company	800

FIGURA 11-21 Usando o VBA, podemos definir um filtro automático no qual apenas certas colunas têm a seta suspensa de AutoFiltro.

Para limpar o filtro da coluna de clientes, usamos este código:

```
Sub FiltroSimples()
 Worksheets("RelatórioVendas").Select
 Range("A1").AutoFilter
 Range("A1").AutoFilter Field:=4
End Sub
```

Próximos passos

Este capítulo apresenta diversas técnicas de relatórios disponíveis por meio da misteriosa ferramenta Filtro Avançado. O Capítulo 12, "Usando o VBA para criar tabelas dinâmicas", introduz o recurso mais poderoso do Excel: a tabela dinâmica. A combinação de filtros avançados e tabelas dinâmicas pode nos ajudar a criar ferramentas de geração de relatórios que tornam aplicativos incríveis possíveis.

CAPÍTULO 12

Usando o VBA para criar tabelas dinâmicas

Neste capítulo, você vai:

- Descobrir como as tabelas dinâmicas evoluíram.
- Criar uma tabela dinâmica.
- Usar recursos avançados de tabelas dinâmicas.
- Filtrar um conjunto de dados.
- Usar o Modelo de Dados do Excel 2019.
- Usar outros recursos de tabelas dinâmicas.

As tabelas dinâmicas são as ferramentas mais poderosas que o Excel tem a oferecer. Seu conceito foi posto em prática pela primeira vez pelo Lotus, com seu produto Improv.

Eu amo as tabelas dinâmicas porque elas nos ajudam a resumir enormes quantidades de dados com rapidez. O nome *tabela dinâmica* vem da possibilidade de podermos arrastar campos na lista de Campos de Tabela Dinâmica e fazer com que sejam recalculados. Podemos usar uma tabela dinâmica básica para produzir um resumo conciso em segundos. No entanto, as tabelas dinâmicas são tão variadas que podem ser as ferramentas-padrão para diversos fins. Podemos criar tabelas dinâmicas para servirem de mecanismos de cálculo para gerar relatórios por loja ou por estilo, ou para encontrar os 5 maiores ou os 10 menores de qualquer coisa.

Não estou sugerindo que devemos usar o VBA para criar tabelas dinâmicas para os usuários. Antes, sugiro que as tabelas dinâmicas sejam usadas como um meio para um fim — extrair um resumo de dados que podemos usar para melhores fins.

Entendendo como as tabelas dinâmicas evoluíram nas várias versões do Excel

À medida que a Microsoft investiu em fazer com que o Excel se tornasse a escolha número um na área de inteligência empresarial, as tabelas dinâmicas continuaram a evoluir. Elas foram introduzidas no Excel 5 e aperfeiçoadas no Excel 97. No Excel 2000, a criação de tabelas dinâmicas no VBA foi dramaticamente alterada. Novos parâmetros foram adicionados no Excel 2002. Novas propriedades, tais como `PivotFilters` e `TableStyle2`, foram adicionadas no Excel 2007. Estas são algumas alterações que a Microsoft fez nas quatro versões mais recentes:

- O Excel 2010 introduziu as segmentações de dados, Repetir Todos os Rótulos de Item, Conjuntos Nomeados e várias outras opções de cálculos: `xlPercentOfParentColumn`, `xlPercentOfParentRow`, `xlPercentRunningTotal`, `xlRankAscending` e `xlRankDescending`. Elas não funcionam no Excel 2007.

- O Excel 2013 introduziu as linhas do tempo, a função `xlDistinctCount` e o Modelo de Dados Power Pivot. Podemos adicionar tabelas ao Modelo de Dados, criar uma relação e gerar uma tabela dinâmica, mas esse código não funciona no Excel 2010 ou nas versões anteriores.
- O Excel 2016 introduziu o autoagrupamento para datas. Embora automático, ele não afeta as tabelas dinâmicas criadas com o VBA.
- O Excel 2019 introduziu os padrões de tabelas dinâmicas. Isso não afeta as tabelas dinâmicas criadas com VBA.

Devido a todas as mudanças de versão para versão, precisamos ter muito cuidado ao escrever códigos no Excel 2019 que possam ser executados em outras versões.

Nota A maioria dos códigos deste capítulo funciona no Excel 2010 e nos mais recentes. Embora este livro não contenha códigos para o Excel 2007, um exemplo dele foi incluído no arquivo de exemplos deste capítulo. A listagem de códigos deste capítulo está disponível para download no site http://www.MrExcel.com/getcode2019.html 9 (conteúdo em inglês).

Criando uma tabela dinâmica com o VBA do Excel

Como mencionado anteriormente, este capítulo não quer insinuar que devemos utilizar o VBA para criar tabelas dinâmicas para os nossos clientes. Em vez disso, o objetivo deste capítulo é nos lembrar de que podemos usar as tabelas dinâmicas como um meio para um fim: podemos usar uma tabela dinâmica para extrair um resumo de dados e, então, usar esse resumo em outro local.

Nota Embora a interface de usuário do Excel tenha seus nomes para as várias seções de uma tabela dinâmica, o código VBA continua a fazer referência aos nomes antigos. A Microsoft decidiu fazer isso porque, caso contrário, milhões de linhas de código deixariam de funcionar no Excel 2007 porque elas fariam referência a *PageFields* em vez de um *campo de filtro*. Atualmente, as quatro seções de uma tabela dinâmica na interface de usuário do Excel são Filtro, Colunas, Linhas e Valores, mas o VBA continua a usar os termos antigos: PageFields, ColumnFields, RowFields e DataFields.

Definindo o cache dinâmico

Na primeira parte deste capítulo, o conjunto de dados é formado por 8 colunas e 5 mil linhas, tal como podemos ver na Figura 12-1. As macros criam uma tabela dinâmica normal a partir dos dados da planilha de trabalho. Perto do fim do capítulo, um exemplo mostrará como criar uma tabela dinâmica com base em um Modelo de Dados e no Power Pivot.

	A	B	C	D	E	F	G	H
1	Region	Product	Date	Customer	Quantity	Revenue	COGS	Profit
2	West	D625	1/4/2021	Guarded Kettle Corporati	430	10937	6248	4689
3	Central	A292	1/4/2021	Mouthwatering Jewelry C	400	8517	4564	3953
4	West	B722	1/4/2021	Agile Glass Supply	940	23188	11703	11485
5	Central	E438	1/4/2021	Persuasive Kettle Inc.	190	5520	2958	2562
6	East	E438	1/4/2021	Safe Saddle Corporation	130	3933	2024	1909
7	West	C409	1/4/2021	Agile Glass Supply	440	11304	5936	5368

FIGURA 12-1 Podemos criar relatórios resumidos a partir desse conjunto de dados.

No Excel 2010, e em versões posteriores, primeiro criamos um objeto cache dinâmico para descrever a área de entrada dos dados:

```
Dim PLD As Worksheet
Dim CacheTD As PivotCache
Dim TD As PivotTable
Dim IntervaloD As Range
Dim LinhaFinal As Long
Dim ColFinal As Long
Set PLD = Worksheets("TabelaDinâmica")

' Deleta todas as tabelas dinâmicas anteriores
For Each TD In PLD.PivotTables
TD.TableRange2.Clear
Next TD

' Define a área de entrada e configura um cache dinâmico
LinhaFinal = PLD.Cells(Rows.Count, 1).End(xlUp).Row
ColFinal = PLD.Cells(1, Columns.Count).End(xlToLeft).Column
Set IntervaloD = PLD.Cells(1, 1).Resize(LinhaFinal, ColFinal)
Set CacheTD = ActiveWorkbook.PivotCaches.Create( _
  SourceType:=xlDatabase, _
  SourceData:=IntervaloD, _
  Version:=xlPivotTableVersion14)
```

Criando e configurando a tabela dinâmica

Depois de definir o cache dinâmico, use o método `CreatePivotTable` para criar uma tabela dinâmica em branco com base no cache dinâmico já definido:

```
Set TD = CacheTD.CreatePivotTable(TableDestination:=PLD.Cells(2, _
ColFinal + 2), TableName:="TabelaDinâmica1", Version:=xlPivotTableVersion14)
```

No método `CreatePivotTable`, especificamos o local de saída e, de modo opcional, damos um nome à tabela. Depois de executar o código acima, teremos uma estranha tabela dinâmica em branco, tal como a que podemos ver na Figura 12-2. Vamos precisar escrever alguns códigos para inserir os campos na tabela.

Agora podemos executar os passos necessários para organizar a tabela dinâmica. No método `.AddFields`, podemos especificar um ou mais campos que devem estar na área de linha, coluna ou filtro da tabela dinâmica.

O parâmetro `RowFields` nos possibilita definir os campos que aparecem na área Linhas da lista de Campos de Tabela Dinâmica. O parâmetro `ColumnFields` corresponde à área Colunas. O parâmetro `PageFields` corresponde à área Filtro.

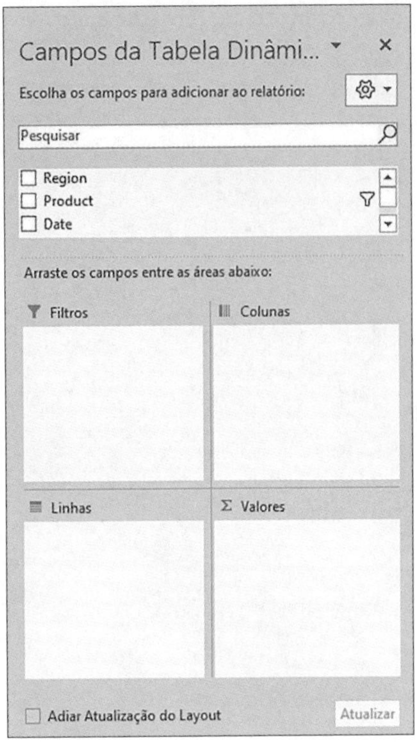

FIGURA 12-2 Quando usamos o método `CreatePivotTable`, o Excel nos apresenta uma tabela dinâmica em branco de quatro células que não é muito útil.

A linha de código abaixo preenche uma tabela dinâmica com dois campos na área da linha e um campo na área da coluna:

```
' Configura os campos de linhas & colunas
TD.AddFields RowFields:=Array("Região", "Cliente"), _
   ColumnFields:="Produto"
```

Para adicionar um campo como Receita na área de valores da tabela, altere a propriedade `Orientation` do campo para `xlDataField`.

Adicionando campos à área de dados

Quando adicionamos campos à área de dados de uma tabela dinâmica, existem muitas configurações que precisamos controlar em vez de deixar que o IntelliSense do Excel decida por nós. Por exemplo, digamos que estamos criando um relatório com receitas que, provavelmente, vamos querer somar. Se não especificarmos o cálculo de modo explícito, o Excel fará uma varredura dos valores nos dados subjacentes. Se 100% das colunas de receita forem numéricas, o Excel as somará. Se uma célula estiver em branco ou tiver um texto, o Excel decidirá contar a receita naquele dia, o que produzirá resultados confusos. Por causa dessa possível variabilidade, nunca devemos usar o argumento `DataFields` no método `AddFields`. Em vez disso, altere a propriedade do campo para `xlDataField`. Então, poderemos especificar `Function` como `xlSum`.

Embora estejamos configurando o campo Dados, podemos alterar diversas outras propriedades dentro do mesmo bloco `With...End With`. Por exemplo, a propriedade `Position` é útil quando estamos adicionando múltiplos campos à área de dados. Especifique 1 para o primeiro campo, 2 para o segundo e assim por diante.

Por padrão, o Excel renomeará um campo Receita com um nome estranho como Soma de Receita. Podemos usar a propriedade `.Name` para mudar esse título para algo normal.

> **Nota** Não podemos reutilizar a palavra "Receita" como um nome. Em vez disso, devemos acrescentar um espaço depois da palavra Receita.

Não precisamos especificar um formato de número, mas fazer isso pode facilitar o entendimento da tabela dinâmica resultante e fazer isso requer apenas mais uma linha de código:

```
 ' Configura os campos de dados
With TD.PivotFields("Receita")
 .Orientation = xlDataField
 .Function = xlSum
 .Position = 1
 .NumberFormat = "#,##0"
 .Name = "Receita "
End With
```

Nossa tabela dinâmica herdará as configurações de estilo de tabela selecionadas como padrão de qualquer computador que executar esse código. Se quisermos controlar o formato final, podemos escolher um estilo de tabela de modo explícito. O código a seguir colore linhas alternadas e aplica um estilo de tabela médio:

```
' Formata a tabela dinâmica
TD.ShowTableStyleRowStripes = True
TD.TableStyle2 = "PivotStyleMedium10"
```

Se desejar reutilizar os dados da tabela dinâmica, desative os totais gerais e os subtotais e preencha os rótulos ao longo da coluna esquerda. O caminho mais rápido para suprimir os 11 subtotais possíveis é definir `Subtotals(1)` como `True` e depois como `False`, assim:

```
With TD
 .ColumnGrand = False
 .RowGrand = False
 .RepeatAllLabels xlRepeatLabels ' Novo no Excel 2010
End With
TD.PivotFields("Região").Subtotals(1) = True
TD.PivotFields("Região").Subtotals(1) = False
```

Nesse ponto, teremos uma tabela dinâmica completa, tal como a exibida na Figura 12-3.

Revenue		Product				
Region	Customer	A292	B722	C409	D625	E438
Central	Enhanced Toothpick Corporation	293,017	403,764	364,357	602,380	635,402
Central	Inventive Clipboard Corporation	410,968	440,937	422,647	292,109	346,605
Central	Matchless Yardstick Inc.	476,223	352,550	260,833	392,890	578,970
Central	Mouthwatering Jewelry Company	374,000	446,290	471,812	291,793	522,434
Central	Persuasive Kettle Inc.	1,565,368	1,385,296	1,443,434	1,584,759	2,030,578
Central	Remarkable Umbrella Company	362,851	425,325	469,054	653,531	645,140
Central	Tremendous Bobsled Corporation	560,759	711,826	877,247	802,303	1,095,329
East	Excellent Glass Traders	447,771	386,804	723,888	522,227	454,540
East	Magnificent Patio Traders	395,186	483,856	484,067	430,971	539,616
East	Mouthwatering Tripod Corporation	337,100	310,841	422,036	511,184	519,701
East	Safe Saddle Corporation	646,559	857,573	730,463	1,038,371	1,053,369
East	Unique Marble Company	1,600,347	1,581,665	1,765,305	1,707,140	2,179,242
East	Unique Saddle Inc.	408,114	311,970	543,737	458,428	460,826
East	Vibrant Tripod Corporation	317,953	368,601	313,807	499,055	519,112
West	Agile Glass Supply	628,204	652,845	905,059	712,285	978,745
West	Functional Shingle Corporation	504,818	289,670	408,567	505,071	484,777
West	Guarded Kettle Corporation	1,450,110	1,404,742	1,889,149	1,842,751	2,302,023
West	Innovative Oven Corporation	452,320	364,200	420,624	539,300	582,773
West	Persuasive Yardstick Corporation	268,394	426,882	441,914	257,998	402,987
West	Tremendous Flagpole Traders	446,799	557,376	237,439	554,595	564,562
West	Trouble-Free Eggbeater Inc.	390,917	520,048	506,324	370,819	515,235

FIGURA 12-3 A execução de menos de 50 linhas de código criou essa tabela dinâmica em menos de um segundo.

A Listagem 12-1 apresenta o código completo usado para gerar essa tabela dinâmica.

Listagem 12-1 O código para gerar a tabela dinâmica apresentada na Figura 12-3.

```
Sub CriarDinâmica()
 Dim PLD As Worksheet
 Dim CacheTD As PivotCache
 Dim TD As PivotTable
 Dim IntervaloD As Range
 Dim LinhaFinal As Long
 Set PLD = Worksheets("TabelaDinâmica")

 ' Deleta todas as tabelas dinâmicas anteriores
 For Each TD In PLD.PivotTables
 TD.TableRange2.Clear
 Next TD

 ' Define a área de entrada e configura um cache dinâmico
 LinhaFinal = PLD.Cells(Application.Rows.Count, 1).End(xlUp).Row
 ColFinal = PLD.Cells(1, Application.Columns.Count). _
 End(xlToLeft).Column
 Set IntervaloD = PLD.Cells(1, 1).Resize(LinhaFinal, ColFinal)
 Set CacheTD = ActiveWorkbook.PivotCaches.Create( _
   SourceType:=xlDatabase, _
   SourceData:=IntervaloD.Address, _
   Version:=xlPivotTableVersion14)

 ' Cria a tabela dinâmica a partir do cache dinâmico
 Set TD = CacheTD.CreatePivotTable(TableDestination:=PLD. _
 Cells(2, ColFinal + 2), TableName:="TabelaDinâmica1")

 ' Configura os campos de linhas & colunas
 TD.AddFields RowFields:=Array("Região", "Cliente"), _
 ColumnFields:="Produto"
```

```
    ' Configura os campos de dados
    With TD.PivotFields("Receita")
    .Orientation = xlDataField
    .Function = xlSum
    .Position = 1
    .NumberFormat = "#,##0"
    .Name = "Receita "
    End With

    ' Formata a tabela dinâmica
    TD.ShowTableStyleRowStripes = True
    TD.TableStyle2 = "PivotStyleMedium10"
    With TD
    .ColumnGrand = False
    .RowGrand = False
    .RepeatAllLabels xlRepeatLabels
    End With
    TD.PivotFields("Região").Subtotals(1) = True
    TD.PivotFields("Região").Subtotals(1) = False
    PLD.Activate
    Range("J2").Select

End Sub
```

Entendendo por que não podemos mover ou alterar uma parte de um relatório dinâmico

Embora as tabelas dinâmicas sejam incríveis, elas têm limitações irritantes. Por exemplo, não podemos mover ou alterar apenas uma parte de uma tabela dinâmica. Tente executar uma macro que limpa a linha 2. A macro vai parar e apresentar o erro 1004, tal como ilustrado na Figura 12-4. Para contornar essa limitação, podemos copiar a tabela dinâmica e colá-la como valores.

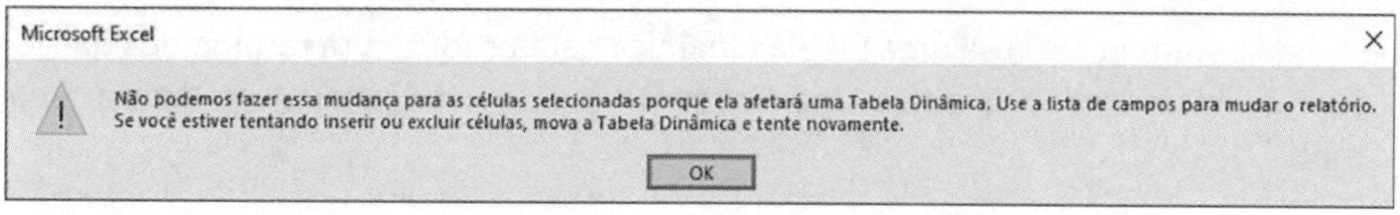

FIGURA 12-4 Não é possível excluir apenas uma parte de uma tabela dinâmica.

Determinando o tamanho de uma tabela dinâmica pronta para convertê-la em valores

É difícil saber o tamanho de uma tabela dinâmica de antemão. Se executarmos um relatório de dados transacionais em um dia, talvez tenhamos ou não as vendas da região Oeste, por exemplo. Isso poderia fazer com que a nossa tabela tivesse a largura de seis ou sete colunas. Assim, devemos usar a propriedade especial `TableRange2` para nos referirmos à tabela dinâmica inteira.

TD.TableRange2 inclui a tabela dinâmica inteira. Na Figura 12-5, TableRange2 inclui a linha extra no topo com o cabeçalho de campo Receita. Para eliminar essa linha, o código copia TD.TableRange2, mas desloca essa seleção em uma linha usando .Offset(1, 0). Dependendo da natureza da nossa tabela dinâmica, talvez precisemos deslocar duas ou mais linhas para eliminar as informações irrelevantes do topo da tabela dinâmica.

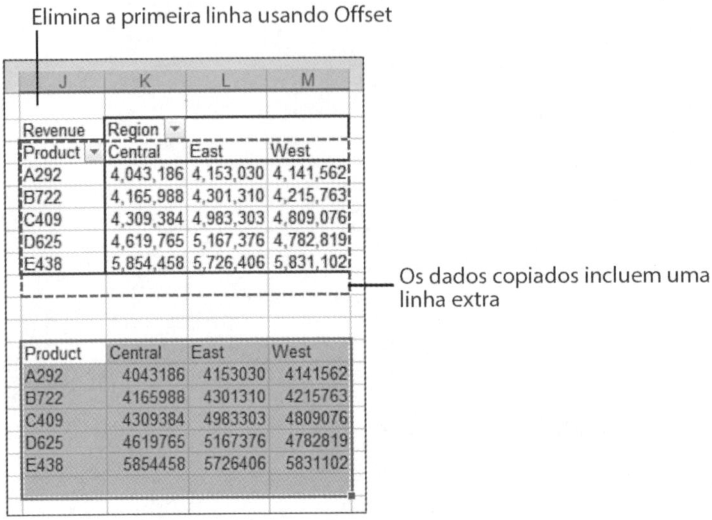

FIGURA 12-5 Esta figura apresenta um resultado intermediário da macro. Apenas o resumo de J12:M17 permanecerá depois que a macro for concluída.

Esse código copia TD.TableRange2 e usa PasteSpecial em uma célula quatro linhas abaixo da tabela dinâmica atual. Nesse ponto do código, nossa planilha terá a aparência que vemos na Figura 12-5. A tabela em J2 é uma tabela dinâmica ativa, e a tabela em J12 possui apenas os resultados copiados.

Então, podemos eliminar a tabela dinâmica aplicando o método Clear à tabela inteira. Assim, se o nosso código continuar realizando formatações adicionais, vamos precisar remover o cache dinâmico da memória, definindo CacheTD como Nothing.

O código da Listagem 12-2 usa uma tabela dinâmica para produzir um resumo dos dados subjacentes. No fim do código, a tabela dinâmica será copiada como valores estáticos e, então, ela será limpa.

Listagem 12-2 O código para gerar um resumo estático a partir de uma tabela dinâmica.

```
Sub CriarRelatórioResumoUsandoDinâmica()
 ' Usa uma tabela dinâmica para criar um relatório de resumo estático
 ' com o produto descendo pelas linhas e as regiões cruzando-as
 Dim PLD As Worksheet
 Dim CacheTD As PivotCache
 Dim TD As PivotTable
 Dim IntervaloD As Range
 Dim LinhaFinal As Long
 Set PLD = Worksheets("TabelaDinâmica")
```

```
' Deleta todas as tabelas dinâmicas anteriores
For Each TD In PLD.PivotTables
TD.TableRange2.Clear
Next TD
PLD.Range("J1:Z1").EntireColumn.Clear

' Define a área de entrada e configura um cache dinâmico
LinhaFinal = PLD.Cells(Application.Rows.Count, 1).End(xlUp).Row
ColFinal = PLD.Cells(1, Application.Columns.Count). _
End(xlToLeft).Column
Set IntervaloD = PLD.Cells(1, 1).Resize(LinhaFinal, ColFinal)
Set CacheTD = ActiveWorkbook.PivotCaches.Create( _
SourceType:=xlDatabase, _
SourceData:=IntervaloD.Address, _
Version:=xlPivotTableVersion14)

' Cria a tabela dinâmica a partir do cache dinâmico
Set TD = CacheTD.CreatePivotTable(TableDestination:=PLD. _
Cells(2, ColFinal + 2), TableName:="TabelaDinâmica1")

' Configura os campos de linhas
TD.AddFields RowFields:="Produto", ColumnFields:="Região"

' Configura os campos de dados
With TD.PivotFields("Receita")
.Orientation = xlDataField
.Function = xlSum
.Position = 1
.NumberFormat = "#,##0"
.Name = "Receita "
End With

With TD
.ColumnGrand = False
.RowGrand = False
.NullString = "0"
End With

' TD.TableRange2 contém os resultados. Move-os para J12
' apenas como valores e não como uma tabela dinâmica real.
TD.TableRange2.Offset(1, 0).Copy
PLD.Cells(5 + TD.TableRange2.Rows.Count, ColFinal + 2). _
PasteSpecial xlPasteValues

' A partir deste ponto, a aparência da planilha será igual à da Figura 12-5

' Exclui a tabela dinâmica original e o cache dinâmico
TD.TableRange2.Clear
Set CacheTD = Nothing
```

```
  PLD.Activate
  Range("J12").Select
End Sub
```

O código de Listagem 12-2 cria a tabela dinâmica. A seguir, ele copia os resultados e os cola como valores em J12:M13. A Figura 12.-5, que foi exibida anteriormente, inclui um resultado intermediário, logo antes de a tabela dinâmica ser limpada.

Até agora, este capítulo nos mostrou como criar relatórios bem simples de tabelas dinâmicas. No entanto, as tabelas dinâmicas nos oferecem muito mais flexibilidade. As seções a seguir apresentam exemplos de relatórios mais complexos.

Usando recursos avançados de tabelas dinâmicas

Nesta seção, usaremos dados transacionais detalhados para gerar uma série de relatórios para cada gerente de linha de produtos. Essa seção abrange as seguintes etapas avançadas de tabelas dinâmicas que são necessárias nesses relatórios:

1. Agrupar as datas diárias até as datas anuais.
2. Adicionar múltiplos campos à área de valores.
3. Controlar a ordem de classificação de modo que os maiores clientes sejam listados primeiro.
4. Usar o recurso ShowPages para replicar o relatório para cada gerente de linha de produtos.
5. Depois de gerar as tabelas dinâmicas, converter cada tabela dinâmica em valores e realizar alguma formatação básica.

A Figura 12-6 exibe o relatório de um gerente de linha de produtos para nos dar uma ideia do objetivo final.

	A	B	C	D	E
1	Product report for A292				
2					
3					
4		2018			2019
5	Customer	# of Orders	Revenue	% of Total	# of Orders
6	Unique Marble Company	59	716,631	12.4%	70
7	Persuasive Kettle Inc.	64	860,540	14.9%	53
8	Guarded Kettle Corporation	63	710,732	12.3%	54
9	Safe Saddle Corporation	15	184,144	3.2%	36

FIGURA 12-6 Usar tabelas dinâmicas simplifica a criação do relatório.

Usando múltiplos campos de valores

O relatório possui três campos na área de valores: Nº de Pedidos, Receita e % da Receita Total. Sempre que tivermos dois ou mais campos na área de valores, um novo campo virtual, chamado de Dados, vai se tornar disponível na tabela dinâmica. No Excel 2019, o campo Dados aparece como valores Σ na lista de Campos da Tabela Dinâmica. Ao criar uma tabela dinâmica, podemos especificar Dados como um dos campos de coluna ou linha. A posição do campo Dados é importante. Ela normalmente funciona melhor como o campo de coluna mais interno.

Ao definirmos nossa tabela dinâmica no VBA, teremos dois campos de coluna: o campo Data e o campo Dados. Para especificar dois ou mais campos no método AddFields, juntamos esses campos em uma função de matriz.

Use este código para definir a tabela dinâmica:

```
' Configura os campos de linhas
TD.AddFields RowFields:="Cliente", _
 ColumnFields:=Array("Data", "Dados"), _
 PageFields:="Produto"
```

Esta é a primeira vez que vimos o parâmetro PageFields neste capítulo. Quando estamos criando uma tabela dinâmica para outra pessoa usar, devemos estar cientes de que os campos em PageFields permitem uma análise ad hoc fácil. Nesse caso, o valor em PageFields facilitará a replicação do relatório de cada gerente de linha de produtos.

Contando o número de registros

Até agora, a propriedade .Function dos campos Dados vem sendo sempre xlSum. Temos um total de 11 funções disponíveis: xlSum, xlCount, xlAverage, xlStdDev, xlMin, xlMax e assim por diante.

Count é a única função que funciona para campos de texto. Para contar o número de registros e, consequentemente, o número de pedidos, adicione um campo de texto na área de dados e selecione xlCount como a função:

```
With TD.PivotFields("Região")
 .Orientation = xlDataField
 .Function = xlCount
 .Position = 1
 .NumberFormat = "#,##0"
 .Name = "Nº de Pedidos "
End With
```

> **Nota** Essa é uma contagem do número de registros. Não é uma contagem dos valores distintos de um campo. Era difícil realizar esse tipo de contagem em uma tabela dinâmica. Agora é possível usar um Modelo de Dados. Veja a seção "Usando o Modelo de Dados no Excel 2019" mais adiante, neste capítulo, para obter mais detalhes.

Agrupando as datas diárias em meses, trimestres ou anos

As tabelas dinâmicas possuem a incrível capacidade de agrupar datas diárias em meses, trimestres e anos. No VBA, esse recurso é um pouco irritante porque precisamos selecionar uma célula de data antes de executar o comando de agrupamento.

> **Nota** Eu costumava usar todos os tipos de truques para descobrir onde o primeiro campo de data estava. Na verdade, podemos simplesmente nos referir a TD.PivotFields("Data").LabelRange para apontar para o cabeçalho Data.

Nós temos sete opções de agrupamento de horas ou datas: Segundos, Minutos, Horas, Dias, Meses, Trimestres e Anos. Observe que podemos agrupar um campo em múltiplos itens. Para fazer isso, especificamos uma série de valores True/False correspondentes a Segundos, Minutos e assim por diante.

Por exemplo, para agrupar por Meses, Trimestres e Anos, usaríamos o seguinte:

```
TD.PivotFields("Data").LabelRange.Group , Periods:= _
 Array(False, False, False, False, True, True, True)
```

> **Nota** Nunca escolha agrupar apenas por meses sem incluir anos. Se fizer isso, o Excel combinará o janeiro de todos os anos nos dados em um único item chamado Janeiro. Embora isso seja ótimo para análise de sazonalidade, raramente será o que queremos em um resumo. Sempre selecione Anos e Meses na caixa de diálogo Agrupamento.

Se desejar agrupar por semana, agrupe apenas por dia e use 7 como o valor do parâmetro By:

```
TD.PivotFields("Data").LabelRange.Group _
 Start:=True, End:=True, By:=7, _
 Periods:=Array(False, False, False, True, False, False, False)
```

Especificar True para Start e End iniciará a primeira semana pela data mais antiga dos dados. Se desejar exibir apenas as semanas entre segunda-feira, 1º de janeiro de 2018 e domingo, 2 de janeiro de 2020, use este código:

```
With TD.PivotFields("Data")
   .LabelRange.Group _
     Start:=DateSerial(2018, 1, 1), _
     End:=DateSerial(2020, 1, 4), _
     By:=7, _
     Periods:=Array(False, False, False, True, False, False, False)
   On Error Resume Next
   .PivotItems("<1/1/2018").Visible = False
   .PivotItems(">1/2/2020").Visible = False
   On Error Goto 0
End With
```

> **Nota** Existe uma limitação no agrupamento por semana. Ao agrupar por semana, não podemos agrupar por outra medida. Por exemplo, agrupar por semana e trimestre não é válido.

O Excel 2019 introduziu o conceito de autoagrupamento para datas. Ele possui regras predefinidas que analisam o período de datas e decidem se elas devem ser agrupadas por mês ou por mês, trimestre e ano. Isso não acontece no VBA, mas podemos obrigá-lo a fazer isso usando o seguinte:

```
TD.AutoGroup
```

Para esse relatório, precisamos agrupar apenas por ano. Assim, o código é o seguinte:

```
' Agrupa datas diárias até anos
TD.PivotFields("Data").LabelRange.Group , Periods:= _
 Array(False, False, False, False, False, False, True)
```

Dica Antes de agrupar as datas diárias até anos, tínhamos umas 500 colunas de datas nesse relatório. Depois do agrupamento, acabamos com duas colunas mais um total. Eu prefiro agrupar as datas o mais cedo possível na macro. Se adicionamos os outros dois campos de datas no relatório antes de agrupar, nosso relatório terá uma largura de umas 1.500 colunas. Embora isso não seja um problema desde que o Excel 2007 aumentou o limite de colunas de 256 para 16.384, isso ainda cria um relatório incomumente grande quando, no fim das contas, precisamos de apenas algumas colunas. Permitir que uma tabela dinâmica chegue a 1.500 colunas, mesmo que para umas poucas linhas de código, faria com que a última célula da planilha estivesse na coluna BER.

Depois de agruparmos datas diárias por anos, o novo campo Ano ainda será chamado de Data. Isso pode nem sempre ser o caso. Se agruparmos datas diárias em até meses e anos, o campo Data conterá meses, e um novo campo Ano será adicionado à lista de Campos de Tabela Dinâmica para conter os anos.

Alterando o cálculo para exibir porcentagens

O Excel 2019 oferece 15 opções na guia Mostrar Valores Como, na caixa de diálogo Configurações do Campo de Valor. Esses cálculos nos permitem alterar a forma como um campo é exibido no relatório. Em vez de exibir as vendas, poderíamos exibi-las como um percentual do total de vendas. Poderíamos exibir a soma acumulada. Poderíamos exibir as vendas de cada dia como um percentual das vendas do dia anterior.

Todas essas configurações podem ser controladas por meio da propriedade `.Calculation` do campo dinâmico. Cada cálculo possui seu próprio conjunto único de regras. Alguns, como a % de Coluna, funcionam sem nenhuma configuração adicional. Outros, como o Soma Acumulada Em, requerem um campo-base. Outros, como o Soma Acumulada, requerem um campo-base e um item-base.

Para obter o percentual do total, especifique `xlPercentOfTotal` como a propriedade `.Calculation` para o campo de página:

```
.Calculation = xlPercentOfTotal
```

Para definir uma soma acumulada, precisamos especificar um `BaseField`. Se precisar de uma soma acumulada ao longo da coluna de datas, use o seguinte:

```
' Configura a Soma Acumulada
 .Calculation = xlRunningTotal
 .BaseField = "Data"
```

Com os meses de despacho descendo nas linhas, talvez queiramos ver a porcentagem do crescimento da receita de mês em mês. É possível configurar esse arranjo com a configuração `xlPercentDifferenceFrom`. Nesse caso, vamos precisar especificar `BaseField` como `"Data"` e `BaseItem` será algo chamado "`(anterior)`":

```
' Configura a alteração de % a partir do mês anterior
With TD.PivotFields("Receita")
 .Orientation = xlDataField
 .Function = xlSum
 .Caption = "Alteração%"
 .Calculation = xlPercentDifferenceFrom
```

```
  .BaseField = "Data"
  .BaseItem = "(anterior)"
  .NumberFormat = "#0.0%"
End With
```

Observe que, com os cálculos posicionais, nós não podemos usar os métodos `AutoShow` ou `AutoSort`. Isso seria bem ruim. Seria interessante classificar os clientes dos maiores para os menores e visualizar seus tamanhos em relação uns aos outros.

Podemos usar a configuração `xlPercentDifferenceFrom` para expressar receitas como um percentual das vendas da região Oeste:

```
' Apresenta a receita como um percentual da Califórnia
With TD.PivotFields("Receita")
  .Orientation = xlDataField
  .Function = xlSum
  .Caption = "% do Oeste"
  .Calculation = xlPercentDifferenceFrom
  .BaseField = "Estado"
  .BaseItem = "Califórnia"
  .Position = 3
  .NumberFormat = "#0.0%"
End With
```

A Tabela 12-1 apresenta a lista completa das opções de `.Calculation`. A segunda coluna indica a compatibilidade do cálculo com as versões anteriores do Excel. A terceira coluna indica se precisamos de um campo-base ou de um item-base.

TABELA 12-1 A lista completa das opções de `.Calculation`.

Cálculo	Compatibilidade de versões	BaseField/BaseItem
`xlDifferenceFrom`	Todas	Ambos necessários
`xlIndex`	Todas	Nenhum
`xlPercentDifferenceFrom`	Todas	Ambos necessários
`xlPercentOf`	Todas	Ambos necessários
`xlPercentOfColumn`	Todas	Nenhum
`xlPercentOfParent`	2010+	Apenas `BaseField`
`xlPercentOfParentColumn`	2010+	Ambos necessários
`xlPercentOfParentRow`	2010+	Ambos necessários
`xlPercentOfRow`	Todas	Nenhum
`xlPercentOfTotal`	Todas	Nenhum
`xlPercentRunningTotal`	2010+	Apenas `BaseField`
`xlRankAscending`	2010+	Apenas `BaseField`
`xlRankDescending`	2010+	Apenas `BaseField`
`xlRunningTotal`	Todas	Apenas `BaseField`

Depois dessa longa explicação da propriedade `.Calculation`, podemos criar dois outros campos de tabela dinâmica para o relatório da linha de produtos.

Adicione `Receita` ao relatório duas vezes. Na primeira vez, não haverá cálculo. Na segunda, calcule o percentual do total:

```
' Configura os campos de dados - Receita
With TD.PivotFields("Receita")
 .Orientation = xlDataField
 .Function = xlSum
 .Position = 2
 .NumberFormat = "#,##0"
 .Name = "Receita "
End With

' Configura os campos de dados - % de Receita total
With TD.PivotFields("Receita")
 .Orientation = xlDataField
 .Function = xlSum
 .Position = 3
 .NumberFormat = "0.0%"
 .Name = "% do Total "
 .Calculation = xlPercentOfColumn
End With
```

> **Nota** Anote com cuidado o nome do primeiro campo do código anterior. Por padrão, o Excel usaria Soma de Receita. Se achar que esse é um título bobo (assim como eu), você poderá mudá-lo. Entretanto, não será possível mudá-lo para Receita porque já existe um campo na lista de Campos de Tabela Dinâmica com esse nome.
>
> No código anterior, eu usei o nome "Receita" com um espaço no fim. Isso funciona bem, e ninguém percebe o espaço extra. Entretanto, no resto da macro, quando fizermos referência a esse campo, devemos nos lembrar de nos referirmos a ele como "Receita" acrescentando um espaço no fim.

Eliminando células em branco na área de valores

Se tivermos alguns clientes novos no ano 2, suas vendas aparecerão em branco no ano 1. Qualquer um que estiver usando o Excel 97 ou uma versão superior poderá substituir essas células em branco por zeros. Na interface do Excel, podemos encontrar a configuração para isso na guia Layout e Formato da caixa de diálogo Opções de Tabela Dinâmica. Selecione a opção Para Células Vazias, Mostrar e digite 0 na caixa.

A operação equivalente no VBA seria definir a propriedade `NullString` da tabela dinâmica como "0":

```
TD.NullString = "0"
```

> **Nota** Embora o código apropriado fosse um que definisse esse valor como um zero em forma de texto, o Excel na verdade insere um zero real nas células vazias.

J	K	L	M	N
Product	(All)			
	Date	Data		
	2018			2019
Customer	# of Orders	Revenue	% of Total	# of Orders
Guarded Kettle Corporation	316	4,501,310	13.2%	283
Unique Marble Company	307	4,418,324	13.0%	314
Persuasive Kettle Inc.	268	3,870,414	11.4%	288
Safe Saddle Corporation	135	1,979,144	5.8%	158

FIGURA 12-7 O menu suspenso Produto da coluna K nos permite filtrar o relatório para certos produtos.

Controlando a ordem de classificação com AutoSort

A interface do Excel oferece uma opção de autoclassificar que nos permite exibir os clientes em ordem decrescente, com base na receita. O código equivalente no VBA para classificar o campo de produtos por receita decrescente usa método `AutoSort`:

```
TD.PivotFields("Cliente").AutoSort Order:=xlDescending, _
 Field:="Receita "
```

Depois de aplicar alguma formatação na macro, teremos um relatório com os totais para todos os produtos, tal como ilustrado na Figura 12-7.

Replicando o relatório para cada produto

Desde que a nossa tabela dinâmica não tenha sido criada em uma fonte de dados OLAP, agora teremos acesso a um dos mais poderosos, mas pouco conhecidos, recursos das tabelas dinâmicas. Esse comando é chamado de Mostrar Páginas do Filtro de Relatório, e ele replica nossa tabela dinâmica para cada item em um dos campos da área Filtros.

Como criamos o relatório desse exemplo com Produto sendo o campo de filtro, o código abaixo é suficiente para replicar a tabela dinâmica para cada produto:

```
' Replica a tabela dinâmica para cada produto
TD.ShowPages PageField:="Produto"
```

Depois de executar essa linha de código, teremos uma nova planilha para cada produto do conjunto de dados. Daí teremos algumas formatações e cálculos simples para fazer. Veja o final da macro para essas técnicas exibida na Listagem 12-3, as quais já devem ter se tornado rotineiras neste ponto do livro.

LISTAGEM 12-3 O código para gerar um relatório por produto.

```
Sub RelatórioClientePorProduto()
 ' Usa uma tabela dinâmica para criar um relatório para cada produto
 ' com clientes em linhas e anos em colunas
 Dim PLD As Worksheet
 Dim CacheTD As PivotCache
 Dim TD As PivotTable
 Dim TD2 As PivotTable
 Dim PL As Worksheet
 Dim PLF As Worksheet
 Dim IntervaloD As Range
```

```
Dim LinhaFinal As Long
Set PLD = Worksheets("TabelaDinâmica")

' Deleta todas as tabelas dinâmicas anteriores
For Each TD In PLD.PivotTables
   TD.TableRange2.Clear
Next TD
PLD.Range("J1:Z1").EntireColumn.Clear

' Define a área de entrada e configura um cache dinâmico
LinhaFinal = PLD.Cells(Application.Rows.Count, 1).End(xlUp).Row
ColFinal = PLD.Cells(1, Application.Columns.Count). _
    End(xlToLeft).Column
Set IntervaloD = PLD.Cells(1, 1).Resize(LinhaFinal, ColFinal)
Set CacheTD = ActiveWorkbook.PivotCaches.Create( _
   SourceType:=xlDatabase, _
   SourceData:=IntervaloD.Address, _
   Version:=xlPivotTableVersion14)

' Cria a tabela dinâmica a partir do cache dinâmico
Set TD = CacheTD.CreatePivotTable(TableDestination:=PLD. _
   Cells(2, ColFinal + 2), TableName:="TabelaDinâmica1")

' Configura os campos de linhas
TD.AddFields RowFields:="Cliente", _
   ColumnFields:=Array("Data", "Dados"), _
   PageFields:="Produto"

' Configura os campos de dados – contagem de pedidos
With TD.PivotFields("Região")
   .Orientation = xlDataField
   .Function = xlCount
   .Position = 1
   .NumberFormat = "#,##0"
   .Name = "Nº de Pedidos "
End With

' Agrupa datas diárias até anos
TD.PivotFields("Data").LabelRange.Group , Periods:= _
Array(False, False, False, False, False, False, True)

' Configura os campos de dados - Receita
With TD.PivotFields("Receita")
   .Orientation = xlDataField
   .Function = xlSum
   .Position = 2
   .NumberFormat = "#,##0"
   .Name = "Receita "
End With
```

```
' Configura os campos de dados - % da Receita total
With TD.PivotFields("Receita")
   .Orientation = xlDataField
   .Function = xlSum
   .Position = 3
   .NumberFormat = "0.0%"
   .Name = "% do Total "
   .Calculation = xlPercentOfColumn
End With

' Organiza os clientes de modo que o maior esteja no topo
TD.PivotFields("Cliente").AutoSort Order:=xlDescending, _
   Field:="Receita "

With TD
   .ShowTableStyleColumnStripes = True
   .ShowTableStyleRowStripes = True
   .TableStyle2 = "PivotStyleMedium10"
   .NullString = "0"
End With

' Replica a tabela dinâmica para cada produto
TD.ShowPages PageField:="Produto"

Ctr = 0
For Each PL In ActiveWorkbook.Worksheets
   If PL.PivotTables.Count > 0 Then
     If PL.Cells(1, 1).Value = "Produto" Then
     ' Salva algumas informações
      PL.Select
      EsteProduto = Cells(1, 2).Value
      Ctr = Ctr + 1
      If Ctr = 1 Then
       Set PLF = ActiveSheet
        End If
        Set TD2 = PL.PivotTables(1)
        CalcRows = TD2.TableRange1.Rows.Count - 3

        TD2.TableRange2.Copy
        TD2.TableRange2.PasteSpecial xlPasteValues

        Range("A1:C3").ClearContents
        Range("A1:B2").Clear
        Range("A1").Value = "Relatório de produtos para " & EsteProduto
        Range("A1").Style = "Título"

        ' Conserta alguns cabeçalhos
        Range("B5:D5").Copy Destination:=Range("H5:J5")
```

```
        Range("H4").Value = "Total"
        Range("I4:J4").Clear

        ' Copia o formato
        Range("J1").Resize(CalcRows + 5, 1).Copy
        Range("K1").Resize(CalcRows + 5, 1). _
        PasteSpecial xlPasteFormats
        Range("K5").Value = "% Aumento de Receita"
        Range("K6").Resize(CalcRows, 1).FormulaR1C1 = _
          "=IFERROR(RC6/RC3-1,1)"

        Range("A2:K5").Style = "Heading 4"
        Range("A2").Resize(CalcRows + 10, 11).Columns.AutoFit

      End If
    End If
   Next PL

   PLD.Select
   TD.TableRange2.Clear
   Set CacheTD = Nothing

  PLF.Select
  MsgBox Ctr & " relatórios de produtos criados."

End Sub
```

Filtrando um conjunto de dados

Existem muitas maneiras de se filtrar uma tabela dinâmica, incluindo o uso de segmentação de dados, filtros conceituais e simplesmente selecionar e limpar itens de um dos muitos menus suspensos de campo.

Filtrando manualmente dois ou mais itens de uma tabela dinâmica

Quando abrimos um menu suspenso de cabeçalhos de campos e selecionamos ou limpamos itens de uma lista, estamos aplicando um filtro manual (veja a Figura 12-8).

Por exemplo, digamos que temos um cliente que vende sapatos. No relatório que apresenta as vendas de sandálias, ele deseja ver apenas as lojas que estão em estados com climas quentes. O código para ocultar determinada loja é o seguinte:

```
TD.PivotFields("Loja").PivotItems("Minneapolis").Visible = False
```

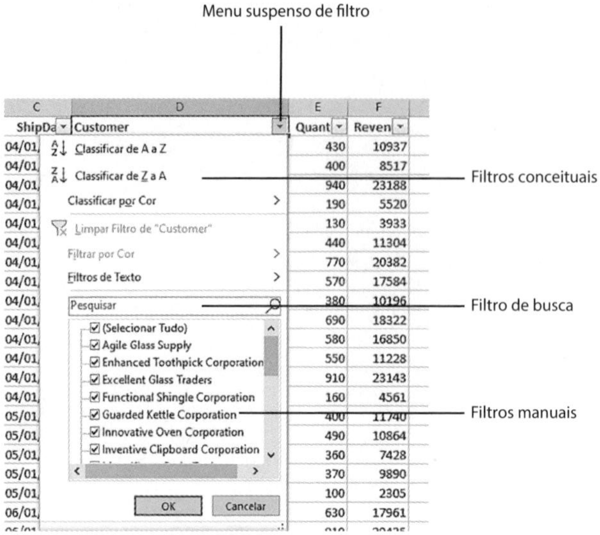

FIGURA 12-8 Esse menu suspenso de filtro oferece filtros manuais, um campo de pesquisa e filtros conceituais.

Esse processo é simples em VBA. Depois de criar a tabela com `Produto` no campo de página, realizamos um loop para alterar a propriedade `Visible` para exibir apenas o total de certos produtos:

```
' Certifica-se de que todos os PivotItems da linha sejam visíveis
For Each ItemDin In _
 TD.PivotFields("Produto").PivotItems
 ItemDin.Visible = True
Next ItemDin

' Agora, realiza o loop e mantém apenas alguns itens visíveis
For Each ItemDin In _
 TD.PivotFields("Produto").PivotItems
 Select Case ItemDin.Name
    Case "Paisagismo/Cuidados do Solo", _
     "Cuidados com Plantas Verdes e Folhagem"
     ItemDin.Visible = True
   Case Else
     ItemDin.Visible = False
 End Select
Next ItemDin
```

Usando os filtros conceituais

O Excel 2007 introduziu os filtros conceituais para campos de datas, numéricos e de texto. Abra o menu suspenso de qualquer rótulo de campo da tabela dinâmica para escolher entre Filtros de Rótulos, Filtros de Data ou Filtros de Valores. Os filtros de datas nos oferecem a capacidade de filtrar de acordo com um período conceitual, tal como o mês passado ou o próximo ano (veja a Figura 12-9).

Para aplicar um filtro de rótulo no VBA, use o método `PivotFilters.Add`. O código abaixo filtra os clientes que começam com a letra *E*:

```
TD.PivotFields("Cliente").PivotFilters.Add _
 Type:=xlCaptionBeginsWith, Value1:="E"
```

Para limpar o filtro do campo Cliente, use o método `ClearAllFilters`:

```
TD.PivotFields("Cliente").ClearAllFilters
```

Para aplicar um filtro de data ao campo de data para encontrar os registros dessa semana, use este código:

```
TD.PivotFields("Data").PivotFilters.Add Type:=xlThisWeek
```

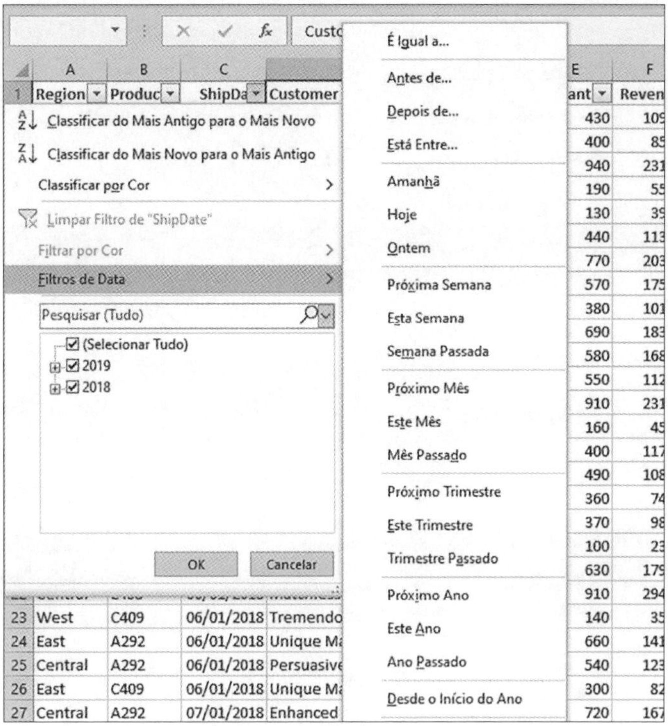

Figura 12-9 Esses filtros de data foram introduzidos no Excel 2007.

Os filtros de valor nos permitem filtrar um campo com base no valor de outro campo. Por exemplo, para encontrar todos os mercados nos quais a receita total é maior do que $100.000, use este código:

```
TD.PivotFields("Mercado").PivotFilters.Add _
 Type:=xlValueIsGreaterThan, _
 DataField:=TD.PivotFields("Soma de Receita"), _
 Value1:=100000
```

Outros filtros de valor nos permitem especificar, por exemplo, que queremos as filiais nas quais a receita está entre $50.000 e $100.000. Nesse caso, especificaríamos um limite como `Value1` e o segundo limite como `Value2`:

```
TD.PivotFields("Mercado").PivotFilters.Add _
 Type:=xlValueIsBetween, _
 DataField:=TD.PivotFields("Soma de Receita"), _
 Value1:=50000, Value2:=100000
```

A Tabela 12-2 lista todos os possíveis tipos de filtro.

TABELA 12-2 Tipos de filtros

Tipo de filtro	Descrição
`xlBefore`	Filtra todas as datas antes de uma data especificada.
`xlBeforeOrEqualTo`	Filtra todas as datas iguais ou anteriores a uma data especificada.
`xlAfter`	Filtra todas as datas depois de uma data especificada.
`xlAfterOrEqualTo`	Filtra todas as datas iguais ou depois de uma data especificada.
`xlAllDatesInPeriodJanuary`	Filtra todas as datas em janeiro.
`xlAllDatesInPeriodFebruary`	Filtra todas as datas em fevereiro.
`xlAllDatesInPeriodMarch`	Filtra todd as datas em março.
`xlAllDatesInPeriodApril`	Filtra todas as datas em abril.
`xlAllDatesInPeriodMay`	Filtra todas as datas em maio.
`xlAllDatesInPeriodJune`	Filtra todas as datas em junho.
`xlAllDatesInPeriodJuly`	Filtra todas as datas em julho.
`xlAllDatesInPeriodAugust`	Filtra todas as datas em agosto.
`xlAllDatesInPeriodSeptember`	Filtra todas as datas em setembro.
`xlAllDatesInPeriodOctober`	Filtra todas as datas em outubro.
`xlAllDatesInPeriodNovember`	Filtra todas as datas em novembro.
`xlAllDatesInPeriodDecember`	Filtra todas as datas em dezembro.
`xlAllDatesInPeriodQuarter1`	Filtra todas as datas do 1º Trimestre.
`xlAllDatesInPeriodQuarter2`	Filtra todas as datas do 2º Trimestre.
`xlAllDatesInPeriodQuarter3`	Filtra todas as datas do 3º Trimestre.
`xlAllDatesInPeriodQuarter4`	Filtra todas as datas do 4º Trimestre.
`xlBottomCount`	Filtra o número especificado de valores da parte inferior de uma lista.
`xlBottomPercent`	Filtra a porcentagem especificada de valores da parte inferior de uma lista.
`xlBottomSum`	Soma os valores da parte inferior da lista.
`xlCaptionBeginsWith`	Filtra todos os rótulos, começando com a sequência de caracteres especificada.
`xlCaptionContains`	Filtra todos os rótulos que contêm a sequência de caracteres especificada.

Tipo de filtro	Descrição
xlCaptionDoesNotBeginWith	Filtra todos os rótulos que não começam com a sequência de caracteres especificada.
xlCaptionDoesNotContain	Filtra todos os rótulos que não contêm a sequência de caracteres especificada.
xlCaptionDoesNotEndWith	Filtra todos os rótulos que não terminam com a sequência de caracteres especificada.
xlCaptionDoesNotEqual	Filtra todos os rótulos que não batem com a sequência de caracteres especificada.
xlCaptionEndsWith	Filtra todos os rótulos que terminam com a sequência de caracteres especificada.
xlCaptionEquals	Filtra todos os rótulos que batem com a sequência de caracteres especificada.
xlCaptionIsBetween	Filtra todos os rótulos que estejam dentro de um intervalo especificado de valores.
xlCaptionIsGreaterThan	Filtra todos os rótulos que sejam maiores que o valor especificado.
xlCaptionIsGreaterThanOrEqualTo	Filtra todos os rótulos que sejam maiores ou iguais ao valor especificado.
xlCaptionIsLessThan	Filtra todos os rótulos que sejam menores que o valor especificado.
xlCaptionIsLessThanOrEqualTo	Filtra todos os rótulos que sejam menores ou iguais ao valor especificado.
xlCaptionIsNotBetween	Filtra todos os rótulos que não estejam dentro de um intervalo especificado de valores.
xlDateBetween	Filtra todas as datas que estejam dentro de um intervalo especificado de datas.
xlDateLastMonth	Filtra todas as datas que se apliquem ao mês passado.
xlDateLastQuarter	Filtra todas as datas que se apliquem ao trimestre passado.
xlDateLastWeek	Filtra todas as datas que se apliquem à semana passada.
xlDateLastYear	Filtra todas as datas que se apliquem ao ano passado.
xlDateNextMonth	Filtra todas as datas que se apliquem ao próximo mês.
xlDateNextQuarter	Filtra todas as datas que se apliquem ao próximo trimestre.
xlDateNextWeek	Filtra todas as datas que se apliquem à próxima semana.
xlDateNextYear	Filtra todas as datas que se apliquem ao próximo ano.
xlDateThisMonth	Filtra todas as datas que se apliquem ao mês corrente.
xlDateThisQuarter	Filtra todas as datas que se apliquem ao trimestre corrente.
xlDateThisWeek	Filtra todas as datas que se apliquem à semana corrente.
xlDateThisYear	Filtra todas as datas que se apliquem ao ano corrente.
xlDateToday	Filtra todas as datas que se apliquem à data de hoje.
xlDateTomorrow	Filtra todas as datas que se apliquem ao dia seguinte.
xlDateYesterday	Filtra todas as datas que se apliquem ao dia de ontem.

(Continua)

Tipo de filtro	Descrição
xlNotSpecificDate	Filtra todas as datas que não batem com a data especificada.
xlSpecificDate	Filtra todas as datas que batem com a data especificada.
xlTopCount	Filtra o número especificado de valores da parte superior de uma lista.
xlTopPercent	Filtra a porcentagem especificada de valores da parte superior de uma lista.
xlTopSum	Soma os valores da parte superior da lista.
xlValueDoesNotEqual	Filtra todos os valores que não batem com o valor especificado.
xlValueEquals	Filtra todos os valores que batem com o valor especificado.
xlValueIsBetween	Filtra todos os valores que estejam dentro de um intervalo especificado de valores.
xlValueIsGreaterThan	Filtra todos os rótulos que sejam maiores que o valor especificado.
xlValueIsGreaterThanOrEqualTo	Filtra todos os valores que sejam maiores ou iguais ao valor especificado.
xlValueIsLessThan	Filtra todos os valores que sejam maiores que o valor especificado.
xlValueIsLessThanOrEqualTo	Filtra todos os valores que sejam menores ou iguais ao valor especificado.
xlValueIsNotBetween	Filtra todos os valores que não estejam dentro de um intervalo especificado de valores.
xlYearToDate	Filtra todos os valores que estejam dentro de um ano de uma data especificada.

Usando o filtro de busca

O Excel 2010 introduziu uma caixa de Pesquisa no menu suspenso de filtro. Embora esse seja um recurso interessante da interface do Excel, não existe um equivalente mágico seu no VBA. Ao passo que o menu suspenso nos oferece a caixa de seleção Selecionar Todos os Resultados da Pesquisa, o equivalente no VBA lista apenas todos os itens que batem com a seleção. Para obter os mesmos resultados no VBA, use o filtro `xlCaptionContains`, descrito no código que apareceu antes da Tabela 12-2.

Estudo de caso: filtrando os 5 ou 10 primeiros usando um filtro

Se estivermos elaborando um painel executivo de satisfação, talvez queiramos destacar os 5 maiores clientes. Com a opção AutoSort, podemos ser profissionais em tabelas dinâmicas e nunca ter nos deparado com o recurso AutoApresentação dos 10 Primeiros do Excel. Essa configuração nos permite selecionar os *n* maiores ou menores registros, com base em qualquer campo de dados do relatório.

O código para usar a AutoApresentação no VBA envolve o método `.AutoShow`:

```
' Apresenta apenas os 5 maiores clientes
TD.PivotFields("Cliente").AutoShow Top:=xlAutomatic, Range:=xlTop, _
 Count:=5, Field:= "Soma de Receita"
```

Quando criamos um relatório usando o método `.AutoShow`, costuma ser útil copiar os dados e, então, voltar ao relatório dinâmico original para obter os totais de todos os mercados. Nesse código, fazemos isso por remover o campo Cliente da tabela dinâmica e copiando o total geral no relatório. O código abaixo gera o relatório exibido na Figura 12-10:

```
Sub 5MaioresClientes()
 ' Gera um relatório dos 5 maiores clientes
 Dim PLD As Worksheet
 Dim PLR As Worksheet
 Dim PTN As Workbook
Dim CacheTD As PivotCache
 Dim TD As PivotTable
 Dim IntervaloD As Range
 Dim LinhaFinal As Long
 Set PLD = Worksheets("TabelaDinâmica")

 ' Deleta todas as tabelas dinâmicas anteriores
 For Each TD In PLD.PivotTables
    TD.TableRange2.Clear
 Next TD
 PLD.Range("J1:Z1").EntireColumn.Clear

 ' Define a área de entrada e configura um cache dinâmico
 LinhaFinal = PLD.Cells(Application.Rows.Count, 1).End(xlUp).Row

 ColFinal = PLD.Cells(1, Application.Columns.Count). _
    End(xlToLeft).Column
Set IntervaloD = PLD.Cells(1, 1).Resize(LinhaFinal, ColFinal)
 Set CacheTD = ActiveWorkbook.PivotCaches.Create( _
      SourceType:= xlDatabase, _
      SourceData:=IntervaloD.Address, _
     Version:=xlPivotTableVersion14)

 ' Cria a tabela dinâmica a partir do cache dinâmico
 Set TD = CacheTD.CreatePivotTable(TableDestination:=PLD. _
 Cells(2, ColFinal + 2), TableName:="TabelaDinâmica1")

 ' Configura os campos de linhas
 TD.AddFields RowFields:="Cliente", ColumnFields:="Produto"

 ' Configura os campos de dados
 With TD.PivotFields("Receita")
    .Orientation = xlDataField
    .Function = xlSum
    .Position = 1
    .NumberFormat = "#,##0"
    .Name = "Receita Total"
 End With
```

```
 ' Certifica-se de que obteremos zeros em vez de células em branco na área de
dados
 TD.NullString = "0"

 ' Classifica os clientes em ordem decrescente pela soma da receita
 TD.PivotFields("Cliente").AutoSort Order:=xlDescending, _
 Field:="Receita Total"
' Apresenta apenas os 5 maiores clientes
 TD.PivotFields("Cliente").AutoShow _
 Type:=xlAutomatic, Range:=xlTop, _
 Count:=5, Field:="Receita Total"
' Cria uma nova pasta de trabalho em branco com uma planilha
 Set PTN = Workbooks.Add(xlWBATWorksheet)
 Set PLR = PTN.Worksheets(1)
 PLR.Name = "Relatório"
 ' Define um título para o relatório
 With PLR.[A1]
    .Value = "5 Maiores Clientes"
    .Font.Size = 14
 End With

 ' Copia os dados da tabela dinâmica na linha 3 da planilha do relatório
 ' Usa o deslocamento para eliminar a linha de título da tabela dinâmica

 TD.TableRange2.Offset(1, 0).Copy
 PLR.[A3].PasteSpecial Paste:=xlPasteValuesAndNumberFormats
 ÚltimaLinha = PLR.Cells(Rows.Count, 1).End(xlUp).Row
 PLR.Cells(ÚltimaLinha, 1).Value = "Total dos 5 Maiores"

 ' Volta para a tabela dinâmica para obter os totais sem o AutoShow
 TD.PivotFields("Cliente").Orientation = xlHidden
 TD.ManualUpdate = False
 TD.ManualUpdate = True
 TD.TableRange2.Offset(2, 0).Copy
 PLR.Cells(ÚltimaLinha + 2, 1).PasteSpecial Paste:= _
 xlPasteValuesAndNumberFormats
 PLR.Cells(ÚltimaLinha + 2, 1).Value = "Empresa Total"

 ' Limpa a tabela dinâmica
 TD.TableRange2.Clear
 Set CacheTD = Nothing

 ' Realiza alguma formatação básica
' Autoajusta colunas, coloca os cabeçalhos em negrito, alinha para a direita
 PLR.Range(PLR.Range("A3"), PLR.Cells(ÚltimaLinha + 2, 6)).Columns.AutoFit
 Range("A3").EntireRow.Font.Bold = True
 Range("A3").EntireRow.HorizontalAlignment = xlRight
 Range("A3").HorizontalAlignment = xlLeft
```

```
    Range("A2").Select
    MsgBox "O Relatório do Diretor Executivo foi Criado"
End Sub
```

	A	B	C	D	E	F	G
1	5 Maiores Clientes						
2							
3	**Cliente**	**A292**	**B722**	**C409**	**D625**	**E438**	**Total**
4	Guarded Kettle Corporation	1.450.110	1.404.742	1.889.149	1.842.751	2.302.023	8.888.775
5	Unique Marble Company	1.600.347	1.581.665	1.765.305	1.707.140	2.179.242	8.833.699
6	Persuasive Kettle Inc.	1.565.368	1.385.296	1.443.434	1.584.759	2.030.578	8.009.435
7	Safe Saddle Corporation	646.559	857.573	730.463	1.038.371	1.053.369	4.326.335
8	Tremendous Bobsled Corporation	560.759	711.826	877.247	802.303	1.095.329	4.047.464
9	Top 5	5.823.143	5.941.102	6.705.598	6.975.324	8.660.541	34.105.708
10							
11	Total	12.337.778	12.683.061	14.101.763	14.569.960	17.411.966	71.104.528
12							

FIGURA 12-10 O relatório dos 5 Maiores Clientes contém duas tabelas dinâmicas.

Na verdade, o relatório dos 5 Maiores Clientes contém duas fotos de uma tabela dinâmica. Depois de usar o recurso `AutoShow` para obter os cinco maiores mercados com seus totais, a macro voltou à tabela dinâmica, removeu a opção `AutoShow` e obteve o total de todos os clientes para produzir a linha Empresa Total.

Definindo segmentações de dados para filtrar uma tabela dinâmica

O Excel 2010 introduziu o conceito da segmentação de dados para filtrar tabelas dinâmicas. Uma *segmentação de dados* é um filtro visual que podemos redimensionar e reposicionar. Podemos controlar a cor e o número de colunas de uma segmentação de dados. Também podemos marcar ou desmarcar itens de uma segmentação de dados usando o VBA.

A Figura 12-11 apresenta uma tabela dinâmica com duas segmentações de dados. Ambas foram modificadas para exibir múltiplas colunas.

As segmentações de dados trabalham apenas com tabelas dinâmicas feitas para serem usadas no Excel 2010 ou em versões mais novas. Uma segmentação de dados consiste em um cache de segmentação e em uma segmentação. Para definir um cache de segmentação, precisamos especificar uma tabela dinâmica como a fonte e um nome de campo como `SourceField`. O cache de segmentação é definido no nível da pasta de trabalho. O código abaixo nos permite ter uma segmentação em uma planilha diferente da tabela dinâmica:

```
Dim CSP as SlicerCache
Dim CSR as SlicerCache
Set CSP = ActiveWorkbook.SlicerCaches.Add(Source:=TD, SourceField:="Produto")
Set CSR = ActiveWorkbook.SlicerCaches.Add(Source:=TD, SourceField:="Região")
```

Depois de definir o cache de segmentação, podemos adicionar a segmentação. A segmentação é definida como um objeto do cache de segmentação. Especifique uma planilha como o destino. O argumento `Name` controla o nome interno da segmentação. O argumento `Caption` é o cabeçalho que será visível na segmentação. Isso pode ser útil se quisermos exibir o nome Região, mas o departamento de TI definiu o campo como IDKReg. Especifique o tamanho da segmentação usando altura e largura em pontos. Especifique a localização usando topo e esquerda em pontos.

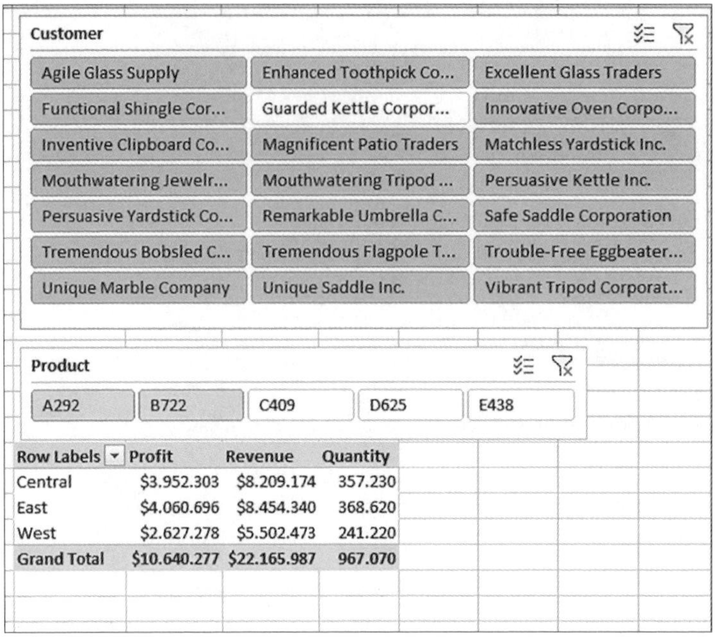

FIGURA 12-11 As segmentações de dados fornecem um filtro visual de diversos campos.

No código abaixo, os valores para topo, esquerda, altura e largura são atribuídos para serem iguais ao local e tamanho de certos intervalos de células:

```
Dim SDP as Slicer
Set SDP = CSP.Slicers.Add(SlicerDestination:=PLD, Name:="Produto", _
 Caption:="Produto", _
 Top:=PLD.Range("A12").Top, _
 Left:=PLD.Range("A12").Left + 10, _
 Width:=PLR.Range("A12:C12").Width, _
 Height:=PLD.Range("A12:A16").Height)
```

Todas as segmentações de dados começam como uma coluna. Podemos mudar o código de estilo e número de colunas assim:

```
' Formata a cor e o número de colunas
With SDP
 .Style = "SlicerStyleLight6"
 .NumberOfColumns = 5
End With
```

Depois que a segmentação for definida, poderemos usar o VBA para escolher quais itens serão ativados na segmentação de dados. Parece pouco intuitivo, mas, para escolher itens na segmentação de dados, precisamos mudar `SlicerItem`, que é membro de `SlicerCache`, e não um membro de `Slicer`:

```
With CSP
 .SlicerItems("A292").Selected = True
 .SlicerItems("B722").Selected = True
 .SlicerItems("C409").Selected = False
```

```
    .SlicerItems("D625").Selected = False
    .SlicerItems("E438").Selected = False
End With
```

A Listagem 12-4 nos mostra como criar uma tabela dinâmica com duas segmentações.

LISTAGEM 12-4 O código para criar uma tabela dinâmica com duas segmentações.

```
Sub DinâmicaComDuasSegmentações()
 Dim CSP As SlicerCache ' Para a segmentação de Produto
 Dim CSC As SlicerCache ' Para a segmentação de Cliente
 Dim SDP as Slicer
 Dim SDC As Slicer
 Dim PLD As Worksheet
 Dim PLR As Worksheet
 Dim PTD As Workbook
 Dim TD As PivotTable
 Dim CacheTD As PivotCache
 Dim IntervaloD As Range
 Dim LinhaFinal As Long
 Set PTD = ActiveWorkbook
 Set PLD = Worksheets("Dados")

 ' Deleta todas as tabelas dinâmicas anteriores
 For Each TD In PLD.PivotTables
    TD.TableRange2.Clear
 Next TD

 ' Exclui todos os caches de segmentação anteriores
 For Each CS In ActiveWorkbook.SlicerCaches
    CS.Delete
 Next CS

 ' Define a área de entrada e configura um cache dinâmico
 PLD.Select
 LinhaFinal = PLD.Cells(Rows.Count, 1).End(xlUp).Row
 ColFinal = PLD.Cells(1, Columns.Count). _
    End(xlToLeft).Column
 Set IntervaloD = PLD.Cells(1, 1).Resize(LinhaFinal, ColFinal)

 ' Define o cache de tabela dinâmica
 Set CacheTD = ActiveWorkbook.PivotCaches.Create( _
     SourceType:=xlDatabase, _
     SourceData:=IntervaloD.Address, _
     Version:=xlPivotTableVersion15)

 ' Cria a tabela dinâmica a partir do cache dinâmico
 Set TD = CacheTD.CreatePivotTable( _
    TableDestination:=Cells(18, ColFinal + 2), _
    TableName:="TabelaDinâmica1", _
```

```
    DefaultVersion:=xlPivotTableVersion15)

' Configura os campos de linhas & colunas
TD.AddFields RowFields:=Array("Região")

' Configura os campos de dados
With TD.PivotFields("Quantidade")
    .Orientation = xlDataField
    .Function = xlSum
    .Position = 1
    .NumberFormat = "#,##0"
    .Name = "Quantidade "
End With

With TD.PivotFields("Receita")
    .Orientation = xlDataField
    .Function = xlSum
    .Position = 1
    .NumberFormat = "$#,##0"
    .Name = "Receita "
End With

With TD.PivotFields("Lucro")
    .Orientation = xlDataField
    .Function = xlSum
    .Position = 1
    .NumberFormat = "$#,##0"
    .Name = "Lucro "
End With

' Define os caches de segmentação
Set CSC = PTD.SlicerCaches.Add(TD, "Cliente")
Set CSP = PTD.SlicerCaches.Add(TD, "Produto")

' Define Produto como uma segmentação
Set SDP = CSP.Slicers.Add(PLD, , _
    Name:="Produto", _
   Caption:="Produto", _
   Top:=PLD.Range("J14").Top + 5, _
   Left:=PLD.Range("J14").Left + 5, _
   Width:=343, Height:=54)
   SDP.Style = "SlicerStyleLight4"
   SDP.NumberOfColumns = 5

' Define Cliente como uma segmentação
Set SDC = CSC.Slicers.Add(PLD, , _
   Name:="Cliente", _
   Caption:="Cliente", _
   Top:=PLD.Range("J1").Top + 5, _
```

```
    Left:=PLD.Range("J1").Left + 5, _
    Width:=415, Height:=184)
    SDC.Style = "SlicerStyleLight2"
     SDC.NumberOfColumns = 3

 ' Desmarca alguns produtos
 With CSP
    .SlicerItems("C409").Selected = False
    .SlicerItems("D625").Selected = False
    .SlicerItems("E438").Selected = False
 End With

 ' Desmarca um cliente
 With CSC
    .SlicerItems("Guarded Kettle Corporation").Selected = False
 End With

End Sub
```

O código acima atribuiu a segmentação recém-criada a uma variável de objeto para que pudéssemos formatá-la com facilidade. E se a segmentação fosse criada antes que a macro começasse a ser executada? Podemos descobrir o nome da segmentação sem problemas. Se uma segmentação fosse criada no campo Produto, por exemplo, o nome de `SlicerCache` seria `"Slicer_Produto"`. O código abaixo formata as segmentações existentes:

```
Sub MoverEFormatarSegmentações()
 Dim CSP as SlicerCache
 Dim SDP as Slicer
 Dim PLD As Worksheet
 Set PLD = ActiveSheet
 Set CSP = ActiveWorkbook.SlicerCaches("Slicer_Produto")
 Set SDP = CSS.Slicers("Produto")
 With SDP
     .Style = "SlicerStyleLight6"
    .NumberOfColumns = 5
    Top:=PLD.Range("A1").Top + 5
    Left:=PLD.Range("A1").Left + 5
    .Width = PLD.Range("A1:B14").Width - 60
    Height:=PLD.Range("A1:B14").Height
    End With
End Sub
```

Definindo uma linha do tempo para filtrar uma tabela dinâmica do Excel 2019

A Microsoft introduziu a segmentação de dados com linha do tempo no Excel 2013. Esse é um tipo especial de segmentação de dados que não é compatível com o Excel 2010 ou versões anteriores. O nome de comercialização do Excel 2013 era Versão 15, e o VBA ainda usa esse nome. Assim, se estiver pensando em usar um segmentador de dados com linha do tempo, especifique `xlPivotTableVersion15` (ou maior) em dois pontos do código:

```
' Define o cache de tabela dinâmica
Set CacheTD = ActiveWorkbook.PivotCaches.Create( _
 SourceType:=xlDatabase, _
 SourceData:=IntervaloD.Address, _
 Version:=xlPivotTableVersion15)

' Cria a tabela dinâmica a partir do cache dinâmico
Set TD = CacheTD.CreatePivotTable( _
 TableDestination:=Cells(10, ColFinal + 2), _
 TableName:="TabelaDinâmica1", _
 DefaultVersion:=xlPivotTableVersion15)
```

Então, depois de adicionar campos à sua tabela dinâmica, defina um cache de segmentação e especifique o tipo como `xlTimeLine`:

```
' Define o cache de segmentação
' Os primeiros dois argumentos são Source e SourceField
' O terceiro argumento, Name, deve ser pulado
Set CS = PTD.SlicerCaches.Add2(TD, "DataDespacho", , _
 SlicerCacheType:=xlTimeline)
```

Então, adicione a segmentação ao cache de segmentação:

```
' Define a linha do tempo como uma segmentação
Set SD = CS.Slicers.Add(PLD, , _
 Name:="DataDespacho", _
 Caption:="Ano", _
 Top:=PLD.Range("J1").Top, _
 Left:=PLD.Range("J1").Left, _
 Width:=262.5, Height:=108)
```

As linhas do tempo podem existir no nível de dia, mês, trimestre ou ano. Para alterar o nível de uma linha do tempo, use a propriedade `TimelineViewState.Level`:

```
SD.TimelineViewState.Level = xlTimelineLevelYears
```

Para filtrar uma linha do tempo de determinadas datas, precisamos usar a propriedade `TimelineState.SetFilterDataRange`, que se aplica ao cache de segmentação:

```
CS.TimelineState.SetFilterDateRange "1/1/2014", "12/31/2015"
```

A Listagem 12-5 apresenta a macro completa para se criar uma tabela dinâmica de versão 15 e adicionar uma segmentação de dados com linha do tempo.

LISTAGEM 12-5 O código para criar uma tabela dinâmica com uma linha do tempo.

```
Sub DinâmicaComSegmentaçãoAnual()
 Dim CS As SlicerCache
 Dim SD As Slicer
 Dim PLD As Worksheet
 Dim PLR As Worksheet
 Dim PTD As Workbook
```

```
Dim TD As PivotTable
Dim CacheTD As PivotCache
Dim IntervaloD As Range
Dim LinhaFinal As Long
Set PTD = ActiveWorkbook
Set PLD = Worksheets("Dados")

' Deleta todas as tabelas dinâmicas anteriores
For Each TD In PLD.PivotTables
TD.TableRange2.Clear
Next TD

' Exclui todos os caches de segmentação anteriores
For Each CS In ActiveWorkbook.SlicerCaches
   CS.Delete
Next CS

' Define a área de entrada e configura um cache dinâmico
PLD.Select
LinhaFinal = PLD.Cells(Rows.Count, 1).End(xlUp).Row
ColFinal = PLD.Cells(1, Columns.Count). _
End(xlToLeft).Column
Set IntervaloD = PLD.Cells(1, 1).Resize(LinhaFinal, ColFinal)

' Define o cache de tabela dinâmica
Set CacheTD = ActiveWorkbook.PivotCaches.Create( _
   SourceType:=xlDatabase, _
   SourceData:=IntervaloD.Address, _
   Version:=xlPivotTableVersion15)

' Cria a tabela dinâmica a partir do cache dinâmico
Set TD = CacheTD.CreatePivotTable( _
    TableDestination:=Cells(10, ColFinal + 2), _
    TableName:="TabelaDinâmica1", _
    DefaultVersion:=xlPivotTableVersion15)

' Configura os campos de linhas & colunas
TD.AddFields RowFields:=Array("Cliente")

' Configura os campos de dados
With TD.PivotFields("Receita")
    .Orientation = xlDataField
    .Function = xlSum
    .Position = 1
    .NumberFormat = "#,##0"
   .Name = "Receita "
End With

' Define o cache de segmentação
```

```
    ' Os primeiros dois argumentos são Source e SourceField
    ' O terceiro argumento, Name, deve ser pulado
    Set CS = PTD.SlicerCaches.Add2(TD, "DataDespacho", , _
    SlicerCacheType:=xlTimeline)

    ' Define a linha do tempo como uma segmentação
    Set SD = CS.Slicers.Add(PLD, , _
        Name:="DataDespacho", _
        Caption:="Ano", _
        Top:=PLD.Range("J1").Top, _
        Left:=PLD.Range("J1").Left, _
        Width:=262.5, Height:=108)

    ' Configura a linha do tempo para exibir anos
    SD.TimelineViewState.Level = xlTimelineLevelYears

    ' Configura as datas para a linha do tempo
    CS.TimelineState.SetFilterDateRange "1/1/2018", "12/31/2018"
End Sub
```

A Figura 12-12 apresenta a segmentação de dados com linha do tempo criada pelo código em Listagem 12-5.

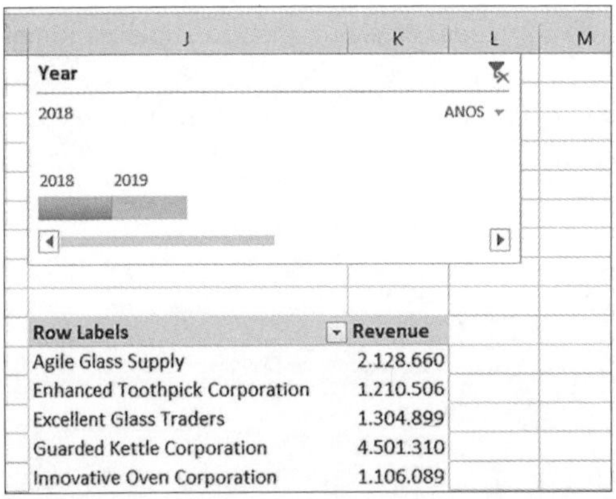

FIGURA 12-12 As linhas do tempo foram introduzidas no Excel 2013.

Usando o Modelo de Dados do Excel 2019

O Excel 2019 incorporou muitas partes do Power Pivot no produto principal do Excel. Isso quer dizer que podemos acrescentar duas tabelas no Modelo de Dados, criar uma relação, criar uma medida e, então, construir uma tabela dinâmica a partir do Modelo de Dados.

Para continuar com esse exemplo, abra o arquivo 12-AntesModeloDados.xlsm dos arquivos de exemplo baixados. Essa pasta de trabalho tem duas tabelas: Vendas e Setor. Setor é uma tabela de pesquisa que está relacionada com a tabela Vendas por meio de um campo de cliente. Para criar a tabela dinâmica, siga estes passos gerais:

1. Adicione a tabela principal no Modelo de Dados.
2. Adicione a tabela de pesquisa no Modelo de Dados.
3. Vincule as duas tabelas por meio de uma relação.
4. Crie um cache dinâmico de `ThisWorkbookDataModel`.
5. Crie uma tabela dinâmica a partir do cache.
6. Adicione campos de linhas.
7. Defina uma medida. Adicione a medida à tabela dinâmica.

Adicionando ambas as tabelas ao Modelo de Dados

Já devemos ter um conjunto de dados na pasta de trabalho que foi convertida em uma tabela usando o atalho Ctrl+Alt+T. Na guia Design de Ferramentas de Tabela, altere o nome da tabela para Vendas. Para vincular essa tabela ao Modelo de Dados, use este código:

```
' Cria uma conexão com a tabela principal Vendas
Set PTT = ActiveWorkbook
TableName = "Vendas"
PTT.Connections.Add Name:="TabelaVinculada_" & TableName, _
 Description:="", _
 ConnectionString:="PLANILHA;" & PTT.FullName, _
 CommandText:=PTT.Name & "!" & TableName, _
 lCmdType:=7, _
 CreateModelConnection:=True, _
 ImportRelationships:=False
```

Existem diversas variáveis nesse código que usam o nome da tabela, o caminho de pasta de trabalho ou o nome da pasta de trabalho. Se armazenarmos o nome da tabela em uma variável no início do código, podemos usar as variáveis para criar o nome de conexão, a sequência de caracteres de conexão e um texto de comando.

Assim, adaptar o código anterior ao vínculo com a tabela de pesquisa requer apenas a alteração da variável `TableName`:

```
TableName = "Setor"
PTT.Connections.Add Name:="TabelaVinculada_" & TableName, _
 Description:="", _
 ConnectionString:="PLANILHA;" & PTT.FullName, _
 CommandText:=PTT.Name & "!" & TableName, _
 lCmdType:=7, _
 CreateModelConnection:=True, _
 ImportRelationships:=False
```

Criando um vínculo entre as duas tabelas

Quando criamos um vínculo na interface do Excel, especificamos quatro itens na caixa de diálogo Criar Vínculo. O código para criar o vínculo é mais simplificado. Só pode haver um Modelo de Dados por pasta de trabalho. Defina uma variável de objeto MO para se referir ao modelo dessa pasta de trabalho. Use o método ModelRelationships.Add, especificando os dois campos que estão vinculados:

```
' Vincula as duas tabelas
Dim MO As Model
Set MO = ActiveWorkbook.Model
MO.ModelRelationships.Add _
 ForeignKeyColumn:= _
    MO.ModelTables("Vendas").ModelTableColumns("Cliente"), _
    PrimaryKeyColumn:= _
    MO.ModelTables("Setor").ModelTableColumns("Cliente")
```

Definindo o cache dinâmico e criando a tabela dinâmica

O código para definir o cache dinâmico especifica que os dados são externos. Embora as tabelas vinculadas estejam na nossa pasta de trabalho, e embora o Modelo de Dados seja armazenado como um grande objeto binário dentro da pasta de trabalho, essa ainda é considerada como uma conexão de dados externa. A conexão sempre é chamada de ThisWorkbookDataModel. Para configurar o cache dinâmico, use este código:

```
' Define o PivotCache
Set CacheTD = PTT.PivotCaches.Create(SourceType:=xlExternal, _
    SourceData:=PTT.Connections("ThisWorkbookDataModel"), _
    Version:=xlPivotTableVersion15)

' Cria a tabela dinâmica a partir do cache dinâmico
Set TD = CacheTD.CreatePivotTable( _
    TableDestination:=PLD.Cells(1, 1), TableName:="TabelaDinâmica1")
```

Adicionando campos de modelos à tabela dinâmica

Existem dois tipos de campos que precisamos adicionar à tabela dinâmica. Os campos de texto, tais como Cliente, Setor ou Produto, são simplesmente campos que podem ser adicionados à área de linha ou coluna da tabela dinâmica. Não precisa haver nenhum cálculo nesses campos. O código para adicionar campos de texto é apresentado nesta seção. Quando adicionamos um campo numérico à área de valores da interface do Excel, estamos, na realidade, e de modo implícito, definindo um novo campo calculado. Para fazer isso no VBA, precisamos, de modo explícito, definir o campo e, em seguida, adicioná-lo.

Primeiro, vamos examinar o exemplo mais simples de como adicionar um campo de texto a uma área de linha. De modo geral, o código de VBA é semelhante a isto:

```
With TD.CubeFields("[NomeTabela].[NomeCampo]")
    .Orientation = xlRowField
    .Position = 1
End With
```

```
No exemplo atual, adicione o campo Setor da tabela Setor, usando este código:
With TD.CubeFields("[Sector].[Sector]")
    .Orientation = xlRowField
     .Position = 1
End With
```

Adicionando campos numéricos à área de valores

Se temos uma tabela dinâmica de Modelo de Dados e marcamos o campo Receita, veremos o campo Receita se mover para a área Valores. Nos bastidores, porém, o Excel está implicitamente definindo uma nova medida, chamada Soma de Receita. (Você poderá ver as medidas implícitas na janela Power Pivot se você tiver o Excel 2019 Pro Plus.) No VBA, precisamos definir uma nova medida para Soma de Receita. Para que seja mais fácil se referir a essa medida depois, atribua a nova medida a uma variável de objeto:

```
' Antes de poder adicionar Receita à tabela dinâmica,
' é preciso definir a medida.
' Faz-se isso utilizando-se o método GetMeasure.
' Atribui o campo cubo ao objeto CCReceita
Dim CCReceita As CubeField
Set CCReceita = TD.CubeFields.GetMeasure( _
 AttributeHierarchy:="[Vendas].[Receita]", _
 Function:=xlSum, _
 Caption:="Soma de Receita")
' Adiciona o recém-criado campo cubo à tabela dinâmica
TD.AddDataField Field:=CCReceita, _
 Caption:="Receita Total"
TD.PivotFields("Receita Total").NumberFormat = "$#,##0,K"
```

Podemos usar o exemplo acima para criar uma nova medida. A medida a seguir usa a nova função `xlDistinctCount` para contar o número de clientes exclusivos em cada setor:

```
' Adiciona a contagem distinta de clientes como um campo cubo
Dim CCContaClnt As CubeField
Set CCContaClnt = TD.CubeFields.GetMeasure( _
 AttributeHierarchy:="[Vendas].[Cliente]", _
 Function:=xlDistinctCount, _
 Caption:="Contagem de Clientes")
' Adiciona o recém-criado campo cubo à tabela dinâmica
TD.AddDataField Field:=CCContaClnt, _
 Caption:="Contagem de Clientes"
```

Agora que o Power Pivot vem com todas as cópias do Excel 2019, podemos usar fórmulas DAX para criar novas medidas. O código abaixo adiciona um campo para Vendas Medianas:

```
' Adiciona Vendas Medianas usando DAX
ActiveWorkbook.Model.ModelMeasures.Add _
  MeasureName:="Vendas Medianas", _
AssociatedTable:=ActiveWorkbook.Model.ModelTables("Vendas"), _
Formula:="Mediana([Receita])", _
```

```
FormatInformation:=ActiveWorkbook.Model.ModelFormatCurrency("Padrão", 2)
TD.AddDataField TD.CubeFields("[Medidas].[Vendas Medianas]")
```

Juntando tudo

A Figura 12-13 apresenta a tabela dinâmica do Modelo de Dados criada usando o código da Listagem 12-6.

	A	B	C	D
1	Sector	Total Revenue	Customer Count	Median Sales
2	Apparel	$758K	2	$10,752.50
3	Chemical	$569K	1	$10,137.50
4	Consumer	$2,195K	7	$12,756.00
5	Electronics	$222K	4	$14,554.00
6	Food	$750K	1	$12,743.50
7	Hardware	$2,179K	11	$11,547.50
8	Textiles	$35K	1	$8,908.00
9	Grand Total *	$6,708K	27	$11,858.00

FIGURA 12-13 Duas tabelas são vinculadas com uma tabela dinâmica e duas medidas por meio de uma macro.

LISTAGEM 12-6 O código para criar uma tabela dinâmica de Modelo de Dados.

```
Sub CriarTabelaDinâmicaModelo()
 Dim PTT As Workbook
 Dim CP As WorkbookConnection
 Dim MO As Model
 Dim CacheTD As PivotCache
 Dim TD As PivotTable
 Dim PLD As Worksheet
 Dim CCReceita As CubeField
 Dim CCContaClnt As CubeField

 Set PTT = ActiveWorkbook
 Set PLD = PTT.Worksheets("Relatório")

 ' Cria uma conexão com a tabela principal Vendas
 TableName = "Vendas"
 PTT.Connections.Add2 Name:="TabelaVinculada_" & TableName, _
    Description:="TabelaPrincipal", _
    ConnectionString:="PLANILHA;" & PTT.FullName, _
    CommandText:=PTT.Name & "!" & TableName, _
    lCmdType:=7, _
    CreateModelConnection:=True, _
    ImportRelationships:=False

 ' Cria uma conexão com a tabela de pesquisa Setor
 TableName = "Setor"
 PTT.Connections.Add2 Name:="TabelaVinculada_" & TableName, _
     Description:="TabelaPesquisa", _
     ConnectionString:="PLANILHA;" & PTT.FullName, _
```

```
        CommandText:=PTT.Name & "!" & TableName, _
        lCmdType:=7, _
        CreateModelConnection:=True, _
        ImportRelationships:=False

    ' Vincula as duas tabelas
    Set MO = ActiveWorkbook.Model
    MO.ModelRelationships.Add _
      ForeignKeyColumn:=MO.ModelTables("Vendas") _
       .ModelTableColumns("Cliente"), _
      PrimaryKeyColumn:=MO.ModelTables("Setor") _
       .ModelTableColumns("Cliente")

    ' Deleta todas as tabelas dinâmicas anteriores
    For Each TD In PLD.PivotTables
      TD.TableRange2.Clear
    Next TD

    ' Define o PivotCache
    Set CacheTD = PTT.PivotCaches.Create(SourceType:=xlExternal, _
    SourceData:=PTT.Connections("ThisWorkbookDataModel"), _
    Version:=xlPivotTableVersion15)

    ' Cria a tabela dinâmica a partir do cache dinâmico
    Set TD = CacheTD.CreatePivotTable( _
    TableDestination:=PLD.Cells(1, 1), TableName:="TabelaDinâmica1")

    ' Adiciona o campo Setor da tabela Setor às áreas de Linhas
    With TD.CubeFields("[Setor].[Setor]")
      .Orientation = xlRowField
       .Position = 1
    End With

    ' Antes de poder adicionar Receita à tabela dinâmica,
    ' é preciso definir a medida.
    ' Faz-se isso utilizando-se o método GetMeasure.
    ' Atribui o campo cubo ao objeto CCReceita
    Set CCReceita = TD.CubeFields.GetMeasure( _
       AttributeHierarchy:="[Vendas].[Receita]", _
       Function:=xlSum, _
       Caption:="Soma de Receita")
    ' Adiciona o recém-criado campo cubo à tabela dinâmica
    TD.AddDataField Field:=CCReceita, _
    Caption:="Receita Total"
    TD.PivotFields("[Medidas].[Soma de Receita]") _
    .NumberFormat = "$#,##0,K"

    ' Adiciona Contagem Distinta de Clientes como um campo cubo
    Set CCContaClnt = TD.CubeFields.GetMeasure( _
```

```
        AttributeHierarchy:="[Vendas].[Cliente]", _
        Function:=xlDistinctCount, _
        Caption:="Contagem de Clientes")
    ' Adiciona o recém-criado campo cubo à tabela dinâmica
    TD.AddDataField Field:=CCContaClnt, _
        Caption:="Contagem de Clientes"

' Adiciona Vendas Medianas usando DAX
ActiveWorkbook.Model.ModelMeasures.Add _
  MeasureName:="Vendas Medianas", _
  AssociatedTable:= _
  ActiveWorkbook.Model.ModelTables("Vendas"), _
  Formula:="Mediana([Receita])", _
  FormatInformation:= _
  ActiveWorkbook.Model.ModelFormatCurrency("Padrão", 2)
TD.AddDataField TD.CubeFields("[Medidas].[Vendas Medianas]")


End Sub
```

Usando outros recursos de tabelas dinâmicas

Esta seção aborda alguns recursos adicionais das tabelas dinâmicas que talvez precisemos programar com VBA.

Campos de dados calculados

As tabelas dinâmicas oferecem dois tipos de fórmula. O tipo mais útil cria um campo calculado. Isso adiciona um novo campo à tabela dinâmica. Os cálculos para campos calculados são sempre feitos a nível de resumo. Se definirmos um campo calculado para o preço médio como a receita dividida pelas unidades vendidas, o Excel primeiro somará a receita total e a quantidade total, e, então, dividirá esses totais para obter o resultado. Em muitos casos, isso é exatamente do que precisamos. Se o nosso cálculo não seguir a lei associativa da matemática, ele poderá não funcionar como esperamos.

Para definir um campo calculado, use o método Add com o objeto `CalculatedFields`. Precisamos especificar um nome de campo e uma fórmula, tal como visto aqui:

```
' Define os campos calculados
TD.CalculatedFields.Add Name:="PorcentagemLucro", _
    Formula:="=Lucro/Receita"
With TD.PivotFields("PorcentagemLucro")
    .Orientation = xlDataField
    .Function = xlSum
    .Position = 3
    .NumberFormat = "#0.0%"
    .Name = "Pct LB"
End With
```

> **Nota** Se criarmos um campo chamado Percentual de Lucro, a tabela dinâmica padrão produzirá um campo chamado Soma de Percentual de Lucro. Esse título é enganador e totalmente bobo. Para evitar isso, use a propriedade `Name` ao definir o campo Dados para substituir o Soma de Percentual de Lucro por algo como Pct LB. Tenha em mente que esse nome deve ser diferente do nome do campo calculado.

Itens calculados

Vamos supor que temos um campo Medida com dois itens: Orçamento e Real. Nós gostaríamos de adicionar uma nova posição para calcular Variância como Real menos Orçamento. Podemos fazer isso com um item calculado usando este código:

```
' Define o item calculado na dimensão do produto
TD.PivotFields("Medida").CalculatedItems _
    .Add "Variância", "='Real'-'Orçamento'"
```

Usando ShowDetail para filtrar um conjunto de registros

Quando clicamos duas vezes em qualquer número de uma tabela dinâmica na interface de usuário do Excel, o Excel insere uma nova planilha na pasta de trabalho e copia todos os registros-fonte que representam esse número. Na interface de usuário do Excel, essa é uma ótima maneira de realizar uma pesquisa em níveis inferiores de um conjunto de dados.

A propriedade equivalente no VBA é `ShowDetail`. Quando definimos essa propriedade como `True` para qualquer célula da tabela dinâmica, geramos uma nova planilha com todos os registros que compõem essa célula:

```
TD.TableRange2.Offset(2, 1).Resize(1, 1).ShowDetail = True
```

Alterando o layout por meio da guia Design

O grupo Layout da guia Design contém quatro menus suspensos que controlam o seguinte:

- Localização dos subtotais (na parte superior ou inferior).
- Presença dos totais gerais.
- Layout do relatório, incluindo se os rótulos das linhas externas serão repetidos.
- Presença de linhas em branco.

Os subtotais podem aparecer na parte superior ou inferior de um grupo de itens dinâmicos. A propriedade `SubtotalLocation` se aplica à tabela dinâmica inteira. Seus valores válidos são `xlAtBottom` e `xlAtTop`:

```
TD.SubtotalLocation:=xlAtTop
```

Os totais gerais podem ser ativados ou desativados para linhas ou colunas. Como essas duas configurações podem confundir, lembre-se de que, na parte inferior de um relatório, existe uma linha de totais que a maioria das pessoas chama de linha do total geral. Para desativar essa linha, use o seguinte:

```
TD.ColumnGrand = False
```

Precisamos desativar `ColumnGrand` quando queremos suprimir a linha de total porque a Microsoft chama essa linha de "total geral para as colunas". Entendeu? Em outras palavras, a Microsoft está dizendo que a linha na parte inferior contém o total das colunas acima dela. Essa é uma das expressões mais estranhas na Faixa de Opções do Excel. Ela me confunde o tempo todo.

Para suprimir o que chamaríamos de coluna do total geral no lado direito do relatório, precisamos suprimir o que a Microsoft chama de "total para as linhas" usando o seguinte código:

```
TD.RowGrand = False
```

Configurações para o layout do relatório

Temos três configurações para o layout do relatório:

- **Layout tabular** — Similar ao layout padrão do Excel 2003.
- **Layout de estrutura de tópicos** — Disponível opcionalmente no Excel 2003.
- **Layout compacto** — Introduzido no Excel 2007.

Quando criamos uma tabela dinâmica na interface do Excel, vemos o layout compacto. Quando criamos uma tabela dinâmica no VBA, vemos o layout tabular. Podemos mudar para um dos outros layouts com uma destas linhas:

```
TD.RowAxisLayout xlTabularRow
TD.RowAxisLayout xlOutlineRow
TD.RowAxisLayout xlCompactRow
```

A partir do Excel 2007, podemos adicionar uma linha em branco ao layout depois de cada grupo de itens dinâmicos. Embora a guia Design nos ofereça apenas uma configuração para afetar a tabela dinâmica inteira, essa configuração é, na verdade, aplicada a cada campo dinâmico individualmente. O gravador de macros responde gravando uma dúzia de linhas de código para uma tabela dinâmica de 12 campos. De modo inteligente, podemos adicionar uma única linha de código para os campos de linha externas:

```
TD.PivotFields("Região").LayoutBlankLine = True
```

Suprimindo subtotais em campos de múltiplas linhas

Assim que tivermos mais de um campo de linha, o Excel automaticamente adiciona subtotais para todos os campos, menos o de linha mais interna. Esse campo de linha extra pode nos atrapalhar se estamos pensando em reutilizar os resultados da tabela dinâmica como um novo conjunto de dados para outro objetivo. Embora a realização manual dessa tarefa seja relativamente simples, o código do VBA para suprimir os subtotais é surpreendentemente complexo.

A maioria das pessoas não percebe que é possível exibir múltiplos tipos de subtotais. Por exemplo, podemos escolher exibir o Total, Média, Mínimo e Máximo na mesma tabela dinâmica.

Para suprimir os subtotais de um campo, precisamos definir a propriedade `Subtotals` como uma matriz de 12 valores configurados como `False`. O primeiro `False` desativa os subtotais automáticos, o segundo `False` desativa o subtotal `Sum`, o terceiro `False` desativa o subtotal `Count` e assim por diante. Este código suprime o subtotal `Região`:

```
PT.PivotFields("Região").Subtotals = Array(False, False, False, False, _
 False, False, False, False, False, False, False, False)
```

Uma técnica diferente seria ativar o primeiro subtotal. Esse método desativa os outros 11 subtotais automaticamente. Então, podemos desativar o primeiro subtotal para garantir que todos os subtotais tenham sido suprimidos:

```
TD.PivotFields("Região").Subtotals(1) = True
TD.PivotFields("Região").Subtotals(1) = False
```

Estudo de caso: aplicando uma visualização de dados

A partir do Excel 2007, fantásticas visualizações de dados, como conjuntos de ícones, gradientes de cores e barras de dados dentro de células, passaram a ser oferecidas. Quando aplicamos uma visualização a uma tabela dinâmica, precisamos excluir as linhas de total da visualização.

Se tivermos 20 clientes que têm uma média de $3 milhões de renda cada, o total para os 20 clientes será de $60 milhões. Quando incluímos o total na visualização de dados, ele fica com a barra maior, e todos os registros dos clientes ficam com barras pequenas.

Na interface de usuário do Excel, vamos sempre querer usar a opção Adicionar Regra ou Editar Regra para selecionar a opção Todas as Células Exibindo "Soma de Receita" para "Cliente".

O código para adicionar uma barra de dados para o campo Receita é o seguinte:

```
' Aplica a barra de dados
TD.TableRange2.Cells(3, 2).Select
Selection.FormatConditions.AddDatabar
Selection.FormatConditions(1).ShowValue = True
Selection.FormatConditions(1).SetFirstPriority
With Selection.FormatConditions(1)
 .MinPoint.Modify newtype:=xlConditionValueLowestValue
 .MaxPoint.Modify newtype:=xlConditionValueHighestValue
End With
With Selection.FormatConditions(1).BarColor
 .ThemeColor = xlThemeColorAccent3
 .TintAndShade = -0.5
End With
Selection.FormatConditions(1).ScopeType = xlFieldsScope
```

Próximos passos

Caso ainda não tenha percebido, as tabelas dinâmicas são o meu recurso favorito do Excel. Elas são incrivelmente poderosas e flexíveis. Combinadas com VBA, elas nos fornecem um excelente motor de cálculo e estão por trás de muitos dos relatórios que crio para os meus clientes. O Capítulo 13, "O poder do Excel", nos oferece diversas técnicas para lidar com várias tarefas no VBA.

CAPÍTULO 13

O poder do Excel

Neste capítulo, você vai:

- Listar todos os arquivos de uma pasta.
- Importar dados de um arquivo CSV.
- Aprender métodos para dividir e mesclar dados.
- Exportar dados para um arquivo XML.
- Criar um arquivo de registros.
- Aprender as técnicas favoritas de vários profissionais de VBA.

Um dos grandes segredos dos programadores de sucesso é nunca perder tempo escrevendo o mesmo código duas vezes. Todos eles têm pequenos pedaços — ou até grandes pedaços — de código que são usados repetidas vezes. Outro grande segredo é nunca levar 8 horas para fazer algo que pode ser feito em 10 minutos — que é justamente o assunto deste livro!

Este capítulo contém programas doados por diversos usuários avançados do Excel. Esses programas foram considerados úteis por eles, e eles esperam que esses programas o ajudem também. Eles podem não apenas economizar seu tempo, mas também lhe ensinar novas maneiras de resolver problemas comuns.

Programadores diferentes têm estilos de programação diferentes, e nós não reescrevemos o que nos foi enviado. Ao revisar os códigos neste capítulo, você perceberá diferentes maneiras de realizar a mesma tarefa, tal como fazer referência a intervalos.

Operações com arquivos

Os utilitários apresentados nas seções a seguir lidam com a manipulação de arquivos em pastas. Poder fazer um loop por uma lista de arquivos em uma pasta é uma tarefa útil.

Listar arquivos de um diretório

Este utilitário foi enviado por Nathan P. Oliver, de Minneapolis, Minnesota.

Este programa retorna o nome de arquivo, o tamanho e a data de modificação de todos os tipos de arquivos especificados no diretório selecionado e em suas subpastas:

```
Sub PesquisaArquivoExcel()
Dim pesqExt As Variant, pesqDir As Variant
Dim i As Long, j As Long, strNome As String
Dim varMat(1 To 1048576, 1 To 3) As Variant
Dim strNomeCompletoArquivo As String
Dim pl As Worksheet
Dim fso As Object
```

```
Let pesqExt = Application.InputBox("Por favor, informe a extensão do arquivo", _
 "Pedido de Informação")
If pesqExt = False And Not TypeName(pesqExt) = "String" Then
      Exit Sub
End If

Let pesqDir = NavegarPorPastaShell
If pesqDir = False And Not TypeName(pesqDir) = "String" Then
    Exit Sub
End If
Application.ScreenUpdating = False
Set pl = ThisWorkbook.Worksheets.Add(Sheets(1))
On Error Resume Next
Application.DisplayAlerts = False
ThisWorkbook.Worksheets("Resultados de PesquisaArquivo").Delete
Application.DisplayAlerts = True
On Error GoTo 0
pl.Name = "Resultados de PesquisaArquivo"

Let strNome = Dir$(pesqDir & "\*" & pesqExt)
Do While strNome <> vbNullString
     Let i = i + 1
     Let strNomeCompletoArquivo = pesqDir & strNome
     Let varMat(i, 1) = strNomeCompletoArquivo
     Let varMat(i, 2) = FileLen(strNomeCompletoArquivo) \ 1024
     Let varMat(i, 3) = FileDateTime(strNomeCompletoArquivo)
     Let strNome = Dir$()
Loop

Set fso = CreateObject("Scripting.FileSystemObject")
Call recursoSubPastas(fso.GetFolder(pesqDir), varMat(), i, CStr(pesqExt))
Set fso = Nothing

ThisWorkbook.Windows(1).DisplayHeadings = False
With pl
    If i > 0 Then
        .Range("A2").Resize(i, UBound(varMat, 2)).Value = varMat
        For j = 1 To i
            .Hyperlinks.Add anchor:=.Cells(j + 1, 1), Address:=varMat(j, 1)
        Next
    End If
    .Range(.Cells(1, 4), .Cells(1, .Columns.Count)).EntireColumn.Hidden = _
        True
    .Range(.Cells(.Rows.Count, 1).End(xlUp)(2), _
        .Cells(.Rows.Count, 1)).EntireRow.Hidden = True
    With .Range("A1:C1")
        .Value = Array("Nome Completo", "Kilobytes", "Última Modificação")
        .Font.Underline = xlUnderlineStyleSingle
        .EntireColumn.AutoFit
```

```
        .HorizontalAlignment = xlCenter
      End With
End With
Application.ScreenUpdating = True
End Sub

Private Sub recursoSubPastas(ByRef Pasta As Object, _
    ByRef varMat() As Variant, _
    ByRef i As Long, _
    ByRef pesqExt As String)
Dim SubPasta As Object
Dim strNome As String, strNomeCompletoArquivo As String
For Each SubPasta In Pasta.SubPastas
    Let strNome = Dir$(SubPasta.Path & "\*" & pesqExt)
    Do While strNome <> vbNullString
        Let i = i + 1
        Let strNomeCompletoArquivo = SubPasta.Path & "\" & strNome
        Let varMat(i, 1) = strNomeCompletoArquivo
        Let varMat(i, 2) = FileLen(strNomeCompletoArquivo) \ 1024
        Let varMat(i, 3) = FileDateTime(strNomeCompletoArquivo)
        Let strNome = Dir$()
    Loop
    If i > 1048576 Then Exit Sub
    Call recursoSubPastas(SubPasta, varMat(), i, pesqExt)
Next
End Sub

Private Function NavegarPorPastaShell() As Variant
Dim objShell As Object, objPasta As Object
Set objShell = CreateObject("Shell.Application")
Set objPasta = objShell.BrowseForFolder(0, "Por favor, selecione uma pasta", _
 0, "C:\")
If Not objPasta Is Nothing Then
    On Error Resume Next
    If IsError(objPasta.Items.Item.Path) Then
        NavegarPorPastaShell = CStr(objPasta)
    Else
        On Error GoTo 0
        If Len(objPasta.Items.Item.Path) > 3 Then
            NavegarPorPastaShell = objPasta.Items.Item.Path & _
            Application.PathSeparator
        Else
            NavegarPorPastaShell = objPasta.Items.Item.Path
       End If
    End If
Else
    NavegarPorPastaShell = False
End If
Set objPasta = Nothing: Set objShell = Nothing
End Function
```

Importar e excluir um arquivo CSV

Este utilitário foi enviado por Masaru Kaji, de Kobe, Japão. Masaru é um administrador de sistemas de computador. Ele gerencia um site de dicas de VBA do Excel, o Cell Masters (cellmasters.net/vbatips.htm) (conteúdo em inglês).

Se precisar importar diversos arquivos de valores separados por vírgula (CSV) e, então, precisar voltar e exclui-los, este programa é para você. Ele rapidamente abre um CSV no Excel e exclui permanentemente o arquivo original:

```
Option Base 1
Sub AbrirGrandeCSVRápido()
Dim buf(1 To 16384) As Variant
Dim i As Long
'Altera a localização e o nome do arquivo aqui
Const strCaminhoArquivo As String = "C:\temp\Vendas.CSV"

Dim strCaminhoRenomeado As String
strCaminhoRenomeado = Split(strCaminhoArquivo, ".")(0) & "txt"

With Application
    .ScreenUpdating = False
    .DisplayAlerts = False
End With
'Configurando uma matriz para que FieldInfo abra o CSV
For i = 1 To 16384
    buf(i) = Array(i, 2)
Next
Name strCaminhoArquivo As strCaminhoRenomeado
Workbooks.OpenText Filename:=strCaminhoRenomeado, DataType:=xlDelimited, _
    Comma:=True, FieldInfo:=buf
Erase buf
ActiveSheet.UsedRange.Copy ThisWorkbook.Sheets(1).Range("A1")
ActiveWorkbook.Close False
Kill strCaminhoRenomeado
With Application
    .ScreenUpdating = True
    .DisplayAlerts = True
End With
End Sub
```

Lendo e analisando um arquivo TXT na memória

Este utilitário foi enviado por Rory Archibald, um analista de resseguros que mora em East Sussex, Reino Unido. Ele é um nerd de carteirinha e dono do site ExcelMatters.com (conteúdo em inglês).

Este utilitário assume uma abordagem diferente na leitura de um arquivo de texto da qual você talvez tenha usado no passado. Em vez de ler um registro por vez, essa macro carrega o arquivo de texto inteiro na memória em uma única variável de sequência de caracteres. Depois, a macro analisa e divide a sequência de caracteres em registros individuais, ainda na memória. Então, ela coloca todos os registros na planilha de uma só vez (o que eu gosto de chamar de "despejar" os dados na planilha). A vantagem desse método é que precisamos acessar o arquivo no disco apenas uma vez. Todo o processamento subsequente ocorre na memória e é muito rápido. Sem mais delongas, aqui está o utilitário:

```
Sub CarregarLinhasDeCSV()
Dim pln As Worksheet
Dim strtxt As String
Dim matrizTexto() As String

' Adiciona uma nova planilha para a saída
Set pln = Sheets.Add

' abre o arquivo csv
With CreateObject("Scripting.FileSystemObject") _
    .GetFile("c:\temp\vendas.csv").OpenAsTextStream(1)
    'lê o conteúdo na forma de uma variável
     strtxt = .ReadAll
    ' o fecha!
    .Close
End With

'divide o texto em uma matriz usando o retorno de carro e o separador de
'quebra de linha
matrizTexto = VBA.Split(strtxt, vbCrLf)

pln.Range("A1").Resize(UBound(matrizTexto) + 1).Value = _
    Application.Transpose(matrizTexto)
End Sub
```

Combinando e separando pastas de trabalho

Os utilitários das próximas seções demonstram como combinar planilhas em uma única pasta de trabalho ou separar uma pasta de trabalho em planilhas individuais ou exportar os dados para uma planilha em um arquivo XML.

Separar planilhas em pastas de trabalho

Este utilitário foi enviado por Tommy Miles, de Houston, Texas.

Esse exemplo passa pela pasta de trabalho ativa e salva cada planilha como sua própria pasta de trabalho no mesmo caminho da pasta de trabalho original. Ele nomeia as novas pastas de trabalho com base no nome da planilha e sobrescreve arquivos sem pedir confirmação. Perceba também que precisamos escolher se vamos salvar o arquivo como .xlsm (macros habilitadas) ou .xlsx (as macros serão removidas). No código seguinte, ambas as linhas são inclusas — xlsm e xlsx —, mas as linhas de xlsx estão na forma de comentário para inativá-las:

```
Sub DividirPastaDeTrabalho()
Dim pl As Worksheet
Dim ExibirBarraStatus As Boolean

ExibirBarraStatus = Application.ExibirBarraStatus
Application.ExibirBarraStatus = True
Application.ScreenUpdating = False
Application.DisplayAlerts = False

For Each pl In ThisWorkbook.Sheets
    Dim NovoNomeArquivo As String
    Application.StatusBar = ThisWorkbook.Sheets.Count & _
     " Planilhas Restantes"
    If ThisWorkbook.Sheets.Count <> 1 Then
        NovoNomeArquivo = ThisWorkbook.Path & "\" & pl.Name & ".xlsm" _
       'Com Macros Habilitadas
       ' NovoNomeArquivo = ThisWorkbook.Path & "\" & pl.Name & ".xlsx" _
       'Com Macros Não Habilitadas
       pl.Copy
       ActiveWorkbook.Sheets(1).Name = "Plan1"
       ActiveWorkbook.SaveAs Filename:=NovoNomeArquivo, _
       FileFormat:=xlOpenXMLWorkbookMacroEnabled
       ' ActiveWorkbook.SaveAs Filename:=NovoNomeArquivo, _
       FileFormat:=xlOpenXMLWorkbook
       ActiveWorkbook.Close SaveChanges:=False
     Else
        NovoNomeArquivo = ThisWorkbook.Path & "\" & pl.Name & ".xlsm"
       ' NovoNomeArquivo = ThisWorkbook.Path & "\" & pl.Name & ".xlsx"
        pl.Name = "Plan1"
     End If
Next

Application.DisplayAlerts = True
Application.StatusBar = False
Application.ExibirBarraStatus = ExibirBarraStatus
Application.ScreenUpdating = True
End Sub
```

Combinando pastas de trabalho

Este utilitário foi enviado por Tommy Miles.

Esse exemplo passa por todos os arquivos do Excel em um diretório especificado e os combina em uma única pasta de trabalho. Ele renomeia as planilhas com base no nome da pasta de trabalho original:

```
Sub CombinarPastasDeTrabalho()
Dim ArqAtual As String, LocDir As String
Dim PTDest As Workbook
Dim pl As Object 'permite diferentes tipos de planilhas
```

```
LocDir = ThisWorkbook.Path & "\tst\" 'localização dos arquivos
ArqAtual = Dir(LocDir & "*.xls*")

Application.ScreenUpdating = False
Application.EnableEvents = False
Set PTDest = Workbooks.Add(xlWorksheet)
Do While ArqAtual <> vbNullString
   Dim PTOrig As Workbook
   Set PTOrig = Workbooks.Open(Filename:=LocDir & ArqAtual, _
      ReadOnly:=True)

   'Limita os nomes de planilha válidos e remove ".xls*"
   ArqAtual = Left(Left(ArqAtual, Len(ArqAtual) - 5), 29)

   For Each pl In PTOrig.Sheets
      pl.Copy After:=PTDest.Sheets(PTDest.Sheets.Count)

      If PTOrig.Sheets.Count > 1 Then
         PTDest.Sheets(PTDest.Sheets.Count).Name = ArqAtual & pl.Index
      Else
         PTDest.Sheets(PTDest.Sheets.Count).Name = ArqAtual
      End If
   Next

   PTOrig.Close SaveChanges:=False
   ArqAtual = Dir
Loop
Application.DisplayAlerts = False
PTDest.Sheets(1).Delete
Application.DisplayAlerts = True
Application.ScreenUpdating = True
Application.EnableEvents = True

Set PTDest = Nothing
End Sub
```

Copiando dados em planilhas distintas sem usar o Filtro

Este utilitário foi enviado por Zack Barresse, de Boardman, Oregon. Zack é um ninja do Excel, louco por VBA, ex-bombeiro e paramédico, e proprietário/gerente do exceltables.com (conteúdo em inglês). Ele é o coautor de um dos meus livros favoritos, *Excel Tables: A Complete Guide for Creating, Using and Automatting Lists and Tables* (Holy Macro! Books, 2014), com Kevin Jones.

Podemos usar o Filtro para selecionar registros específicos e copiá-los em outra planilha. Mas, se estivermos lidando com muita informação ou se tivermos fórmulas no conjunto de dados, a execução disso pode demorar bastante. Em vez de usar o Filtro, considere usar uma fórmula para marcar os registros desejados e, então, classificar por coluna para agrupar os registros desejados. Combine isso com `SpecialCells` e você poderá ter um procedimento que é executado 10 vezes mais rápido do que o código que usa o Filtro. Veja como ele é:

```
Sub IntervaloCritério_Copiar()
Dim Tabela As ListObject
Dim ClassificarColuna As ListColumn
Dim ColunaCritérios As ListColumn
Dim IntervaloEncontrado As Range
Dim PlanilhaAlvo As Worksheet
Dim CabeçalhoVisível As Boolean

Set Tabela = ActiveSheet.ListObjects(1) ' Configure como desejado
CabeçalhoVisível = Tabela.ShowHeaders
Tabela.ShowHeaders = True

On Error GoTo RemoverColunas
Set ClassificarColuna = Tabela.ListColumns.Add(Tabela.ListColumns.Count + 1)
Set ColunaCritérios = Tabela.ListColumns.Add _
 (Tabela.ListColumns.Count + 1)
On Error GoTo 0

'Adiciona uma coluna para acompanhar a ordem original dos registros
ClassificarColuna.Name = " Classificar"
ColunaCritérios.Name = " Critérios"
ClassificarColuna.DataBodyRange.Formula = "=ROW(A1)"
ClassificarColuna.DataBodyRange.Value = ClassificarColuna.DataBodyRange.Value

'adiciona a fórmula para marcar os registros desejados
'os registros não desejados terão erros
ColunaCritérios.DataBodyRange.Formula = "=1/(([@Units]<10)*([@Cost]<5))"
ColunaCritérios.DataBodyRange.Value = ColunaCritérios.DataBodyRange.Value

Tabela.Range.Sort Key1:=ColunaCritérios.Range(1, 1), _
     Order1:=xlAscending, Header:=xlYes
On Error Resume Next
Set IntervaloEncontrado = Intersect(Tabela.Range, ColunaCritérios.DataBodyRange. _
 SpecialCells(xlCellTypeConstants, xlNumbers).EntireRow)
On Error GoTo 0

If Not IntervaloEncontrado Is Nothing Then
    Set PlanilhaAlvo = ThisWorkbook.Worksheets.Add(After:=ActiveSheet)
    IntervaloEncontrado(1, 1).Offset(-1, 0).Resize(IntervaloEncontrado.Rows.Count + 1,
_
     IntervaloEncontrado.Columns.Count - 2).Copy
    PlanilhaAlvo.Range("A1").PasteSpecial xlPasteValuesAndNumberFormats
    Application.CutCopyMode = False
End If
Tabela.Range.Sort Key1:=ClassificarColuna.Range(1, 1), Order1:=xlAscending, _
 Header:=xlYes
```

```
RemoverColunas:
If Not ClassificarColuna Is Nothing Then ClassificarColuna.Delete
If Not ColunaCritérios Is Nothing Then ColunaCritérios.Delete
Tabela.ShowHeaders = CabeçalhoVisível
End Sub
```

Exportando dados para um arquivo XML

Este utilitário foi enviado por Livio Lanzo. Atualmente, Livio trabalha como analista de negócios em finanças, em Luxemburgo. Sua principal atividade é desenvolver ferramentas de Excel/Access para um banco. Livio também participa dos fóruns do MrExcel.com, utilizando o nome de usuário "VBA Geek".

Este programa exporta os dados de uma tabela para um arquivo XML. Ele usa a ligação antecipada, de modo que uma referência deve ser estabelecida no VB Editor por meio de Ferramentas, Referências à biblioteca Microsoft XML, v6.0:

```
Const NOME_ELEMENTO_RAIZ = "DADOSDEAMOSTRA"
Const NOME_GRUPOS = "FUNCIONÁRIOS"
Const CAMINHO_EXPORTAR_XML = "C:\temp\meuArqXML.xml"

Sub CriarXML()
Dim xml_DOM As MSXML2.DOMDocument60
Dim xml_El As MSXML2.IXMLDOMElement
Dim xLin As Long
Dim xCol As Long
Set xml_DOM = CreateObject("MSXML2.DOMDocument.6.0")
xml_DOM.appendChild xml_DOM.createElement(NOME_ELEMENTO_RAIZ)
With Plan1.ListObjects("TabelaFuncionários")
   For xLin = 1 To .ListRows.Count
     CRIAR_ELEMENTO_APPEND xml_DOM, NOME_ELEMENTO_RAIZ, NOME_GRUPOS, _
       0, NODE_ELEMENT
     For xCol = 1 To .ListColumns.Count
         CRIAR_ELEMENTO_APPEND xml_DOM, NOME_GRUPOS,
             .HeaderRowRange(1, xCol).Text, (xLin - 1), NODE_ELEMENT
         CRIAR_ELEMENTO_APPEND xml_DOM, .HeaderRowRange(1, xCol).Text, _
             .DataBodyRange(xLin, xCol).Text, (xLin - 1), NODE_TEXT
     Next xCol
   Next xLin
End With
xml_DOM.Save CAMINHO_EXPORTAR_XML
MsgBox "Arquivo Criado: " & CAMINHO_EXPORTAR_XML, vbInformation
End Sub

Private Sub CRIAR_ELEMENTO_APPEND(xmlDOM As MSXML2.DOMDocument60, _
                 NomeElPai As String, _
                 NovoNomeEl As String, _
                 ElÍndicePai As Long, _
                 TipoEl As MSXML2.tagDOMNodeType)
```

```
Dim xml_ELEMENTO As Object
If TipoEl = NODE_ELEMENT Then
     Set xml_ELEMENTO = xmlDOM.createElement(NovoNomeEl)
ElseIf TipoEl = NODE_TEXT Then
    Set xml_ELEMENTO = xmlDOM.createTextNode(NovoNomeEl)
End If
xmlDOM.getElementsByTagName(NomeElPai)(ElÍndicePai).appendChild _
     xml_ELEMENTO
End Sub
```

Trabalhando com comentários de células

Comentários de células são um recurso do Excel que costuma ser subutilizado. Os dois utilitários a seguir nos ajudam a aproveitar os comentários de células ao máximo.

Redimensionar comentários

Este utilitário foi enviado por Tom Urtis, de São Francisco, Califórnia. Tom é o dono principal da Atlas Programming Management, uma firma de consultoria de Excel da Bay Area.

O Excel não redimensiona automaticamente os comentários de células. Além disso, se tivermos muitas delas em uma planilha, como ilustrado na Figura 13-1, dimensioná-las uma de cada vez poderá ser um problema. O utilitário abaixo redimensiona todas as caixas de comentários de uma planilha, de modo que, quando selecionado, o comentário inteiro é facilmente visualizável, como visto na Figura 13-2.

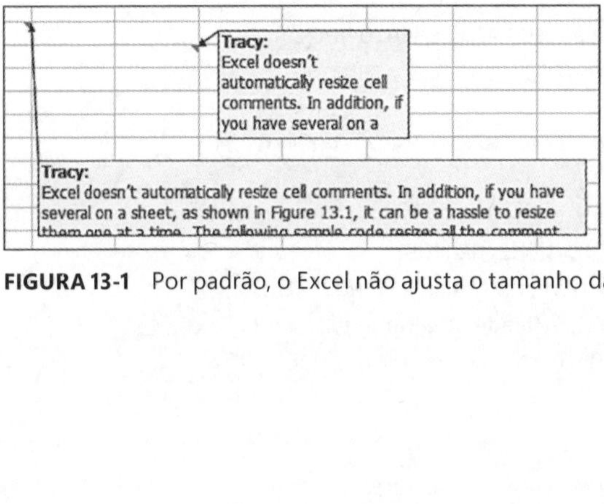

FIGURA 13-1 Por padrão, o Excel não ajusta o tamanho das caixas de comentário para exibir o texto inteiro.

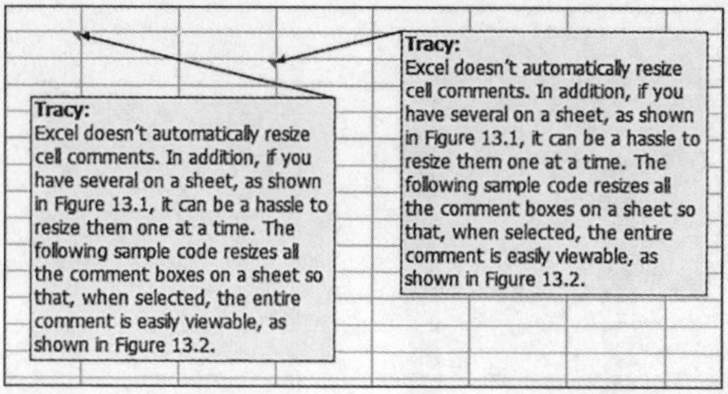

FIGURA 13-2 Redimensione as caixas de comentário para caber o texto inteiro.

```
Sub RedimensionadorComentários()
Application.ScreenUpdating = False
Dim x As Range, y As Long

For Each x In Cells.SpecialCells(xlCellTypeComments)
   Select Case True
       Case Len(x.NoteText) <> 0
           With x.Comment
               .Shape.TextFrame.AutoSize = True
               If .Shape.Width > 250 Then
                   y = .Shape.Width * .Shape.Height
                   .Shape.Width = 150
                  .Shape.Height = (y / 200) * 1.3
               End If
           End With
   End Select
Next x
Application.ScreenUpdating = True
End Sub
```

Inserindo um gráfico em um comentário

Este é outro utilitário enviado por Tom Urtis.

Uma forma não pode conter um gráfico real, mas podemos tirar uma foto de um gráfico e carregá-la na forma do comentário, como visto na Figura 13-3.

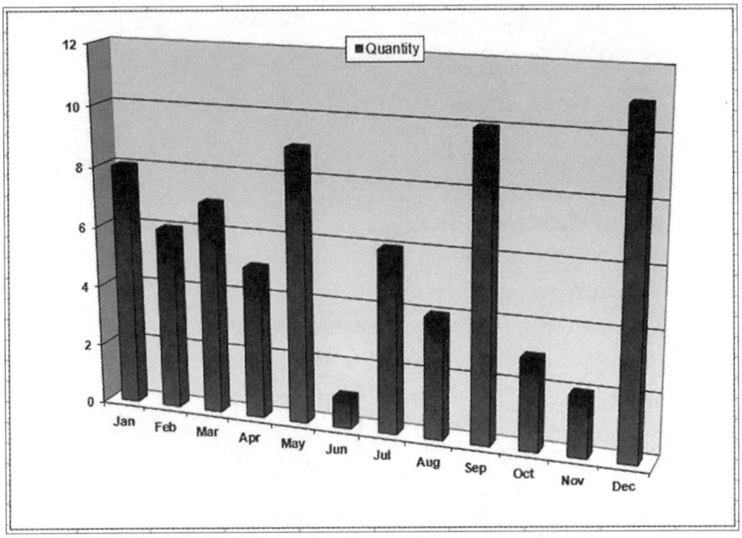

FIGURA 13-3 Coloque um gráfico em um comentário de célula.

Estes são os passos para se fazer isso manualmente:

1. Crie e salve a imagem que você deseja que seja exibida no comentário.
2. Se você ainda não fez isso, crie o comentário e selecione a célula na qual o comentário está localizado.
3. Na guia Revisão, selecione Editar Comentário ou clique com o botão direito na célula e selecione Editar Comentário.
4. Clique com o botão direito na borda do comentário e selecione Formatar Comentário.
5. Selecione a guia Cores e Linhas, clique na seta para baixo que pertence ao campo Cor da seção Preencher.
6. Selecione Efeitos de Preenchimento, selecione a guia Imagem e clique no botão Selecionar Imagem.
7. Navegue até a imagem desejada, selecione a imagem e clique em OK duas vezes.

O efeito de se ter um "gráfico em funcionamento" em um comentário pode ser obtido se, por exemplo, o código fizer parte de um evento `SheetChange` quando os dados fonte do gráfico estiverem sendo alterados. Além disso, gráficos de negócios são atualizados com frequência, então ter uma macro para manter o comentário atualizado e para evitar repetir os mesmos passos é uma boa ideia.

O utilitário abaixo faz justamente isso — e podemos usá-lo simplesmente modificando o caminho do arquivo, o nome do gráfico, a planilha de destino, a célula e o tamanho da forma do comentário, dependendo do tamanho do gráfico:

```
Sub InserirGráfico()
Dim x As String, z As Range
Application.ScreenUpdating = False
```

```
'atribui um local temporário para armazenar a imagem
x = "C:\temp\GráficoXWMJ.gif"

'seleciona a célula para armazenar o comentário
Set z = Worksheets("GráficoEmComentário").Range("A3")

'apaga qualquer comentário existente em uma célula
On Error Resume Next
z.Comment.Delete
On Error GoTo 0

'seleciona e exporta o gráfico
ActiveSheet.ChartObjects("Gráf1").Activate
ActiveChart.Export x

'adiciona um novo comentário à célula, define o tamanho e insere o gráfico
With z.AddComment
    With .Shape
        .Height = 322
        .Width = 465
        .Fill.UserPicture x
    End With
End With

'exclui a imagem temporária
Kill x

Range("A1").Activate
Application.ScreenUpdating = True

Set z = Nothing
End Sub
```

Rastreando alterações de usuários

O evento Change é uma solução de código postada com frequência nos fóruns do Excel. Primeiramente, porque ele preenche um vazio que as fórmulas não conseguem preencher sozinhas (por exemplo, inserir uma indicação de data e hora quando o usuário altera um intervalo específico). O utilitário a seguir utiliza o evento Change para criar um arquivo de registro que rastreia o endereço de célula, novos valores, a data, a hora e o nome do usuário para as alterações feitas na coluna A da planilha na qual o código foi inserido.

Este utilitário foi enviado por Chris "Smitty" Smith, de Crested Butte, Colorado. Smitty escreve artigos de ajuda do Excel para a Microsoft no site support.office.com. Antes disso, ele era um desenvolvedor profissional do Office. Quando não está ocupado com o trabalho, ele demonstra ser um grande alpinista de rocha, gelo e, às vezes, de montanhas.

```
Private Sub Planilha_Alteração(ByVal Alvo As Range)
'O código entra no módulo específico de Planilha
Dim pl As Worksheet
Dim lr As Long
Dim int As Range
'Configura a planilha de Destino
Set pl = Sheets("Planilha de Registro")
'Obtém a primeira linha não utilizada da planilha Registro
lr = pl.Cells(Rows.Count, "A").End(xlUp).Row
'Define o Intervalo-Alvo, i.e., Range("A1, B2, C3"), ou Range("A1:B3")
Set int = Alvo.Parent.Range("A:A")
'Procura apenas em alterações únicas de células
If Alvo.Count > 1 Then Exit Sub
'Procura apenas nesse intervalo
If Intersect(Alvo, int) Is Nothing Then Exit Sub
'Ação se a(s) Condição(ões) não forem satisfeitas (faça o que tiver que fazer aqui...)
'Insere o Endereço da Célula-Alvo na Coluna A
pl.Cells(lr + 1, "A").Value = Alvo.Address
'Insere o valor da Célula-Alvo na Coluna B
pl.Cells(lr + 1, "B").Value = Alvo.Value
'Insere a Data na Coluna C
pl.Cells(lr + 1, "C").Value = Date
'Insere a Hora na Coluna D
pl.Cells(lr + 1, "D").Value = Format(Now, "HH:MM:SS AM/PM")
'Insere a Data na Coluna E
pl.Cells(lr + 1, "E").Value = Environ("NomeDeUsuário")
End Sub
```

Técnicas para os profissionais de VBA

Os utilitários fornecidos nas seções a seguir me encantaram. Nos vários fóruns de comunidades da Internet, os programadores VBA estão sempre sugerindo novas maneiras de fazer algo mais rápido ou melhor. Quando alguém posta um código novo, que é obviamente melhor que o melhor código que se conhecia até então como melhor, todos se beneficiam.

Criando um módulo de classe de estado do Excel

Este utilitário foi enviado por Juan Pablo Gonzalez Ruiz, de Bogotá, Colômbia. Juan Pablo é um consultor de Excel que dirige o seu negócio de fotografia no site www.juanpg.com (conteúdo em inglês).

O módulo de classe a seguir é um dos meus favoritos, e eu o utilizo em quase todos os projetos que crio. Antes de Juan compartilhar o módulo comigo, eu costumava inserir as oito linhas de código para desativar e ativar a atualização de tela, eventos, alertas e cálculos. No início de uma sub, eu iria desativá-los e, no final, eu iria ativá-los novamente. Isso envolvia uma boa quantidade de digitação. Agora, eu simplesmente insiro o módulo de classe em uma nova pasta de trabalho que crio e o chamo quando necessário.

Crie um módulo de classe chamado `CEstadoApp` e insira o seguinte código nele:

```
Private m_su As Boolean
Private m_ee As Boolean
Private m_da As Boolean
Private m_calc As Long
Private m_cursor As Long
Private m_exceto As StateEnum

Public Enum EnumEstado
 None = 0
 ScreenUpdating = 1
 EnableEvents = 2
 DisplayAlerts = 4
 Calculation = 8
 Cursor = 16
End Enum

Public Sub DefEstado(Optional ByVal exceto As EnumEstado = EnumEstado.None)
m_exceto = exceto
With Application
    If Not m_exceto And EnumEstado.ScreenUpdating Then
        .ScreenUpdating = False
    End If

    If Not m_exceto And EnumEstado.EnableEvents Then
        .EnableEvents = False
    End If

    If Not m_exceto And EnumEstado.DisplayAlerts Then
        .DisplayAlerts = False
    End If

    If Not m_exceto And EnumEstado.Calculation Then
        .Calculation = xlCalculationManual
    End If

    If Not m_exceto And EnumEstado.Cursor Then
        .Cursor = xlWait
    End If
End With
End Sub

Private Sub Classe_Inicializar()
With Application
     m_su = .ScreenUpdating
     m_ee = .EnableEvents
     m_da = .DisplayAlerts
     m_calc = .Calculation
     m_cursor = .Cursor
End With
End Sub
```

```
Private Sub Classe_Encerrar()
With Application
    If Not m_exceto And EnumEstado.ScreenUpdating Then
        .ScreenUpdating = m_su
    End If

    If Not m_exceto And EnumEstado.EnableEvents Then
        .EnableEvents = m_ee
    End If

    If Not m_exceto And EnumEstado.DisplayAlerts Then
        .DisplayAlerts = m_da
    End If

    If Not m_exceto And EnumEstado.Calculation Then
        .Calculation = m_calc
    End If

    If Not m_exceto And EnumEstado.Cursor Then
        .Cursor = m_cursor
    End If
End With
End Sub
```

O código abaixo é um exemplo de uma chamada do módulo de classe para desativar os diversos estados, executar o seu código e voltar a definir os estados:

```
Sub ExecCódigoMaisRápido
Dim estadoApp As CEstadoApp
Set estadoApp = New CEstadoApp
estadoApp.SetState None
'executa seu código
'se houver alguma fórmula que precisa de atualização, use
'Application.Calculate
'para forçar a pasta de trabalho a calcular
Set estadoApp = Nothing
End Sub
```

Pesquisando dados em uma tabela dinâmica

Este é ainda outro utilitário enviado por Tom Urtis.

Quando clicamos duas vezes na seção de dados, o comportamento-padrão de uma tabela dinâmica é inserir uma nova planilha e exibir as informações detalhadas de pesquisa na nova planilha. Esse utilitário serve como uma opção de conveniência para manter os conjuntos de registros pesquisados na mesma planilha que a tabela dinâmica (veja a Figura 13-4) para que possamos excluí-los quando quisermos.

27	⊟ Zelda	Q4	86	1803	5037	
28	Zelda Total		86	1803	5037	
29	Grand Total		48780	20396	38672	11738
30						
31	Name	Region	Quarter	Item	Color	Sales
32	Jim	East	Q3	Hats	Black	4525
33	Jim	South	Q3	Hats	Yellow	1941
34	Jim	South	Q3	Hats	Yellow	7400
35	Jim	West	Q3	Hats	Red	191
36						

FIGURA 13-4 Exibe os conjuntos de registros pesquisados na mesma planilha que a tabela dinâmica.

Para usar essa macro, clique duas vezes na seção de dados ou na seção de totais para criar conjuntos amontoados de registros pesquisados na próxima linha disponível da planilha. Para excluir qualquer conjunto de registros pesquisados, clique duas vezes em qualquer parte da respectiva região atual.

Segue o utilitário:

```
Private Sub Planilha_AntesCliqueDuplo(ByVal Alvo As Range, _
 Cancelar As Boolean)
Application.ScreenUpdating = False
Dim LPTR&

With ActiveSheet.PivotTables(1).DataBodyRange
    LPTR = .Rows.Count + .Row - 1
End With

Dim TDA As Integer
On Error Resume Next
TDA = Alvo.PivotCell.PivotCellType
If Err.Number = 1004 Then
    Err.Clear
    If Not IsEmpty(Alvo) Then
        If Alvo.Row > Range("A1").CurrentRegion.Rows.Count + 1 Then
            Cancelar = True
            With Alvo.CurrentRegion
                .Resize(.Rows.Count + 1).EntireRow.Delete
            End With
        End If
    Else
        Cancelar = True
    End If
Else
    CS = ActiveSheet.Name
End If
Application.ScreenUpdating = True
End Sub
```

Filtrando uma da tabela dinâmica OLAP por meio de uma lista de itens

Este utilitário foi enviado por Jerry Sullivan, de San Diego, Califórnia. Jerry é um gerente de operações da exp (www.exp.com), uma empresa de consultoria de engenharia de construção.

Esse procedimento filtra uma tabela dinâmica OLAP para exibir itens em uma lista separada, independentemente de um item nessa lista ter um registro correspondente ou não.

O código converte itens comuns em referências de membros MDX — por exemplo, de "banana" para "[tblVendas].[nome_produto].&[banana]"]":

```
Sub FiltrarTD_OLAP()
'exemplo exibindo uma chamada à função sOLAP_FiltrarPorListaItens

Dim tdin As PivotTable
Dim sMsgErr As String, sModelo As String
Dim vItensParaSeremVisíveis As Variant

On Error GoTo ProcErr
With Application
    .EnableCancelKey = xlErrorHandler
    .ScreenUpdating = False
    .ExibirBarraStatus = False
    .EnableEvents = False
End With

'lê itens do filtro a partir da tabela da planilha
vItensParaSeremVisíveis = Application.Transpose( _
 ptsDinâmicas.ListObjects("tblListaItensVisíveis").DataBodyRange.Value)

Set tdin = ptsDinâmicas.PivotTables("TabelaDinâmica1")
'chama função
sMsgErr = sOLAP_FiltrarPorListaItens( _
     cdin:=tdin.PivotFields("[tblVendas].[nome_produto].[nome_produto]"), _
     vItensParaSeremVisíveis:=vItensParaSeremVisíveis, _
     sPadrãoItem:="[tblVendas].[nome_produto].&[EsteItem]")

SairProc:
On Error Resume Next
With Application
     .EnableEvents = True
     .ExibirBarraStatus = True
     .ScreenUpdating = True
End With
If Len(sMsgErr) > 0 Then MsgBox sMsgErr
Exit Sub

ProcErr:
sMsgErr = Err.Number & " - " & Err.Description
Resume SairProc
End Sub

Private Function sOLAP_FiltrarPorListaItens(ByVal cdin As PivotField, _
 ByVal vItensParaSeremVisíveis As Variant, _
 ByVal sPadrãoItem As String) As String
```

```
'filtra uma da tabela dinâmica OLAP para exibir uma lista de itens,
' na qual alguns dos itens podem não existir
'funciona testando se cada item dinâmico existe e criando uma
' matriz de itens que serão usados com a propriedade VisibleItemsList

'Parâmetros de Entrada:
'cdin - objeto de campo dinâmico a ser filtrado
'vItensParaSeremVisíveis - matriz 1-D de sequência de caracteres representando itens
para serem ' visíveis
'sPadrãoItem - sequência de caracteres que possui um padrão MDX da referência Item
dinâmico
' onde o texto "EsteItem" será substituído por cada
' item em vItensParaSeremVisíveis para fazer referências de Itens dinâmicos
' p. ex.: "[tblVendas].[nome_produto].&[EsteItem]"

Dim lContItemFiltro As Long, lNdx As Long
Dim vMatrizFiltro As Variant
Dim vSalvarListaItensVisíveis As Variant
Dim sMsgRetorno As String, sNomeItemDinâmico As String

'armazena os itens visíveis existentes
vSalvarListaItensVisíveis = cdin.VisibleItemsList

If Not (IsArray(vItensParaSeremVisíveis)) Then _
 vItensParaSeremVisíveis = Array(vItensParaSeremVisíveis)
ReDim vMatrizFiltro(1 To _
 UBound(vItensParaSeremVisíveis) - LBound(vItensParaSeremVisíveis) + 1)
cdin.Parent.ManualUpdate = True

'verifica se o item dinâmico existe e cria uma matriz de itens que existem
For lNdx = LBound(vItensParaSeremVisíveis) To UBound(vItensParaSeremVisíveis)
    'cria uma referência de item dinâmico no formato MDX substituindo itens por
    'padrão
    sNomeItemDinâmico = Replace(sPadrãoItem, "EsteItem", _
        vItensParaSeremVisíveis(lNdx))

    'tentativa de fazer com que o item especificado seja o único item visível
    On Error Resume Next
    cdin.VisibleItemsList = Array(sNomeItemDinâmico)
    On Error GoTo 0

    'se o item não existir no campo, isso será falso
    If LCase$(sNomeItemDinâmico) = LCase$(cdin.VisibleItemsList(1)) Then
        lContItemFiltro = lContItemFiltro + 1
        vMatrizFiltro(lContItemFiltro) = sNomeItemDinâmico
    End If
Next lNdx
```

```
'se pelo menos um item existente for encontrado, a tabela dinâmica será filtrada
utilizando-se a matriz
If lContItemFiltro > 0 Then
    ReDim Preserve vMatrizFiltro(1 To lContItemFiltro)
    cdin.VisibleItemsList = vMatrizFiltro
Else
    sMsgRetorno = "Nenhum item correspondente foi encontrado."
    cdin.VisibleItemsList = vSalvarListaItensVisíveis
End If
cdin.Parent.ManualUpdate = False
sOLAP_FiltrarPorListaItens = sMsgRetorno
End Function
```

Criação de uma ordem de classificação personalizada

Este utilitário foi enviado por Wei Jiang, da Cidade de Wuhan, China.

Por padrão, o Excel nos permite classificar listas numericamente ou alfabeticamente, mas, às vezes, não é isso o que precisamos. Por exemplo, um cliente pode precisar que os dados das vendas de cada dia sejam classificados pela ordem de divisão padrão de cintos, bolsas, relógios, carteiras ou qualquer outra coisa. Embora possamos definir manualmente uma série personalizada e a utilizar para fazer a classificação, se estivermos criando uma pasta de trabalho automatizada para outros usuários, isso pode não ser uma opção. Esse utilitário usa uma lista de ordem de classificação personalizada para classificar um intervalo de dados na ordem de divisão padrão e, então, excluir a ordem de classificação padrão. A Figura 13-5 apresenta os resultados:

	A	B	C	D	E	F	G	H	I
1	Date	Category	# sold						Belts
2	1/1/2018	Belts	15						Handbags
3	1/1/2018	Wallets	17						Watches
4	1/2/2018	Belts	17						Wallets
5	1/2/2018	Wallets	18						Everything Else
6	1/3/2018	Wallets	19						
7	1/3/2018	Handbags	20						

FIGURA 13-5 Quando usamos a macro, a lista de A:C é classificada primeiro por data e depois pela lista de classificação personalizada da Coluna I.

```
Sub ClassificaçãoPersonalizada()
' adiciona a lista personalizada às Listas Personalizadas
Application.AddCustomList ListArray:=Range("I1:I5")

' obtém o número da lista
nÍndice = Application.GetCustomListNum(Range("I1:I5").Value)

' Agora, podemos classificar um intervalo com a lista personalizada.
' Observe que precisamos usar nÍndice + 1 como o número da lista personalizada aqui,
' visto que o primeiro está na ordem Normal
Range("A2:C16").Sort Key1:=Range("B2"), Order1:=xlAscending, _
 Header:=xlNo, Orientation:=xlSortColumns, _
 OrderCustom:=nÍndice + 1
Range("A2:C16").Sort Key1:=Range("A2"), Order1:=xlAscending, _
```

```
  Header:=xlNo, Orientation:=xlSortColumns

' No fim, precisamos remover essa lista personalizada...
Application.DeleteCustomList nÍndice
End Sub
```

Criando um indicador de progresso de célula

Este é outro utilitário enviado pelo prolífico Tom Urtis.

Devo admitir, as opções de formatação condicional do Excel, como as barras de dados, são fantásticas. Entretanto, ainda não temos uma opção para um visual como o que vemos na Figura 13-6. O utilitário abaixo cria um indicador de progresso na coluna C com base nas entradas das colunas A e B.

```
Private Sub Planilha_Alteração(ByVal Alvo As Range)
If Alvo.Column > 2 Or Alvo.Cells.Count > 1 Then Exit Sub
If Application.IsNumber(Alvo.Value) = False Then
    Application.EnableEvents = False
    Application.Undo
    Application.EnableEvents = True
    MsgBox "Apenas números, por favor."
    Exit Sub
End If
Select Case Alvo.Column
    Case 1
        If Alvo.Value > Alvo.Offset(0, 1).Value Then
            Application.EnableEvents = False
            Application.Undo
            Application.EnableEvents = True
            MsgBox "O valor da coluna A não pode ser maior do que o valor " & _
                "da coluna B."
            Exit Sub
        End If
    Case 2
        If Alvo.Value < Alvo.Offset(0, -1).Value Then
            Application.EnableEvents = False
            Application.Undo
            Application.EnableEvents = True
            MsgBox "O valor da coluna B não pode ser menor " & _
                "do que o valor da coluna A."
            Exit Sub
        End If
End Select
Dim x As Long
x = Alvo.Row
Dim z As String
z = Range("B" & x).Value - Range("A" & x).Value
With Range("C" & x)
    .Formula = "=IF(RC[-1]<=RC[-2],REPT(""n"",RC[-1])&" & _
```

```
            "REPT(""n"",RC[-2]-RC[-1]),REPT(""n"",RC[-2])&" & _
            "REPT(""o"",RC[-1]-RC[-2]))"
        .Value = .Value
        .Font.Name = "Wingdings"
        .Font.ColorIndex = 1
        .Font.Size = 10
        If Len(Range("A" & x)) <> 0 Then
            .Characters(1, (.Characters.Count - z)).Font.ColorIndex = 3
            .Characters(1, (.Characters.Count - z)).Font.Size = 12
        End If
    End With
End Sub
```

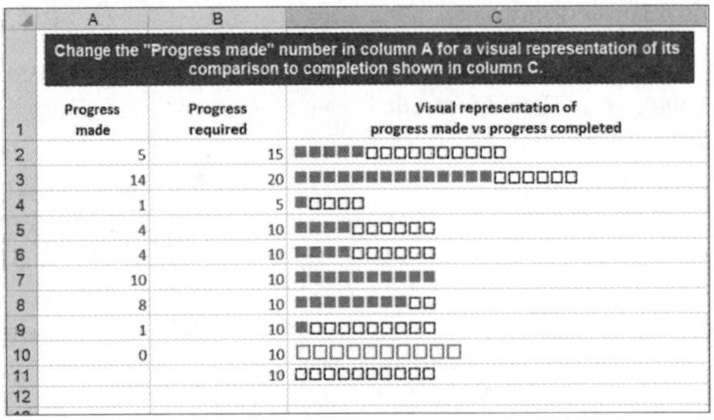

Change the "Progress made" number in column A for a visual representation of its comparison to completion shown in column C.

	A	B	C
1	Progress made	Progress required	Visual representation of progress made vs progress completed
2	5	15	■■■■■□□□□□□□□□□
3	14	20	■■■■■■■■■■■■■■□□□□□□
4	1	5	■□□□□
5	4	10	■■■■□□□□□□
6	4	10	■■■■□□□□□□
7	10	10	■■■■■■■■■■
8	8	10	■■■■■■■■□□
9	1	10	■□□□□□□□□□
10	0	10	□□□□□□□□□□
11		10	□□□□□□□□□□
12			

FIGURA 13-6 Podemos usar indicadores nas células para exibir o progresso.

Usando uma caixa de requisição de senha

Este utilitário foi enviado por Daniel Klann, de Sidney, Austrália. Daniel trabalha principalmente com VBA no Excel e Access, mas brinca com todos os tipos de linguagens.

Usar uma caixa de entrada para requisitar uma senha possui uma grande falha de segurança. Os caracteres inseridos são facilmente visíveis. Esse programa transforma os caracteres em asteriscos à medida que eles são inseridos — assim como um campo de senha real (veja a Figura 13-7). Perceba que o código a seguir não funciona na versão 64 bits do Excel. Veja o Capítulo 23, "A Interface de Programação de Aplicativos (API) do Windows", para obter mais informações sobre como modificar de código para Excel de 64 bits.

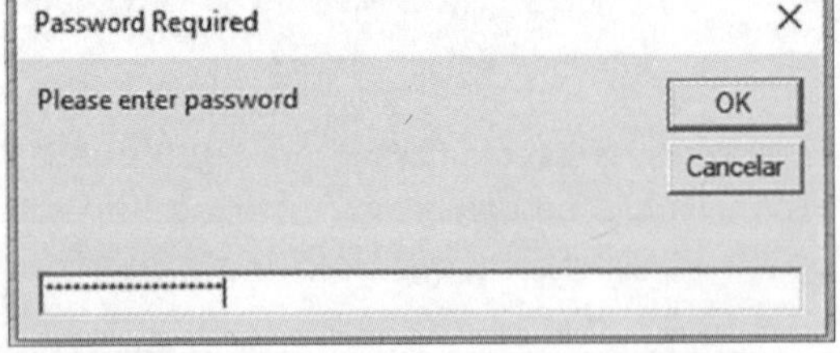

FIGURA 13-7 Podemos usar uma caixa de entrada como campo de senha seguro.

Segue o utilitário:

```
Private Declare Function ChamarPróxHookEx Lib "user32" _
(ByVal hHook As Long, _
ByVal ncode As Long, ByVal wParam As Long, lParam As Any) As Long

Private Declare Function ObterMóduloHandle Lib "kernel32" _
 Alias "ObterMóduloHandleA" (ByVal lpNomeMódulo As String) As Long

Private Declare Function DefinirWindowsHookEx Lib "user32" _
 Alias "DefinirWindowsHookExA" _
 (ByVal idHook As Long, ByVal lpfn As Long, _
 ByVal hmod As Long, ByVal dwThreadId As Long) As Long

Private Declare Function UnhookWindowsHookEx Lib "user32" _
 (ByVal hHook As Long) As Long

Private Declare Function EnviarMsgItemDlg Lib "user32" _
 Alias "EnviarMsgItemDlgA" _
 (ByVal hDlg As Long, _
 ByVal nIDDlgItem As Long, ByVal wMsg As Long, _
 ByVal wParam As Long, ByVal lParam As Long) As Long

Private Declare Function ObterNomeClasse Lib "user32" _
 Alias "ObterNomeClasseA" (ByVal hwnd As Long, _
 ByVal lpNomeClasse As String, _
 ByVal nContMáx As Long) As Long

Private Declare Function ObterThreadIdAtual _
 Lib "kernel32" () As Long

'As constantes que serão usadas nas nossas funções API
Private Const EM_DEFCARACSENHA = &HCC
Private Const WH_CBT = 5
Private Const HCBT_ATIVAR = 5
Private Const HC_AÇÃO = 0

Private hHook As Long

Public Function NovoProc(ByVal lngCódigo As Long, _
 ByVal wParam As Long, ByVal lParam As Long) As Long
Dim RetVal
Dim strNomeClasse As String, lngBuffer As Long

If lngCódigo < HC_AÇÃO Then
    NovoProc = ChamarPróxHookEx(hHook, lngCódigo, wParam, lParam)
    Exit Function
End If

strNomeClasse = String$(256, " ")
lngBuffer = 255
```

```
If lngCódigo = HCBT_ATIVAR Then 'Uma janela foi ativada

    RetVal = ObterNomeClasse(wParam, strNomeClasse, lngBuffer)

    'Procura o nome da classe da Caixa de Entrada
    If Left$(strNomeClasse, RetVal) = "#32770" Then
        'Altera o controle de edição para exibir o caractere de senha *.
        'Podemos trocar Asc("*") pelo que desejarmos.
        EnviarMsgItemDlg wParam, &H1324, EM_DEFCARACSENHA, Asc("*"), &H0
    End If

End If

'Essa linha garantirá que quaisquer outros hooks que estejam posicionados sejam
'chamados do modo correto.
ChamarPróxHookEx hHook, lngCódigo, wParam, lParam
End Function

Public Function CaixaEntradaDK(Prompt, Optional Título, _
 Optional Padrão, Optional XPos, _
 Optional YPos, Optional ArqAjuda, Optional Contexto) As String
 Dim lngModHwnd As Long, lngThreadID As Long

 lngThreadID = ObterThreadIdAtual
 lngModHwnd = ObterMóduloHandle(vbNullString)

 hHook = DefinirWindowsHookEx(WH_CBT, AddressOf NovoProc, lngModHwnd, _
 lngThreadID)
 On Error Resume Next
 CaixaEntradaDK = InputBox(Prompt, Título, Padrão, XPos, YPos, ArqAjuda, _
 Contexto)
 UnhookWindowsHookEx hHook
End Function

Sub CaixaSenha()
If CaixaEntradaDK("Por favor, digite a senha", "Senha Obrigatória") <> _
 "senha" Then
   MsgBox "Perdão, mas essa não é a senha correta."
Else
    MsgBox "Senha Correta! Pode entrar."
End If
End Sub
```

Alterando entre maiúsculas e minúsculas

Este utilitário foi enviado por Ivan F. Moala, de Auckland, Nova Zelândia. Ivan é o autor do site The XcelFiles (excelplaza.com/ep_ivan/default.php) (conteúdo em inglês), no qual podemos descobrir como fazer coisas que achávamos que não podiam ser feitas no Excel.

O Word pode alterar as letras de um texto selecionado entre maiúsculas e minúsculas, mas o fato de esse recurso não estar disponível no Excel é marcante. Esse programa permite que o usuário do Excel altere o texto de qualquer intervalo selecionado entre maiúsculas e minúsculas, como podemos ver na Figura 13-8.

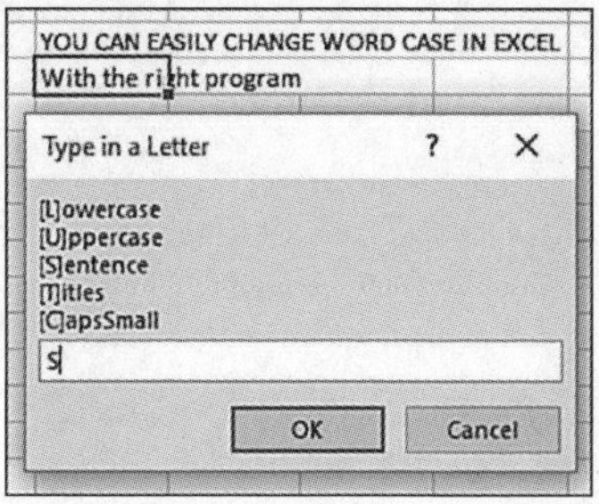

FIGURA 13-8 Agora podemos alterar as letras das palavras entre maiúsculas e minúsculas, assim como no Word.

```
Sub AlterarTextoMaiúsculasMinúsculas()
Dim IntTexto As Range
Dim oCél As Range
Dim Ans As String
Dim strTeste As String
Dim sMai As Integer, _
 lMai As Integer, _
 i As Integer

'// Primeiro, precisamos selecionar um intervalo para alterá-lo!

Novamente:
Ans = Application.InputBox("[M]inúsculo" & vbCr & "[M]aiúsculo" & vbCr & _
     "[F]rase" & vbCr & "[T]ítulos" & vbCr & "[V]ersalete", _
     "Digite uma Letra", Type:=2)

If Ans = "False" Then Exit Sub
If InStr(1, "LUSTC", UCase(Ans), vbTextCompare) = 0 _
 Or Len(Ans) > 1 Then GoTo Novamente

On Error GoTo SemTexto
If Selection.Count = 1 Then
   Set IntTexto = Selection
Else
   Set IntTexto = Selection.SpecialCells(xlCellTypeConstants, 2)
End If
On Error GoTo 0

For Each oCél In IntTexto
    Select Case UCase(Ans)
        Case "L": oCél = LCase(oCél.Text)
        Case "U": oCél = UCase(oCél.Text)
```

```
        Case "S": oCél = UCase(Left(oCél.Text, 1)) & _
            LCase(Right(oCél.Text, Len(oCél.Text) - 1))
        Case "T": oCél = Application.WorksheetFunction.Proper(oCél.Text)
        Case "C"
            lMai = oCél.Characters(1, 1).Font.Size
            sMai = Int(lMai * 0.85)
            'Versalete para tudo.
            oCél.Font.Size = sMai
            oCél.Value = UCase(oCél.Text)
            strTeste = oCél.Value
            'Maiúscula para a 1ª letra das palavras.
            strTeste = Application.Proper(strTeste)
            For i = 1 To Len(strTeste)
                If Mid(strTeste, i, 1) = UCase(Mid(strTeste, i, 1)) Then
                    oCél.Characters(i, 1).Font.Size = lMai
                End If
            Next i
    End Select
Next

Exit Sub
SemTexto:
MsgBox "Não há nenhum texto na sua seleção @ " & Selection.Address

End Sub
```

Selecionando com SpecialCells

Ivan F. Moala. também enviou este útil utilitário.

Em geral, quando queremos encontrar certos valores, textos ou fórmulas em um intervalo, o intervalo é selecionado e cada célula é testada. O utilitário a seguir mostra como podemos usar `SpecialCells` para selecionar apenas as células desejadas. Ter menos células para testar acelerará o nosso código.

O código abaixo foi executado em um piscar de olhos na minha máquina. Entretanto, a versão que verificava cada célula no intervalo (A1:Z20000) levou 14 segundos — uma eternidade no mundo da automação!

```
Sub IntervaloSpecial()
Dim OIntervalo As Range
Dim oCél As Range

Set OIntervalo = Range("A1:Z20000").SpecialCells( _
 xlCellTypeConstants, xlTextValues)

For Each oCél In OIntervalo
    If oCé.Text = "Seu Texto" Then
```

```
        MsgBox oCél.Address
        MsgBox OIntervalo.Cells.Count
    End If
Next oCél
End Sub
```

Reiniciando o formato de uma tabela

Este é outro utilitário enviado por Zack Barresse.

As tabelas são ótimas ferramentas, mas elas não são perfeitas. Eventualmente, nos depararemos com um problema com a formatação da tabela. Por exemplo, de repente, a formatação não pode mais ser utilizada em linhas novas. O procedimento a seguir reinicia a formatação de uma tabela para que ela funcione direito:

```
Sub ReiniciarFormatação(ByVal Tabela As ListObject, _
 Optional ByVal PreservarFormataçãoNúmeros As Boolean = True)
Dim Formatação() As Variant
Dim PassoColuna As Long

If Tabela.Parent.ProtectContents = True Then
    MsgBox "A planilha está protegida.", vbExclamation, "Ops!"
    Exit Sub
End If

If PreservarFormataçãoNúmeros Then
    ReDim Formatação(Tabela.ListColumns.Count - 1)
    For PassoColuna = 1 To Tabela.ListColumns.Count
        On Error Resume Next
        Formatação(PassoColuna - 1) = Tabela.ListColumns(PassoColuna). _
            DataBodyRange.NumberFormat
        On Error GoTo 0
        If IsEmpty(Formatação(PassoColuna - 1)) Then
             Formatação(PassoColuna - 1) = "Geral"
        End If
    Next PassoColuna
End If

Tabela.Range.Style = "Normal"

If PreservarFormataçãoNúmeros Then
    For PassoColuna = 1 To Tabela.ListColumns.Count
        On Error Resume Next
        Tabela.ListColumns(PassoColuna).DataBodyRange.NumberFormat = _
            Formatação(PassoColuna - 1)
        On Error GoTo 0
        If Err.Number <> 0 Then
            Tabela.ListColumns(PassoColuna).DataBodyRange.NumberFormat = _
                "Geral"
            Err.Clear
```

```
        End If
    Next PassoColuna
End If
End Sub
```

Usando a extensibilidade do VBA para adicionar códigos a novas pastas de trabalho

Digamos que temos uma macro que move dados para uma nova pasta de trabalho para os gerentes regionais. E se também precisarmos copiar as macros para uma nova pasta de trabalho? Podemos usar a Extensibilidade do VBA para importar módulos para uma pasta de trabalho ou para, de fato, escrever linhas de código na pasta de trabalho.

Para usar algum dos exemplos abaixo, primeiro precisamos acessar o VBA com segurança por meio da guia Desenvolvedor, escolhendo Segurança de Macro e marcando Confiar no Acesso ao Modelo de Objeto do Projeto do VBA.

A maneira mais fácil de usar a Extensibilidade do VBA é exportar um módulo ou um userform inteiro do projeto atual e importá-lo na nova pasta de trabalho. Talvez tenhamos um aplicativo com milhares de linhas de código e queremos criar uma nova pasta de trabalho com dados para a gerente regional, dando-lhe três macros para habilitar a formatação e impressão personalizadas. Insira todas essas macros em um módulo chamado `modParaRegião`. As macros nesse módulo também chamarão o userform `frmRegião`. O código abaixo transfere esse código da pasta de trabalho atual para a nova pasta de trabalho:

```
Sub MoverDadosEMacro()
Dim PLD As Worksheet
Set PLD = Worksheets("Relatório")
' Copia Relatório para uma nova pasta de trabalho
PLD.Copy
' A pasta de trabalho ativa agora é a nova pasta de trabalho
' Exclui a antiga cópia do módulo de C
On Error Resume Next
' Exclui quaisquer cópias aleatórias do disco rígido
Kill ("C:\temp\ModParaRegião.bas")
Kill ("C:\temp\frmRegião.frm")
On Error GoTo 0
' Exporta o módulo & formulário dessa pasta de trabalho
ThisWorkbook.VBProject.VBComponents("ModParaRegião").Export _
 ("C:\temp\ModParaRegião.bas")
ThisWorkbook.VBProject.VBComponents("frmRegião").Export _
 ("C:\temp\frmRegião.frm")
' Importa para a nova pasta de trabalho
ActiveWorkbook.VBProject.VBComponents.Import ("C:\temp\ModParaRegião.bas")
ActiveWorkbook.VBProject.VBComponents.Import ("C:\temp\frmRegião.frm")
```

```
On Error Resume Next
Kill ("C:\temp\ModParaRegião.bas")
Kill ("C:\temp\frmRegião.bas")
On Error GoTo 0
End Sub
```

Esse método funcionará se precisarmos mover módulos ou userforms para uma nova pasta de trabalho. Mas e se precisarmos escrever mais algum código na macro `Workbook_Open` no módulo EstaPasta_de_trabalho? Podemos utilizar duas ferramentas. O método `Lines` nos permite retornar um conjunto específico de linhas de código de determinado módulo. O método `InsertLines` nos permite inserir de linhas de código em um novo módulo.

> **Nota** A cada chamada de `InsertLines`, devemos inserir uma macro completa. O Excel tentará compilar o código depois de cada chamada a `InsertLines`. Se inserirmos linhas que não forem compiladas por completo, o Excel poderá travar devido a uma falha de proteção geral (GPF).

```
Sub MoverDadosEMacro()
Dim PLD As Worksheet
Dim PTN as Workbook
Dim PTCódMod1 As Object, PTCódMod2 As Object
Set PLD = Worksheets("Relatório")
' Copia Relatório para uma nova pasta de trabalho
PLD.Copy
' A pasta de trabalho ativa agora é a nova pasta de trabalho
Set PTN = ActiveWorkbook
' Copia os manipuladores de Event a nível de Pasta de trabalho
Set PTCódMod1 = ThisWorkbook.VBProject.VBComponents("EstaPasta_de_trabalho") _
 .CodeModule
Set PTCódMod2 = PTN.VBProject.VBComponents("EstaPasta_de_trabalho").CodeModule
PTCódMod2.InsertLines 1, PTCódMod1.Lines(1, PTCódMod1.countoflines)
End Sub
```

Próximos passos

Os utilitários deste capítulo não são a única fonte de poder de programação do Excel. Funções Definidas pelo Usuário (UDFs) nos permitem criar fórmulas personalizadas complexas para lidar com o que as funções do Excel não conseguem. No Capítulo 14, "Exemplos de funções definidas pelo usuário", você vai aprender a criar e compartilhar suas próprias funções.

CAPÍTULO 14

Exemplos de funções definidas pelo usuário

Neste capítulo, você vai:

- Aprender a criar e compartilhar funções definidas pelo usuário.
- Revisar funções personalizadas úteis.

O Excel fornece muitas fórmulas predefinidas. Entretanto, às vezes, precisamos de uma fórmula personalizada complexa que o Excel não oferece, como uma função que soma um intervalo de células com base na cor do interior delas.

Então, o que podemos fazer? Poderíamos ter uma calculadora do nosso lado para ir somando os valores à medida que avançássemos na nossa lista — mas precisaríamos ter cuidado para não somar o mesmo número duas vezes! Ou poderíamos converter o conjunto de dados em uma tabela, configurar uma função SUBTOTAL para as células visíveis na linha de total e filtrar por cor. Ambos os métodos consomem muito tempo e tendem a resultar em acidentes. O que fazer?

Poderíamos escrever um procedimento para resolver esse problema — afinal, esse é o assunto deste livro. Entretanto, existe outra opção: *funções definidas pelo usuário* (UDFs).

Criando funções definidas pelo usuário

Podemos criar nossas próprias funções no VBA e usá-las da mesma maneira que usamos as funções predefinidas do Excel, como a SOMA. Depois de criar a função personalizada, o usuário precisa apenas saber o nome da função e seus argumentos.

> **Nota** Podemos inserir as UDFs apenas nos módulos-padrão. Os módulos Planilha e Esta Pasta_de_trabalho são um tipo especial de módulo. Se inserirmos uma UDF em um desses módulos, o Excel não reconhecerá que estamos criando uma UDF.

Criando uma função personalizada simples

Para aprender o básico sobre as UDFs, vamos criar uma função personalizada para somar dois valores. Depois de criá-la, vamos usá-la em uma planilha.

Insira um novo módulo no VB Editor. Digite a seguinte função no módulo. É uma função chamada SOMAR que soma dois números de células diferentes. Essa função tem dois argumentos:

```
Somar(Número1,Número2)
```

`Número1` é o primeiro número a ser somado; `Número2` é o segundo número a ser somado:

```
Function Somar(Número1 As Integer, Número2 As Integer) As Integer
Somar = Número1 + Número2
End Function
```

Vamos por partes:

- O nome da função é SOMAR.
- Os argumentos são inseridos entre parênteses depois do nome da função. Esse exemplo tem dois argumentos: `Número1` e `Número2`.
- `As Integer` define o tipo de variável do resultado como um número inteiro.
- `SOMAR = Número1 + Número2` é o resultado da função que é retornado.

Veja, a seguir, como usar essa função em uma planilha:

1. Digite os números nas células A1 e A2.
2. Selecione a célula A3.
3. Pressione Shift+F3 para abrir a caixa de diálogo Inserir Função, ou selecione Fórmulas, Inserir Função.
4. Na caixa de diálogo Inserir Função, selecione a categoria Definido Pelo Usuário (veja a Figura 14-1).
5. Selecione a função SOMAR.
6. Na primeira caixa de argumento, selecione a célula A1 (veja a Figura 14-2).
7. Na segunda caixa de argumento, selecione a célula A2.
8. Clique em OK.

Parabéns! Você criou sua primeira função personalizada.

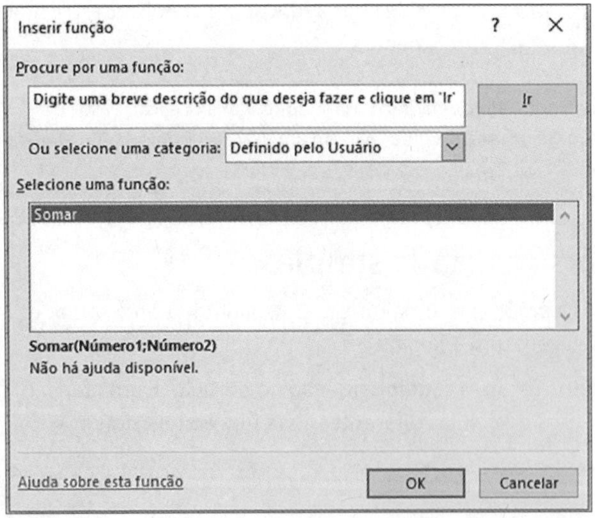

FIGURA 14-1 Podemos encontrar nossas UDFs na categoria Definido Pelo Usuário da caixa de diálogo Inserir Função.

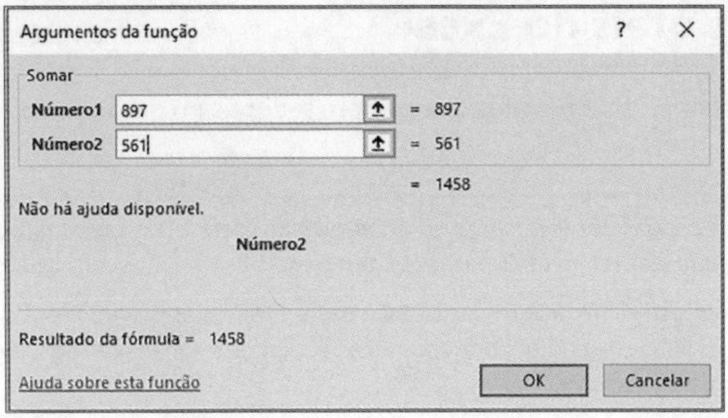

FIGURA 14-2 Podemos usar a caixa de diálogo Argumentos da Função para inserir nossos argumentos.

> **Nota** Podemos compartilhar nossas funções personalizadas com facilidade porque os usuários não precisam saber como as funções funcionam. Veja a próxima seção, "Compartilhando UDFs", para obter mais informações.

A maioria das funções usadas nas planilhas também pode ser utilizada no VBA e vice-versa. Entretanto, no VBA chamamos a UDF (SOMAR) a partir de um procedimento (`Adição`), assim:

```
Sub Adição()
Dim Total As Integer
Total = Somar(1,10) 'usamos uma função definida pelo usuário Somar
MsgBox "A resposta é: " & Total
End Sub
```

Compartilhando UDFs

O local onde armazenamos uma UDF afeta a forma como podemos compartilhá-la:

- **Personal.xlsb** — Armazene uma UDF em `Personal.xlsb` se ela for apenas de uso pessoal e não será usada em uma pasta de trabalho aberta em outro computador.
- **Pasta de Trabalho** — Armazene uma UDF na pasta de trabalho na qual ela está sendo usada se ela precisar ser distribuída para muitas pessoas.
- **Suplemento** — Distribua uma UDF por meio de um suplemento se a pasta de trabalho precisar ser compartilhada entre um grupo específico de pessoas. Veja o Capítulo 26, "Criando suplementos", para obter informações sobre como criar um suplemento.
- **Modelo** — Armazene uma UDF em um modelo se ela precisar ser usada para criar diversas pastas de trabalho e se as pastas de trabalho forem distribuídas entre muitas pessoas.

Funções personalizadas úteis do Excel

As seções que se seguem incluem exemplos de funções que podem ser úteis no dia a dia do mundo do Excel.

> **Nota** Este capítulo apresenta funções doadas por diversos programadores de Excel. Essas são funções que eles acharam úteis e eles esperam que elas sejam úteis para você também.
>
> Programadores diferentes têm diferentes estilos de programação. Não reescrevemos os programas enviados. À medida que for revisando as linhas de código, poderá perceber diferentes maneiras de fazer a mesma tarefa, tal como fazer referência a intervalos.

Definindo o nome da pasta de trabalho atual em uma célula

A função a seguir define o nome da pasta de trabalho ativa em uma célula, tal como ilustrado na Figura 14-3:

```
MeuNome()
```

ProjectFilesChapter14-SampleUDFs.xlsm	=MeuNome()
C:\VBA 2019\Sample Workbooks\ProjectFilesChapter14-SampleUDFs.xlsm	=MeuNomeCompleto()

FIGURA 14-3 Podemos usar uma UDF para exibir o nome do arquivo ou o nome do arquivo com o caminho das pastas.

Nenhum argumento é usado nesta função:

```
Function MeuNome() As String
 MeuNome = ThisWorkbook.Name
End Function
```

Definindo o nome e o caminho da pasta de trabalho atual em uma célula

Como uma variação da função anterior, a função seguinte define o caminho e o nome da pasta de trabalho ativa em uma célula, como visto na Figura 14-3:

```
MeuNomeCompleto()
```

Nenhum argumento é usado nesta função:

```
Function MeuNomeCompleto() As String
 MeuNomeCompleto = ThisWorkbook.FullName
End Function
```

Verificando se uma pasta de trabalho está aberta

Às vezes, precisamos verificar se uma pasta de trabalho está aberta. A função abaixo retorna True se a pasta de trabalho estiver aberta e False se estiver fechada:

```
PastaAberta(Pt)
```

O argumento é Pt, que é o nome da pasta de trabalho que está sendo verificada:

```
Function PastaAberta(Pt As String) As Boolean
Dim T As Excel.Workbook
Err.Clear 'limpa quaisquer erros
On Error Resume Next 'se o código se depara com algum erro, ele o pula e
'continua
Set T = Application.Workbooks(Pt)
PastaAberta = Not T Is Nothing
'Se a pasta de trabalho estiver aberta, então T armazenará o objeto pasta de
trabalho e
'assim, NÃO será Nothing
Err.Clear
On Error GoTo 0
End Function
```

Veja um exemplo do uso dessa função:

```
Sub AbrirUmaPastaDeTrabalho()
Dim EstáAberta As Boolean
Dim NomePasta As String
NomePasta = "ArquivosProjetoCapítulo14.xlsm"
EstáAberta = PastaAberta(NomePasta) 'chamando nossa função - não se esqueça do
'parâmetro
If EstáAberta Then
    MsgBox NomePasta & " já está aberta!"
Else
    Workbooks.Open NomePasta
End If
End Sub
```

Verificando se uma planilha de uma pasta de trabalho aberta existe

Esta função requer que a(s) pasta(s) de trabalho que ela verifica esteja(m) aberta(s). Ela retorna True se a planilha for encontrada e False se não for:

```
PlanilhaExiste(NomePL, NomePT)
```

Esses são os argumentos:

- NomePL — O nome da planilha que está sendo procurada.
- NomePT — (Opcional) O nome da pasta de trabalho que contém a planilha.

Veja a função abaixo. Se o argumento pasta de trabalho não for fornecido, ela usa a pasta de trabalho ativa:

```
Function PlanilhaExiste(NomePL As String, Optional PT As Workbook) As Boolean
 Dim PL As Worksheet
 ' Usa a pasta de trabalho ativa como padrão
 If PT Is Nothing Then
    Set PT = ActiveWorkbook
 End If
 On Error Resume Next
 PlanilhaExiste = CBool(Not PT.Sheets(NomePL) Is Nothing)
 On Error GoTo 0
End Function
```

Nota `CBool` é uma função que converte a expressão entre parênteses em um valor booleano.

Veja um exemplo do uso dessa função:

```
Sub VerificarPlanilha()
Dim PlnExiste As Boolean
PlnExiste = PlanilhaExiste("Plan9")
'perceba que apenas um parâmetro foi passado; o nome da pasta de trabalho é opcional
If PlnExiste Then
    MsgBox "A planilha existe!"
Else
    MsgBox "A planilha NÃO existe!"
End If
End Sub
```

Contando o número de pastas de trabalho em um diretório

Esta função faz uma pesquisa no diretório atual, e nas subpastas, se desejarmos, e conta todos os arquivos de pastas de trabalho com macros do Excel (.xlsm), incluindo arquivos ocultos, ou apenas aqueles que começam com determinada sequência de caracteres:

```
NúmArqDirAtual (TextoSem, Subpastas)
```

Esses são os argumentos:

- `TextoSem` — (Opcional) Um valor de sequência de caracteres a ser pesquisado e deve incluir um asterisco (*), como em Sr*.
- `Subpastas` — (Opcional) `True` para pesquisar nas subpastas, `False` (padrão) para não pesquisar.

Nota `FileSystemObject` requer a biblioteca de referência Microsoft Scripting Runtime. Para habilitar essa configuração, selecione Ferramentas, Referências, e marque Microsoft Scripting Runtime.

Essa função é recursiva, ou seja, ela chama a si mesma até que uma condição específica seja satisfeita — nesse caso, até que todas as subpastas tenham sido processadas. Veja a função a seguir:

```
Function NúmArqDirAtual(Optional strIncluir As String = "", _
 Optional blnSubDirs As Boolean = False)
Dim fso As FileSystemObject
Dim pst As Folder
Dim arq As File
Dim subpst As Folder
Dim intContArq As Integer
Dim strExtensão As String
 strExtensão = "XLSM"
 Set fso = New FileSystemObject
 Set pst = fso.GetFolder(ThisWorkbook.Path)
 For Each arq In pst.Files
    If UCase(arq.Name) Like "*" & UCase(strIncluir) & "*." & _
     UCase(strExtensão) Then
      intContArq = intContArq + 1
    End If
 Next arq
 If blnSubDirs Then
    For Each subpst In pst.Subfolders
      intContArq = intContArq + NúmArqDirAtual(strIncluir, True)
    Next subpst
 End If
 NúmArqDirAtual = intContArq
 Set fso = Nothing
End Function
```

Veja um exemplo do uso dessa função:

```
Sub ContarMinhasPstTrab()
Dim MeusArq As Integer
MeusArq = NúmArqDirAtual ("SrE*", True)
MsgBox MeusArq & " arquivo(s) encontrados"
End Sub
```

Recuperando a ID do usuário

Já precisou manter um registro de quem salvou alterações em uma pasta de trabalho? Com a função USERID, podemos recuperar o nome do usuário que está logado em um computador. Combine isso com a função abordada na seção "Recuperando data e hora permanentes", mais adiante, neste capítulo, e terá um belo arquivo de registro. Também podemos usar a função USERID para atribuir permissões de usuário a uma pasta de trabalho:

```
NomeUsuWin()
```

Nenhum argumento é usado nesta função:

> **Nota** A função USERID é uma função avançada que usa *a interface de programação de aplicativos* (API), que será revisada no Capítulo 23, "A Interface de Programação de Aplicativos (API) do Windows". Esse código é específico para o Excel de 32 bits. Se estiver rodando o Excel de 64 bits, consulte o Capítulo 23 para ver que alterações precisam ser feitas para fazê-lo funcionar.

Esta primeira seção (as declarações `Private`) deve estar no início do módulo:

```
Private Declare Function WNetObterUsu Lib "mpr.dll" Alias "WNetObterUsuA" _
 (ByVal lpNome As String, ByVal lpNomeUsu As String, _
 lpnComprimento As Long) As Long
Private Const SEM_ERROS = 0
Private Const ERRO_NÃO_CONECTADO = 2250&
Private Const ERRO_MAIS_INFO = 234
Private Const ERRO_SEM_REDE = 1222&
Private Const ERRO_ERRO_EXTENDIDO = 1208&
Private Const ERRO_SEM_REDE_OU_CAMINHO_INVÁLIDO = 1203&
```

Podemos inserir a seção de código a seguir em qualquer lugar do módulo, desde que ela esteja abaixo da seção anterior:

```
Function NomeusuWin() As String
 'variáveis
 Dim strBuf As String, lngUsu As Long, strUn As String
 'limpa o buffer para o nome de usuário da função api
 strBuf = Space$(255)
 'usa a função api WNetObterUsu para atribuir o valor de usuário a lngUsu
 'haverá muitos espaços em branco
 lngUsu = WNetObterUsu("", strBuf, 255)
 'se a chamada da função não apresentar erros
 If lngUsu = SEM_ERROS Then
    'limpa o espaço em branco em strBuf e atribui val à função
    strUn = Left(strBuf, InStr(strBuf, vbNullChar) - 1)
    NomeusuWin = strUn
 Else
  'erro, desista
    NomeusuWin = "Erro :" & lngUsu
 End If
End Function
```

Veja um exemplo do uso dessa função:

```
Sub VerificarPermissõesUsuário()
Dim NomeUsu As String
NomeUsu = NomeusuWin
Select Case NomeUsu
  Case "Administrator"
    MsgBox "Controle Total"
  Case "Convidado"
    MsgBox "Você não pode fazer alterações"
  Case Else
    MsgBox "Permissões Limitadas"
End Select
End Sub
```

Recuperando a data e a hora do último salvamento

Esta função recupera a data e a hora salvas de qualquer pasta de trabalho, incluindo a atual:

```
ÚltimoSalvamento(CaminhoCompleto)
```

Nota A célula deve estar formatada para data e hora para exibir a data/hora corretamente.

O argumento é `CaminhoCompleto`, uma sequência de caracteres que mostra o caminho completo e o nome do arquivo em questão:

```
Function ÚltimoSalvamento(CaminhoCompleto As String) As Date
ÚltimoSalvamento = DataHoraArq(CaminhoCompleto)
End Function
```

Recuperando data e hora permanentes

Devido à volatilidade da função `NOW`, não é muito útil marcar uma planilha com a data da criação ou de edição. Toda vez que a pasta de trabalho é aberta ou recalculada, o resultado da função `NOW` é atualizado. A UDF a seguir usa a função `NOW`. Entretanto, como precisamos reinserir a célula para atualizar a função, ela é muito menos volátil (veja a Figura 14-4).

Nenhum argumento é usado nesta função:

```
DateTime()
```

7/9/2018 15:01	=NOW()
7/9/2018 14:59	=DateTime()

FIGURA 14-4 Mesmo depois de forçar um recálculo, a célula de `DateTime()` exibe a hora de quando ela foi originalmente inserida na célula, ao passo que `NOW()` exibe a hora atual do sistema.

Nota A célula deve estar formatada apropriadamente para exibir a data/hora.

Veja a função abaixo:

```
Function DateTime()
 DateTime = Now
End Function
```

Validando um endereço de e-mail

Se gerenciamos uma lista de e-mails de inscrição, talvez recebamos endereços de e-mail inválidos, tais como endereços com um espaço antes do símbolo de "arroba" (@). A função `EmailÉVálido` pode verificar os endereços e confirmar se eles são endereços de e-mail adequados (veja a Figura 14-5):

```
EmailÉVálido(strEmail)
```

Tracy@ MrExcel.com	FALSE	<-a space after the @
ExcelGGirl@gmail.com	TRUE	
consult$@MrExcel.com	FALSE	<-invalid characters

FIGURA 14-5 Validando endereços de e-mail.

> **Nota** Essa função não pode conferir se o endereço de e-mail existe. Ela apenas verifica a sintaxe para ver se o endereço pode ser legítimo.

O único argumento da função é `strEmail`, um endereço de e-mail:

```
Function EmailÉVálido(strEmail As String) As Boolean
Dim strMatriz As Variant
Dim strItem As Variant
Dim i As Long
Dim c As String
Dim blnÉVálido As Boolean
blnÉVálido = True
'conta os @ na sequência de caracteres
i = Len(strEmail) - Len(Application.Substitute(strEmail, "@", ""))
'se houver mais de um @, e-mail inválido
If i <> 1 Then EmailÉVálido = False: Exit Function
ReDim strMatriz(1 To 2)
'as duas linhas a seguir inserem o texto à esquerda e à direita
'do @ nas suas próprias variáveis
strMatriz(1) = Left(strEmail, InStr(1, strEmail, "@", 1) - 1)
strMatriz(2) = Application.Substitute(Right(strEmail, Len(strEmail) - _
 Len(strMatriz(1))), "@", "")

For Each strItem In strMatriz
   'verifica se há algo na variável.
   'Se não houver, então está faltando uma parte do e-mail
   If Len(strItem) <= 0 Then
     blnÉVálido = False
     EmailÉVálido = blnÉVálido
     Exit Function
   End If
   'verifica apenas os caracteres válidos do e-mail
   For i = 1 To Len(strItem)
      'coloca todas as letras em minúsculo para facilitar a verificação
      c = LCase(Mid(strItem, i, 1))
         If InStr("abcdefghijklmnopqrstuvwxyz_-.", c) <= 0 _
             And Not IsNumeric(c) Then
             blnÉVálido = False
             EmailÉVálido = blnÉVálido
             Exit Function
         End If
```

```
      Next i
     'verifica se o primeiro caractere da esquerda e da direita não são pontos
      If Left(strItem, 1) = "." Or Right(strItem, 1) = "." Then
         blnÉVálido = False
         EmailÉVálido = blnÉVálido
         Exit Function
      End If
   Next strItem
   'verifica se há um ponto na parte direita do endereço
   If InStr(strMatriz(2), ".") <= 0 Then
       blnÉVálido = False
       EmailÉVálido = blnÉVálido
       Exit Function
   End If
   i = Len(strMatriz(2)) - InStrRev(strMatriz(2), ".") 'localiza o ponto
   'verifica se o número de letras bate com uma extensão de domínio
   'válida
   If i <> 2 And i <> 3 And i <> 4 Then
       blnÉVálido = False
       EmailÉVálido = blnÉVálido
       Exit Function
   End If
   'verifica se não há dois pontos um do lado do outro no e-mail
   If InStr(strEmail, "..") > 0 Then
       blnÉVálido = False
       EmailÉVálido = blnÉVálido
       Exit Function
   End If
   EmailÉVálido = blnÉVálido
   End Function
```

Somando células com base na sua cor interna

Digamos que criamos uma lista de quanto cada cliente nos deve. A partir dessa lista, queremos somar apenas as células às quais aplicamos um preenchimento de célula para indicar aqueles cujo pagamento está 30 dias atrasado. Esta função soma as células com base nas suas cores de preenchimento:

```
SomaCor(CorCélula, IntervaloSoma)
```

> **Nota** Células coloridas por formatação condicional não funcionarão com essa função. As células devem ter uma cor interna.

Estes são os argumentos:

- `CorCélula` — O endereço de uma célula com a cor-alvo.
- `IntervaloSoma` — O intervalo de células a ser pesquisado.

Veja o código da função abaixo:

```
Function SomaPorCor(CorCélula As Range, IntervaloSoma As Range)
Dim minhaCél as Range
Dim iCor As Integer
Dim meuTotal
iCor = CorCélula.Interior.ColorIndex 'obtém a cor-alvo
For Each minhaCél In IntervaloSoma 'verifica cada célula do intervalo designado
  'se a cor da célula bater com a cor-alvo
  If minhaCél.Interior.ColorIndex = iCor Then
     'soma o valor da célula ao total
     meuTotal = WorksheetFunction.Sum(minhaCél) + meuTotal
  End If
Next minhaCél
SomaPorCor = meuTotal
End Function
```

A Figura 14-6 apresenta um exemplo de planilha que usa essa função.

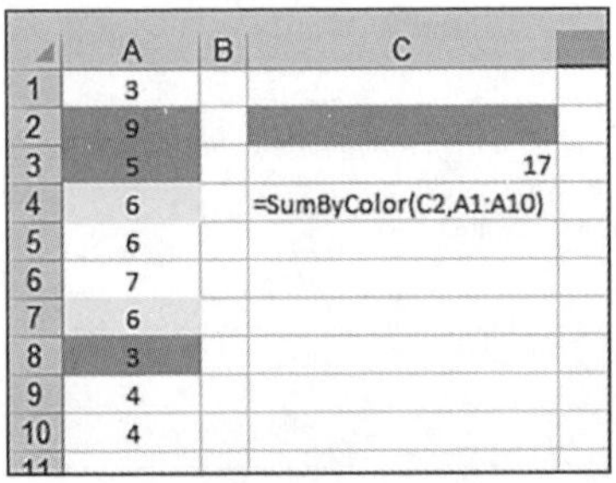

	A	B	C
1	3		
2	9		
3	5		17
4	6		=SumByColor(C2,A1:A10)
5	6		
6	7		
7	6		
8	3		
9	4		
10	4		

FIGURA 14-6 A função soma as células com base na sua cor interior.

Contando os valores exclusivos

Quantas vezes já tivemos uma longa lista de valores e precisamos saber quantos desses valores eram exclusivos? Esta função analisa um intervalo e fornece essa informação, tal como ilustrado na Figura 14-7:

`NúmValoresExclusivos(Int)`

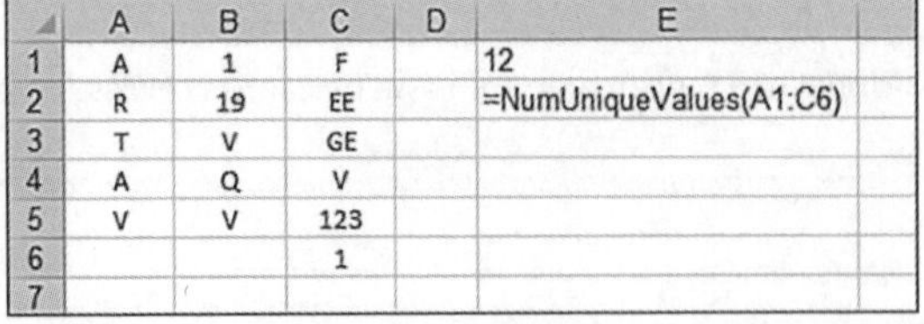

	A	B	C	D	E
1	A	1	F		12
2	R	19	EE		=NumUniqueValues(A1:C6)
3	T	V	GE		
4	A	Q	V		
5	V	V	123		
6			1		
7					

FIGURA 14-7 A função conta o número de valores exclusivos de um intervalo.

O argumento é `Int`, o intervalo no qual serão procurados os valores exclusivos.

Veja o código desta função:

```
Function NúmValoresExclusivos(Int As Range) As Long
Dim minhaCél as Range
Dim ValsExclus As New Collection
Application.Volatile 'obriga a função a recalcular quando o intervalo é 'alterado
On Error Resume Next
'o seguinte insere cada valor do intervalo em uma coleção
'como uma coleção, com um parâmetro-chave, pode conter apenas valores
'exclusivos, não haverá duplicatas. As declarações de erro obrigam o
'programa a continuar quando as mensagens de erro aparecem por causa de itens
'duplicados da coleção
For Each minhaCél In Int
    ValsExclus.Add minhaCél.Value, CStr(minhaCél.Value)
Next minhaCél
On Error GoTo 0
'retorna o número de itens de uma coleção
NúmValoresExclusivos = ValsExclus.Count
End Function
```

Removendo duplicatas de um intervalo

Sem dúvida, você já teve uma lista de itens e precisou listar apenas os valores exclusivos. A função a seguir analisa um intervalo e armazena apenas os valores exclusivos:

```
ValoresExcluivos(MatrizOrig)
```

O argumento é `MatrizOrig`, uma matriz da qual as duplicatas serão removidas.

Esta primeira seção (as declarações `Const`) deve estar no início do módulo:

```
Const ERR_PARÂMETRO_INVÁLIDO = "Parâmetro de matriz obrigatório"
Const ERR_TIPO_INVÁLIDO = "Tipo Inválido"
Const ERR_NÚMERO_PI = 20000
Const ERR_NÚMERO_TI = 20001
```

Podemos inserir a seção de código a seguir em qualquer lugar do módulo, desde que ela esteja abaixo do código apresentado:

```
Public Function ValoresExcluivos(ByVal MatrizOrig As Variant) As Variant
 Dim vAns() As Variant
 Dim lPontoPartida As Long
 Dim lPontoFinal As Long
 Dim lCtr As Long, lCont As Long
 Dim iCtr As Integer
 Dim col As New Collection
 Dim sÍndice As String
 Dim vTeste As Variant, vItem As Variant
 Dim iTiposVarInval(4) As Integer
 'A função não funcionará se o elemento de matriz for um dos
 'seguintes tipos
 iTiposVarInval(0) = vbObject
 iTiposVarInval(1) = vbError
```

```
iTiposVarInval(2) = vbDataObject
iTiposVarInval(3) = vbUserDefinedType
iTiposVarInval(4) = vbArray
'Verifica se o parâmetro é uma matriz
If Not IsArray(MatrizOrig) Then
  Err.Raise ERR_NÚMERO_PI, , ERR_PARÂMETRO_INVÁLIDO
  Exit Function
End If
lPontoPartida = LBound(MatrizOrig)
lPontoFinal = UBound(MatrizOrig)
For lCtr = lPontoPartida To lPontoFinal
    vItem = MatrizOrig(lCtr)
    'Primeiro verifica se o tipo de variável é aceitável
    For iCtr = 0 To UBound(iTiposVarInval)
        If VarType(vItem) = iTiposVarInval(iCtr) Or _
         VarType(vItem) = iTiposVarInval(iCtr) + vbVariant Then
            Err.Raise ERR_NÚMERO_TI, , ERR_TIPO_INVÁLIDO
            Exit Function
        End If
    Next iCtr
    'Adiciona o elemento à coleção, usando-o como o índice
    'se ocorrer um erro, o elemento já existe
    sÍndice = CStr(vItem)
    'primeiro elemento, adiciona automaticamente
    If lCtr = lPontoPartida Then
       col.Add vItem, sÍndice
       ReDim vAns(lPontoPartida To lPontoPartida) As Variant
         vAns(lPontoPartida) = vItem
    Else
       On Error Resume Next
       col.Add vItem, sÍndice
       If Err.Number = 0 Then
         lCont = UBound(vAns) + 1
         ReDim Preserve vAns(lPontoPartida To lCont)
         vAns(lCont) = vItem
       End If
     End If
     Err.Clear
 Next lCtr
 ValoresExcluivos = vAns
End Function
```

Veja um exemplo do uso dessa função:

```
Function matrizSemdups(int As Range) As Variant
 Dim mat1() As Variant
 If int.Columns.Count > 1 Then Exit Function
 mat1 = Application.Transpose(int)
 mat1 = ValoresExcluivos(mat1)
 matrizSemdups = Application.Transpose(mat1)
End Function
```

Encontrando a primeira célula de comprimento diferente de zero em um intervalo

Vamos supor que importamos uma grande lista de dados com muitas células vazias. Temos aqui uma função que avalia um intervalo de células e retorna o valor da primeira célula de comprimento diferente de zero:

```
PrimeiroCompDifZero(Int)
```

O argumento é `Int`, o intervalo da pesquisa. Veja a função a seguir:

```
Function PrimeiroCompDifZero(Int As Range)
Dim minhaCél as Range
PrimeiroCompDifZero = 0#
For Each minhaCél In Int
   If Not IsNull(minhaCél) And minhaCél <> "" Then
      PrimeiroCompDifZero = minhaCél.Value
      Exit Function
   End If
Next minhaCél
PrimeiroCompDifZero = minhaCél.Value
End Function
```

A Figura 14-8 ilustra a função em uma planilha de exemplo.

	A	B	C	D
1		2		
2		=FirstNonZeroLength(A1:A7)		
3	2			
4				
5	7			
6	8			
7	9			
8				

FIGURA 14-8 Podemos usar uma função definida pelo usuário para encontrar o valor da primeira célula de comprimento diferente de zero em um intervalo.

Substituindo múltiplos caracteres

O Excel tem uma função de substituição, mas essa é uma substituição de um valor por outro. E se tivermos diversos caracteres que precisem ser substituídos? A Figura 14.9 apresenta diversos exemplos de como essa função funciona:

```
SubstituirM(psqStr, deStr, paraStr)
```

	A	B	C
1	1 Introduction	Introduction	=MSubstitute(B1,"1","")
2	This wam a test	This was a test	=MSubstitute(B2,"wam", "was")
3	123abc456	abc	=MSubstitute(B3,"1234567890","")
4	Adnothyer Tuiest	Another Test	=MSubstitute(B4,"dyui","")

FIGURA 14-9 Podemos substituir múltiplos caracteres em uma célula.

Estes são os argumentos:

- psqStr — A sequência de caracteres a ser pesquisada.
- deStr — O texto que está sendo pesquisado.
- paraStr — O texto de substituição.

Veja o código da função abaixo:

```
Function SubstituirM(ByVal psqStr As Variant, deStr As String, _
 paraStr As String) As Variant
Dim iCor As Integer
Dim j As Integer
Dim Ar As Variant
Dim vde() As String
Dim vpara() As String
ReDim vde(1 To Len(deStr))
ReDim vpara(1 To Len(deStr))
'insere as sequências de caracteres em uma matriz
For j = 1 To Len(deStr)
    vde(j) = Mid(deStr, j, 1)
    If Mid(paraStr, j, 1) <> "" Then
      vpara(j) = Mid(paraStr, j, 1)
    Else
      vpara(j) = ""
    End If
Next j
'compara cada caractere e o substitui, se necessário
If IsArray(psqStr) Then
   Ar = psqStr
   For iLin = LBound(Ar, 1) To UBound(Ar, 1)
      For iCol = LBound(Ar, 2) To UBound(Ar, 2)
          For j = 1 To Len(deStr)
            Ar(iLin, iCol) = Application.Substitute(Ar(iLin, iCol), _
```

```
            vde(j), vpara(j))
          Next j
      Next iCol
   Next iLin
Else
   Ar = psqStr
   For j = 1 To Len(deStr)
      Ar = Application.Substitute(Ar, vde(j), vpara(j))
   Next j
End If
SUBSTITUIRM = Ar
End Function
```

> **Nota** Supõe-se que o argumento `paraStr` possui o mesmo comprimento que `deStr`. Se esse não for o caso, os caracteres remanescentes serão considerados nulos (""). Essa função diferencia maiúsculas e minúsculas. Para substituir todas as ocorrências de a, use a e A. Não podemos substituir um caractere por dois. Por exemplo, isso:
>
> `=SUBSTITUIRM("This is a test","i","$@")`
>
> `resulta nisto:`
>
> `"Th$s $s a test"`

Extraindo números de texto misto

Esta função extrai e retorna números de um texto que é uma mistura de números e letras:

`ExtrairNúmeros(minhaString)`

O argumento é `minhaString`, o texto que contém os números a serem extraídos.

Veja o código da função a seguir:

```
Function ExtrairNúmeros(minhaString As String)
Dim i As Integer, j As Integer
Dim ApenasNúms As String
'começando pelo FIM da sequência de caracteres e voltando para trás (Step -1)
For i = Len(minhaString) To 1 Step -1
   'IsNumeric é uma função do VBA que retorna True se a variável for um número
   'Quando um número é encontrado, ele é somado à sequência de caracteres
ApenasNúms
   If IsNumeric(Mid(minhaString, i, 1)) Then
      j = j + 1
      ApenasNúms = Mid(minhaString, i, 1) & ApenasNúms
   End If
   If j = 1 Then ApenasNúms = CInt(Mid(ApenasNúms, 1, 1))
Next i
ExtrairNúmeros = CLng(ApenasNúms)
End Function
```

Convertendo o número da semana em data

Você já recebeu um relatório de planilha no qual todos os cabeçalhos exibiam o número da semana? Isso pode nos confundir porque, provavelmente, não sabemos qual exatamente é a Semana 15. Seria necessário pegar o calendário e contar as semanas. Esse problema aumenta quando precisamos contar as semanas de anos anteriores. Nesse caso, precisamos de uma pequena função que converta `Semana ## Ano` na data de um dia específico de determinada semana, como exibido na Figura 14-10.

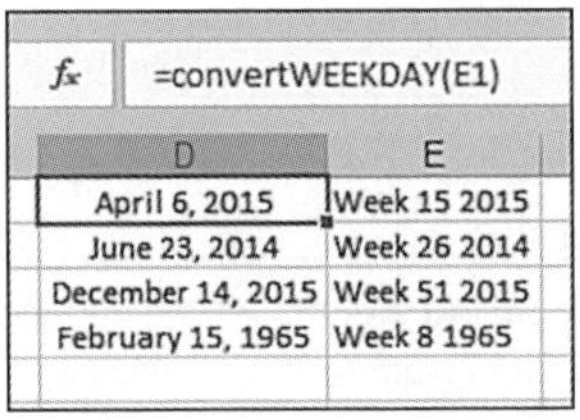

FIGURA 14-10 Podemos converter um número de semana em uma data que seja mais fácil de identificar.

Nota O resultado deve ser formatado como uma data.

O argumento é `Str`, a semana a ser convertida no formato "`Week ## YYYY`".

Veja o código da função abaixo:

```
Function ConverterDiaSemana(Str As String) As Date
Dim Semana As Long
Dim PrimeiroMês As Date
Dim TStr As String
PrimeiroMês = DateSerial(Right(Str, 4), 1, 1)
PrimeiroMês = PrimeiroMês - PrimeiroMês Mod 7 + 2
TStr = Right(Str, Len(Str) - 5)
Semana = Left(TStr, InStr(1, TStr, " ", 1)) + 0
ConverterDiaSemana = PrimeiroMês + (Semana - 1) * 7
End Function
```

Extraindo um único elemento de uma sequência de caracteres delimitada

Digamos que precisamos colar uma coluna de dados delimitados. Poderíamos usar o recurso Texto para Colunas do Excel, mas precisaríamos de apenas um ou dois elementos de cada célula. O Texto para Colunas analisa tudo. Nesse caso, precisaríamos de uma função que nos permita especificar o número de elementos de uma sequência de caracteres do qual precisa, como ilustrado na Figura 14-11:

```
ElementoString(str,car,ind)
```

	A	B	C	D	E	F	G	H
1					ind			
2	str	chr	1	2	3	4	5	6
3	A|B|C|D|E|F	|	A	B	C	D	E	F
4			=StringElement($A$3,$B$3,C2)					
5								

FIGURA 14-11 Essa função extrai um único elemento de um texto delimitado.

Estes são os argumentos:

- `str` — A sequência de caracteres a ser analisada.
- `car` — O delimitador.
- `ind` — A posição do elemento a ser retornado.

Veja o código da função abaixo:

```
Function ElementoString(str As String, car As String, ind As Integer)
Dim mat_str As Variant
mat_str = Split(str, car)
ElementoString = mat_str(ind - 1)
End Function
```

Classificando e concatenando

A função a seguir nos permite pegar uma coluna de dados, classificá-la de acordo com os seus números e, então, por suas letras, e concatená-la usando uma vírgula (,) como o delimitador (veja a Figura 14-12). Perceba que, visto que os números são tratados como sequências de caracteres, eles são classificados lexicograficamente (todos os números que começam com 1, depois os que começam com 2 etc.). Por exemplo, ao classificar 1, 2, 10, na verdade obteríamos 1, 10, 2, visto que 10 começa com 1, que vem antes de 2:

```
ClassConcat(Int)
```

	A	B
1	**Unsorted List**	**Sorted String**
2	q	1,14,50,9,a,f,gg,q,r,rrrrr
3	r	=sortConcat(A2:A11)
4	f	
5	a	
6	gg	
7	1	
8	9	
9	50	
10	14	
11	rrrrr	
12		

FIGURA 14-12 Essa função classifica e concatena um intervalo de variáveis.

O argumento é `Int`, o intervalo de dados a ser classificado e concatenado. `ClassConcat` chama outro procedimento, o `ClassBolha`, que deve ser incluído.

Veja a função principal abaixo:

```
Function ClassConcat(Int As Range) As Variant
Dim MinhaSoma As String, mat1() As String
Dim j As Integer, i As Integer
Dim cl As Range
Dim concat As Variant
On Error GoTo FalhaFunc:
'inicializa saída
ClassConcat = 0#
'evita problemas de usuário
If Int.Count = 0 Then Exit Function
'insere o intervalo na variável variante que armazena a matriz
ReDim mat1(1 To Int.Count)
'preenche a matriz
i = 1
For Each cl In Int
    mat1(i) = cl.Value
    i = i + 1
Next
'classifica os elementos da matriz
Call ClassBolha(mat1)
'cria uma sequência de caracteres a partir dos elementos da matriz
For j = UBound(mat1) To 1 Step -1
    If Not IsEmpty(mat1(j)) Then
          MinhaSoma = mat1(j) & ", " & MinhaSoma
    End If
Next j
'atribui valor à função
ClassConcat = Left(MinhaSoma, Len(MinhaSoma) - 1)
'ponto de saída
saída_concat:
Exit Function
'exibe erro na célula
FalhaFunc:
ClassConcat = Err.Number & " - " & Err.Description
Resume saída_concat
End Function
```

A função a seguir é a extremamente popular `ClassBolha`. Muitos desenvolvedores usam esse programa para realizar uma classificação simples de dados:

```
Sub ClassBolha(Lista() As String)
' Classifica a matriz Lista em ordem crescente
Dim Primeiro As Integer, Último As Integer
Dim i As Integer, j As Integer
Dim Temp
Primeiro = LBound(Lista)
Último = UBound(Lista)
For i = Primeiro To Último - 1
  For j = i + 1 To Último
```

```
      If Lista(i) > Lista(j) Then
        Temp = Lista(j)
        Lista(j) = Lista(i)
        Lista(i) = Temp
      End If
   Next j
Next i
End Sub
```

Classificando caracteres numéricos e alfanuméricos

Essa função pega um intervalo misto de caracteres numéricos e alfanuméricos e os classifica — primeiro numericamente e, depois, alfabeticamente:

```
classificador(Int)
```

O resultado é inserido em uma matriz que pode ser exibida em uma planilha usando uma fórmula matricial, tal como exibido na Figura 14-13.

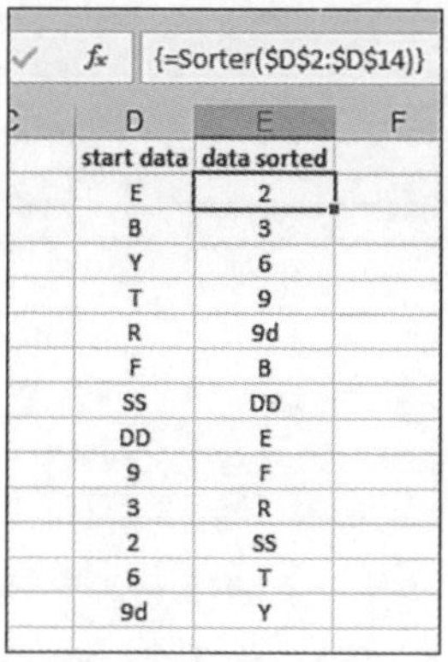

FIGURA 14-13 Essa função classifica uma lista alfanumérica mista.

O argumento é `Int`, o intervalo a ser classificado.

A função usa os dois procedimentos abaixo para classificar os dados do intervalo:

```
Public Sub ClassRápida(ByRef matVnt As Variant, _
 Optional ByVal lngEsq As Long = -2, _
 Optional ByVal lngDir As Long = -2)
Dim i, j, lngMeio As Long
Dim vntTestarVal As Variant
If lngEsq = -2 Then lngEsq = LBound(matVnt)
If lngDir = -2 Then lngDir = UBound(matVnt)
If lngEsq < lngDir Then
  lngMeio = (lngEsq + lngDir) \ 2
  vntTestarVal = matVnt(lngMeio)
  i = lngEsq
  j = lngDir
  Do
```

```
      Do While matVnt(i) < vntTestarVal
        i = i + 1
      Loop
      Do While matVnt(j) > vntTestarVal
        j = j - 1
      Loop
      If i <= j Then
        Call TrocarElementos(matVnt, i, j)
        i = i + 1
        j = j - 1
      End If
    Loop Until i > j
    If j <= lngMeio Then
      Call ClassRápida(matVnt, lngEsq, j)
      Call ClassRápida(matVnt, i, lngDir)
    Else
      Call ClassRápida(matVnt, i, lngDir)
      Call ClassRápida(matVnt, lngEsq, j)
    End If
  End If
End Sub

Private Sub TrocarElementos(ByRef itensVnt As Variant, _
    ByVal lngItem1 As Long, _
    ByVal lngItem2 As Long)
Dim tempVnt As Variant
tempVnt = itensVnt(lngItem2)
itensVnt(lngItem2) = itensVnt(lngItem1)
itensVnt(lngItem1) = tempVnt
End Sub
```

Veja um exemplo do uso dessa função:

```
Function classificador(Int As Range) As Variant
'retorna uma matriz
Dim mat1() As Variant
If Int.Columns.Count > 1 Then Exit Function
mat1 = Application.Transpose(Int)
ClassRápida mat1
classificador = Application.Transpose(mat1)
End Function
```

Buscando uma sequência de caracteres dentro de um texto

Você já precisou descobrir quais células contêm uma sequência de caracteres de texto específica? Esta função pode buscar sequências de caracteres em um intervalo, procurando por um texto específico:

```
ContémTexto(Int,Texto)
```

Ela retorna um resultado que identifica quais células contêm o texto, tal como podemos ver na Figura 14-14.

	A	B	C	D
1	This is an apple		A3	=ContainsText(A1:A3,"banana")
2	This is an orange		A1,A2	=ContainsText(A1:A3,"This is")
3	Here is a banana			
4				

FIGURA 14-14 A função ContémTexto retorna um resultado que identifica quais células contêm uma sequência de caracteres especificada.

Estes são os argumentos:

- Int — O intervalo no qual será feita a busca.
- Texto — O texto a ser buscado.

Veja o código da função abaixo:

```
Function ContémTexto(Int As Range, Texto As String) As String
Dim T As String
Dim minhaCél as Range
For Each minhaCél In Int 'busca em cada célula
  If InStr(minhaCél.Texto, Texto) > 0 Then 'busca o texto na sequência de caracteres
      If Len(T) = 0 Then
         'se o texto for encontrado, adiciona o endereço ao meu resultado
         T = minhaCél.Address(False, False)
      Else
         T = T & "," & minhaCél.Address(False, False)
      End If
  End If
Next minhaCél
ContémTexto = T
End Function
```

Invertendo o conteúdo de uma célula

Esta função tende mais para a diversão, mas ela também pode acabar sendo útil — ela inverte o conteúdo de uma célula:

```
InverterConteúdo(minhaCél, ÉTexto)
```

Estes são os argumentos:

- minhaCél — A célula especificada.
- ÉTexto — (Opcional) Se o valor da célula deve ser tratado como texto (padrão) ou como número.

Veja o código da função abaixo:

```
Function InverterConteúdo(minhaCél As Range, _
 Optional ÉTexto As Boolean = True)
Dim i As Integer
Dim StringOrig As String, NovaString As String
```

```
StringOrig = Trim(minhaCél) 'remove os espaços no início e no final da sequência de
caracteres
For i = 1 To Len(StringOrig)
   'por adicionar a variável NovaString ao caractere,
   'em vez de adicionar o caractere à NovaString, a sequência de caracteres fica
invertida
    NovaString = Mid(StringOrig, i, 1) & NovaString
Next i
If ÉTexto = False Then
   InverterConteúdo = CLng(NovaString)
Else
   InverterConteúdo = NovaString
End If
End Function
```

Retornando os endereços de duplicatas de valores máximos

MAX encontra e retorna o valor máximo de um intervalo, mas não diz se ele tem mais de um valor máximo. Esta função retorna os endereços dos valores máximos de um intervalo, tal como exibido na Figura 14-15:

```
RetornarMaxs(Int)
```

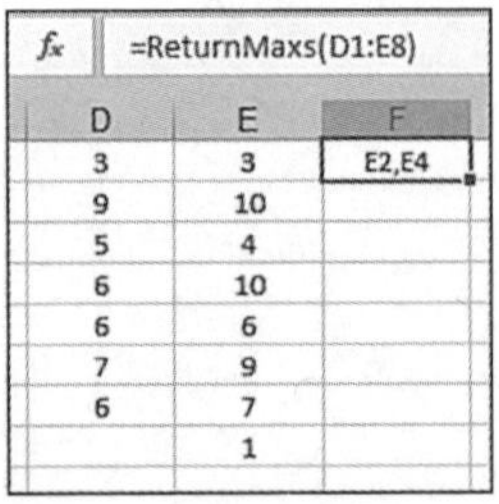

FIGURA 14-15 Essa função retorna os endereços de todos os valores máximos de um intervalo.

O argumento é Int, o intervalo no qual serão procurados os valores máximos.

Veja o código desta função:

```
Function RetornarMaxs(Int As Range) As String
Dim Mx As Double
Dim minhaCél as Range
'se houver apenas uma célula no intervalo, então sai
If Int.Count = 1 Then RetornarMaxs = Int.Address(False, False): _
  Exit Function
Mx = Application.Max(Int) 'usa a função Máximo do Excel para encontrar o máximo no
intervalo
```

```
'Como sabemos agora qual é o valor máximo,
'pesquisa o intervalo para encontrar correspondências e retornar o endereço
For Each minhaCél In Int
    If minhaCél = Mx Then
        If Len(RetornarMaxs) = 0 Then
            RetornarMaxs = minhaCél.Address(False, False)
        Else
            RetornarMaxs = RetornarMaxs & ", " & minhaCél.Address(False, False)
        End If
    End If
Next minhaCél
End Function
```

Retornando um endereço de hiperlink

Digamos que recebemos uma planilha com uma lista de informações com hiperlinks. Nós queremos visualizar os links reais, não os textos descritivos. Nós poderíamos simplesmente clicar com o botão direito no hiperlink e selecionar Editar Hiperlink, mas queremos algo mais permanente. Esta função extrai o endereço de hiperlink, tal como visto na Figura 14-16:

```
ObterEndereço(CélHiperlink)
```

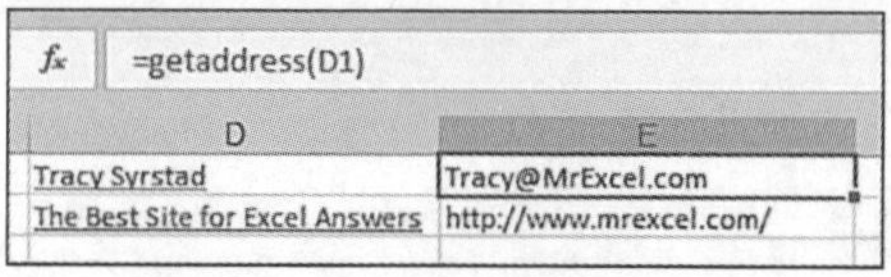

FIGURA 14-16 Podemos extrair o endereço de hiperlink por trás do hiperlink.

O argumento é `CélHiperlink`, a célula vinculada da qual queremos extrair o endereço.

Veja o código da função abaixo:

```
Function ObterEndereço(CélHiperlink As Range)
 ObterEndereço = Replace(CélHiperlink.Hyperlinks(1).Address, "mailto:", "")
End Function
```

Retornando a letra da coluna de um endereço de célula

Podemos usar CELL("Col") para retornar o número de uma coluna. Mas e se precisarmos da letra da coluna? Esta função extrai a letra da coluna de um endereço de célula, tal como ilustrado na Figura 14-17:

```
NomeCol(Int)
```

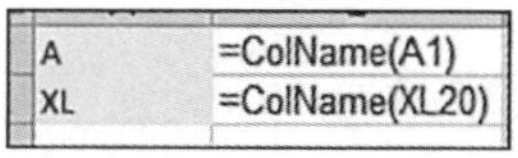

FIGURA 14-17 Podemos obter a letra da coluna de um endereço de célula.

O argumento é `Int`, a célula da qual queremos a letra da coluna.

Veja o código da função a seguir:

```
Function NomeCol(Int As Range) As String
NomeCol = Left(Int.Range("A1").Address(True, False), _
 InStr(1, Int.Range("A1").Address(True, False), "$", 1) - 1)
End Function
```

Usando o aleatório estático

A função RAND pode ser muito útil para a criação de números aleatórios, mas ela os recalcula constantemente. E se precisarmos de números aleatórios, mas não quisermos que eles mudem o tempo todo? A função a seguir insere um número aleatório, mas esse número muda apenas se obrigarmos a célula a ser recalculada, tal como vemos na Figura 14-18:

```
RANDEstático()
```

	A	B
1	0.143182	=StaticRAND()
2	99.67826	=StaticRAND()*100
3	58.00789	=SUM(A1:A2)*StaticRAND()
4		

FIGURA 14-18 Podemos gerar números aleatórios que não sejam tão voláteis quanto os números gerados por RAND.

Não há argumentos para essa função.

Veja o código da função abaixo:

```
Function RANDEstático() As Double
Randomize
RANDEstático = Rnd
End Function
```

Usando Select...Case em uma planilha

Em algum momento, você provavelmente já aninhou `If...Then...Else` em uma planilha para retornar um valor. A instrução `Select...Case` disponível no VBA torna isso ainda mais fácil, mas não podemos usar instruções `Select...Case` em uma fórmula de planilha. Em vez disso, podemos criar uma UDF (veja a Figura 14-19).

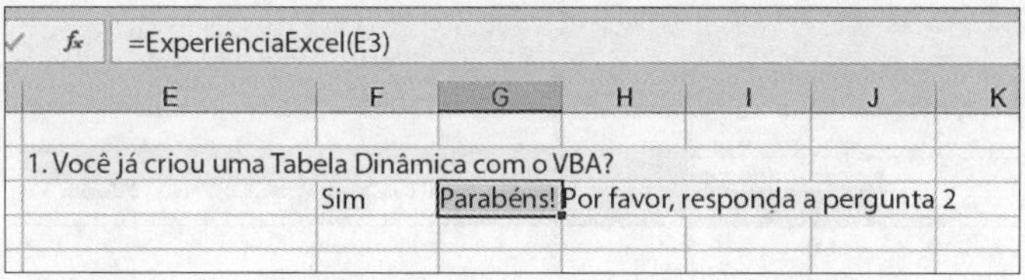

FIGURA 14-19 A função `ExperiênciaExcel` usa uma estrutura `Select...Case` em vez de instruções `If...Then` aninhadas.

Este exemplo pega a entrada do usuário e retorna uma resposta, tal como visto na Figura 14-19. Embora possamos usar a fórmula abaixo, considere quanto tempo demoraria se tivéssemos mais opções. Ou se precisássemos comparar os resultados de um cálculo. Precisaríamos fazer o cálculo para cada comparação lógica.

```
=IF(E3="sim","Parabéns! Por favor, passe para a pergunta 2",IF(E3="não","Consulte
o Capítulo 12 para obter ajuda. Por favor, pule para a pergunta 10", "Por favor,
esclareça sua resposta na caixa abaixo"))
```

Como `Select...Case` diferencia entre maiúsculas e minúsculas, eu desenvolvi o hábito de sempre usar letras maiúsculas (`UCase`) ao comparar sequências de caracteres. Veja o código abaixo:

```
Function ExperiênciaExcel(ByVal RespostaUsuário As String) As String
Select Case UCase(RespostaUsuário)
    Case Is = "SIM"
        ExperiênciaExcel = "Parabéns! Por favor, passe para a pergunta 2"
    Case Is = "NÃO"
        ExperiênciaExcel = "Consulte o Capítulo 12 para obter ajuda. " & _
            "Por favor, pule para a pergunta 10"
    Case Is = "TALVEZ"
        ExperiênciaExcel = "Por favor, esclareça sua resposta " & _
            "na caixa abaixo"
    Case Else
        ExperiênciaExcel = "Resposta inválida"
End Select
End Function
```

Próximos passos

No Capítulo 15, "Criando gráficos", vamos ver como a criação de gráficos em planilhas se tornou um recurso altamente personalizável, capaz de lidar com enormes quantidades de dados.

CAPÍTULO 15

Criando gráficos

Neste capítulo, você vai:

- Usar `.AddChart2` para criar um gráfico.
- Entender os estilos de gráficos.
- Formatar um gráfico.
- Criar um gráfico de combinação, um gráfico de mapa e um gráfico em cascata.
- Exportar um gráfico como imagem.
- Considerar a compatibilidade com versões anteriores.

Dois novos tipos de gráficos foram introduzidos desde o Excel 2016. O gráfico de mapa preenchido e o gráfico de funil se juntam aos seis tipos de gráficos que foram acrescentados ao Excel 2016.

E o mais importante: o bug de macros que impedia o Excel 2016 de criar os gráficos novos foi consertado. Quer estejamos criando um novo gráfico Ivy ou um gráfico das versões antigas, podemos usar este código:

```
Dim GR As Chart
Set GR = ActiveSheet.Shapes _
  .AddChart2(-1, xlRegionMap).Chart
GR.SetSourceData Source:=Range("D1:E7")
' Configurações específicas para xlRegionMap:
With GR.FullSeriesCollection(1)
 .GeoMappingLevel = xlGeoMappingLevelDataOnly
 .RegionLabelOption = xlRegionLabelOptionsBestFitOnly
End With
```

Tradicionalmente, o objetivo do VBA é nunca selecionar nada na planilha. Assim, primeiro criamos um gráfico usando o método `.AddChart2` e, então, atribuímos os dados ao gráfico usando o método `.SetSourceData`. Se temos colegas que ainda usam a versão Perpétua do Excel 2016, vamos precisar criar novos gráficos usando o seguinte código:

```
.Range("A1:B7").Select
ActiveSheet.Shapes.AddChart2(-1, xlWaterfall).Select
```

Esse código alternativo seria necessário para qualquer um dos tipos de gráficos Ivy:

- `xlBoxWhisker`.
- `xlFunnel`.
- `xlHistogram`.
- `xlPareto`.
- `xlRegionMap`.
- `xlSunburst`.
- `xlTreeMap`.
- `xlWaterfall`.

Nota Em maio de 2018, a Microsoft anunciou que o Office 365 ofereceria suporte para Visuais Personalizados no Power BI. No verão de 2018, a equipe do Excel disse que, de início, não haveria suporte para inserir esses tipos de gráficos por meio do VBA. Ainda é possível que a Microsoft inclua o suporte no VBA com o passar do tempo.

Usando `.AddChart2` para criar um gráfico

O Excel 2013 introduziu um método `.AddChart2` simplificado. Com ele, podemos especificar um estilo, o tipo, a localização e o tamanho dos gráficos, bem como uma propriedade introduzida no Excel 2013: `NewLayout:=True`. Quando selecionamos `NewLayout`, podemos eliminar as legendas em um gráfico de série única.

O método `.AddChart2` nos permite especificar o estilo e o tipo do gráfico, sua esquerda, topo, largura, altura e um novo layout. Este código usa os dados de A3:G6 e cria um gráfico para preencher B8:G20:

```
Sub CriarGráficoUsandoAddChart2()
'Cria um Gráfico de Colunas Agrupadas em B8:G15 a partir dos dados de A3:G6
Dim GR As Chart
Range("A3:G6").Select
Set GR = ActiveSheet.Shapes.AddChart2( _
 Style:=201, _
 XlChartType:=xlColumnClustered, _
 Left:=Range("B8").Left, _
 Top:=Range("B8").Top, _
 Width:=Range("B8:G20").Width, _
 Height:=Range("B8:G20").Height, _
 NewLayout:=True).Chart
End Sub
```

Os valores de `Left`, `Top`, `Width` e `Height` estão em pixels. Aqui, não precisamos tentar adivinhar que a coluna B está a 21,34 pixels do limite esquerdo da planilha porque o código acima encontra a propriedade `.Left` da célula B8 e usa isso como o `Left` do gráfico.

A Figura 15-1 apresenta o gráfico resultante.

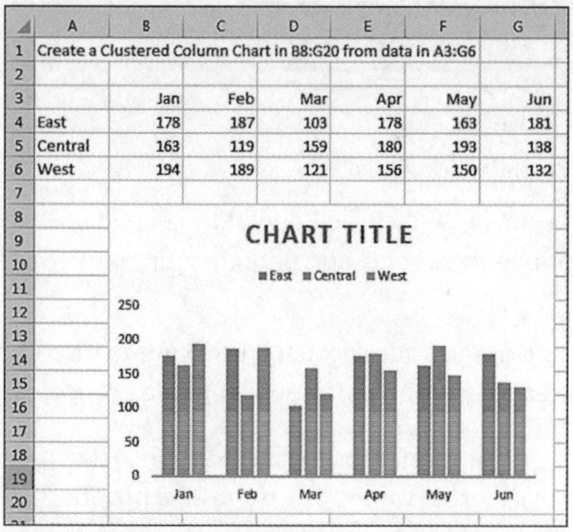

FIGURA 15-1 Crie um gráfico para preencher um intervalo específico.

Entendendo os estilos de gráficos

O Excel 2013 introduziu estilos de gráficos profissionalmente elaborados que são apresentados na galeria Estilos de Gráfico, da guia Design da faixa de opções. Esses designs inovadores usam combinações de propriedades que já existem no Excel há anos, mas eles permitem que apliquemos um grupo de propriedades com um único comando. O método `AddChart2` nos permite especificar o número do estilo a ser usado ao criar o gráfico. Infelizmente, o sistema de numeração de estilos é bem complexo.

A Figura 15-2 apresenta a galeria Estilos de Gráfico para um gráfico de colunas agrupadas.

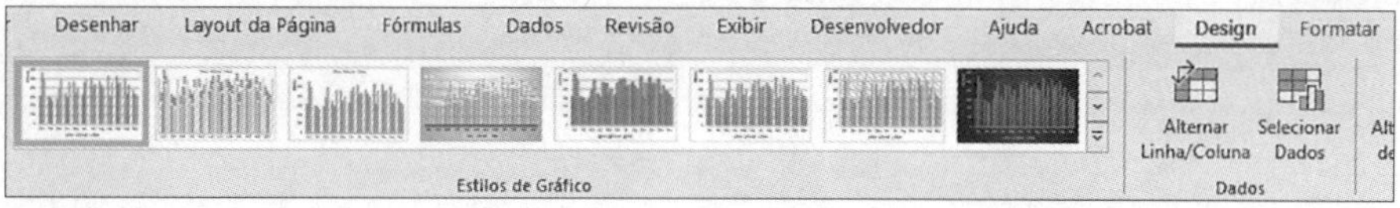

FIGURA 15-2 Aplique um estilo de gráfico para formatar um gráfico rapidamente.

Na Figura 15-2, os estilos de gráfico são numerados de 201 a 215. Entretanto, se trocarmos para um gráfico de barras, os estilos de gráfico similares são numerados de 216 a 230.

Os estilos para os tipos de gráficos antigos vão de 201 a 353. Os estilos 354 a 497 são para os oito novos tipos de gráfico.

Siga estes passos para aprender o número associado com seu estilo favorito:

1. Crie um gráfico na interface de usuário do Excel.
2. Abra a galeria Estilos de Gráfico na guia Design e escolha o estilo de gráfico que deseja usar. Mantenha o gráfico selecionado antes de prosseguir para o Passo 3.

> **Atenção** Podemos ter a tendência de clicar fora do gráfico para admirar o estilo recém-selecionado. Se desmarcarmos o gráfico, devemos nos certificar de selecioná-lo novamente antes de continuar com os passos a seguir.

3. Alterne para o VBA pressionando Alt+F11.
4. Abra a janela Verificação Imediata pressionando Ctrl+G.
5. Digite **`? ActiveChart.ChartStyle`** na janela Verificação Imediata e pressione Enter. O número resultante nos mostra o valor que deve ser usado para o argumento `.Style` do método `.AddChart2`.
6. Se você não se importar com o estilo de gráfico que receberá, especifique `-1` como o argumento `.Style`. Isso vai lhe dar o estilo-padrão para aquele tipo de gráfico.

O estranho é que o método `.AddChart2` use um argumento chamado `Style:=201`, mas, se quisermos modificar o estilo do gráfico mais tarde, vamos precisar usar a propriedade `.ChartStyle`. Tanto `Style` quanto `ChartStyle` se referem aos estilos de gráfico introduzidos no Excel 2013.

A Tabela 15-1 lista os valores do argumento `ChartType`.

TABELA 15-1 Os tipos de gráficos para uso no VBA.

Tipo do Gráfico	Constante Enumerada
Coluna agrupada	`xlColumnClustered`
Coluna empilhada	`xlColumnStacked`
Coluna 100% empilhada	`xlColumnStacked100`
Coluna agrupada 3D	`xl3DColumnClustered`
Coluna empilhada em 3D	`xl3DColumnStacked`
Coluna 100% empilhada em 3D	`xl3DColumnStacked100`
Coluna 3D	`xl3DColumn`
Cascata	`xlWaterfall`
Mapa de árvore	`xlTreeMap`
Explosão solar	`xlSunburst`
Histograma	`xlHistogram`
Pareto	`xlPareto`
Diagrama de caixa	`xlBoxWhisker`
Funil	`XlFunnel`
Mapa de Região Preenchido	`XlRegionMap`
Linha	`xlLine`
Linha empilhada	`xlLineStacked`
Linha 100% empilhada	`xlLineStacked100`
Linha com marcadores	`xlLineMarkers`

Tipo do Gráfico	Constante Enumerada
Linha empilhada com marcadores	xlLineMarkersStacked
Linha 100% empilhada com marcadores	xlLineMarkersStacked100
Pizza	xlPie
Pizza em 3D	xl3DPie
Pizza de pizza	xlPieOfPie
Pizza destacada	xlPieExploded
Pizza destacada em 3D	xl3DPieExploded
Barra de pizza	xlBarOfPie
Barra agrupada	xlBarClustered
Barra empilhada	xlBarStacked
Barra 100% empilhada	xlBarStacked100
Barra agrupada em 3D	xl3DBarClustered
Barra empilhada em 3D	xl3DBarStacked
Barra 100% empilhada em 3D	xl3DBarStacked100
Área	xlArea
Área empilhada	xlAreaStacked
Área 100% empilhada	xlAreaStacked100
Área 3D	xl3DArea
Área empilhada em 3D	xl3DAreaStacked
Área 100% empilhada em 3D	xl3DAreaStacked100
Dispersão somente com marcadores	xlXYScatter
Dispersão com linhas suaves e marcadores	xlXYScatterSmooth
Dispersão com linhas suaves	xlXYScatterSmoothNoMarkers
Dispersão com linhas retas e marcadores	xlXYScatterLines
Dispersão com linhas retas	xlXYScatterLinesNoMarkers
Alta-baixa-fechamento	xlStockHLC
Abertura-alta-baixa-fechamento	xlStockOHLC
Volume-alta-baixa-fechamento	xlStockVHLC
Volume-abertura-alta-baixa-fechamento	xlStockVOHLC
Superfície 3D	xlSurface
Superfície 3D delineada	xlSurfaceWireframe
Contorno	xlSurfaceTopView
Contorno delineado	xlSurfaceTopViewWireframe
Rosca	xlDoughnut
Rosca destacada	xlDoughnutExploded

(Continua)

Tipo do Gráfico	Constante Enumerada
Bolhas	`xlBubble`
Bolhas com efeito 3D	`xlBubble3DEffect`
Radar	`xlRadar`
Radar com marcadores	`xlRadarMarkers`
Radar preenchido	`xlRadarFilled`

O Excel suporta alguns outros tipos de gráficos que deturpam nossos dados, como os gráficos de cone e pirâmide. Para compatibilidade com versões anteriores, eles ainda estão no VBA, mas foram omitidos da Tabela 15-1. Se nosso gerente nos obrigar a criar esses tipos antigos de gráficos, podemos encontrá-los pesquisando por *numeração de xlChartType* no nosso motor de busca favorito.

Formatando um gráfico

Em geral, depois de criar um gráfico, queremos adicionar ou mover elementos dele. As seções a seguir apresentam códigos para controlar os inúmeros elementos de gráficos.

Referindo-se a um gráfico específico

O gravador de macros tem uma maneira insatisfatória de escrever códigos para a criação de gráficos. O gravador de macro usa o método `.AddChart2` e adiciona um `.Select` ao fim da linha para selecionar o gráfico. Então, o restante das configurações de gráfico é aplicado ao objeto `ActiveChart`. Essa abordagem é um pouco frustrante, porque somos forçados a fazer toda a formatação do gráfico antes de selecionar qualquer outra coisa na planilha. O gravador de macro faz isso porque os nomes do gráfico são imprevisíveis. A primeira vez que executamos uma macro, o gráfico pode ser chamado de Gráfico 1. Mas, se executarmos a macro em outro dia ou em uma planilha diferente, o gráfico pode ser chamado de Gráfico 3 ou de Gráfico 5.

Para maior flexibilidade, devemos atribuir cada novo gráfico a um objeto `Chart`. Desde o Excel 2007, o objeto `Chart` existiu dentro de um objeto `Shape`.

Ignorando os detalhes do método `AddChart2` por um momento, poderíamos usar essa abordagem de programação, que pega o objeto `Shape` da variável de objeto FO e atribui `FO.Chart` à variável de objeto GR:

```
Dim PL As Worksheet
Dim FO as Shape
Dim GR As Chart
Set PL = ActiveSheet
Set FO = PL.Shapes.AddChart2(...)
Set GR = FO.Chart
```

Podemos simplificar o código anterior, incluindo `.Chart` no final do método `AddChart2`. O código abaixo tem uma variável de objeto a menos:

```
Dim PL As Worksheet
Dim GR As Chart
Set PL = ActiveSheet
Set GR = PL.Shapes.AddChart2(...).Chart
```

Se precisarmos modificar um gráfico preexistente — como um gráfico que não criamos — e só houver uma forma na planilha, podemos usar esta linha de código:

```
PL.Shapes(1).Chart.Interior.Color = RGB(0,0,255)
```

Se houver muitos gráficos e precisarmos encontrar um cujo canto superior esquerdo está localizado na célula A4, podemos iniciar um loop por todos os objetos `Shape` até encontrarmos um no local correto assim:

```
For each Fo in ActiveSheet.Shapes
If Fo.TopLeftCell.Address = "$A$4" Then
Fo.Chart.Interior.Color = RGB(0,255,0)
End If
Next Fo
```

Especificando um título para o gráfico

Todos os gráficos criados com `NewLayout:=True` possuem um título de gráfico. Quando o gráfico tem duas ou mais séries, o título é "Título do Gráfico". Devemos nos programar para alterar o título do gráfico para algo útil.

Para especificar um título de gráfico no VBA, use este código:

```
ActiveChart.ChartTitle.Caption = "Vendas por Região"
```

Se estivermos mudando o título de um gráfico recém-criado que foi atribuído à variável de objeto `GR`, podemos usar o seguinte:

```
GR.ChartTitle.Caption = "Vendas por Região"
```

Esse código funciona se o nosso gráfico já tiver um título. Se não tivermos certeza de que o estilo do gráfico selecionado tem um título, podemos nos certificar de que o título exista com o seguinte:

```
GR.SetElement msoElementChartTitleAboveChart
```

Embora seja relativamente fácil adicionar um título de gráfico e especificar as palavras do título, isso faz com que alterar a formatação do título do gráfico se torne algo cada vez mais complexo. O código a seguir altera a fonte, o tamanho e a cor do título:

```
With GR.ChartTitle.Format.TextFrame2.TextRange.Font
.Name = "Rockwell"
.Fill.ForeColor.ObjectThemeColor = msoThemeColorAccent2
.Size = 14
End With
```

Os dois títulos dos eixos operam da mesma forma que o título do gráfico. Para mudar as palavras, use a propriedade `.Caption`. Para formatar as palavras, use a propriedade `Format`. Da mesma forma, podemos especificar os títulos dos eixos usando a propriedade `Caption`. O código abaixo altera o título do eixo ao longo do eixo da categoria:

```
GR.SetElement msoElementPrimaryCategoryAxisTitleHorizontal
GR.Axes(xlCategory, xlPrimary).AxisTitle.Caption = "Meses"
GR.Axes(xlCategory, xlPrimary).AxisTitle. _
Format.TextFrame2.TextRange.Font.Fill. _
ForeColor.ObjectThemeColor = msoThemeColorAccent2
```

Aplicando uma cor ao gráfico

O Excel 2013 introduziu uma propriedade `ch.ChartColor` que atribui 1 de 26 temas de cores a um gráfico. Atribua um valor de `1` a `26`, mas esteja ciente de que a ordem das cores no menu flutuante do Estilos de Gráfico (veja a Figura 15-3) não tem nada a ver com os 26 valores.

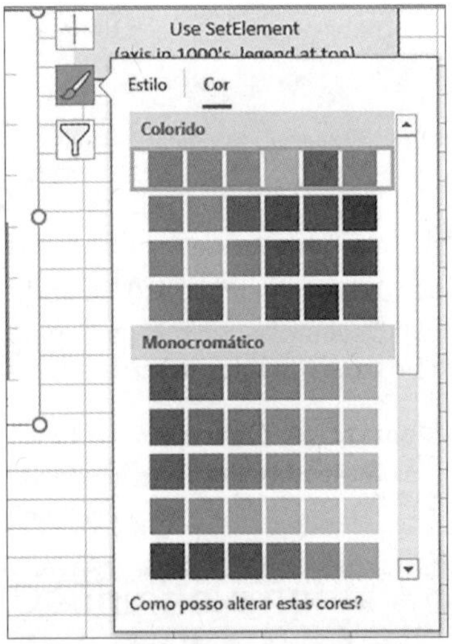

FIGURA 15-3 Os esquemas de cor no menu são chamados de Cor 1, Cor 2 e assim por diante, mas eles não têm nada a ver com as configurações do VBA.

Para entender os valores de `ChartColor`, considere a cor do menu suspenso exibida na Figura 15-4. Esse menu suspenso oferece 10 colunas de cores: Fundo 1, Texto 1, Fundo 2, Texto 2 e do Tema 1 ao Tema 6.

Aqui temos um resumo dos 26 valores que podemos usar para `ChartColor`:

- `ChartColor 1`, 9 e 20 usam cores da escala de cinza da coluna 3. Um valor de `ChartColor` de `1` começa com um cinza escuro, depois um cinza-claro e, em seguida, um cinza-médio. Um valor de `ChartColor` de 9 começa com um cinza--claro e muda para tons mais escuros. Um valor de `ChartColor` de 20 começa com três tons de cinza-médio, depois preto e, então, um cinza bem claro, seguido de um cinza-médio.
- O valor 2 utiliza as seis cores-tema da primeira linha da esquerda para a direita.

- Os Valores 3 a 8 usam uma única coluna de cores. Por exemplo, `ChartColor = 3` usa as seis cores no Tema 1 do escuro para o claro. Os valores de `ChartColor` de 4 a 8 correspondem aos Temas 2 a 6.
- O valor 10 repete o valor 2, mas acrescenta uma borda clara em torno do elemento gráfico.
- Os valores de 11 a 13 são os mais criativos. Eles usam três cores-tema a partir da primeira linha combinadas com as mesmas três cores-tema da última linha. Isso resulta em versões claras e escuras de três cores diferentes. `ChartColor 11` usa temas de números ímpares (1, 3 e 5). `ChartColor 12` usa os temas de números pares. `ChartColor 13` usa os Temas 4, 5 e 6.
- Os valores de 14 a 19 repetem os valores de 3 a 8, mas adicionam uma borda clara.
- Os valores de 21 a 26 são semelhantes aos valores de 3 a 8, mas as cores passam do claro para o escuro.

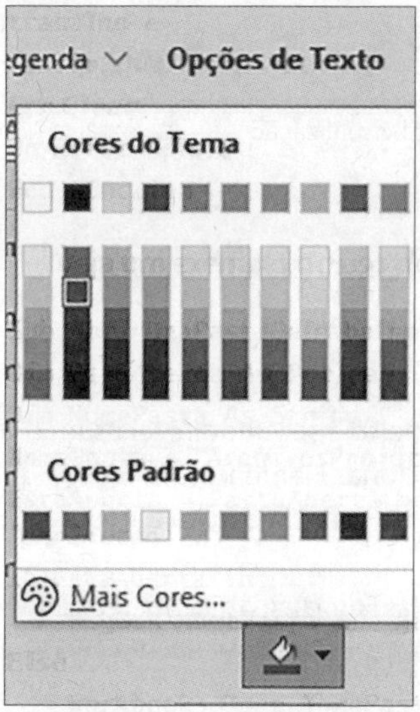

FIGURA 15-4 As combinações de `ChartColor` incluem uma mistura de cores do tema atual.

O código a seguir altera o gráfico para usar vários tons dos Temas 4, 5 e 6:

```
ch.ChartColor = 13
```

Filtrando um gráfico

Na vida real, a criação de gráficos a partir de tabelas de dados nem sempre é simples. Em geral, as tabelas apresentam totais ou subtotais. A tabela da Figura 15-5 tem colunas de totais trimestrais misturadas com valores mensais. Quando criamos um gráfico a partir desses dados, as colunas dos totais criam um gráfico ruim.

Para filtrar uma linha ou coluna no VBA, definimos a nova propriedade `.IsFiltered` como `True`. O código abaixo remove as colunas de totais:

```
GR.ChartGroups(1).FullCategoryCollection(4).IsFiltered = True
GR.ChartGroups(1).FullCategoryCollection(8).IsFiltered = True
GR.ChartGroups(1).FullCategoryCollection(12).IsFiltered = True
GR.ChartGroups(1).FullCategoryCollection(16).IsFiltered = True
```

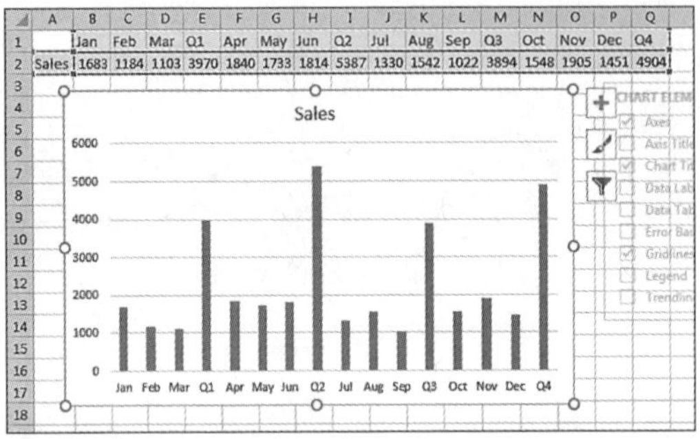

FIGURA 15-5 Os subtotais nesta tabela produzem um gráfico de difícil visualização.

Usando `SetElement` para emular alterações pelo ícone de adição

Quando selecionamos um gráfico, três ícones aparecem à direita dele. O ícone superior é um sinal de adição. Todas as escolhas nos menus flutuantes de primeiro e segundo nível usam o método `SetElement` no VBA. Note que o menu suspenso Adicionar Elemento Gráfico, da guia Design, inclui todas essas configurações, além das Linhas e Barras para cima/para baixo.

> **Nota** `SetElement` não abrange todas as opções do painel de tarefas Formatar, o qual aparece com frequência. Veja a seção "Utilizando o método `Format` para microgerenciar as opções de formatação", mais adiante, neste capítulo, para alterar essas configurações.

Se não quiser procurar pela constante adequada neste livro, você sempre pode gravar uma macro rápida.

O método `SetElement` é acompanhado de uma constante que especifica qual item do menu deve ser selecionado. Por exemplo, se quiser escolher Mostrar Legenda à Esquerda, você pode usar este código:

```
ActiveChart.SetElement msoElementLegendLeft
```

A Tabela 15-2 apresenta todas as constantes disponíveis que podemos usar com o método `SetElement`. Essas constantes estão mais ou menos na mesma ordem em que aparecem no menu suspenso Adicionar Elemento Gráfico.

TABELA 15-2 As constantes disponíveis com `SetElement`.

Grupo do Elemento	Constante de SetElement
Eixos	msoElementPrimaryCategoryAxisNone
Eixos	msoElementPrimaryCategoryAxisShow
Eixos	msoElementPrimaryCategoryAxisWithoutLabels
Eixos	msoElementPrimaryCategoryAxisReverse
Eixos	msoElementPrimaryCategoryAxisThousands
Eixos	msoElementPrimaryCategoryAxisMillions
Eixos	msoElementPrimaryCategoryAxisBillions
Eixos	msoElementPrimaryCategoryAxisLogScale
Eixos	msoElementSecondaryCategoryAxisNone
Eixos	msoElementSecondaryCategoryAxisShow
Eixos	msoElementSecondaryCategoryAxisWithoutLabels
Eixos	msoElementSecondaryCategoryAxisReverse
Eixos	msoElementSecondaryCategoryAxisThousands
Eixos	msoElementSecondaryCategoryAxisMillions
Eixos	msoElementSecondaryCategoryAxisBillions
Eixos	msoElementSecondaryCategoryAxisLogScaIe
Eixos	msoElementPrimaryValueAxisNone
Eixos	msoElementPrimaryValueAxisShow
Eixos	msoElementPrimaryValueAxisThousands
Eixos	msoElementPrimaryValueAxisMillions
Eixos	msoElementPrimaryValueAxisBillions
Eixos	msoElementPrimaryValueAxisLogScale
Eixos	msoElementSecondaryValueAxisNone
Eixos	msoElementSecondaryValueAxisShow
Eixos	msoElementSecondaryValueAxisThousands
Eixos	msoElementSecondaryValueAxisMillions
Eixos	msoElementSecondaryValueAxisBillions
Eixos	msoElementSecondaryValueAxisLogScale
Eixos	msoElementSeriesAxisNone
Eixos	msoElementSeriesAxisShow
Eixos	msoElementSeriesAxisReverse
Eixos	msoElementSeriesAxisWithoutLabeling
Títulos de Eixo	msoElementPrimaryCategoryAxisTitleNone
Títulos de Eixo	msoElementPrimaryCategoryAxisTitleBelowAxis

(Continua)

Grupo do Elemento	Constante de SetElement
Títulos de Eixo	`msoElementPrimaryCategoryAxisTitleAdjacentToAxis`
Títulos de Eixo	`msoElementPrimaryCategoryAxisTitleHorizontal`
Títulos de Eixo	`msoElementPrimaryCategoryAxisTitleVertical`
Títulos de Eixo	`msoElementPrimaryCategoryAxisTitleRotated`
Títulos de Eixo	`msoElementSecondaryCategoryAxisTitleAdjacentToAxis`
Títulos de Eixo	`msoElementSecondaryCategoryAxisTitleBelowAxis`
Títulos de Eixo	`msoElementSecondaryCategoryAxisTitleHorizontal`
Títulos de Eixo	`msoElementSecondaryCategoryAxisTitleNone`
Títulos de Eixo	`msoElementSecondaryCategoryAxisTitleRotated`
Títulos de Eixo	`msoElementSecondaryCategoryAxisTitleVertical`
Títulos de Eixo	`msoElementPrimaryValueAxisTitleAdjacentToAxis`
Títulos de Eixo	`msoElementPrimaryValueAxisTitleBelowAxis`
Títulos de Eixo	`msoElementPrimaryValueAxisTitleHorizontal`
Títulos de Eixo	`msoElementPrimaryValueAxisTitleNone`
Títulos de Eixo	`msoElementPrimaryValueAxisTitleRotated`
Títulos de Eixo	`msoElementPrimaryValueAxisTitleVertical`
Títulos de Eixo	`msoElementSecondaryValueAxisTitleBelowAxis`
Títulos de Eixo	`msoElementSecondaryValueAxisTitleHorizontal`
Títulos de Eixo	`msoElementSecondaryValueAxisTitleNone`
Títulos de Eixo	`msoElementSecondaryValueAxisTitleRotated`
Títulos de Eixo	`msoElementSecondaryValueAxisTitleVertical`
Títulos de Eixo	`msoElementSeriesAxisTitleHorizontal`
Títulos de Eixo	`msoElementSeriesAxisTitleNone`
Títulos de Eixo	`msoElementSeriesAxisTitleRotated`
Títulos de Eixo	`msoElementSeriesAxisTitleVertical`
Títulos de Eixo	`msoElementSecondaryValueAxisTitleAdjacentToAxis`
Título do Gráfico	`msoElementChartTitleNone`
Título do Gráfico	`msoElementChartTitleCenteredOverlay`
Título do Gráfico	`msoElementChartTitleAboveChart`
Rótulos dos Dados	`msoElementDataLabelCallout` (nova no Excel 2019)
Rótulos dos Dados	`msoElementDataLabelCenter`
Rótulos dos Dados	`msoElementDataLabelInsideEnd`
Rótulos dos Dados	`msoElementDataLabelNone`
Rótulos dos Dados	`msoElementDataLabelInsideBase`
Rótulos dos Dados	`msoElementDataLabelOutSideEnd`

Grupo do Elemento	Constante de SetElement
Rótulos dos Dados	msoElementDataLabelTop
Rótulos dos Dados	msoElementDataLabelBottom
Rótulos dos Dados	msoElementDataLabelRight
Rótulos dos Dados	msoElementDataLabelLeft
Rótulos dos Dados	msoElementDataLabelShow
Rótulos dos Dados	msoElementDataLabelBestFit
Tabela de Dados	msoElementDataTableNone
Tabela de Dados	msoElementDataTableShow
Tabela de Dados	msoElementDataTableWithLegendKeys
Barras de Erros	msoElementErrorBarNone
Barras de Erros	msoElementErrorBarStandardError
Barras de Erros	msoElementErrorBarPercentage
Barras de Erros	msoElementErrorBarStandardDeviation
Linhas de Grade	msoElementPrimaryCategoryGridLinesNone
Linhas de Grade	msoElementPrimaryCategoryGridLinesMajor
Linhas de Grade	msoElementPrimaryCategoryGridLinesMinor
Linhas de Grade	msoElementPrimaryCategoryGridLinesMinorMajor
Linhas de Grade	msoElementSecondaryCategoryGridLinesNone
Linhas de Grade	msoElementSecondaryCategoryGridLinesMajor
Linhas de Grade	msoElementSecondaryCategoryGridLinesMinor
Linhas de Grade	msoElementSecondaryCategoryGridLinesMinorMajor
Linhas de Grade	msoElementPrimaryValueGridLinesNone
Linhas de Grade	msoElementPrimaryValueGridLinesMajor
Linhas de Grade	msoElementPrimaryValueGridLinesMinor
Linhas de Grade	msoElementPrimaryValueGridLinesMinorMajor
Linhas de Grade	msoElementSecondaryValueGridLinesNone
Linhas de Grade	msoElementSecondaryValueGridLinesMajor
Linhas de Grade	msoElementSecondaryValueGridLinesMinor
Linhas de Grade	msoElementSecondaryValueGridLinesMinorMajor
Linhas de Grade	msoElementSeriesAxisGridLinesNone
Linhas de Grade	msoElementSeriesAxisGridLinesMajor
Linhas de Grade	msoElementSeriesAxisGridLinesMinor
Linhas de Grade	msoElementSeriesAxisGridLinesMinorMajor
Legenda	msoElementLegendNone
Legenda	msoElementLegendRight

(Continua)

Grupo do Elemento	Constante de SetElement
Legenda	msoElementLegendTop
Legenda	msoElementLegendLeft
Legenda	msoElementLegendBottom
Legenda	msoElementLegendRightOverlay
Legenda	msoElementLegendLeftOverlay
Linhas	msoElementLineNone
Linhas	msoElementLineDropLine
Linhas	msoElementLineHiLoLine
Linhas	msoElementLineDropHiLoLine
Linhas	msoElementLineSeriesLine
Linha de Tendência	msoElementTrendlineNone
Linha de Tendência	msoElementTrendlineAddLinear
Linha de Tendência	msoElementTrendlineAddExponential
Linha de Tendência	msoElementTrendlineAddLinearForecast
Linha de Tendência	msoElementTrendlineAddTwoPeriodMovingAverage
Barras Superiores/Inferiores	msoElementUpDownBarsNone
Barras Superiores/Inferiores	msoElementUpDownBarsShow
Área de Plotagem	msoElementPlotAreaNone
Área de Plotagem	msoElementPlotAreaShow
Parede do Gráfico	msoElementChartWallNone
Parede do Gráfico	msoElementChartWallShow
Base do Gráfico	msoElementChartFloorNone
Base do Gráfico	msoElementChartFloorShow

Nota Se tentarmos formatar um elemento que não está presente, o Excel retornará um erro de Falha de Método -2147467259.

Usar SetElement nos permite alterar elementos gráficos rapidamente. Como um exemplo, gurus do gráfico dizem que a legenda deve aparecer sempre à esquerda ou acima do gráfico. Poucos dos estilos predefinidos mostram a legenda acima da tabela. Eu também prefiro exibir os valores ao longo do eixo em milhares ou milhões, quando apropriado. Isso é melhor do que exibir três ou seis zeros em cada linha.

O código abaixo faz essas configurações depois da criação do gráfico:

```
Sub UsarSetElement()
Dim PL As Worksheet
Dim GR As Chart
```

```
Set PL = ActiveSheet
Range("A1:M4").Select
Set GR = PL.Shapes.AddChart2(Style:=201, _
XlChartType:=xlColumnClustered, _
Left:=[B6].Left, _
Top:=[B6].Top, _
NewLayout:=False).Chart

' Configura o eixo do valor para exibir a casa dos milhares
GR.SetElement msoElementPrimaryValueAxisThousands

' move a legenda para o topo
GR.SetElement msoElementLegendTop
End Sub
```

Usando o método Format para microgerenciar as opções de formatação

A guia Formatar nos oferece ícones para mudar as cores e efeitos de elementos de gráfico individuais. Embora muitas pessoas chamem as configurações de Sombra, Brilho, Bisel e Material de "lixo de gráfico", existem maneiras de aplicar esses formatos no VBA.

O Excel 2019 inclui um objeto chamado `ChartFormat`, que contém as configurações para `Fill`, `Glow`, `Line`, `PictureFormat`, `Shadow`, `SoftEdge`, `TextFrame2` e `ThreeD`. Podemos acessar o objeto `ChartFormat` usando o método `Format` em muitos elementos de gráfico. A Tabela 15-3 apresenta exemplos de elementos de gráfico que podemos formatar usando o método `Format`.

TABELA 15-3 Os elementos de gráfico aos quais a formação se aplica.

Elemento de Gráfico	VBA para se Referir a Esse Elemento de Gráfico
Título do Gráfico	`ChartTitle`
Título de Eixo – Categoria	`Axes(xlCategory, xlPrimary).AxisTitle`
Título de Eixo – Valor	`Axes(xlValue, xlPrimary).AxisTitle`
Legenda	`Legend`
Rótulos dos Dados para Série 1	`SeriesCollection(1).DataLabels`
Rótulos dos Dados para Ponto 2	`SeriesCollection(1).DataLabels(2)` ou `SeriesCollection(1).Points(2).DataLabel`
Tabela de Dados	`DataTable`
Eixos – Horizontal	`Axes(xlCategory, xlPrimary)`
Eixos – Vertical	`Axes(xlValue, xlPrimary)`
Eixos – Série (Apenas Gráficos de Superfície)	`Axes(xlSeries, xlPrimary)`
Linhas de Grade Maiores	`Axes(xlValue, xlPrimary).MajorGridlines`
Linhas de Grade Menores	`Axes(xlValue, xlPrimary).MinorGridlines`
Área de Plotagem	`PlotArea`

(Continua)

Elemento de Gráfico	VBA para se Referir a Esse Elemento de Gráfico
Área do Gráfico	ChartArea
Parede do Gráfico	Walls
Parede Posterior do Gráfico	BackWall
Parede Lateral do Gráfico	SideWall
Base do Gráfico	Floor
Linha de Tendência para Série 1	SeriesCollection(1).TrendLines(1)
Linhas de Derivação	ChartGroups(1).DropLines
Barras Superiores/Inferiores	ChartGroups(1).UpBars
Barras de Erros	SeriesCollection(1).ErrorBars
Série(1)	SeriesCollection(1)
DataPoint de Série(1)	SeriesCollection(1).Points(3)

O método `Format` é a porta de entrada para as configurações de `Fill`, `Glow` e assim por diante. Cada um desses objetos possui opções diferentes. As seções a seguir fornecem exemplos de como configurar cada tipo de formato.

Alterando o preenchimento de um objeto

O menu suspenso Preenchimento da Forma, da guia Formatar, nos permite escolher uma cor única, um gradiente, uma imagem ou uma textura para o preenchimento.

Para aplicar uma cor específica, podemos usar a configuração RGB (vermelho, verde e azul). Para criar uma cor, especificamos um valor de 0 a 255 para os níveis de vermelho, verde e azul. O código a seguir aplica um preenchimento azul simples:

```
Dim gráf As Chart
Dim bsup As UpBars
Set gráf = ActiveChart
Set bsup = gráf.ChartGroups(1).UpBars
bsup.Format.Fill.ForeColor.RGB = RGB(0, 0, 255)
```

Se quiser que um objeto tenha a cor de um tema específico, use a propriedade `ObjectThemeColor`. O código a seguir muda a cor da barra da primeira série para destacar a cor 6, que é uma cor alaranjada do tema do Office (mas pode ser outra cor se a pasta de trabalho estiver usando um tema diferente):

```
Sub AplicarCorTema()
Dim gráf As Chart
Dim sér As Series
Set gráf = ActiveChart
Set sér = gráf.SeriesCollection(1)
sér.Format.Fill.ForeColor.ObjectThemeColor = msoThemeColorAccent6
End Sub
```

Para aplicar uma textura predefinida, use o método `PresetTextured`. O código abaixo aplica a textura de mármore verde à segunda série. No entanto, podemos aplicar qualquer uma das 20 texturas:

```
Sub AplicarTextura()
Dim gráf As Chart
Dim sér As Series
Set gráf = ActiveChart
Set sér = gráf.SeriesCollection(2)
sér.Format.Fill.PresetTextured msoTextureGreenMarble
End Sub
```

Nota Quando digitamos `PresetTextured` seguido de um espaço, o VB Editor oferece uma lista completa de possíveis valores de textura.

Para preencher as barras de uma série de dados com uma imagem, use o método `UserPicture` e especifique o caminho e o nome de arquivo de uma imagem no computador, tal como no seguinte exemplo:

```
Sub FormatarComImagem()
Dim gráf As Chart
Dim sér As Series
Set gráf = ActiveChart
Set sér = gráf.SeriesCollection(1)
MinhaImagem = "C:\TítuloPodCast1.jpg"
sér.Format.Fill.UserPicture MinhaImagem
End Sub
```

No Excel 2019, podemos aplicar um padrão usando o método `.Patterned`. Os padrões têm um tipo, tal como `msoPatternPlain`, além de um primeiro plano e cor de fundo. O código a seguir cria linhas verticais vermelho-escuras sobre um fundo branco:

```
Sub FormatarComImagem()
Dim gráf As Chart
Dim sér As Series
Set gráf = ActiveChart
Set sér = gráf.SeriesCollection(1)
With sér.Format.Fill
.Patterned msoPatternDarkVertical
.BackColor.RGB = RGB(255,255,255)
.ForeColor.RGB = RGB(255,0,0)
End With
End Sub
```

Atenção Códigos que usam padrões não funcionam no Excel 2007. Os padrões foram removidos no Excel 2007, mas foram restaurados no Excel 2010 devido ao apelo dos fãs de padrões.

Os gradientes são mais difíceis de especificar do que preencher. O Excel 2019 fornece três métodos que nos ajudam a definir os gradientes comuns. Os métodos `OneColorGradient` e `TwoColorGradient` exigem que especifiquemos uma direção do gradiente, tal como `msoGradientFromCorner`. Podemos especificar um de quatro estilos, numerados de 1 a 4, dependendo se queremos que o gradiente comece no canto superior esquerdo, superior direito, inferior esquerdo ou inferior direito. Depois de usar um método de gradiente, precisamos especificar as configurações `ForeColor` e `BackColor` para o objeto. A seguinte macro cria um gradiente de duas cores usando duas cores de tema:

```
Sub GradienteDuasCores()
Dim gráf As Chart
Dim sér As Series
Set gráf = ActiveChart
Set sér = gráf.SeriesCollection(1)
sér.Format.Fill.TwoColorGradient msoGradientFromCorner, 3
sér.Format.Fill.ForeColor.ObjectThemeColor = msoThemeColorAccent6
sér.Format.Fill.BackColor.ObjectThemeColor = msoThemeColorAccent2
End Sub
```

Quando usamos o método `OneColorGradient`, especificamos uma direção, um estilo (de 1 a 4) e um valor de escuridão entre 0 e 1 (de 0 para gradientes escuros a 1 para gradientes mais claros).

Quando usamos o método `PresetGradient`, especificamos uma direção, um estilo (de 1 a 4) e o tipo de gradiente, tal como `msoGradientBrass`, `msoGradientLateSunset` ou `msoGradientRainbow`. Novamente, enquanto digitamos esse código no VB Editor, a ferramenta AutoCompletar fornece uma lista completa dos tipos de gradiente predefinidos disponíveis.

Formatando as configurações de linha

O objeto `LineFormat` formata tanto uma linha como a borda ao redor de um objeto. Podemos alterar diversas propriedades de uma linha, tais como a cor, as setas e o estilo de traço.

A macro abaixo formata a linha de tendência da primeira série de um gráfico:

```
Sub FormatarLinhaOuBordas()
Dim gráf As Chart
Set gráf = ActiveChart
With gráf.SeriesCollection(1).Trendlines(1).Format.Line
.DashStyle = msoLineLongDashDotDot
.ForeColor.RGB = RGB(50, 0, 128)
.BeginArrowheadLength = msoArrowheadShort
.BeginArrowheadStyle = msoArrowheadOval
.BeginArrowheadWidth = msoArrowheadNarrow
.EndArrowheadLength = msoArrowheadLong
.EndArrowheadStyle = msoArrowheadTriangle
.EndArrowheadWidth = msoArrowheadWide
End With
End Sub
```

Quando estamos formatando uma borda, as configurações de seta não são relevantes. Assim, o código acaba sendo mais curto do que o código de formatação de uma linha. A macro a seguir formata a borda ao redor de um gráfico:

```
Sub FormatarBorda()
Dim gráf As Chart
Set gráf = ActiveChart
With gráf.ChartArea.Format.Line
.DashStyle = msoLineLongDashDotDot
.ForeColor.RGB = RGB(50, 0, 128)
End With
End Sub
```

Criando um gráfico de combinação

Às vezes, precisamos traçar uma série de dados que estão em diferentes ordens de magnitude. Gráficos normais fazem um péssimo trabalho ao exibir séries menores. Os gráficos de combinação, porém, podem salvar o dia.

Considere os dados e o gráfico da Figura 15-6. Aqui queremos traçar o número de vendas por mês e exibir duas classificações de qualidade. Talvez essa seja uma concessionária de automóveis fictícia que vende 80 a 100 carros por mês, e a satisfação do cliente costuma estar no intervalo de 80% a 90%. Ao tentar traçar esses dados em um gráfico normal de linhas, as colunas para 90 carros vendidos é muito maior do que a coluna de 80% de satisfação.

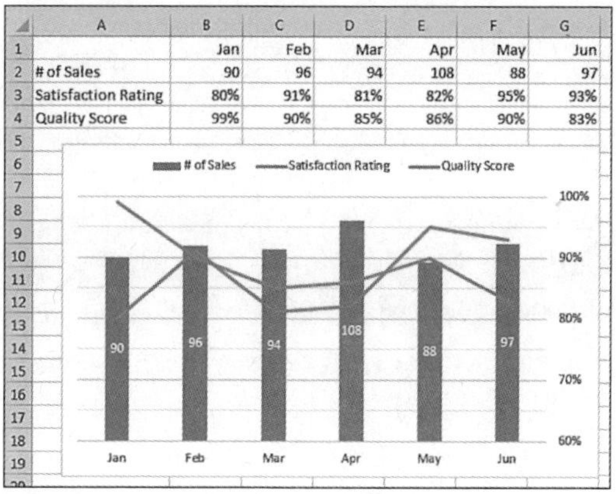

FIGURA 15-6 As duas pequenas séries são transferidas para um eixo secundário.

Estudo de caso: criando um gráfico de combinação

Vejamos um exemplo do VBA necessário para criar um gráfico de combinação. Queremos criar um gráfico que exibe o número de vendas e duas medidas percentuais. Nesse processo, precisamos formatar cada uma das três séries. No início da macro, declare as variáveis de objeto para a planilha, o gráfico e cada uma das séries:

```
Dim PL As Worksheet
Dim GR As Chart
Dim Sér1 As Series
Dim Sér2 As Series
Dim Sér3 As Series
```

Crie o gráfico como um gráfico normal de colunas agrupadas:

```
Set PL = ActiveSheet
Range("A1:G4").Select
Set GR = PL.Shapes.AddChart2(Style:=201, _
XlChartType:=xlColumnClustered, _
Left:=[B6].Left, _
Top:=[B6].Top, _
NewLayout:=False).Chart
```

Para trabalhar com uma série, atribua `FullSeriesCollection` a uma variável de objeto, tal como `Sér2`. Nós poderíamos nos virar com uma única variável de objeto chamada `Sér`, que usaríamos vez após vez. Esse código nos permite voltar mais tarde na macro para fazer referência a qualquer uma das três séries. Depois de definir a variável de objeto `Sér2`, atribua a série ao grupo do eixo secundário e altere o tipo de gráfico apenas dessa série para uma linha. Então, repita o código para a Série 3:

```
' Move a Série 2 para o eixo secundário como uma linha
Set Sér2 = GR.FullSeriesCollection(2)
With Sér2
.AxisGroup = xlSecondary
.ChartType = xlLine
End With

' Move a Série 3 para o eixo secundário como uma linha
Set Sér3 = GR.FullSeriesCollection(3)
With Sér3
.AxisGroup = xlSecondary
.ChartType = xlLine
End With
```

Note que, nesse ponto, ainda nem precisamos tocar na Série 1, que está bem como um gráfico de coluna no eixo primário. Voltaremos à Série 1 mais tarde na macro. Como muitos dos pontos de dados da Série 3 estão próximos a 100%, o motor de gráficos do Excel decidiu fazer o eixo da direita subir para 120%. Isso é bobagem porque ninguém pode obter uma classificação maior do que 100%. Podemos cancelar as configurações automáticas e escolher uma escala para o eixo da direita. O código abaixo usa `0.6` (para 60%) como o mínimo, e 1 (para 100%) como o máximo:

```
' Configura o eixo secundário para ir de 60% a 100%
GR.Axes(xlValue, xlSecondary).MinimumScale = 0.6
GR.Axes(xlValue, xlSecondary).MaximumScale = 1
```

Quando substituímos os valores da escala, o Excel automaticamente adivinha onde queremos as linhas de grade e rótulos de eixo. Em vez de deixar isso ao acaso, podemos usar `MajorUnit` e `MinorUnit`:

```
' Rótulos a cada 10%, linhas de grade secundárias a 5%
GR.Axes(xlValue, xlSecondary).MajorUnit = 0.1
GR.Axes(xlValue, xlSecondary).MinorUnit = 0.05
GR.Axes(xlValue, xlSecondary).TickLabels.NumberFormat = "0%"
```

Os rótulos de eixo e as principais linhas de grade aparecem no aumento especificado por `MajorUnit`. `MinorUnit` é importante apenas se estivermos pensando em exibir linhas de grade menores.

Nesse ponto, haverá números no eixo esquerdo e números no eixo direto. Eu instantaneamente me dirigi às percentagens do lado direito e tentei seguir as linhas de grade transversalmente. Mas isso não funciona porque as linhas de grade não se alinham com os números do lado direito. Elas se alinham com os números no lado esquerdo. Porém, não podemos ter certeza disso porque as linhas de grade coincidentemente se alinham a 100%, 80% e 60%.

Nesse ponto, talvez decidamos ser criativos. Poderíamos usar o código a seguir para apagar as linhas de grade do eixo esquerdo, acrescentar linhas de grade maiores e menores no eixo direito, apagar os números ao longo do eixo esquerdo e substituir os números do eixo por um rótulo de dados no centro de cada coluna:

```
' Desativa as linhas de grade para o eixo esquerdo
GR.Axes(xlValue).HasMajorGridlines = False
' Acrescenta linhas de grade para o eixo direito
GR.SetElement msoElementSecondaryValueGridLinesMajor
GR.SetElement msoElementSecondaryValueGridLinesMinorMajor

' Oculta os rótulos do eixo primário
GR.Axes(xlValue).TickLabelPosition = xlNone
' Substitui os rótulos de eixo por um rótulo de dados na coluna
Set Sér1 = GR.FullSeriesCollection(1)
Sér1.ApplyDataLabels
Sér1.DataLabels.Position = xlLabelPositionCenter
```

Agora estamos quase lá. Como o livro é impresso em preto e branco, mude a cor do rótulo de dados da Série 1 para branco:

```
' Rótulos dos Dados em branco
With Sér1.DataLabels.Format.TextFrame2.TextRange.Font.Fill
.Visible = msoTrue
.ForeColor.ObjectThemeColor = msoThemeColorBackground1
.Solid
End With
```

E, visto que meus mentores de gráficos gravaram isso em minha mente, a legenda deve estar na parte de cima ou à esquerda. Veja como podemos movê-la para o topo:

```
' Legenda na parte de cima, segundo Gene Z.
GR.SetElement msoElementLegendTop
```

O gráfico resultante é exibido na Figura 15-7. Graças às linhas de grade menores, podemos dizer com facilidade se cada classificação está no intervalo de 80%-85%, 85%-90% ou 90%-95%. As colunas exibem as vendas, e rótulos não atrapalham, mas, ainda assim, são legíveis.

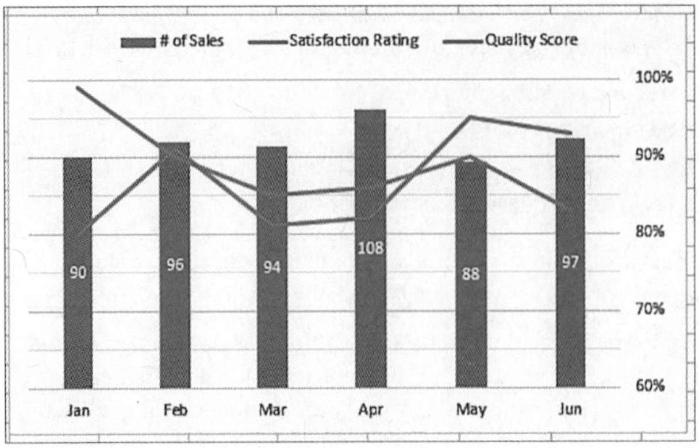

FIGURA 15-7 As linhas de grade e as duas séries representadas por uma linha correspondem aos rótulos dos eixos do lado direito.

Criando gráficos de mapa

O novo gráfico de mapa preenchido oferece algumas configurações únicas de gráficos de mapa. Digamos que temos dados de seis estados do sudeste dos Estados Unidos. Por padrão, o gráfico de mapa apresenta 48 dos 50 estados. Defina `.GeoMappingLevel` como `xlGeoMappingDataOnly` para limitar o mapa para apenas estados com dados, tal como ilustrado na Figura 15-8.

```
Sub GráficoMapaRegião()
    Dim GR As Chart
    Set GR = ActiveSheet.Shapes.AddChart2(-1, xlRegionMap).Chart
    GR.SetSourceData Source:=ActiveSheet.Range("A1:B7")
    ' as propriedades abaixo são específicas de gráficos de mapa preenchidos
    With GR.FullSeriesCollection(1)
      .GeoMappingLevel = xlGeoMappingLevelDataOnly
      .RegionLabelOption = xlRegionLabelOptionsBestFitOnly
    End With
End Sub
```

Perceba que Mississippi não foi rotulada no gráfico da Figura 15-8. Isso aconteceu porque `RegionLabelOption` foi definida como `xlRegionLabelOptionsBestFitOnly`. Para fazer todos os rótulos aparecerem, use `xlRegionLabelOptionsShowAll`.

Podemos exportar qualquer gráfico como um arquivo de imagem no nosso disco rígido. O método `ExportChart` exige que especifiquemos um nome de arquivo e um tipo de imagem. Os tipos de imagem disponíveis dependem dos filtros de arquivo de imagem instalados no nosso Registro. Mas é seguro supor que JPG, BMP, PNG e GIF funcionarão na maioria dos computadores.

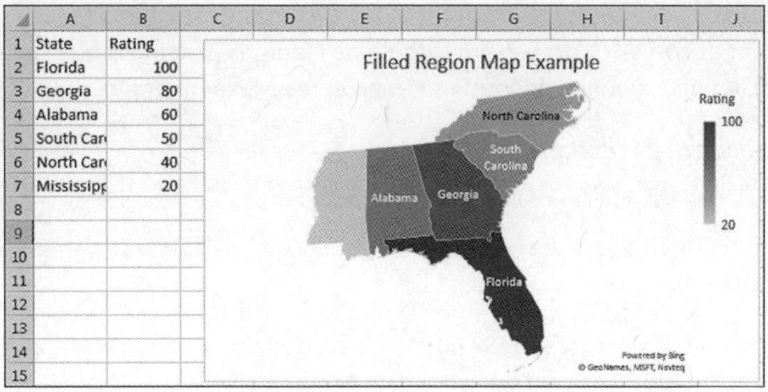

FIGURA 15-8 Limite o gráfico de mapa preenchido a apenas regiões com dados.

Criando gráficos em cascata

Os gráficos em cascata costumam ser usados para exibir o lucro de uma venda ou o fluxo de caixa ao longo de um ano. Um gráfico em cascata é composto de colunas flutuantes que se erguem ou se abaixam a partir da coluna anterior. No entanto, alguns pontos serão marcados como Totais, como a coluna Preço Líquido da Figura 15-9. Use a propriedade `.IsTotal` para obrigar uma coluna a não flutuar.

```
Sub GráficoCascata()
Dim GR As Chart
Set GR = ActiveSheet.Shapes.AddChart2(-1, xlWaterfall).Chart
GR.SetSourceData Source:=ActiveSheet.Range("A1:B7")
' Marca certos pontos como totais
With GR.FullSeriesCollection(1)
    .Points(1).IsTotal = True
    .Points(3).IsTotal = True
    .Points(7).IsTotal = True
End With
End Sub
```

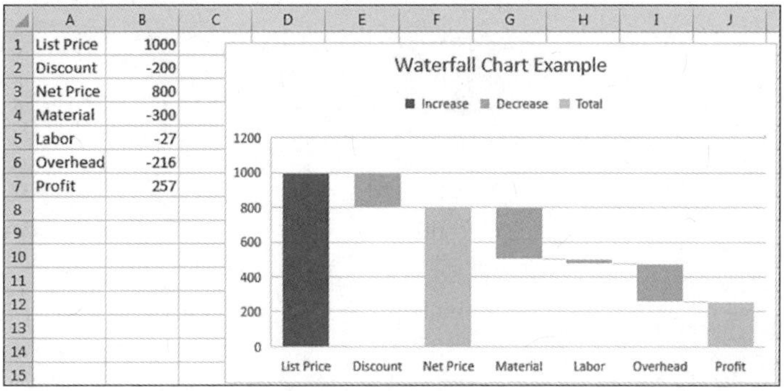

FIGURA 15-9 Todas as colunas marcadas como um total tocarão no eixo x.

Uma das frustrações com os novos motores de gráficos Ivy é a seguinte: costuma ser difícil descobrir como alterar as cores. No gráfico em cascata da Figura 15-9, temos cores para Aumento, Redução e Total. A única maneira de formatar essas cores é fazer o seguinte:

1. Clique na legenda para selecioná-la.
2. Clique na entrada da legenda Aumento para selecioná-la.
3. Clique com o botão direito para ver o menu com uma opção de alterar o preenchimento de Aumento.

O equivalente disso no VBA costuma fazer o Excel travar. Esse pode ser um bug temporário, e pode já ter sido consertado no momento em que você estiver lendo este livro:

```
Sub FormatarCascata()
  Dim gráf As Chart
  Dim lg As Legend
  Dim entlg As LegendEntry
  Dim iEntLeg As Long

  Set gráf = ActiveChart
  Set lg = gráf.Legend
  For iEntLeg = 1 To lg.LegendEntries.Count
    Set entlg = lg.LegendEntries(iEntLeg)
    entlg.Format.Fill.ForeColor.ObjectThemeColor = msoThemeColorAccent1 + iEntLeg - 1
  Next
End Sub
```

> **Nota** Agradeço à lenda dos gráficos, Jon Peltier, por ter descoberto esse método obscuro de alterar as cores de preenchimento das cascatas. O fabuloso site do Jon é PeltierTech.com (conteúdo em inglês).

Exportando um gráfico como imagem

Podemos exportar qualquer gráfico como um arquivo de imagem no nosso disco rígido. O método `ExportChart` exige que especifiquemos um nome de arquivo e um tipo de imagem. Os tipos de imagem disponíveis dependem dos filtros de arquivo de imagem instalados no nosso Registro — em geral, JPG, BMP, PNG e GIF.

Por exemplo, o código abaixo exporta o gráfico ativo como um arquivo GIF:

```
Sub ExportarGráfico()
Dim gráf As Chart
Set gráf = ActiveChart
gráf.Export Filename:="C:\Gráfico.gif", Filtername:="GIF"
End Sub
```

Considerando a compatibilidade com versões anteriores

O método .AddChart2 funciona do Excel 2013 ao Excel 2019. Para o Excel 2007 e o 2010, precisamos voltar a usar o método .AddChart, como segue:

```
Sub CriarGráficoEm20072010()
'Cria um Gráfico de Colunas Agrupadas em B8:G15 a partir dos dados de A3:G6
Dim GR As Chart
Range("A3:G6").Select
Set GR = ActiveSheet.Shapes.AddChart( _
 XlChartType:=xlColumnClustered, _
 Left:=Range("B8").Left, _
 Top:=Range("B8").Top, _
 Width:=Range("B8:G15").Width, _
 Height:=Range("B8:G15").Height).Chart
End Sub
```

Com esse método, não podemos especificar nem um Style nem um NewLayout.

Próximos passos

No Capítulo 16, "Visualizações de dados e formatação condicional", veremos como automatizar as ferramentas de visualização de dados, tais como conjuntos de ícone, escalas de cor e barras de dados.

CAPÍTULO 16

Visualizações de dados e formatação condicional

Neste capítulo, você vai:

- Usar métodos e propriedades do VBA para visualizar dados.
- Adicionar barras de dados a um intervalo.
- Adicionar escalas de cor a um intervalo.
- Adicionar conjuntos de ícones a um intervalo.
- Usar truques de visualização.
- Usar outros métodos de formação condicional.

As ferramentas de visualização de dados foram introduzidas no Excel 2007 e aprimoradas no Excel 2010. As visualizações de dados aparecem em uma camada de desenho que pode conter conjuntos de ícones, barras de dados, escalas de cor e minigráficos. Diferentemente das imagens SmartArt, a Microsoft expôs todo o modelo de objetos das ferramentas de visualização de dados. Assim, nós podemos usar o VBA para adicionar visualizações de dados aos nossos relatórios.

> **Nota** Veja o Capítulo 17, "Criando painéis com minigráficos no Excel 2019", para obter mais informações sobre minigráficos.

O Excel 2019 fornece várias visualizações de dados, tal como descrito aqui e exibido na Figura 16-1:

- **Barras de dados** — Uma barra de dados adiciona um gráfico de barras dentro de cada célula de um intervalo. Os maiores números têm as barras maiores e os menores números têm as barras menores. Podemos controlar a cor da barra, bem como os valores que a barra menor e barra maior devem receber. As barras podem ser sólidas ou em gradiente. As barras em gradiente podem ter bordas.
- **Escalas de cores** — O Excel aplica a cada célula uma cor dentre um gradiente de duas ou três cores. Os gradientes de duas cores são melhores para relatórios que são apresentados de forma monocromática. Os gradientes de três cores exigem uma apresentação colorida, mas podem representar um relatório em uma tradicional combinação de cores de semáforo de vermelho, amarelo e verde. Podemos controlar os pontos ao longo do contínuo, onde cada cor começa, e podemos escolher as duas ou três cores.
- **Conjuntos de ícones** — O Excel atribui um ícone a cada número. Conjuntos de ícones podem conter três ícones, como as cores de semáforo vermelho, amarelo e verde; quatro ícones; ou cinco ícones (como as barras de sinal dos telefones celulares). Com conjuntos de ícones, podemos controlar os limites numéricos de cada ícone, inverter a ordem dos ícones ou escolher mostrar apenas os ícones.

- **Acima/abaixo da média** — Essas regras, que ficam no menu flutuante Regras de Primeiros/Últimos, facilitam o destacamento de todas as células que estejam acima da média. Podemos escolher a formatação a ser aplicada nas células. Observe que, na coluna G da Figura 16-1, apenas 30% das células estão acima da média. Compare isso com os 50% maiores da coluna K.
- **Valores duplicados** — O Excel destaca quaisquer valores que estejam repetidos em um conjunto de dados. Como o comando Remover Duplicatas da guia Dados da Faixa de Opções é muito destrutivo, talvez prefiramos destacar as duplicatas e, então, decidir com ponderação quais registros excluir. Isso também pode ser usado para destacar valores que aparecem apenas uma vez nos dados. A Microsoft chama isso de "Valores Exclusivos", embora eu não concorde com esse termo. Eu prefiro uma opção que destaca os valores que seriam deixados depois de aplicarmos o Remover Duplicatas. Se a palavra "Maçã" aparecer duas vezes em uma coluna, nenhuma célula será marcada como um valor exclusivo.
- **Regras de primeiros/últimos** — O Excel destaca as células *n* porcento maiores ou menores ou destaca as *n* maiores ou menores células de um intervalo.
- **Destacar células** — As regras de formatação condicional antigas, como maior que, menor que, entre e texto que contém, continuam disponíveis no Excel 2019. As poderosas condições `Formula` também estão disponíveis, embora talvez as precisemos usar com menos frequência agora que temos as regras de média e de primeiros/últimos.

	A	B	C	D	E	F	G	H	I	J	K	L	M
1	Data Bar		Color Scale		Icon Set		Above Average		Duplicates		Top 50%		
2	46		39		41		70		65		70		
3	37		74		62		26		73		26		
4	67		20		33		83		10		83		
5	32		60		63		23		80		23		
6	43		79		26		19		38		19		
7	50		10		72		10		81		10		
8	38		27		73		34		71		34		
9	36		43		31		17		81		17		
10	56		63		70		12		86		12		
11	12		88		17		88		78		88		
12													
13													

FIGURA 16-1 Visualizações como as barras de dados, escalas de cores, conjuntos de ícones e regras de primeiros/últimos são controladas na interface de usuário do Excel a partir do menu suspenso Formatação Condicional, da guia Página Inicial da Faixa de Opções.

Métodos e propriedades do VBA para visualizar dados

Todas as configurações de visualizações de dados são gerenciadas no VBA com a coleção `FormatConditions`. A formatação condicional já existe no Excel desde o Excel 97. No Excel 2007, a Microsoft expandiu o objeto `FormatConditions` para lidar com as novas visualizações.

Ao passo que as versões antigas do Excel usavam o método FormatConditions.Add, o Excel 2007-2019 oferece métodos adicionais, como AddDataBar, AddIconSetCondition, AddColorScale, AddTop10, AddAboveAverage e AddUniqueValues.

Podemos aplicar diversas formatações condicionais diferentes no mesmo intervalo. Por exemplo, podemos aplicar uma escala de duas cores, um conjunto de ícones e uma barra de dados no mesmo intervalo. O Excel inclui uma propriedade Priority para especificar quais condições devem ser calculadas primeiro. Métodos como SetFirstPriority e SetLastPriority garantem que uma nova condição de formatação seja executada antes ou depois de todas as outras.

A propriedade StopIfTrue funciona em conjunto com a propriedade Priority. Digamos que estamos destacando duplicatas, mas queremos verificar apenas células de texto. Crie uma nova condição baseada em fórmula que use =ISNUMBER() para encontrar valores numéricos. Faça com que a condição ISNUMBER tenha uma prioridade maior e aplique StopIfTrue para impedir que o Excel encontre as condições duplicatas de células numéricas.

Começando pelo Excel 2007, a propriedade Type foi expandida drasticamente. Essa propriedade foi, anteriormente, alternada entre CellValue e Expression, mas 13 novos tipos foram adicionados no Excel 2007. A Tabela 16-1 apresenta os valores válidos para a propriedade Type. Os itens 3 e acima foram incluídos no Excel 2007. A equipe do Excel deve ter tido planos para mais condições; os itens 7, 14 e 15 não existem, indicando que eles deviam estar sendo elaborados na época, mas foram removidos na versão final do Excel 2007. Um deles foi provavelmente o malfadado recurso "destaque a linha inteira da tabela", que estava no beta do Excel 2007, mas foi retirado na versão final.

TABELA 16-1 Tipos válidos para uma condição de formação.

Valor	Descrição	Constante do VBA
1	Valor da célula	xlCellValue
2	Expressão	xlExpression
3	Escala de cor	xlColorScale
4	Barra de dados	xlDatabar
5	Dez primeiros valores	xlTop10
6	Conjunto de ícones	xlIconSet
8	Valores exclusivos	xlUniqueValues
9	Sequência de caracteres de texto	xlTextString
10	Condição de espaços em branco	xlBlanksCondition
11	Período de tempo	xlTimePeriod
12	Condição de acima da média	xlAboveAverageCondition
13	Condição de sem espaços em branco	xlNoBlanksCondition
16	Condição de erros	xlErrorsCondition
17	Condição de nenhum erro	xlNoErrorsCondition

Adicionando barras de dados a um intervalo

O comando Barras de Dados adiciona um gráfico de barras dentro de cada célula de um intervalo. Muitos especialistas em gráficos reclamaram com a Microsoft sobre problemas com as barras de dados do Excel 2007. Por esse motivo, a Microsoft mudou as barras de dados no Excel 2010 para lidar com esses problemas.

Na Figura 16-2, a célula perto do fim da coluna esquerda reflete as mudanças introduzidas no Excel 2010. Observe que essa célula, que tem um valor de 0, não tem nenhuma barra de dados. No Excel 2007, o menor valor recebia uma barra de dados de 4 pixels, mesmo se o menor valor fosse 0. Além disso, no Excel 2019, a maior barra do conjunto de dados geralmente ocupa toda a largura da célula.

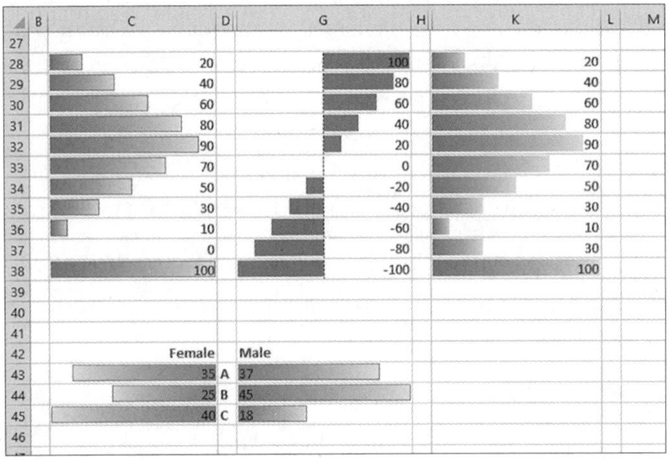

FIGURA 16-2 O Excel 2019 oferece muitas variações nas barras de dados.

No Excel 2007, as barras de dados terminavam em um gradiente que tornava difícil dizer onde a barra havia terminado. As versões do Excel 2010 a 2019 oferecem bordas ao redor da barra. Podemos optar por alterar a cor da borda ou até mesmo removê-la, tal como exibido na coluna à direita da Figura 16-2.

O Excel 2010-2019 também oferece suporte para barras de dados negativas, como vemos na coluna do meio da Figura 16-2; as barras de dados que vão da direita para a esquerda para valores negativos. Isso torna histogramas comparativos possíveis.

Para adicionar uma barra de dados, aplicamos o método `.FormatConditions.AddDataBar` a um intervalo que contém nossos números. Esse método não requer argumentos, e ele retorna um objeto do tipo `Databar`.

Depois de adicionar a barra de dados, muito provavelmente precisaremos fazer algumas mudanças nas suas propriedades. Um modo de nos referirmos à barra de dados é supor que a recém-adicionada barra de dados seja o último item da coleção de condições de formatação. Este código adiciona uma barra de dados, a identifica contando as condições e muda a sua cor:

```
Range("A2:A11").FormatConditions.AddDatabar
EstaCond = Range("A2:A11").FormatConditions.Count
With Range("A2:A11").FormatConditions(EstaCond).BarColor
```

```
  .Color = RGB(255, 0, 0) ' Vermelho
  .TintAndShade = -0.5 ' Mais escuro do que o normal
End With
```

Uma maneira mais segura seria definir uma variável de objeto do tipo `DataBar`. Então, podemos atribuir a recém-criada barra de dados à variável:

```
Dim BD As Databar
' Adiciona a barra de dados
Set BD = Range("A2:A11").FormatConditions.AddDatabar
' Usa um vermelho que é 25% mais escuro
With BD.BarColor
  .Color = RGB(255, 0, 0)
  .TintAndShade = -0.5
End With
```

Ao especificar as cores para a barra de dados ou para a borda, devemos usar a função RGB para atribuir uma cor. Podemos modificar a cor, tornando-a mais escura ou mais clara, usando a propriedade `TintAndShade`. Os valores válidos vão de `-1` a `1`. Valores negativos fazem a cor ficar mais escura, um valor de 0 significa nenhuma modificação e valores positivos fazem a cor ficar mais clara.

Por padrão, o Excel atribui a barra de dados menor ao valor mínimo e a barra de dados maior ao valor máximo. Se desejar substituir os valores-padrão por outros, use o método `Modify` para as propriedades `MinPoint` ou `MaxPoint`. Especifique um dos tipos apresentados na Tabela 16-2. Os tipos 0, 3, 4 e 5 exigem um valor. A Tabela 16-2 apresenta os tipos válidos.

TABELA 16-2 Tipos de `MinPoint` e `MaxPoint`.

Valor	Descrição	Constante do VBA
0	Um número é usado.	`xlConditionNumber`
1	O menor valor de uma lista de valores.	`xlConditionValueLowestValue`
2	O maior valor de uma lista de valores.	`xlConditionValueHighestValue`
3	Um percentual é usado.	`xlConditionValuePercent`
4	Uma fórmula é usada.	`xlConditionValueFormula`
5	Um percentil é usado.	`xlConditionValuePercentile`
-1	Nenhum valor condicional.	`xlConditionValueNone`

Use o seguinte código para atribuir a barra menor aos valores de 0 e abaixo:

```
BD.MinPoint.Modify _
 Newtype:=xlConditionValueNumber, NewValue:=0
```

Para atribuir a barra maior às 20% maiores barras, use este código:

```
BD.MaxPoint.Modify _
 Newtype:=xlConditionValuePercent, NewValue:=80
```

Uma alternativa interessante seria exibir apenas as barras de dados e não o valor. Para fazer isso, use este código:

```
BD.ShowValue = False
```

Para exibir barras de dados negativas no Excel 2019, use esta linha:

```
BD.AxisPosition = xlDataBarAxisAutomatic
```

Quando permitimos barras de dados negativas, podemos especificar uma cor de eixo, uma cor para barras negativas e uma cor de borda para barras negativas. O código abaixo fornece exemplos de como mudar as diversas cores. A Figura 16.3 apresenta as barras da coluna C:

```
Sub BarraDados2()
' Adiciona uma Barra de dados
' Inclui barras de dados negativas
' Controla os pontos mín e máx
'
 Dim BD As Databar
 With Range("C4:C11")
   .FormatConditions.Delete
   ' Adiciona as barras de dados
   Set BD = .FormatConditions.AddDatabar()
 End With

 ' Define o limite inferior
 BD.MinPoint.Modify newtype:=xlConditionFormula, NewValue:="-600"
 BD.MaxPoint.Modify newtype:=xlConditionValueFormula, NewValue:="600"

 ' Muda a cor da barra de dados para Verde
 With BD.BarColor
 .Color = RGB(0, 255, 0)
 .TintAndShade = -0.15
 End With

With BD
 ' Usa um gradiente
 .BarFillType = xlDataBarFillGradient
 ' Esquerda para Direta para a direção das barras
 .Direction = xlLTR
 ' Atribui uma cor diferente às barras negativas
 .NegativeBarFormat.ColorType = xlDataBarColor
 ' Usa uma borda ao redor das barras
 .BarBorder.Type = xlDataBarBorderSolid
 ' Atribui uma cor de borda diferente para negativas
 .NegativeBarFormat.BorderColorType = xlDataBarSameAsPositive
 ' Todas as bordas são pretas
 With .BarBorder.Color
   .Color = RGB(0, 0, 0)
 End With
```

```
 ' Eixo onde terminaria naturalmente, em preto
 .AxisPosition = xlDataBarAxisAutomatic
 With .AxisColor
    .Color = 0
    .TintAndShade = 0
 End With
 ' Barras negativas em vermelho
 With .NegativeBarFormat.Color
    .Color = 255
    .TintAndShade = 0
 End With
    ' Bordas negativas em vermelho
 End With

End Sub
```

No Excel 2019, temos a opção de exibir um gradiente ou uma barra sólida. Para exibir uma barra sólida, use o seguinte:

```
BD.BarFillType = xlDataBarFillSolid
```

O código a seguir produz as barras sólidas exibidas na coluna E da Figura 16-3:

```
Sub BarraDados3()
' Adiciona uma Barra de dados
' Exibe barras sólidas
' Permite barras negativas
' oculta os números, exibe apenas as barras de dados
'
 Dim BD As Databar
 With Range("E4:E11")
    .FormatConditions.Delete
    ' Adiciona as barras de dados
    Set BD = .FormatConditions.AddDatabar()
 End With

 With BD.BarColor
    .Color = RGB(0, 0, 255)
    .TintAndShade = 0.1
 End With
 ' Oculta os números
 BD.ShowValue = False

BD.BarFillType = xlDataBarFillSolid
 BD.NegativeBarFormat.ColorType = xlDataBarColor
 With BD.NegativeBarFormat.Color
    .Color = 255
    .TintAndShade = 0
 End With
 ' Permite negativas
```

```
    BD.AxisPosition = xlDataBarAxisAutomatic
    ' A cor da borda negativa é diferente
    BD.NegativeBarFormat.BorderColorType = xlDataBarColor
    With BD.NegativeBarFormat.BorderColor
        .Color = RGB(127, 127, 0)
        .TintAndShade = 0
    End With

End Sub
```

Para permitir que as barras corram da direita para a esquerda, use este código:

```
BD.Direction = xlRTL ' Direita para Esquerda
```

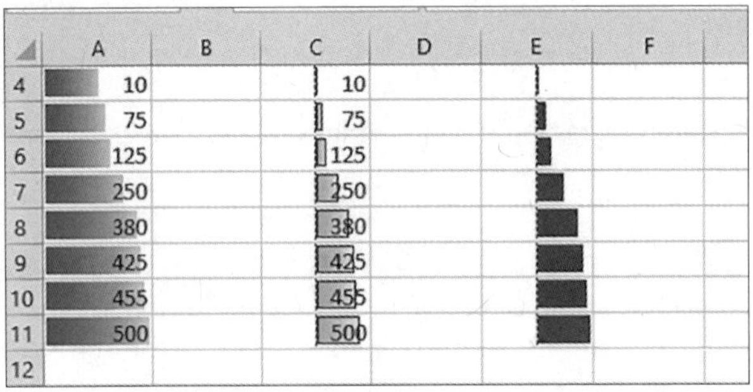

FIGURA 16-3 Barras de dados criadas pelas macros desta seção.

Adicionando escalas de cores a um intervalo

Podemos adicionar escalas de cores nas variedades de duas ou três cores. A Figura 16.4 apresenta as configurações disponíveis na interface de usuário do Excel para uma escala de três cores.

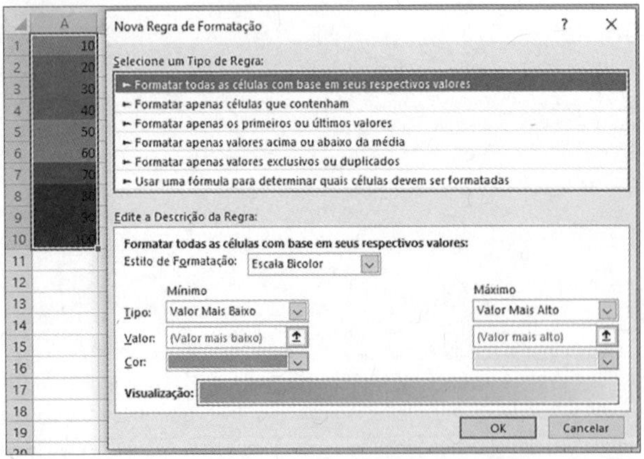

FIGURA 16-4 As escalas de cores nos permitem exibir os pontos significativos do nosso conjunto de dados.

Assim como as barras de dados, podemos aplicar uma escala de cores a um objeto de intervalo usando o método `AddColorScale`. Devemos especificar um `ColorScaleType` de 2 ou 3 como o único argumento do método `AddColorScale`.

A seguir, podemos indicar uma cor e um tom para ambas ou todas as três cores do critério da escala de cores. Usando os valores indicados anteriormente na Tabela 16-2, também podemos especificar se o tom será aplicado ao menor valor, ao maior valor, a um valor específico, a um percentual ou a um percentil.

O código a seguir gera uma escala de três cores no intervalo A1:A10:

```
Sub AdicionarEscala3Cores()
 Dim EC As ColorScale

 With Range("A1:A10")
    .FormatConditions.Delete
    ' Adiciona a Escala de Cores como uma escala de 3 cores
    Set EC = .FormatConditions.AddColorScale(ColorScaleType:=3)
 End With

'' Formata a primeira cor como vermelho-claro
 With EC.ColorScaleCriteria(1)
   .Type = xlConditionValuePercent
   .Value = 30
   .FormatColor.Color = RGB(255, 0, 0)
   .FormatColor.TintAndShade = 0.25
 End With

 '' Formata a segunda cor como verde a 50%
 With EC.ColorScaleCriteria(2)
   .Type = xlConditionValuePercent
   .Value = 50
   .FormatColor.Color = RGB(0, 255, 0)
   .FormatColor.TintAndShade = 0
 End With

 '' Formata a terceira cor como azul-escuro
 With EC.ColorScaleCriteria(3)
   .Type = xlConditionValuePercent
   .Value = 80
   .FormatColor.Color = RGB(0, 0, 255)
   .FormatColor.TintAndShade = -0.25
 End With
End Sub
```

Adicionando conjuntos de ícones a um intervalo

Os conjuntos de ícones no Excel vêm com três, quatro ou cinco ícones diferentes no conjunto. A Figura 16-5 apresenta as configurações de um conjunto de cinco ícones diferentes.

Para adicionar um conjunto de ícones a um intervalo, use o método `AddIconSet`. Nenhum argumento é necessário. Podemos ajustar as três propriedades que se aplicam ao conjunto de ícones, e podemos usar diversas linhas adicionais de código para especificar o conjunto de ícones em uso e os limites para cada ícone.

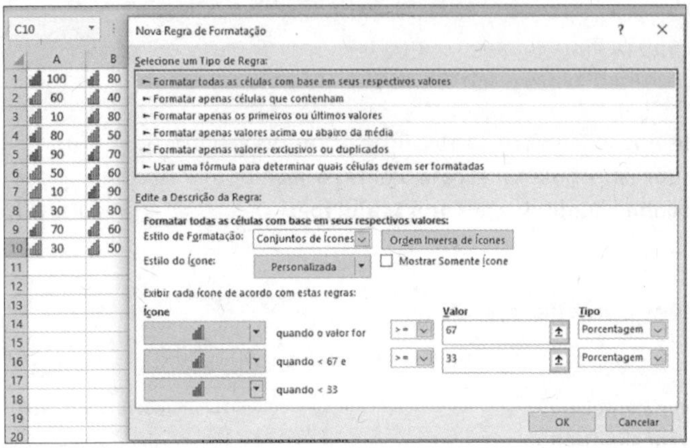

FIGURA 16-5 Com ícones adicionais, a complexidade do código aumenta.

Especificando um conjunto de ícones

Depois de adicionar o conjunto de ícones, podemos controlar se a ordem dos ícones será invertida, se o Excel exibirá apenas os ícones e também podemos especificar 1 dos 20 conjuntos de ícones predefinidos, assim:

```
Dim CCI As IconSetCondition
With Range("A1:C10")
 .FormatConditions.Delete
 Set CCI = .FormatConditions.AddIconSetCondition()
End With

' Configurações gerais do conjunto de ícones
With CCI
 .ReverseOrder = False
 .ShowIconOnly = False
 .IconSet = ActiveWorkbook.IconSets(xl5CRV)
End With
```

A Tabela 16-3 apresenta a lista completa dos conjuntos de ícones.

TABELA 16-3 Conjunto de ícones disponíveis e suas constantes do VBA.

Conjunto de Ícones	Valor	Descrição	Constante
	1	3 setas	xl3Arrows
	2	3 setas cinza	xl3ArrowsGray
	3	3 bandeiras	xl3Flags
	4	3 semáforos 1	xl3TrafficLights1
	5	3 semáforos 2	xl3TrafficLights2
	6	3 sinais	xl3Signs
	7	3 símbolos	xl3Symbols
	8	3 símbolos 2	xl3Symbols2
	9	4 setas	xl4Arrows
	10	4 setas cinza	xl4ArrowsGray
	11	4 vermelho para preto	xl4RedToBlack
	12	4 barras de potência	xl4CRV
	13	4 semáforos	xl4TrafficLights
	14	5 setas	xl5Arrows
	15	5 setas cinza	xl5ArrowsGray
	16	5 barras de potência	xl5CRV
	17	5 quartos	xl5Quarters
	18	3 estrelas	xl3Stars
	19	3 triângulos	xl3Triangles
	20	5 caixas	xl5Boxes

Especificando intervalos para cada ícone

Depois de especificar o tipo do conjunto de ícones, podemos especificar os intervalos para cada ícone do conjunto. Por padrão, o primeiro ícone começa no menor valor. Podemos ajustar as configurações de cada um dos ícones adicionais do conjunto, tal como podemos ver a seguir:

```
' O primeiro ícone sempre começa em 0

' Configurações para o segundo ícone - começa em 50%
With CCI.IconCriteria(2)
  .Type = xlConditionValuePercent
  .Value = 50
  .Operator = xlGreaterEqual
End With
With CCI.IconCriteria(3)
  .Type = xlConditionValuePercent
  .Value = 60
  .Operator = xlGreaterEqual
End With
With CCI.IconCriteria(4)
  .Type = xlConditionValuePercent
  .Value = 80
  .Operator = xlGreaterEqual
End With
With CCI.IconCriteria(5)
  .Type = xlConditionValuePercent
  .Value = 90
  .Operator = xlGreaterEqual
End With
```

Os valores válidos para a propriedade `Operator` são `XlGreater` ou `xlGreaterEqual`.

Atenção Com o VBA, é fácil criar intervalos que se sobrepõem, como o ícone 1 de 0 a 50 e o ícone 2 de 30 a 90. Embora a caixa de diálogo Editar Regra de Formatação impeça intervalos sobrepostos, o VBA os permite. Entretanto, lembre-se de que a exibição do seu conjunto de ícones será imprevisível se você criar intervalos inválidos.

Usando truques de visualização

Se usarmos um conjunto de ícones ou uma escala de cores, o Excel aplicará uma cor a todas as células do conjunto de dados. Dois truques nesta seção nos permitem aplicar um conjunto de dados em apenas um subconjunto das células ou aplicar duas cores diferentes de barras de dados ao mesmo intervalo. O primeiro truque está disponível na interface do usuário, mas o segundo truque está disponível apenas no VBA.

Criando um conjunto de ícones para um subconjunto de um intervalo

Às vezes, talvez queiramos aplicar um *X* vermelho apenas às células ruins de um intervalo. Isso é difícil de se fazer pela interface do usuário.

Na interface de usuário, siga estes passos para aplicar um *X* vermelho aos valores maiores ou iguais a 66:

1. Adicione um conjunto de ícones de três símbolos ao intervalo.
2. Selecione Página Inicial, Formatação Condicional, Gerenciar Regras e edite a regra. As configurações-padrão que aparecem na Figura 16-6 serão exibidas.
3. Especifique nenhuma célula para os primeiros dois grupos.
4. Especifique que o grupo superior terá um Tipo de Número e >=80.
5. Especifique que o segundo superior terá um Tipo de Número e >=66. Por padrão, o Excel definirá o grupo do X vermelho para ser usado para <=66 (veja a Figura 16-7).

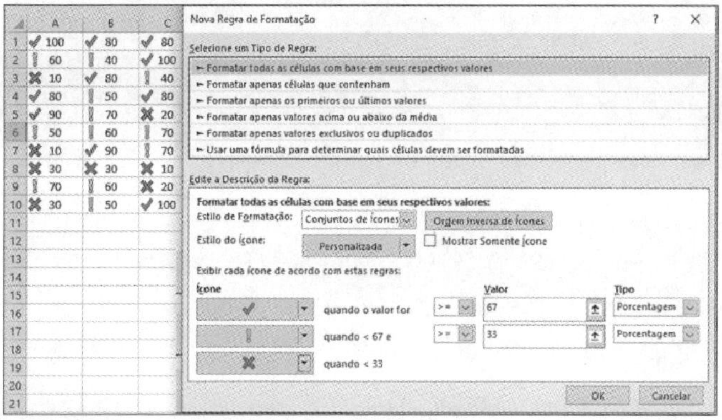

FIGURA 16-6 Essas regras-padrão aparecerão quando adicionarmos um conjunto de três ícones.

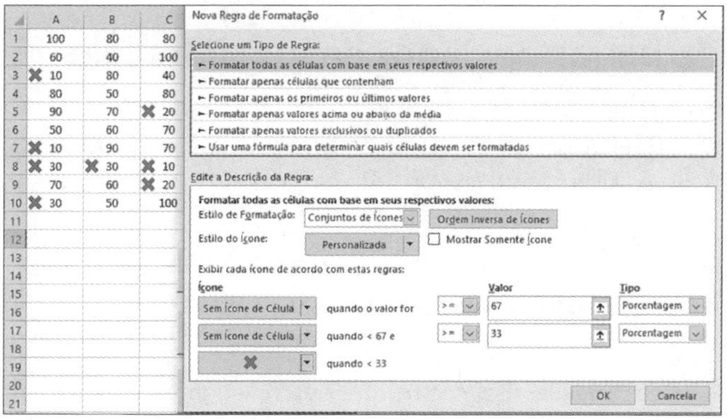

FIGURA 16-7 Embora os dois primeiros intervalos não possuam nenhum ícone de célula, use os valores numéricos para forçar a exibição do X vermelho quando o valor for <=66.

O código para criar esse efeito no VBA é bem simples. Uma boa parte desse código é se certificar de que o conjunto de ícones tenha os símbolos de X vermelho nas células menores ou iguais a 66. Para ocultar os ícones para as regras 1 e 2, defina a propriedade `Icon` como `xlIconNoCellIcon`.

O código para destacar valores menores ou iguais a 66 com um X é exibido aqui:

```
Sub TruqueFormatação()
 ' marca as células ruins
 Dim CCI As IconSetCondition
 Dim CF As FormatCondition
 With Range("A1:D9")
 .FormatConditions.Delete
 Set CCI = .FormatConditions.AddIconSetCondition()
 End With
 With CCI
    .ShowIconOnly = False
    .IconSet = ActiveWorkbook.IconSets(xl3Symbols2)
 End With
 With CCI.IconCriteria(1)
    .Type = xlConditionValue
    .Value = 80
    .Operator = xlGreater
    .Icon = xlIconNoCellIcon
 End With
 ' O limite para esse ícone é irrelevante,
 ' mas devemos nos certificar que ele não se sobreponha ao terceiro ícone
 With CCI.IconCriteria(2)
    .Type = xlConditionValue
    .Value = 66
    .Operator = xlGreater
    .Icon = xlIconNoCellIcon
 End With
End Sub
```

Usando duas cores de barras de dados em um intervalo

Esse truque é especialmente interessante porque ele só pode ser realizado por meio do VBA. Digamos que os valores acima de 90 sejam aceitáveis e aqueles iguais ou abaixo de 90 indicam problema. Gostaríamos que os valores aceitáveis tivessem uma barra verde e os outros, uma barra vermelha.

Usando o VBA, primeiro adicionamos as barras de dados verdes. Então, sem excluir a condição de formatação, adicionamos as barras de dados vermelhas.

No VBA, cada condição de formatação tem uma propriedade `Formula` que define se a condição será exibida para determinada célula. Assim, o truque é escrever uma fórmula que define quando as barras verdes serão exibidas. Quando a fórmula não for `True`, as barras vermelhas receberão permissão de serem exibidas.

Na Figura 16-8, o efeito está sendo aplicado ao intervalo A1:D10. Precisamos escrever a fórmula em estilo A1, como se ela se aplicasse ao canto superior esquerdo da seleção. A fórmula precisa ser avaliada como `True` ou `False`. O Excel copia a fórmula automaticamente para todas as células do intervalo. A fórmula para essa condição é `=IF(A1>90,True,False)`.

> **Nota** A fórmula é avaliada em relação às localização atual do ponteiro de célula. Embora, em geral, não seja necessário selecionar células antes de adicionar um `FormatCondition`, nesse caso, selecionar o intervalo garante que a fórmula funcionará.

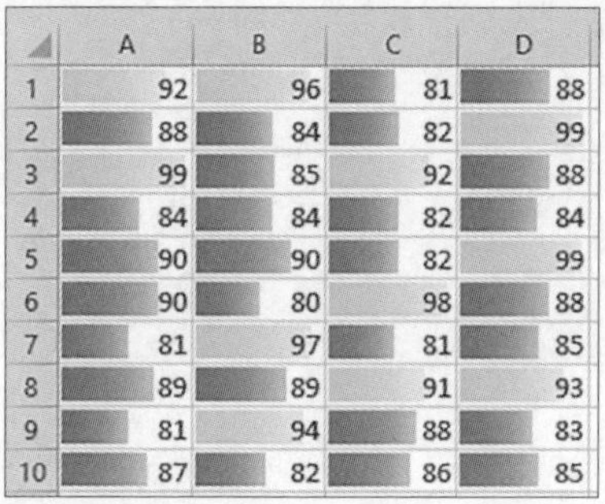

FIGURA 16-8 As barras escuras são vermelhas e as barras claras são verdes. O VBA foi usado para criar barras de dados sobrepostas e, então, a propriedade `Formula` ocultou as barras superiores nas células com valor menor ou igual a 90.

O código abaixo cria barras de dados de duas cores:

```
Sub AdicionarDuasBarrasDados()
 ' passando valores em verde, caindo no vermelho
 Dim BD As Databar
 Dim BD2 As Databar
 With Range("A1:D10")
   .FormatConditions.Delete
   ' Adiciona uma Barra de Dados Verde Clara
   Set BD = .FormatConditions.AddDatabar()

   BD.BarColor.Color = RGB(0, 255, 0)
   BD.BarColor.TintAndShade = 0.25
   ' Adiciona uma Barra de Dados Vermelha
   Set BD2 = .FormatConditions.AddDatabar()
   BD2.BarColor.Color = RGB(255, 0, 0)
   ' Faz apenas as barras verdes
   .Select ' Necessário para fazer a próxima linha funcionar
   .FormatConditions(1).Formula = "=IF(A1>90,True,False)"
   BD.Formula = "=IF(A1>90,True,False)"
   BD.MinPoint.Modify newtype:=xlConditionFormula, NewValue:="60"
   BD.MaxPoint.Modify newtype:=xlConditionValueFormula, _
   NewValue:="100"
   BD2.MinPoint.Modify newtype:=xlConditionFormula, NewValue:="60"
   BD2.MaxPoint.Modify newtype:=xlConditionValueFormula, _
```

```
    NewValue:="100"
  End With
End Sub
```

A propriedade `Formula` funciona para todas as formatações condicionais, o que significa que, potencialmente, podemos criar algumas combinações desagradáveis de visualizações de dados. Na Figura 16-9, cinco conjuntos de ícones diferentes são combinados em um único intervalo. Ninguém será capaz de descobrir se uma bandeira vermelha é pior que uma seta para baixo cinza. Mesmo assim, essa habilidade abre as portas para combinações interessantes para aqueles com um pouco de criatividade.

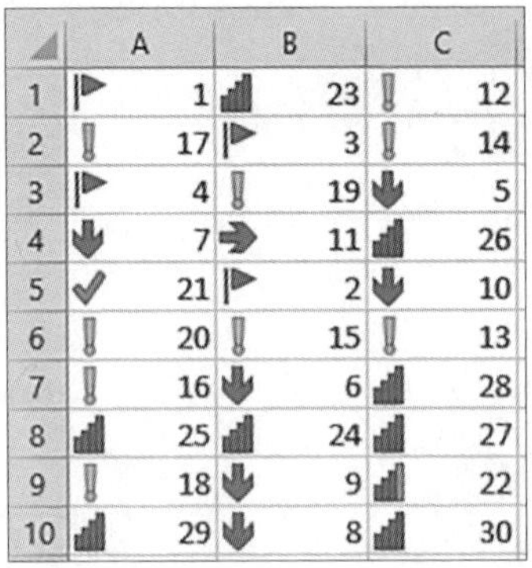

FIGURA 16-9 O VBA criou essa mistura de cinco conjuntos de ícones diferentes em um único intervalo. A propriedade `Formula` do VBA é a chave para se combinar conjuntos de ícones.

Use o código a seguir para criar o conjunto de ícones maluco exibido na Figura 16-9:

```
Sub AdicionarÍconesMalucos()
 With Range("A1:C10")
   .Select ' As linhas de .Formula abaixo exigem o .Select aqui
   .FormatConditions.Delete

   ' Primeiro conjunto de ícones
   .FormatConditions.AddIconSetCondition
   .FormatConditions(1).IconSet = ActiveWorkbook.IconSets(xl3Flags)
   .FormatConditions(1).Formula = "=IF(A1<5,TRUE,FALSE)"

   ' Próximo conjunto de ícones
   .FormatConditions.AddIconSetCondition
   .FormatConditions(2).IconSet = _
   ActiveWorkbook.IconSets(xl3ArrowsGray)
   .FormatConditions(2).Formula = "=IF(A1<12,TRUE,FALSE)"

   ' Próximo conjunto de ícones
   .FormatConditions.AddIconSetCondition
   .FormatConditions(3).IconSet = _
   ActiveWorkbook.IconSets(xl3Symbols2)
   .FormatConditions(3).Formula = "=IF(A1<22,TRUE,FALSE)"
```

```
    ' Próximo conjunto de ícones
    .FormatConditions.AddIconSetCondition
    .FormatConditions(4).IconSet = ActiveWorkbook.IconSets(xl4CRV)
    .FormatConditions(4).Formula = "=IF(A1<27,TRUE,FALSE)"

    ' Próximo conjunto de ícones
    .FormatConditions.AddIconSetCondition
    .FormatConditions(5).IconSet = ActiveWorkbook.IconSets(xl5CRV)
    End With
End Sub
```

Usando outros métodos de formação condicional

Embora os conjuntos de ícones, as barras de dados e as escalas de cores tenham recebido grande parte da nossa atenção, ainda existem muitos outros usos para a formatação condicional.

Os últimos exemplos deste capítulo mostram algumas das outras regras e métodos de formatação condicional disponíveis.

Formatando células que estejam acima ou abaixo da média

Use o método `AddAboveAverage` para formatar células que estejam acima ou abaixo da média. Depois de adicionar a formatação condicional, especifique se a propriedade `AboveBelow` é `xlAboveAverage` ou `xlBelowAverage`.

As duas macros seguintes destacam células que estão acima e abaixo da média:

```
Sub FormatarAcimaMédia()
 With Selection
    .FormatConditions.Delete
    .FormatConditions.AddAboveAverage
    .FormatConditions(1).AboveBelow = xlAboveAverage
    .FormatConditions(1).Interior.Color = RGB(255, 0, 0)
    End With
End Sub

Sub FormatarAbaixoMédia()
 With Selection
    .FormatConditions.Delete
    .FormatConditions.AddAboveAverage
    .FormatConditions(1).AboveBelow = xlBelowAverage
    .FormatConditions(1).Interior.Color = RGB(255, 0, 0)
  End With
End Sub
```

Formatando células nos 10 maiores ou 5 menores

Quatro das opções do menu Regras de Primeiros/Últimos são controladas pelo método AddTop10. Depois de adicionar a condição de formatação, precisamos definir três propriedades que controlam como a condição será calculada:

- `TopBottom` — Defina-a como `xlTop10Top` ou `xlTop10Bottom`.
- `Rank` — Defina-a como 5 para os 5 maiores, 6 para os 6 maiores e assim por diante.
- `Percent` — Defina-a como `False` se você quiser os 10 maiores itens. Defina-a como `True` se quiser os itens 10% maiores.

O código abaixo destaca as células maiores ou menores:

```
Sub Formatar10MaioresItens()
 With Selection
    .FormatConditions.Delete
    .FormatConditions.AddTop10
    .FormatConditions(1).TopBottom = xlTop10Top
    .FormatConditions(1).Rank = 10
    .FormatConditions(1).Percent = False
    .FormatConditions(1).Interior.Color = RGB(255, 0, 0)
    End With
End Sub

Sub Formatar5MenoresItens()
 With Selection
    .FormatConditions.Delete
    .FormatConditions.AddTop10
    .FormatConditions(1).TopBottom = xlTop10Bottom
    .FormatConditions(1).Rank = 5
    .FormatConditions(1).Percent = False
    .FormatConditions(1).Interior.Color = RGB(255, 0, 0)
 End With
End Sub

Sub Formatar12PorcentoMaiores()
 With Selection
    .FormatConditions.Delete
    .FormatConditions.AddTop10
    .FormatConditions(1).TopBottom = xlTop10Top
    .FormatConditions(1).Rank = 12
    .FormatConditions(1).Percent = True
    .FormatConditions(1).Interior.Color = RGB(255, 0, 0)
 End With
End Sub
```

Formatando células exclusivas ou duplicadas

O comando Remover Duplicatas da guia Dados, da Faixa de Opções, é um comando destrutivo. Em vez de usá-lo, talvez desejemos marcar as duplicatas sem removê-las. Se fizermos isso, poderemos usar o método `AddUniqueValues` para marcar as células duplicadas ou exclusivas. Depois de chamar esse método, defina a propriedade `DupeUnique` como `xlUnique` ou `xlDuplicate`.

Eu não gosto de nenhuma dessas opções. Escolher valores duplicados marca ambas as células que contêm a duplicata, tal como ilustrado na coluna A da Figura 16-10. Por exemplo, tanto A2 quanto A8 estão marcadas, quando A8 é, na verdade, o único valor duplicado.

Selecionar valores exclusivos marca apenas as células que não possuem duplicatas, como ilustrado na coluna C da Figura 16-10. Isso deixa diversas células desmarcadas. Por exemplo, nenhuma das células que contêm 17 está marcada.

	A	B	C	D	E
1	Duplicate		Unique		Wishful
2	17		17		17
3	11		11		11
4	7		7		7
5	7		7		7
6	10		10		10
7	10		10		10
8	17		17		17
9	11		11		11
10	14		14		14
11	10		10		10
12	12		12		12
13	14		14		14
14	2		2		2
15	18		18		18
16	4		4		4

FIGURA 16-10 O método `AddUniqueValues` pode marcar células, como aquelas nas colunas A e C. Infelizmente, ele não pode marcar o padrão realmente útil da coluna E.

Como é do conhecimento de qualquer analista de dados, a opção realmente útil seria marcar o primeiro valor exclusivo. Nessa situação desejada, o Excel marcaria uma ocorrência de cada valor exclusivo. Nesse caso, o 17 em E2 seria marcado, mas quaisquer células subsequentes que contivessem 17, como a E8, continuariam desmarcadas.

O código para marcar duplicatas ou valores exclusivos é exibido aqui:

```
Sub FormatarDuplicatas()
 With Selection
    .FormatConditions.Delete
    .FormatConditions.AddUniqueValues
   .FormatConditions(1).DupeUnique = xlDuplicate
    .FormatConditions(1).Interior.Color = RGB(255, 0, 0)
 End With
End Sub
```

```
Sub FormatarExclusivos()
 With Selection
     .FormatConditions.Delete
     .FormatConditions.AddUniqueValues
     .FormatConditions(1).DupeUnique = xlUnique
     .FormatConditions(1).Interior.Color = RGB(255, 0, 0)
 End With
End Sub

Sub DestacarPrimeiroExclusivo()
 With Range("E2:E16")
    .Select
    .FormatConditions.Delete
     .FormatConditions.Add Type:=xlExpression, _
     Formula1:="=COUNTIF(E$2:E2,E2)=1"
     .FormatConditions(1).Interior.Color = RGB(255, 0, 0)
 End With
End Sub
```

Formatando células com base nos seus valores

As formatações condicionais de valores já estão presentes há várias versões do Excel. Use o método Add com os seguintes argumentos:

- `Type` — Como esta seção aborda a formatação baseada nos valores das células, o tipo será `xlCellValue`.
- `Operator` — Este argumento poderá ser `xlBetween`, `xlEqual`, `xlGreater`, `xlGreaterEqual`, `xlLess`, `xlLessEqual`, `xlNotBetween` ou `xlNotEqual`.
- `Formula1` — `Formula1` é usado com cada um dos operadores especificados para fornecer um valor numérico.
- `Formula2` — Este argumento é usado para `xlBetween` e `xlNotBetween`.

O exemplo de código abaixo destaca células com base nos seus valores:

```
Sub FormatarEntre10E20()
 With Selection
     .FormatConditions.Delete
     .FormatConditions.Add Type:=xlCellValue, Operator:=xlBetween, _
       Formula1:="=10", Formula2:="=20"
     .FormatConditions(1).Interior.Color = RGB(255, 0, 0)
   End With
End Sub
```

```
Sub FormatarMenorQue15()
 With Selection
     .FormatConditions.Delete
     .FormatConditions.Add Type:=xlCellValue, Operator:=xlLess, _
        Formula1:="=15"
     .FormatConditions(1).Interior.Color = RGB(255, 0, 0)
  End With
End Sub
```

Formatando células que contêm texto

Quando estamos tentando destacar células que contêm certa quantidade de texto, usamos o método Add, o tipo `xlTextString` e um operador de `xlBeginsWith`, `xlContains`, `xlDoesNotContain` ou `xlEndsWith`.

O código seguinte destaca todas as células que contêm uma letra *A* maiúscula ou minúscula:

```
Sub FormatarContémA()
 With Selection
     .FormatConditions.Delete
     .FormatConditions.Add Type:=xlTextString, String:="A", _
     TextOperator:=xlContains
      ' outras opções: xlBeginsWith, xlDoesNotContain, xlEndsWith
     .FormatConditions(1).Interior.Color = RGB(255, 0, 0)
 End With
End Sub
```

Formatando células que contêm datas

A formatação condicional nos permite filtrar por meio de um filtro virtual de data. A lista dos operadores de data disponíveis é um subconjunto dos operadores de data disponíveis nos novos filtros de tabelas dinâmicas. Use o método Add, o tipo `xlTimePeriod` e um desses valores `DateOperator`: `xlYesterday`, `xlToday`, `xlTomorrow`, `xlLastWeek`, `xlLast7Days`, `xlThisWeek`, `xlNextWeek`, `xlLastMonth`, `xlThisMonth` ou `xlNextMonth`.

O código abaixo destaca todas as datas da semana passada:

```
Sub FormatarDatasSemanaPassada()
 With Selection
     .FormatConditions.Delete
     ' As opções de DateOperator incluem xlYesterday, xlToday, xlTomorrow,
     ' xlLastWeek, xlThisWeek, xlNextWeek, xlLast7Days
     ' xlLastMonth, xlThisMonth, xlNextMonth,
     .FormatConditions.Add Type:=xlTimePeriod, _
       DateOperator:=xlLastWeek
     .FormatConditions(1).Interior.Color = RGB(255, 0, 0)
 End With
End Sub
```

Formatando células que contêm espaços em branco ou erros

Ocultas profundamente nas entranhas da interface do Excel estão as opções para formatar células que contêm espaços em branco, erros, que não contêm espaços em branco ou não contêm erros. Se usarmos o gravador de macros, o Excel usará a complicada versão `xlExpression` de formatação condicional. Por exemplo, para procurar por um espaço em branco, o Excel verificará se =LEN(TRIM(A1))=0. Em vez disso, podemos usar um destes quatro tipos autoexplicativos:

```
.FormatConditions.Add Type:=xlBlanksCondition
.FormatConditions.Add Type:=xlErrorsCondition
.FormatConditions.Add Type:=xlNoBlanksCondition
.FormatConditions.Add Type:=xlNoErrorsCondition
```

Não precisamos usar nenhum outro argumento com esses tipos.

Usando uma fórmula para determinar quais células devem ser formatadas

A formatação condicional mais poderosa é o tipo `xlExpression`. Com esse tipo, fornecemos uma fórmula para a célula ativa que é avaliada como `True` ou `False`. Certifique-se de escrever a fórmula com referências relativas ou absolutas para que ela esteja correta quando o Excel a copiar nas células restantes da seleção.

Um número infinito de condições pode ser identificado com uma fórmula. Duas condições populares são exibidas aqui.

Destacando a primeira ocorrência exclusiva de cada valor em um intervalo

Digamos que, na coluna A, da Figura 16-11, gostaríamos de destacar a primeira ocorrência de cada valor da coluna. As células destacadas conterão uma lista completa dos valores exclusivos encontrados na coluna.

	A	B	C	D	E	F
1	17			Region	Invoice	Sales
2	11			West	1001	112
3	7			East	1002	321
4	7	7 is duplicate of A3		Central	1003	332
5	10			West	1004	596
6	10	10 is duplicate of A5		East	1005	642
7	17	17 appears in A1		West	1006	700
8	11	11 appears in A2		West	1007	253
9	14			Central	1008	529
10	10	10 is duplicate		East	1009	122
11	12			West	1010	601
12	14	Duplicate of A9		Central	1011	460
13	2			East	1012	878
14	18			West	1013	763
15	4			Central	1014	193

FIGURA 16-11 Uma condição baseada em fórmula pode marcar a primeira ocorrência exclusiva de cada valor, tal como visto na coluna A, ou a linha inteira com as maiores vendas, como visto em D:F.

A macro deverá selecionar as células A1:A15. A fórmula deverá ser escrita para retornar um valor `True` ou `False` para a célula A1. Como o Excel copia essa fórmula logicamente em todo o intervalo, devemos usar uma combinação cuidadosa de referências relativas e absolutas.

A fórmula poderá usar a função `COUNTIF`. Verifique quantas vezes o intervalo de A$1 a A1 contém o valor `A1`. Se o resultado for igual a `1`, a condição será `True` e a célula será destacada. A primeira fórmula é `=COUNTIF(A$1:A1,A1)=1`. Como a fórmula é copiada para baixo, digamos, até A12, a fórmula será alterada para `=COUNTIF(A$12:A12,A12)=1`.

A macro abaixo cria a formatação exibida na coluna A da Figura 16-11:

```
Sub DestacarPrimeiroExclusivo()
 With Range("A1:A15")
    .Select
    .FormatConditions.Delete
    .FormatConditions.Add Type:=xlExpression, _
    Formula1:="=COUNTIF(A$1:A1,A1)=1"
    .FormatConditions(1).Interior.Color = RGB(255, 0, 0)
 End With
End Sub
```

Destacando a linha inteira para o maior valor de vendas

Outro exemplo de uma condição baseada em fórmula envolve o destacamento da linha inteira de um conjunto de dados em resposta a um valor de uma coluna. Considere o conjunto de dados das células D2:F15 da Figura 16-11. Se desejar destacar a linha inteira que contém a maior venda, selecione as células D2:F15 e escreva uma fórmula que funcione para a célula D2: `=$F2=MAX($F$2:$F$15)`. O código necessário para formatar a linha com o maior valor de vendas é o seguinte:

```
Sub DestacarLinhaInteira()
    With Range("D2:F15")
      .Select
      .FormatConditions.Delete
      .FormatConditions.Add Type:=xlExpression, _
       Formula1:="=$F2=MAX($F$2:$F$15)"
      .FormatConditions(1).Interior.Color = RGB(255, 0, 0)
 End With
End Sub
```

Usando a nova propriedade `NumberFormat`

Em versões antigas do Excel, uma célula que satisfazia uma formatação condicional podia ter uma fonte, uma cor de fonte, uma borda ou um padrão de preenchimento específicos. Desde o Excel 2007, também podemos especificar uma formatação de número. Isso pode ser útil para alterar seletivamente a formatação dos números usada para exibir os valores.

Por exemplo, digamos que queremos exibir números acima de 999 em milhares, números acima de 999.999 em centenas de milhares e números acima de 9.999.999 em milhões.

Se ligarmos o gravador de macros e tentarmos gravar a configuração da formatação condicional para uma formatação de números personalizada, o gravador de macros do VBA do Excel 2019 acabará gravando a ação da execução de uma macro XL4! Podemos pular a gravação e usar a propriedade `NumberFormat`, tal como podemos ver aqui:

```
Sub NumberFormat()
 With Range("E1:G26")
    .FormatConditions.Delete
    .FormatConditions.Add Type:=xlCellValue, Operator:=xlGreater, _
    Formula1:="=9999999"
    .FormatConditions(1).NumberFormat = "$#,##0,""M"""
     .FormatConditions.Add Type:=xlCellValue, Operator:=xlGreater,
     Formula1:="=999999"
     .FormatConditions(2).NumberFormat = "$#,##0.0,""M"""
     .FormatConditions.Add Type:=xlCellValue, Operator:=xlGreater,
     Formula1:="=999"
     .FormatConditions(3).NumberFormat = "$#,##0,K"
 End With
End Sub
```

A Figura 16-12 apresenta os números originais nas colunas A:C. Os resultados de execução da macro são exibidos nas colunas E:G. A caixa de diálogo apresenta as regras de formatação condicional que são aplicadas.

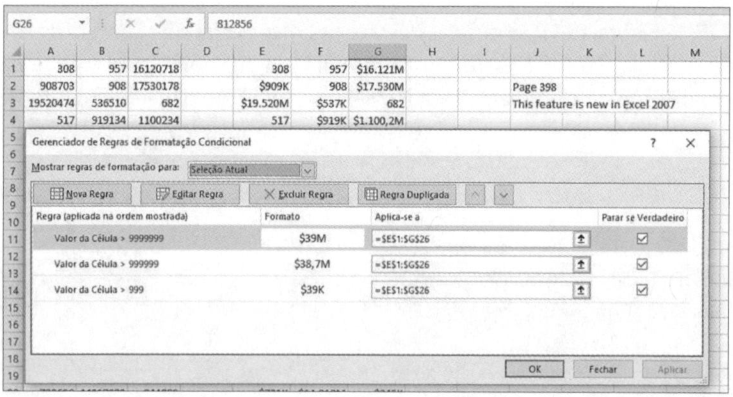

FIGURA 16-12 Desde o Excel 2007, as formatações condicionais podem especificar uma formatação de números específica.

Próximos passos

O Capítulo 17 nos mostrará como criar painéis a partir de pequenos gráficos chamados de minigráficos.

CAPÍTULO 17

Criando painéis com minigráficos no Excel 2019

Neste capítulo, você vai:

- Criar minigráficos.
- Ampliar e diminuir minigráficos.
- Formatar minigráficos.
- Criar um painel.

Uma característica que já existe desde o Excel 2010 é a habilidade de criar pequenos gráficos, do tamanho de palavras, chamados minigráficos. Se estivermos criando painéis, vamos querer fazer uso desse recurso.

O conceito de minigráficos foi introduzido pela primeira vez pelo Professor Edward Tufte, que promoveu os minigráficos como uma maneira de exibir o máximo de informação com a mínima quantidade de tinta.

A Microsoft suporta três tipos de minigráficos:

- **Linha** — Um minigráfico exibe uma série simples em um gráfico de linha dentro de uma única célula. Em um minigráfico, podemos adicionar marcadores para o ponto mais alto, para o ponto mais baixo, para o primeiro ponto e para o último ponto. Cada um desses pontos pode ter uma cor diferente. Também podemos escolher marcar todos os pontos negativos e até todos os pontos.
- **Coluna** — Um minigráfico de coluna exibe uma única série em um gráfico de coluna. Podemos escolher exibir uma cor diferente para a primeira barra, para a última barra, para a barra menor, para a barra maior ou para todos os pontos negativos.
- **Ganhos/Perdas** — Esse é um tipo especial de gráfico de coluna, no qual cada ponto positivo é plotado a 100% de altura e cada ponto negativo é plotado a -100% de altura. A teoria é que as colunas positivas representam ganhos e as colunas negativas representam perdas. Com esses gráficos, sempre vamos querer mudar a cor das colunas negativas. Podemos destacar o maior/menor ponto com base nos dados subjacentes.

Criando minigráficos

A Microsoft supõe que, em geral, vamos criar grupos de minigráficos. O principal objeto de VBA para os minigráficos é o `SparklineGroup`. Para criar minigráficos, aplicamos o método `SparklineGroups.Add` ao intervalo no qual queremos que os minigráficos apareçam.

No método Add, especificamos o tipo de minigráfico e a localização dos dados-fonte.

Digamos que aplicamos o método Add ao intervalo de três células B2:D2. Então, a fonte deve ser um intervalo que tenha três colunas de largura ou três linhas de altura.

O parâmetro Type poderá ser `xlSparkLine` para uma linha, `xlSparkColumn` para uma coluna ou `xlSparkColumn100` para ganhos/perdas.

Se o parâmetro `SourceData` estiver se referindo a intervalos da planilha atual, ele poderá ser tão simples quanto `"D3:F100"`. Se ele estiver apontando para outra planilha, use `"Data!D3:F100"` ou `"'My Data'!D3:F100"`. Se definimos um intervalo nomeado, podemos especificar o nome do intervalo como os dados-fonte.

A Figura 17-1 apresenta uma tabela com três anos dos preços de fechamento do S&P 500. Observe que os dados dos minigráficos estão em três colunas contíguas D, E e F.

	A	B	C	D	E	F
1	Date 2015	Date 2016	Date 2017	Close 2015	Close 2016	Close 2017
2	1/2/2015	1/4/2016	1/3/2017	2058.20	2012.66	2257.83
3	1/5/2015	1/5/2016	1/4/2017	2020.58	2016.71	2270.75
4	1/6/2015	1/6/2016	1/5/2017	2002.61	1990.26	2269.00
5	1/7/2015	1/7/2016	1/6/2017	2025.90	1943.09	2276.98
6	1/8/2015	1/8/2016	1/9/2017	2062.14	1922.03	2268.90
7	1/9/2015	1/11/2016	1/10/2017	2044.81	1923.67	2268.90
8	1/12/2015	1/12/2016	1/11/2017	2028.26	1938.68	2275.32

FIGURA 17-1 Organize os dados dos minigráficos em um intervalo contíguo.

Neste exemplo, os dados estão na pasta de trabalho Dados, e os minigráficos são criados na pasta de trabalho Painel. A variável de objeto PLD é usada para a pasta de trabalho Dados. PLL é usada para a planilha Painel.

Como cada coluna pode conter um ou dois pontos extras, o código para encontrar a linha final é um pouco diferente do normal:

```
LinhaFinal = PLD.[A1].CurrentRegion.Rows.Count
```

A propriedade `.CurrentRegion` começa na célula A1 e se estende em todas as direções até alcançar os limites da planilha ou os limites dos dados. Nesse caso, `.CurrentRegion` indicará que a linha 253 é a linha final.

Para esse exemplo, os minigráficos serão criados em uma linha de três células. Como cada célula exibe 252 pontos, vou usar minigráficos bem grandes. O minigráfico crescerá, preenchendo todo o tamanho da célula. Assim, esse código fará com que cada célula se torne bem larga e alta:

```
With PLL.Range("B1:D1")
  .Value = Array(2012,2013,2014)
  .HorizontalAlignment = xlCenter
  .Style = "Title"
  .ColumnWidth = 39
  .Offset(1, 0).RowHeight = 100
End With
```

O código abaixo cria três minigráficos-padrão:

```
Dim GM as SparklineGroup
Set GM = PLL.Range("B2:D2").SparklineGroups.Add( _
 Type:=xlSparkLine, _
 SourceData:="Data!D2:F" & LinhaFinal)
```

Como visto na Figura 17-2, esses três minigráficos não são perfeitos (mas a próxima seção mostrará como formatá-los). Os minigráficos-padrão têm vários problemas. Pense no eixo vertical de um gráfico. O padrão dos minigráficos é sempre ter sua escala selecionada automaticamente. Como nunca realmente vemos qual é a escala, não podemos dizer qual é o intervalo do gráfico.

FIGURA 17-2 Três minigráficos-padrão são exibidos aqui.

A Figura 17.3 apresenta o mínimo e o máximo de cada ano. Com base nesses dados, podemos supor que o minigráfico de 2015 provavelmente irá de 1850 a 2150. O minigráfico de 2016 provavelmente irá de 1800 a 2300. O minigráfico de 2017 provavelmente irá de 2225 a 2690.

E256 =MAX(E2:E253)

	A	B	C	D	E	F
1	Date 2015	Date 2016	Date 2017	Close 2015	Close 2016	Close 2017
249	12/24/2015	12/23/2016	12/26/2017	2060.99	2263.79	2680.50
250	12/28/2015	12/27/2016	12/27/2017	2056.50	2268.88	2682.62
251	12/29/2015	12/28/2016	12/28/2017	2078.36	2249.92	2687.54
252	12/30/2015	12/29/2016	12/29/2017	2063.36	2249.26	2673.61
253	12/31/2015	12/30/2016		2043.94	2238.83	
254						
255			Min	1868	1829	2258
256			Max	2131	2272	2690
257						

FIGURA 17-3 Cada minigráfico atribuirá as escalas de mínimo e máximo para ficar apenas um pouco além desses limites.

Ampliando e diminuindo minigráficos

A opção-padrão para o eixo vertical do minigráfico é que cada um tenha um mínimo e máximo diferentes. Existem duas outras opções disponíveis.

Uma opção é agrupar todos os minigráficos, mas continuar permitindo que o Excel escolha a escalas de mínimo e máximo. Nós ainda não sabemos exatamente quais valores foram escolhidos para o mínimo e máximo.

Para forçar os minigráficos a ter a mesma escala automática, use este código:

```
' Permite a escala de eixo automática, mas as três são iguais
With GM.Axes.Vertical
 .MinScaleType = xlSparkScaleGroup
 .MaxScaleType = xlSparkScaleGroup
End With
```

Observe que `.Axes` pertence ao grupo de minigráficos, e não aos minigráficos individuais. Na verdade, quase todas as boas propriedades são aplicadas no nível `SparklineGroup`. Isso possui algumas ramificações interessantes. Se quiser que um minigráfico tenha uma escala automática e outro minigráfico tenha uma escala fixa, seria necessário criar cada um desses minigráficos separadamente ou, pelo menos, desagrupá-los.

A Figura 17-4 apresenta os minigráficos quando ambas escalas de mínimo e máximo são configuradas para agir como um grupo. As três linhas quase se encontram agora, o que é um bom sinal. Podemos adivinhar que a escala vai de uns 1850 até talvez 2700. Novamente, porém, não há como ter certeza. A solução é usar um valor personalizado para os eixos mínimo e máximo.

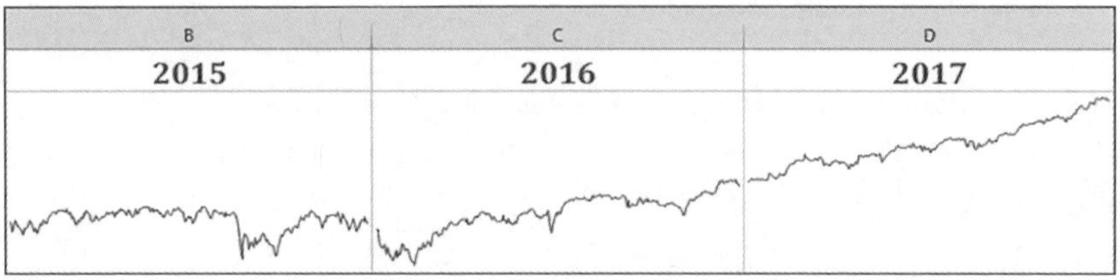

FIGURA 17-4 Os três minigráficos têm as mesmas escalas de mínimo e máximo, mas não sabemos quais são elas.

Outra opção seria ter controle absoluto e atribuir um mínimo e máximo para a escala do eixo vertical. O código a seguir força os minigráficos a irem de um mínimo de 1829 a um máximo que é arredondado por volta de 2191:

```
Set AF = Application.WorksheetFunction
AllMin = AF.Min(WSD.Range("D2:F" & LinhaFinal))
AllMax = AF.Max(WSD.Range("D2:F" & LinhaFinal))
AllMin = Int(AllMin)
AllMax = Int(AllMax + 0.9)
With GM.Axes.Vertical
 .MinScaleType = xlSparkScaleCustom
 .MaxScaleType = xlSparkScaleCustom
 .CustomMinScaleValue = AllMin
 .CustomMaxScaleValue = AllMax
End With
```

A Figura 17-5 apresenta os minigráficos resultantes. Agora, *nós* sabemos quais são o mínimo e o máximo, mas precisamos de uma maneira de informar isso ao leitor.

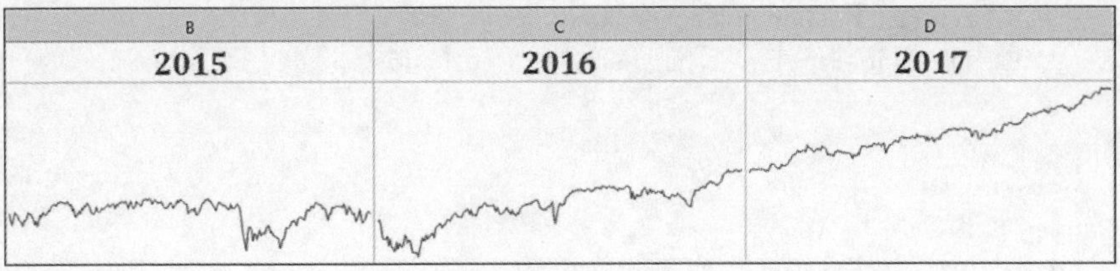

FIGURA 17-5 Atribuímos manualmente uma escala de mínimo e máximo, mas ela não aparece no gráfico.

Um método seria inserir os valores mínimo e máximo em A2. Uma fonte Calibri de 8 pontos em negrito e uma altura de linha de 113 permitirá 10 quebras de linha dentro da célula. Assim, poderemos inserir o valor máximo, seguido de `vbLf` 8 vezes, e concluir com o valor mínimo. (Usar `vbLf` seria o equivalente a pressionar Alt+Enter quando estamos inserindo valores em uma célula.)

No lado direito, podemos colocar o valor do ponto final e tentar posicioná-lo dentro da célula para que ele fique aproximadamente na mesma altura que o ponto final. A Figura 17-6 apresenta essa opção.

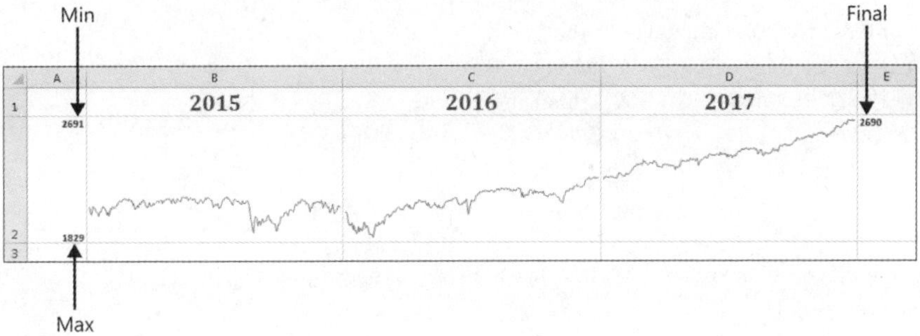

FIGURA 17-6 Os rótulos na esquerda exibem o mínimo e o máximo. Os rótulos à direita apresentam o valor final.

O código abaixo gera os minigráficos da Figura 17-6:

```
Sub SP500Macro()
' SP500 Macro
'
Dim GM As SparklineGroup
Dim MG As Sparkline
Dim PLD As Worksheet ' Planilha de dados
Dim PLL As Worksheet ' Painel

 On Error Resume Next
 Application.DisplayAlerts = False
 Worksheets("Painel").Delete
 On Error GoTo 0

 Set PLD = Worksheets("Dados")
 Set PLL = ActiveWorkbook.Worksheets.Add
 WSL.Name = "Painel"
```

```
LinhaFinal = PLD.Cells(1, 1).CurrentRegion.Rows.Count
PLD.Cells(2, 4).Resize(LinhaFinal - 1, 3).Name = "MeusDados"

PLL.Select
' Configura os cabeçalhos
With PLL.Range("B1:D1")
  .Value = Array(2015, 2016, 2017)
  .HorizontalAlignment = xlCenter
  .Style = "Title"
  .ColumnWidth = 39
  .Offset(1, 0).RowHeight = 100
End With

Set GM = PLL.Range("B2:D2").SparklineGroups.Add( _
Type:=xlSparkLine, _
SourceData:="Dados!D2:F250")

Set MG = GM.Item(1)

Set AF = Application.WorksheetFunction
AllMin = AF.Min(PLD.Range("D2:F" & LinhaFinal))
AllMax = AF.Max(PLD.Range("D2:F" & LinhaFinal))
AllMin = Int(AllMin)
AllMax = Int(AllMax + 0.9)


' Permite a escala de eixo automática, mas as três são iguais
With GM.Axes.Vertical
  .MinScaleType = xlSparkScaleCustom
  .MaxScaleType = xlSparkScaleCustom
  .CustomMinScaleValue = AllMin
  .CustomMaxScaleValue = AllMax
End With

' Adiciona dois rótulos para exibir o mínimo e o máximo
With PLL.Range("A2")
  .Value = AllMax & vbLf & vbLf & vbLf & vbLf _
   & vbLf & vbLf & vbLf & vbLf & AllMin
  .HorizontalAlignment = xlRight
  .VerticalAlignment = xlTop
   .Font.Size = 8
  .Font.Bold = True
  .WrapText = True
End With

' Insere o valor final à direita
ValFinal = Round(PLD.Cells(Rows.Count, 6).End(xlUp).Value, 0)
Int = AllMax - AllMin
DécInt = Int / 10
```

```
DoTopo = AllMax - ValFinal
DoTopo = Round(DoTopo / DécInt, 0) - 1
If DoTopo < 0 Then DoTopo = 0

Select Case DoTopo
Case 0
   RtRót = ValFinal
Case Is > 0
   RtRót = Application.WorksheetFunction. _
     Rept(vbLf, DoTopo) & ValFinal
End Select

With PLL.Range("E2")
   .Value = RtRót
   .HorizontalAlignment = xlLeft
   .VerticalAlignment = xlTop
   .Font.Size = 8
   .Font.Bold = True
 End With
End Sub
```

Formatando minigráficos

A maior parte da formatação disponível para minigráficos envolve definir a cor de vários de seus elementos.

Existem alguns métodos para atribuir cores no Excel 2019. Antes de entrar nas propriedades do minigráfico, você pode ler sobre os dois métodos de atribuição de cores no VBA do Excel.

Usando cores de tema

O Excel 2007 introduziu o conceito de um tema para pastas de trabalho. Um tema é composto de uma fonte de corpo, uma fonte de título, uma série de efeitos e uma série de cores.

As primeiras quatro cores são usadas para o texto e o plano de fundo. As seis cores seguintes são as cores de ênfase. Os mais de 20 temas predefinidos incluem cores que funcionam bem juntas. Há também duas cores usadas para hiperlinks e para hiperlinks visitados. Por enquanto, vamos nos concentrar nas cores de ênfase.

Vá para Layout de Página, Temas e escolha um tema. Próximo ao menu suspenso dos temas há um menu suspenso de Cores. Abra-o e selecione Criar Novas Cores de Tema, na parte de baixo da lista. O Excel exibirá a caixa de diálogo Criar Novas Cores de Tema (veja a Figura 17-7). Ela lhe dará uma boa ideia das 12 cores associadas com o tema.

Por todo o Excel, existem muitos menus suspensos para selecionar cores. Como visto na Figura 17-8, uma seção de cada menu suspenso de seleção de cores é chamada de Cores do Tema. A primeira linha de Cores de Tema apresenta as quatro cores de fonte e as seis cores de ênfase.

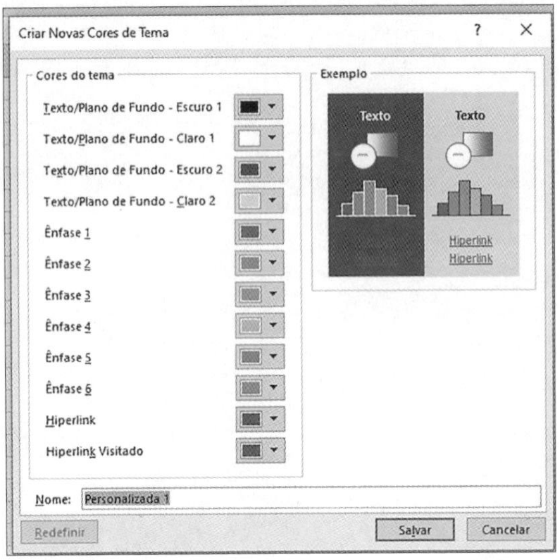

FIGURA 17-7 Este tema inclui 12 cores.

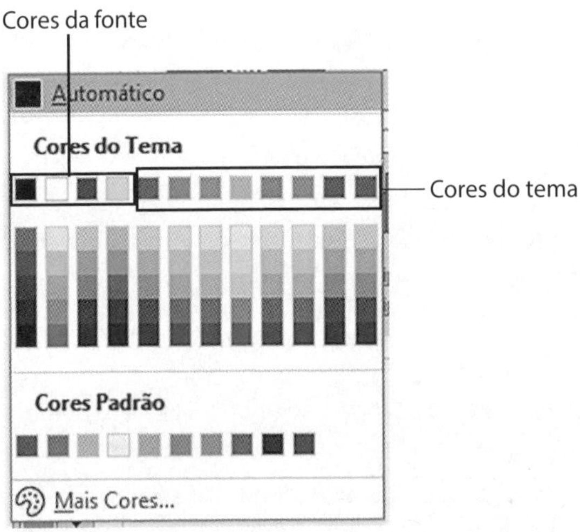

FIGURA 17-8 Tudo, com exceção das cores de hiperlink do tema, aparece na primeira linha.

Se quiser escolher a última cor da primeira linha, o código do VBA é o seguinte:

```
ActiveCell.Font.ThemeColor = xlThemeColorAccent6
```

As 10 cores da primeira linha da Figura 17-8 são:

```
xlThemeColorDark1
xlThemeColorLight1
xlThemeColorDark2
xlThemeColorLight2
xlThemeColorAccent1
xlThemeColorAccent2
```

```
xlThemeColorAccent3
xlThemeColorAccent4
xlThemeColorAccent5
xlThemeColorAccent6
```

> **Atenção** Parece que as primeiras quatro cores estão invertidas. `xlThemeColorDark1` é uma cor branca. Isso acontece porque as constantes de VBA foram escritas do ponto de vista da cor da fonte, para serem usadas quando a célula apresentar um fundo escuro ou claro. Se tivermos uma célula preenchida com uma cor escura, vamos querer exibir uma fonte branca. Por conseguinte, `xlThemeColorDark1` é branco e `xlThemeColorLight1` é preto.

No seu computador, abra o menu suspenso Cor de Preenchimento, na guia Página Inicial, e dê uma olhada nas cores. Se estiver usando o tema Office, a última coluna serão vários tons de verde. A primeira linha contém as verdadeiras cores do tema. Então temos cinco linhas que vão de um verde claro até um verde bem escuro.

O Excel nos permite modificar a cor do tema, tornando-a mais clara ou mais escura. Os valores vão de -1, que é bem escuro, até +1, que é bem claro. Por exemplo, o verde bem claro da linha 2 da Figura 17-8 tem um tom e valor de sombreado de 0,8, que é quase que completamente branco. A linha seguinte tem um tom e nível de sombreamento de 0,6. A linha seguinte tem um tom e nível de sombreamento de 0,4. Isso nos dá três opções que são mais claras que a cor-tema. As duas linhas seguintes são mais escuras do que a cor-tema. Essas duas linhas mais escuras têm valores de -0,25 e -0,5.

Se ligarmos o gravador de macros e escolhermos uma dessas cores, veremos um código bem confuso:

```
.Pattern = xlSolid
.PatternColorIndex = xlAutomatic
.ThemeColor = xlThemeColorAccent6
.TintAndShade = 0.799981688894314
.PatternTintAndShade = 0
```

Se estivermos usando um preenchimento sólido, podemos deixar a primeira, a segunda e a quinta linhas de código de fora.

A linha `.TintAndShade` parece confusa porque os computadores não conseguem arredondar números decimais muito bem. Lembre-se de que computadores armazenam números na forma binária. Em binário, um número simples, como 0,1, é decimal que fica se repetindo. Quando o gravador de macro tenta converter 0,8 do binário para decimais, ele "erra" por um bit e apresenta um número bem próximo: 0.7998168894314. Na verdade, isso está dizendo que ela deve ser 80% mais clara que o número-base.

Se estamos escrevendo o código à mão, basta atribuir dois valores para usar uma cor--tema. Atribua à propriedade `.ThemeColor` um dos seis valores de `xlThemeColorAccent1` a `xlThemeColorAccent6`. Se desejar usar uma cor tema da primeira linha do menu suspenso, `.TintAndShade` deverá ser 0 e poderá ser omitido. Se quiser clarear a cor, use um número decimal positivo para `.TintAndShade`. Se quiser escurecer a cor, use um número decimal negativo.

> 💡 **Dica** Os cinco tons dos menus suspensos de paletas de cores não são o conjunto completo de variações. No VBA, podemos atribuir qualquer valor decimal de dois dígitos entre -1,00 e +1.00. A Figura 17-9 apresenta 201 variações de uma cor-tema criada usando a propriedade `.TintAndShade` no VBA.

	B	C	D	E	F	G	H	I	J	K
1	Darker (Negative Tint & Shade)									
3	-1,00	-0,99	-0,98	-0,97	-0,96	-0,95	-0,94	-0,93	-0,92	-0,91
4	-0,90	-0,89	-0,88	-0,87	-0,86	-0,85	-0,84	-0,83	-0,82	-0,81
5	-0,80	-0,79	-0,78	-0,77	-0,76	-0,75	-0,74	-0,73	-0,72	-0,71
6	-0,70	-0,69	-0,68	-0,67	-0,66	-0,65	-0,64	-0,63	-0,62	-0,61
7	-0,60	-0,59	-0,58	-0,57	-0,56	-0,55	-0,54	-0,53	-0,52	-0,51
8	-0,50	-0,49	-0,48	-0,47	-0,46	-0,45	-0,44	-0,43	-0,42	-0,41
9	-0,40	-0,39	-0,38	-0,37	-0,36	-0,35	-0,34	-0,33	-0,32	-0,31
10	-0,30	-0,29	-0,28	-0,27	-0,26	-0,25	-0,24	-0,23	-0,22	-0,21
11	-0,20	-0,19	-0,18	-0,17	-0,16	-0,15	-0,14	-0,13	-0,12	-0,11
12	-0,10	-0,09	-0,08	-0,07	-0,06	-0,05	-0,04	-0,03	-0,02	-0,01
14	Zero	0								
16	Lighter (Positive Tint & Shade)									
18	+0,01	+0,02	+0,03	+0,04	+0,05	+0,06	+0,07	+0,08	+0,09	+0,10
19	+0,11	+0,12	+0,13	+0,14	+0,15	+0,16	+0,17	+0,18	+0,19	+0,20
20	+0,21	+0,22	+0,23	+0,24	+0,25	+0,26	+0,27	+0,28	+0,29	+0,30
21	+0,31	+0,32	+0,33	+0,34	+0,35	+0,36	+0,37	+0,38	+0,39	+0,40
22	+0,41	+0,42	+0,43	+0,44	+0,45	+0,46	+0,47	+0,48	+0,49	+0,50
23	+0,51	+0,52	+0,53	+0,54	+0,55	+0,56	+0,57	+0,58	+0,59	+0,60
24	+0,61	+0,62	+0,63	+0,64	+0,65	+0,66	+0,67	+0,68	+0,69	+0,70
25	+0,71	+0,72	+0,73	+0,74	+0,75	+0,76	+0,77	+0,78	+0,79	+0,80
26	+0,81	+0,82	+0,83	+0,84	+0,85	+0,86	+0,87	+0,88	+0,89	+0,90
27	+0,91	+0,92	+0,93	+0,94	+0,95	+0,96	+0,97	+0,98	+0,99	+1,00

FIGURA 17-9 Esses são tons de uma cor-tema.

Para recapitular, se quisermos trabalhar com cores de tema, geralmente alteraremos duas propriedades: a cor-tema, para escolher uma das seis cores de ênfase, o tom e o sombreamento, para clarear ou escurecer a cor-base, assim:

```
.ThemeColor = xlThemeColorAccent6
.TintAndShade = 0.4
```

> **Nota** Uma vantagem de se usar cores de tema é que os nossos minigráficos mudarão de cor com base no tema. Se, mais tarde, decidirmos trocar o tema Office pelo Metro, as cores serão alteradas para combinar com o tema.

Usando cores RGB

Durante os últimos 30 anos, os computadores têm oferecido uma paleta de 16 milhões de cores. Essas cores são o derivado do ajuste da quantidade de luz vermelha, verde e azul em uma célula.

Você se lembra das aulas de artes do ensino fundamental? Você provavelmente aprendeu que as três cores primárias eram vermelho, amarelo e azul. Podíamos conseguir a cor verde misturando um pouco de tinta amarela e azul. Podíamos conseguir a cor roxa misturando um pouco de tinta vermelha e azul. Podíamos obter a cor laranja misturando um pouco de tinta amarela e vermelha. Como todos os meus colegas do sexo masculino, eu logo descobri que era possível obter a cor preta misturando todas as cores de tinta. Essas regras funcionam com pigmentos de tinta, mas não funcionam com luz.

Os pixels na tela do seu computador são feitos de luz. No espectro de luz, as três cores primárias são vermelho, verde e azul. Podemos obter as 16 milhões de cores da paleta de cores RGB misturando diferentes quantidades de luz vermelha, verde e azul. A cada uma das três cores é atribuída uma intensidade de 0 (nenhuma luz) a 255 (luz total).

Veremos com frequência uma cor descrita por meio da função RGB. Nessa função, o primeiro valor é a quantidade de vermelho, o segundo valor é a quantidade de verde e o terceiro valor é a quantidade de azul:

- Para obter a cor vermelha, use =`RGB(255,0,0)`.
- Para obter a cor verde, use =`RGB(0,255,0)`.
- Para obter a cor azul, use =`RGB(0,0,255)`.
- O que acontece se misturarmos 100% de todas as três cores de luz? Obteremos a cor branca! Para obter a cor branca, use =`RGB(255,255,255)`.
- E se não colocarmos nenhuma luz em um pixel? Obteremos a cor preta: =`RGB(0,0,0)`.
- Para obter a cor roxa, use um pouco de vermelho, um pouco de verde e um pouco de azul: `RGB(139,65,123)`.
- Para obter a cor amarela, use o vermelho e o verde no máximo, e nada de azul: =`RGB(255,255,0)`.
- Para obter a cor laranja, use menos verde do que o necessário para obter a cor amarela: =`RGB(255,153,0)`.

No VBA, podemos usar a função RGB tal como indicado aqui. Entretanto, o gravador de macros não é um grande fã do uso da função RGB. Em vez disso, ele exibe o resultado da função RGB. Veja como é possível converter os três argumentos da função RGB para o valor de cor:

- Pegue o valor de vermelho vezes 1.
- Adicione o valor de verde vezes 256.
- Adicione o valor de azul vezes 65.536.

> **Nota** Por que 65.536? Isso é 256 elevado à segunda potência.

Se escolhermos um vermelho para o nosso minigráfico, veremos com frequência o gravador de macros atribuir `.Color` = 255. Isso é porque =`RGB(255,0,0)` é 255.

Quando o gravador de macro atribui o valor de `5287936`, qual cor isso representa? Veja a seguir os passos para descobrir:

1. No Excel, digite =`Dec2Hex(5287936)`. Receberemos a resposta de `50B0000`. Essa é a cor que os web designers se referem como #50B000.
2. Acesse sua ferramenta de busca preferida e busque por "seletor de cores". Você encontrará muitos utilitários que lhe permitem digitar o código hexadecimal de cor e ver qual cor ele representa. Digite `50B000`. Você verá que #50B000 é RGB(80,176,0).

Enquanto estiver no site de seleção de cores, lhe oferecerão cores adicionais que complementam a cor original. Clique nelas para descobrir outros tons de cores e ver os valores RGB deles.

Para recapitular: para pular as cores de tema e usar cores RGB, definiremos a propriedade `.Color` como o resultado de uma função RGB.

Formatando elementos de minigráficos

A Figura 17-10 apresenta um minigráfico simples. Os dados são criados a partir de 12 pontos que exibem o desempenho em relação a um orçamento. Não fazemos ideia de qual é a escala desse minigráfico.

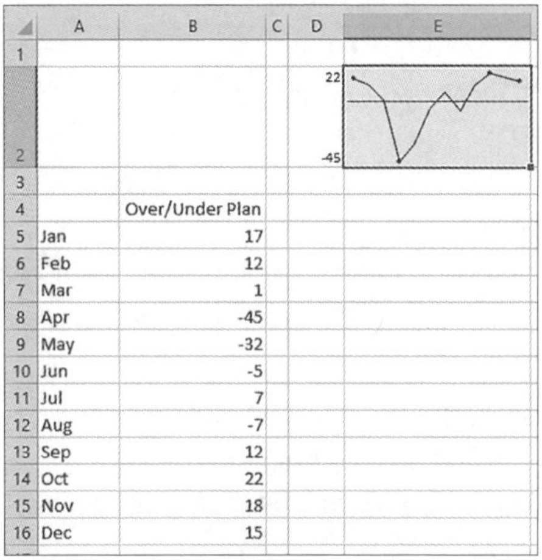

FIGURA 17-10 Esse é um minigráfico-padrão.

Se o nosso minigráfico incluir números positivos e negativos, seria útil exibir o eixo horizontal. Isso nos permitirá descobrir quais pontos estão acima do orçamento e quais estão abaixo do orçamento.

Para exibir o eixo, use o seguinte:

```
GM.Axes.Horizontal.Axis.Visible = True
```

A Figura 17-11 exibe o eixo horizontal. Isso ajuda a indicar quais meses estiveram acima ou abaixo do orçamento.

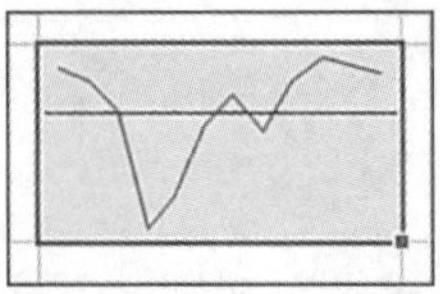

FIGURA 17-11 Adicione um eixo horizontal para indicar quais meses estiveram acima ou abaixo do orçamento.

Usando o código de "Ampliando e diminuindo minigráficos", visto anteriormente, neste capítulo, podemos adicionar rótulos de alto e baixo à célula que fica à esquerda do minigráfico:

```
Set AF = Application.WorksheetFunction
MeuMáx = AF.Max(Range("B5:B16"))
MeuMín = AF.Min(Range("B5:B16"))
StrRót = MeuMáx & vbLf & vbLf & vbLf & vbLf & MeuMín

With GM.Axes.Vertical
 .MinScaleType = xlSparkScaleCustom
 .MaxScaleType = xlSparkScaleCustom
 .CustomMinScaleValue = MeuMín
 .CustomMaxScaleValue = MeuMáx
End With

With Range("D2")
 .WrapText = True
 .Font.Size = 8
 .HorizontalAlignment = xlRight
 .VerticalAlignment = xlTop
 .Value = StrRót
 .RowHeight = 56.25
End With
```

O resultado dessa macro é exibido na Figura 17-12.

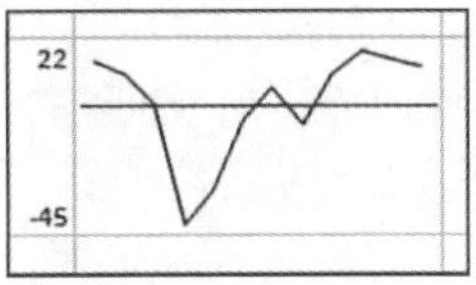

FIGURA 17-12 Use um recurso que não pertence aos minigráficos para rotular o eixo vertical.

Para alterar a cor do minigráfico, use isto:

```
GM.SeriesColor.Color = RGB(255, 191, 0)
```

O grupo Mostrar da guia Ferramentas de Minigráfico Design nos oferece seis opções. Podemos modificar ainda mais esses elementos usando o menu suspenso Cor do Marcador. Podemos escolher ativar um marcador para cada ponto do conjunto de dados, como visto na Figura 17-13.

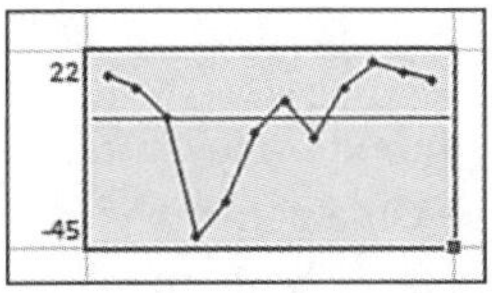

FIGURA 17-13 Exibir Todos os Marcadores.

Este código exibe um marcador preto para cada ponto:

```
With GM.Points
 .Markers.Color.Color = RGB(0, 0, 0) ' preto
 .Markers.Visible = True
End With
```

Em vez disso, podemos usar marcadores para exibir apenas o mínimo, o máximo, o primeiro e último pontos. Este código exibe o mínimo em vermelho, o máximo em verde, e o primeiro e o último pontos em azul:

```
With GM.Points
 .Lowpoint.Color.Color = RGB(255, 0, 0) ' vermelho
 .Highpoint.Color.Color = RGB(51, 204, 77) ' verde
 .Firstpoint.Color.Color = RGB(0, 0, 255) ' azul
 .Lastpoint.Color.Color = RGB(0, 0, 255) ' azul
 .Negative.Color.Color = RGB(127, 0, 0) ' rosa
 .Markers.Color.Color = RGB(0, 0, 0) ' preto
 ' Escolhe quais pontos exibir
 .Highpoint.Visible = True
 .Lowpoint.Visible = True
 .Firstpoint.Visible = True
 .Lowpoint.Visible = True
 .Negative.Visible = False
 .Markers.Visible = False
End With
```

A Figura 17-14 apresenta o minigráfico com apenas o maior, o menor, o primeiro e o último pontos escolhidos.

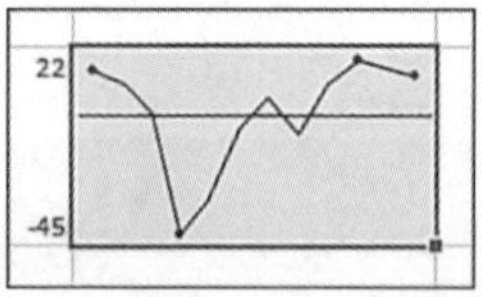

FIGURA 17-14 Esse minigráfico exibe apenas os marcadores-chave.

Nota Marcadores negativos são especialmente úteis quando estamos formatando gráficos de ganhos/perdas, que serão abordados na próxima seção.

Formatando gráficos de ganhos/perdas

Os gráficos de ganhos/perdas são um tipo especial de minigráfico para monitorar eventos binários. Um gráfico de ganhos/perdas exibe um marcador voltado para cima para um valor positivo e um marcador voltado para baixo para valores negativos. Para zero, nenhum marcador é exibido.

Podemos usar esses gráficos para monitorar ganhos e perdas de propostas. Na Figura 17--15, um gráfico de ganhos/perdas exibe os últimos 25 jogos de basebol da famosa temporada regular de 1951 da pennant race entre os Brooklyn Dodgers e os New York Giants. Esse gráfico mostra como os Giants tiveram uma série de 7 vitórias para concluir a temporada regular. Os Dodgers tiveram uma pontuação de 3-4 nesse período e acabaram empatados com os Giants, forçando uma eliminatória de três jogos. Os Giants ganharam o primeiro jogo, perderam o segundo e depois avançaram para a World Series quando ganharam o terceiro jogo das eliminatórias. Os Giants tiveram uma vantagem de 2-1 sobre os Yankees, mas depois perderam três em sequência.

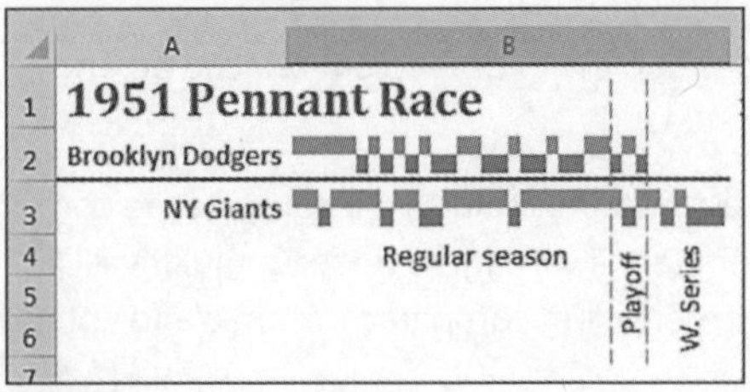

FIGURA 17-15 Esse gráfico de ganhos/perdas documenta a pennant race de basebol mais famosa da história.

> **Nota** As palavras *Temporada regular*, *Eliminatórias* e *W. Series*, bem como as duas linhas pontilhadas, não fazem parte do minigráfico. Essas linhas são objetos desenhados manualmente e adicionados com Inserir, Formas.

Para criar o gráfico, usamos `SparklineGroups.Add` com um tipo `xlSparkColumnStacked100`, assim:

```
Set GM = Range("B2:B3").SparklineGroups.Add( _
 Type:=xlSparkColumnStacked100, _
 SourceData:="C2:AD3")
```

Em geral, exibimos os ganhos e as perdas usando cores diferentes. Um esquema de cores óbvio é vermelho para perdas e verde para ganhos.

Não existe uma maneira específica de mudar apenas os marcadores "para cima". Assim, mude a cor de todos os marcadores para verde:

```
' Exibe todos os pontos em verde
GM.SeriesColor.Color = 5287936
```

Então, mude a cor dos marcadores negativos para vermelho:

```
'Exibe as perdas em vermelho
With GM.Points.Negative
 .Visible = True
 .Color.Color = 255
End With
```

É mais fácil criar os gráficos para cima/para baixo. Não precisamos nos preocupar com a configuração da cor da linha, e o eixo vertical sempre será fixo.

Criando um painel

A vantagem dos minigráficos é que eles comunicam bastante informação em um espaço bem reduzido. Nesta seção, veremos como encaixar 130 gráficos em uma página.

A Figura 17-16 apresenta um conjunto de dados que resume um conjunto de dados de 1,8 milhões de linhas. Eu usei o novo suplemento de tabelas dinâmicas do Excel para importar os registros e calcular três novas medidas:

- Vendas desde o início do ano por mês por loja.
- Vendas desde o início do ano por mês do ano anterior.
- Aumento em porcentagem das vendas desde o início do ano em relação ao ano anterior.

Uma estatística-chave em lojas de varejo é como estamos nos saindo em comparação com o mesmo período do ano anterior. Essa análise também tem a vantagem de ser cumulativa. O número final de dezembro indica se a loja fez mais ou menos em comparação com o ano anterior.

YTD Sales - % Change from Previous Year

Store	Jan	Feb	Mar	Apr	May	Jun	Jul	Aug	Sep	Oct	Nov	Dec
Sherman (	1.9%	-1.3%	-0.8%	-0.2%	-0.1%	-0.1%	0.2%	-0.1%	0.0%	0.7%	0.4%	1.1%
Brea Mall	6.3%	-0.5%	-0.2%	0.1%	0.1%	-0.8%	-0.1%	-0.7%	-0.5%	-0.3%	-0.5%	0.1%
Park Place	4.4%	-0.8%	-0.4%	-0.5%	-0.4%	-0.4%	-0.3%	-0.8%	-0.9%	-0.6%	-1.1%	-1.5%
Galleria at	-0.3%	-3.5%	-3.2%	-1.8%	-1.0%	-0.8%	-0.5%	-0.4%	-0.5%	-0.2%	-0.8%	-1.4%
Mission V	7.3%	-0.1%	-1.2%	-0.8%	-0.2%	-0.3%	0.0%	0.0%	-0.2%	-0.3%	0.1%	0.1%
Corona De	5.2%	-0.2%	-1.0%	-0.1%	0.4%	0.6%	0.4%	0.1%	0.5%	0.8%	0.4%	0.4%
San Franci	0.6%	-1.8%	-2.0%	-0.9%	-0.6%	-0.9%	-0.5%	-1.1%	-0.7%	-0.6%	-0.4%	-0.5%

FIGURA 17-16 Esse resumo de 1,8 milhões de registros é um mar de números.

Observações sobre minigráficos

Depois de trabalhar com minigráficos por um tempo, algumas observações me vêm à mente:

- Os minigráficos são transparentes. Podemos ver a célula por trás deles. Isso significa que a cor de preenchimento e o texto da célula subjacente vão aparecer.
- Ao usarmos uma fonte bem pequena e alinharmos o texto na borda da célula, podemos fazer o texto parecer com um título ou uma legenda.
- Se ativarmos a quebra de texto e fizermos a célula ser alta o suficiente para 5 ou 10 linhas de texto, poderemos controlar a posição do texto da célula usando os caracteres `vbLf` no VBA.
- Os minigráficos funcionam melhor quando são maiores que uma célula normal. Todos os exemplos deste capítulo têm colunas mais largas, linhas mais altas ou ambas.
- Minigráficos criados juntos serão agrupados. Mudanças feitas em um minigráfico serão aplicadas a todos os minigráficos.
- Os minigráficos podem ser criados em uma planilha separada dos dados.
- A aparência dos minigráficos é melhor quando há algum espaço em branco ao redor das células. Isso seria difícil de se fazer manualmente porque teríamos que criar um minigráfico de cada vez. É mais fácil fazer isso aqui porque podemos utilizar os recursos do VBA.

Criando centenas de minigráficos individuais em um painel

Podemos lidar com todas essas questões que acabamos de listar à medida que criamos esse painel. A ideia é criar cada minigráfico da loja individualmente. Assim, uma linha e uma coluna em branco aparecerão entre os minigráficos.

Depois de inserir uma nova planilha para o painel, podemos formatar as células da Figura 17-17 com este código:

```
' Configura o painel como células que alternam entre minigráficos e células em branco
For c = 1 To 11 Step 2
 PLL.Cells(1, c).ColumnWidth = 15
 PLL.Cells(1, c + 1).ColumnWidth = 0.6
Next c
For r = 1 To 45 Step 2
 PLL.Cells(r, 1).RowHeight = 38
 PLL.Cells(r + 1, 1).RowHeight = 3
Next r
```

Mantenha controle de qual célula contém o próximo minigráfico com duas variáveis:

```
PróxLin = 1
PróxCol = 1
```

Descubra quantas linhas de dados existem na planilha Dados. Faça um loop da linha 4 até a linha final. Para cada linha, crie um minigráfico.

Crie uma sequência de caracteres de texto que aponte de volta para a linha correta da planilha Dados, usando este código, e utilize-a como o argumento dos dados de fonte ao definir o minigráfico:

```
EstaFonte = "Dados!B" & i & ":M" & i
Set GM = PLL.Cells(PróxLin, PróxCol).SparklineGroups.Add( _
 Type:=xlSparkColumn, _
 SourceData:=EstaFonte)
```

Nesse caso, queremos exibir um eixo horizontal na posição zero. O intervalo dos valores de todas as lojas foi de -5% a +10%. O valor máximo da escala aqui está sendo definido como 0,15 (que é o equivalente de 15%) para liberar um espaço extra para o "título" da célula:

```
GM.Axes.Horizontal.Axis.Visible = True
With GM.Axes.Vertical
 .MinScaleType = xlSparkScaleCustom
 .MaxScaleType = xlSparkScaleCustom
 .CustomMinScaleValue = -0.05
 .CustomMaxScaleValue = 0.15
End With
```

Assim como no exemplo anterior com o gráfico de ganhos/perdas, queremos que as colunas positivas sejam verdes e as negativas sejam vermelhas:

```
' Todas as colunas verdes
GM.SeriesColor.Color = RGB(0, 176, 80)
' Colunas negativas vermelhas
GM.Points.Negative.Visible = True
GM.Points.Negative.Color.Color = RGB(255, 0, 0)
```

Lembre-se de que o minigráfico possui um fundo transparente. Assim, podemos escrever um texto bem pequeno na célula, o qual se comportará quase como rótulos de gráficos.

O código a seguir junta o nome da loja e a diferença percentual final do ano em um título para o gráfico. O programa escreve esse título na célula, mas o deixa pequeno, centralizado e alinhado verticalmente:

```
EstaLoja = PLD.Cells(i, 1).Value & " " & _
 Format(PLD.Cells(i, 13), "+0.0%;-0.0%;0%")
' Acrescenta um rótulo
With PLL.Cells(PróxLin, PróxCol)
 .Value = EstaLoja
 .HorizontalAlignment = xlCenter
 .VerticalAlignment = xlTop
 .Font.Size = 8
 .WrapText = True
End With
```

O elemento final é alterar a cor de fundo da célula com base no percentual final. Se ele for positivo, então o plano de fundo será verde-claro. Se ele for negativo, então o plano de fundo será vermelho-claro:

```
ValFinal = PLD.Cells(i, 13)
' Colore a célula de vermelho-claro para negativo, verde-claro para positivo
With PLL.Cells(PróxLin, PróxCol).Interior
 If ValFinal <= 0 Then
   .Color = RGB(255, 0, 0)
   .TintAndShade = 0.9
 Else
   .Color = RGB(197, 247, 224)
   .TintAndShade = 0.7
 End If
End With
```

Quando o minigráfico estiver pronto, as posições de coluna ou linha serão incrementadas para preparar o próximo gráfico:

```
PróxCol = PróxCol + 2
If PróxCol > 11 Then
 PróxCol = 1
 PróxLin = PróxLin + 2
End If
```

Depois disso, o loop continuará com a próxima loja.

O código completo é exibido aqui:

```
Sub PainelLoja()
Dim GM As SparklineGroup
Dim MG As Sparkline
Dim PLD As Worksheet ' Planilha de dados
Dim PLL As Worksheet ' Painel

 On Error Resume Next
 Application.DisplayAlerts = False
 Worksheets("Painel").Delete
 On Error GoTo 0

 Set PLD = Worksheets("Dados")
 Set PLL = ActiveWorkbook.Worksheets.Add
 WSL.Name = "Painel"

' Configura o painel como células que alternam entre minigráficos e células em branco
 For c = 1 To 11 Step 2
   PLL.Cells(1, c).ColumnWidth = 15
   PLL.Cells(1, c + 1).ColumnWidth = 0.6
 Next c
 For r = 1 To 45 Step 2
   PLL.Cells(r, 1).RowHeight = 38
   PLL.Cells(r + 1, 1).RowHeight = 3
 Next r

 PróxLin = 1
 PróxCol = 1

 LinhaFinal = PLD.Cells(Rows.Count, 1).End(xlUp).Row

 For i = 4 to LinhaFinal
    EstaLoja = PLD.Cells(i, 1).Value & " " & _
     Format(PLD.Cells(i, 13), "+0.0%;-0.0%;0%")
    EstaFonte = "Dados!B" & i & ":M" & i
    ValFinal = PLD.Cells(i, 13)
```

```
  Set GM = PLL.Cells(PróxLin, PróxCol).SparklineGroups.Add( _
    Type:=xlSparkColumn, _
   SourceData:=EstaFonte)

  GM.Axes.Horizontal.Axis.Visible = True
  With GM.Axes.Vertical
     .MinScaleType = xlSparkScaleCustom
     .MaxScaleType = xlSparkScaleCustom
     .CustomMinScaleValue = -0.05
     .CustomMaxScaleValue = 0.15
End With

' Todas as colunas verdes
GM.SeriesColor.Color = RGB(0, 176, 80)
' Colunas negativas vermelhas
GM.Points.Negative.Visible = True
GM.Points.Negative.Color.Color = RGB(255, 0, 0)

' Acrescenta um rótulo
With PLL.Cells(PróxLin, PróxCol)
     .Value = EstaLoja
    .HorizontalAlignment = xlCenter
    .VerticalAlignment = xlTop
    .Font.Size = 8
    .WrapText = True
End With

' Colore a célula de vermelho-claro para negativo, verde-claro para positivo
With PLL.Cells(PróxLin, PróxCol).Interior
    If ValFinal <= 0 Then
     .Color = 255
     .TintAndShade = 0.9
Else
     .Color = RGB(197, 247, 224)
     .TintAndShade = 0.7
   End If
End With

PróxCol = PróxCol + 2
If PróxCol > 11 Then
   PróxCol = 1
   PróxLin = PróxLin + 2
End If
Next i
End Sub
```

A Figura 17-17 apresenta o painel final, que exibe em uma única página e resume 1,8 milhão de linhas de dados.

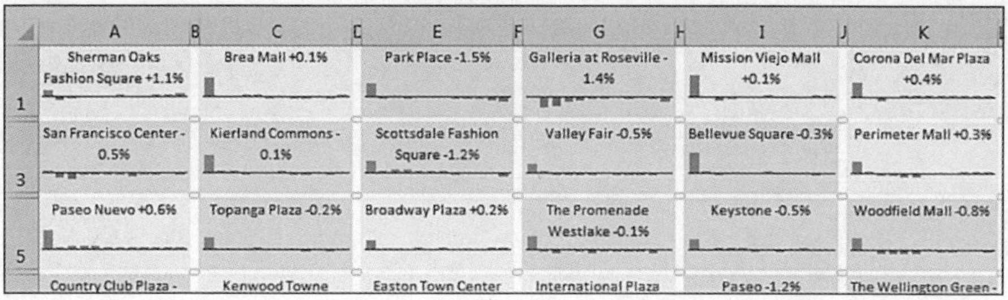

FIGURA 17-17 Uma página resume as vendas de centenas de lojas.

Se olharmos atentamente, poderemos ver que cada célula conta uma história. Na Figura 17-18, Park Meadows, na célula I33, teve um ótimo janeiro, conseguindo manter-se à frente do ano anterior pelo ano inteiro e terminando com 0,8%. Lakeside, na célula I35, também teve um janeiro positivo, mas, depois, teve um fevereiro ruim e um março pior ainda. Lakeside lutou para voltar para 0% pelo resto do ano, mas acabou com sete décimos de 1%.

Nota Esse relatório é viciante. Eu me peguei estudando todo tipo de tendências e, então, tive de me recordar que eu havia criado o conjunto de dados de 1.8 milhão de linhas usando RandBetween há algumas semanas! Esse relatório é tão interessante que fiquei entretido estudando dados ficcionais.

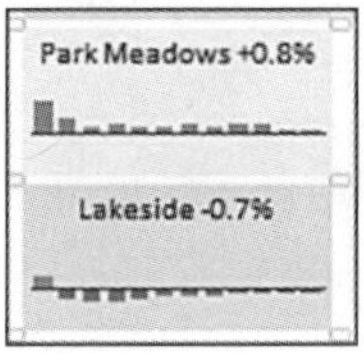

FIGURA 17-18 Perceba o detalhe de dois minigráficos.

Próximos passos

No Capítulo 18, "Lendo e gravando da e na internet", vamos aprender a fazer pesquisas na internet para importar dados automaticamente da internet para os nossos aplicativos Excel.

CAPÍTULO 18

Lendo e gravando da e na internet

Neste capítulo, você vai:

- Obter dados da internet.
- Usar `Application.OnTime` para analisar dados periodicamente.
- Publicar dados em uma página da internet.

A internet se tornou universal e mudou nossas vidas. Por meio da nossa Área de Trabalho, milhões de respostas se tornam disponíveis por meio de alguns cliques. Além disso, publicar um relatório na internet permite que milhões de outras pessoas acessem instantaneamente nossas informações.

Este capítulo discute maneiras automatizadas de transferir dados da internet para as nossas planilhas, usando os novos recursos do antigo suplemento Power Query. Vamos aprender a usar o VBA para chamar um site repetidamente e coletar informações para diversos pontos de dados. Este capítulo também mostra como salvar dados de uma planilha diretamente na internet.

Obtendo dados da internet

Existe uma infindável variedade de dados na internet. Nós temos duas opções quando falamos de obter dados da internet. Podemos usar a interface do Excel para configurar uma consulta e, então, usar o VBA para atualizá-la, ou podemos tentar escrever a consulta na linguagem M. O suplemento Power Query que a Microsoft introduziu no Excel 2010/2013 foi embutido no Excel 2019. Quando usamos Nova Consulta no grupo Obter e Transformar, da aba Dados, estamos usando o antigo suplemento Power Query para configurar nossa consulta na linguagem M.

O código para a consulta que precisaríamos escrever para obter dados da internet é longo e complicado:

```
Sub CriarPowerQuery()
 ActiveWorkbook.Queries.Add Name:="Table 1", _
    Formula:="let" & Chr(13) & "" & Chr(10) & _
     " Source = Web.Page(Web.Contents(" & _
     """http://www.flightstats.com/go/FlightStatus/" & _
     "flightStatusByFlightPositionDetails.do?id=" & _
     "562694389&airlineCode=AA&flightNumber=5370""))," _
     & Chr(13) & "" & Chr(10) & " Data1 = Source{1}[Data]," _
     & Chr(13) & "" & Chr(10) & " #""Changed Type"" = " & _
     "Table.TransformColumnTypes(Data1,{{""UTC Time""," & _
     "type text}, {""Time At Departure"", type text}, " & _
     "{""Time At Arrival"", type text}, {""Spee" & _
```

```
        "d"", type text}, {""Altitude"", type text}, " & _
        "{""Latitude"", type number}, {""Longitude"", " & _
        "type number}})," & Chr(13) & "" & Chr(10) & " " & _
        "#""Removed Columns"" = Table.RemoveColumns" & _
        "(#""Changed Type"",{""UTC Time"", ""Time At " & _
        "Departure""})," & Chr(13) & "" & Chr(10) & _
        " #""Split Column by Position"" = Table.Split" & _
        "Column(#""Removed Columns"",""Time At Arrival""," & _
        "Splitter.SplitTextByPositions({0, 6}, false),"
        Formula = Formula & _
        "{""Time At Arrival.1"", ""Time At Arrival.2""})," & Chr(13) & _
        "" & Chr(10) & " #""Changed Type1"" = " & _
        "Table.TransformColumnTypes(#""Split Column by " & _
        "Position"",{{""Time At Arrival.1"", type date}," & _
        "{""Time At Arrival.2"", type time}})," & Chr(13) & _
        "" & Chr(10) & " #""Removed Columns1"" = " & _
        "Table.RemoveColumns(#""Changed Type1"",{""Time At Arrival.1" _
        "})," & _
        Chr(13) & "" & Chr(10) & " #""Split Column by Delimiter"" = " & _
        "Table.SplitColumn(#""Removed Columns1"",""Spe" & _
        "ed"",Splitter.SplitTextByEachDelimiter({"" ""}, " & _
        "null, false),{""Speed.1"", ""Speed.2""})," & Chr(13) & _
        "" & Chr(10) & " #""Changed Type2"" = " & _
        "Table.TransformColumnTypes(#""Split Column by Delimiter""," & _
        "{{""Speed.1"", Int64.Type}, {""Speed.2"", type text}})," & _
        Chr(13) & "" & Chr(10) & " #""Removed Columns2"" = " & _
        "Table.RemoveColumns(#""Changed Type2"",{""Speed.2""})," & _
        Chr(13) & "" & Chr(10) & " #""Split Column by Delimiter1"" " & _
        "= Table.SplitColumn(#""Removed Columns2""," & _
        """Altitude"",Splitter.SplitTextByEachDelimiter({"" ""}, " & _
        "null, false),{""Altitude.1"", ""Altitude.2""})," & _
        Chr(13) & "" & Chr(10) & " #""Changed Type3"" = "
        Formula = Formula & "Table.TransformColumnTypes(#""Split " & _
        "Column by Delimiter1""," & _
        "{{""Altitude.1"", Int64.Type}, {""Altitude.2"", type text}})," & _
        Chr(13) & "" & Chr(10) & " #""Removed Columns3"" = " & _
        "Table.RemoveColumns(#""Changed Type3"",{""Altitude.2""})" & _
        Chr(13) & "" & Chr(10) & "in" & Chr(13) & "" & Chr(10) & " " & _
        " #""Removed Columns3"""
   Sheets.Add After:=ActiveSheet
  With ActiveSheet.ListObjects.Add(SourceType:=0, _
    Source:="OLEDB;Provider=Microsoft.Mashup.OleDb.1;" & _
    "Data Source=$Workbook$;Location=Table1", _
    Destination:=Range("$A$1")).QueryTable      .CommandType = xlCmdSql
        .CommandText = Array("SELECT * FROM [Table 1]")
        .RowNumbers = False
        .FillAdjacentFormulas = False
        .PreserveFormatting = True
        .RefreshOnFileOpen = False
```

```
        .BackgroundQuery = True
        .RefreshStyle = xlInsertDeleteCells
        .SavePassword = False
        .SaveData = True
        .AdjustColumnWidth = True
        .RefreshPeriod = 0
        .PreserveColumnInfo = False
        .ListObject.DisplayName = "Table_1"
        .Refresh BackgroundQuery:=False
    End With
  Selection.ListObject.QueryTable.Refresh BackgroundQuery:=False
End Sub
```

A solução mais simples é configurar a consulta na interface do Power Query e atualizar a consulta com o seguinte código:

```
Sub AtualizarPowerQuery()
    ActiveWorkbook.RefreshAll
End Sub
```

Criando múltiplas consultas com o VBA

Digamos que queremos obter dados de um site, tal como o histórico de estatísticas do clima. Encontramos estatísticas horárias do clima no site http://www.wunderground.com/history/airport/KCAK/2018/6/17/DailyHistory.html. Nessa URL, KCAK é o código de localização do Aeroporto Akron Canton (CAK). O dado 2018/6/17 se refere a 17 de junho de 2018. Podemos imaginar como iterar por múltiplas cidades ou múltiplas datas.

A estratégia seria configurar o Power Query do zero, atualizar, copiar os dados para uma nova planilha, excluir a Power Query e passar para a próxima cidade ou data.

Para obter dados do clima para 24 meses, precisamos repetir o processo de consulta online mais de 700 vezes. Fazer isso manualmente seria tedioso.

A primeira parte pode ser escrita diretamente no código porque ela nunca muda:

```
"URL;http://www.wunderground.com/history/airport/K"
```

A próxima parte é o código de 3 letras do aeroporto. Se estivermos coletando dados de muitas cidades, essa parte vai mudar:

```
CAK
```

A terceira parte é uma barra, a data no formato AAAA/M/D e uma barra:

```
/2018/6/17/
```

A parte final pode ser escrita diretamente no código:

```
"DailyHistory.html"
```

Insira uma nova planilha e crie uma tabela de saída. Na célula A2, insira a primeira data para a qual você tem histórico de vendas. Use a alça de preenchimento para arrastar e ajustar as datas para baixo até a data atual.

A fórmula em B2 é ="/"&Texto(A2,"YYYY/M/D")&"/".

Adicione belos títulos na linha 1 para as estatísticas que serão coletadas.

Encontrando os resultados dos dados coletados

Então, teremos que tomar uma decisão. Parece que o site Weather Underground é bem confiável. As estatísticas de neve aparecem até quando fazemos uma consulta pelo aeroporto JHM em Maui. Se tivermos certeza de que os dados sobre chuvas sempre aparecerão na célula B28 da nossa planilha de resultados, poderemos gravar a macro para pegar os dados de lá. Entretanto, por motivo de segurança, podemos escrever algumas fórmulas de pesquisa na parte de cima da planilha para procurar por certos rótulos de linha e coletar esses dados. Na Figura 18-1, oito fórmulas PROCV encontram as estatísticas para alta, baixa, chuva e neve da consulta online.

G	H	I	J	K	L	M	N
				Alta	Baixa	Chuva	Neve
Palavras nos resultados da página:				Temperatura Máxima	Temperatura Mínima	Precipitação	Neve
			Resultado:	81 °F	68 °F	0	0
			Fórmula:	=VLOOKUP(K2;Web!$A:$B;2;FASE)	=VLOOKUP(L2;Web!$A:$B;2;FASE)	=PROV(M2;Web!$A:$B;2;FALSO)	=PROV(N2;Web!$A:$B;2;FALSO)

FIGURA 18-1 As PROCVs na parte de cima da planilha online encontram e coletam os dados relevantes de uma página da internet.

> **Nota** A localização variável de dados online acontece com mais frequência do que você imagina. Se estiver coletando informações de nome e endereço, alguns endereços terão três ou até quatro linhas. Qualquer coisa que apareça depois do endereço poderá estar deslocada em uma linha. Alguns sites de cotações de ações exibem uma versão diferente dos dados, dependendo de o mercado estar aberto ou fechado. Se iniciarmos uma série de consultas online às 3:45 p.m., a macro poderá funcionar até às 4:00 p.m. e, então, parar de funcionar. Por esses motivos, costuma ser mais seguro dar alguns passos adicionais para recuperar os dados certos da consulta online usando instruções VLOOKUP.

Para criar a macro, escreva algumas linhas antes do código gravado:

```
Dim PLD As Worksheet
Dim PLW As Worksheet
Set PLD = Worksheets("Dados")
Set PLW = Worksheets("Web")
LinhaFinal = PLD.Cells(Rows.Count, 1).End(xlUp).Row
```

Então, adicione um loop que passa por todas as datas na planilha de dados:

```
For I = 2 to LinhaFinal
 EstaData = PLD.Cells(I, 2).Value
 ' Crie a String de Conexão
 SC = "URL: URL;http://www.wunderground.com/history/airport/KCAK"
 SC = SC & EstaData & "DailyHistory.html"
```

Se uma consulta online estiver a ponto de sobrescrever dados existentes da planilha, ela moverá esses dados para a direita. Queremos limpar a consulta online anterior e todo o seu conteúdo:

```
For Each tc In PLD.QueryTables
 tc.Delete
Next tc
PLD.Range("A10:A300").EntireRow.Clear
```

Agora podemos ir até o código gravado e alterar a linha de `QueryTables.Add` para o seguinte:

```
With PLD.QueryTables.Add(Connection:= SC, Destination:=PLW.Range("A10"))
```

Depois do código gravado, adicione algumas linhas para calcular os VLOOKUPs, copie os resultados e finalize o loop:

```
PLW.Calculate
PLD.Cells(i, 3).Resize(1, 4).Value = PLW.Range("B4:E4").Value
Next i
```

Examine o código à medida que ele passa pelo primeiro loop para se certificar de que tudo está funcionando. Observe que a verdadeira linha `.Refresh` leva de 5 a 10 segundos. Obter dados de 2 ou 3 anos de páginas da internet exigiria mais de uma hora de tempo de processamento. Execute a macro, vá almoçar e, quando voltar, você terá um bom conjunto de dados.

Juntando tudo

Nessa macro final, a atualização de tela foi desativada e o número de linha que a macro está processando é exibida na barra de status. Eu também removi algumas propriedades desnecessárias do código gravado:

```
Sub ObterDados()
 Dim PLD As Worksheet
 Dim PLW As Worksheet
 Set PLD = Worksheets("Dados")
 Set PLW = Worksheets("Web")
 LinhaFinal = PLD.Cells(Rows.Count, 1).End(xlUp).Row

 For i = 1 to LinhaFinal
   EstaData = PLD.Cells(I, 2).Value
   ' Crie a String de Conexão
   SC = "URL;http://www.wunderground.com/history/airport/KCAK/"
   SC = SC & EstaData
   SC = SC & "DailyHistory.html"
   ' Limpa os resultados da última consulta online
   For Each tc In PLW.QueryTables
    tc.Delete
   Next tc
   PLD.Range("A10:A300").EntireRow.Clear
```

```
  With PLW.QueryTables.Add(Connection:=CS, _
    Destination:=Range("$A$10"))
    .Name = "DailyHistory"
    .FieldNames = True
    .RowNumbers = False
    .FillAdjacentFormulas = False
    .PreserveFormatting = True
    .RefreshOnFileOpen = False
    .BackgroundQuery = True
    .RefreshStyle = xlInsertDeleteCells
    .SavePassword = False
    .SaveData = True
    .AdjustColumnWidth = True
    .RefreshPeriod = 0
    .WebSelectionType = xlEntirePage
    .WebFormatting = xlWebFormattingNone
    .WebPreFormattedTextToColumns = True
    .WebConsecutiveDelimitersAsOne = True
    .WebSingleBlockTextImport = False
    .WebDisableDateRecognition = False
    .WebDisableRedirections = False
    .Refresh BackgroundQuery:=False
  End With

  PLD.Range("K3:N3").FormulaR1C1 = _
    "=VLOOKUP(R[-1]C,Web!C1:C2,2,FALSE)"
  PLD.Cells(i, 3).Resize(1, 4).Value = _
    PLD.Range("K3:N3").Value
Next i

End Sub
```

Depois de uma hora, teremos os dados coletados de centenas de páginas da internet (veja a Figura 18-2).

	A	B	C	D	E	F
1	Date	Format	High	Low	Rain	Snow
2	6/27/2018	/2018/6/27/	70 °F	66 °F	0	0
3	6/26/2018	/2018/6/26/	82 °F	55 °F	0	0
4	6/25/2018	/2018/6/25/	80 °F	60 °F	0	0
5	6/24/2018	/2018/6/24/	81 °F	63 °F	0	0
6	6/23/2018	/2018/6/23/	79 °F	66 °F	0	0
7	6/22/2018	/2018/6/22/	73 °F	65 °F	0	0
8	6/21/2018	/2018/6/21/	81 °F	59 °F	0	0
9	6/20/2018	/2018/6/20/	81 °F	65 °F	0	0
10	6/19/2018	/2018/6/19/	81 °F	68 °F	0	0

FIGURA 18-2 Esses são os resultados de se executar uma consulta online centenas de vezes.

Exemplos de coletas em sites usando consultas online

Eu já venho utilizando o truque das consultas online muitas vezes durante esses anos. Exemplos disso incluem os seguintes:

- Eu usei uma consulta online para obter os nomes e endereços da companhia de todos os diretores financeiros da Fortune 1000 para que eu pudesse anunciar meus seminários de Power Excel a eles.
- Eu usei uma consulta online para obter a lista completa dos membros de uma associação editora da qual sou membro. (Eu já tinha a lista impressa, mas, com um banco de dados eletrônico, eu poderia filtrá-la para encontrar editores de certas cidades.)
- Eu usei uma consulta online para obter os endereços de correspondência de todas as bibliotecas públicas dos Estados Unidos.
- Eu usei a consulta online para obter a lista completa de restaurantes Chipotle (que mais tarde acabou no meu GPS, mas essa é uma história para o livro [ainda não escrito] sobre o Microsoft MapPoint).

Usando Application.OnTime para analisar dados periodicamente

O VBA nos oferece o método `OnTime` para executar qualquer procedimento de VBA em um determinado momento do dia ou após uma quantidade específica de tempo.

Podemos escrever uma macro para coletar dados a cada hora durante todo o dia. Essa macro teria os horários inseridos diretamente no código. O código abaixo, teoricamente, coleta dados de um site a cada hora ao longo do dia:

```
Sub AgendarODia()
 Application.OnTime EarliestTime:=TimeValue("8:00 AM"), _
  Procedure:= "ColetarDados"
 Application.OnTime EarliestTime:=TimeValue("9:00 AM"), _
   Procedure:= "ColetarDados"
 Application.OnTime EarliestTime:=TimeValue("10:00 AM"), _
   Procedure:= "ColetarDados"
 Application.OnTime EarliestTime:=TimeValue("11:00 AM"), _
   Procedure:= "ColetarDados"
 Application.OnTime EarliestTime:=TimeValue("12:00 AM"), _
   Procedure:= "ColetarDados"
 Application.OnTime EarliestTime:=TimeValue("1:00 PM"), _
   Procedure:= "ColetarDados"
 Application.OnTime EarliestTime:=TimeValue("2:00 PM"), _
   Procedure:= "ColetarDados"
 Application.OnTime EarliestTime:=TimeValue("3:00 PM"), _
   Procedure:= "ColetarDados"
 Application.OnTime EarliestTime:=TimeValue("4:00 PM"), _
   Procedure:= "ColetarDados"
```

```
 Application.OnTime EarliestTime:=TimeValue("5:00 PM"), _
   Procedure:= "ColetarDados"
End Sub

Sub ColetarDados()
 Dim PLC As Worksheet
 Dim PróxLin As Long
 Set PLC = Worksheets("MinhaConsulta")
 ' Atualiza a consulta online
 PLC.Range("A2").QueryTable.Refresh BackgroundQuery:=False
 ' Certifica-se de que os dados foram atualizados
 Application.Wait Now + TimeValue("0:00:10")
 ' Copia os resultados da consulta online em uma nova linha
 PróxLin = PLC.Cells(Rows.Count, 1).End(xlUp).Row + 1
 PLC.Range("A2:B2").Copy PLC.Cells(PróxLin, 1)
End Sub
```

Usando o modo Pronto para procedimentos agendados

O método `OnTime` é executado apenas quando o Excel está no modo Pronto, Copiar, Recortar ou Procurar no momento predeterminado. Se começarmos a editar uma célula às 7:59:55 a.m. e mantivermos essa célula no modo de Edição, o Excel não poderá executar a macro `ColetarDados` às 8:00 a.m., como programado.

No exemplo de código anterior, eu especifiquei apenas o horário de início para que o procedimento seja executado. O Excel aguardará ansiosamente até que a planilha volte ao modo Pronto e executará o programa agendado assim que puder.

O exemplo clássico é quando começamos a editar uma célula às 7:59 a.m., e o nosso gerente entra e pede para que compareçamos a uma reunião surpresa do pessoal no fim do corredor. Se deixarmos nossa planilha no modo de Edição e ficarmos na reunião do pessoal até às 10:30 a.m., o programa não poderá ser executado nas três primeiras horas programadas de atualizações. Assim que voltamos à sua mesa e pressionamos Enter para sair do modo de Edição, o programa executa todas as tarefas agendadas anteriormente. No código anterior, descobriremos que as três primeiras atualizações agendadas do programa acontecerão entre 10:30 e 10:31 a.m.

Especificando um intervalo de tempo para uma atualização

Podemos fornecer um intervalo de tempo ao Excel dentro do qual ele poderá fazer uma atualização. O código abaixo diz ao Excel para executar uma atualização entre 8:00 a.m. e 8:05 a.m.:

```
Application.OnTime EarliestTime:=TimeValue("8:00 AM"), _
 Procedure:= "ColetarDados ", _
 LatestTime:=TimeValue("8:05 AM")
```

Se a sessão do Excel continuar no modo de Edição durante os cinco minutos, a tarefa agendada será ignorada.

Cancelando uma macro previamente agendada

É bem difícil cancelar uma macro previamente agendada. Precisamos saber a hora exata na qual a macro foi agendada para ser executada. Para cancelar uma operação pendente, chame o método `OnTime` novamente e use o parâmetro `Schedule:=False` para cancelar o evento. O código abaixo cancela a execução das 11:00 a.m. de `ColetarDados`:

```
Sub CancelarOnze()
Application.OnTime EarliestTime:=TimeValue("11:00 AM"), _
 Procedure:= "ColetarDados", Schedule:=False
End Sub
```

É interessante observar que os agendamentos `OnTime` são lembrados por meio de uma ocorrência em execução do Excel. Se mantivermos o Excel aberto, mas fecharmos a pasta de trabalho que possui o procedimento agendado, ele ainda será executado. Considere essa hipotética série de eventos:

1. Abrir o Excel às 7:30 a.m.
2. Abrir o Agendamento.xlsm e executar uma macro para agendar um procedimento às 8:00 a.m.
3. Fechar o Agendamento.xlsm, mas manter o Excel aberto.
4. Abrir uma nova pasta de trabalho e começar a inserir dados.

Às 8:00 a.m., o Excel reabre o Agendamento.xlsm e executa a macro agendada. O Excel não fecha o Agendamento.xlsm. Como podemos imaginar, isso é bem irritante e alarmante se não estivermos esperando por isso. Se formos usar `Application.OnTime` bastante, talvez desejemos que ele seja executado em uma ocorrência do Excel enquanto trabalhamos em uma segunda ocorrência dele.

> **Nota** Se estivermos usando uma macro a fim de agendar uma macro para algum tempo depois, devemos registrar a hora em uma célula que não venha a interferir no trabalho para podermos cancelar a atualização. Veja um exemplo na seção "Agendando uma macro para ser executada *x* minutos no futuro" deste capítulo.

Fechar o Excel cancela todas as macros agendadas pendentes

Se fecharmos o Excel em Arquivo, Sair, todas as macros agendadas futuras serão automaticamente canceladas. Quando temos uma macro que agendou um monte de macros em tempos indeterminados, fechar o Excel é a única maneira de evitar que elas sejam executadas.

Agendando uma macro para ser executada *x* minutos no futuro

Podemos agendar uma macro para ser executada em um certo ponto do futuro. A macro abaixo usa a função TIME para retornar a hora atual e soma 2 minutos e 30 segundos a ela. A macro abaixo executa algo daqui 2 minutos e 30 segundos:

```
Sub AgendarAlgo()
 ' Esta macro pode ser usada para agendar algo
 HorasEspera = 0
 MinEspera = 2
 SegEspera = 30
 NomeDoProcAgendado = "ColetarDados"
 ' --- Fim da Seção de Entrada -------

 ' Determina quando isso deverá ser executado novamente
 PróxHora = Time + TimeSerial(HorasEspera, MinEspera, SegEspera)

 ' Agenda EsteProcedimento para ser executado então
 Application.OnTime EarliestTime:=PróxHora, Procedure:=NomeDoProcAgendado

End Sub
```

Cancelar esse evento agendado mais tarde será quase impossível. Nós não sabemos o horário exato que a macro obteve da função TIME. Podemos tentar salvar esse valor em uma célula que não atrapalhe:

```
Sub AgendarComOpçãoCancelar()
 NomeDoProcAgendado = "ColetarDados"

 ' Determina quando isso deverá ser executado novamente
 PróxHora = Time + TimeSerial(0,2,30)
 Range("ZZ1").Value = PróxHora

 ' Agenda EsteProcedimento para ser executado então
 Application.OnTime EarliestTime:=PróxHora, _
   Procedure:=NomeDoProcAgendado

End Sub

Sub CancelarMaisTarde()
   PróxHora = Range("ZZ1").Value
   Application.OnTime EarliestTime:=PróxHora, _
 Procedure:=ColetarDados, Schedule:=False
End Sub
```

Agendando um lembrete verbal

As ferramentas de texto para voz no Excel podem ser divertidas. A macro abaixo define um agendamento que nos lembra de quando é hora de ir para uma reunião do pessoal:

```
Sub AgendarFala()
 Application.OnTime EarliestTime:=TimeValue("9:14 AM"), _
   Procedure:="Lembre-me"
End Sub

Sub Lembre-me()
 Application.Speech.Speak _
   Text:="Bill. É hora de ir para a reunião do pessoal."
End Sub
```

Se quisermos fazer uma brincadeira com o nosso gerente, poderemos agendar o Excel para ativar automaticamente o recurso de Ler Células em Voz Alta ao Pressionar Enter. Acompanhe este cenário:

1. Diga ao gerente que irá levá-lo para almoçar para celebrar o 1º de abril.
2. Em algum momento da manhã, enquanto seu gerente estiver tomando café, execute a macro `AgendarFala`. Programe a macro para ser executada 15 minutos depois do início do seu almoço.
3. Leve seu gerente para almoçar.
4. Enquanto seu gerente estiver fora, a macro agendada será executada.
5. Quando o gerente retornar e começar a digitar dados no Excel, o computador repetirá as células à medida que forem sendo inseridas. Isso se parece um pouco com o computador de *Jornada nas Estrelas*, que repetia tudo que a Tenente Uhura dizia.

Depois que isso começar a acontecer, podemos nos fingir de inocentes, visto que teremos um forte álibi para quando a pegadinha começou a acontecer. Esse é o código que usamos para fazer isso:

```
Sub AgendarFala()
 Application.OnTime EarliestTime:=TimeValue("12:15 PM"), _
   Procedure:="ConfigurarFala"
End Sub

Sub ConfigurarFala()
 Application.Speech.SpeakCellOnEnter = True
End Sub
```

Nota Para desativar o Ler Células em Voz Alta ao Pressionar Enter, podemos desenterrar o botão do painel de personalização Barra de Ferramentas de Acesso Rápido (procure na categoria chamada Comandos Fora da Faixa de Opções), ou, se pudermos executar um programa de VBA, mudar a macro `ConfigurarFala` de `True` para `False`.

Agendando uma macro para ser executada a cada dois minutos

Meu método favorito é programar o Excel para executar certa macro a cada dois minutos. Entretanto, entendemos que, se uma macro atrasar porque acidentalmente deixamos a pasta de trabalho no modo de Edição ao irmos para a reunião do pessoal, não queremos que dezenas de atualizações aconteçam em uma questão de alguns segundos.

A solução mais simples é fazer o procedimento `AgendarAlgo` se agendar recursivamente para ser executado novamente dentro de dois minutos. O código abaixo agenda uma execução em dois minutos e, então, executa o `ColetarDados`:

```
Sub AgendarAlgo()
 ' Esta macro pode ser usada para agendar algo
 ' Insira com que frequência deseja executar a macro em horas e minutos
 HorasEspera = 0
 MinEspera = 2
 SegEspera = 0
 NomeDesteProcedimento = "AgendarAlgo"
 NomeDoProcAgendado = "ColetarDados"
 ' --- Fim da Seção de Entrada -------

 ' Determina quando isso deverá ser executado novamente
 PróxHora = Time + TimeSerial(HorasEspera, MinEspera, SegEspera)

 ' Agenda EsteProcedimento para ser executado então
 Application.OnTime EarliestTime:=PróxHora, _
 Procedure:=NomeDesteProcedimento

 ' Obtém os Dados
 Application.Run NomeDoProcAgendado

End Sub
```

Esse método tem algumas vantagens. Ele não agenda um milhão de atualizações no futuro. Temos apenas uma atualização futura agendada em qualquer dado momento. Portanto, se decidirmos que estamos cansados de ver o débito nacional a cada 15 segundos, precisamos apenas transformar a linha de código `Application.OnTime` em um comentário e esperar 15 segundos para que a última atualização aconteça.

Publicando dados em uma página da internet

Este capítulo destacou as muitas maneiras de coletar dados da internet. Mas também podemos publicar dados do Excel na internet. É sobre isso que esta seção fala.

A `GerarRelatórioParaCadaCliente`, uma macro apresentada no Capítulo 11, "Minerando dados com o Filtro Avançado", gerou relatórios de cada cliente de uma empresa. Em vez de imprimir e enviar o relatório por fax, seria legal salvar o arquivo do Excel como um HTML e postar os resultados na intranet da empresa. Assim, representantes do serviço de atendimento ao cliente poderão acessar instantaneamente a última versão do relatório.

Com a interface de usuário do Excel, é fácil salvar o relatório como uma página da internet para criar uma visualização em HTML dos dados.

No Excel 2019, use Arquivo, Salvar Como. Selecione Página da Web (*.htm, *.html) no menu suspenso Salvar Como Tipo. Nós podemos escolher o título que aparecerá na barra de título da janela. Esse título também será escrito na parte superior central da nossa página da internet. Clique no botão Alterar para mudar a tag `<title>` da página da internet. Digite um nome que termine em .htm ou em .html e clique em Publicar.

O resultado será um arquivo que pode ser visualizado em qualquer navegador. Essa página da internet apresentará com precisão nossos formatos de números e tamanhos de fonte (veja a Figura 18-3).

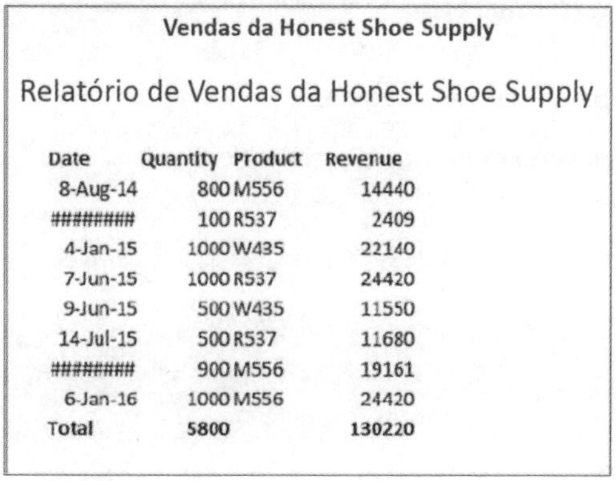

Vendas da Honest Shoe Supply

Relatório de Vendas da Honest Shoe Supply

Date	Quantity	Product	Revenue
8-Aug-14	800	M556	14440
########	100	R537	2409
4-Jan-15	1000	W435	22140
7-Jun-15	1000	R537	24420
9-Jun-15	500	W435	11550
14-Jul-15	500	R537	11680
########	900	M556	19161
6-Jan-16	1000	M556	24420
Total	5800		130220

FIGURA 18-3 A formatação é similar à da planilha original.

Ao passo que a macro do Capítulo 11 usou `PTN.SaveAs`, essa macro usa este código para salvar cada página da internet:

```
HTMLFN = "C:\Intranet\" & EsteClnt & ".html"
On Error Resume Next
Kill HTMLFN
On Error GoTo 0
With PTN.PublishObjects.Add( _
 SourceType:=xlSourceSheet, _
 Filename:=HTMLFN, _
```

```
 Sheet:="Plan1", _
 Source:="", _
 HtmlType:=xlHtmlStatic, _
 DivID:="A", _
 Title:="Vendas para " & EsteClnt)
 .Publish True
 .AutoRepublish = False
End With
```

Embora os dados estejam representados com precisão na Figura 18-3, eles não são extremamente elegantes. Por exemplo, não temos o logotipo da empresa ou uma barra de navegação para examinar outros relatórios.

Usando o VBA para criar páginas da internet personalizadas

Muito antes de a Microsoft introduzir a funcionalidade Salvar Como Página da Web, as pessoas usavam o VBA para publicar dados do Excel como HTML. A vantagem de se usar o VBA para isso é que podemos escrever instruções HTML específicas para exibir os logotipos da empresa e as barras de navegação.

Considere um típico modelo de página da internet:

- Temos o código para exibir um logotipo e uma barra de navegação na parte de cima/ na lateral.
- Temos o conteúdo da página.
- Temos um pouco de código HTML para finalizar a página.

Esta macro lê o código por trás de uma página da internet e o escreve no Excel:

```
Sub ImportarHTML()
 EsteArq = "C:\Intranet\agendamento.html"
 Open EsteArq For Input As #1
 Ctr = 2
 Do
 Line Input #1, Data
 Worksheets("HTML").Cells(Ctr, 2).Value = Data
 Ctr = Ctr + 1
 Loop While EOF(1) = False
 Close #1
End Sub
```

Ao importar o texto de uma página da internet para o Excel, mesmo que não entendamos o HTML envolvido, provavelmente podemos encontrar as primeiras linhas que contêm o conteúdo da página.

Examine o código HTML no Excel. Copie as linhas necessárias para desenhar a parte de cima da página da internet em uma planilha chamada Topo. Copie as linhas de código necessárias para fechar a página da internet em uma planilha chamada Rodapé.

Podemos usar o VBA para escrever o topo e gerar o conteúdo a partir da nossa planilha e escrever em seguida a parte de baixo.

Usando o Excel como um sistema de gerenciamento de conteúdo

Meio bilhão de pessoas são proficientes em Excel. Empresas de toda parte têm dados no Excel e muitos funcionários se sentem confortáveis em fazer a manutenção desses dados. Em vez de forçar essas pessoas a aprenderem como criar páginas HTML, por que não criar um sistema de gerenciamento de conteúdo para coletar os dados do Excel e escrever páginas personalizadas?

Você provavelmente já possui dados para uma página da internet no Excel. Usando a rotina `ImportarHTML` para ler o HTML no Excel, podemos nos familiarizar com as partes de cima e de baixo do HTML necessárias para renderizar a página da internet. Criar um sistema de gerenciamento de conteúdo com essas ferramentas é simples, e vou lhe apresentar um exemplo. Para os dados existentes do Excel, eu adicionei duas planilhas. Na planilha chamada Topo, eu copiei o HTML necessário para gerar a barra de navegação do site. Para a planilha chamada Rodapé, eu copiei o HTML necessário para gerar o final da página HTML. A Figura 18-4 apresenta a simples planilha Rodapé.

	A	B	C	D	E	F	G	H	I	J	K
1	Sequence	Content									
2	1	</UL></p>									
3	2										
4	3										
5	4	Contact: Bill Jelen P.O. Box 82, Uniontown, OH 44685; 									
6	5	online at: www.mrexcel.com ; and by email at Bill@mrexcel.com 									
7	6	</p>									
8	7										
9	8	<center>####</center> 									
10	9										
11	10										
12	11										
13	12	</p>									
14	13	</font>									
15	14	<p></td>									
16	15	</tr>									
17	16	</table>									
18	17	</td>									
19	18	</tr>									
20	19	</table>									
21	20										
22	21	<p align="center"><font size="1" color="#1E2463">Excel is a registered trademark									
23	22	of the Microsoft® Corporation. MrExcel is a registered trademark of Tickling Keys,Inc.</font></p>									
24	23	<p align="center"><font size="1" color="#1E2463">All contents Copyright									
25	24										
26	25	1998-2015 by MrExcel Consulting.</font></p>									
27	26	</font></p>									
28	27										
29	28	</body>									
30	29										
31	30	</html>									

FIGURA 18-4 Empresas de toda parte fazem a manutenção de todo tipo de dados no Excel e se sentem confortáveis em atualizar dados no Excel. Por que não combinar o Excel com um pouco de VBA para produzir um HTML personalizado por meio do Excel?

O código da macro abre um arquivo texto chamado `diretório.html` para saída. Primeiro, todo o código de HTML da planilha Topo é escrito no arquivo. Depois, a macro realiza um loop por cada linha do diretório de membros, gravando dados no arquivo. Depois de completar o loop, a seguinte macro escreve o código de HTML da planilha Rodapé para finalizar o arquivo:

```
Sub EscreverMembrosHTML()
 ' Escreve páginas da internet
 Dim PLT As Worksheet
 Dim PLB As Worksheet
 Dim PLM As Worksheet
 Set PLB = Worksheets("Rodapé")
```

```
Set PLT = Worksheets("Topo")
Set PLM = Worksheets("Membros")

' Descobre o caminho
MeuCaminho = ThisWorkbook.Path

CtrLin = 0

TFinal = PLT.Cells(Rows.Count, 1).End(xlUp).Row
BFinal = PLB.Cells(Rows.Count, 1).End(xlUp).Row
MFinal = PLM.Cells(Rows.Count, 1).End(xlUp).Row

MeuArq = "agendamentoamostra.html"

EsteArq = MeuCaminho & Application.PathSeparator & MeuArq
EsteArqHost = MeuArq

' Exclui a antiga página HTML
On Error Resume Next
Kill (EsteArq)
On Error GoTo 0

' Cria o título
EsteTítulo = "<Title>Diretório de Membros da LTCC</Title>"
PLT.Cells(3, 2).Value = EsteTítulo

' Abre o arquivo para saída
Open EsteArq For Output As #1

' Escreve a parte de cima do HTML
For j = 2 To TFinal
Print #1, PLT.Cells(j, 2).Value
Next j

' Para cada linha em Membros, escreve linhas de dados no arquivo HTML
For j = 2 To MFinal
' Coloca o nome do Membro entre tags de negrito
Print #1, "<li>" & PLM.Cells(j, 1).Value
Next j

' Fecha o arquivo antigo
Print #1, "Esta página foi atualizada em " & Format(Date, "mmmm dd, yyyy") & _
" " & Format(Time, "h:mm AM/PM")
```

```
' Escreve o código HTML da planilha Rodapé
For j = 2 To BFinal
Print #1, PLB.Cells(j, 2).Value
Next j
Close #1

Application.StatusBar = False
Application.CutCopyMode = False
MsgBox "páginas da internet atualizadas"

End Sub
```

A Figura 18-5 apresenta a página da internet finalizada. Essa página da internet parece muito melhor do que a página genérica criada pela opção Salvar Como Página da Web do Excel, e ela mantém a aparência do resto do site.

Esse método tem muitas vantagens. A pessoa que faz a manutenção dos dados agendados se sente confortável em trabalhar no Excel. Ela já vem fazendo a manutenção dos dados no Excel regularmente. Agora, depois de atualizar alguns registros, ela clica em um botão para produzir uma nova versão da página da internet.

Claro, o web designer nem faz ideia de como usar o Excel. Entretanto, se, em algum momento, ele quiser mudar o design da página, basta abrir seu novo arquivo amostra.html no Bloco de Notas e copiar o novo código nas planilhas Topo e Rodapé.

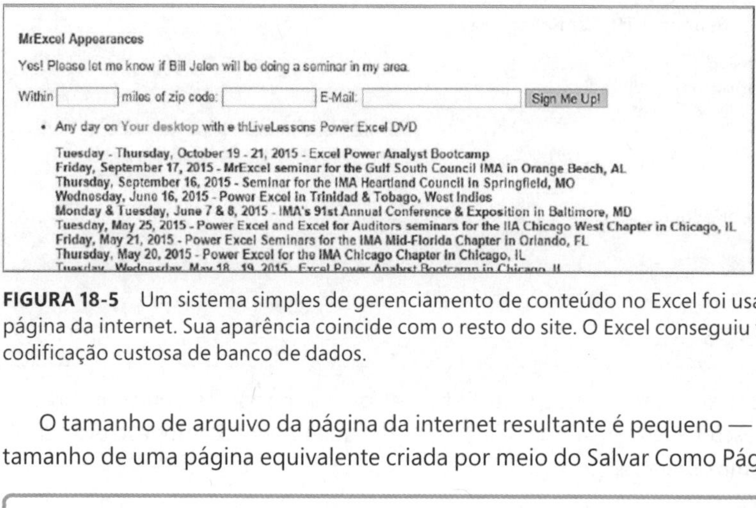

FIGURA 18-5 Um sistema simples de gerenciamento de conteúdo no Excel foi usado para produzir essa página da internet. Sua aparência coincide com o resto do site. O Excel conseguiu fazer isso sem qualquer codificação custosa de banco de dados.

O tamanho de arquivo da página da internet resultante é pequeno — cerca de um sexto do tamanho de uma página equivalente criada por meio do Salvar Como Página da Web do Excel.

> **Nota** Na vida real, o sistema de gerenciamento de conteúdo nesse exemplo foi estendido para permitir uma fácil manutenção do calendário da organização, dos membros do conselho e assim por diante. A pasta de trabalho resultante tornou possível manter 41 páginas da internet por meio de um clique de botão.

Bônus: FTP por meio do Excel

Mesmo depois de conseguirmos atualizar páginas da internet por meio do Excel, ainda vamos precisar usar um programa de FTP para fazer o upload das páginas do nosso disco rígido para a internet. Novamente, muitas pessoas são proficientes em Excel, mas nem tantas se sentem confortáveis usando um cliente FTP.

Ken Anderson escreveu um utilitário freeware de FTP de linha de comando. Baixe WCL_FTP por meio do site *http://www.softlookup.com/display.asp?id=20483*. Salve o WCL_FTP.exe no diretório raiz do seu disco rígido e use esse código para fazer o upload automático dos seus arquivos de HTML criados recentemente para o seu servidor da internet:

```
Sub FazerFTP(nomearq, caminhonomearq)
' Para que isso funcione, copie o wcl_ftp.exe em C:\ diretório raiz
' Baixe por meio do site http://www.softlookup.com/display.asp?id=20483

' Crie uma sequência de caracteres para o FTP. A sintaxe é
' WCL_FTP.exe "Título" nome-do-host nome-do-usuário senha diretório-do-host _
' nome-do-arquivo-do-host nome-do-arquivo-local get-ou-put 0Ascii1Binanry 0NoLog _
' 0Background 1CloseWhenDone 1PassiveMode 1ErrorsText

If Not Worksheets("Menu").Range("I1").Value = True Then Exit Sub

s = """c:\wcl_ftp.exe "" " _
  & """Fazer upload de arquivo para site"" " _
  & "ftp.MeuSite.com UsuárioFTP SenhaFTP www " _
  & nomearq & " " _
  & """" & caminhonomearq & """ " _
  & "put " _
  & "0 0 0 1 1 1"

Shell s, vbMinimizedNoFocus
End Sub
```

Próximos passos

O Capítulo 19, "Processando arquivos de texto", aborda como importar e escrever um arquivo de texto. Ser capaz de escrever em um arquivo de texto é útil quando precisamos escrever dados para que outro sistema os leia.

CAPÍTULO 19

Processando arquivos de texto

Neste capítulo, você vai:

- Importar arquivos de texto.
- Gravar arquivos de texto.

O VBA simplifica tanto a leitura como a gravação de arquivos de texto. E este capítulo aborda como importar e gravar um arquivo de texto. Poder gravar dados em um arquivo de texto é útil quando precisamos gravá-los para que outro sistema os leia ou até quando precisamos gerar arquivos HTML.

Importando arquivos de texto

Existem dois cenários básicos quando lemos dados de arquivos de texto. Se o arquivo tiver menos de 1.048.576 registros, não é difícil importá-lo usando o método `Workbooks.OpenText`. Se o arquivo tiver mais de 1.048.576 registros, precisamos ler um registro de cada vez no arquivo.

Importando arquivos de texto com menos de 1.048.576 linhas

Arquivos de texto costumam vir em dois formatos. Em um deles, os campos de cada registro são separados por algum delimitador, como uma vírgula, uma barra vertical ou uma tabulação. No segundo formato, cada campo assume um número específico de posições de caracteres. Isso é chamado de *arquivo de largura fixa*, e esse foi um formato muito popular na época do COBOL.

O Excel pode importar esses dois tipos de arquivo. Também podemos abrir ambos os tipos usando o método `OpenText`. Em ambos os casos, o melhor é gravar o processo de abertura do arquivo e usar o trecho gravado do código.

Abrindo um arquivo de largura fixa

A Figura 19-1 apresenta um arquivo de texto no qual cada campo ocupa determinado espaço no registro. Escrever o código para abrir esse tipo de arquivo é um pouco difícil porque precisamos especificar o comprimento de cada campo. Na minha coleção de antiguidades, eu ainda tenho a régua de metal usada por programadores de COBOL para medir o número de caracteres em um campo impresso por uma impressora green-bar. Em teoria, seria possível alterar a fonte do nosso arquivo por uma fonte monoespaçada e usar esse mesmo método. No entanto, usar um gravador de macros é um método ligeiramente mais atual.

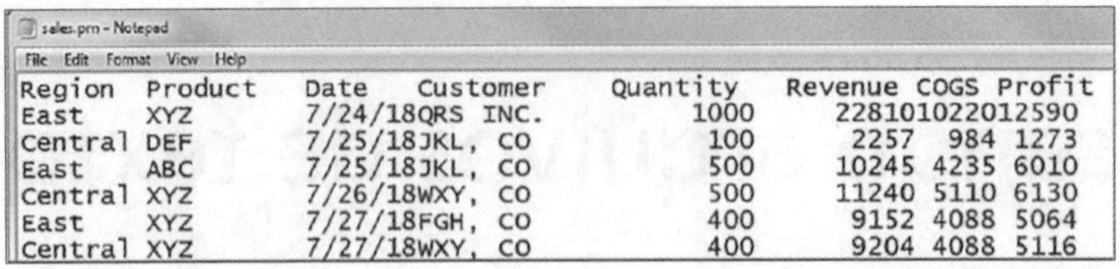

FIGURA 19-1 Esse é um arquivo de largura fixa. Como precisamos especificar o comprimento exato de cada campo do arquivo, abrir esse arquivo seria bem complexo.

Ligue o gravador de macros selecionando Gravar Macro, da aba Desenvolvedor. Use o nome padrão de macros. No menu Arquivo, selecione Abrir. Altere Arquivos do Tipo para Todos os Arquivos e encontre seu arquivo de texto.

No passo 1 do Assistente de Importação de Texto, especifique que os dados são de Largura Fixa e clique em Avançar. O Excel analisará nossos dados e tentará descobrir onde cada campo começa e termina. A Figura 19-2 apresenta a suposição do Excel em relação a esse arquivo específico. Como o campo Data está muito perto do campo Cliente, o Excel deixou de traçar uma linha entre os dois.

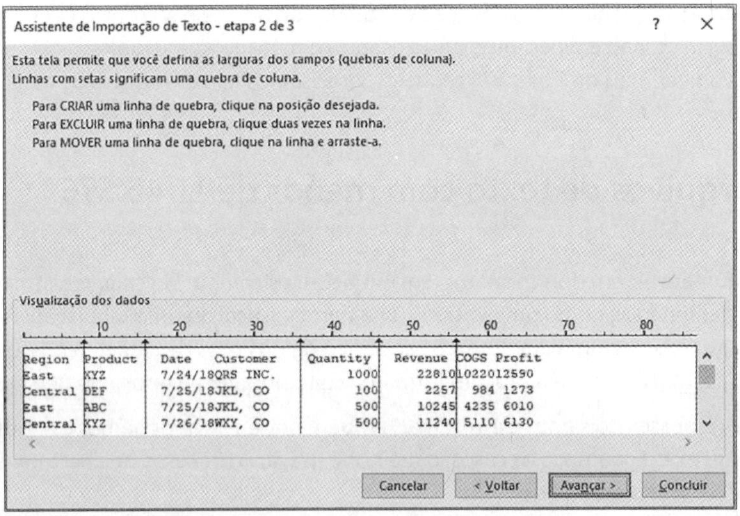

FIGURA 19-2 O Excel tenta adivinhar onde cada campo começa e termina. Neste exemplo, ele adivinhou errado no caso de dois campos.

Para acrescentar um novo indicador de campo no passo 2 do assistente, clique no local apropriado da janela Visualização dos Dados. Se você clicar na coluna errada, clique na linha e a arraste para o local apropriado. Se o Excel inadvertidamente criar uma linha de campo extra, clique duas vezes na linha para removê-la. A Figura 19-3 apresenta a janela de Visualização dos Dados depois que as mudanças apropriadas foram feitas. Observe a pequena régua acima dos dados. Quando clicamos para adicionar um marcador de campo, o Excel, na verdade, está lidando com o enfadonho trabalho de entender que o campo Cliente começa na posição 25 com um comprimento de 11.

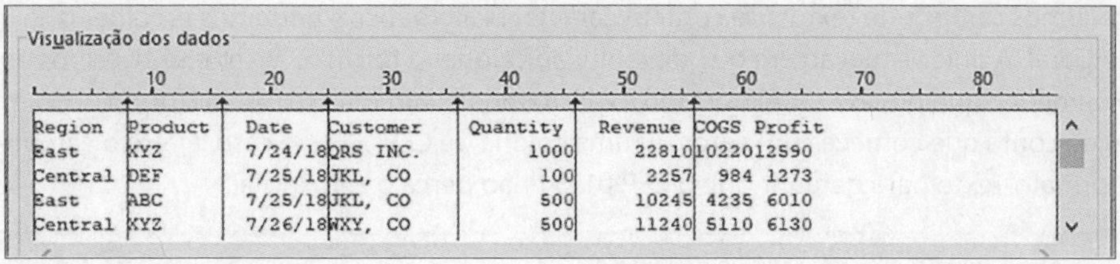

FIGURA 19-3 Depois de adicionar um novo marcador de campo e ajustar o marcador entre Cliente e Quantidade no lugar correto, o Excel poderá gerar o código que nos dá uma ideia da posição inicial e do comprimento de cada campo.

No passo 3 do assistente, o Excel sempre supõe que todos os campos estão no formato Geral. Altere o formato de qualquer um dos campos que precisem de um tratamento especial. Clique na terceira coluna e escolha o formato apropriado na seção Formato dos Dados da Coluna da caixa de diálogo. A Figura 19-4 apresenta as seleções desse arquivo.

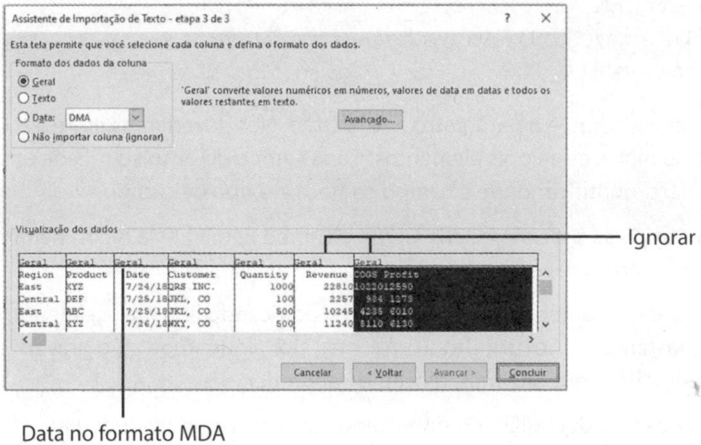

FIGURA 19-4 A terceira coluna é uma data, e não queremos importar as colunas Custo e Lucro.

Se você tiver campos de data, clique no cabeçalho acima dessa coluna e altere o formato dos dados da coluna para o formato Data. Se você tiver um arquivo com datas no formato ano--mês-dia ou dia-mês-ano, selecione o menu suspenso ao lado de Data e escolha a sequência apropriada das datas.

Se preferir pular alguns campos, clique nessas colunas e selecione Não Importar Coluna (Ignorar) da seção Formato dos Dados da Coluna. Isso é útil em algumas situações. Se o arquivo incluir dados delicados que não desejamos mostrar ao cliente, podemos deixá-los de fora da importação. Por exemplo, talvez esse relatório seja exibido para um cliente ao qual não queremos mostrar o custo dos produtos vendidos ou o lucro. Nesse caso, podemos escolher pular esses campos na importação. Além disso, ocasionalmente encontraremos um arquivo de texto que possui uma largura fixa e é delimitado por um caractere, tal como um caractere de barra vertical. Definir as colunas com a largura de um caractere que contém barras verticais como "não importar coluna" é uma excelente maneira de nos livrarmos dos caracteres de barras verticais.

Se tivermos campos de texto que contêm caracteres alfabéticos, podemos escolher o formato Geral. A única situação em que devemos selecionar o formato Texto é se tivermos um campo numérico que precise ser exportado explicitamente como texto. Um exemplo disso é um número de conta que comece com zeros ou uma coluna de CEPs. Nesse caso, altere o campo para o formato Texto para garantir que o CEP 01234 não perca o zero inicial.

Nota Quando importamos um arquivo de texto e especificamos que um campo é texto, esse campo exibirá um comportamento aparentemente bizarro. Tente inserir uma nova linha e colocar uma fórmula no meio da coluna importada como texto. Em vez de obter os resultados da fórmula, o Excel inserirá a fórmula como texto. A solução é excluir a fórmula, formatar a coluna inteira como Geral e inserir a fórmula novamente.

Depois de abrir o arquivo, desligue o gravador de macros e examine o código gravado, que deverá se parecer com isto:

```
Workbooks.OpenText Filename:="C:\vendas.prn", Origin:=437, StartRow:=1, _
DataType:=xlFixedWidth, FieldInfo:=Array(Array(0, 1), Array(8, 1), _
Array(17, 3), Array(27, 1), Array(54, 1), Array(62, 1), Array(71, 9), _
Array(79, 9)), TrailingMinusNumbers:=True
```

A parte mais confusa desse código é o parâmetro `FieldInfo`. Nós deveríamos escrever um código de uma matriz de matrizes de dois elementos. Cada campo do arquivo recebe uma matriz de dois elementos para identificar onde o campo começa e o tipo de campo.

A posição de início do campo se baseia em zero. Como o campo Região está na primeira posição de caractere, sua posição inicial é listada como zero.

O tipo de campo é um código numérico. Se estivéssemos codificando isso manualmente, nós usaríamos os nomes das constantes `xlColumnDataType`, mas, por algum motivo, o gravador de macros usa equivalentes numéricos que são mais difíceis de entender.

Usando a Tabela 19-1, podemos decodificar o significado das matrizes individuais na matriz `FieldInfo`. `Array(0, 1)` significa que esse campo começa zero caracteres a partir da extremidade esquerda do arquivo e que ele é do formato Geral. `Array(8, 1)` indica que o próximo campo começa oito caracteres a partir da extremidade esquerda do arquivo e que ele é do formato Geral. `Array(17, 3)` indica que o próximo campo começa 17 caracteres a partir da extremidade esquerda do arquivo e que ele é do formato Data na sequência mês-dia-ano.

TABELA 19-1 Valores de `xlColumnDataType`.

Valor	Constante	Usado Para
1	`xlGeneralFormat`	Geral
2	`xlTextFormat`	Texto
3	`xlMDYFormat`	Data MDA
4	`xlDMYFormat`	Data DMA
5	`xlYMDFormat`	Data AMD
6	`xlMYDFormat`	Data MAD
7	`xlDYMFormat`	Data DAM

Valor	Constante	Usado Para
8	`xlYDMFormat`	Data ADM
9	`xlSkipColumn`	Ignorar Coluna
10	`xlEMDFormat`	Data EMD (usado em Taiwan)

Como podemos ver, é difícil programar o parâmetro `FieldInfo` de arquivos de largura fixa e seu código é confuso. Essa é uma situação na qual é mais fácil gravar a macro e copiar o trecho de código.

Abrindo um arquivo delimitado

A Figura 19-5 apresenta um arquivo de texto no qual os campos são separados por vírgula. A principal tarefa para se abrir um arquivo como esse é informar ao Excel que o delimitador no arquivo é uma vírgula e identificar qualquer processamento especial de cada campo. Nesse caso, nós realmente queremos identificar a terceira coluna como sendo uma data no formato MDA.

```
Region,Product,Date,Customer,Quantity,Revenue,COGS,Profit
East,XYZ,7/24/2018,QRS INC.,1000,22810,10220,12590
Central,DEF,7/25/2018,"JKL, CO",100,2257,984,1273
East,ABC,7/25/2018,"JKL, CO",500,10245,4235,6010
Central,XYZ,7/26/2018,"WXY, CO",500,11240,5110,6130
East,XYZ,7/27/2018,"FGH, CO",400,9152,4088,5064
Central,XYZ,7/27/2018,"WXY, CO",400,9204,4088,5116
East,DEF,7/27/2018,RST INC.,800,18552,7872,10680
```

FIGURA 19-5 Esse arquivo é delimitado por vírgulas. Abrir esse arquivo envolve pedir ao Excel para procurar uma vírgula como o delimitador e identificar qualquer manipulação especial, como tratar a terceira coluna como uma data. Isso é muito mais fácil do que manipular arquivos de largura fixa.

> **Nota** Se tentarmos gravar o processo de abrir um arquivo delimitado por vírgula, cujo nome de arquivo termine em .csv, o Excel gravará o método `Workbooks.Open` em vez de `Workbooks.OpenText`. Se precisar controlar a formatação de certas colunas, renomeie o arquivo para ter uma extensão .txt antes de gravar a macro. Então, você poderá editar a macro gravada para alterar o nome do arquivo de volta para uma extensão .csv.

Ligue o gravador de macros e grave o processo de abrir o arquivo de texto. Na etapa 1 do assistente, especifique que o arquivo é delimitado.

Na etapa 2 do Assistente de Importação de Texto, a janela de Visualização dos Dados pode parecer ruim de início. Isso acontece porque a padronização do Excel supõe que cada campo é separado por caracteres de tabulação (veja a Figura 19-6).

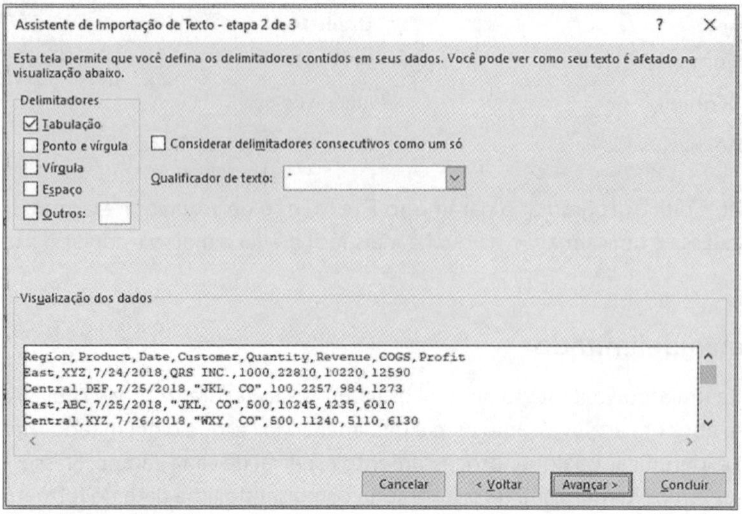

FIGURA 19-6 Antes de importar um arquivo de texto delimitado, a janela de Visualização dos Dados parece mais uma confusão de dados porque o Excel procura por caracteres de tabulação entre cada campo, quando, na verdade, as vírgulas são os delimitadores desse arquivo.

Depois de desmarcar a caixa de seleção Tabulação e selecionar a opção de delimitador apropriada, que nesse caso é uma vírgula, a janela de Visualização dos Dados da etapa 2 ficará perfeita, conforme ilustrado na Figura 19-7.

A etapa 3 do assistente é idêntica à etapa 3 para um arquivo de largura fixa. Nesse caso, especifique que a terceira coluna está no formato de data. Clique em Concluir e você terá este código no gravador de macros:

```
Workbooks.OpenText Filename:="C:\vendas.txt", Origin:=437, _
 StartRow:=1, DataType:=xlDelimited, TextQualifier:=xlDoubleQuote, _
 ConsecutiveDelimiter:=False, Tab:=False, Semicolon:=False, _
 Comma:=True, Space:=False, Other:=False, _
 FieldInfo:=Array(Array(1, 1), Array(2, 1), _
 Array(3, 3), Array(4, 1), Array(5, 1), Array(6, 1), _
 Array(7, 1), Array(8, 1)), TrailingMinusNumbers:=True
```

Embora esse código pareça mais longo do que o anterior, na verdade ele é mais simples. No parâmetro `FieldInfo`, as matrizes de dois elementos consistem em uma sequência de números, começando em 1 para o primeiro campo e, então, um `xlColumnDataType` da Tabela 19-1. Nesse exemplo, `Array(2, 1)` está dizendo "o segundo campo é do tipo geral". `Array(3, 3)` está dizendo "o terceiro campo é uma data no formato MDA". O código é mais extenso porque ele especifica explicitamente que cada possível delimitador é definido como `False`. Como `False` é o padrão para todos os delimitadores, na verdade só precisamos daquele que vamos usar. O código a seguir é equivalente:

```
Workbooks.OpenText Filename:= "C:\vendas.txt", _
 DataType:=xlDelimited, Comma:=True, _
 FieldInfo:=Array(Array(1, 1), Array(2, 1), Array(3, 3), _
 Array(4, 1), Array(5, 1), Array(6, 1), _
 Array(7, 1), Array(8, 1))
```

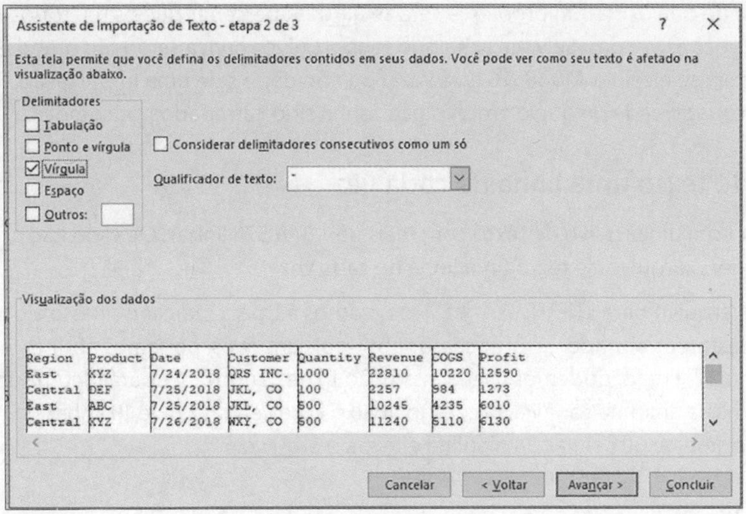

FIGURA 19-7 Depois de alterar o delimitador do campo de uma tabulação para uma vírgula, a janela de Visualização dos Dados fica perfeita. Isso certamente é mais fácil do que o processo trabalhoso da etapa 2 para um arquivo de largura fixa. Repare que o Excel ignora as vírgulas no campo Cliente quando o cliente está entre pontos de interrogação.

Finalmente, para tornar o código mais legível, podemos usar os nomes das constantes em vez dos números dos códigos:

```
Workbooks.OpenText Filename:="C:\vendas.txt", _
 DataType:=xlDelimited, Comma:=True, _
 FieldInfo:=Array(Array(1, xlGeneralFormat), _
 Array(2, xlGeneralFormat), _
 Array(3, xlMDYFormat), Array(4, xlGeneralFormat), _
 Array(5, xlGeneralFormat), Array(6, xlGeneralFormat), _
 Array(7, xlGeneralFormat), Array(8, xlGeneralFormat))
```

O Excel tem opções predefinidas de leitura de arquivos cujos campos são delimitados por tabulações, pontos e vírgulas, vírgulas ou espaços. Na verdade, o Excel pode utilizar qualquer coisa como delimitador. Se alguém enviasse um texto delimitado por barras verticais, ajustaríamos o parâmetro `Other` como `True` e especificaríamos um parâmetro `OtherChar`:

```
Workbooks.OpenText Filename:= "C:\vendas.txt", Origin:=437, _
 DataType:=xlDelimited, Other:=True, OtherChar:= "|", FieldInfo:=...
```

Lidando com arquivos de texto com mais de 1.048.576 linhas

Se usarmos o Assistente de Importação de Texto para ler um arquivo com mais de 1.048.576 linhas de dados, veremos o seguinte erro: "O arquivo não foi completamente carregado." As primeiras 1.048.576 linhas do arquivo serão carregadas corretamente.

Se usarmos `Workbooks.OpenText` para abrir um arquivo com mais de 1.048.576 linhas de dados, não receberemos nenhum aviso de que o arquivo não foi carregado completamente. O Excel 2019 carrega as primeiras 1.048.576 linhas e permite que a execução da macro continue.

Nossa única indicação de que existe um problema será se alguém perceber que os relatórios não estão relatando todas as vendas. Se você acha que seus arquivos nunca serão tão grandes assim, seria bom verificar se a célula A1048576 está vazia ou não depois de uma importação. Se não estiver, existe a probabilidade de que o arquivo não tenha sido carregado por completo.

Lendo arquivos de texto uma linha de cada vez

Podemos nos deparar com um arquivo de texto com mais de 1.048.576 linhas. Quando isso acontece, precisamos ler o arquivo de texto uma linha de cada vez.

Precisamos abrir o arquivo para `INPUT As #1`. Nós usamos #1 para indicar que esse é o primeiro arquivo que estamos abrindo. Se precisamos abrir dois arquivos, podemos abrir o segundo arquivo como #2. Então, podemos usar a instrução `Line Input #1` para ler uma linha do arquivo e transformá-la em uma variável. O código abaixo abre vendas.txt, lê 10 linhas do arquivo, as copia nas primeiras 10 células da planilha e fecha o arquivo:

```
Sub Importar10()
 EsteArq = "C:\vendas.txt"
 Open EsteArq For Input As #1
 For i = 1 To 10
    Line Input #1, Data
    Cells(i, 1).Value = Data
 Next i
 Close #1
End Sub
```

Em vez de ler somente 10 registros, vamos querer ler o arquivo até o final. O Excel atualiza automaticamente uma variável chamada EOF. Ao abrir um arquivo para entrada como #1, verificar `EOF(1)` vai nos dizer se o último registro foi lido.

Use um loop `Do...While` para continuar lendo os registros até chegar ao final do arquivo:

```
Sub ImportarTudo()
 EsteArq = "C:\vendas.txt"
 Open EsteArq For Input As #1
 Ctr = 0
 Do
    Line Input #1, Data
    Ctr = Ctr + 1
    Cells(Ctr, 1).Value = Data
 Loop While EOF(1) = False
 Close #1
End Sub
```

Depois de ler os registros com um código assim, perceba, na Figura 19-8, que os dados não foram separados em colunas. Todos os campos estão na coluna A do arquivo.

Use o método `TextToColumns` para separar os registros em colunas. Os parâmetros para `TextToColumns` são quase idênticos aos do método `OpenText`:

```
Cells(1, 1).Resize(Ctr, 1).TextToColumns Destination:=Range("A1"), _
DataType:=xlDelimited, Comma:=True, FieldInfo:=Array(Array(1, _
xlGeneralFormat), Array(2, xlMDYFormat), Array(3, xlGeneralFormat), _
Array(4, xlGeneralFormat), Array(5, xlGeneralFormat), Array(6, _
xlGeneralFormat), Array(7,xlGeneralFormat), Array(8, xlGeneralFormat), _
Array(9, xlGeneralFormat), Array(10,xlGeneralFormat), Array(11, _
xlGeneralFormat))
```

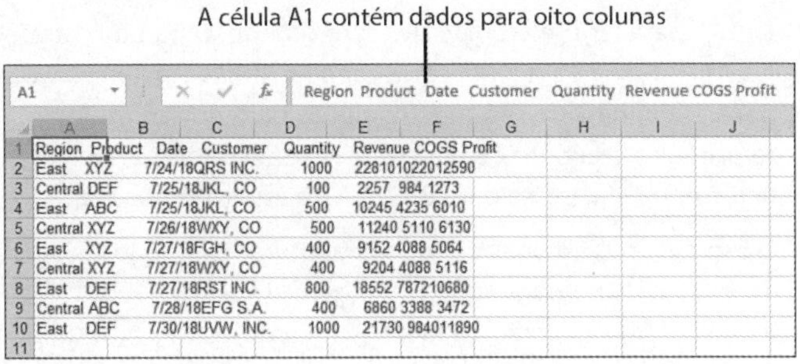

Figura 19-8 Quando estamos lendo um arquivo de texto uma linha de cada vez, todos os campos de dados acabam ficando em uma longa entrada na coluna A.

> **Nota** O Excel vai se lembrar dos parâmetros de delimitação durante todo o resto da nossa sessão. Isso é um bug (recurso?) irritante no Excel. Quando o Excel se lembra de que estamos usando uma vírgula ou uma tabulação como delimitador, toda vez que tentarmos colar dados da Área de Transferência para o Excel, os dados serão processados automaticamente pelos delimitadores especificados no método `OpenText`. Por esse motivo, se tentarmos colar um texto que inclua o cliente ABC, Inc., ele será automaticamente dividido em duas colunas, com o texto até ABC em uma coluna e Inc. na outra coluna.

Em vez de escrevermos diretamente no código que estamos usando o designador #1 para abrir o arquivo de texto, é mais seguro usar a função `FreeFile`. Ela retorna um inteiro que representa o número do próximo arquivo de texto disponível para uso por meio da instrução `Open`. O código completo para ler um arquivo de texto menor do que 1.048.576 linhas é o seguinte:

```
Sub ImportarTudo()
 EsteArq = "C:\vendas.txt"
 NúmArq = FreeFile
 Open EsteArq For Input As #NúmArq
 Ctr = 0
 Do
   Line Input #NúmArq, Data
   Ctr = Ctr + 1
   Cells(Ctr, 1).Value = Data
 Loop While EOF(NúmArq) = False
 Close #NúmArq
 Cells(1, 1).Resize(Ctr, 1).TextToColumns Destination:=Range("A1"), _
```

```
    DataType:=xlDelimited, Comma:=True, _
    FieldInfo:=Array(Array(1, xlGeneralFormat), _
    Array(2, xlMDYFormat), Array(3, xlGeneralFormat), _
    Array(4, xlGeneralFormat), Array(5, xlGeneralFormat), _
    Array(5, xlGeneralFormat), Array(6, xlGeneralFormat), _
    Array(7, xlGeneralFormat), Array(8, xlGeneralFormat), _
    Array(9, xlGeneralFormat), Array(10, xlGeneralFormat), _
    Array(10, xlGeneralFormat), Array(11, xlGeneralFormat))
End Sub
```

Lendo arquivos de texto com mais de 1.048.576 linhas

Podemos usar o método `Line Input` para ler um arquivo de texto grande. Uma boa estratégia é ler as linhas, copiá-las nas células A1:A1048575 e, então, começar a ler linhas adicionais e copiá--las na célula AA2. Podemos começar na linha 2 do segundo conjunto para que os títulos possam ser copiados da linha 1 do primeiro conjunto de dados. Se o arquivo for grande o suficiente para encher totalmente a coluna AA, passe para BA2, CA2 e assim por diante.

Além disso, devemos parar de escrever nas colunas quando chegarmos à linha 1048574 e deixar as duas últimas linhas em branco. Isso garante que o código `Cells(Rows.Count, 1).End(xlup).Row` encontrará a última linha. O código abaixo lê um arquivo de texto grande e o transfere para vários conjuntos de colunas:

```
Sub LerArqGrande()
 EsteArq = "C:\vendas.txt"
 NúmArq = FreeFile
 Open EsteArq For Input As #NúmArq

 PróxLin = 1
 PróxCol = 1
 Do While Not EOF(1)
   Line Input #NúmArq, Data
   Cells(PróxLin, PróxCol).Value = Data
   PróxLin = PróxLin + 1
   If PróxLin = (Rows.Count -2) Then
    ' Processa esses registros
     Range(Cells(1, PróxCol), Cells(Rows.Count, PróxCol)) _
       .TextToColumns _
        Destination:=Cells(1, PróxCol), DataType:=xlDelimited, _
        Comma:=True, FieldInfo:=Array(Array(1, xlGeneralFormat), _
        Array(2, xlMDYFormat), Array(3, xlGeneralFormat), _
        Array(4, xlGeneralFormat), Array(5, xlGeneralFormat), _
        Array(6, xlGeneralFormat), Array(7, xlGeneralFormat), _
        Array(8, xlGeneralFormat), Array(9, xlGeneralFormat), _
        Array(10, xlGeneralFormat), Array(11, xlGeneralFormat))
```

```
    ' Copia os títulos da seção 1
    If PróxCol > 1 Then
        Range("A1:K1").Copy Destination:=Cells(1, PróxCol)
    End If
    ' Configura a próxima seção
    PróxCol = PróxCol + 26
    PróxLin = 2
End If
Loop
Close #NúmArq
' Processa a seção final dos registros
LinhaFinal = PróxLin - 1
If LinhaFinal = 1 Then
    ' Faz ajustes se o arquivo acabar tendo exatamente 1048574 linhas
    PróxCol = PróxCol + 26
Else
Range(Cells(2, PróxCol), Cells(LinhaFinal, PróxCol)).TextToColumns _
    Destination:=Cells(1, PróxCol), DataType:=xlDelimited, _
    Comma:=True, FieldInfo:=Array(Array(1, xlGeneralFormat), _
     Array(2, xlMDYFormat), Array(3, xlGeneralFormat), _
     Array(4, xlGeneralFormat), Array(5, xlGeneralFormat), _
     Array(6, xlGeneralFormat), Array(7, xlGeneralFormat), _
     Array(8, xlGeneralFormat), Array(9, xlGeneralFormat), _
     Array(10, xlGeneralFormat), Array(11, xlGeneralFormat))
If PróxCol > 1 Then
    Range("A1:K1").Copy Destination:=Cells(1, PróxCol)
End If
End If

ConjDados = (NextCol - 1) / 26 + 1

End Sub
```

Em geral, a variável `ConjDados` deve ser gravada em uma célula nomeada em algum lugar da pasta de trabalho para que possamos saber mais tarde quantos conjuntos de dados temos na nossa planilha.

Como podemos imaginar, se usarmos esse método, poderemos ler 660.601.620 linhas de dados em uma única planilha. O código que utilizamos anteriormente para filtrar e reportar os dados se torna mais complexo agora. Talvez nos encontremos criando tabelas dinâmicas para cada conjunto de colunas, para criar um resumo do conjunto de dados e, então, resumir todas as tabelas de resumo em uma tabela dinâmica final. Em um determinado momento, vamos precisar avaliar se o aplicativo não se enquadra melhor com o Access. Também podemos avaliar se os dados não deveriam ser armazenados no Access com uma interface do Excel, o que será abordado no Capítulo 21, "Usando o Access como um back-end para melhorar o acesso multiusuário aos dados".

Usando o Power Query para carregar arquivos grandes no Modelo de Dados

Se o nosso objetivo é criar uma tabela dinâmica a partir do arquivo de texto, podemos ignorar a tabela da planilha e carregar milhões de linhas diretamente no Modelo de Dados. Agora que o Power Query foi embutido no Excel 2019, o gravador de macros gravará o processo de importação de dados para o Modelo de Dados com o Power Query. Siga os seguintes passos:

1. Na aba de Dados, no grupo Power Query, selecione Nova Consulta, De Arquivo, De Arquivo de Texto.
2. Navegue até o arquivo de texto.
3. Na aba da Página Inicial do Power Query, abra o menu suspenso Fechar e Carregar e selecione Fechar e Carregar Para.
4. Na caixa de diálogo Carregar Para, selecione Apenas Criar Conexão e Adicionar Esses dados ao Modelo de Dados. Clique em OK. Os dados serão carregados no motor do Power Pivot.

Se usarmos o gravador de macros durante esse processo, nosso código gravado incluirá instruções na linguagem M, que são necessárias para definir a consulta:

```
Sub ImportarParaModeloDados()
'
' ImportToDataModel Macro

ActiveWorkbook.Queries.Add Name:="demo", Formula:= _
 "let" & Chr(13) & "" & Chr(10) & _
 " Source = Csv.Document(File.Contents(""C:\demo.txt""), " & _
 "[Delimiter="","",Encoding=1252])," & Chr(13) & "" & Chr(10) & _
 " #""First Row as Header"" = Table.PromoteHeaders(Source)," & _
 Chr(13) & "" & Chr(10) & _
 " #""Changed Type"" = Table.TransformColumnTypes(" & _
 "#""First Row as Header""," & _
 "{{""StoreID"", Int64.Type}, {""Date"", type date}," & _
 "{""Division"", type text}, {""Units"", Int64.Type}," & _
 "{""Revenue"", Int64.Type}})" & Chr(13) & "" & Chr(10) & "i" & _
 """Changed Type"""
Workbooks("Book4").Connections.Add2 "Power Query - demo", _
 "Connection to the 'demo' query in the workbook.", _
 "OLEDB;Provider=Microsoft.Mashup.OleDb.1;" & _
 "Data Source=$Workbook$;Location=demo", _
 """demo""", 6, True, False
End Sub
```

Agora podemos usar Inserir, Tabela Dinâmica e especificar Usar Modelo de Dados Desta Pasta de Trabalho como a fonte para a tabela dinâmica.

Gravando arquivos de texto

O código para gravar arquivos de texto é similar ao código para ler arquivos de texto. Precisamos abrir um arquivo específico de saída como #1. Assim, à medida que realizamos um loop em vários registros, os gravamos no arquivo usando a instrução `Print #1`.

Antes de abrir um arquivo de saída, certifique-se de que quaisquer exemplos anteriores do arquivo tenham sido excluídos. Podemos usar a instrução `Kill` para excluir um arquivo. `Kill` retornará um erro se o arquivo não se encontrar no local indicado. Nesse caso, use `On Error Resume Next` para evitar um erro.

O código abaixo grava um arquivo de texto para ser usado por outro aplicativo:

```
Sub GravarArq()
 EsteArq = "C:\Resultados.txt"

 ' Exclui a cópia de ontem do arquivo
 On Error Resume Next
 Kill EsteArq
 On Error GoTo 0

 'Abre o arquivo
 Open EsteArq For Output As #1
 LinhaFinal = Cells(Rows.Count, 1).End(xlUp).Row
 ' Grava o arquivo na saída
 For j = 1 To LinhaFinal
 Print #1, Cells(j, 1).Value
 Next j
End Sub
```

Esse, de certa forma, é um exemplo trivial. Podemos usar esse método para gravar qualquer tipo de arquivo baseado em texto. O código no final do Capítulo 18, "Lendo e gravando da e na Internet", usa o mesmo conceito para gravar arquivos HTML.

Próximos passos

O próximo capítulo sairá do mundo do Excel para falar sobre como transferir dados do Excel para documentos do Microsoft Word. O Capítulo 20, "Automatizando o Word", aborda como usar o VBA do Excel para automatizar e controlar o Microsoft Word.

CAPÍTULO 20

Automatizando o Word

Neste capítulo, você vai:

- Usar a ligação antecipada e tardia para fazer referência a um objeto do Word.
- Usar a palavra-chave New para fazer referência ao aplicativo Word.
- Usar a função `CreateObject` para criar uma nova ocorrência de um objeto.
- Usar a função `GetObject` para fazer referência a uma ocorrência existente do Word.
- Usar valores de constantes.
- Ser apresentado a alguns objetos do Word.
- Controlar campos de formulários no Word.

O Word, o Excel, o PowerPoint, o Outlook e o Access usam a mesma linguagem de VBA. A única diferença são seus modelos de objeto. Por exemplo, o Excel tem um objeto `Workbooks` e o Word tem o `Documents`. Qualquer um desses aplicativos pode acessar o modelo de objetos do outro, desde que o segundo aplicativo esteja instalado.

Para acessar a biblioteca de objetos do Word, o Excel deve estabelecer um vínculo com ela usando a ligação antecipada ou tardia. Com a *ligação antecipada*, a referência ao objeto do aplicativo é criada quando o programa é compilado. Com a *ligação tardia*, a referência é criada quando o programa é executado.

Este capítulo é uma introdução de como acessar o Word a partir do Excel.

Nota Este capítulo não revisa o modelo de objetos do Word por inteiro nem os modelos de objetos de outros aplicativos. Consulte o Pesquisador de Objeto do VBA no aplicativo apropriado para obter informações sobre outros modelos de objeto.

Usando a ligação antecipada para fazer referência a um objeto do Word

O código escrito com a ligação antecipada é executado mais rapidamente do que códigos com ligação tardia. Uma referência é feita à biblioteca de objetos do Word antes de o código ser escrito para que os objetos, propriedades e métodos do Word estejam disponíveis no Pesquisador de Objeto. Dicas como uma lista de membros de um objeto também aparecem, tal como ilustrado na Figura 20-1.

A desvantagem da ligação antecipada é que a biblioteca de objetos referenciada deve existir no sistema. Por exemplo, se escrevermos uma macro fazendo referência à biblioteca de objetos do Word 2019 e alguém com o Word 2010 tentar executar o código, o programa não vai funcionar porque ele não conseguirá encontrar a biblioteca de objetos do Word 2019.

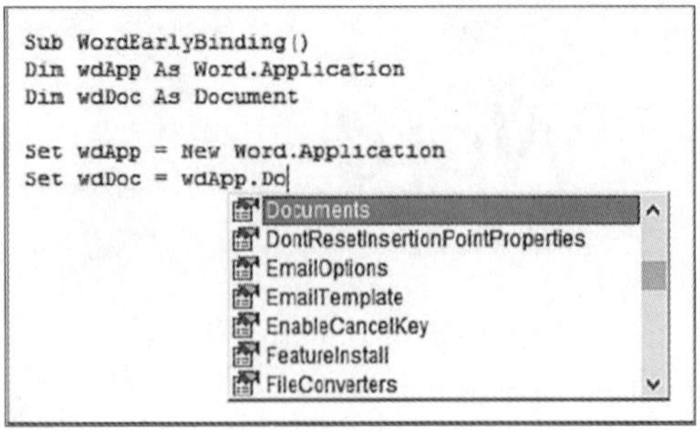

FIGURA 20-1 A ligação antecipada libera acesso à sintaxe de objetos do Word.

A biblioteca de objetos é adicionada por meio do VB Editor, tal como descrito aqui:

1. Selecione Ferramentas, Referências.
2. Procure pela Microsoft Word 16.0 Object Library na lista de Referências Disponíveis (veja a Figura 20-2). Se a biblioteca de objetos não for encontrada, isso significa que o Word não está instalado. Se outra versão for encontrada na lista, tal como a 12.0, outra versão do Word está instalada, e devemos verificar qual.
3. Clique em OK.

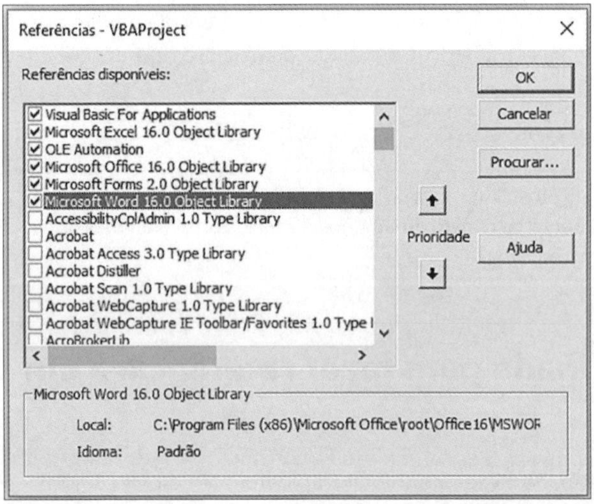

FIGURA 20-2 Selecione a biblioteca de objetos da lista de Referências Disponíveis.

Depois de a referência ser definida, as variáveis do Word poderão ser declaradas com o tipo correto de variável do Word, como `Document`. Entretanto, se a variável de objeto for declarada `As Object`, isso força o programa a usar a ligação tardia. Esse exemplo cria uma nova ocorrência do Word e abre um documento já existente do Word a partir do Excel usando a ligação antecipada:

```
Sub WordLigaçãoAntecipada()
Dim wdApp As Word.Application
Dim wdDoc As Document
```

```
Set wdApp = New Word.Application
wdApp.Visible = True 'torna o Word visível
Set wdDoc = wdApp.Documents.Open(ThisWorkbook.Path & _
 "\Automatizando o Word.docx")
Set wdApp = Nothing
Set wdDoc = Nothing
End Sub
```

As variáveis declaradas, wdApp e wdDoc, são tipos de objetos do Word. wdApp é usado para criar uma referência ao aplicativo Word da mesma maneira que o objeto Application é usado no Excel. `New Word.Application` é usado para criar uma nova ocorrência do Word. Se estivermos abrindo um documento em uma nova ocorrência do Word, ele não será visível. Se o aplicativo precisar ser exibido, ele deverá ser tornado visível (`wdApp.Visible = True`). Quando o programa terminar, libere a conexão para o Word configurando o objeto wdApp como `Nothing`.

> **Dica** O Excel pesquisa as bibliotecas selecionadas para encontrar a referência ao tipo de objeto. Se o tipo for encontrado em mais de uma biblioteca, a primeira referência será selecionada. Podemos influenciar qual biblioteca será escolhida mudando a prioridade da referência na lista de bibliotecas selecionadas.

Quando o processo for concluído, seria uma boa ideia definir as variáveis de objeto como `Nothing` e liberar a memória usada pelo aplicativo, tal como vemos aqui:

```
Set wdApp = Nothing
Set wdDoc = Nothing
```

Se a versão referenciada do Word não existir no sistema, uma mensagem de erro aparecerá quando o código for compilado. Veja a lista de Referências; o objeto ausente estará destacado com a palavra *AUSENTE*, tal como ilustrado na Figura 20-3.

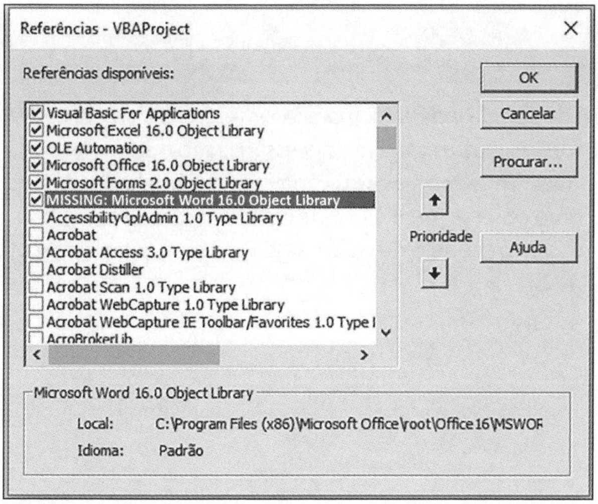

FIGURA 20-3 O Excel não encontrará a esperada biblioteca de objetos do Word 2019 se alguém abrir a pasta de trabalho no Excel 2010.

Se uma versão anterior do Word estiver disponível, poderemos tentar executar o programa com essa versão sendo referenciada. Muitos objetos são os mesmos entre as versões.

Usando a ligação tardia para fazer referência a um objeto do Word

Quando usamos a ligação tardia, nós criamos um objeto que faz referência ao aplicativo Word antes de se vincular à biblioteca do Word. Como as referências não são definidas de antemão, a única condição no que se refere à versão do Word é que os objetos, propriedades e métodos deverão existir. Quando houver diferenças entre as versões do Word, a versão poderá ser verificada e o objeto correto poderá ser usado corretamente.

A desvantagem da ligação tardia é que, como o Excel não sabe o que está acontecendo, ele não entende que estamos fazendo referência ao Word. Isso impede que o IntelliSense apareça quando fazemos referência a objetos do Word. Além disso, constantes predefinidas não se tornam disponíveis. Isso significa que, quando o Excel estiver compilando, ele não poderá verificar se as referências ao Word estão corretas. Depois que o programa é executado, os vínculos com o Word começam a ser criados, e quaisquer erros de codificação são detectados nesse momento.

O exemplo a seguir cria uma nova ocorrência do Word e, então, abre e torna visível um documento existente do Word:

```
Sub WordLigaçãoTardia()
Dim wdApp As Object, wdDoc As Object
Set wdApp = CreateObject("Word.Application")
Set wdDoc = wdApp.Documents.Open(ThisWorkbook.Path & _
  "\Automatizando o Word.docx")
wdApp.Visible = True
Set wdApp = Nothing
Set wdDoc = Nothing
End Sub
```

Uma variável de objeto (`wdApp`) é declarada e definida para fazer referência ao aplicativo (`CreateObject("Word.Application")`). Outras variáveis necessárias são declaradas (`wdDoc`), e o objeto do aplicativo é usado para fazer referência a essas variáveis no modelo de objetos do Word. Declarar `wdApp` e `wdDoc` como objetos força o uso da ligação tardia. O programa não pode criar os vínculos necessários com o modelo de objetos do Word até que ele execute a função `CreateObject`.

Usando a palavra-chave `New` para fazer referência ao aplicativo Word

No exemplo da ligação antecipada, a palavra-chave New foi usada para fazer referência ao aplicativo Word. A palavra-chave New pode ser usada apenas com a ligação antecipada; ela não funciona com a ligação tardia. `CreateObject` ou `GetObject` também funcionariam, mas New é melhor para esse exemplo. Se uma ocorrência do aplicativo estiver sendo executada e se você quiser usá-la, use a função `GetObject`.

> **Atenção** Se o seu código para abrir o Word for executado sem erros, mas você não vir nenhuma ocorrência do Word (e deveria, visto que ela foi programada como `Visible`), abra seu Gerenciador de Tarefas e procure pelo processo WinWord.exe. Se ela existir, por meio da janela Verificação Imediata do VB Editor do Excel, digite o seguinte (que usa a ligação antecipada):
>
> ```
> Word.Application.Visible = True
> ```
>
> Se múltiplas ocorrências do WinWord.exe forem encontradas, será necessário tornar cada ocorrência visível e fechar a(s) ocorrência(s) extra(s) do WinWord.exe.

Usando a função `CreateObject` para criar uma nova ocorrência de um objeto

A função `CreateObject` foi usada no exemplo de ligação tardia. Entretanto, essa função pode também ser usada na ligação antecipada. Nós a usamos para criar uma nova ocorrência de um objeto, nesse caso o aplicativo Word. `CreateObject` possui um parâmetro class, que consiste no nome e tipo do objeto a ser criado (`Name.Type`). Por exemplo, os exemplos deste capítulo usaram (`Word.Application`), em que `Word` é o `Nome` e `Application` é o `Tipo`.

Usando a função `GetObject` para fazer referência a uma ocorrência existente do Word

Podemos usar a função `GetObject` para fazer referência a uma ocorrência do Word que já esteja sendo executada. Ela gera um erro se nenhuma ocorrência do aplicativo for encontrada. Podemos usar a existência do erro para incluir um código que cria uma ocorrência do aplicativo.

Os dois parâmetros de `GetObject` são opcionais. O primeiro parâmetro especifica o caminho completo e o nome do arquivo a ser aberto, e o segundo parâmetro especifica o aplicativo. O exemplo a seguir deixa o aplicativo de fora e permite que o programa-padrão, o Word, abra o documento:

```
Sub UsarGetObject()
Dim wdDoc As Object
Set wdDoc = GetObject(ThisWorkbook.Path & "\Automatizando o Word.docx")
wdDoc.Application.Visible = True
'mais código interagindo com o documento do Word
Set wdDoc = Nothing
End Sub
```

Esse exemplo abre um documento de uma ocorrência existente do Word, se houver uma; se não, ele cria uma. Isso garante que a propriedade `Visible` do aplicativo Word seja definida como `True`. Observe que, para tornar o documento visível, precisamos nos referir ao objeto do aplicativo (`wdDoc.Application.Visible`), porque `wdDoc` se refere a um documento e não ao aplicativo.

> **Nota** Embora a propriedade `Visible` do aplicativo Word tenha sido definida como `True`, esse código não faz com que o aplicativo Word se torne o aplicativo ativo. Na maioria dos casos, o ícone do aplicativo Word permanece na barra de tarefas, e o Excel continua a ser o aplicativo ativo na tela.

O exemplo a seguir usa erros para descobrir se o Word foi aberto antes de colarmos o gráfico selecionado no fim de um documento. Se o Word não foi aberto, ele o abre e cria um novo documento:

```
Sub WordEstáAberto()
Dim wdApp As Word.Application 'ligação antecipada
ActiveChart.ChartArea.Copy
On Error Resume Next 'retorna Nothing se o Word não estiver aberto
Set wdApp = GetObject(, "Word.Application")
If wdApp Is Nothing Then
    'como o Word não está aberto, ele o abre
    Set wdApp = GetObject("", "Word.Application")
    With wdApp
        .Documents.Add
        .Visible = True
    End With
End If
On Error GoTo 0

With wdApp.Selection
    .EndKey Unit:=wdStory
    .TypeParagraph
    .PasteSpecial Link:=False, DataType:=wdPasteOLEObject, _
      Placement:=wdInLine, DisplayAsIcon:=False
End With
Set wdApp = Nothing
End Sub
```

Usar `On Error Resume Next` força o programa a continuar, mesmo se ele encontrar um erro. Nesse caso, um erro ocorrerá quando tentarmos vincular `wdApp` a um objeto que não existe. `wdApp` não terá valor. A próxima linha, `If wdApp Is Nothing Then`, tira vantagem disso e abre uma ocorrência do Word, adiciona um documento vazio e torna o aplicativo visível. Use `On Error Goto 0` para retornar ao comportamento normal de tratamento de erros do VBA.

> **Dica** Observe o uso de aspas vazias como o primeiro parâmetro em `GetObject("", "Word.Application")`. É assim que usamos a função `GetObject` para abrir uma nova ocorrência do Word.

Usando valores de constantes

O exemplo anterior usou constantes, como `wdPasteOLEObject` e `wdInLine`, que são específicas do Word. Quando estamos programando usando a ligação antecipada, o Excel nos ajuda exibindo essas constantes na lista de membros.

Com a ligação tardia, o IntelliSense não aparece. Então, o que podemos fazer? Podemos escrever nosso programa usando a ligação antecipada e, depois, mudá-lo para a ligação tardia após compilar e testar o programa. O problema com esse método é que o programa não será compilado porque o Excel não reconhecerá as constantes do Word.

As palavras `wdPasteOLEObject` e `wdInLine` não passam de termos para a nossa conveniência como programadores. Por trás de cada constante de texto existe um valor real que o VBA entende. A solução para isso é obter e usar esses valores reais com o nosso programa de ligação tardia.

Usando a janela de Inspeção de Variáveis para obter o valor real de uma constante

Uma maneira de obter o valor de uma constante é configurar uma inspeção para as constantes. Então, passamos pelo código e verificamos o valor da constante conforme ela aparece na janela Inspeção de Variáveis, tal como exibido na Figura 20-4.

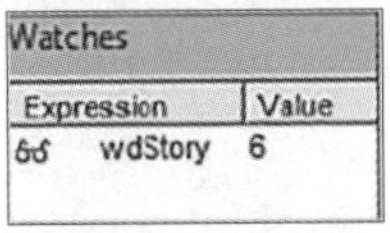

FIGURA 20-4 Use a janela Inspeção de Variáveis para obter o valor real por trás de uma constante do Word.

> **Nota** Veja "Consultando por meio de uma janela Inspeção de Variáveis" no Capítulo 2, "Isso se parece com o BASIC. Então, por que ele não me parece familiar?", para mais informações sobre como usar a janela de Inspeção de Variáveis.

Usando o Pesquisador de Objeto para obter o valor real de uma constante

Outra maneira de obter o valor de uma constante é procurar pela constante no Pesquisador de Objeto. Entretanto, é necessário que a biblioteca do Word seja configurada como uma referência para usar esse método. Uma vez configurada, clique com o botão direito na constante e selecione Definição. O Pesquisador de Objeto abrirá a constante e exibirá o valor na janela de baixo, (veja a Figura 20-5).

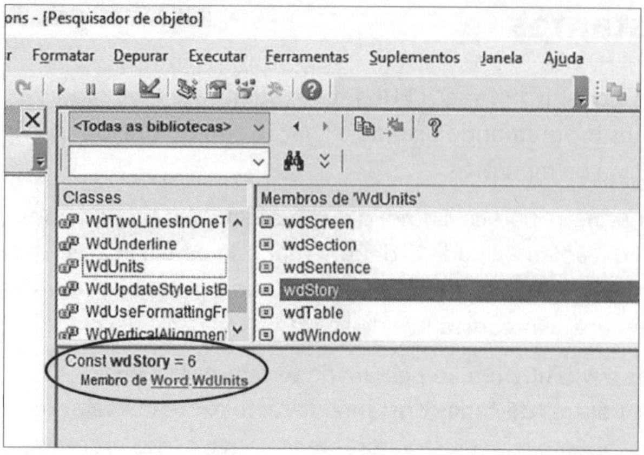

FIGURA 20-5 Use o Pesquisador de Objeto para obter o valor real de uma constante do Word.

> **Dica** Podemos configurar a biblioteca de referência do Word para ser acessada a partir do Pesquisador de Objeto. Entretanto, não precisamos definir nosso código com a ligação antecipada. Ao fazer isso, a referência estará ao nosso alcance, mas nosso código será de ligação tardia. Bastam alguns cliques para desativar a biblioteca de referência.

Substituir as constantes do exemplo de código anterior por seus valores reais seria algo parecido com o seguinte:

```
With wdApp.Selection
   .EndKey Unit:=6
   .TypeParagraph
   .PasteSpecial Link:=False, DataType:=0, Placement:=0, _
     DisplayAsIcon:=False
End With
```

Entretanto, o que acontecerá daqui a um mês, quando voltarmos a esse código e tentarmos lembrar o que significam esses números? A solução depende de você. Alguns programadores adicionam comentários no código, fazendo referência à constante do Word. Outros programadores criam suas próprias variáveis para armazenar o valor real e usam essas variáveis no lugar das constantes, assim:

```
Const xwdStory As Long = 6
Const xwdPasteOLEObject As Long = 0
Const xwdInLine As Long = 0

With wdApp.Selection
  .EndKey Unit:=xwdStory
  .TypeParagraph
  .PasteSpecial Link:=False, DataType:=xwdPasteOLEObject, _
    Placement:=xwdInLine, DisplayAsIcon:=False
End With
```

Entendendo os objetos do Word

Podemos usar o gravador de macros do Word para obter um entendimento preliminar do modelo de objetos do Word. Entretanto, assim como acontece com o gravador de macros do Excel, os resultados são longos. Tenha isso em mente e use o gravador para lhe guiar até os objetos, propriedades e métodos do Word.

> **Atenção** O gravador de macros do Word é limitado no que se refere ao que ele nos permite gravar. Embora o mouse possa ser usado para mover o cursor ou selecionar objetos, ele não registra esses movimentos. Mas ele não tem limites no que se refere a registrar movimentos do teclado.

Isso é o que o gravador de macros do Word produz quando adicionamos um novo documento em branco selecionando Arquivo, Novo, Documento em Branco:

```
Documents.Add Template:="Normal", NewTemplate:=False, DocumentType:=0
```

Podemos tornar isso mais eficiente no Word usando o seguinte:

```
Documents.Add
```

`Template`, `NewTemplate` e `DocumentType` são propriedades opcionais que o gravador inclui, mas que não são necessárias a menos que precisemos alterar uma propriedade-padrão ou garantir que determinada propriedade seja aquela que precisamos.

Para usar a mesma linha de código no Excel, é necessário estabelecer um vínculo com a biblioteca de objetos do Word, conforme aprendemos anteriormente. Depois de estabelecer esse vínculo, só precisamos de um entendimento dos objetos do Word. A próxima seção se trata de uma revisão de alguns dos objetos do Word — o suficiente para começarmos. Para obter uma lista mais detalhada, veja o modelo de objetos no VB Editor do Word.

O objeto `Document`

O objeto `Document` do Word é o equivalente ao objeto `Workbook` do Excel. Ele consiste em caracteres, palavras, frases, parágrafos, seções e cabeçalhos/rodapés. É por meio do objeto `Document` que são executados os métodos e propriedades que afetam o documento inteiro — como imprimir, fechar, pesquisar e revisar.

Criar um novo documento em branco

Para criar um documento em branco em uma ocorrência existente do Word, use o método Add, tal como apresentado aqui:

```
Sub NovoDocumento()
Dim wdApp As Word.Application

Set wdApp = GetObject(, "Word.Application")
wdApp.Documents.Add
'quaisquer outros códigos do Word que forem necessários aqui

Set wdApp = Nothing
End Sub
```

Esse exemplo abre um novo documento em branco que usa o modelo-padrão.

> **Nota** Já aprendemos como criar um novo documento quando o Word está fechado: fazendo referência a GetObject e CreateObject.

Para criar um novo documento que usa um modelo específico, use isto:

```
wdApp.Documents.Add Template:="Interoffice Memo (Professional design).dotx"
```

Isso cria um novo documento que usa o modelo Interoffice Memo (Professional design). Template pode ser o nome de um modelo do local-padrão dos modelos ou o caminho e o nome de um arquivo.

Abrindo um documento existente

Para abrir um documento existente, use o método Open. Diversos parâmetros estão disponíveis, incluindo ReadOnly e AddtoRecentFiles. O seguinte exemplo abre um documento existente como ReadOnly e evita que o arquivo seja adicionado à lista de Documentos Recentes do menu Arquivo:

```
wdApp.Documents.Open _
 Filename:="C:\Excel VBA 2019 de Jelen & Syrstad\" & _
 "Capítulo 8 - Matrizes.docx", ReadOnly:=True, AddtoRecentFiles:=False
```

Salvar mudanças em um documento

Depois de fazer alterações em um documento, muito provavelmente vamos querer salvá-lo. Para salvar um documento com um nome existente, use isto:

```
wdApp.Documents.Save
```

Se usarmos o comando Save com um novo documento sem um nome, nada acontece. Para salvar um documento com um novo nome, podemos usar o método SaveAs2:

```
wdApp.ActiveDocument.SaveAs2 _
 "C:\Excel VBA 2019 de Jelen & Syrstad\TesteMemo.docx"
```

SaveAs2 requer o uso de membros do objeto Document, como ActiveDocument.

> **Nota** SaveAs ainda funciona, mas não é uma opção IntelliSense. SaveAs2 nos oferece um argumento de modo de compatibilidade. Se não precisarmos dele, ainda podemos usar SaveAs.

Fechando um documento aberto

Use o método Close para fechar um documento específico ou todos os documentos abertos. Por padrão, uma caixa de diálogo Salvar aparecerá para quaisquer documentos com alterações não salvas. Podemos usar o argumento SaveChanges para mudar isso. Para fechar todos os documentos abertos sem salvar as alterações, use este código:

```
wdApp.Documents.Close SaveChanges:=wdDoNotSaveChanges
```

Para fechar um documento específico, podemos fechar o documento ativo, assim:

```
wdApp.ActiveDocument.Close
```

ou podemos especificar um nome de documento, desta forma:

```
wdApp.Documents("Capítulo 8 - Matrizes.docx").Close
```

Imprimindo um documento

Use o método `PrintOut` para imprimir parte de um documento ou o documento inteiro. Para imprimir um documento com as configurações-padrão de impressão, use isto:

```
wdApp.ActiveDocument.PrintOut
```

Por padrão, o intervalo de impressão é o documento inteiro, mas podemos alterar isso configurando os argumentos `Range` e `Pages` do método `PrintOut`. Por exemplo, para imprimir apenas a página 2 do documento ativo, use isto:

```
wdApp.ActiveDocument.PrintOut Range:=wdPrintRangeOfPages, Pages:="2"
```

O objeto `Selection`

O objeto `Selection` representa o que foi selecionado em um documento, como uma palavra, uma frase ou o ponto de inserção. Ele também tem uma propriedade `Type` que retorna o tipo que foi selecionado, como `wdSelectionIP`, `wdSelectionColumn` ou `wdSelectionShape`.

Navegando com HomeKey e EndKey

Os métodos `HomeKey` e `EndKey` são usados para mudar a seleção; eles correspondem a, respectivamente, usar as teclas Home e End do teclado. Eles têm dois parâmetros: `Unit` e `Extend`. `Unit` é o intervalo do movimento a ser feito ou para o início (`Home`) ou fim (`End`) de uma linha (`wdLine`), documento (`wdStory`), coluna (`wdColumn`) ou linha de tabela (`wdRow`). `Extend` é o tipo de movimento: `wdMove` move a seleção, `wdExtend` estende a seleção do ponto de inserção original até o novo ponto de inserção.

Para mover o cursor para o início do documento, use este código:

```
wdApp.Selection.HomeKey Unit:=wdStory, Extend:=wdMove
```

Para selecionar o documento do ponto de inserção até o fim do documento, use este código:

```
wdApp.Selection.EndKey Unit:=wdStory, Extend:=wdExtend
```

Inserindo texto com TypeText

O método `TypeText` é usado para inserir texto em um documento do Word. Configurações, como a `ReplaceSelection`, podem afetar o que acontece quando o texto é inserido no documento quando o texto é selecionado. O exemplo a seguir primeiro se certifica de que a configuração para sobrescrever o texto selecionado esteja ativada. Então, ele seleciona o segundo parágrafo (usando o objeto `Range` descrito na próxima seção) e o sobrescreve.

```
Sub InserirTexto()
Dim wdApp As Word.Application
Dim wdDoc As Document
Dim wdSln As Selection
Set wdApp = GetObject(, "Word.Application")
Set wdDoc = wdApp.ActiveDocument

wdDoc.Application.Options.ReplaceSelection = True
wdDoc.Paragraphs(2).Range.Select
wdApp.Selection.TypeText "Sobrescrevendo o parágrafo selecionado."

Set wdApp = Nothing
Set wdDoc = Nothing
End Sub
```

O objeto Range

O objeto Range utiliza a seguinte sintaxe:

```
Range(PosiçãoInicial, PosiçãoFinal)
```

O objeto Range representa uma área ou áreas contíguas em um documento. Ele possui uma posição inicial de caractere e uma posição final de caractere. O objeto pode ser o ponto de inserção, um intervalo de texto ou o documento inteiro, incluindo caracteres não imprimíveis, como espaços e marcas de parágrafo.

O objeto Range é similar ao objeto `Selection`, mas é melhor em alguns sentidos. Por exemplo, o objeto Range requer menos código para completar as mesmas tarefas e ele possui mais recursos. Além disso, ele economiza tempo e memória, porque o objeto Range não requer que o Word mova o cursor ou destaque objetos no documento para manipulá-los.

Definindo um intervalo

Para definir um intervalo, insira uma posição inicial e final, como exibido no seguinte código:

```
Sub IntervaloTexto()
Dim wdApp As Word.Application
Dim wdDoc As Document
Dim wdRng As Word.Range
Set wdApp = GetObject(, "Word.Application")
Set wdDoc = wdApp.ActiveDocument
Set wdRng = wdDoc.Range(0, 50)
wdRng.Select

Set wdApp = Nothing
Set wdDoc = Nothing
Set wdRng = Nothing
End Sub
```

A Figura 20-6 apresenta os resultados da execução desse código. Os primeiros 50 caracteres são selecionados, incluindo os caracteres não imprimíveis, como as quebras de linha.

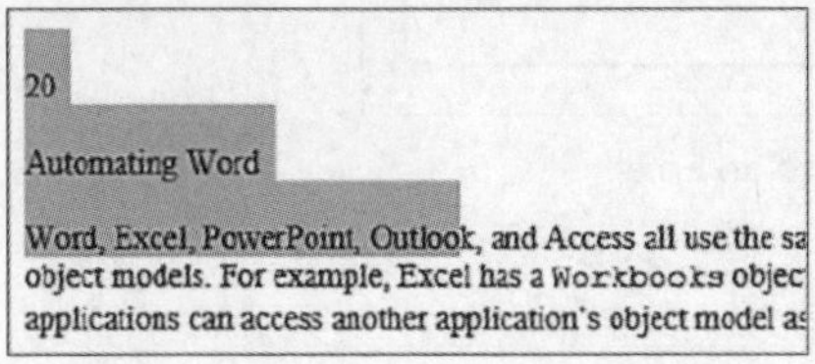

FIGURA 20-6 O objeto Range seleciona tudo em seu caminho.

> **Nota** Na Figura 20-6, o intervalo foi selecionado (`wdRng.Select`) para melhorar a visualização. Não é necessário que o intervalo esteja selecionado para ser manipulado. Por exemplo, para excluir um intervalo, faça isto:
>
> `wdRng.Delete`

A posição do primeiro caractere de um documento é sempre zero, e a última é equivalente ao número de caracteres no documento.

O objeto Range também seleciona parágrafos. O seguinte exemplo copia o terceiro parágrafo do documento ativo e o cola no Excel. Dependendo de como o trecho é colado, o texto poderá ser colado em uma caixa de texto (veja a Figura 20-7) ou em uma célula:

```
Sub SelecionarFrase()
Dim wdApp As Word.Application
Dim wdRng As Word.Range
Set wdApp = GetObject(, "Word.Application")

With wdApp.ActiveDocument
    If .Paragraphs.Count >= 3 Then
         Set wdRng = .Paragraphs(3).Range
         wdRng.Copy
    End If
End With

'Essa linha cola o texto copiado em uma caixa de texto
'porque esse é o método PasteSpecial padrão para textos do Word
Worksheets("Plan2").PasteSpecial

'Essa linha cola o texto copiado na célula A1
Worksheets("Plan2").Paste Destination:=Worksheets("Plan2").Range("A1")

Set wdApp = Nothing
Set wdRng = Nothing
End Sub
```

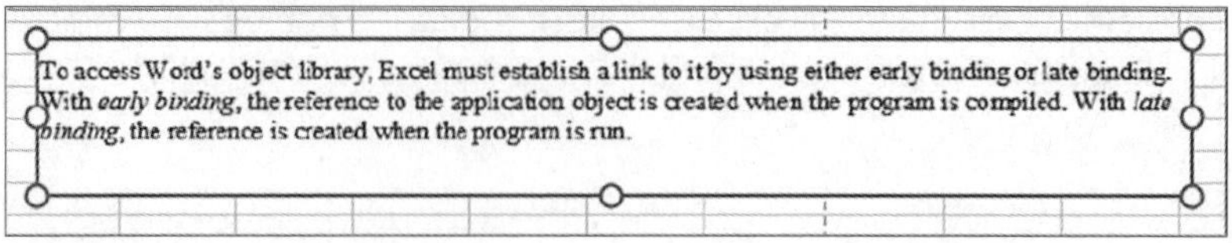

To access Word's object library, Excel must establish a link to it by using either early binding or late binding. With *early binding*, the reference to the application object is created when the program is compiled. With *late binding*, the reference is created when the program is run.

FIGURA 20-7 Cole um texto do Word em uma caixa de texto do Excel.

Formatando um intervalo

Depois de selecionarmos um intervalo, podemos aplicar formatações a ele (veja a Figura 20-8). O programa abaixo realiza um loop por todos os parágrafos do documento ativo e coloca a primeira palavra de cada parágrafo em negrito:

```
Sub AlterarFormatação()
Dim wdApp As Word.Application
Dim wdRng As Word.Range
Dim contagem As Integer
Set wdApp = GetObject(, "Word.Application")

With wdApp.ActiveDocument
    For contagem = 1 To .Paragraphs.Count
        Set wdRng = .Paragraphs(contagem).Range
        With wdRng
            .Words(1).Font.Bold = True
            .Collapse 'remove a seleção do texto
        End With
Next contagem
End With

Set wdApp = Nothing
Set wdRng = Nothing
End Sub
```

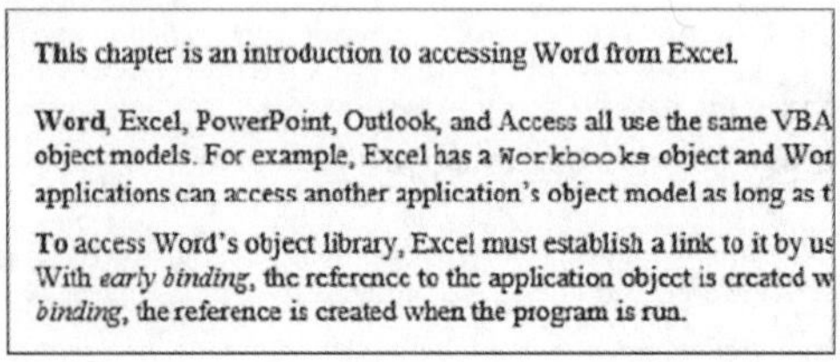

This chapter is an introduction to accessing Word from Excel.

Word, Excel, PowerPoint, Outlook, and Access all use the same VBA object models. For example, Excel has a `Workbooks` object and Wor applications can access another application's object model as long as t

To access Word's object library, Excel must establish a link to it by us With *early binding*, the reference to the application object is created w *binding*, the reference is created when the program is run.

FIGURA 20-8 Formate a primeira palavra de cada parágrafo em um documento.

Uma maneira rápida de alterar a formatação de parágrafos inteiros é mudar seu estilo (veja as Figuras 20-9 e 20-10). O programa abaixo encontra um parágrafo com o estilo Normal e o muda para H3:

```
Sub AlterarEstilo()
Dim wdApp As Word.Application
Dim wdRng As Word.Range
Dim contagem As Integer
Set wdApp = GetObject(, "Word.Application")

With wdApp.ActiveDocument
    For contagem = 1 To .Paragraphs.Count
        Set wdRng = .Paragraphs(contagem).Range
        With wdRng
            If .Style = "Normal" Then
                .Style = "H3"
            End If
        End With
    Next contagem
End With

Set wdApp = Nothing
Set wdRng = Nothing
End Sub
```

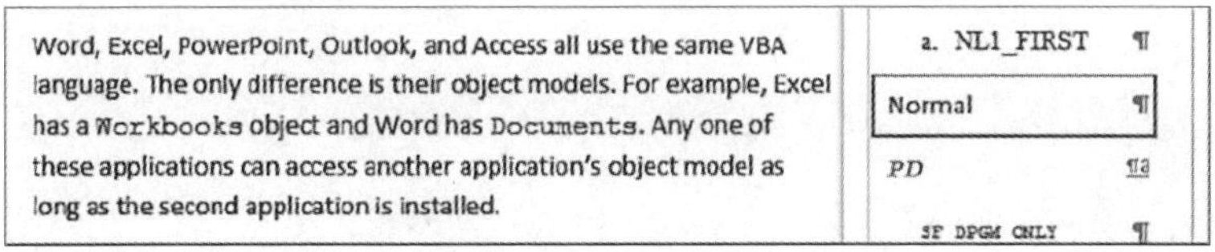

FIGURA 20-9 Antes: um parágrafo com o estilo Normal precisa ser alterado para o estilo H3.

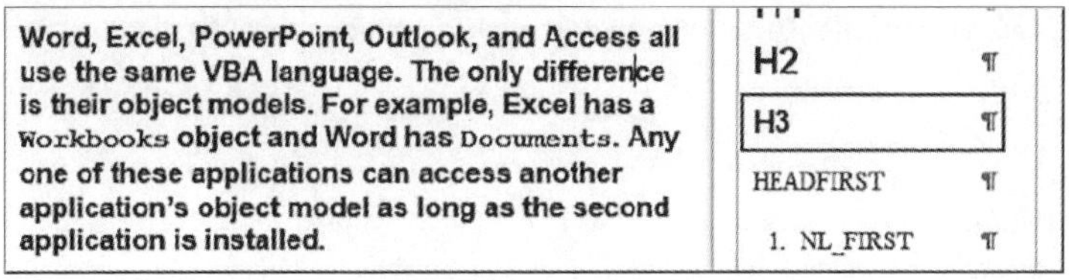

FIGURA 20-10 Depois: aplique estilos com código para mudar rapidamente a formatação do parágrafo.

Indicadores

Os indicadores são membros dos objetos `Document`, `Selection` e `Range`. Eles podem ajudar a facilitar a navegação pelo Word. Em vez de precisar escolher palavras, frases ou parágrafos, use indicadores para manipular seções de um documento rapidamente.

> **Nota** Não estamos limitados a usar apenas indicadores existentes. Os indicadores podem ser criados usando códigos.

Os indicadores aparecem como barras cinza em documentos do Word. No Word, selecione Arquivo, Opções, Avançado, Mostrar o Conteúdo do Documento e marque Mostrar Indicadores para ativar os indicadores.

Depois de configurar os indicadores em um documento, podemos usá-los para nos mover rapidamente para um intervalo para inserir texto ou outros itens, como gráficos. O código abaixo insere automaticamente um texto e um gráfico após indicadores que foram previamente definidos no documento. A Figura 20-11 apresenta o resultado.

```
Sub PreencherMemo()
Dim minhaMatriz()
Dim wdBkmk As String
Dim wdApp As Word.Application
Dim wdRng As Word.Range

minhaMatriz = Array("Para", "CC", "De", "Assunto", "Gráfico")
Set wdApp = GetObject(, "Word.Application")

'insere o texto
Set wdRng = wdApp.ActiveDocument.Bookmarks(minhaMatriz(0)).Range
wdRng.InsertBefore ("Bill Jelen")
Set wdRng = wdApp.ActiveDocument.Bookmarks(minhaMatriz(1)).Range
wdRng.InsertBefore ("Tracy Syrstad")
Set wdRng = wdApp.ActiveDocument.Bookmarks(minhaMatriz(2)).Range
wdRng.InsertBefore ("MrExcel")
Set wdRng = wdApp.ActiveDocument.Bookmarks(minhaMatriz(3)).Range
wdRng.InsertBefore ("Vendas de Frutas & Verduras")

'insere o gráfico
Set wdRng = wdApp.ActiveDocument.Bookmarks(minhaMatriz(4)).Range
Worksheets("Vendas de Frutas").ChartObjects("Gráfico 1").Copy
wdRng.PasteAndFormat Type:=wdPasteOLEObject

wdApp.Activate
Set wdApp = Nothing
Set wdRng = Nothing

End Sub
```

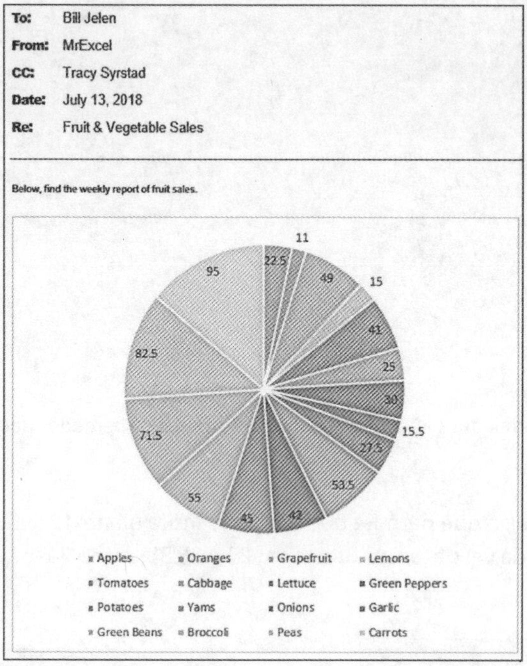

FIGURA 20-11 Use os indicadores para inserir um texto ou gráficos em um documento do Word.

Controlando campos de formulários no Word

Nós já vimos como modificar um documento inserindo gráficos e texto, modificando a formatação e excluindo texto. Entretanto, um documento pode conter outros itens, como controles que podemos modificar.

Para o exemplo a seguir, um modelo chamado `Novo Cliente.dotx` foi criado, o qual consiste em texto e indicadores. Os indicadores foram inseridos depois dos campos Nome e Data. Caixas de seleção de campos de formulários também foram adicionadas. Os controles se encontram abaixo dos Formulários Herdados da seção Controles da guia Desenvolvedor do Word, como vemos na Figura 20-12. Perceba que, no exemplo de código abaixo, todas as caixas de seleção foram renomeadas para fazerem mais sentido. Por exemplo, uma caixa de seleção foi renomeada como `cx401k` em vez de `CaixaSeleção5`. Para renomear uma caixa de seleção, clique com o botão direito na caixa de seleção, selecione Propriedades e digite um novo nome no campo Indicador.

FIGURA 20-12 Podemos usar os campos de formulários encontrados abaixo. Formulários herdados para adicionar caixas de seleção em um documento.

O questionário foi configurado no Excel, o que permite que o usuário insira um texto livre em B1 e B2, mas faça uma seleção a partir da validação de dados em B3 e B5:B8, como ilustrado na Figura 20-13.

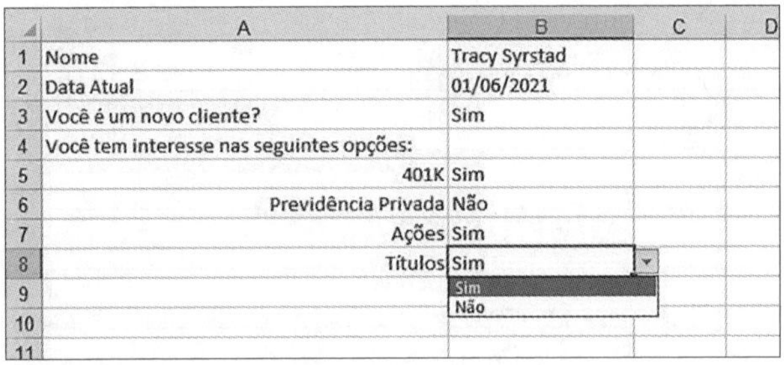

	A	B	C	D
1	Nome	Tracy Syrstad		
2	Data Atual	01/06/2021		
3	Você é um novo cliente?	Sim		
4	Você tem interesse nas seguintes opções:			
5	401K	Sim		
6	Previdência Privada	Não		
7	Ações	Sim		
8	Títulos	Sim		
9		Sim		
10		Não		
11				

FIGURA 20-13 Crie uma planilha do Excel para coletar seus dados.

O código abaixo entra em um módulo-padrão, e o nome e a data vão direto no documento:

```
Sub PreencherFormulárioWord()
Dim CaminhoModelo As String
Dim wdApp As Object
Dim wdDoc As Object

'Abre o modelo em uma nova ocorrência do Word
CaminhoModelo = ThisWorkbook.Path & "\Novo Cliente.dotx"
Set wdApp = CreateObject("Word.Application")
Set wdDoc = wdApp.Documents.Add(Template:=CaminhoModelo)

'Insere nossos valores de texto no documento
With wdApp.ActiveDocument
   .Bookmarks("Nome").Range.InsertBefore Range("B1").Text
   .Bookmarks("Data").Range.InsertBefore Range("B2").Text
End With
```

```
'Usando lógica básica, seleciona o objeto de formulário correto
If Range("B3").Value = "Sim" Then
   wdDoc.FormFields("cxPersSim").CheckBox.Value = True
Else
   wdDoc.FormFields("cxPersNão").CheckBox.Value = True
End If

With wdDoc
   If Range("B5").Value = "Sim" Then .FormFields("cx401k"). _
    CheckBox.Value = True
   If Range("B6").Value = "Sim" Then .FormFields("cxRoth"). _
    CheckBox.Value = True
   If Range("B7").Value = "Sim" Then .FormFields("cxStocks"). _
    CheckBox.Value = True
   If Range("B8").Value = "Sim" Then .FormFields("cxBonds"). _
    CheckBox.Value = True
End With
wdApp.Visible = True

ExitSub:
   Set wdDoc = Nothing
   Set wdApp = Nothing
End Sub
```

As caixas de seleção usam a lógica para verificar se o usuário selecionou Sim ou Não para confirmar se as caixas de seleção correspondentes devem ser marcadas. A Figura 20-14 apresenta um documento de exemplo que foi completado.

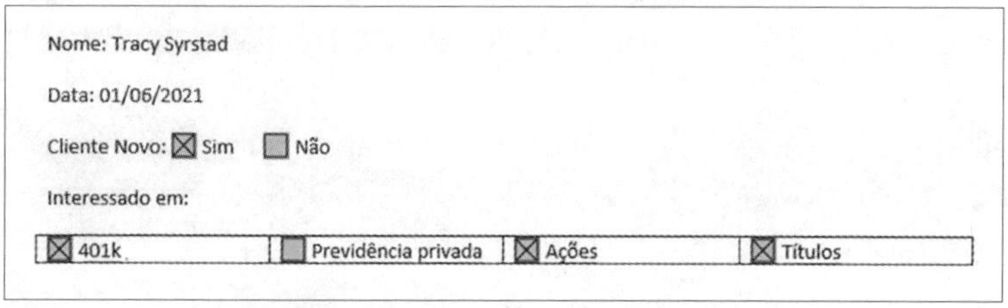
Nome: Tracy Syrstad

Data: 01/06/2021

Cliente Novo: ☒ Sim ☐ Não

Interessado em:

☒ 401k	☐ Previdência privada	☒ Ações	☒ Títulos

FIGURA 20-14 O Excel pode controlar os campos de formulário do Word e ajudar a automatizar o preenchimento de documentos.

Próximos passos

O Capítulo 19, "Processando arquivos de texto", nos mostrou como fazer a leitura de um arquivo de texto para importar dados de outro sistema. Neste capítulo, aprendemos como conectar outro programa do Office e acessar seus módulos de objeto. No Capítulo 21, "Usando o Access como um back-end para melhorar o acesso multiusuário aos dados", vamos nos conectar a um banco de dados do Access e aprender como gravar dados em arquivos Access Multidimensional Database (MDB). Em comparação com arquivos de texto, os arquivos do Access são mais rápidos. Além disso, eles são indexáveis e permitem o acesso multiusuário aos dados.

CAPÍTULO 21

Usando o Access como um back-end para melhorar o acesso multiusuário aos dados

Neste capítulo, você vai:

- Entender a diferença entre ADO e DAOs.
- Conhecer as ferramentas do ADO.
- Adicionar um registro a um banco de dados.
- Obter registros de um banco de dados.
- Atualizar um registro existente.
- Excluir registros por meio do ADO.
- Resumir registros a partir do ADO.
- Conhecer outros utilitários por meio do ADO.
- Examinar exemplos do SQL Server.

O exemplo quase no fim do Capítulo 19, "Processando arquivos de texto", propôs um método para armazenar 660.601.620 registros em uma planilha do Excel. Em um determinado momento, precisamos admitir que, embora o Excel seja o produto mais incrível do mundo, haverá um momento em que teremos que passar para o Access e fazer uso dos seus arquivos Access Multidimensional Database (MDB).

Mesmo antes de termos mais de 1 milhão de linhas, outra forte razão para se usar arquivos de dados MDB é possibilitar acessos multiusuário aos dados sem os aborrecimentos associados com as pastas de trabalho compartilhadas.

O Microsoft Excel nos oferece a opção de compartilhar uma pasta de trabalho, mas nós automaticamente perdemos vários recursos importantes do Excel quando realizamos esse tipo de compartilhamento. Depois de salvar uma pasta de trabalho, não podemos usar subtotais automáticos, tabelas dinâmicas, o modo Agrupar e Tópicos, cenários, proteção, ou os Estilos, Imagens, Adicionar Gráficos e Inserir Planilhas.

Usando uma interface do VBA do Excel e armazenando dados em um banco de dados MDB, teremos o melhor de dois mundos. Teremos o poder e a flexibilidade do Excel e a capacidade de acesso multiusuário disponível no Access.

> **Dica** O MDB é o formato de arquivo oficial tanto do Microsoft Access quanto do Microsoft Visual Basic. Isso significa que podemos desenvolver uma solução do Excel que lê e grava dados de um MDB para clientes que não têm o Microsoft Access. Obviamente, será de ajuda se nós, como desenvolvedores, tivermos uma cópia do Access porque poderemos usar a interface do Access para configurar tabelas e consultas.

Dica Os exemplos deste capítulo utilizam o Microsoft Jet Database Engine para ler um banco de dados do Access e gravar nele. O Jet engine funciona com dados do Access armazenados do Access 97 ao 2013. Se tivermos certeza de que todas as pessoas que executarão a macro têm o Office 2007 ou uma versão mais recente, poderemos usar a engine ACE. Agora a Microsoft oferece uma versão 64 bits da Ace engine, mas não da Jet engine.

ADO versus DAO

Por muitos anos, a Microsoft recomendou o uso de objetos de acesso a dados (DAOs) para acessar dados de bancos de dados externos. Os DAOs se tornaram muito populares, e uma grande quantidade de códigos foi escrita para eles. Quando a Microsoft lançou o Excel 2000, ela começou a forçar os Objetos de Dados do ActiveX (ADOs). Os conceitos são similares, e a sintaxe é apenas ligeiramente diferente. Eu utilizo os ADOs neste capítulo. Observe que, se começássemos a analisar códigos escritos há uma década, poderíamos encontrar um código DAO. Tirando uma ou outra diferença de sintaxe, os códigos de ADO e de DAO são parecidos.

Para usar um código deste capítulo, abra o VB Editor. Selecione Ferramentas, Referências do menu principal, e selecione Microsoft ActiveX Data Objects Library da lista de Referências Disponíveis, como exibido na Figura 21-1.

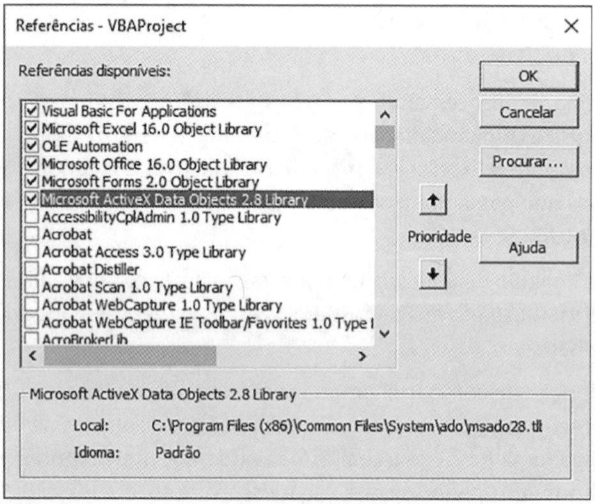

FIGURA 21-1 Para ler ou gravar de ou em um arquivo MDB do Access, adicione a referência para Microsoft ActiveX Data Objects Library 2.8 ou superior.

Nota Se tivermos o Windows 7 ou uma versão mais recente, teremos acesso à versão 6.1 dessa biblioteca. O Windows Vista oferece a versão 6.0 dessa biblioteca. Se formos distribuir o aplicativo a alguém que ainda usa o Windows XP, então devemos escolher a versão 2.8.

Estudo de caso: criando um banco de dados compartilhado do Access

Linda e Janine são duas compradoras de uma cadeia de lojas de varejo. Todas as manhãs elas importam dados das caixas registradoras para obter as informações atuais de vendas e o inventário de 2 mil estilos. Ao longo do dia, cada compradora pode inserir transferência de inventário de uma loja para outra. Seria ideal se Linda pudesse ver as transferências pendentes inseridas por Janine e vice-versa.

Cada compradora tem um aplicativo Excel com VBA sendo executado na sua área de trabalho. Cada uma importa os dados da registradora e possui rotinas de VBA que facilitam a criação de relatórios de tabela dinâmica para ajudá-las a tomar decisões de compra.

Tentar armazenar os dados transferidos em um arquivo Excel em comum causa problemas. Quando cada compradora tenta gravar no arquivo Excel, o arquivo inteiro se torna de apenas leitura para a outra. Com uma pasta de trabalho compartilhada, o Excel desabilita a capacidade de criar tabelas dinâmicas, e isso é necessário no seu aplicativo.

Nem Linda nem Janine têm a versão profissional do Office. Assim, elas não podem executar o Access nos seus computadores. A solução é criar um banco de dados do Access em uma unidade de rede que ambas possam visualizar. Os passos para isso são os seguintes:

1. Usando o Access em um outro computador, crie um novo banco de dados chamado transferências.mdb e adicione uma tabela chamada `tblTransferência`, tal como ilustrado na Figura 21-2.

Tabela1

Nome do campo	Tipo de dados
ID	Numeração Automática
Estilo	Texto Curto
DaLoja	Número
ParaLoja	Número
Qtd	Número
Data	Data/Hora
Enviado	Sim/Não
Recebido	Sim/Não

FIGURA 21-2 Várias pessoas que usam suas próprias pastas de trabalho do Excel lerão e gravarão nessa tabela dentro de um arquivo MDB em uma unidade de rede.

2. Mova o arquivo transferências.mdb para uma unidade de rede. Podemos acabar descobrindo que essa pasta em comum usa letras de drives00 diferentes em cada máquina. Ela pode aparecer como H:\Common\ na máquina de Linda e I:\Common\ na máquina de Janine.
3. Em ambas as máquinas, entre no VB Editor e acesse Ferramentas, Referências e adicione uma referência à ActiveX Data Objects Library.
4. Em ambos os aplicativos, selecione uma célula que não interfira com o objetivo da tabela para armazenar o caminho até transferências.mdb. Nomeie essa célula como `TCaminho`.

O aplicativo proverá um acesso multiusuário praticamente perfeito a ambas as compradoras. Tanto Linda como Janine poderão ler e gravar na tabela ao mesmo tempo. A única situação em que poderá haver um conflito é se ambas por acaso tentarem atualizar o mesmo registro ao mesmo tempo.

Além da referência da célula com o caminho para transferências.mdb, nenhuma compradora saberá que seus dados estão sendo armazenados em uma tabela de Access compartilhada, e nenhum computador precisa ter o Access instalado.

O restante deste capítulo nos apresenta o código necessário para permitir que o aplicativo incluído no estudo de caso acima leia e grave na tabela `tblTransferência`.

As ferramentas de ADO

Nós encontramos diversos termos ao usar o ADO para nos conectar a uma fonte de dados externa:

- **Conjunto de registros** — Quando nos conectarmos com um banco de dados do Access, o conjunto de registros será uma tabela no banco de dados ou uma consulta no banco de dados. A maioria dos métodos do ADO fará referência ao conjunto de registros. Nós talvez queiramos criar nossa própria consulta durante a execução. Nesse caso, escreveríamos uma instrução SQL para extrair apenas um subconjunto de registros de uma tabela.
- **Conexão** — A conexão define um caminho ao banco de dados e o tipo de banco de dados. No caso de bancos de dados do Access, especificamos que a conexão está usando o Microsoft Jet Engine.
- **Cursor** — Pense no cursor como um ponteiro que rastreia qual registro estamos usando no banco de dados. Existem vários tipos de cursores e dois locais onde o cursor pode ser localizado (descritos nos pontos seguintes).
- **Tipo do cursor** — Os cursores dinâmicos são os mais flexíveis. Quando definimos um conjunto de registros e outra pessoa atualiza uma linha da tabela enquanto um cursor dinâmico está ativo, o cursor dinâmico estará ciente do registro atualizado. Embora seja o mais flexível, ele é o que mais exige sobrecarga. Se nosso banco de dados não apresentar muitas transações, talvez seja melhor especificar um cursor estático; esse tipo de cursor retorna um instantâneo dos dados no momento em que o cursor é estabelecido.
- **Local do cursor** — O cursor pode ser localizado no cliente ou no servidor. Para um banco de dados que está no nosso disco rígido, uma localização no servidor para o cursor significa que o Access Jet Engine no seu computador está controlando o cursor. Quando especificamos a localização cliente para o cursor, nossa sessão do Excel estará controlando o cursor. Em um conjunto de dados externos muito grande, é melhor permitir que o servidor controle o cursor. Para conjuntos de dados pequenos, um cursor cliente será mais rápido.
- **Tipo de bloqueio** — O objetivo deste capítulo é possibilitar que múltiplas pessoas acessem um conjunto de dados ao mesmo tempo. O tipo de bloqueio define como o ADO evitará travamentos quando duas pessoas tentarem atualizar o registro simultaneamente. Com um tipo otimista de bloqueio, um registro individual é bloqueado somente quando tentamos atualizar o registro. Se nossa aplicação fizer apenas leituras em 90% do tempo e atualizações ocasionais, então um bloqueio do tipo otimista será perfeito. No entanto, se soubermos que, cada vez que lermos um registro, faremos uma atualização em breve, então devemos usar um bloqueio do tipo pessimista. Com bloqueios pessimistas, o registro é bloqueado assim que o lemos. Se soubermos que nunca gravaremos dados de volta ao banco de dados, poderemos usar um bloqueio de somente leitura. Isso vai nos permitir ler os registros sem impedir que outras pessoas gravem dados neles.

Os objetos básicos necessários para acessar dados em um arquivo MDB são uma conexão ADO e um conjunto de registros ADO.

A conexão ADO define o caminho até o banco de dados e especifica que a conexão será feita com base no Microsoft Jet Engine.

Em geral, depois de estabelecer uma conexão com o banco de dados, usamos essa conexão para definir um conjunto de registros. Um conjunto de registros pode ser uma tabela, um subconjunto de registros da tabela ou uma consulta predefinida no banco de dados do Access. Para abrir um conjunto de registros, precisamos especificar a conexão e os valores para os parâmetros `CursorType`, `CursorLocation`, `LockType` e `Options`.

Supondo que temos apenas dois usuários tentando acessar a tabela ao mesmo tempo, devemos usar um cursor dinâmico e um bloqueio do tipo otimista. Para grandes conjuntos de dados, o valor de `adUseServer` da propriedade `CursorLocation` permite que o servidor do banco de dados processe registros e utilize toda a RAM da máquina cliente. Se tivermos um conjunto de dados pequeno, pode ser mais rápido usar `adUseClient` para `CursorLocation`. Quando o conjunto de registros estiver aberto, todos os registros serão transferidos para a memória da máquina cliente. Isso permite uma navegação mais rápida de registro para registro.

Ler dados a partir do banco de dados do Access é fácil, desde que tenhamos menos de 1048576 registros. Podemos usar o método `CopyFromRecordset` para copiar todos os registros selecionados de um conjunto de registros para uma área em branco da planilha.

Para adicionar um registro à tabela do Access, use o método `AddNew` para o conjunto de registros. Então, especifique o valor de cada campo na tabela e use o método `Update` para confirmar as alterações do banco de dados.

Para excluir um registro da tabela, podemos usar uma consulta do tipo pass-through para excluir registros que satisfaçam certo critério.

> **Nota** Se algum dia você se sentir frustrado com o ADO e pensar: "Se eu pudesse simplesmente abrir o Access, eu poderia escrever uma pequena instrução SQL para fazer exatamente o que preciso." Nesse caso, a consulta pass-through é para você. Em vez de usar o ADO para fazer a leitura dos registros, a consulta pass-through envia uma solicitação ao banco de dados para executar a instrução SQL que o nosso programa cria. Na prática, isso nos permite manipular qualquer tarefa que o nosso banco de dados possa suportar, mas que não é gerenciada pelo ADO. Os tipos de instruções SQL gerenciadas pela consulta pass-through dependem do tipo de banco de dados com o qual estamos conectados.

Outras ferramentas disponíveis nos permitem ter certeza de que uma tabela existe ou de que um campo específico de uma tabela existe. Nós também podemos usar o VBA para adicionar novos campos para definir uma tabela durante a execução.

Adicionando um registro a um banco de dados

Voltando ao estudo de caso que vimos anteriormente neste capítulo, o aplicativo que estamos criando possui um userform no qual as compradoras podem inserir as transferências. Para fazer com que as chamadas ao banco de dados do Access sejam o mais simples possível, uma série de módulos utilitários lidam com a conexão ADO ao banco de dados. Dessa forma, o código do userform poderá simplesmente chamar `AdicionarTransferência(Estilo, DaLoja, ParaLoja, Qtd)`.

Veja como adicionar registros após a definição da conexão:

1. Abra um conjunto de registros que aponte para a tabela. No código que se segue, veja as seções comentadas `'Abre a Conexão`, `'Define o Conjunto de registros` e `'Abre a Tabela`.
2. Use `AddNew` para adicionar um novo registro.
3. Atualize todos os campos do novo registro.
4. Use `Update` para atualizar o conjunto de registros.
5. Feche o conjunto de registros e a conexão.

O código abaixo adiciona um novo registro à tabela `tblTransferência`:

```
Sub AdicionarTransferência(Estilo As Variant, DaLoja As Variant, _
 ParaLoja As Variant, Qtd As Integer)
 Dim con As ADODB.Connection
 Dim creg As ADODB.Recordset

 MinhaCon = "J:\transferências.mdb"

 ' Abre a Conexão
 Set con = New ADODB.Connection
 With con
   .Provider = "Microsoft.Jet.OLEDB.4.0"
   .Open MinhaCon
 End With

 ' Define o Conjunto de registros
 Set creg = New ADODB.Recordset
 creg.CursorLocation = adUseServer

 ' Abre a Tabela
 creg.Open Source:="tblTransferência", _
   ActiveConnection:=con, _
   CursorType:=adOpenDynamic, _
   LockType:=adLockOptimistic, _
   Options:=adCmdTable

 ' Adiciona um registro
 creg.AddNew

 ' Define os valores para os campos. Os primeiros quatro campos
 ' são passados por meio da chamada do userform. O campo de datas
 ' é preenchido com a data atual.
 creg("Estilo") = Estilo
 creg("DaLoja") = DaLoja
 creg("ParaLoja") = ParaLoja
 creg("Qtd") = Qtd
 creg("tData") = Date
```

```
    creg("Enviado") = False
    creg("Recebido") = False

    ' Grava os valores nesse registro
    creg.Update

    ' Fecha
    creg.Close
    con.Close

End Sub
```

Obtendo registros de um banco de dados

Ler registros de um banco de dados do Access é fácil. Quando definimos o conjunto de registros, passamos uma sequência de caracteres SQL para retornar os registros nos quais estamos interessados.

> **Nota** Uma ótima maneira de gerar o SQL é criar uma consulta no Access que obtém os registros. Quando estiver visualizando a consulta no Access, selecione o Modo SQL por meio do menu suspenso Modo de Exibição da guia Ferramentas de Consulta Design da Faixa de Opções. O Access exibirá a instrução SQL necessária para executar essa consulta. Podemos utilizar essa instrução SQL como um modelo para elaborar a sequência de caracteres SQL no nosso código de VBA.

Após a definição do conjunto de registros, use o método `CopyFromRecordSet` para copiar todos os registros correspondentes do Access para uma área específica da planilha.

A rotina a seguir consulta a tabela `Transferência` para encontrar todos os registros nos quais a flag `Enviado` ainda não estiver definida como `True`:

```
Sub ObterTransferênciasNãoEnviadas()
 Dim con As ADODB.Connection
 Dim creg As ADODB.Recordset
 Dim PLOrig As Worksheet
 Dim PLTemp As Worksheet
 Dim sSQL as String
 Dim LinhaFinal As Long

 Set PLOrig = ActiveSheet

 'Cria uma sequência de caracteres SQL para obter todos os campos de transferências
não enviadas
 sSQL = "SELECT ID, Estilo, DaLoja, ParaLoja, Qtd, tData" _
 & "FROM tblTransferência"
 sSQL = sSQL & " WHERE Enviado=FALSE"

 ' Caminho para transferências.mdb
 MinhaCon = "J:\transferências.mdb"
```

```
    Set con = New ADODB.Connection
    With con
      .Provider = "Microsoft.Jet.OLEDB.4.0"
      .Open MinhaCon
    End With

    Set creg = New ADODB.Recordset
    creg.CursorLocation = adUseServer
    creg.Open Source:=sSQL, ActiveConnection:=con, _
       CursorType:=AdForwardOnly, LockType:=adLockOptimistic, _
         Options:=adCmdText

    ' Cria o relatório em uma nova planilha
    Set PLTemp = Worksheets.Add

    ' Adiciona os Cabeçalhos
    Range("A1:F1").Value = Array("ID", "Estilo", "De", "Para", "Qtd", "Data")

    ' Copia do conjunto de registros para a linha 2
    Range("A2").CopyFromRecordset creg

    ' Encerra a conexão
    creg.Close
    con.Close

    ' Formata o relatório
    LinhaFinal = Range("A65536").End(xlUp).Row

    ' Se não houver registros, então para
    If LinhaFinal = 1 Then
       Application.DisplayAlerts = False
       PLTemp.Delete
       Application.DisplayAlerts = True
       PLOrig.Activate
       MsgBox "Não há transferências para confirmar"
       Exit Sub
    End If

    ' Formata a coluna F como uma data
    Range("F2:F" & LinhaFinal).NumberFormat = "m/d/y"

    ' Exibe o userform -- usado na próxima seção
    frmTransConf.Show

    ' Exclui a planilha temporária
    Application.DisplayAlerts = False
    PLTemp.Delete
    Application.DisplayAlerts = True

  End Sub
```

Os resultados são colocados em uma planilha em branco. As últimas linhas exibem os resultados em um userform para ilustrar como atualizar um registro na próxima seção.

O método `CopyFromRecordSet` copia registros que correspondam à consulta SQL de um intervalo da planilha. Observe que recebemos apenas as linhas dos dados. Os cabeçalhos não vêm juntos automaticamente. Devemos usar códigos para escrever os cabeçalhos na linha 1. A Figura 21-3 apresenta o resultado.

	A	B	C	D	E	F	G
1	ID	Estilo	De	Para	Qtd	Data	
2	1935	B11275	340000	340000	8	6/9/04	
3	1936	B10133	340000	340000	4	6/9/04	
4	1937	B15422	340000	340000	5	6/9/04	
5	1938	B10894	340000	340000	9	6/9/04	
6	1939	B10049	340000	340000	3	6/9/04	
7	1941	B18722	340000	340000	10	6/9/04	
8	1944	B12886	340000	340000	10	6/9/04	
9	1947	B17947	340000	340000	7	6/9/04	
10	1950	B16431	340000	340000	9	6/9/04	
11	1953	B19857	340000	340000	7	6/9/04	
12	1954	B11562	340000	340000	1	6/9/04	
13	1955	B19413	340000	340000	2	6/9/04	

FIGURA 21-3 `Range("A2").CopyFromRecordset` trouxe registros correspondentes do banco de dados do Access para a planilha.

Atualizando um registro existente

Para atualizar um registro existente, precisamos criar um conjunto de registros com exatamente um registro. Isso exige que o usuário selecione um tipo único de chave ao identificar os registros. Depois de abrir o conjunto de registros, use a propriedade `Fields` para alterar o campo em questão e o método `Update` para aceitar as mudanças no banco de dados.

O exemplo anterior retornou um conjunto de registros em uma planilha em branco e chamou o userform `frmTransConf`. Esse formulário usa um simples `Userform_Initialize` para exibir o intervalo em uma grande caixa de listagem:

```
Private Sub UserForm_Initialize()

 ' Determina quantos registros temos
 LinhaFinal = Cells(Rows.Count, 1).End(xlUp).Row
 If LinhaFinal > 1 Then
 Me.lbXlt.RowSource = "A2:F" & LinhaFinal
 End If

End Sub
```

As propriedades da caixa de listagem têm a propriedade `MultiSelect` definida como `True`.

Depois de executar o procedimento `Userform_Initialize`, os registros não confirmados serão exibidos em uma caixa de listagem. O planejador da logística poderá marcar todos os registros que foram enviados, como vemos na Figura 21-4.

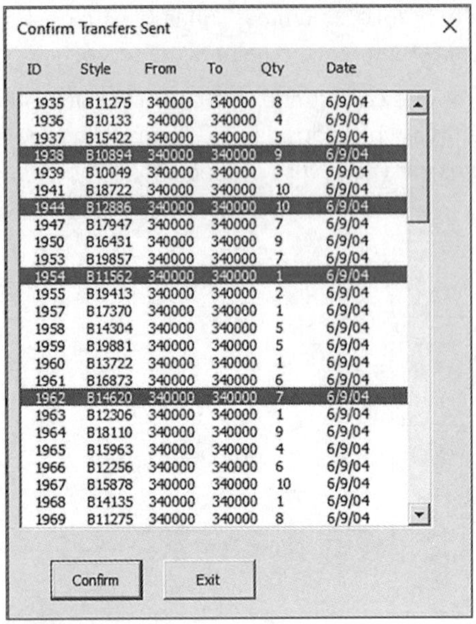

FIGURA 21-4 Esse userform exibe registros específicos do conjunto de registros do Access. Quando a compradora selecionar certos registros e clicar no botão Confirmar, vamos precisar usar o método Update do ADO para atualizar o campo Enviado dos registros selecionados.

Segue o código anexado ao botão Confirmar:

```
Private Sub cbConfirm_Click()
 Dim con As ADODB.Connection
 Dim creg As ADODB.Recordset

 ' Se nada estiver selecionado, alertar
 ContarSeleção = 0
 For x = 0 To Me.lbXlt.ListCount - 1
 If Me.lbXlt.Selected(x) Then
   ContarSeleção = ContarSeleção + 1
 End If
 Next x

 If ContarSeleção = 0 Then
 MsgBox "Nenhuma transferência foi selecionada. " & _
   "Para sair sem confirmar nenhuma transferência, clique em Cancelar."
 Exit Sub
 End If

 ' Estabelece uma conexão com transferências.mdb
 ' O caminho para transferências.mdb está no Menu
 MinhaCon = "J:\transferências.mdb"

 Set con = New ADODB.Connection
```

```
With con
   .Provider = "Microsoft.Jet.OLEDB.4.0"
   .Open MinhaCon
End With

' Marca como completo
For x = 0 To Me.lbXlt.ListCount - 1
If Me.lbXlt.Selected(x) Then
   EstaID = Cells(2 + x, 1).Value
   ' Marca EstaID como completa
   'Cria uma Sequência de Caracteres SQL
    sSQL = "SELECT * FROM tblTransferência Where ID=" & EstaID
   Set creg = New ADODB.Recordset
   With creg
      .Open Source:=sSQL, ActiveConnection:=con, _
        CursorType:=adOpenKeyset, LockType:=adLockOptimistic
      ' Atualiza o campo
      .Fields("Enviado").Value = True
      .Update
      .Close
      End With
       End If
   Next x

' Encerra a conexão
con.Close
Set creg = Nothing
Set con = Nothing

' Fecha o userform
Unload Me

End Sub
```

No exemplo anterior, incluir o campo ID nos campos retornados é importante se quisermos estreitar a informação a um único registro.

Excluindo registros por meio do ADO

Assim como no caso da atualização de um registro, a chave para se excluir registros é poder escrever um pouco de SQL para identificar unicamente os registros a serem excluídos. O código a seguir usa o método `Execute` para passar o comando `Delete` para o Access:

```
Public Sub ADOExcluirAtributo(RegID)
 ' Estabelece uma conexão com transferências.mdb
 MinhaCon = "J:\transferências.mdb"
```

```
With New ADODB.Connection
     .Provider = "Microsoft.Jet.OLEDB.4.0"
     .Open MinhaCon
     .Execute "Delete From tblTransferência Where ID = " & RegID
     .Close
 End With
End Sub
```

Resumindo registros a partir do ADO

Um dos pontos fortes do Access é executar consultas de resumo que são agrupadas por um campo específico. Se criarmos uma consulta de resumo no Access e examinarmos a visualização do SQL, veremos que consultas complexas podem ser escritas. Um SQL similar pode ser escrito no VBA do Excel e passado ao Access por meio do ADO.

O código abaixo usa uma consulta razoavelmente complexa para obter o total líquido por loja:

```
Sub TransferênciasLíquidas(Estilo As Variant)
 ' Isso cria uma tabela de transferências líquidas abertas
 ' em Estilos AI1
 Dim con As ADODB.Connection
 Dim creg As ADODB.Recordset

 ' Cria a grande consulta SQL
 ' Lógica Básica: obtém todas as Transferências de Entrada abertas por loja,
 ' união com -1* transferências de saída por loja
 ' Soma essa união por loja, e nos apresenta a data mín também
 ' Uma única chamada dessa macro substituirá 60
 ' chamadas para ObterTransfEnt, ObterTransfSaída, IdadeTransfer
 sSQL = "Select Loja, Sum(Quantidade), Min(mData) From " & _
   "(SELECT ParaLoja AS Loja, Sum(Qtd) AS Quantidade, " & _
   "Min(TData) AS mData FROM tblTransferência where Estilo='" & Estilo & _
    "& "' AND Receive=FALSE GROUP BY ParaLoja "
 sSQL = sSQL & " Union All SELECT DaLoja AS Loja, " & _
   "Sum(-1*Qtd) AS Quantidade, Min(TData) AS mData " & _
   "FROM tblTransferência where Estilo='" & Estilo & "' AND " & _
   "Sent=FALSE GROUP BY DaLoja)"
 sSQL = sSQL & " Group by Loja"

 MinhaCon = "J:\transferências.mdb"

 ' abre a conexão.
 Set con = New ADODB.Connection
 With con
   .Provider = "Microsoft.Jet.OLEDB.4.0"
   .Open MinhaCon
 End With
```

```
Set creg = New ADODB.Recordset

creg.CursorLocation = adUseServer

' abre a primeira consulta
creg.Open Source:=sSQL, _
   ActiveConnection:=con, _
   CursorType:=AdForwardOnly, _
   LockType:=adLockOptimistic, _
   Options:=adCmdText

Range("A1:C1").Value = Array("Loja", "Qtd", "Data")
' Retorna os Resultados da Consulta
Range("A2").CopyFromRecordset creg
creg.Close
con.Close

End Sub
```

Outros utilitários por meio do ADO

Considere o aplicativo que criamos para nosso estudo de caso: as compradoras agora têm um banco de dados do Access localizado na sua rede, mas, possivelmente, nenhuma cópia do Access. Seria ideal se pudéssemos enviar as mudanças para o banco de dados do Access enquanto seus aplicativos fossem abertos.

Nota Se estiver pensando em como poderia fazer a pessoa que está usando o aplicativo executar essas pesquisas, considere usar uma macro de atualização oculta na rotina `Workbook_Open` do aplicativo cliente. Essa rotina verificaria primeiro se o campo existe e, então, adicionaria o campo se ele estivesse faltando.

Nota Para obter mais detalhes sobre as mecânicas de como ocultar a consulta de atualização na rotina `Workbook_Open`, **veja** o estudo de caso, "Usando uma pasta de trabalho com um código oculto para armazenar todas as macros e formulários", do Capítulo 26, "Criando suplementos".

Verificando a existência de tabelas

Se o aplicativo do exemplo deste capítulo precisar de uma nova tabela no banco de dados, podemos usar o código da próxima seção. No entanto, como temos um aplicativo multiusuário, apenas a primeira pessoa que abri-lo terá que adicionar a tabela enquanto faz isso. Quando a compradora seguinte aparecer, a tabela talvez já tenha sido adicionada pelo aplicativo da primeira compradora. Como esse código é uma função em vez de uma sub, ele retorna `True` ou `False` à rotina que a chama.

Este código usa o método OpenSchema para consultar o esquema do banco de dados:

```
Function TabelaExiste(QualTabela)
 Dim con As ADODB.Connection
 Dim creg As ADODB.Recordset
 Dim cam As ADODB.Field
 TabelaExiste = False

 ' O caminho para transferências.mdb está no Menu
 MinhaCon = "J:\transferências.mdb"

 Set con = New ADODB.Connection

 With con
 .Provider = "Microsoft.Jet.OLEDB.4.0"
 .Open MinhaCon
 End With

 Set creg = con.OpenSchema(adSchemaTables)

 Do Until creg.EOF
    If LCase(creg!Nome_Tabela) = LCase(QualTabela) Then
       TabelaExiste = True
       GoTo ExitMe
    End If
    creg.MoveNext
 Loop

ExitMe:
 creg.Close
 Set creg = Nothing
 ' Encerra a conexão
 con.Close

End Function
```

Verificando a existência de um campo

Às vezes, queremos adicionar um novo campo a uma tabela já existente. O código abaixo faz isso, e usa o método OpenSchema, mas desta vez verifica as colunas das tabelas:

```
Function ColunaExiste(QualColuna, QualTabela)
 Dim con As ADODB.Connection
 Dim creg As ADODB.Recordset
 Dim PLOrig As Worksheet
 Dim PLTemp As Worksheet
 Dim cam As ADODB.Field
 ColunaExiste = False
```

```
 ' O caminho para transferências.mdb está no menu
 MinhaCon = ActiveWorkbook.Worksheets("Menu").Range("TCaminho").Value
 If Right(MinhaCon, 1) = "\" Then
   MinhaCon = MinhaCon & "transferências.mdb"
 Else
   MinhaCon = MinhaCon & "\transferências.mdb"
 End If

 Set con = New ADODB.Connection

 With con
     .Provider = "Microsoft.Jet.OLEDB.4.0"
     .Open MinhaCon
 End With

 Set creg = con.OpenSchema(adSchemaColumns)

 Do Until creg.EOF
 If LCase(creg!Nome_Coluna) = LCase(QualColuna) And _
     LCase(creg!Nome_Tabela) = LCase(QualTabela) Then
     ColunaExiste = True
     GoTo ExitMe
   End If
 creg.MoveNext
 Loop

ExitMe:
   creg.Close
   Set creg = Nothing
   ' Encerra a conexão
   con.Close

End Function
```

Adicionando uma tabela durante a execução

O código a seguir usa uma consulta pass-through para fazer o Access executar um comando `Create Table`:

```
Sub ADOCriarReabastecer()
 ' Isso cria a tblReabastecer
 ' Ela tem cinco campos:
 ' Estilo
 ' A = Autorreabastecimento para A
 ' B = Nível de autorreabastecimento para as lojas B
 ' C = Nível de autorreabastecimento para as lojas C
 ' RecActive = Campo Yes/No
 Dim con As ADODB.Connection
 Dim com As ADODB.Command
```

```
 ' Define a conexão
 MinhaCon = "J:\transferências.mdb"

 ' abre a conexão
 Set con = New ADODB.Connection
 With con
 .Provider = "Microsoft.Jet.OLEDB.4.0"
 .Open MinhaCon
 End With

 Set com = New ADODB.Command
 Set com.ActiveConnection = con
 'cria a tabela
 com.CommandText = "CREATE TABLE tblReplenish " & _
    "(Style Char(10) Primary Key, " & _
    "A int, B int, C Int, RecActive YesNo)"
 com.Execute , , adCmdText
 Set com = Nothing
 Set con = Nothing
 Exit Sub
End Sub
```

Adicionando um campo durante a execução

Se determinarmos que um campo não existe, podemos usar uma consulta pass-through para adicionar um campo à tabela assim:

```
Sub ADOAdicionarCampo()
 ' Isso adiciona um campo grp à tblReabastecer
 Dim con As ADODB.Connection
 Dim com As ADODB.Command

 ' Define a conexão
 MinhaCon = "J:\transferências.mdb"

 ' abre a conexão
 Set con = New ADODB.Connection
 With con
    .Provider = "Microsoft.Jet.OLEDB.4.0"
    .Open MinhaCon
 End With


 Set com = New ADODB.Command
 Set com.ActiveConnection = con
 'cria a tabela
 com.CommandText = "ALTER TABLE tblReabastecer Add Column Grp Char(25)"
```

```
    com.Execute , , adCmdText
    Set com = Nothing
    Set con = Nothing

End Sub
```

Exemplos de SQL Server

Se tivermos versões de 64 bits do Office e se a Microsoft não forneceu os drivers de 64 bits do Microsoft. Jet.OLEDB.4.0, teremos que passar a usar o SQL Server ou outra tecnologia de banco de dados:

```
Sub ExtrairDados()

Application.DisplayAlerts = False

'limpa os dados anteriores
Plan1.Cells.Clear

' Cria um objeto de conexão.
Dim cnPubs As ADODB.Connection
Set cnPubs = New ADODB.Connection

' Fornece a sequência de caracteres de conexão.
Dim strCon As String

'Usa o SQL Server OLE DB Provider.
strCon = "PROVIDER=SQLOLEDB;"

'Conecta o banco de dados Pubs ao servidor local.
strCon = strCon & "DATA SOURCE=a_sql_server;INITIAL CATALOG=a_database;"

'Usa um login integrado.
strCon = strCon & " INTEGRATED SECURITY=sspi;"

'Agora abre a conexão.
cnPubs.Open strCon

' Cria um objeto de conjunto de registros.
Dim rsPubs As ADODB.Recordset
Set rsPubs = New ADODB.Recordset

With rsPubs
    ' Atribui o objeto Connection.
    .ActiveConnection = cnPubs
    ' Extrai os registros necessários.
```

```
    .Open "exec a_database..a_stored_procedure"
    ' Copia os registros na célula A1 da Plan1.
    Plan1.Range("A2").CopyFromRecordset rsPubs


Dim minhaColuna As Range
'Dim string_título As String
Dim K As Integer
For K = 0 To rsPubs.Fields.Count - 1
     'Plan1.Columns(K).Value = rsPubs.Fields(K).Name
    'string_título = string_título & rsPubs.Fields(K).Name & Chr(9)
    'Plan1.Columns(K).Cells(1).Name = rsPubs.Fields(K).Name
    'Plan1.Columns.Column(K) = rsPubs.Fields(K).Name
    'Set minhaColuna = Sheet1.Columns(K)
    'minhaColuna.Cells(1, K).Value = rsPubs.Fields(K).Name
    'Plan1.Cells(1, K) = rsPubs.Fields(K).Name
    Plan1.Cells(1, K + 1) = rsPubs.Fields(K).Name
    Plan1.Cells(1, K + 1).Font.Bold = "TRUE"
Next K
'Plan1.Range("A1").Value = string_título


   ' Ajeita tudo
   .Close
End With

cnPubs.Close
Set rsPubs = Nothing
Set cnPubs = Nothing

'limpa os erros
Dim valcél As Range
Dim meuInt As Range
Set meuInt = ActiveSheet.UsedRange
For Each valcél In meuInt
    valcél.Value = valcél.Value
    'valcél.NumberFormat = "@" 'isso também funciona como configuração
    'HorizontalAlignment
    valcél.HorizontalAlignment = xlRight
Next

End Sub
```

Próximos passos

No Capítulo 22, "Técnicas avançadas para userforms", vamos aprender mais sobre controles e técnicas que podemos usar na criação de userforms.

CAPÍTULO 22

Técnicas avançadas para userforms

Neste capítulo, você vai:

- Acessar a barra de ferramentas UserForm.
- Aprender como usar os controles `Caixa de Seleção`, `TabStrip`, `RefEdit` e `Botão de Ativação`.
- Usar uma coleção para controlar múltiplos controles.
- Selecionar uma célula em uma planilha enquanto um userform está aberto.
- Usar hiperlinks em userforms.
- Adicionar controles em tempo de execução.
- Adicionar ajuda a um userform.
- Configurar uma caixa de listagem multicolunas.
- Criar formulários transparentes.

O Capítulo 10, "Userforms: uma introdução", abordou o básico de como adicionar controles em userforms. Este capítulo expande esse tema, examinando controles e métodos mais avançados para tirar o máximo de proveito dos userforms.

Usando a barra de ferramentas UserForm para criar controles em userforms

No VB Editor, em Exibir, Barras de Ferramentas, encontramos algumas barras que não aparecem a menos que as selecionemos. Uma delas é a barra de ferramentas UserForm, exibida na Figura 22-1. Ela tem uma funcionalidade útil para organizar os controles que adicionamos a um userform. Por exemplo, podemos usá-la para fazer com que todos os controles que selecionamos tenham o mesmo tamanho.

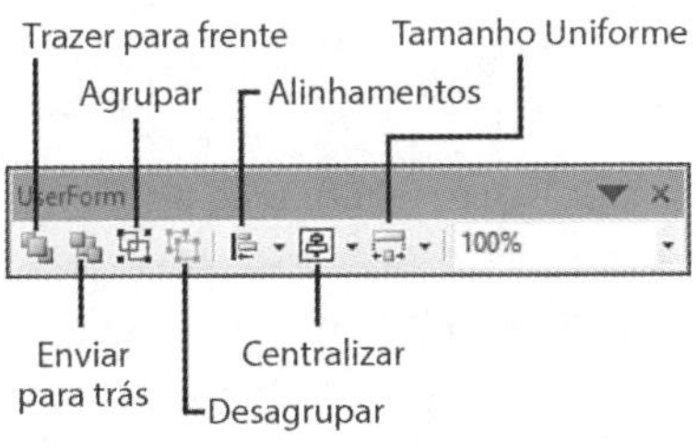

FIGURA 22-1 A barra de ferramentas UserForm tem ferramentas para organizar os controles de um userform.

Mais controles de userforms

As seções a seguir abordam mais controles de userforms que podemos usar para obter informações dos usuários. No fim de cada uma das subseções a seguir encontramos uma tabela que lista os eventos do controle.

Controles Caixa de Seleção

As caixas de seleção permitem que o usuário selecione uma ou mais opções de um userform. Ao contrário dos botões de opção abordados no Capítulo 10, um usuário pode selecionar uma ou mais caixas de seleção de uma só vez.

O valor de uma caixa de seleção marcada é `True`; o valor de uma caixa de seleção não marcada é `False`. Se limparmos o valor de uma caixa de seleção (`CheckBox1.Value = ""`), quando o userform for executado, a caixa de seleção terá uma marcação acinzentada, como podemos ver na Figura 22-2. Isso pode ser útil para verificar se os usuários viram todas as opções e fizeram uma seleção.

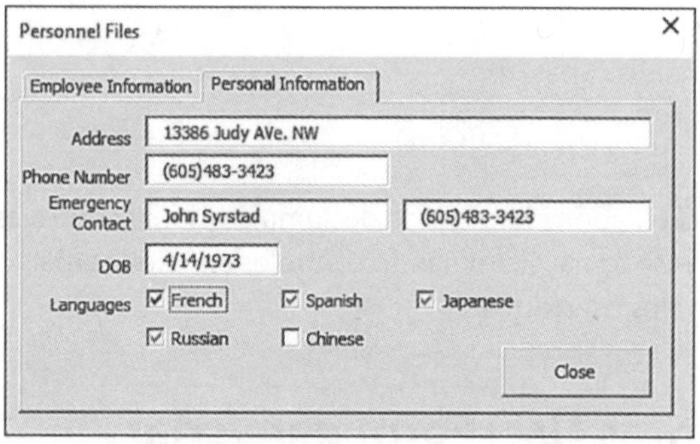

FIGURA 22-2 Use o valor nulo da caixa de seleção para saber se os usuários viram e responderam a todas as opções.

Podemos usar um código como o abaixo para revisar todas as caixas de seleção do grupo Idiomas da caixa de diálogo exibida na Figura 22-2. Se o valor for nulo, o usuário será orientado a revisar as seleções:

```
Private Sub botFechar_Click()
Dim Msg As String
Dim Ver As Control
Set Ver = Nothing

'reduz a busca a apenas os controles da segunda página
For Each Ver In frm_Multipage.MultiPage1.Pages(1).Controls
    'é necessário verificar apenas os controles da caixa de seleção
    If TypeName(Ver) = "CheckBox" Then
        'e, só para garantir, adicionamos mais controles de caixa de seleção,
        'verifica apenas aqueles que estão no grupo
        If Ver.GroupName = "Idiomas" Then
            'se o valor for nulo (o valor da propriedade estiver vazio)
```

```
            If IsNull(Ver.Object.Value) Then
                'adiciona a legenda à sequência de caracteres
                Msg = Msg & vbNewLine & Ver.Caption
            End If
        End If
    End If
Next Ver

If Msg <> "" Then
    Msg = "As seguintes caixas de seleção não foram verificadas:" & vbNewLine & Msg
    MsgBox Msg, vbInformation, "Informações Adicionais Necessárias"
End If
Unload Me
End Sub
```

A Tabela 22-1 lista os eventos dos controles `Caixa de Seleção`.

TABELA 22-1 Eventos dos controles `Caixa de Seleção`.

Evento	Descrição
`AfterUpdate`	Ocorre depois de uma caixa de seleção ter sido selecionada/desmarcada.
`BeforeDragOver`	Ocorre enquanto o usuário arrasta e solta dados na caixa de seleção.
`BeforeDropOrPaste`	Ocorre logo antes de o usuário soltar ou colar dados na caixa de seleção.
`BeforeUpdate`	Ocorre antes de a caixa de seleção ser selecionada/desmarcada.
`Change`	Ocorre quando o valor da caixa de seleção é alterado.
`Click`	Ocorre quando o usuário clica no controle com o mouse.
`DblClick`	Ocorre quando o usuário clica duas vezes na caixa de seleção com o mouse.
`Enter`	Ocorre logo antes de a caixa de seleção receber o foco vindo de outro controle do mesmo userform.
`Error`	Ocorre quando a caixa de seleção encontra um erro e não consegue retornar a informação de erro.
`Exit`	Ocorre logo depois de a caixa de seleção perder o foco para outro controle do mesmo userform.
`KeyDown`	Ocorre quando o usuário pressiona uma tecla do teclado.
`KeyPress`	Ocorre quando o usuário pressiona uma tecla ANSI. Uma tecla ANSI é um caractere digitável, como a letra A.
`KeyUp`	Ocorre quando o usuário deixa de pressionar uma tecla do teclado.
`MouseDown`	Ocorre quando o usuário pressiona o botão do mouse dentro dos limites da caixa de seleção.
`MouseMove`	Ocorre quando o usuário movimenta o mouse dentro dos limites da caixa de seleção.
`MouseUp`	Ocorre quando o usuário deixa de pressionar o botão do mouse dentro dos limites da caixa de seleção.

Controles TabStrip

O controle Multi-página permite que um userform tenha várias páginas. Cada página do formulário pode ter seu próprio conjunto de controles, sem relação com qualquer outro controle do formulário. Um controle TabStrip também permite que um userform tenha muitas páginas, mas os controles de uma barra de guias são idênticos; eles são desenhados apenas uma vez. No entanto, quando o formulário é executado, a informação muda dependendo de qual barra de guias estiver ativa (veja a Figura 22-3).

> **Nota** Para aprender mais sobre os controles Multi-página, veja "Usando o controle Multi-Página para combinar formulários", no Capítulo 10.

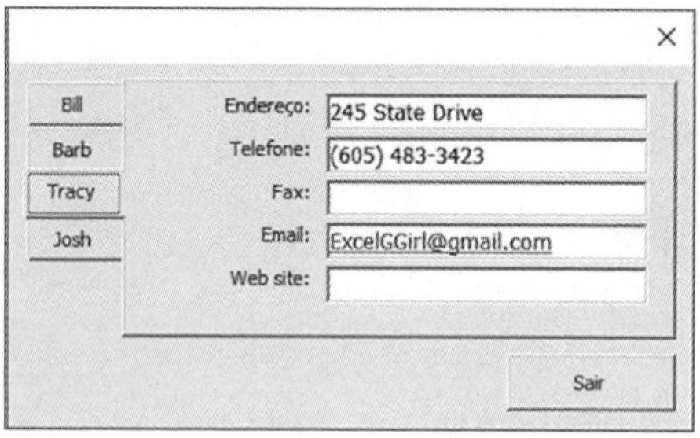

FIGURA 22-3 Uma barra de guias permite que um userform com várias páginas compartilhe controles, mas não informações.

Por padrão, uma barra de guias é fina, com duas abas no topo. Clicar com o botão direito do mouse em uma guia nos permite adicionar, remover, renomear ou mover essa guia. Redimensione a barra de guia para conter todos os controles. Fora da área da barra de guias, desenhe um botão para fechar o formulário.

Podemos mover as guias em torno da barra, como visto na Figura 22-3, alterando a propriedade TabOrientation. As guias podem estar na parte superior, inferior, esquerda ou direita do userform.

As linhas de código abaixo foram usadas para criar o formulário da barra de guias exibido na Figura 22-3. O sub Initialize chama o sub DefValoresNaTabStrip, que define o valor da primeira aba:

```
Private Sub UserForm_Initialize()
DefValoresNaTabStrip 1 'Como padrão
End Sub
```

Essas linhas de código controlam o que acontece quando uma nova guia é selecionada:

```
Private Sub TabStrip1_Change()
Dim lngLin As Long

lngLin = TabStrip1.Value + 1
DefValoresNaTabStrip lngLin
End Sub
```

Este sub fornece os dados apresentados em cada guia. Uma planilha foi configurada com cada linha correspondendo a uma guia:

```
Private Sub DefValoresNaTabStrip(ByVal lngLin As Long)
With frm_Pessoal
    .rót_Endereço.Caption = Cells(lngLin, 2).Value
    .rót_Telefone.Caption = Cells(lngLin, 3).Value
    .rót_Fax.Caption = Cells(lngLin, 4).Value
    .rót_Email.Caption = Cells(lngLin, 5).Value
    .rót_Website.Caption = Cells(lngLin, 6).Value
    .Show
End With
End Sub
```

Os valores da barra de guia são preenchidos automaticamente. Eles correspondem à posição da guia na barra. Mover uma guia altera seu valor. O valor da primeira guia de uma barra de guia é 0. É por isso que, no código anterior, somamos 1 ao valor da barra de guia quando o formulário é inicializado para fazer com que ele corresponda com a linha da planilha.

> **Dica** Se quiser que uma única guia tenha um controle extra, o controle poderá ser adicionado em tempo de execução, quando a guia é ativada, e removido, quando a guia é desativada.

A Tabela 22-2 lista os eventos dos controles `TabStrip`.

TABELA 22-2 Eventos do controle `TabStrip`

Evento	Descrição
`BeforeDragOver`	Ocorre enquanto o usuário arrasta e solta dados no controle.
`BeforeDropOrPaste`	Ocorre logo antes de o usuário soltar ou colar dados no controle.
`Change`	Ocorre quando o valor do controle é alterado.
`Click`	Ocorre quando o usuário clica no controle com o mouse.
`DblClick`	Ocorre quando o usuário clica duas vezes no controle com o mouse.
`Enter`	Ocorre logo antes de o controle receber o foco vindo de outro controle do mesmo userform.
`Error`	Ocorre quando o controle encontra um erro e não consegue retornar a informação do erro.
`Exit`	Ocorre logo depois de o controle perder o foco para outro controle do mesmo userform.
`KeyDown`	Ocorre quando o usuário pressiona uma tecla do teclado.
`KeyPress`	Ocorre quando o usuário pressiona uma tecla ANSI. Uma tecla ANSI é um caractere digitável, como a letra A.
`KeyUp`	Ocorre quando o usuário deixa de pressionar uma tecla do teclado.
`MouseDown`	Ocorre quando o usuário pressiona o botão do mouse dentro dos limites do controle.
`MouseMove`	Ocorre quando o usuário move o mouse dentro dos limites do controle.
`MouseUp`	Ocorre quando o usuário deixa de pressionar o botão do mouse dentro dos limites do controle.

Controles RefEdit

O controle `RefEdit` permite que o usuário selecione um intervalo em uma planilha; o intervalo é retornado como o valor do controle. Podemos adicioná-lo em qualquer formulário. Quando clicamos no botão do lado direito do campo, o userform desaparece e é substituído pelo formulário de seleção de intervalo, o qual é usado para selecionar intervalos com muitos assistentes do Excel, como exibido na Figura 22-4. Clique no botão à direita do campo para exibir o userform novamente.

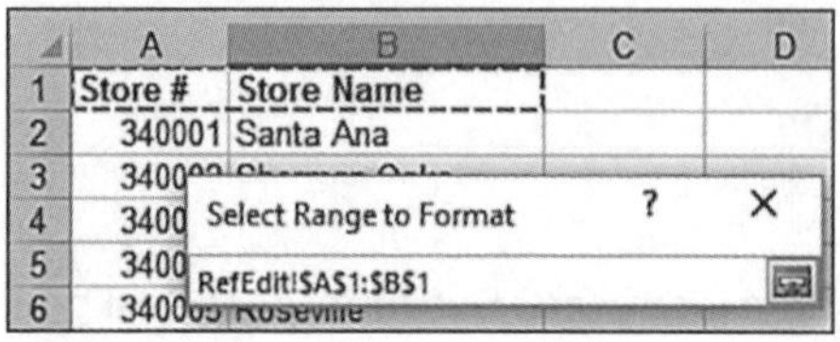

FIGURA 22-4 Utilize `RefEdit` para permitir que o usuário selecione um intervalo em uma planilha.

O código abaixo, usado com um controle `RefEdit`, permite que o usuário selecione um intervalo, o qual então é colocado em negrito:

```
Private Sub cb1_Click()
Range(RefEdit1.Value).Font.Bold = True
Unload Me
End Sub
```

A Tabela 22-3 lista os eventos dos controles `RefEdit`.

> **Atenção** Os eventos do controle `RefEdit` são notórios por não funcionarem direito. Se você tiver esse problema, use um evento de controle diferente para acionar o código.

TABELA 22-3 Eventos do controle `RefEdit`.

Evento	Descrição
`AfterUpdate`	Ocorre depois que os dados do controle são alterados.
`BeforeDragOver`	Ocorre enquanto o usuário arrasta e solta dados no controle.
`BeforeDropOrPaste`	Ocorre logo antes de o usuário soltar ou colar dados no controle.
`BeforeUpdate`	Ocorre antes de os dados no controle serem alterados.
`Change`	Ocorre quando o valor do controle é alterado.
`Click`	Ocorre quando o usuário clica no controle com o mouse.
`DblClick`	Ocorre quando o usuário clica duas vezes no controle com o mouse.
`DropButtonClick`	Ocorre quando o usuário clica no botão de soltar no lado direito do campo.
`Enter`	Ocorre logo antes de o controle receber o foco vindo de outro controle do mesmo userform.
`Error`	Ocorre quando o controle encontra um erro e não consegue retornar a informação do erro.

Evento	Descrição
`Exit`	Ocorre logo depois de o controle perder o foco para outro controle do mesmo userform.
`KeyDown`	Ocorre quando o usuário pressiona uma tecla do teclado.
`KeyPress`	Ocorre quando o usuário pressiona uma tecla ANSI. Uma tecla ANSI é um caractere digitável, como a letra A.
`KeyUp`	Ocorre quando o usuário deixa de pressionar uma tecla do teclado.
`MouseDown`	Ocorre quando o usuário pressiona o botão do mouse dentro dos limites do controle.
`MouseMove`	Ocorre quando o usuário move o mouse dentro dos limites do controle.
`MouseUp`	Ocorre quando o usuário deixa de pressionar o botão do mouse dentro dos limites do controle.

Controles `Botão de Ativação`

Um botão de ativação parece um botão de comando normal, mas, quando o usuário o pressiona, ele permanece pressionado até que receba um novo clique. Isso permite que um valor `True` ou `False` seja retornado com base no status do botão. A Tabela 22-4 lista os eventos dos controles `Botão de Ativação`.

TABELA 22-4 Eventos do controle `Botão de Ativação`.

Evento	Descrição
`AfterUpdate`	Ocorre depois que os dados do controle são alterados.
`BeforeDragOver`	Ocorre enquanto o usuário arrasta e solta dados no controle.
`BeforeDropOrPaste`	Ocorre logo antes de o usuário soltar ou colar dados no controle.
`BeforeUpdate`	Ocorre antes de os dados no controle serem alterados.
`Change`	Ocorre quando o valor do controle é alterado.
`Click`	Ocorre quando alguém clica no controle com o mouse.
`DblClick`	Ocorre quando o usuário clica duas vezes no controle com o mouse.
`Enter`	Ocorre logo antes de o controle receber o foco vindo de outro controle do mesmo userform.
`Error`	Ocorre quando o controle encontra um erro e não consegue retornar a informação do erro.
`Exit`	Ocorre logo depois de o controle perder o foco para outro controle do mesmo userform.
`KeyDown`	Ocorre quando o usuário pressiona uma tecla do teclado.
`KeyPress`	Ocorre quando o usuário pressiona uma tecla ANSI. Uma tecla ANSI é um caractere digitável, como a letra A.
`KeyUp`	Ocorre quando o usuário deixa de pressionar uma tecla do teclado.
`MouseDown`	Ocorre quando o usuário pressiona o botão do mouse dentro dos limites do controle.
`MouseMove`	Ocorre quando o usuário move o ponteiro dentro dos limites do controle.
`MouseUp`	Ocorre quando o usuário deixa de pressionar o botão do mouse dentro dos limites do controle.

Usando uma barra de rolagem como um controle deslizante para selecionar valores

O Capítulo 10 abordou o uso de um controle `Botão de Rotação` para permitir que alguém escolha uma data. O botão de rotação é útil, mas ele nos permite ajustar apenas uma unidade por vez para cima ou para baixo. Um método alternativo seria criar uma barra de rolagem horizontal ou vertical no meio do userform e usá-la como um controle deslizante. Os usuários podem usar as setas nas extremidades da barra de rolagem como as setas do botão de rotação, mas eles também podem agarrar a barra de rolagem e, instantaneamente, arrastá-la até um determinado valor.

O userform exibido na Figura 22-5 inclui um rótulo chamado `Label1` e uma barra de rolagem chamada `ScrollBar1`.

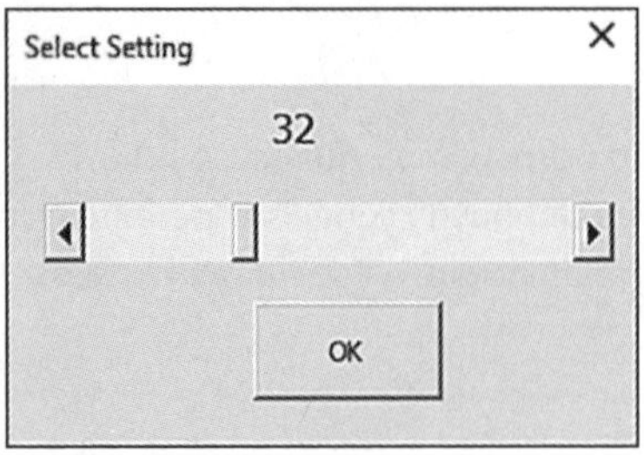

FIGURA 22-5 Usar um controle Barra de Rolagem permite que o usuário arraste a barra até determinado valor numérico ou de dados.

O código `Initialize` do userform estabelece os valores `Min` e `Max` da barra de rolagem. Ele inicializa a barra de rolagem a partir de um valor da célula A1 e atualiza o `Label1.Caption`:

```
Private Sub UserForm_Initialize()
 Me.ScrollBar1.Min = 0
 Me.ScrollBar1.Max = 100
 Me.ScrollBar1.Value = Worksheets("Scrollbar").Range("A1").Value
 Me.Label1.Caption = Me.ScrollBar1.Value
End Sub
```

A barra de rolagem necessita de dois controladores de eventos. O evento `Change` é ativado quando o usuário clica nas setas nas extremidades da barra de rolagem. O evento `Scroll` é ativado quando ele arrasta o controle deslizante até um novo valor:

```
Private Sub ScrollBar1_Change()
    'Esse evento é acionado quando o usuário toca
    'nas setas das extremidades da barra de rolagem
    Me.Label1.Caption = Me.ScrollBar1.Value
End Sub

Private Sub ScrollBar1_Scroll()
    'Esse evento é acionado quando o usuário arrasta o controle deslizante
    Me.Label1.Caption = Me.ScrollBar1.Value
End Sub
```

```
Finalmente, o evento associado ao botão registra o valor da barra de rolagem na
planilha:
Private Sub botFechar_Click()
    Worksheets("Scrollbar").Range("A1").Value = Me.ScrollBar1.Value
    Unload Me
End Sub
```

A Tabela 22-5 lista os eventos dos controles `Caixa de Rolagem`.

TABELA 22-5 Eventos do controle `ScrollBar`.

Evento	Descrição
`AfterUpdate`	Ocorre depois que o usuário alterou os dados do controle.
`BeforeDragOver`	Ocorre enquanto alguém arrasta e solta dados no controle.
`BeforeDropOrPaste`	Ocorre logo antes de o usuário soltar ou colar dados no controle.
`BeforeUpdate`	Ocorre antes de os dados no controle serem alterados.
`Change`	Ocorre quando o valor do controle é alterado.
`Enter`	Ocorre logo antes de o controle receber o foco vindo de outro controle do mesmo userform.
`Error`	Ocorre quando o controle encontra um erro e não consegue retornar a informação do erro.
`Exit`	Ocorre logo depois de o controle perder o foco para outro controle do mesmo userform.
`KeyDown`	Ocorre quando o usuário pressiona uma tecla do teclado.
`KeyPress`	Ocorre quando o usuário pressiona uma tecla ANSI. Uma tecla ANSI é um caractere digitável, como a letra A.
`KeyUp`	Ocorre quando o usuário deixa de pressionar uma tecla do teclado.
`Scroll`	Ocorre quando o controle deslizante é movido.

Controles e coleções

No Capítulo 9, "Criando classes e coleções", vários rótulos de uma planilha foram agrupados em uma coleção. Com um pouco mais de código, esses rótulos foram transformados em telas de ajuda. Os controles de userform também podem ser agrupados em coleções para que possamos tirar proveito dos módulos de classe. O exemplo a seguir seleciona ou desmarca todas as caixas de seleção do userform, dependendo de qual rótulo o usuário escolhe.

Insira o código seguinte no módulo de classe `clsFormCtl`. Ele consiste em uma propriedade `chb`, e dois métodos, `SelectAll` e `UnselectAll`.

O método `SelectAll` seleciona uma caixa de seleção, definindo seu valor como `True`:

```
Public WithEvents chb As MSForms.CheckBox

Public Sub SelectAll()
chb.Value = True
End Sub
```

O método `UnselectAll` desmarca a caixa de seleção:

```
Public Sub UnselectAll()
chb.Value = False
End Sub
```

Isso configura o módulo de classe. Em seguida, os controles precisam ser colocados em uma coleção. O código a seguir, inserido atrás do formulário `frm_Filmes`, coloca as caixas de seleção em uma coleção. As caixas de seleção fazem parte de um quadro `qdr_Seleção`, o que torna mais fácil a criação da coleção, visto que isso reduz o número de controles que precisam ser verificados em todo o userform apenas para os controles dentro do quadro:

```
Dim col_Seleção As New Collection

Private Sub UserForm_Initialize()
Dim ctl As MSForms.CheckBox
Dim chb_ctl As clsFormCtl

'Passa pelos membros do quadro e os adiciona à coleção
For Each ctl In frm_Seleção.Controls
    Set chb_ctl = New clsFormCtl
    Set chb_ctl.chb = ctl
    col_Seleção.Add chb_ctl
Next ctl
End Sub
```

Quando o formulário é aberto, os controles são inseridos na coleção. Tudo o que resta agora é adicionar o código para os rótulos para selecionar e desmarcar as caixas de seleção:

```
Private Sub lbl_SelectAll_Click()
Dim ctl As clsFormCtl

For Each ctl In col_Seleção
    ctl.SelectAll
Next ctl
End Sub
```

O código abaixo limpa as caixas de seleção da coleção:

```
Private Sub lbl_unSelectAll_Click()
Dim ctl As clsFormCtl

For Each ctl In col_Seleção
    ctl.Unselectall
Next ctl
End Sub
```

Todas as caixas de seleção podem ser selecionadas e desmarcadas com um simples clique do mouse, como visto na Figura 22-6.

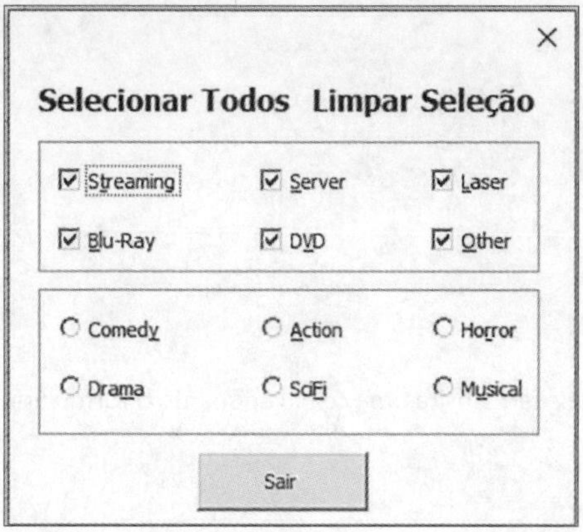

FIGURA 22-6 Use quadros, coleções e módulos de classe juntos para criar userforms rápidos e eficientes.

> **Dica** Se nossos controles não puderem ser inseridos em um quadro, podemos usar a propriedade Tag para criar um agrupamento improvisado. Tag é uma propriedade que contém mais informações sobre um controle. Seu valor é do tipo `String`, de modo que ela pode conter qualquer tipo de informação. Por exemplo, podemos usá-la para criar um grupo informal de controles a partir de diferentes agrupamentos.

Userforms não modais

Você já teve um userform ativo, mas que precisou manipular algo em uma planilha ativa ou trocar para outra planilha? Os formulários podem ser não modais, o que significa que eles não interferem com a funcionalidade do Excel. O usuário pode digitar em uma célula, mudar para outra planilha, copiar/colar dados e usar a Faixa de Opções — é como se o userform nem estivesse lá.

Por padrão, um userform é modal, o que significa que não pode haver uma interação com o Excel a não ser por meio do formulário. Para fazer com que o formulário seja não modal, altere a propriedade `ShowModal` para `False`. Por exemplo, para fazer com que o Userform1 seja não modal quando for aberto, faça o seguinte:

```
Userform1.Show False
```

Depois que ele for configurado como não modal, o usuário poderá selecionar uma célula na planilha enquanto o formulário estiver ativo, tal como exibido na Figura 22-7.

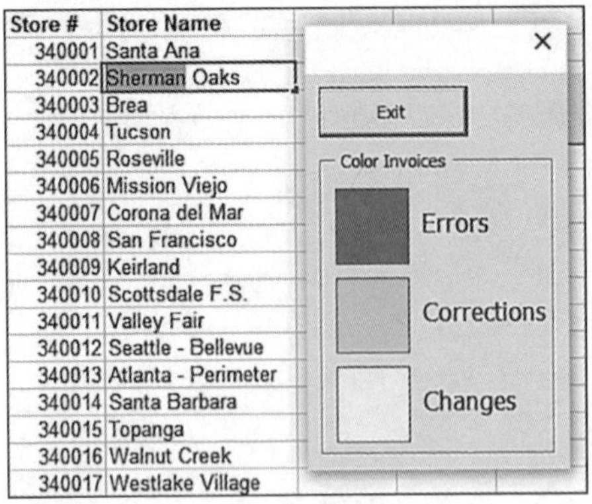

FIGURA 22-7 Um formulário não modal permite que o usuário insira uma célula enquanto o formulário ainda está ativo.

Usando hiperlinks em userforms

No exemplo de userform exibido na Figura 22-3, existe um campo para e-mail e para endereço de site. Seria interessante se, ao clicarmos neles, uma mensagem em branco de e-mail ou página da internet aparecesse automaticamente. Podemos fazer isso usando o programa abaixo, que cria uma nova mensagem ou abre um navegador quando alguém clica no rótulo correspondente:

```
Private Declare PtrSafe Function ShellExecute Lib "shell32.dll" Alias _
 "ShellExecuteA"(ByVal hWnd As Long, ByVal lpOperation As String, _
 ByVal lpFile As String, ByVal lpParameters As String, _
 ByVal lpDirectory As String, ByVal nShowCmd As Long) As LongPtr

Const SWNormal = 1
```

A declaração da interface de programação de aplicativos (API) e quaisquer outras constantes aparecem no início do módulo.

Este sub controla o que acontece quando o rótulo de e-mail é clicado, como exibido na Figura 22-8:

```
Private Sub lbl_Email_Click()
Dim lngLin As Long

lngLin = TabStrip1.Value + 1
ShellExecute 0&, "open", "mailto:" & Cells(lngRow, 5).Value, _
 vbNullString, vbNullString, SWNormal
End Sub
```

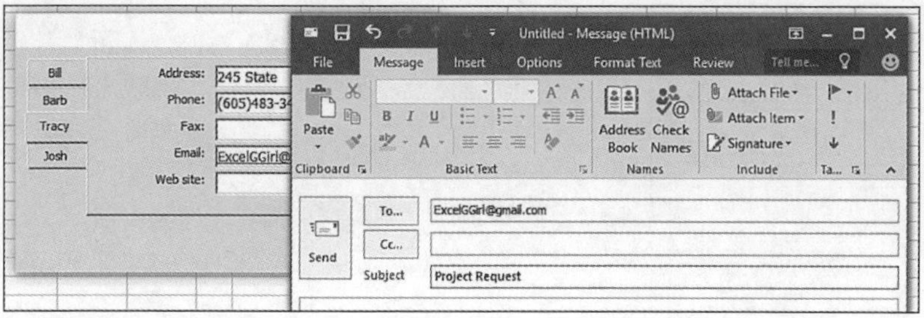

FIGURA 22-8 Transforme endereços de e-mail e sites em links clicáveis usando umas poucas linhas de código.

Este sub controla o que acontece quando alguém clica no rótulo de site:

```
Private Sub lbl_Website_Click()
Dim lngLin As Long

lngLin = TabStrip1.Value + 1
ShellExecute 0&, "open", Cells(lngRow, 6).Value, vbNullString, _
 vbNullString, SWNormal
End Sub
```

Adicionando controles em tempo de execução

Nós podemos adicionar controles a um userform em tempo de execução. Isso é conveniente se não tivermos certeza de quantos itens vamos acrescentar no formulário.

A Figura 22-9 apresenta um formulário simples, com apenas um botão. Esse formulário simples é usado para exibir qualquer quantidade de imagens de um catálogo de produtos. As fotos e os rótulos acompanhantes aparecem em tempo de execução, enquanto o formulário está sendo exibido.

Uma representante de vendas, fazendo uma apresentação, usa esse formulário para exibir um catálogo de produtos. Ela pode escolher qualquer número de códigos de produtos de uma planilha do Excel e pressionar uma tecla de atalho para exibir o formulário. Se ela selecionar seis itens da planilha, o formulário exibirá uma pequena versão de cada figura dos produtos, como ilustrado na Figura 22-10.

Se a representante de vendas selecionar menos itens, as imagens serão apresentadas maiores, como visto na Figura 22-11.

Várias técnicas são usadas para criar esse userform durante a execução. O formulário inicial contém apenas um botão: `bcFechar`. Todo o resto é acrescentado na hora.

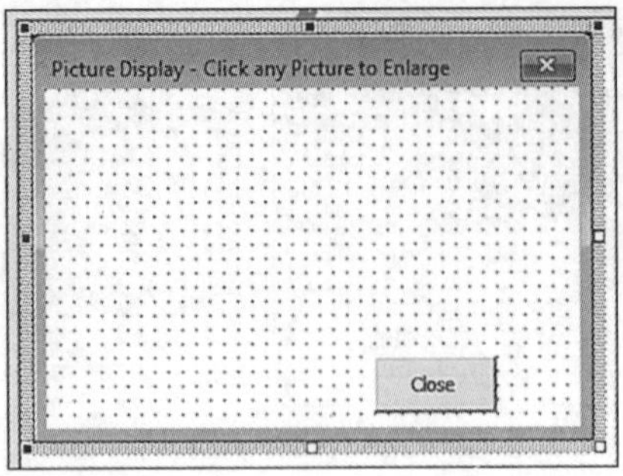

FIGURA 22-9 Podemos criar formulários flexíveis se adicionarmos a maioria dos controles em tempo de execução.

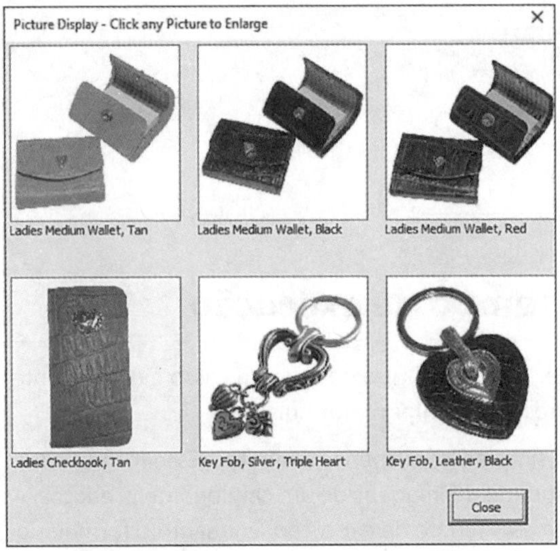

FIGURA 22-10 A representante de vendas pediu para ver fotos de 6 produtos. O procedimento `UserForm_Initialize` adiciona cada imagem e rótulo do produto durante a execução.

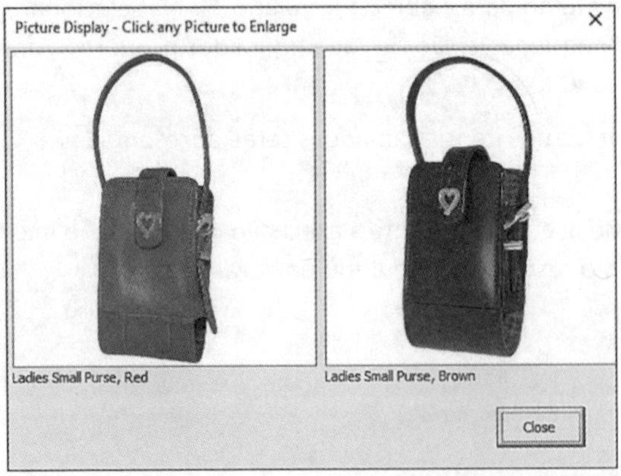

FIGURA 22-11 A lógica de `Userform_Initialize` decide quantas fotos serão exibidas e adiciona os controles de imagem no tamanho apropriado.

Redimensionando o userform durante a execução

Apresentar a melhor visualização das imagens do catálogo de produtos envolve fazer o formulário aparecer no maior tamanho possível. O código a seguir usa as propriedades `Height` e `Width` do formulário para se certificar de que ele preencherá a tela quase inteira:

```
'redimensiona o formulário
Me.Height = Int(0.98 * ActiveWindow.Height)
Me.Width = Int(0.98 * ActiveWindow.Width)
```

Adicionando um controle durante a execução

No caso de um controle normal, adicionado quando o formulário foi projetado, como um botão chamado `bcFechar`, é fácil se referir ao controle usando o seu nome:

```
Me.bcFechar.Left = 100
```

No entanto, no caso de um controle adicionado em tempo de execução, teremos que usar a coleção `Controls` para definir as propriedades do controle. Por esse motivo, é importante criar uma variável, tal como LC, para armazenar o nome do controle. Os controles são adicionados com o método `.Add`. O parâmetro importante é o `bstrProgId`. Essa propriedade determina se o controle adicionado é um rótulo, uma caixa de texto, um botão de comando ou alguma outra coisa.

O código abaixo adiciona um novo rótulo ao formulário. `ContImag` é uma variável contadora usada para garantir que cada rótulo tenha um nome único. Depois que o formulário é adicionado, especifique uma posição para o controle, definindo as propriedades Top e `Left`. Também devemos definir as propriedades `Height` e `Width` para o controle:

```
LC = "RótuloA" & ContImag
Me.Controls.Add bstrProgId:="forms.label.1", Name:=LC, Visible:=True
Me.Controls(LC).Top = 25
Me.Controls(LC).Left = 50
Me.Controls(LC).Height = 18
Me.Controls(LC).Width = 60
Me.Controls(LC).Caption = Cell.Value
```

> **Atenção** Nós perdemos algumas das opções de AutoCompletar com esse método. Normalmente, se começássemos a digitar `Me.bcFechar.`, as opções de AutoCompletar apresentariam as opções válidas para um botão de comando. No entanto, quando usamos a coleção `Me.Controls(LC)` para adicionar controles durante a execução, o VBA não saberá a que tipo de controle estamos fazendo referência. Nesse caso, seria útil saber que precisamos definir a propriedade `Caption` em vez da propriedade `Value` como rótulo.

Dimensionando durante a execução

Na realidade, precisamos poder calcular os valores de Top, `Left`, `Height` e `Width` durante a execução. Nós faríamos isso com base na altura e na largura reais do formulário e no número de controles necessários.

Adicionando outros controles

Para adicionar outros tipos de controles, mude `ProgId` usado com o método Add. A Tabela 22-6 apresenta os `ProgIds` para diversos tipos de controles.

TABELA 22-6 Controles de userform e seus `ProgIds` correspondentes.

Controle	ProgId
Caixa de Seleção	Forms.CheckBox.1
Caixa de Combinação	Forms.ComboBox.1
Botão de Comando	Forms.CommandButton.1
Quadro	Forms.Frame.1
Imagem	Forms.Image.1
Rótulo	Forms.Label.1
Caixa de Listagem	Forms.ListBox.1
Multi-página	Forms.MultiPage.1
Botão de Opção	Forms.OptionButton.1
Barra de Rolagem	Forms.ScrollBar.1
Botão de Rotação	Forms.SpinButton.1
TabStrip	Forms.TabStrip.1
Caixa de Texto	Forms.TextBox.1
Botão de Ativação	Forms.ToggleButton.1

Adicionando uma imagem durante a execução

Há alguma imprevisibilidade na adição de imagens em um userform. Qualquer dada imagem pode ser dimensionada como paisagem ou como retrato. Uma imagem pode ser pequena ou grande. A estratégia que talvez queiramos usar é deixar a imagem ser carregada até o seu tamanho máximo, definindo o parâmetro `.AutoSize` como `True` antes de carregá-la:

```
TC = "Imagem" & ContImag
Me.Controls.Add bstrProgId:="forms.image.1", Name:=TC, Visible:=True
Me.Controls(TC).Top = ÚltimoTopo
Me.Controls(TC).Left = ÚltimoEsq
Me.Controls(TC).AutoSize = True
On Error Resume Next
Me.Controls(TC).Picture = LoadPicture(nomearq)
On Error GoTo 0
```

Depois que a imagem for carregada, podemos ler as propriedades `Height` e `Width` do controle para determinar se a imagem é uma paisagem ou um retrato, e se a imagem está limitada pela largura ou pela altura disponíveis:

```
'A imagem redimensionou o controle até o seu tamanho total.
'determina o tamanho da imagem
Larg = Me.Controls(TC).Width
Alt = Me.Controls(TC).Height
'LargCél e AltCél são calculadas no exemplo de código completo abaixo
LargReduz = LargCél / Larg
AltReduz = AltCél / Alt
If LargReduz < AltReduz Then
    Reduz = LargReduz
Else
    Reduz = AltReduz
End If
NovaAlt = Int(Alt * Reduz)
NovaLarg = Int(Larg * Reduz)
```

Depois de encontrar o tamanho adequado para a imagem, de modo que ela seja exibida sem distorção, defina a propriedade `AutoSize` como `False` e use a altura e a largura corretas para que a imagem não apareça distorcida:

```
'Agora, redimensione o controle
Me.Controls(TC).AutoSize = False
Me.Controls(TC).Height = NovaAlt
Me.Controls(TC).Width = NovaLarg
Me.Controls(TC).PictureSizeMode = fmPictureSizeModeStretch
```

Juntando tudo

Este é o código completo para o userform de catálogo de imagens:

```
Private Sub UserForm_Initialize()
'Exibe imagens de cada código de produto selecionado na planilha
'Isso pode ser qualquer uma das 36 imagens
CaminhoImag = "C:\qimage\qi"

'redimensiona o formulário
Me.Height = Int(0.98 * ActiveWindow.Height)
Me.Width = Int(0.98 * ActiveWindow.Width)

'determina quantas células foram selecionadas
'Precisamos de uma imagem e de um rótulo para cada célula
ContCél = Selection.Cells.Count
ReDim Preserve Imgs(1 To ContCél)
```

```
'Descobre o tamanho do formulário redimensionado
AltTemp = Me.Height
LargTemp = Me.Width

'A quantidade de colunas é o arredondamento de SQRT(ContCél)
'Isso garantirá 4 linhas de 5 imagens para 20 etc.
NúmCol = Int(0.99 + Sqr(ContCél))
NúmLin = Int(0.99 + ContCél / NúmCol)

'Descobre a altura e a largura de cada quadrado
'Cada coluna terá 2 pontos à esquerda & direita das imagens
LargCél = Application.WorksheetFunction.Max(Int(LargTemp / NúmCol) - 4, 1)
'cada linha precisa ter 33 pontos abaixo dela para o rótulo
AltCél = Application.WorksheetFunction.Max(Int(AltTemp / NúmLin) - 33, 1)

ContImag = 0    'A variável de contagem
ÚltimoTopo = 2
MáxBaixo = 1
'Cria cada linha do formulário
For x = 1 To NúmLin
    ÚltimoEsq = 3
    'Cria cada coluna nessa linha
    For Y = 1 To NúmCol
        ContImag = ContImag + 1
        If ContImag > ContCél Then
            'Não há um número par de imagens para preencher
            'a última linha
            Me.Height = MáxBaixo + 100
            Me.bcFechar.Top = MáxBaixo + 25
            Me.bcFechar.Left = Me.Width - 70
            Repaint    'Desenha o formulário novamente
            Exit Sub
        End If
        EsteEstilo = Selection.Cells(ContImag).Value
        EstaDesc = Selection.Cells(ContImag).Offset(0, 1).Value
        nomearq = CaminhoImag & EsteEstilo & ".jpg"
        TC = "Imagem" & ContImag
        Me.Controls.Add bstrProgId:="forms.image.1", Name:=TC, _
            Visible:=True
        Me.Controls(TC).Top = ÚltimoTopo
        Me.Controls(TC).Left = ÚltimoEsq
        Me.Controls(TC).AutoSize = True
        On Error Resume Next
        Me.Controls(TC).Picture = LoadPicture(nomearq)
        On Error GoTo 0
```

```
        'A imagem redimensionou o controle até o seu tamanho total
        'determina o tamanho da imagem
        Larg = Me.Controls(TC).Width
        Alt = Me.Controls(TC).Height
        LargReduz = LargCél / Larg
        AltReduz = AltCél / Alt
        If LargReduz < AltReduz Then
            Reduz = LargReduz
        Else
            Reduz = AltReduz
        End If
        NovaAlt = Int(Alt * Reduz)
        NovaLarg = Int(Larg * Reduz)

        'Agora, redimensione o controle
        Me.Controls(TC).AutoSize = False
        Me.Controls(TC).Height = NovaAlt
        Me.Controls(TC).Width = NovaLarg
        Me.Controls(TC).PictureSizeMode = fmPictureSizeModeStretch
        Me.Controls(TC).ControlTipText = "Estilo " & _
            EsteEstilo & " " & EstaDesc

        'Mantém registro da imagem mais abaixo & mais à direita
        EstaDir = Me.Controls(TC).Left + Me.Controls(TC).Width
        EsteBaixo = Me.Controls(TC).Top + Me.Controls(TC).Height
        If EsteBaixo > MáxBaixo Then MáxBaixo = EsteBaixo

        'Insere um rótulo abaixo da imagem
        LC = "RótuloA" & ContImag
        Me.Controls.Add bstrProgId:="forms.label.1", Name:=LC, _
            Visible:=True
        Me.Controls(LC).Top = EsteBaixo + 1
        Me.Controls(LC).Left = ÚltimoEsq
        Me.Controls(LC).Height = 18
        Me.Controls(LC).Width = LargCél
        Me.Controls(LC).Caption = EstaDesc

        'Mantém registro de onde a próxima imagem deverá ser exibida
        ÚltimoEsq = ÚltimoEsq + LargCél + 4
    Next Y    ' fim dessa linha
    ÚltimoEsq = MáxBaixo + 21 + 16
Next x

Me.Height = MáxBaixo + 100
Me.bcFechar.Top = MáxBaixo + 25
Me.bcFechar.Left = Me.Width - 70
Repaint
End Sub
```

Adicionando ajuda ao userform

Embora já tenhamos projetado um ótimo userform neste capítulo, tem uma coisa faltando: orientação para os usuários. As seções a seguir mostram quatro formas de ajudar os usuários a preencher o formulário corretamente.

Exibindo teclas de atalho

Em geral, formulários predefinidos têm atalhos de teclado que permitem que ações sejam acionadas ou que campos sejam selecionados apertando algumas teclas. Esses atalhos são identificados por uma letra sublinhada em um botão ou rótulo.

Nós podemos adicionar essa mesma capacidade em userforms personalizados inserindo um valor na propriedade `Accelerator` do controle. Pressionar Alt + a tecla de atalho seleciona o controle. Por exemplo, na Figura 22-12, Alt+T marca a caixa de seleção Streaming. Pressionar essa combinação novamente desmarcará a caixa.

FIGURA 22-12 Use combinações de teclas, como Alt+T para selecionar Streaming e dar aos userforms o poder dos atalhos de teclado.

Adicionando um texto de dica ao controle

Quando um cursor passa sobre um controle da Faixa de Opções, surge um texto de dica, indicando o que o controle faz. Também podemos adicionar um texto de dica em userforms, inserindo um valor na propriedade `ControlTipText` de um controle. Na Figura 22-13, o texto de dica foi adicionado ao quadro contendo as diversas categorias.

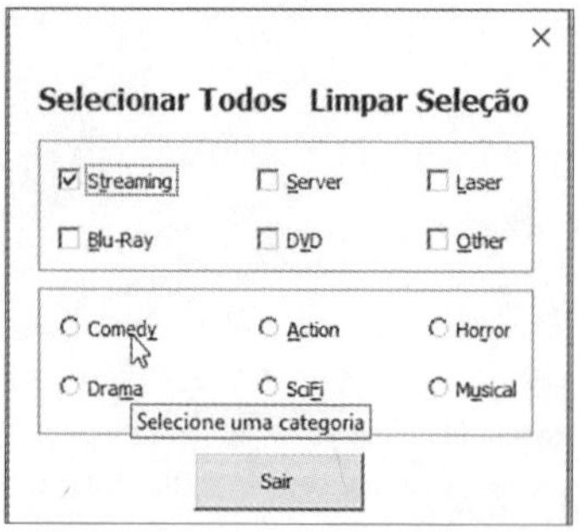

FIGURA 22-13 Adicione dicas aos controles para fornecer ajuda aos usuários.

Criando a ordem de tabulação

Os usuários podem usar a tecla Tab para ir de um campo ao outro. Esse é um recurso automático dos formulários. Para controlar para qual campo o próximo Tab levará, podemos definir o valor da propriedade TapStop de cada controle.

A primeira parada de tabulação é 0, e a última parada de tabulação é igual ao número de controles de um grupo. Lembre-se de que podemos criar um grupo com um quadro. O Excel não permite que vários controles de um grupo tenham a mesma parada de tabulação. Depois da definição das paradas de tabulação, o usuário poderá usar a tecla Tab e a barra de espaço para marcar ou desmarcar várias opções.

> **Dica** Se clicarmos no userform com o botão direito (em nenhum dos seus controles) e selecionar Ordem de Tabulação, um formulário aparecerá, listando todos os controles. Podemos reorganizar os controles nesse formulário para definir a ordem de tabulação.

Colorindo o controle ativo

Outro método para ajudar um usuário a preencher um formulário é colorir o campo ativo. O exemplo a seguir muda a cor de uma caixa de texto ou de uma caixa de combinação quando ela estiver ativa. `RaiseEvent` é usado para chamar eventos declarados no topo do módulo de classe. O código para esses eventos faz parte do userform.

Insira o seguinte código em um módulo de classe chamado `clsCtlColor`:

```
Public Event GetFocus()
Public Event LostFocus(ByVal strCtrl As String)
Private strPreCtr As String

Public Sub VerificarControleAtivo(objForm As MSForms.UserForm)
With objForm
    If TypeName(.ActiveControl) = "ComboBox" Or _
        TypeName(.ActiveControl) = "TextBox" Then
        strPreCtr = .ActiveControl.Name
        On Error GoTo Terminate
        Do
            DoEvents
            If .ActiveControl.Name <> strPreCtr Then
                If TypeName(.ActiveControl) = "ComboBox" Or _
                    TypeName(.ActiveControl) = "TextBox" Then
                    RaiseEvent LostFocus(strPreCtr)
                    strPreCtr = .ActiveControl.Name
                    RaiseEvent GetFocus
                End If
            End If
        Loop
    End If
End With
```

```
Terminate:
 Exit Sub
End Sub
```

Insira o seguinte código por trás do userform:

```
Private WithEvents objForm As clsCtlColor

Private Sub UserForm_Initialize()
Set objForm = New clsCtlColor
End Sub
```

Este sub muda a `BackColor` do controle ativo quando o formulário é ativado:

```
Private Sub UserForm_Activate()
If TypeName(ActiveControl) = "ComboBox" Or _
    TypeName(ActiveControl) = "TextBox" Then
    ActiveControl.BackColor = &HC0E0FF
End If
objForm.CheckActiveCtrl Me
End Sub
```

Este sub muda a `BackColor` do controle ativo quando ele fica no foco:

```
Private Sub objForm_GetFocus()
ActiveControl.BackColor = &HC0E0FF
End Sub
```

Este sub muda a `BackColor` de volta para branco quando o controle perde o foco:

```
Private Sub objForm_LostFocus(ByVal strCtrl As String)
Me.Controls(strCtrl).BackColor = &HFFFFFF
End Sub
```

Este sub limpa `objForm` quando o formulário é fechado:

```
Private Sub UserForm_QueryClose(Cancel As Integer, CloseMode As Integer)
Set objForm = Nothing
End Sub
```

Estudo de caso: configurando caixas de listagem multicolunas

Nós criamos várias planilhas que continham dados de lojas. A chave primária de cada conjunto é o número da loja. A pasta de trabalho é usada por várias pessoas, mas nem todo mundo memoriza as lojas pelos seus números. De alguma forma, precisamos permitir que os usuários selecionem uma loja por nome. Ao mesmo tempo, precisamos retornar o número da loja que será usado no código. Podemos usar VLOOKUP ou MATCH, mas existe outra maneira.

Uma caixa de listagem pode ter mais de uma coluna, mas nem todas as colunas precisam ser visíveis. Além disso, o usuário pode selecionar um item de uma lista visível, mas a caixa de listagem pode retornar o valor correspondente da outra coluna.

Desenhe uma caixa de listagem e defina a propriedade `ColumnCount` como 2. Defina `RowSource` como um intervalo de duas colunas chamado `Lojas`. A primeira coluna do intervalo é o número da loja; a segunda, o nome da loja. Nesse ponto, a caixa de listagem estará exibindo duas colunas de dados. Para mudar isso, defina `ColumnWidths` como `0, 100` — o texto será atualizado automaticamente como `0 pt;100 pt`. A primeira coluna estará oculta agora. A Figura 22-14 exibe as propriedades da caixa de listagem tal como elas devem estar.

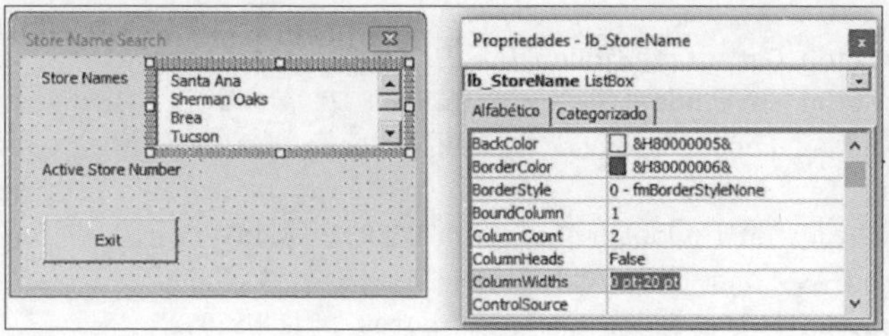

FIGURA 22-14 Definir as propriedades de caixa de listagem cria uma caixa de listagem de duas colunas que parece ser uma única coluna de dados.

A aparência da caixa de listagem foi definida agora. Quando alguém ativar a caixa de listagem, verá apenas os nomes das lojas. Para retornar o valor da primeira coluna, defina a propriedade `BoundColumn` como `1`. Podemos fazer isso por meio da janela Propriedades ou de código. Este exemplo usa o código para manter a flexibilidade de retornar o número da loja (veja a Figura 22-15):

```
Private Sub UserForm_Initialize()
rót_NomeLoja.BoundColumn = 1
End Sub

Private Sub rót_NomeLoja_Click()
rót_NomeLoja.Caption = rót_NomeLoja.Value
End Sub
```

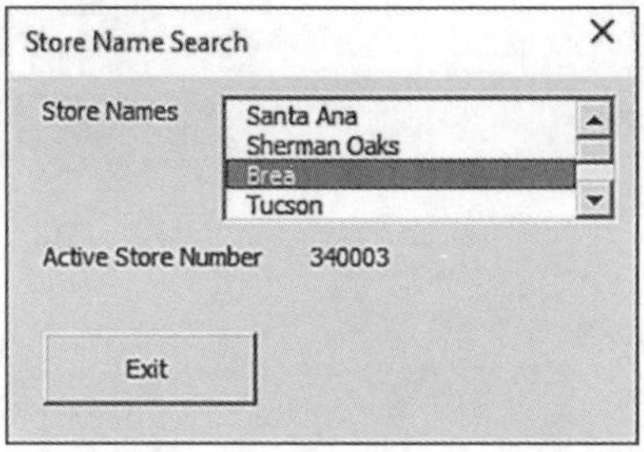

FIGURA 22-15 Use uma caixa de listagem de duas colunas para permitir que o usuário selecione um nome de loja, mas retorne o número da loja.

Criando formulários transparentes

Alguma vez você já teve um formulário que precisou ficar movendo para o lado para poder ver os dados atrás dele? O código a seguir define o userform com uma transparência de 50% (veja a Figura 22-16). Assim, podemos ver os dados por trás dele sem mover o formulário para outro lugar na tela (e bloquear mais dados).

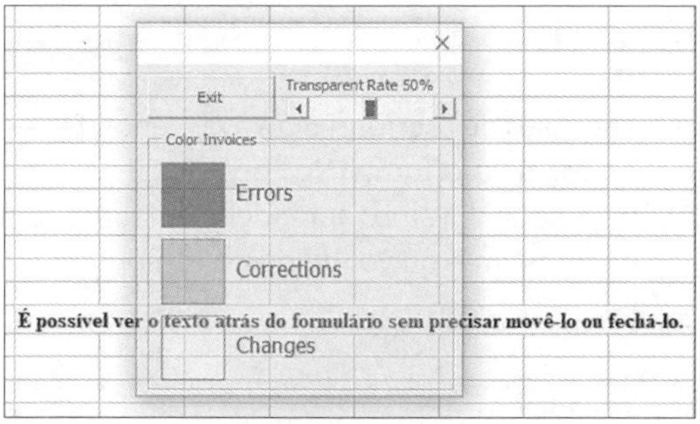

FIGURA 22-16 Crie um formulário com 50% de transparência para visualizar os dados atrás dele, na planilha.

Insira o seguinte código na seção de declarações, no início do userform:

```
Private Declare PtrSafe Function GetActiveWindow Lib "USER32" () As LongPtr
Private Declare PtrSafe Function SetWindowLongPtr Lib "USER32" Alias _
 "SetWindowLongA" (ByVal hWnd As LongPtr, ByVal nIndex As Long, _
 ByVal dwNewLong As LongPtr) As LongPtr
Private Declare PtrSafe Function GetWindowLongPtr Lib "USER32" Alias _
 "GetWindowLongA" (ByVal hWnd As LongPtr, ByVal nIndex As Long) As Long
Private Declare PtrSafe Function SetLayeredWindowAttributes Lib "USER32" _
 (ByVal hWnd As LongPtr, ByVal crKey As Integer, _
 ByVal bAlpha As Integer, ByVal dwFlags As LongPtr) As LongPtr
Private Const WS_EX_LAYERED = &H80000
Private Const LWA_COLORKEY = &H1
Private Const LWA_ALPHA = &H2
Private Const GWL_EXSTYLE = &HFFEC
Dim hWnd As Long
```

Insira o seguinte código por trás de um botão de ativação. Quando o botão for pressionado, a transparência será reduzida a 50%. Quando o usuário clicar de novo no botão, a transparência será definida como 0.

```
Private Sub ToggleButton1_Click()
If ToggleButton1.Value = True Then
    '127 define a semitransparência de 50%
    DefinirTransparência 127
Else
    'um valor de 255 é opaco e 0 é transparente
    DefinirTransparência 255
End If
End Sub

Private Sub DefinirTransparência(ÍndiceT As Integer)
Dim nIndex As Long
hWnd = GetActiveWindow
nIndex = GetWindowLong(hWnd, GWL_EXSTYLE)
SetWindowLong hWnd, GWL_EXSTYLE, nIndex Or WS_EX_LAYERED
SetLayeredWindowAttributes hWnd, 0, ÍndiceT, LWA_ALPHA
End Sub
```

Próximos passos

Este capítulo nos mostrou como podemos usar controles de userform mais avançados. Ele também revisou vários métodos para maximizar o uso de userforms. No Capítulo 23, "A Interface de Programação de Aplicativos (API) do Windows", vamos aprender mais sobre como acessar funções e procedimentos que estão escondidos em arquivos do nosso computador.

CAPÍTULO 23

A Interface de Programação de Aplicativos (API) do Windows

Neste capítulo, você vai:

- Entender as partes de uma declaração de API.
- Aprender como usar uma declaração de API.
- Fazer declarações de API compatíveis com 32 e 64 bits.
- Revisar alguns exemplos de funções de API.

Com todas as coisas maravilhosas que podemos fazer no VBA do Excel, existem algumas que estão fora do alcance do VBA ou que são muito difíceis de fazer, como descobrir qual a configuração da resolução da tela do usuário. É aí que a Interface de Programação de Aplicativos (API) do Windows pode ajudar.

Se der uma olhada no diretório de Sistema do Windows \Windows\System32 (em sistemas Windows NT), você verá vários arquivos com a extensão .dll. Esses arquivos, que são bibliotecas de vínculo dinâmico (DLLs), contêm várias funções e procedimentos que outros programas podem acessar, incluindo o VBA. Elas dão ao usuário acesso a funcionalidades usadas pelo sistema operacional Windows e muitos outros programas.

> **Atenção** Tenha em mente que as declarações de API do Windows são acessíveis somente em computadores cujo sistema operacional é o Microsoft Windows.

Este capítulo não nos ensina a escrever declarações de API, mas nos ensina o básico sobre como interpretá-las e usá-las. Vários exemplos úteis também foram incluídos. Jan Karel Pieterse, da JKP Application Development Services (www.jkp-ads.com), está trabalhando em um site que cresce a cada dia e que lista a sintaxe adequada para declarações de 64 bits. Podemos encontrá-las no site www.jkp-ads.com/articles/apideclarations.asp.

Entendendo uma declaração de API

O seguinte é um exemplo de uma função de API:

```
Private Declare PtrSafe Function ObterNomeUsuário _
 Lib "advapi32.dll" Alias "ObterNomeUsuárioA" _
 (ByVal lpBuffer As String, nSize As Long) _
 As LongPtr
```

Existem dois tipos de declarações de API, as quais são estruturadas de modo similar:

- **Funções** — Retornam informações.
- **Procedimentos** — Fazem algo no sistema.

Basicamente, podemos dizer o seguinte sobre essa função de API:

- Ela é do tipo `Private.` Assim, podemos usá-la apenas no módulo no qual for declarada. Declare-a como `Public` em um módulo-padrão se quiser compartilhá-la entre vários módulos.

> **Atenção** Declarações de API em módulos-padrão podem ser públicas ou privadas. Declarações de API em módulos de classe devem ser privadas.

- Ela será chamada de `ObterNomeUsuário` em um programa. Esse é o nome de variável atribuída ao código.
- A função que está sendo usada é encontrada em `advapi32.dll`.
- O pseudônimo, `ObterNomeUsuárioA`, é como a função será chamada na DLL. Esse nome diferencia letras maiúsculas e minúsculas e não pode ser alterado; ele é específico à DLL (biblioteca de vínculo dinâmico). Em geral, temos duas versões de cada função de API. Uma versão usa o conjunto de caracteres ANSI e tem pseudônimos que terminam com a letra *A*. A outra versão usa o conjunto de caracteres Unicode e tem pseudônimos que terminam com a letra *W*. Ao especificar o pseudônimo, estamos dizendo ao VBA qual versão da função usar.
- Existem dois parâmetros: `lpBuffer` e `nSize`. Esses são dois argumentos que a função da DLL aceita.

> **Atenção** A desvantagem de se usar APIs é que pode não haver erros quando nosso código é compilado ou executado. Isso significa que uma chamada à API configurada incorretamente pode causar uma falha ou paralisação do nosso computador. Por essa razão, é aconselhável salvar nosso trabalho com frequência.

Usando uma declaração de API

Usar uma API não é diferente de chamar uma função ou procedimento criados no VBA. O exemplo a seguir usa a declaração `ObterNomeUsuário` em uma função para retornar o nome de usuário do Windows ao Excel:

```
Public Function NomeUsuário() As String
Dim sNome As String * 256
Dim cCaract As Long
cCaract = 256
If ObterNomeUsuário(sNome, cCaract) Then
  NomeUsuário = Left$(sNome, cCaract - 1)
End If
End Function

Sub ControlePrograma()
Dim NomedoUsuário As String
NomedoUsuário = NomeUsuário
Select Case NomedoUsuário
  Case Is = "Administrator"
```

```
    MsgBox "Você tem o controle total deste computador"
  Case Else
    MsgBox "Você tem um controle limitado deste computador"
End Select
End Sub
```

Execute a macro ControlePrograma, e você saberá se está conectado como Administrador no momento. O resultado exibido na Figura 23-1 indica que Administrador é o nome de usuário atual.

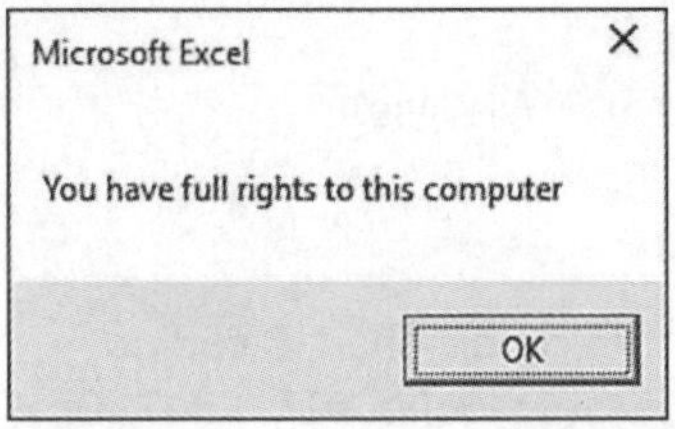

FIGURA 23-1 A função de API ObterNomeUsuário pode ser usada para obter um nome de login ao Windows do usuário — que é mais difícil de editar do que o nome de usuário do Excel. Então, poderemos controlar quais direitos um usuário tem no nosso programa.

Fazendo declarações de API compatíveis com 32 e 64 bits

Com o Excel 2010, a Microsoft aumentou a compatibilidade entre as chamadas de API de 32 e 64 bits, permitindo o funcionamento de chamadas de 64 bits em sistemas de 32 bits, mas não o contrário. Isso não acontece com o Excel 2007. Então, se estivermos escrevendo um código que pode ser usado no Excel 2007, precisamos verificar a versão de bits e fazer ajustes concordemente.

Os exemplos deste livro são declarações de API de 64 bits e podem não funcionar em versões mais antigas do Excel de 32 bits. Por exemplo, digamos que em uma versão de 64 bits temos a seguinte declaração:

```
Private Declare PtrSafe Function GetWindowLongptr Lib "USER32" Alias _
"GetWindowLongA" (ByVal hWnd As LongPtr, ByVal nIndex As Long) As LongPtr
```

A seguinte alteração deverá ser feita para que ela funcione na versão de 32 bits:

```
Private Declare Function GetWindowLongptr Lib "USER32" Alias _
"GetWindowLongA" (ByVal hWnd As Long, ByVal nIndex As Long) As LongPtr
```

A diferença é que PtrSafe precisa ser removida da declaração. Você também deve ter percebido que um novo tipo de variável foi usada: LongPtr. Na realidade, LongPtr não é um tipo de dado de verdade; ela é LongLong para ambientes de 64 bits e Long em ambientes de 32 bits. Isso não significa que devemos usar no nosso código inteiro. Ela tem um uso específico, como a chamada de APIs. Mas podemos acabar usando-a no nosso código para variáveis de API. Por exemplo, se retornarmos uma variável de API de LongPtr para outra variável do nosso código, essa também deve ser LongPtr.

Se precisarmos distribuir uma pasta de trabalho para usuários do Excel 2007 de 32 bits e de 64 bits, não precisamos criar duas pastas de trabalho. Podemos criar uma declaração `If...Then...Else` na área de declarações e configurar as chamadas de API para ambas as versões. Então, para os dois exemplos anteriores, poderíamos declará-los assim:

```
#If VBA7 Or Win64 Then
Private Declare PtrSafe Function ObterNomeUsuário Lib "advapi32.dll" _
 Alias "ObterNomeUsuárioA" (ByVal lpBuffer As String, nSize As Long) _
 As LongPtr
#Else
Private Declare Function ObterNomeUsuário Lib "advapi32.dll" _
 Alias "ObterNomeUsuárioA" (ByVal lpBuffer As String, nSize As Long) _
 As LongPtr
#End If
```

O sinal de jogo da velha (#) é usado para marcar compilações condicionais. O código compilará apenas a(s) linha(s) de código que satisfazem a verificação lógica. `#If VBA7 Or Win64` verifica se o ambiente atual está usando a nova base de código (VBA7, em uso apenas desde o Office 2010) ou se o ambiente (o Excel, não o Windows) é de 64 bits. Se for verdadeira, a primeira declaração de API será processada; se não, a segunda será usada. Por exemplo, se o Excel 2007 de 64 bits ou o Excel 2010 ou mais recente estiver sendo executado, a primeira declaração de API será processada, mas, se o ambiente for o Excel 2007 de 32 bits, a segunda será usada. Note que, em ambientes de 64 bits, a segunda declaração de API será considerada um erro, mas não haverá problemas de compilação.

Exemplos de funções de API

As seções a seguir fornecem mais exemplos de declarações úteis de API que podemos usar em nossos programas do Excel. Cada exemplo começa com uma breve descrição do que a função pode fazer, seguido das declarações reais e de um exemplo de sua utilização.

Obter o nome do computador

Esta função de API retorna o nome do computador (ou seja, o nome do computador encontrado em Meu Computador, Nome do Computador):

```
Private Declare PtrSafe Function ObterNomeComputador Lib "kernel32" Alias _
 "ObterNomeComputadorA" (ByVal lpBuffer As String, ByRef nSize As Long) _
 As LongPtr

Private Function NomeComputador() As String
Dim stBuff As String * 255, lAPIResult As LongPtr
Dim lBuffLen As Long

lBuffLen = 255
lAPIResult = ObterNomeComputador(stBuff, lBuffLen)
If lBuffLen > 0 Then NomeComputador = Left(stBuff, lBuffLen)
End Function
```

```
Sub VerificarComputador()
Dim NomeComp As String

NomeComp = NomeComputador
If NomeComp <> "BillJelenPC" Then
  MsgBox _
   "Este aplicativo não possui direitos para ser executado neste computador."
  ActiveWorkbook.Close SaveChanges:=False
End If
End Sub
```

A macro `VerificarComputador` usa uma chamada de API para obter o nome do computador. Nesse exemplo, a pasta de trabalho se recusa a ser aberta em qualquer computador, com exceção no nome de computador do proprietário inserido diretamente no código.

Verificar se um arquivo do Excel está aberto em uma rede

Podemos verificar se temos um arquivo aberto no Excel tentando definir a pasta de trabalho a um objeto. Se o objeto for `Nothing` (vazio), podemos saber que o arquivo não está aberto. E se quisermos ver se mais alguém em uma rede está com o arquivo aberto? A função API abaixo retorna essa informação:

```
Private Declare PtrSafe Function lOpen Lib "kernel32" Alias "_lopen" _
 (ByVal lpPathName As String, ByVal iReadWrite As Long) As LongPtr
Private Declare PtrSafe Function lClose Lib "kernel32" _
 Alias "_lclose" (ByVal hFile As LongPtr) As LongPtr
Private Const OF_SHARE_EXCLUSIVE = &H10

Private Function ArqEstáAberto(strCaminhoCompleto_NomeArq As String) As Boolean
Dim hdlArq As LongPtr
Dim últErr As Long

hdlArq = -1
hdlArq = lOpen(strCaminhoCompleto_NomeArq, OF_SHARE_EXCLUSIVE)

If hdlArq = -1 Then
  últErr = Err.LastDllError
Else
  lClose (hdlArq)
End If
ArqEstáAberto = (hdlArq = -1) And (últErr = 32)
End Function

Sub VerificarArqAberto()
If ArqEstáAberto("C:\XYZ Corp.xlsx") Then
  MsgBox "O arquivo está aberto"
Else
```

```
  MsgBox "O arquivo não está aberto"
End If
End Sub
```

Podemos chamar a função `ArqEstáAberto` com um determinado caminho e nome de arquivo como parâmetro para descobrir se alguém está com o arquivo aberto.

Obter informações da resolução de vídeo

A seguinte função de API obtém a resolução da tela do computador:

```
Declare PtrSafe Function ResoluçãoTela Lib "user32" Alias _
 "GetSystemMetrics" (ByVal nIndex As Long) As LongPtr

Public Const SM_CXSCREEN = 0
Public Const SM_CYSCREEN = 1

Function ResVídeo() As String
Dim largVíd as LongPtr, altVíd as LongPtr

largVíd = ResoluçãoTela(SM_CXSCREEN)
altVíd = ResoluçãoTela(SM_CYSCREEN)

Select Case (largVíd * altVíd)
  Case 307200
     ResVídeo = "640 x 480"
  Case 480000
     ResVídeo = "800 x 600"
  Case 786432
     ResVídeo = "1024 x 768"
  Case Else
     ResVídeo = "Outra resolução"
End Select
End Function

Sub VerificarResVídeo()
Dim InfoVídeo As String
Dim Msg1 As String, Msg2 As String, Msg3 As String

InfoVídeo = ResVídeo
Msg1 = "A resolução atual está definida como " & InfoVídeo & Chr(10)
Msg2 = "A resolução ideal para este aplicativo é de 1024 x 768" & Chr(10)
Msg3 = "Por favor, ajuste a resolução"

Select Case InfoVídeo
  Case Is = "640 x 480"
     MsgBox Msg1 & Msg2 & Msg3
  Case Is = "800 x 600"
     MsgBox Msg1 & Msg2
```

```
    Case Is = "1024 x 768"
        MsgBox Msg1
    Case Else
        MsgBox Msg2 & Msg3
End Select
End Sub
```

A macro `VerificarResVídeo` avisa ao cliente que a configuração de exibição não é a ideal para o aplicativo.

Personalizando a caixa de diálogo Sobre

Se selecionarmos Arquivo, Ajuda, Sobre o Windows no Windows Explorer, veremos uma pequena e agradável caixa de diálogo Sobre com informações sobre o Windows Explorer e alguns detalhes do sistema. Com o seguinte código, podemos fazer essa janela aparecer nos nossos próprios programas e personalizar alguns itens, como ilustrado na Figura 23-2.

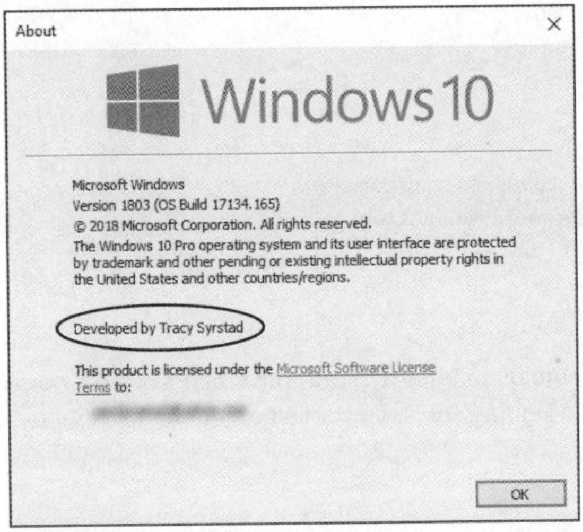

FIGURA 23-2 Podemos personalizar a caixa de diálogo Sobre usada pelo Windows para os nossos próprios programas.

```
Declare PtrSafe Function ShellAbout Lib "shell32.dll" Alias "ShellAboutA" _
 (ByVal hwnd As LongPtr, ByVal szApp As String, ByVal szOtherStuff As _
 String, ByVal hIcon As Long) As LongPtr
Declare PtrSafe Function GetActiveWindow Lib "user32" () As LongPtr

Sub SobreEstePrograma()
Dim hwnd As LongPtr
On Error Resume Next
hwnd = GetActiveWindow()
ShellAbout hwnd, Nm, "Desenvolvido por Tracy Syrstad", 0
On Error GoTo 0
End Sub
```

Desabilitando o X para fechar um userform

Um usuário pode usar o botão X, localizado no canto superior direito de um userform, para fechar o formulário. Podemos capturar o evento de fechamento com `QueryClose`, mas, para evitar que o botão seja ativado e funcione, precisamos de uma chamada de API. As seguintes declarações de API trabalham em conjunto para desativar esse X, forçando o usuário a utilizar o botão Fechar. Quando o formulário é inicializado, o botão X é desabilitado. Depois que o formulário é fechado, o botão X volta ao normal:

```
Private Declare PtrSafe Function EncontrarJanela Lib "user32" Alias _
 "EncontrarJanelaA" (ByVal lpClassName As String, ByVal lpWindowName _
 As String) As Long
Private Declare PtrSafe Function ObterMenuSistema Lib "user32" _
 (ByVal hWnd As LongPtr, ByVal bRevert As Long) As LongPtr
Private Declare PtrSafe Function MenuExcluir Lib "user32" _
 (ByVal hMenu As LongPtr, ByVal nPosition As Long, _
 ByVal wFlags As Long) As LongPtr
Private Const SC_CLOSE As Long = &HF060

Private Sub UserForm_Initialize()
Dim hWndForm As LongPtr
Dim hMenu As LongPtr
'ThunderDFrame é o nome da classe de todos os userforms
hWndForm = EncontrarJanela("ThunderDFrame", Me.Caption)
hMenu = ObterMenuSistema(hWndForm, 0)
MenuExcluir hMenu, SC_CLOSE, 0&
End Sub
```

A macro `MenuExcluir` do procedimento `UserForm_Initialize` faz com que o X do canto do userform fique cinzento, como visto na Figura 23-3. Assim, o cliente é obrigado a usar o botão programado Fechar.

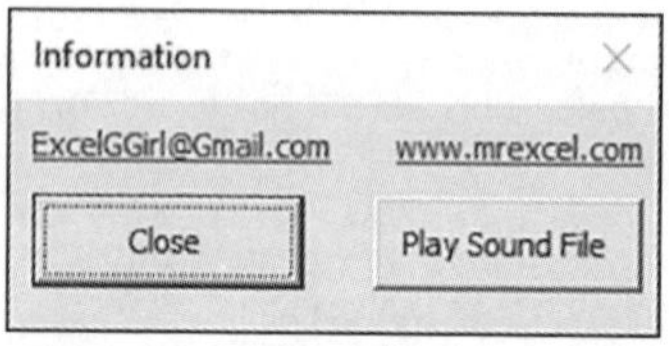

FIGURA 23-3 Desabilite o botão X em um userform para obrigar os usuários a utilizarem o botão Fechar para fechar o formulário corretamente e impedi-los de ignorar qualquer código associado com o botão Fechar.

Criando um relógio com a hora atual

Podemos usar a função NOW para obter a hora. Mas e se precisássemos de um relógio que mostrasse a hora à medida que os segundos passassem? As declarações de API a seguir trabalham em conjunto para fornecer essa funcionalidade. O relógio é inserido na célula A1 da Plan1:

```
Public Declare PtrSafe Function ConfigRelógio Lib "user32" _
 (ByVal hWnd As Long, ByVal nIDEvent As Long, _
 ByVal uElapse As Long, ByVal lpTimerFunc As LongPtr) As LongPtr
Public Declare PtrSafe Function KillTimer Lib "user32" _
 (ByVal hWnd As Long, ByVal nIDEvent As LongPtr) As LongPtr
Public Declare PtrSafe Function EncontrarJanela Lib "user32" _
 Alias "EncontrarJanelaA" (ByVal lpClassName As String, _
 ByVal lpWindowName As String) As LongPtr
Private lngTimerID As Long
Private datStartingTime As Date

Public Sub IniciarRelógio()
PararRelógio 'para o relógio anterior
datStartingTime = Now
lngTimerID = ConfigRelógio(0, 1, 10, AddressOf ExecutarRelógio)
End Sub

Public Sub PararRelógio()
Dim lRet As LongPtr, lngTID As Long
If IsEmpty(lngTimerID) Then Exit Sub
lngTID = lngTimerID
lRet = KillTimer(0, lngTID)
lngTimerID = Empty
End Sub

Private Sub ExecutarRelógio(ByVal hWnd As Long, _
 ByVal uint1 As Long, ByVal nEventId As Long, _
 ByVal dwParam As Long)
On Error Resume Next
Plan1.Range("A1").Value = Format(Now - datStartingTime, "hh:mm:ss")
End Sub
```

Execute a macro `IniciarRelógio` para ter um relógio com hora atual na célula A1.

Tocando sons

Você já quis tocar um som para alertar os usuários ou parabenizá-los? Para fazer isso, podemos adicionar um objeto de som em uma planilha e chamar esse som. No entanto, seria mais fácil usar a seguinte declaração de API e especificar o caminho correto para um arquivo de som:

```
Public Declare PtrSafe Function TocarSomWav Lib "winmm.dll" _
 Alias "sndPlaySoundA" (ByVal LpszSoundName As String, _
 ByVal uFlags As Long) As LongPtr

Public Sub TocarSom()
Dim NomeSom As String
NomeSom = "C:\Windows\Media\Chimes.wav"
TocarSomWav NomeSom, 0
End Sub
```

Próximos passos

No Capítulo 24, "Lidando com erros", vamos aprender sobre como lidar com erros. Em um mundo perfeito, vamos querer poder entregar nossos aplicativos a um colega de trabalho, sair de férias e não precisar nos preocupar com o surgimento de um erro não tratado enquanto estivermos na praia. O Capítulo 24 discute como lidar com erros óbvios e não tão óbvios assim.

CAPÍTULO 24

Lidando com erros

Neste capítulo, você vai:

- Descobrir o que acontece quando ocorre um erro.
- Lidar com erros básicos com a sintaxe `On Error GoTo`.
- Conhecer manipuladores de erro genéricos.
- Descobrir como treinar seus clientes.
- Comparar erros enquanto desenvolve com erros meses mais tarde.
- Entender os males da proteção de código.
- Descobrir mais sobre problemas com senhas.
- Examinar erros causados por versões diferentes.

Os erros vão acontecer. Mesmo quando testamos e retestamos nosso código, depois que um relatório é colocado na produção diária e usado por centenas de dias, algo inesperado acabará acontecendo. Nosso objetivo deve ser tentar evitar erros obscuros enquanto programamos. Por esse motivo, sempre devemos imaginar que coisas inesperadas poderão acontecer algum dia que farão com que nosso código não funcione.

O que acontece quando ocorre um erro?

Quando o VBA encontra um erro e não temos um código de verificação de erros, o programa para e nos apresenta uma mensagem de erro em tempo de execução '1004', como ilustrado na Figura 24.1.

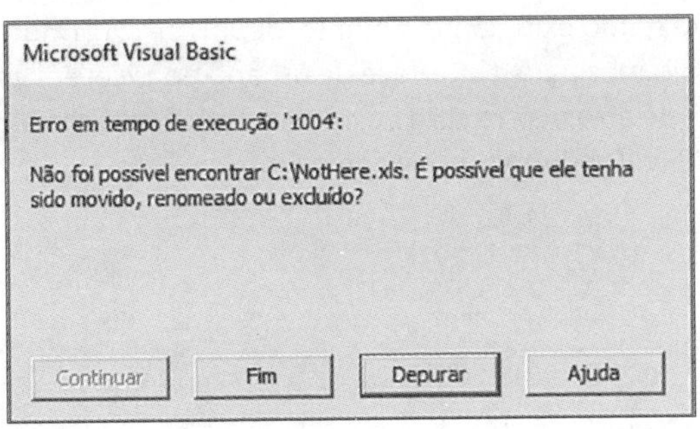

FIGURA 24-1 Um erro não tratado em um módulo desprotegido nos apresenta a opção de terminar ou depurar.

Quando nos deparamos com a opção de terminar ou depurar, devemos clicar em Depurar. (Se Depurar estiver acinzentado, então alguém protegeu o código de VBA, e teremos que contatar o desenvolvedor.) O VB Editor destaca a linha que gerou o erro em amarelo. Quando você passar o cursor do mouse sobre qualquer variável, vemos o valor atual da mesma, o que nos fornece várias informações sobre o que poderia ter gerado o erro (veja a Figura 24-2).

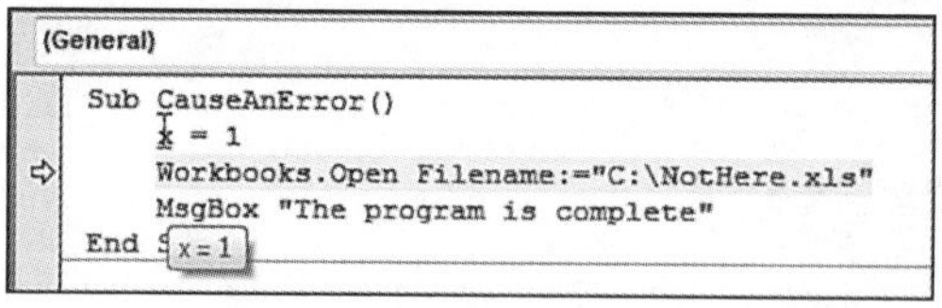

FIGURA 24-2 Depois de clicar em Depurar, a macro entrará no modo Interromper. Passe o cursor sobre uma variável; após um segundo, o valor atual dela será exibido.

Principalmente em versões antigas, o Excel se tornou famoso por retornar mensagens de erros que não são eram muito significativas. Por exemplo, dezenas de situações podem causar um erro 1004. Ver a linha na qual ocorreu o erro em amarelo e examinar o valor atual de todas as variáveis irá nos ajudar a descobrir a sua verdadeira causa. No entanto, muitas mensagens de erro do Excel 2019 — incluindo as do VBA — são mais significativas que as mensagens equivalentes do Excel 2010.

Depois de examinar a linha do erro, clique no botão Redefinir para parar a execução da macro. O botão Redefinir é o botão quadrado localizado embaixo do item Executar do menu principal, tal como exibido na Figura 24-3.

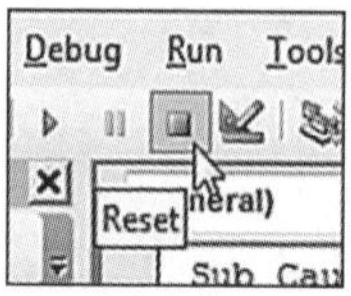

FIGURA 24-3 O botão Redefinir se parece com o botão Parar do conjunto de três botões que se parece com um painel de controle de DVD.

Se não clicarmos em Redefinir para finalizar a macro e tentarmos executar outra macro, veremos a irritante mensagem de erro exibida na Figura 24-4. A mensagem é irritante porque iniciamos o Excel, mas, quando essa janela de mensagem é exibida, a tela muda automaticamente para o VB Editor. Podemos ver o botão Redefinir no fundo, mas não podemos clicar nele porque a caixa de mensagem está sendo exibida. No entanto, depois de clicarmos em OK para fechar a caixa de mensagem, voltamos para a interface de usuário do Excel em vez de ficar no VB Editor. Como essa mensagem de erro ocorre com bastante frequência, seria mais conveniente se pudéssemos voltar para o VB Editor depois de clicar em OK.

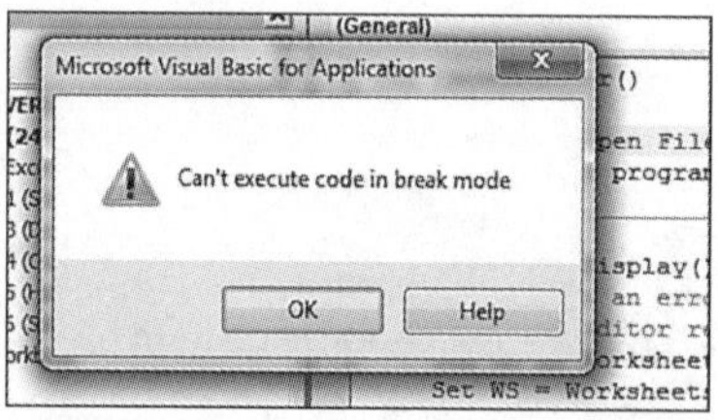

FIGURA 24-4 Essa mensagem aparece se esquecermos de clicar em Redefinir para terminar uma sessão de depuração e tentarmos executar outra macro.

Um erro de depuração enganoso no código de userform

Depois de clicarmos em Depurar, a linha destacada como sendo o erro poderá se mostrar enganosa em algumas situações. Por exemplo, vamos supor que chamamos uma macro que exibe um userform. Em algum lugar no código do userform ocorre um erro. Ao clicarmos em Depurar, em vez de o problema ser exibido no código do userform, o Excel destaca a linha na macro original que exibe o userform. Siga esses passos para localizar o erro real:

1. Depois que a mensagem de erro da Figura 24-5 for exibida, clique no botão de Depurar.

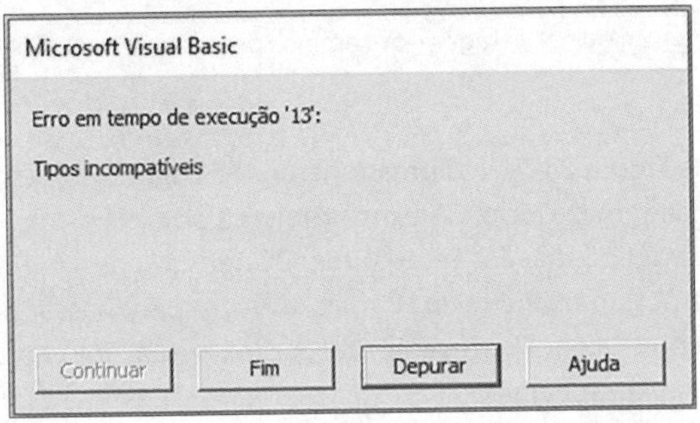

FIGURA 24-5 Selecione Depurar em resposta ao erro 13.

   Vemos que, supostamente, o erro aconteceu na linha que exibe um userform, como ilustrado na Figura 24-6. Como vimos neste capítulo, sabemos que essa linha não tem erros.

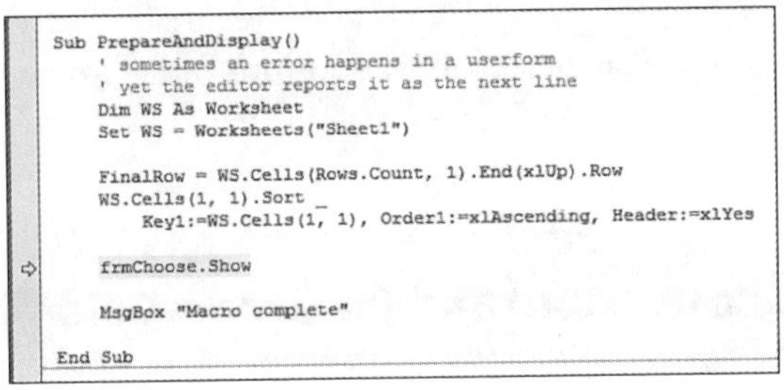

```
Sub PrepareAndDisplay()
    ' sometimes an error happens in a userform
    ' yet the editor reports it as the next line
    Dim WS As Worksheet
    Set WS = Worksheets("Sheet1")

    FinalRow = WS.Cells(Rows.Count, 1).End(xlUp).Row
    WS.Cells(1, 1).Sort _
        Key1:=WS.Cells(1, 1), Order1:=xlAscending, Header:=xlYes

    frmChoose.Show

    MsgBox "Macro complete"

End Sub
```

FIGURA 24-6 A linha com erro é indicada como sendo a linha `frmChoose.Show`.

2. Pressione F8 para executar o método Show. Em vez de obtermos um erro, somos levados ao procedimento `Userform_Initialize`.
3. Mantenha F8 pressionado até a mensagem de erro aparecer novamente. Devemos ficar atentos, porque assim que encontrarmos o erro, a caixa de mensagem de erro será exibida. Clique em Depurar para voltar para a linha `frmChoose.Show`. É especialmente difícil seguir o código quando o erro ocorre do outro lado de um loop longo, como ilustrado na Figura 24-7.

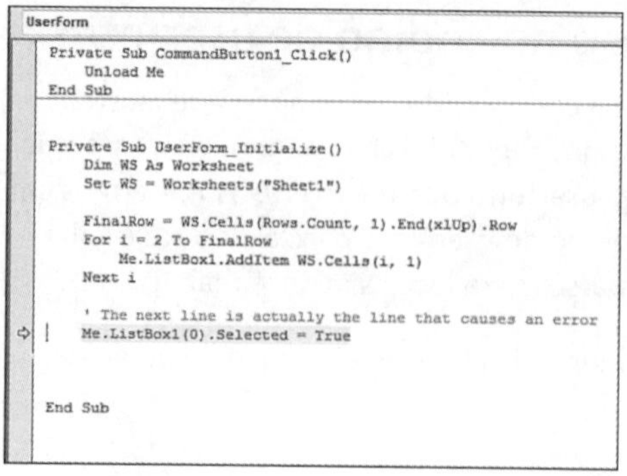

FIGURA 24-7 Com 25 itens a serem adicionados na caixa de listagem, deveremos pressionar a tecla F8 53 vezes para passar por esse loop de 3 linhas.

Imagine tentar percorrer pelo código da Figura 24-7. Nós pressionamos F8 cuidadosamente cinco vezes sem problemas na primeira passagem do loop. Como o problema poderia estar em futuras iterações do loop, continuamos a pressionar F8. Se existirem 25 itens a serem adicionados na caixa de listagem, precisaremos apertar a tecla F8 mais 48 vezes para passar pelo loop de forma segura. A cada vez, antes de pressionar F8, devemos fazer uma anotação mental de que estamos prestes a executar alguma linha específica.

No ponto apresentado na Figura 24-7, na próxima vez que a tecla F8 for pressionada, o erro será exibido e voltaremos para a linha `frmChoose.Show`, do Módulo1. Essa é uma situação irritante.

Neste ponto, vamos precisar começar a pressionar F8 novamente. Se conseguir se lembrar da área geral onde o erro de depuração ocorreu, clique com o cursor do mouse em uma linha logo antes dessa seção e use Ctrl+F8 para executar a macro até o cursor. Como alternativa, clique com o botão direito nessa linha e selecione Executar Até o Cursor.

Às vezes um erro vai acontecer dentro de um loop. Adicione `Debug.Print i` dentro do loop e use a janela Verificação Imediata (que podemos abrir pressionando Ctrl+G) para localizar que momento no loop causou o problema.

Lidando com erros básicos com a sintaxe `On Error GoTo`

A opção básica para lidar com erros é dizer ao VBA que, em caso de erro, queremos que o código pule para uma área específica da macro. Nessa área, seria bom ter um código especial que alerte os usuários sobre o problema e os permita reagir.

Um cenário típico seria adicionar a rotina de tratamento de erro no fim da macro. Para configurar um manipulador de erro, siga estes passos:

1. Depois da última linha de código da macro, insira a linha de código `Exit Sub`. Isso garante que a execução da macro não seguirá para dentro do manipulador de erro.
2. Depois da linha `Exit Sub`, adicione um rótulo. Um rótulo é um nome seguido por dois-pontos. Por exemplo, poderíamos criar um rótulo chamado `MeuManipuladorDeErro`:.
3. Escreva o código para lidar com o erro. Se quiser retornar o controle da macro para a linha depois daquela que causou o erro, use a declaração `Resume Next`.

Na sua macro, logo antes da linha que provavelmente causou o erro, adicione uma linha que diz `On Error GoTo MeuManipuladorDeErro`. Observe que, nessa linha, não incluímos os dois-pontos depois do nome do rótulo.

Imediatamente depois da linha de código que você suspeita que causará o erro, adicione o código para desabilitar o manipulador especial de erro. Como não é algo intuitivo, isso tende a confundir as pessoas. O código para cancelar quaisquer manipuladores especiais de erros é `On Error GoTo 0`. Não existe um rótulo chamado 0. Antes, essa é uma linha fictícia que instrui o Excel a voltar ao estado normal de exibir a mensagem de depuração quando um erro é encontrado. Por isso que é importante cancelar o manipulador de erros.

Nota O código abaixo inclui um manipulador de erros especial para lidar com a ação necessária caso o arquivo tenha sido movido ou esteja faltando:

```
Sub LidarComUmErro()
 Dim MeuArq as Variant
 ' Define um manipulador de erros especial
 On Error GoTo ArqInexistente
 Workbooks.Open Filename:="C:\Inexistente.xls"
 ' Se chegarmos aqui, cancele o manipulador de erros especial
 On Error GoTo 0
 MsgBox "O programa está completo"
' A macro terminou. Use Exit sub; se não, a macro
 ' continuará a ser executada e entrará no manipulador de erros
 Exit Sub

 ' Define um nome para manipulador de erros
ArqInexistente:
 MeuPrompt = "Houve um erro ao abrir o arquivo. " & _
 "O arquivo possivelmente foi movido. " & _
 "Clique em OK para procurar o arquivo, ou clique em " & _
 "Cancelar para encerrar programa"
 Ans = MsgBox(Prompt:=MeuPrompt, Buttons:=vbOKCancel)
 If Ans = vbCancel Then Exit Sub

 ' O cliente clicou em OK. Deixa que ele procure pelo arquivo
 MeuArq = Application.GetOpenFilename
 If MeuArq = False Then Exit Sub

 ' Se o segundo arquivo estiver corrompido, não volte de modo recursivo
 ' a esse manipulador de erros. Simplesmente pare o programa.
 On Error GoTo 0
 Workbooks.Open MeuArq
 ' Se chegamos aqui, então volte para a macro
 ' original, para a linha depois do erro.
 Resume Next

End Sub
```

Nós definitivamente não queremos que esse manipulador de erros seja invocado por outro erro mais tarde na macro, como no caso de um erro de divisão por zero.

Nota Podemos ter mais que um manipulador de erro no final de uma macro. Certifique-se de que cada manipulador de erro termine com `Resume Next` ou `Exit Sub` para que a execução da macro não entre acidentalmente no próximo manipulador de erro.

Manipuladores genéricos de erro

Alguns desenvolvedores gostam de direcionar todos os erros para um manipulador genérico de erros a fim de fazer uso do objeto `Err`. Esse objeto possui propriedades de numeração e descrição de erros. Podemos oferecer essa informação ao cliente e impedi-lo de receber uma mensagem de depuração. Abaixo, temos o código para fazer isso:

```
 On Error GoTo LidarTodos
 Sheets(9).Select

 Exit Sub

LidarTodos:
 Msg = "Encontramos " & Err.Number & " - " & Err.Description
 MsgBox Msg
 Exit Sub
```

Lidando com erros por escolher ignorá-los

Alguns erros podem simplesmente ser ignorados. Por exemplo, suponhamos que vamos usar o VBA para gravar um arquivo chamado índice.html. Nosso código apaga qualquer arquivo `índice.html` que exista em uma pasta antes de gravar o próximo arquivo.

A instrução `Kill (NomeArquivo)` retornará um erro se `NomeArquivo` não existir. Isso provavelmente não é algo com que precisamos nos preocupar. Afinal de contas, estamos tentando excluir o arquivo. Assim, provavelmente não importa se alguém já o excluiu antes da execução da macro. Nesse caso, diga ao Excel para simplesmente pular a linha que gerou o erro e retomar a execução da macro com a próxima linha. O código para fazer isso é `On Error Resume Next`:

```
Sub GravarHTML()
 MeuArq = "C:\Índice.html"
 On Error Resume Next
 Kill MeuArq
 On Error GoTo 0
 Open MeuArq for Output as #1
 ' etc...
End Sub
```

> **Nota** Tenha cuidado com `On Error Resume Next`. Podemos usá-lo de modo seletivo em situações em que sabemos que o erro pode ser ignorado. Devemos voltar a fazer a verificação normal dos erros logo depois da linha que pode causar um erro com `On Error GoTo 0`.
>
> Se tentarmos usar `On Error Resume Next` para pular um erro que não pode ser pulado, sairemos imediatamente da macro atual. Se tivermos uma situação em que a `MacroA` chama a `MacroB`, e a `MacroB` encontra um erro que não pode ser pulado, o programa sairá da `MacroB` e continuará com a próxima linha da `MacroA`. Isso dificilmente é uma coisa boa.

O código de VBA para lidar com configurações de impressão rodará muito mais rápido se desativarmos `PrintCommunication` no início do código anterior e o ativarmos de volta no fim do código. Esse truque era novo no Excel 2010. Antes disso, o Excel pausaria por quase meio segundo durante cada linha do código de configuração de impressão. Agora, todo o bloco do código roda em menos de um segundo.

Estudo de caso: ignorando problemas de configuração de página

Quando gravamos uma macro e realizamos uma configuração de página, mesmo se alterarmos apenas um item da caixa de diálogo de Configuração da Página, o gravador de macro registrará duas dúzias de configurações para nós. Essas configurações diferem bastante de impressora para impressora. Por exemplo, se gravarmos o `PageSetup` em um sistema com uma impressora colorida, ele poderá gravar uma configuração para `.BlackAndWhite = True`. Essa configuração não vai funcionar em outro sistema no qual a impressora não oferece essa opção. Nossa impressora pode oferecer uma configuração `.PrintQuality = 600`. Se a impressora do cliente oferecer apenas uma configuração de resolução de 300, esse código não vai funcionar. Por esse motivo, precisamos colocar a inteira seção de `PageSetup` em `On Error Resume Next` para garantir que a maioria das configurações aconteçam, mas que as triviais que não funcionarem não causem um erro em tempo de execução. Veja como fazer isso:

```
On Error Resume Next
Application.PrintCommunication = False
With ActiveSheet.PageSetup
  .PrintTitleRows = ""
  .PrintTitleColumns = ""
End With
 ActiveSheet.PageSetup.PrintArea = "$A$1:$L$27"
 With ActiveSheet.PageSetup
  .LeftHeader = ""
  .CenterHeader = ""
  .RightHeader = ""
  .LeftFooter = ""
  .CenterFooter = ""
  .RightFooter = ""
  .LeftMargin = Application.InchesToPoints(0.25)
  .RightMargin = Application.InchesToPoints(0.25)
  .TopMargin = Application.InchesToPoints(0.75)
  .BottomMargin = Application.InchesToPoints(0.5)
  .HeaderMargin = Application.InchesToPoints(0.5)
  .FooterMargin = Application.InchesToPoints(0.5)
```

```
    .PrintHeadings = False
    .PrintGridlines = False
    .PrintComments = xlPrintNoComments
    .PrintQuality = 300
    .CenterHorizontally = False
    .CenterVertically = False
    .Orientation = xlLandscape
    .Draft = False
    .PaperSize = xlPaperLetter
    .FirstPageNumber = xlAutomatic
    .Order = xlDownThenOver
    .BlackAndWhite = False
    .Zoom = False
    .FitToPagesWide = 1
    .FitToPagesTall = False
    .PrintErrors = xlPrintErrorsDisplayed
End With
Application.PrintCommunication = True
On Error GoTo 0
```

Suprimindo avisos do Excel

Algumas mensagens aparecem até quando configuramos o Excel para ignorar erros. Por exemplo, se tentarmos excluir uma planilha usando um código, ainda assim receberemos a mensagem "Você não poderá desfazer a exclusão de planilhas e talvez esteja removendo alguns dados. Se ela não for necessária, clique em Excluir". Isso é irritante. Não queremos que os nossos clientes tenham que responder a esse aviso. Isso lhes daria a oportunidade de escolher não excluir a planilha que a nossa macro quer excluir. Na verdade, isso não é um erro, é um alerta. Para suprimir todos os alertas e forçar o Excel a tomar as medidas-padrão, use `Application.DisplayAlerts = False`, assim:

```
Sub ExcluirPlanilha()
 Application.DisplayAlerts = False
 Worksheets("Plan2").Delete
 Application.DisplayAlerts = True
End Sub
```

Encontrando erros de propósito

Como os programadores odeiam erros, esse conceito pode parecer contraintuitivo, mas os erros nem sempre são ruins. Às vezes, é mais rápido simplesmente encontrar um erro.

Vamos supor, por exemplo, que queremos descobrir se a pasta de trabalho ativa contém uma planilha chamada Dados. Para descobrir isso sem causar um erro, poderíamos usar as oito linhas de código a seguir:

```
DataFound = False
For Each pl in ActiveWorkbook.Worksheets
 If pl.Name = "Dados" Then
 DataFound = True
 Exit For
 End if
Next pl
If Not DataFound Then Sheets.Add.Name = "Dados"
```

Se nossa pasta de trabalho tiver 128 planilhas, o programa precisa fazer um loop 128 vezes antes de concluir que a planilha de dados está faltando.

A alternativa seria tentar fazer referência à planilha Dados. Se a nossa verificação de erros foi definida como `Resume Next`, o código será executado e o objeto `Err` recebe um número diferente de zero:

```
On Error Resume Next
X = Worksheets("Dados").Name
If Err.Number <> 0 Then Sheets.Add.Name = "Dados"
On Error GoTo 0
```

A execução desse código é muito mais rápida. Os erros costumam fazer programadores tremerem. No entanto, nesse caso e em muitos outros, os erros são perfeitamente aceitáveis.

Treinando nossos clientes

Vamos supor que estamos desenvolvendo um programa para um cliente do outro lado do mundo ou para o assistente administrativo para que ele possa executá-lo enquanto estivermos de férias. Em ambos os casos, talvez precisemos depurar o código remotamente enquanto estamos no telefone com o cliente.

Por esse motivo, é importante treinar os clientes no que se refere à diferença entre um erro e uma simples `MsgBox`. Embora uma `MsgBox` seja uma mensagem planejada, ela ainda aparece do nada com um bip. Ensine a seus usuários que mensagens de erro são ruins, e que nem tudo que aparece na tela é uma mensagem de erro. Por exemplo, eu tinha uma cliente que sempre informava a seu chefe que ela estava recebendo uma mensagem de erro do meu programa. Na verdade, ela estava recebendo uma mensagem informativa de `MsgBox`. Tanto os erros de depuração quanto as mensagens de `MsgBox` apitam para o usuário, e essa usuária não sabia que havia uma diferença entre eles.

Treine seus clientes para contatá-lo enquanto as mensagens de depuração que eles recebem ainda estão na tela. Dessa forma, você poderá anotar o número e a descrição do erro. Você também pode pedir que o cliente clique em Depurar e lhe diga o nome do módulo, nome do procedimento e qual linha está em amarelo. Munidos com essas informações, geralmente podemos descobrir o que está acontecendo. Sem essas informações, dificilmente conseguiremos resolver o problema. Receber uma ligação do nosso cliente dizendo que aconteceu um erro 1004 não ajuda muito porque o 1004 é um erro que pode significar muitas coisas.

Erros que não aparecem no modo de depuração

Esse problema vem acontecendo com cada vez mais frequência hoje em dia. Escrevemos uma macro que faz alguma coisa. Quando executamos a macro, recebemos uma mensagem de erro. Mas, quando clicamos em Depurar e começamos a analisar o código com F8, a macro funciona bem, sem erros.

Toda vez que avançamos pelo código uma linha de cada vez, a macro funciona. Toda vez que executamos o código usando o botão Executar, recebemos uma mensagem de erro.

O que está acontecendo é o seguinte: antigamente, quando uma linha do código da macro era executada, o Excel era pausado até que essa linha fosse concluída. Agora, porém, parece que, às vezes, o comando retorna o controle à macro antes de o comando ser realmente concluído. O guru de gráficos Jon Peltier relata que isso costuma acontecer ao inserirmos novos gráficos. Digamos que temos uma macro cuja linha 1 insere um gráfico e a linha 2 faz alguma coisa com esse gráfico. Seria muito ruim se a linha 2 tentasse ser executada antes que o gráfico passasse a existir por completo.

Obviamente, quando estamos executando um código uma linha de cada vez, o rotineiro é procurar qual linha está em amarelo, pressionar F8... ver qual é a próxima linha que está em amarelo, pressionar F8... talvez estejamos pressionando F8 apenas um segundo depois, mas esse um segundo é suficiente para que o gráfico acabe de ser renderizado.

A solução para isso é sermos liberais na aplicação de várias linhas que dizem:

```
DoEvents
```

`DoEvents` faz com que a macro pause durante um tempo suficiente para que todos os eventos atuais possam ser concluídos. Às vezes, isso não funciona e precisamos usar `Application.Wait` para pausar a macro durante alguns segundos.

Erros durante o desenvolvimento e erros meses depois

Quando acabamos de escrever um código que estamos executando pela primeira vez, erros são esperados. Na verdade, podemos decidir executar o código linha por linha para verificar o progresso do código pela primeira vez.

Outra coisa é termos um programa que já vem sendo executado diariamente em produção que para de funcionar de repente por causa de um erro. Isso pode ser desconcertante. O código vem funcionando por meses. Então, por que ele parou de funcionar hoje, de repente? É fácil culpar o cliente. No entanto, quando analisamos a questão a fundo, na realidade a falha é dos desenvolvedores por não terem considerado as possibilidades.

As seções a seguir descrevem alguns problemas comuns que podem surgir em um aplicativo meses depois.

Erro em tempo de execução 9: subscrito fora do intervalo

Nós configuramos um aplicativo para um cliente e fornecemos uma planilha de Menu na qual algumas configurações são armazenadas. Então, um dia, esse cliente relata que recebeu a mensagem de erro exibida na Figura 24-8.

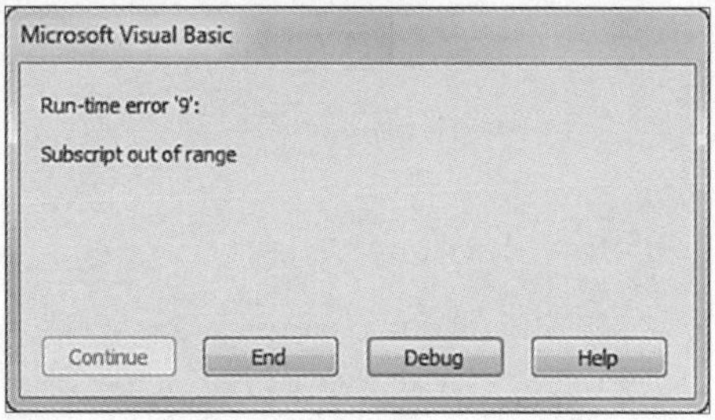

FIGURA 24-8 O erro em tempo de execução 9 costuma acontecer quando esperamos que uma planilha exista, mas ela foi excluída ou renomeada pelo cliente.

Nosso código esperava por uma planilha chamada Menu. Por algum motivo, o cliente acidentalmente excluiu a planilha ou a renomeou. Então, quando o cliente tentou selecionar a planilha, ele recebeu uma mensagem de erro:

```
Sub ObterConfig()
 ThisWorkbook.Worksheets("Menu").Select
 x = Range("A1").Value
End Sub
```

Essa é uma situação clássica na qual não podemos acreditar que o cliente possa fazer alguma coisa tão louca. Depois de quebrar a cabeça com uma situação dessas algumas vezes, vamos querer fazer algum esforço adicional, como implementar esse código para prevenir um erro de depuração não tratado:

```
Sub ObterConfig()
 On Error Resume Next
 x = ThisWorkbook.Worksheets("Menu").Name
 If Not Err.Number = 0 Then
   MsgBox "Este programa esperava encontrar a planilha Menu, mas ela não existe"
   Exit Sub
 End If
 On Error GoTo 0

 ThisWorkbook.Worksheets("Menu").Select
 x = Range("A1").Value
End Sub
```

Erro em tempo de execução 1004: o método 'Range' do objeto '_Global' falhou

Nós temos um código que importa um arquivo de texto todos os dias. Espera-se que o arquivo de texto termine com uma linha Total. Depois de importar o texto, queremos converter todas as linhas de detalhes para itálico.

O código a seguir funciona bem por meses:

```
Sub ColocarRelatórioEmItálico()
 LinhaTotal = Cells(Rows.Count,1).End(xlUp).Row
 LinhaFinal = LinhaTotal - 1
 Range("A1:A" & LinhaFinal).Font.Italic = True
End Sub
```

Então, um dia, o cliente nos contata com a mensagem de erro apresentada na Figura 24-9.

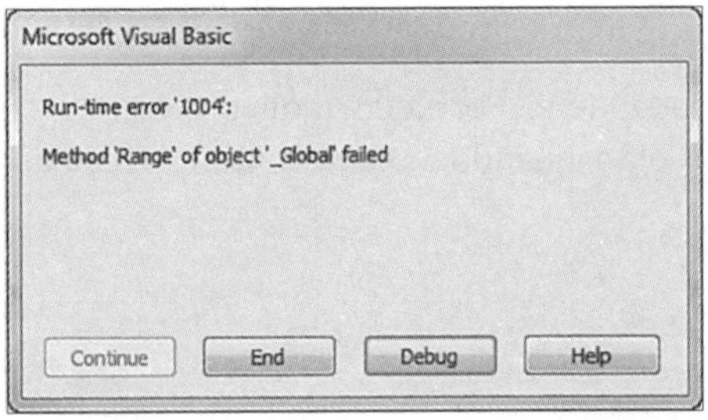

FIGURA 24-9 O erro em tempo de execução 1004 pode ser causado por várias coisas.

Depois de examinar o código, descobrimos que alguma coisa bizarra deu errado quando o arquivo de texto foi transferido via FTP para o cliente nesse dia. O arquivo de texto acabou sendo um arquivo vazio. Como a planilha estava vazia, `LinhaTotal` foi determinada como sendo a linha 1. Se supormos que a última linha de detalhes era a `LinhaTotal - 1`, o código foi configurado para tentar formatar a linha 0, a qual, obviamente, não existe.

Depois de um episódio como esse, escreveremos um código que, preventivamente, procura por essa situação:

```
Sub ColocarRelatórioEmItálico()
 LinhaTotal = Cells(Rows.Count,1).End(xlUp).Row
 LinhaFinal = LinhaTotal - 1
 If LinhaFinal > 0 Then
   Range("A1:A" & LinhaFinal).Font.Italic = True
 Else
   MsgBox "Parece que o arquivo está vazio hoje. Verifique o processo FTP"
 End If
End Sub
```

Os males da proteção de código

Nós podemos bloquear um projeto de VBA para que ele não possa ser visualizado. No entanto, isso não é recomendável. Quando o código é protegido e um erro é encontrado, o usuário vê uma mensagem de erro, mas não tem como depurá-lo. O botão Depurar está lá, mas ele fica desabilitado e é inútil na hora de nos ajudar a descobrir qual é o problema.

Além disso, o esquema de proteção do VBA do Excel é extremamente fácil de quebrar. Programadores na Estônia oferecem softwares de $40 que permitem desbloquear qualquer projeto. Por essa razão, precisamos entender que o código VBA do Office não é seguro — então, aprenda a viver com isso.

Se você realmente precisar proteger o seu código, invista $100 em uma licença do Unviewable+ VBA Project da Esoteric Software. Esse software de financiamento coletivo nos permite criar uma versão compilada de uma pasta de trabalho na qual a maioria das pessoas poderá visualizar o VBA. Para mais detalhes, acesse http://mrx.cl/hidevba.

Estudo de caso: quebrando senhas

Os esquemas de quebra de senha eram muito simples no Excel 97 e no Excel 2000. O software de quebra de senha podia localizar imediatamente a senha real no projeto de VBA e relatá-la ao usuário do software.

Então, no Excel 2002, a Microsoft ofereceu um brilhante esquema de proteção que, temporariamente, pareceu frustrar os utilitários de quebra de senha. As senhas eram rigorosamente criptografadas. Durante vários meses depois do lançamento do Excel 2002, os programas de quebra de senha tinham que usar combinações por força bruta. O software podia quebrar uma senha simples como ***azul*** em 10 minutos. Entretanto, dada uma senha de 24 caracteres como *A6%kJJ542(9$GgU44#2drt8, o programa levaria umas 20 horas para encontrar a senha. Esse foi um divertido empecilho imposto a outros programadores de VBA que potencialmente poderiam quebrar nosso código.

No entanto, a versão seguinte dos softwares de quebra de senha foi capaz de quebrar uma senha de 24 caracteres no Excel 2002 em cerca de 2 segundos. Quando eu testei o meu projeto protegido por uma senha de 24 caracteres, o utilitário de senha rapidamente me disse que minha senha era XVII. Eu pensei que isso estava certamente estava errado, mas, depois de testar, descobri que o projeto tinha a nova senha de XVII. Sim, essa versão mais recente do software recorreu à outra abordagem. Em vez de usar a força bruta para quebrar a senha, ele simplesmente escrevia uma nova senha de quatro caracteres aleatórios no projeto e salvava o arquivo.

Bem, esse era um problema vergonhoso para quem quebrava as senhas, e vou explicar por quê.

O desenvolvedor tinha uma placa em sua parede que o lembrava que sua senha era *A6%kJJ542(9$GgU44#2drt8. No entanto, na versão craqueada do arquivo, a senha agora era XVII. Se houvesse um problema com o arquivo craqueado e ele fosse enviado de volta para o desenvolvedor, ele não poderia mais abri-lo. A única pessoa que ganhava alguma coisa com isso era o programador na Estônia que escreveu o software de quebra de senha.

Não existem desenvolvedores suficientes de VBA do Excel no mundo, e existem mais projetos que programadores. No meu círculo de amigos desenvolvedores, reconhecemos que perspectivas de negócios escapam por entre os nossos dedos porque estamos muito ocupados com outros clientes. Assim, a situação de um desenvolvedor novato é comum. Nesse cenário, esse novo desenvolvedor faz um trabalho adequado de escrever o código para um cliente e bloqueia o projeto de VBA.

O cliente necessita fazer algumas mudanças. O desenvolvedor original faz o trabalho. Poucas semanas depois, o desenvolvedor entrega algumas das alterações solicitadas. Um mês depois, o cliente requisita mais um trabalho. Ou o programador está ocupado com outros projetos ou ele cobrou muito pouco por esses trabalhos de manutenção e está dando atenção a um serviço mais lucrativo. O cliente tenta contactar o programador algumas vezes até perceber que ele precisa que o projeto seja consertado por outra pessoa, de modo que ele entra em contato com outro desenvolvedor — você!

Você recebe o código. Ele está protegido. Você quebra a senha e vê quem escreveu o código. Você não tem interesse em roubar o cliente do desenvolvedor novato. Na verdade, você prefere fazer esse trabalho e que o cliente volte para o programador original. No entanto, devido à quebra de senha, você criou uma situação na qual os dois desenvolvedores — você e o original — têm senhas diferentes. Sua única escolha é remover a senha por completo. Isso vai dar uma dica ao outro desenvolvedor de que mais alguém esteve mexendo no código dele. Talvez você possa tentar acalmá-lo com algumas linhas de comentário de que a senha foi removida depois que o cliente não conseguiu mais contatar o desenvolvedor original.

Mais problemas com senhas

O Office 2013 introduziu uma nova classe SHA-2 do algoritmo SHA512 para calcular chaves de criptografia. Esse algoritmo causa desacelerações significativas em macros que protegem ou desprotegem planilhas.

O esquema de senhas para qualquer versão do Excel 2002 em diante é incompatível com o Excel 97. Se protegemos um código no Excel 2002, não poderemos desbloquear o projeto no Excel 97. À medida que nosso aplicativo é fornecido a mais funcionários de uma companhia, invariavelmente encontraremos algum funcionário que usa o Excel 97. É claro que esse usuário receberá um erro em tempo de execução. No entanto, se bloquearmos o projeto no Excel 2002 ou posterior, não poderemos destravá-lo no Excel 97, o que significa que não poderemos depurar o programa no Excel 97.

Em resumo: bloquear um código causa mais problemas do que resolve.

Nota Se estivermos usando uma combinação do Excel 2003 até o Excel 2019, as senhas são facilmente transferidas entre as versões. Isso continua sendo verdade até quando o arquivo é salvo como .xlsm e aberto no Excel 2003 usando o conversor de arquivo. Podemos alterar o código no Excel 2003, salvar o arquivo e voltar com êxito para o Excel 2019.

Erros causados por versões diferentes

A Microsoft vem melhorando o VBA a cada versão do Excel. A criação de tabelas dinâmicas melhorou drasticamente entre o Excel 97 e o Excel 2000. Minigráficos e segmentações de dados eram novos no Excel 2010. Os Modelos de Dados foram introduzidos no Excel 2013. O Power Query foi integrado ao modelo de objetos no Excel 2016.

O parâmetro `TrailingMinusNumbers` era novo no Excel 2002. Isso significa que, se escrevermos um código no Excel 2016 e enviarmos o código para uma cliente que usa o Excel 2000, essa usuária receberá um erro de compilação assim que tentar executar qualquer código no mesmo módulo que o código com erro. Por esse motivo, precisamos considerar esse aplicativo em dois módulos.

O Módulo1 tem as macros `ProcA`, `ProcB` e `ProcC`. O Módulo2 tem as macros `ProcD` e `ProcE`. Acontece que o `ProcE` tem um método `ImportText` com o parâmetro `TrailingMinusNumbers`.

A cliente poderá executar o `ProcA` e o `ProcB` em uma máquina com o Excel 2000 sem problemas. Assim que tentar executar o `ProcD`, ela visualizará um erro de compilação relatado no `ProcD` porque o Excel tentará compilar o Módulo2 inteiro quando ela tentar executar o código daquele módulo. Isso pode ser incrivelmente enganoso: um erro que é relatado quando a cliente executa o `ProcD` na verdade é causado por um erro no `ProcE`.

Uma solução é ter acesso a todas as versões do Excel ainda com suporte e testar o código em todas elas.

Os usuários do Macintosh acreditam que sua versão do Excel é a mesma da usada no Windows. A Microsoft prometeu compatibilidade de arquivos, mas essa promessa termina na interface de usuário do Excel. O código do VBA não é compatível entre o Windows e o Mac. O VBA do Excel no Mac, no Excel 2019, é parecido com o do VBA do Excel 2019, mas ele é irritantemente diferente. Por esse motivo, qualquer coisa que façamos com a API do Windows não vai funcionar em um Mac.t

Próximos passos

Neste capítulo, vimos como deixar o nosso código mais à prova de balas para os nossos clientes. No Capítulo 25, "Personalizando a Faixa de Opções para executar macros", vamos aprender a personalizar a Faixa de Opções para permitir que os nossos clientes desfrutem de uma interface profissional.

CAPÍTULO 25

Personalizando a Faixa de Opções para executar macros

Neste capítulo, você vai:

- Aprender onde inserir códigos da Faixa de Opções: a pasta e arquivo customui.
- Adicionar controles à Faixa de Opções.
- Entender o arquivo RELS.
- Usar imagens em botões.
- Solucionar mensagens de erro.
- Aprender outras maneiras de executar uma macro.

Diferentemente das antigas barras de comandos, uma Faixa de Opções não é feita por meio de código de VBA. Antes, se quiséssemos modificar a Faixa de Opções e adicionar nossas próprias guias, precisaríamos modificar o arquivo do Excel em si, o que não é tão impossível quanto parece. O novo arquivo do Excel é, na verdade, um arquivo compactado, contendo vários arquivos e pastas. Tudo o que precisamos fazer é descompactá-lo, fazer as alterações e pronto. Bem, não é *tão* simples assim — são necessários mais alguns passos —, mas não é impossível.

Antes de começar, selecione a guia Arquivo, Opções, Avançado, Geral e Mostrar Erros da Interface de Usuário em Suplementos. Isso permitirá que as mensagens de erro apareçam para que possamos solucionar erros que surgirem na nossa barra de ferramentas personalizada.

> **Nota** Veja a seção "Solucionando mensagens de erro", mais à frente, neste capítulo, para obter mais detalhes.

> **Atenção** Diferentemente da programação no VB Editor, não teremos nenhum tipo de assistência de correção automática de letras maiúsculas e minúsculas. E o código XML — que é o código da Faixa de Opções — é bem específico. Perceba a diferenciação entre maiúsculas e minúsculas dos termos específicos da linguagem XML. Por exemplo, no caso de `id`, usar `ID` gerará um erro.

Uma coisa a se ter em mente é que, com a alteração para uma interface de documento único (SDI) que foi feita para o Excel 2013 (e para versões posteriores), a guia da Faixa de Opções personalizada anexada à pasta de trabalho se torna visível somente quando essa pasta de trabalho está ativa. Quando ativamos outra pasta de trabalho, a guia não aparecerá na Faixa de Opções. A exceção é com um suplemento, sua Faixa de Opções personalizada se torna visível em qualquer pasta de trabalho que é aberta depois que o suplemento é aberto.

> **Nota** Veja o Capítulo 26, "Criando suplementos", para obter mais informações sobre a criação de suplementos.

> **Nota** O objeto CommandBars original ainda funciona, mas os menus e barras de ferramentas personalizadas foram todos inseridos na guia Suplementos.

Onde inserir o código: a pasta e o arquivo customui

Crie uma pasta chamada customui. Essa pasta conterá os elementos da guia da Faixa de Opções personalizada. Dentro da pasta, crie um arquivo de texto e o chame de customUI14.xml, como ilustrado na Figura 25-1. Abra o arquivo XML em um editor de texto. Tanto o Bloco de Notas como o Wordpad funcionarão.

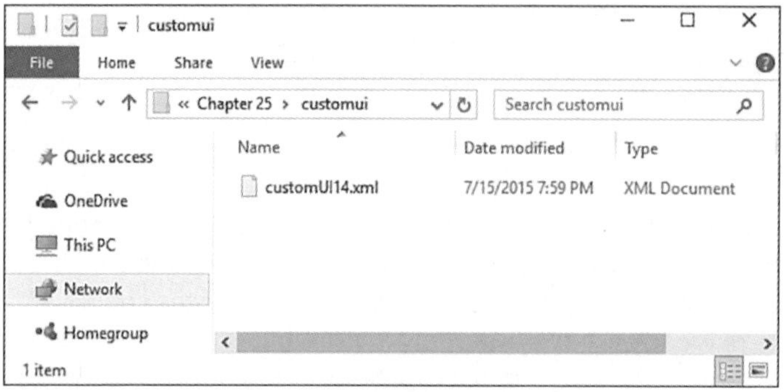

FIGURA 25-1 Crie um arquivo customUI14.xml dentro de uma pasta customui.

> **Dica** Meu editor de texto favorito é o Notepad++ de Don Ho (veja www.notepad-plus-plus.org). Assim como o VB Editor, ele colore a sintaxe específica de XML depois que escolhemos XML como a linguagem que estamos digitando. Ele também possui muitas outras ferramentas úteis.

Insira a estrutura básica do código XML, exibida aqui, no seu arquivo XML. Para cada agrupamento de tag de abertura, como `<ribbon>`, deve haver uma tag de fechamento, `</ribbon>`:

```
<customUI xmlns="http://schemas.microsoft.com/office/2009/07/customui">
 <ribbon startFromScratch="false">
  <tabs>

    <!-- seus controles de Faixa de Opções aqui -->

  </tabs>
 </ribbon>
</customUI>
```

`startFromScratch` é opcional e tem o valor-padrão de `false`. É como se disséssemos ao código que as outras guias no Excel não serão exibidas, só a nossa. `true` quer dizer que apenas a nossa guia será exibida; `false` quer dizer que a nossa guia e todas as outras serão exibidas.

Atenção Observe o uso das letras maiúsculas e minúsculas em `startFromScratch` — o *s* minúsculo no início, seguido pelo *F* maiúsculo de `From` e pelo *S* maiúsculo de `Scratch`. É fundamental que não façamos nada diferente disso.

O `<!-- seus controles de Faixa de Opções aqui -->` que vimos no código anterior é texto comentado. Simplesmente digite seus comentários entre <!-- e -->, e o programa ignorará essa linha quando for executado.

Nota Se estivermos criando uma Faixa de Opções que precisa ser compatível com o Excel 2007, devemos usar o seguinte esquema: http://schemas.microsoft.com/office/2006/01/customui. Além disso, onde você vir customUI14, use customUI.

Criando uma guia e um grupo

Antes de podermos adicionar um controle à guia, precisamos identificar a guia e o grupo. Uma guia pode conter muitos controles diferentes, os quais podemos reunir em grupos, como o grupo Fonte, na guia Página Inicial.

Nomeie sua guia como Minha Primeira Faixa de Opções e adicione um grupo chamado Meus Programas a ela, assim (veja a Figura 25-2):

```
<customUI xmlns="http://schemas.microsoft.com/office/2009/07/customui">
 <ribbon startFromScratch="false">
   <tabs>
    <tab id="CustomTab" label="Minha Primeira Faixa de Opções">
      <group id="CustomGroup" label="Meus Programas">

      <!-- seus controles de Faixa de Opções aqui -->

     </group>
    </tab>
   </tabs>
  </ribbon>
</customUI>
```

`id` é um identificador único do controle (nesse caso, a guia e o grupo). `label` é o texto que queremos que apareça na nossa Faixa de Opções para o controle especificado.

Adicionando um controle à Faixa de Opções

Após ter criado a Faixa de Opções e o grupo, podemos adicionar controles. Dependendo do tipo de controle, existem atributos diferentes que podemos incluir no código XML. (Consulte a Tabela 25-1 para obter mais informações sobre os vários controles e seus atributos.)

O código a seguir adiciona um botão de tamanho normal com o texto Clique para Executar ao grupo Relatórios e executa o sub `OláMundo` quando o botão é clicado (veja a Figura 25-2):

```
<customUI xmlns="http://schemas.microsoft.com/office/2009/07/customui">
 <ribbon startFromScratch="false">
   <tabs>
    <tab id="CustomTab" label="Minha Primeira Faixa de Opções">
      <group id="CustomGroup" label="Meus Programas">

       <button id="button1" label="Clique para executar"
         onAction="Module1.OláMundo" size="normal"/>

     </group>
    </tab>
   </tabs>
  </ribbon>
</customUI>
```

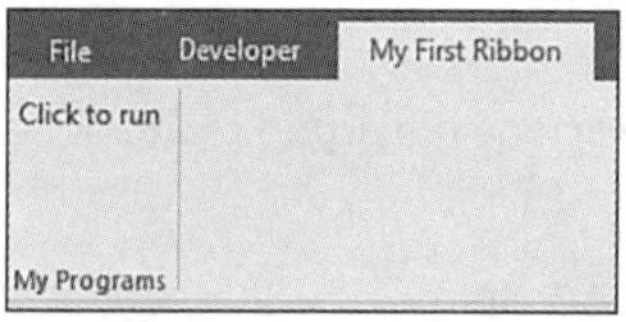

FIGURA 25-2 Execute um programa com um simples clique de botão da sua Faixa de Opções personalizada.

As propriedades do botão incluem `id`, um identificador único do botão de controle e `label`, que armazena o texto que queremos que apareça no botão. `size`, que é o tamanho do botão, tem o valor-padrão de `normal`; e a outra opção seria `large`. `onAction` é o sub `OláMundo`, a ser chamado quando o botão é clicado. O sub, exibido aqui, vai no módulo-padrão, `Module1`, da pasta de trabalho:

```
Sub OláMundo(control As IRibbonControl)
MsgBox "Olá, Mundo"
End Sub
```

Observe que o argumento control é `As IRibbonControl`. Esse é o argumento-padrão de um sub, e ele é chamado por um controle de botão por meio do atributo `onAction`. A Tabela 25-2 lista os argumentos necessários para outros atributos e controles.

TABELA 25-1 Atributos dos controles da Faixa de Opções.

Atributo	Tipo ou Valor	Descrição
`description`	String	Especifica o texto de descrição exibido nos menus quando o atributo `itemSize` é definido como `Large`.
`enabled`	`true`, `false`	Especifica se o controle está habilitado.
`getContent`	Callback	Recupera o conteúdo XML que descreve um menu dinâmico.
`getDescription`	Callback	Obtém a descrição de um controle.

Atributo	Tipo ou Valor	Descrição
getEnabled	Callback	Obtém o estado habilitado de um controle.
getImage	Callback	Obtém a imagem de um controle.
getImageMso	Callback	Obtém o ícone de um controle predefinido usando o ID do controle.
getItemCount	Callback	Obtém o número de itens a serem exibidos em uma caixa de combinação, menu suspenso ou galeria.
getItemID	Callback	Obtém o ID de um item específico em uma caixa de combinação, menu suspenso ou galeria.
getItemImage	Callback	Obtém a imagem de uma caixa de combinação, menu suspenso ou galeria.
getItemLabel	Callback	Obtém o rótulo de uma caixa de combinação, menu suspenso ou galeria.
getItemScreentip	Callback	Obtém a dica de tela de uma caixa de combinação, menu suspenso ou galeria.
getItemSupertip	Callback	Obtém a dica de tela avançada de uma caixa de combinação, menu suspenso ou galeria.
getKeytip	Callback	Obtém a dica de tecla de um controle.
getLabel	Callback	Obtém o rótulo de um controle.
getPressed	Callback	Obtém um valor que indica se um botão de ativação está pressionado ou não. Obtém um valor que indica se uma caixa de seleção está marcada ou desmarcada.
getScreentip	Callback	Obtém a dica de tela de um controle.
getSelectedItemID	Callback	Obtém o ID do item selecionado em um menu suspenso ou galeria.
getSelectedItemIndex	Callback	Obtém o índice do item selecionado em um menu suspenso ou galeria.
getShowImage	Callback	Obtém um valor que especifica se a imagem do controle deve ser exibida.
getShowLabel	Callback	Obtém um valor que especifica se o rótulo do controle deve ser exibido.
getSize	Callback	Obtém um valor que especifica o tamanho de um controle (normal ou grande).
getSupertip	Callback	Obtém um valor que especifica a dica de tela avançada de um controle.
getText	Callback	Faz com que o texto seja exibido na parte editável de uma caixa de texto ou caixa de edição.
getTitle	Callback	Faz com que o texto seja exibido (em vez de uma linha horizontal) para um separador de menu.
getVisible	Callback	Obtém um valor que especifica se o controle está visível.
id	String	Age como um identificador único definido pelo usuário do controle (e é mutuamente exclusivo com idMso e idQ — então, especifique apenas um desses valores).

(Continua)

Atributo	Tipo ou Valor	Descrição
idMso	Control id	Age como uma ID do controle predefinido (e é mutualmente exclusivos com id e idQ — então, especifique apenas um desses valores).
idQ	Qualified id	Age como uma ID do controle qualificado, precedido por um identificador de namespace (e é mutualmente exclusivos com id e idMso — então, especifique apenas um desses valores).
image	String	Especifica uma imagem para o controle.
imageMso	Control id	Especifica um identificador para uma imagem predefinida.
insertAfterMso	Control id	Especifica o identificador para o controle predefinido depois do qual se deve posicionar esse controle.
insertAfterQ	Qualified id	Especifica o identificador de um controle cuja propriedade idQ foi especificada e após o qual esse controle deve ser posicionado.
insertBeforeMso	Control id	Especifica o identificador para o controle predefinido antes do qual se deve posicionar esse controle.
insertBeforeQ	Qualified id	Especifica o identificador de um controle cuja propriedade idQ foi especificada e após o qual esse controle deve ser posicionado.
itemSize	large, normal	Especifica o tamanho para os itens de um menu.
Keytip	String	Especifica a dica de tecla para o controle.
label	String	Especifica o rótulo do controle.
onAction	Callback	Chamado quando o usuário clica no controle.
onChange	Callback	Chamado quando o usuário entra ou seleciona texto em uma caixa de edição ou caixa de combinação.
screentip	String	Especifica a dica de tela do controle.
showImage	true, false	Especifica se a imagem do controle será exibida.
showItemImage	true, false	Especifica se a imagem de uma caixa de combinação, menu suspenso ou galeria deve ser exibida.
showItemLabel	true, false	Especifica se o rótulo de uma caixa de combinação, menu suspenso ou galeria deve ser exibido.
showLabel	true, false	Especifica se o rótulo do controle será exibido.
size	large, normal	Especifica o tamanho do controle.
sizeString	String	Indica a largura do controle especificando uma sequência de caracteres, como "xxxxxx".
supertip	String	Especifica a dica de tela avançada do controle.
tag	String	Especifica o texto definido pelo usuário.
title	String	Especifica o texto a ser exibido, em vez de uma linha horizontal, para um separador de menu.
visible	true, false	Especifica se o controle será visível.

TABELA 25-2 Argumentos necessários para outros atributos e controles.

Controle	Nome do Callback	Assinatura
Vários controles	getDescription	Sub GetDescription(control as IRibbonControl, ByRef description)
	getEnabled	Sub GetEnabled(control As IRibbonControl, ByRef enabled)
	getImage	Sub GetImage(control As IRibbonControl, ByRef image)
	getImageMso	Sub GetImageMso(control As IRibbonControl, ByRef imageMso)
	getLabel	Sub GetLabel(control As IRibbonControl, ByRef label)
	getKeytip	Sub GetKeytip (control As IRibbonControl, ByRef label)
	getSize	Sub GetSize(control As IRibbonControl, ByRef size)
	getScreentip	Sub GetScreentip(control As IRibbonControl, ByRef screentip)
	getSupertip	Sub GetSupertip(control As IRibbonControl, ByRef screentip)
	getVisible	Sub GetVisible(control As IRibbonControl, ByRef visible)
button	getShowImage	Sub GetShowImage (control As IRibbonControl, ByRef showImage)
	getShowLabel	Sub GetShowLabel (control As IRibbonControl, ByRef showLabel)
	onAction	Sub OnAction(control As IRibbonControl)
checkBox	getPressed	Sub GetPressed(control As IRibbonControl, ByRef returnValue)
	onAction	Sub OnAction(control As IRibbonControl, pressed As Boolean)
comboBox	getItemCount	Sub GetItemCount(control As IRibbonControl, ByRef count)
	getItemID	Sub GetItemID(control As IRibbonControl, index As Integer, ByRef id)
	getItemImage	Sub GetItemImage(control As IRibbonControl, index As Integer, ByRef image)
	getItemLabel	Sub GetItemLabel(control As IRibbonControl, index As Integer, ByRef label)
	getItemScreenTip	Sub GetItemScreenTip(control As IRibbonControl, index As Integer, ByRef screentip)
	getItemSuperTip	Sub GetItemSuperTip (control As IRibbonControl, index As Integer, ByRef supertip)

(Continua)

Controle	Nome do Callback	Assinatura
	getText	Sub GetText(control As IRibbonControl, ByRef text)
	onChange	Sub OnChange(control As IRibbonControl, text As String)
customUI	loadImage	Sub LoadImage(imageId As string, ByRef image)
	onLoad	Sub OnLoad(ribbon As IRibbonUI)
dropDown	getItemCount	Sub GetItemCount(control As IRibbonControl, ByRef count)
	getItemID	Sub GetItemID(control As IRibbonControl, index As Integer, ByRef id)
	getItemImage	Sub GetItemImage(control As IRibbonControl, index As Integer, ByRef image)
	getItemLabel	Sub GetItemLabel(control As IRibbonControl, index As Integer, ByRef label)
	getItemScreenTip	Sub GetItemScreenTip(control As IRibbonControl, index As Integer ByRef screenTip)
	getItemSuperTip	Sub GetItemSuperTip (control As IRibbonControl, index As Integer, ByRef superTip)
	getSelectedItemID	Sub GetSelectedItemID(control As IRibbonControl, ByRef index)
	getSelectedItemIndex	Sub GetSelectedItemIndex(control As IRibbonControl, ByRef index)
	onAction	Sub OnAction(control As IRibbonControl, selectedId As String, selectedIndex As Integer)
dynamicMenu	getContent	Sub GetContent(control As IRibbonControl, ByRef content)
editBox	getText	Sub GetText(control As IRibbonControl, ByRef text)
	onChange	Sub OnChange(control As IRibbonControl, text As String)
gallery	getItemCount	Sub GetItemCount(control As IRibbonControl, ByRef count)
	getItemHeight	Sub getItemHeight(control As IRibbonControl, ByRef height)
	getItemID	Sub GetItemID(control As IRibbonControl, index As Integer, ByRef id)
	getItemImage	Sub GetItemImage(control As IRibbonControl, index As Integer, ByRef image)
	getItemLabel	Sub GetItemLabel(control As IRibbonControl, index As Integer, ByRef label)
	getItemScreenTip	Sub GetItemScreenTip(control As IRibbonControl, index as Integer, ByRef screen)

Controle	Nome do Callback	Assinatura
	getItemSuperTip	Sub GetItemSuperTip (control As IRibbonControl, index as Integer, ByRef screen)
	getItemWidth	Sub getItemWidth(control As IRibbonControl, ByRef width)
	getSelectedItemID	Sub GetSelectedItemID(control As IRibbonControl, ByRef index)
	getSelectedItemIndex	Sub GetSelectedItemIndex(control As IRibbonControl, ByRef index)
	onAction	Sub OnAction(control As IRibbonControl, selectedId As String, selectedIndex As Integer)
menuSeparator	getTitle	Sub GetTitle (control As IRibbonControl, ByRef title)
toggleButton	getPressed	Sub GetPressed(control As IRibbonControl, ByRef returnValue)
	onAction	Sub OnAction(control As IRibbonControl, pressed As Boolean)

Acessando a estrutura do arquivo

Os arquivos do Excel são, na verdade, arquivos compactados que contêm vários arquivos e pastas para criar a pasta de trabalho e planilhas que vemos quando abrimos a pasta de trabalho. Para visualizar essa estrutura, renomeie o arquivo, adicionando uma extensão .zip no final do nome do arquivo. Por exemplo, se o nome do nosso arquivo for Capítulo 25 — Faixa de Opções Simples.xlsm, renomeie-o como Capítulo 25 — Faixa de Opções Simples.xlsm.zip. Assim, poderemos utilizar nosso utilitário zip para acessar as pastas e arquivos que estiverem dentro dele.

Copie sua pasta e arquivo customui para dentro do arquivo zip, tal como exibido na Figura 25-3. Após inseri-los no arquivo .xlsm, vamos precisar fazer com que o resto do arquivo do Excel saiba que eles estão lá e qual é o seu objetivo. Para fazer isso, precisamos modificar o arquivo RELS, tal como descrito na próxima seção.

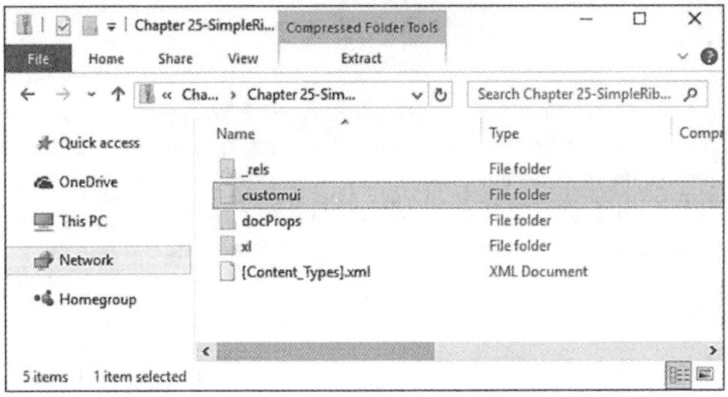

FIGURA 25-3 Usando um utilitário zip, abra o arquivo .xlsm e copie a pasta e o arquivo customui.

Entendendo o arquivo RELS

O arquivo RELS, encontrado na pasta _rels, contém as várias relações do arquivo do Excel. Extraia esse arquivo do arquivo zip e o abra usando um editor de texto.

O arquivo já possui relações que não queremos mudar. Antes, precisamos adicionar uma para a pasta customui. Desça até chegar à direita da linha `<Relationships` e posicione seu cursor antes da tag `</Relationships>`, tal como ilustrado na Figura 25-4. Insira o seguinte código:

```
<Relationship Id="rAB67989"
Type="http://schemas.microsoft.com/office/2007/relationships/ui/_
extensibility"
Target="customui/customUI14.xml"/>
```

`Id` é qualquer sequência de caracteres única que serve para identificar o relacionamento. Se o Excel tiver um problema com a sequência de caracteres que inserirmos, ele poderá alterá-la ao abrir o arquivo. `Target` é a pasta e arquivo customui. Salve suas alterações e adicione o arquivo RELS de volta no arquivo zip.

> **Nota** Veja a seção "O Excel encontrou conteúdo ilegível", mais à frente, neste capítulo, para obter mais informações.

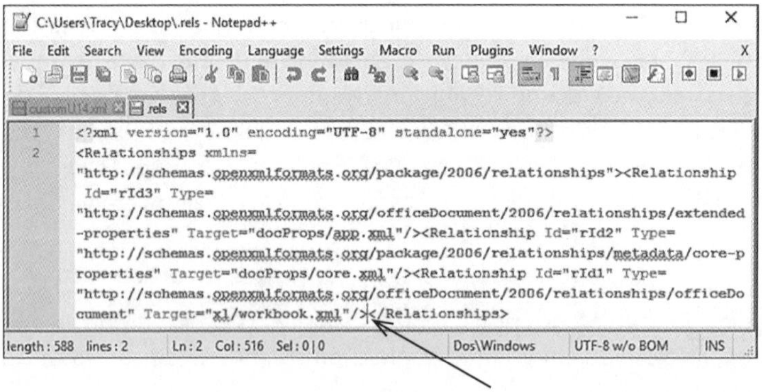

FIGURA 25-4 Posicione seu cursor no ponto correto para inserir sua relação da Faixa de Opções personalizada.

> **Atenção** Embora o código anterior seja apresentado como quatro linhas neste livro, ele deve aparecer como uma única linha no arquivo RELS. Se você quiser escrevê-lo em três linhas separadas, não separe as linhas dentro das sequências de caracteres entre aspas e não use um caractere de continuação, tal como faríamos no VBA. Os exemplos anteriores são quebras corretas (não incluindo a quebra de linha com o caractere de continuação). O seguinte seria um exemplo de uma quebra incorreta na quarta linha:
>
> ```
> Target = "customui/
> customUI14.xml"
> ```

Renomeando um arquivo do Excel e abrindo uma pasta de trabalho

Renomeie o arquivo do Excel com o seu nome original removendo a extensão .zip. Abra sua pasta de trabalho.

> **Nota** Se alguma mensagem de erro aparecer quando você abrir o arquivo do Excel, veja "Solucionando mensagens de erro", mais adiante, neste capítulo.

Pode ser um pouco demorado executar todas as etapas envolvidas na adição de uma Faixa de Opções personalizada, em especial se cometermos alguns erros e precisarmos ficar renomeando nossa pasta de trabalho, abrindo o arquivo zip, extraindo nosso arquivo, modificando-o, adicionando-o de volta no zip, renomeando-o e testando. Para ajudá-lo com isso, experimente a Custom UI Editor tool, que você pode baixar pelo site http://openxmldeveloper.org/blog/b/openxmldeveloper/archive/2009/08/07/7293.aspx. Essa ferramenta atualiza o arquivo RELS, ajuda na utilização de imagens personalizadas e possui outros recursos que são úteis na hora de personalizar a Faixa de Opções. Outra ferramenta útil que gosto de usar é a RibbonX Visual Designer de Andy Pope, disponível pelo site www.andypope.info/vba/ribboneditor_2010.htm.

Usando imagens em botões

A imagem que aparece em um botão pode ser da biblioteca de ícones do Microsoft Office ou uma imagem personalizada que criamos e incluímos na pasta customui da pasta de trabalho. Com uma boa imagem de ícone, podemos ocultar o rótulo de botão, mas ainda possuir uma agradável Faixa de Opções com imagens autoexplicativas.

Usando ícones do Microsoft Office em uma Faixa de Opções

A Microsoft facilitou a reutilização das suas imagens de botão em Faixas de Opções personalizadas. Selecione Arquivo, Opções, Personalizar Faixa de Opções. Posicione o ponteiro do mouse sobre qualquer comando de menu da lista, e uma dica de tela será exibida, fornecendo mais informações sobre o comando. Incluído no final, entre parênteses, está o nome da imagem, tal como ilustrado na Figura 25-5.

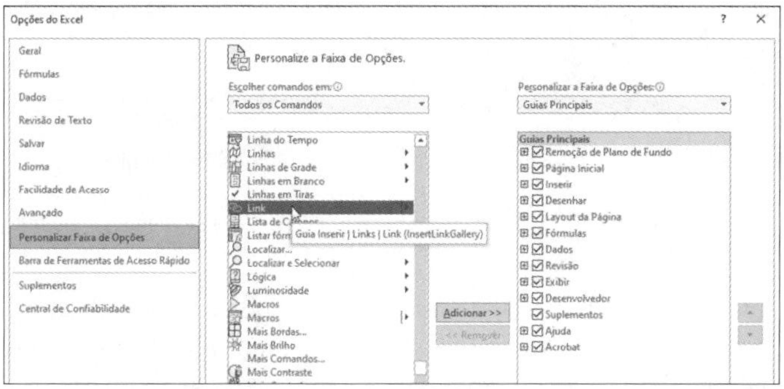

FIGURA 25-5 Colocando o ponteiro sobre um comando, tal como Hiperlink, exibe o nome do ícone, HyperlinkInsert.

Para inserir uma imagem no nosso botão, precisamos voltar ao arquivo customUI14.xml e informar ao Excel o que queremos. O código a seguir usa o ícone HyperlinkInsert no botão OláMundo e faz com que ele seja grande, tal como exibido na Figura 25-6. (Observe que o nome do ícone diferencia maiúsculas e minúsculas.)

```
<customUI xmlns="http://schemas.microsoft.com/office/2009/07/customui">
 <ribbon startFromScratch="false">
   <tabs>
    <tab id="CustomTab" label="Minha Primeira Faixa de Opções">
      <group id="CustomGroup" label="Meus Programas">

        <button id="button1" label="Clique para executar"
          onAction="Module1.OláMundo"
          imageMso="HyperlinkInsert" size="large"/>

     </group>
    </tab>
   </tabs>
 </ribbon>
</customUI>
```

FIGURA 25-6 Podemos aplicar a imagem de qualquer ícone do Microsoft Office ao nosso botão personalizado.

Não estamos limitados a apenas os ícones disponíveis no Excel. Podemos usar o ícone de qualquer aplicativo Microsoft Office instalado. Podemos baixar um documento Word da Microsoft com duas galerias exibindo os ícones disponíveis (e seus nomes) do site http://www.microsoft.com/en-us/download/details.aspx?id=21103.

Adicionando imagens personalizadas de ícones a uma Faixa de Opções

E se a biblioteca de ícones não tiver o ícone que estamos procurando? Podemos criar nosso próprio arquivo de imagem e modificar a Faixa de Opções para usá-lo. Siga estes passos:

1. Crie uma pasta chamada imagens na pasta customui. Coloque sua imagem nessa pasta.
2. Crie uma pasta chamada _rels na pasta customui. Crie um arquivo de texto chamado customUI14.xml.rels nessa nova pasta, como ilustrado na Figura 25-7. Insira o seguinte código no arquivo (e perceba que a `id` para o relacionamento da imagem é o nome do arquivo de imagem, `olámundo_png`):

```
<?xml version="1.0" encoding="UTF-8" standalone="yes"?>
<Relationships xmlns="http://schemas.openxmlformats.org/package/2006/_
relationships"><Relationship Id="olámundo_png"_
Type="http://schemas.openxmlformats.org/officeDocument/2006/ _
relationships/image"
Target="images/olámundo.png"/></Relationships>
```

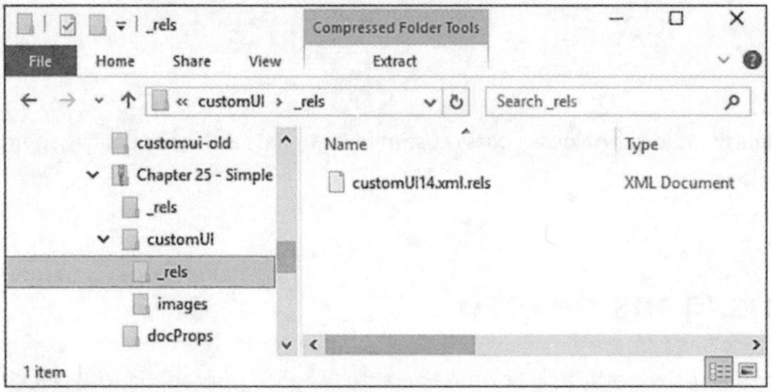

FIGURA 25-7 Crie uma pasta _rels e uma pasta de imagens dentro da pasta customui para armazenar arquivos relevantes para a sua imagem personalizada.

3. Abra o arquivo customUI14.xml e adicione o atributo de imagem ao controle, como exibido aqui, antes de salvar e fechar o arquivo:

```
<customUI xmlns="http://schemas.microsoft.com/office/2009/07/customui">
 <ribbon startFromScratch="false">
    <tabs>
      <tab id="CustomTab" label="Minha Primeira Faixa de Opções">
        <group id="CustomGroup" label="Meus Programas">

          <button id="button1" label="Clique para executar"
            onAction="Module1.OláMundo" image="olámundo_png"
            size="large" />


      </group>
    </tab>
  </tabs>
 </ribbon>
</customUI>
```

4. Abra o arquivo [Content_Types].xml e adicione o seguinte no final do arquivo, mas antes de </Types>:

```
< Default Extension="png" ContentType="image/.png"/>
```

> **Nota** Se sua imagem for um jpg, use o seguinte:
>
> ```
> <Default Extension="jpg" ContentType="application/octet-stream"/>
> ```

5. Salve suas alterações, renomeie o arquivo e abra a pasta de trabalho. A imagem personalizada aparecerá no botão, tal como exibido na Figura 25-8.

FIGURA 25-8 Com mais algumas mudanças na nossa pasta customui, podemos adicionar uma imagem personalizada em um botão.

Solucionando mensagens de erro

Para poder ver as mensagens de erro geradas por uma Faixa de Opções personalizada, selecione Arquivo, Opções, Avançado, Geral e marque a opção Mostrar Erros da Interface do Usuário em Suplementos.

O atributo "*Nome do Atributo*" no elemento "customui ribbon" não está definido no DTD ou no esquema

Como vimos na seção "Onde inserir o código: a pasta e arquivo customui", anteriormente neste capítulo, o uso de maiúsculas e minúsculas dos atributos é bem específico. Se as letras maiúsculas e minúsculas de um atributo forem digitadas errado, o erro exibido na Figura 25-9 poderá ocorrer.

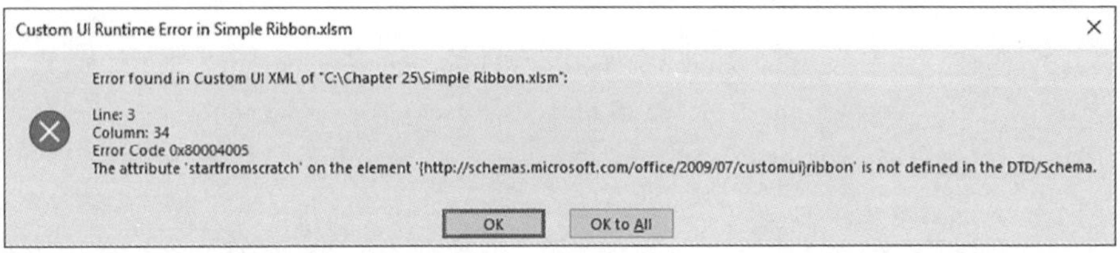

FIGURA 25-9 Atributos com letras maiúsculas e minúsculas digitadas errado podem gerar erros. Leia a mensagem de erro com cuidado; ela pode ajudá-lo a localizar o problema.

O código do arquivo customUI14.xml que gerou o erro tinha a seguinte linha:

```
<ribbon startfromscratch="false">
```

Em vez de `startFromScratch`, o código continha `startfromscratch` (todas as letras minúsculas). A mensagem de erro até nos ajuda a identificar o erro, fornecendo o nome do atributo com o qual ele teve um problema.

Caractere ilegal de nome qualificado

Para cada < de abertura, precisamos de um > de fechamento. Se esquecermos de um > de fechamento, o erro exibido na Figura 25-10 poderá aparecer. A mensagem de erro não é nada específica, mas ela fornece um número de linha e coluna para indicar onde o problema está ocorrendo. Ainda assim, esse não é o ponto exato de onde o > que está faltando deveria estar. Antes, é o início da próxima linha. Seria necessário revisar o código para descobrir o erro, mas teremos uma ideia de onde começar.

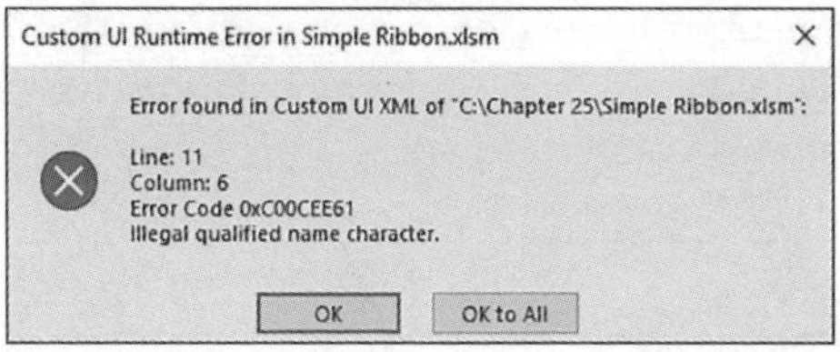

FIGURA 25-10 Para cada < de abertura, precisamos de um > de fechamento.

O código a seguir no arquivo customUI14.xml gerou o erro:

```
<tab id="CustomTab" label="Minha Primeira Faixa de Opções">
 <group id="CustomGroup" label="Meus Programas"
   <button id="button1" label="Clique para executar"
    onAction="Module1.OláMundo" image="olámundo_png"
    size="large" />
```

Perceba que está faltando um > na linha do grupo (a segunda linha do código). Essa linha deveria estar assim:

```
<group id="CustomGroup" label="Meus Programas">
```

O elemento *"Nome da Tag customui"* não está em conformidade com o modelo de conteúdo do elemento-pai *"Nome da Tag customui"*

Se nossa estrutura estiver na ordem errada, como uma tag de group colocada antes da tag de tab, como exibido aqui, uma corrente de erros aparecerá, começando com o exibido na Figura 25-11.

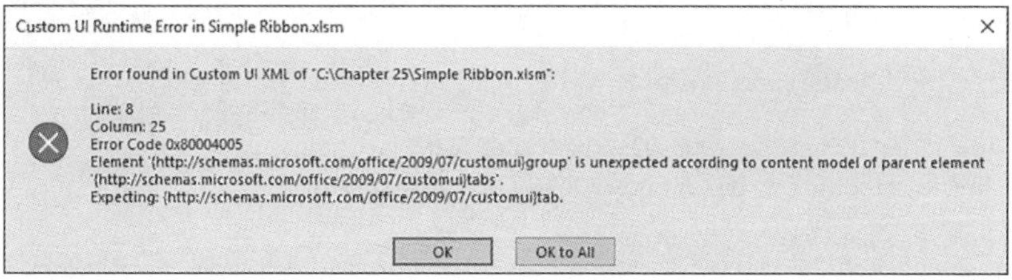

FIGURA 25-11 Um erro em uma linha pode resultar em uma série de mensagens de erro porque as outras linhas serão consideradas como estando fora de ordem.

```
<group id="CustomGroup" label="Meus Programas">
  <tab id="CustomTab" label="Minha Primeira Faixa de Opções">
```

O Excel encontrou conteúdo ilegível

A Figura 25-12 apresenta uma mensagem genérica para vários tipos de problemas que o Excel pode encontrar. Se clicarmos em Não, a pasta de trabalho não será aberta. Se clicarmos em Sim, receberemos a mensagem exibida na Figura 25-13. No entanto, enquanto criava Faixas de Opções, eu percebi que essas mensagens apareciam com mais frequência quando o Excel não gostava da ID de Relação que eu havia atribuído à relação customui no arquivo RELS. O interessante é que, se clicarmos em Sim na caixa de diálogo "Encontrou Conteúdo Ilegível", o Excel atribuirá uma nova ID a ele, e, na próxima vez que abrirmos o arquivo, o erro não aparecerá mais.

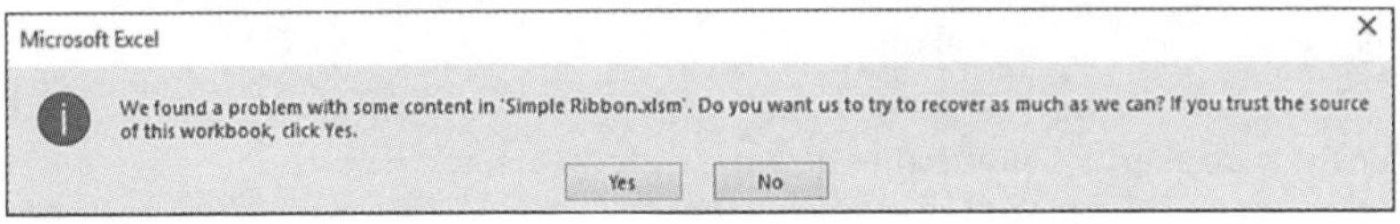

FIGURA 25-12 Essa mensagem bastante genérica poderia aparecer por vários motivos. Clique em Sim para tentar reparar o arquivo.

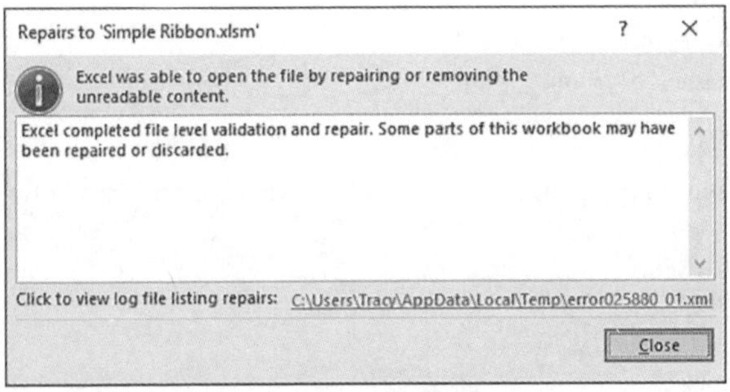

FIGURA 25-13 O Excel nos informa se ele conseguiu consertar o arquivo.

Esta é a relação original:

```
<Relationship Id="rId3"
Type="http://schemas.microsoft.com/office/2007/relationships/ui/ _
extensibility"
Target="customui/customUI14.xml"/>
```

Esta é a relação modificada pelo Excel:

```
<Relationship Id="rE1FA1CF0-6CA9-499E-9217-90BF2D86492F"
Type="http://schemas.microsoft.com/office/2007/relationships/ui/ _
extensibility"
Target="customui/customuUI14.xml"/>
```

No arquivo RELS, o erro também aparece se dividirmos a linha de relação de uma sequência de caracteres entre aspas. Lembre-se de que fomos alertados quanto a isso na seção "Entendendo o arquivo RELS", vista anteriormente, neste capítulo. Nesse caso, o Excel não poderá corrigir o arquivo, e precisaremos fazer a correção sozinhos.

Número errado de argumentos ou atribuição inválida de propriedade

Se houver um problema com o sub que está sendo chamado por um controle, poderemos ver a mensagem de erro da Figura 25-14 quando tentarmos executar um código para a nossa Faixa de Opções. Por exemplo, o `onAction` de um botão requer um único argumento `IRibbonControl`, como vemos abaixo:

```
Sub OláMundo(control As IRibbonControl)
```

Seria incorreto deixar o argumento de fora, tal como ilustrado a seguir:

```
Sub OláMundo()
```

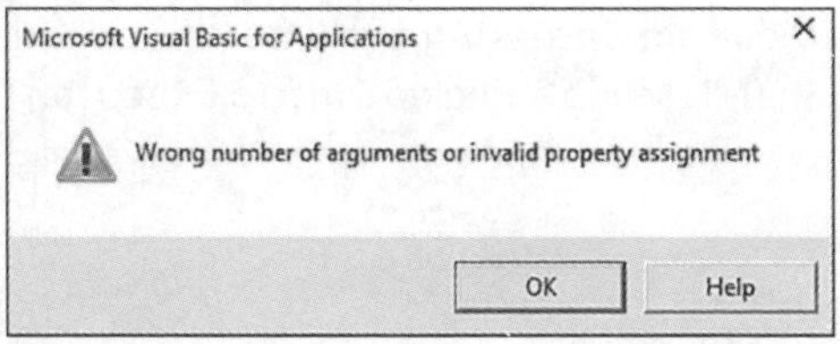

FIGURA 25-14 É importante que os subs chamados pelos nossos controles tenham os argumentos apropriados. Consulte a Tabela 25-2 para ver os vários argumentos dos controles.

Extensão de arquivo ou formato de arquivo inválido

A mensagem de erro exibida na Figura 25-15 parece um pouco drástica, mas ela pode ser enganosa. Ela pode aparecer se tivermos nos esquecido de colocar um valor de atributo entre aspas no arquivo REL. Por exemplo, se analisarmos a linha abaixo com cuidado, veremos que o valor de Type não está entre aspas:

```
Type=http://schemas.microsoft.com/office/2007/relationships/ui/extensibility
```

Essa linha deveria estar assim:

```
Type="http://schemas.microsoft.com/office/2007/relationships/ui/extensibility"
```

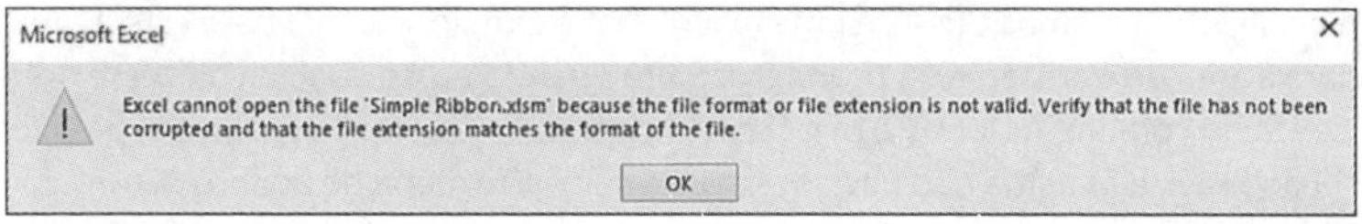

FIGURA 25-15 A ausência de aspas pode gerar uma mensagem drástica, mas ela pode ser solucionada com facilidade.

Nada acontece

Se você abriu sua pasta de trabalho modificada, mas a Faixa de Opções não apareceu e você não viu nenhuma mensagem de erro, verifique seu arquivo RELS. Pode ser que você tenha se esquecido de atualizá-lo com a relação necessária com seu arquivo customUI14.xml.

Outras maneiras de executar uma macro

Usar uma Faixa de Opções personalizada é a maneira mais elegante de se executar uma macro. Entretanto, se tivermos poucas macros para serem executadas, o trabalho de modificar o arquivo pode não valer a pena. Podemos fazer o cliente executar uma macro indo até a guia Exibição, selecionando Macros, Exibir Macros, selecionando a macro na caixa de diálogo Macros e clicando no botão Executar, mas isso não é muito profissional — além de ser cansativo. Outras opções serão abordadas nas seções a seguir.

Usando um atalho do teclado para executar uma macro

A maneira mais fácil de se executar uma macro é atribuindo um atalho de teclado a ela. Abra a caixa de diálogo selecionando a guia Desenvolvedor ou Exibição, e clicando em Macros, ou pressionando Alt+F8. Então selecione a macro e clique em Opções. Atribua um atalho de teclado à macro. A Figura 25-16 apresenta o atalho Ctrl+Shift+H sendo atribuído à macro `ExecOlá`. Agora podemos colocar uma nota bem clara na planilha, lembrando o cliente de pressionar Ctrl+Shift+H para limpar a primeira coluna.

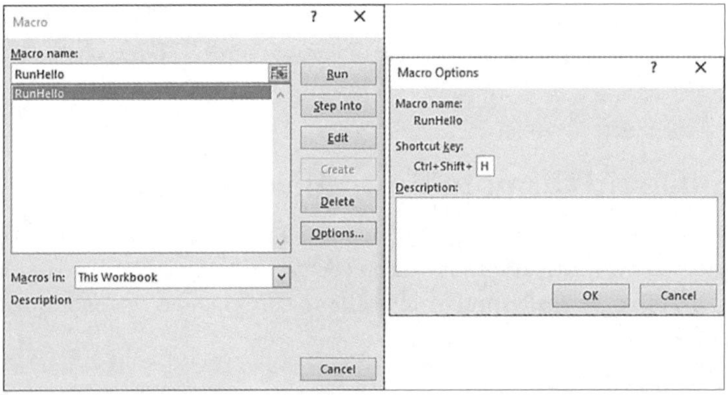

FIGURA 25-16 A maneira mais simples de permitir que um cliente execute uma macro é atribuir uma tecla de atalho a ela. Agora Ctrl+Shift+H executa a macro `ExecOlá`.

> **Atenção** Tenha cuidado ao atribuir atalhos de teclado. Muitas das teclas já foram atribuídas a atalhos importantes do Windows. Se atribuíssemos Ctrl+C a uma macro, por exemplo, quem usasse este atalho para copiar a seleção para a área de transferência ficaria frustrado quando nosso aplicativo fizesse outra coisa em resposta a esse atalho comum. As letras J, M e Q costumam ser boas escolhas, porque, pelo menos até a versão 2019 do Excel, elas ainda não haviam sido atribuídas ao menu de atalhos "Ctrl+" do Excel. Ctrl+L e Ctrl+T estavam disponíveis, mas agora elas são usadas para criar tabelas.

Relacionar uma macro a um botão de comando

Dois tipos de botões podem ser incorporados em uma planilha: o formato tradicional de botão que podemos encontrar na seção Controles de Formulário e um botão de comando ActiveX. (Podemos acessar ambos por meio da aba Desenvolvedor, em Controles, opção Inserir.)

Para adicionar um botão de controle de formulário com uma macro na sua planilha, siga estes passos:

1. Na aba Desenvolvedor, clique no botão Inserir e selecione o controle botão da seção de Controles de Formulário do menu suspenso, como ilustrado na Figura 25-17.

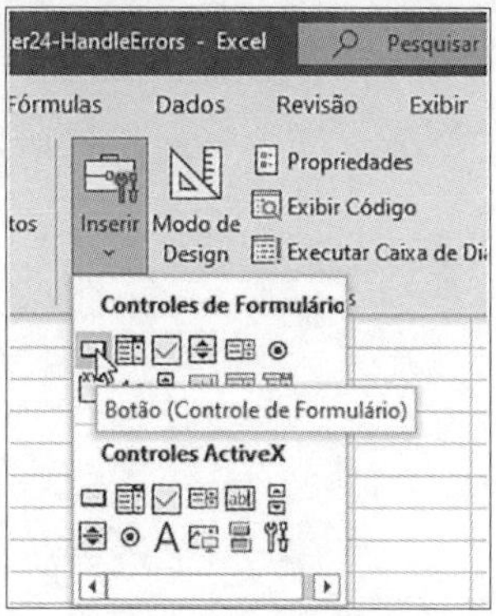

FIGURA 25-17 Os controles de formulário são encontrados sob o ícone Inserir da aba Desenvolvedor.

2. Posicione seu cursor na planilha, no ponto em que deseja inserir o botão, e clique e arraste para criar o formato do novo botão. Quando soltar o botão do mouse, a caixa de diálogo Atribuir Macro será exibida.
3. Na caixa de diálogo Atribuir Macro, selecione uma macro para ser atribuída ao botão e clique em OK.
4. Realce o texto do botão e digite um novo texto significativo.
5. Para alterar a fonte, alinhamento de texto e outros aspectos da aparência do botão, clique com o botão direito do mouse no botão e selecione Formatar Controle no menu pop-up.
6. Para reatribuir uma nova macro ao botão, clique com o botão direito do mouse nele e selecione Atribuir Macro no menu pop-up.

Relacionar uma macro a uma forma

O método anterior atribuía uma macro a um objeto que parecia com um botão. Também podemos atribuir uma macro a um objeto de desenho na planilha. Para atribuir uma macro a uma Autoforma (que obtemos selecionando Inserir, Ilustrações, Formas), clique com o botão direito do mouse na forma e selecione Atribuir Macro, como ilustrado na Figura 25-18.

Esse método é útil, pois podemos facilmente adicionar um objeto de desenho com código e usar a propriedade `OnAction` para atribuir outra macro ao objeto. Esse método tem um grande inconveniente: se atribuirmos uma macro que existe em outra pasta de trabalho, e essa pasta de trabalho for salva e fechada, o Excel gravará a propriedade `OnAction` do objeto diretamente no código de uma pasta específica.

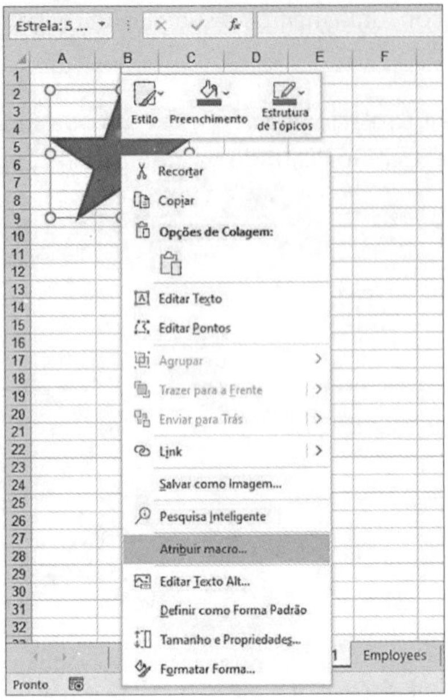

FIGURA 25-18 As macros podem ser atribuídas a qualquer objeto de desenho da planilha.

Relacionar uma macro a um controle ActiveX

Controles ActiveX são mais novos que controles de formulário e ligeiramente mais complicados de configurar. Em vez de simplesmente atribuir uma macro a um botão, precisamos de um procedimento `button_click` no qual podemos chamar outra macro ou fazer com que o código dessa macro seja incorporado no evento. Siga estes passos:

1. Na aba Desenvolvedor, clique no botão Inserir e selecione o ícone do Botão de Comando da seção de Controles ActiveX.
2. Posicione seu cursor na planilha, no ponto em que deseja inserir o botão, e clique e arraste para criar o formato do novo botão.
3. Para formatar o botão, clique com o botão direito do mouse no botão e selecione Propriedades ou selecione Controles, Propriedades na aba Desenvolvedor. Agora você pode ajustar o título e a cor do botão pela janela Propriedades, tal como ilustrado na Figura 25-19. Se nada acontecer quando você clicar com o botão direito, entre no modo Design clicando no botão Modo Design da aba Desenvolvedor.

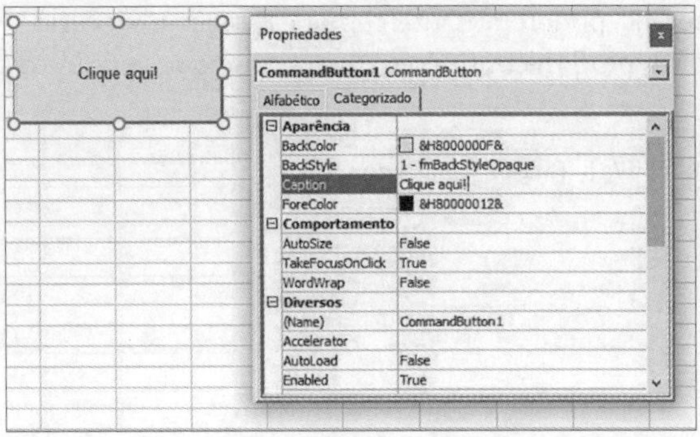

FIGURA 25-19 Use a janela Propriedades para ajustar aspectos do botão do ActiveX.

4. Para atribuir uma macro ao botão, clique nele como botão direito e selecione Exibir Código. Isso criará o cabeçalho e o rodapé do evento `button_click` na janela de código da planilha atual. Digite o código que você deseja executar ou o nome da macro que você deseja chamar.

Nota Essa janela Propriedades possui um aspecto irritante: ela é enorme e cobre uma boa porção da nossa planilha. Eventualmente, se quisermos usar a planilha, teremos que redimensionar ou fechar essa janela Propriedades. Quando fechamos a janela Propriedades, ela também fica oculta no VB Editor. Acho que seria melhor se eu pudesse fechar a janela Propriedades sem afetar o meu ambiente do VB Editor.

Executar uma macro a partir de um hiperlink

Existe um truque que podemos usar para executar uma macro por meio de um hiperlink. Como muitas pessoas estão acostumadas a clicar em hiperlinks para executar uma ação, esse método pode ser mais intuitivo para os nossos clientes.

O truque é criar um espaço reservado com hiperlinks que simplesmente estão vinculados a si mesmos. Selecione a célula com o texto que deseja vincular e, na guia Inserir, selecione Links, Hiperlink (ou pressione Ctrl+K). Na caixa de diálogo Inserir Hiperlink, clique em Colocar Neste Documento. A Figura 25-20 apresenta uma planilha com quatro hiperlinks. Cada um deles aponta de volta para a sua própria célula.

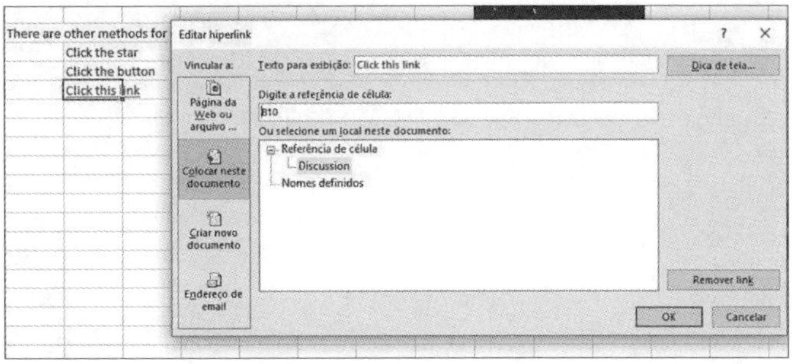

FIGURA 25-20 Para executar uma macro a partir de um hiperlink, devemos criar áreas com hiperlinks que estão vinculados às suas próprias células. Em seguida, usando uma macro manipuladora de eventos no módulo de código da planilha, podemos interceptar o hiperlink e executar qualquer macro.

Quando um cliente clicar em um hiperlink, poderemos interceptar essa ação e executar qualquer macro usando o evento `FollowHyperlink`. Insira o seguinte código no módulo de código da planilha:

```
Private Sub Worksheet_FollowHyperlink(ByVal Target As Hyperlink)
Select Case Target.TextToDisplay
  Case "Trimestre 1"
    RunTrimestre1Relatório
  Case "Trimestre 2"
    RunTrimestre2Relatório
  Case "Trimestre 3"
    RunTrimestre3Relatório
  Case "Trimestre 4"
    RunTrimestre4Relatório
End Select
End Sub
```

Próximos passos

De Faixas de Opções personalizadas a simples botões ou hiperlinks, existem várias formas de garantir que nossos clientes nunca precisarão ver a caixa de diálogo Macro. No Capítulo 26, vamos aprender a inserir nossas macros em suplementos que poderão ser facilmente distribuídos a outros.

CAPÍTULO 26

Criando suplementos

Neste capítulo, você vai:

- Aprender o que é um suplemento-padrão.
- Aprender a criar, instalar e desinstalar um suplemento.
- Usar uma pasta de trabalho oculta como uma alternativa a um suplemento.

Podemos criar arquivos de suplementos-padrão para os nossos clientes usando o VBA. Depois que o cliente instalar o nosso suplemento no seu computador, o programa ficará disponível para o Excel e será carregado automaticamente sempre que ele abrir o Excel. Este capítulo aborda os suplementos-padrão.

Saiba que existem outros dois tipos de suplementos: suplementos COM e suplementos do Office. Nenhum deles pode ser criado com o VBA. Para criar suplementos COM, precisaríamos do Visual Basic.NET ou do Visual C++. Usamos o HTML, o CSS e o JavaScript para criar suplementos do Office. O Capítulo 27, "Uma introdução à criação de suplementos do Office", abordará o básico sobre a criação de suplementos do Office.

Características de suplementos-padrão

Se formos distribuir um aplicativo, seria melhor empacotá-lo como um suplemento. Geralmente salvos com uma extensão .xlam, os suplementos oferecem diversas vantagens:

- Normalmente, os clientes contornam nosso código `Workbook_Open` pressionando a tecla Shift enquanto abrem a pasta de trabalho. Com um suplemento, eles não podem evitar o código de `Workbook_Open` dessa maneira.
- Depois que usamos a caixa de diálogo Suplementos para instalar um suplemento (selecionando Arquivo, Opções, Suplementos, Gerenciar Suplementos do Excel, Ir), ele sempre será carregado e permanecerá disponível.
- Os programas de um suplemento instalado ainda poderão ser executados mesmo que o nível de segurança de macros tenha sido configurado para proibir macros.
- Em geral, funções personalizadas funcionarão apenas na pasta de trabalho na qual elas foram definidas. Uma função personalizada adicionada em um suplemento estará disponível para todas as pastas de trabalho abertas.
- O suplemento não será exibido na lista de arquivos abertos no item do menu Janelas. O cliente não poderá reexibir a pasta de trabalho selecionando Reexibir, em Exibição.

> **Atenção** Há uma estranha regra para a qual precisamos nos planejar. O suplemento é uma pasta de trabalho oculta. Como o suplemento nunca poderá ser exibido, nosso código não poderá selecionar ou ativar nenhuma célula da pasta de trabalho do suplemento. Podemos salvar dados no nosso arquivo de suplemento, mas não podemos selecionar nenhuma parte do arquivo. Além disso, se gravarmos dados no nosso arquivo de suplemento que queremos que estejam disponíveis no futuro, o código do nosso suplemento precisará lidar com o salvamento de arquivos. Como nossos clientes não perceberão que o suplemento está ali, eles nunca serão lembrados ou orientados a salvar um suplemento não salvo. Assim, podemos adicionar `ThisWorkbook.Save` ao evento `Workbook_BeforeClose` do suplemento.

Convertendo uma pasta de trabalho do Excel em um suplemento

Os suplementos costumam ser gerenciados por meio da caixa de diálogo Suplementos. Essa caixa de diálogo apresenta o nome e a descrição de um suplemento, os quais podemos controlar inserindo duas propriedades específicas no arquivo antes de convertê-lo em um suplemento.

> **Nota** Se estivermos modificando um suplemento já existente, precisamos torná-lo visível antes de editar suas propriedades. Veja a seção "Usando o VB Editor para converter um arquivo em um suplemento", mais adiante, neste capítulo.

Para alterar o título e a descrição exibidos na caixa de diálogo Suplementos, siga estes passos:

1. Selecione Arquivo, Informações. O Excel exibirá o painel Propriedades do Documento no lado direito da janela.
2. Por meio do menu suspenso Propriedades, clique em Propriedades Avançadas.
3. Insira um nome para o suplemento no campo Título.
4. Insira uma pequena descrição do suplemento no campo Comentários (veja a Figura 26-1).

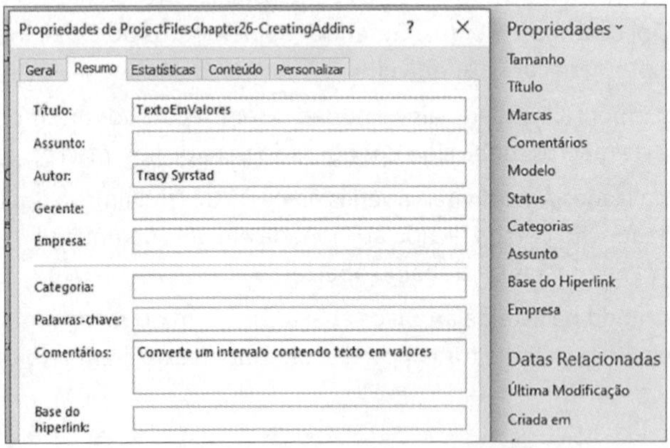

FIGURA 26-1 Preencha os campos Título e Comentários antes de converter uma pasta de trabalho em um suplemento.

5. Clique em OK para salvar suas alterações.
6. Clique na seta de voltar no canto superior esquerdo da tela para retornar à sua pasta de trabalho.

Existem duas maneiras de converter um arquivo em um suplemento. O primeiro método, usando o Salvar Como, é mais fácil, porém ele apresenta um subproduto irritante. O segundo método usa o VB Editor e tem dois passos, mas ele nos dá mais controle. As seções a seguir descrevem os passos para se usar esses métodos.

Usando o Salvar Como para converter um arquivo em um suplemento

Selecione Arquivo, Salvar Como. No campo Salvar Como Tipo, role para baixo na lista e selecione Suplemento do Excel (*.xlam).

Como exibido na Figura 26-2, o nome do arquivo é alterado de nomearq.xslm para nomearq.xlam. Também observe que o local de gravação é alterado automaticamente para uma pasta Suplementos. O local dessa pasta varia de acordo com o sistema operacional, mas ela será algo parecido com C:\Usuários*nomeusuário*\AppData\Roaming\Microsoft\Suplementos. Outra coisa confusa é que, depois de salvar o arquivo .xlsm como um do tipo .xlam, o arquivo .xlsm não salvo permanecerá aberto. Não é necessário guardar uma versão .xlsm do arquivo porque é fácil alterar um arquivo .xlam de volta para um arquivo .xlsm para a edição.

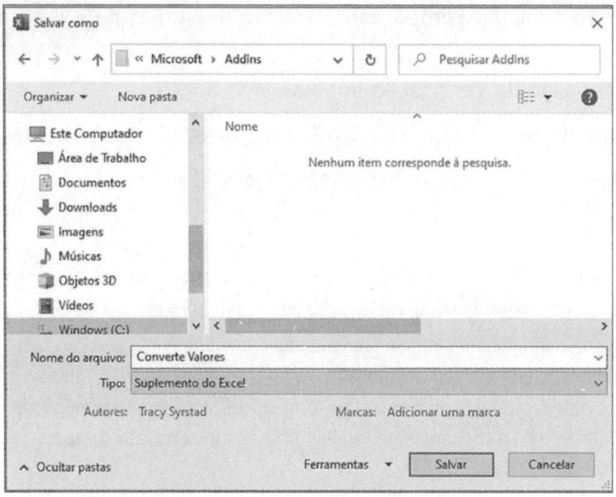

FIGURA 26-2 O método Salvar Como altera a propriedade `IsAddin`, muda o nome e, automaticamente, salva o arquivo na nossa pasta Suplementos.

Dica Se, antes de selecionar tipo de arquivo suplemento, já estivermos na pasta na qual queremos salvar, basta clicarmos na seta de voltar da janela Salvar Como para voltar para essa pasta.

Atenção Quando o método Salvar Como estiver sendo usado para criar um suplemento, uma planilha normal deverá ser a planilha ativa. O tipo de arquivo suplemento não estará disponível se uma planilha de gráfico for a planilha ativa.

Usando o VB Editor para converter um arquivo em um suplemento

O método Salvar Como é ótimo se estivermos criando um suplemento para o nosso uso particular. Entretanto, se estivermos criando um suplemento para um cliente, provavelmente vamos querer armazenar o suplemento em uma pasta com todos os arquivos de aplicativo do cliente. É bem fácil contornar o método Salvar Como e criar um suplemento usando o VB Editor:

1. Abra a pasta de trabalho que deseja converter em um suplemento.
2. Acesse o VB Editor.
3. No Project Explorer, clique em Esta Pasta_de_trabalho.
4. Na janela Propriedades, encontre a propriedade chamada IsAddin e mude seu valor para `True`, como ilustrado na Figura 26-3.

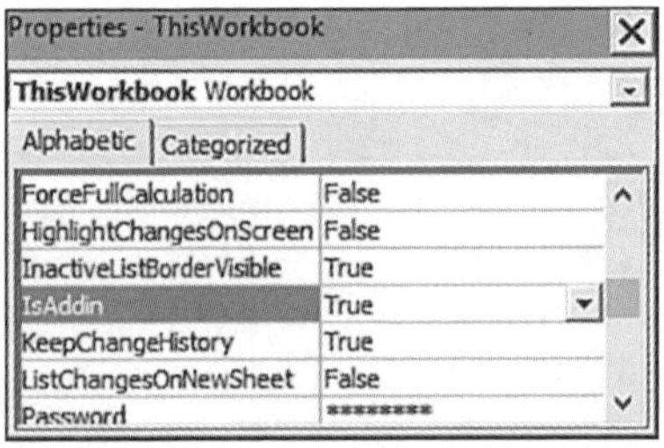

FIGURA 26-3 Para criar um suplemento, basta alterar a propriedade `IsAddin` de Esta Pasta_de_trabalho.

5. Pressione Ctrl+G para exibir a janela Verificação Imediata.
6. Na janela Verificação Imediata, salve o arquivo usando uma extensão .xlam, assim:

```
ThisWorkbook.SaveAs FileName:="C:\ArqCliente\Cap26.xlam", _
FileFormat:= xlOpenXMLAddIn
```

Com isso, teremos criado um suplemento com sucesso na pasta do cliente que poderá ser encontrada com facilidade e enviada por e-mail para o nosso cliente.

Dica Se você precisar tornar os suplementos visíveis por algum motivo — por exemplo, para alterar as propriedades ou visualizar os dados das planilhas —, repita os passos anteriores, mas selecione `False` para a propriedade `IsAddin`. O suplemento vai se tornar visível no Excel. Quando terminar de fazer alterações, mude a propriedade de volta para `True`.

Fazendo o cliente instalar o suplemento

Depois de enviar o e-mail com o suplemento para o cliente, oriente-o a salvá-lo na área de trabalho ou em qualquer outra pasta que seja fácil de encontrar. Oriente-o a seguir estes passos:

1. Abra o Excel e selecione Arquivo, Opções. A caixa de diálogo das Opções do Excel aparecerá.
2. No painel de navegação, à esquerda, selecione Suplementos.

3. Na parte de baixo da janela, selecione Suplementos do Excel no menu suspenso Gerenciar (veja a Figura 26-4).

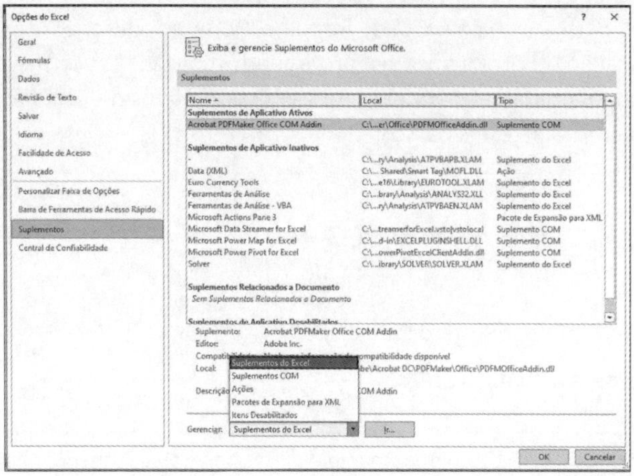

FIGURA 26-4 Certifique-se de selecionar Suplementos do Excel, e não Suplementos COM, no menu suspenso.

4. Clique em Ir. O Excel exibirá a familiar caixa de diálogo Suplementos, exibida na Figura 26-5.
5. Na caixa de diálogo Suplementos, clique no botão Procurar.
6. Navegue até onde você salvou o arquivo. Destaque o suplemento e clique em OK.

Nota O Excel pode sugerir que copiemos o suplemento na nossa pasta Suplementos. Eu não faço isso porque essa pasta é difícil de encontrar, em especial se eu precisar atualizar o arquivo.

Agora o suplemento estará instalado. Se permitirmos, o Excel copiará o arquivo de onde o salvamos para a pasta Suplementos-padrão. Na caixa de diálogo Suplementos, são exibidos o título e os comentários do suplemento, os quais foram especificados na caixa de diálogo Propriedades do Arquivo (veja a Figura 26-5).

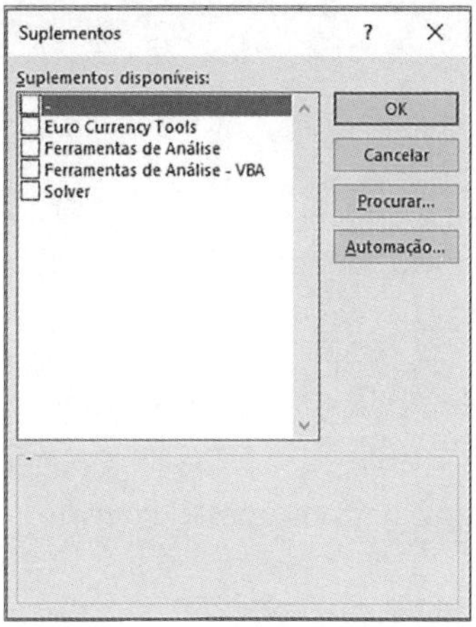

FIGURA 26-5 Agora o suplemento está disponível para uso.

Suplementos-padrão não são seguros

Lembre-se de que qualquer um pode ir até o VB Editor, selecionar nosso suplemento e mudar a propriedade `IsAddin` para `False` para reexibir a pasta de trabalho. Podemos desencorajar esse processo bloqueando a visualização do projeto .xlam e protegendo-o no VB Editor, mas saiba que muitos fornecedores vendem utilitários de quebra de senha por menos de $40. Para adicionar uma senha ao seu suplemento, siga estes passos:

1. Acesse o VB Editor.
2. Selecione Ferramentas, Propriedades de VBAProject.
3. Selecione a guia Proteção.
4. Marque a caixa de seleção Bloquear Projeto Para Exibição.
5. Insira a senha duas vezes para a verificação.

> **Atenção** Se precisarmos proteger o código e não incluirmos manipuladores de erros, os usuários não conseguirão clicar no botão Depurar se uma mensagem de erro aparecer. Veja o Capítulo 24, "Lidando com erros", para obter mais informações sobre como lidar com erros no código para que o programa seja finalizado corretamente e ainda forneça aos clientes informações de erros que poderão ser transmitidas a nós.

Fechando suplementos

Os suplementos podem ser fechados de três maneiras:

- Desmarque o suplemento na caixa de diálogo Suplementos. Isso fechará o suplemento para a sessão atual e garantirá que ele não será aberto em sessões futuras.
- Use o VB Editor para fechar o suplemento. Na janela Verificação Imediata do VB Editor, digite este código para fechar o suplemento:

```
Workbooks("NomeDoSuplemento.xlam").Close
```

- Feche o Excel. Todos os suplementos serão fechados quando o Excel for fechado.

Removendo suplementos

Talvez queiramos remover um suplemento da lista de suplementos disponíveis na caixa de diálogo Suplementos. Não existe uma maneira efetiva de fazer isso por meio do Excel. Siga estes passos:

1. Feche todas as ocorrências do Excel.
2. Use o Windows Explorer para localizar o arquivo. Ele pode estar localizado em %AppData%\ Microsoft\Suplementos\.
3. No Windows Explorer, renomeie o arquivo ou mova-o para uma pasta diferente.

4. Abra o Excel. Você receberá um alerta avisando que o suplemento não pôde ser encontrado. Clique em OK para ignorar esse aviso.
5. Selecione Suplementos do Excel na aba Desenvolvedor. Na caixa de diálogo Suplementos, desmarque o nome do suplemento que você quer remover. O Excel vai notificá-lo de que o arquivo não pôde ser encontrado e perguntará se você deseja removê-lo da lista. Clique em Sim.

Usando uma pasta de trabalho oculta como uma alternativa a um suplemento

Uma característica interessante de um suplemento é que a pasta de trabalho fica oculta. Isso evita que a maioria dos usuários novatos fique mexendo e mudando as fórmulas. Entretanto, podemos ocultar uma planilha sem criar um suplemento.

É fácil ocultar uma pasta de trabalho selecionando Exibição, Janela, Ocultar no Excel. O truque é salvar a pasta de trabalho como Oculta. Como o arquivo está oculto, a opção normal Arquivo, Salvar não funcionará. Podemos salvar o arquivo por meio da janela Verificação Imediata do VB Editor. No VB Editor, certifique-se de que a pasta de trabalho esteja selecionada no Project Explorer. Então, na janela Verificação Imediata, digite o seguinte:

```
ThisWorkbook.Save
```

Existe uma desvantagem de se usar uma pasta de trabalho oculta: guias personalizadas da Faixa de Opções não serão visíveis se a pasta de trabalho à qual elas estiverem ligadas estiver oculta.

Estudo de caso: usando uma pasta de trabalho de código oculto para armazenar todas as macros e formulários

Para desenvolvedores do Access, faz parte da rotina usar um segundo banco de dados para armazenar macros e formulários. Eles colocam todos os formulários e programas em um banco de dados, e todos os dados em um banco de dados separado. Esses arquivos de banco de dados são vinculados por meio da função Vincular Tabelas do Access.

Para grandes projetos no Excel, eu recomendo o mesmo método. Usamos um pouco de código de VBA na pasta de trabalho Dados para abrir a pasta de trabalho Código.

A vantagem desse método é que, quando for hora de atualizar o aplicativo, poderemos mandar um novo código por e-mail sem afetar o arquivo de dados do cliente.

Certa vez, eu encontrei um aplicativo com um único arquivo criado por outro desenvolvedor que o cliente havia enviado para 50 representantes de vendas. Os representantes de vendas copiaram o aplicativo para cada um de seus 10 maiores clientes. Dentro de uma semana, havia 500 cópias desse arquivo rodando no país. Quando eles descobriram uma falha crítica no programa, corrigir 500 arquivos foi um pesadelo.

Nós elaboramos um aplicativo substituto que usava duas pastas de trabalho. A pasta de trabalho de dados tinha umas 20 linhas de código. Esse código era responsável por abrir a pasta de trabalho de códigos e passar o controle a ela. Quando os arquivos eram fechados, a pasta de trabalho de dados fechava a pasta de trabalho de códigos.

Esse método apresenta muitas vantagens. Primeiro, os arquivos de dados do cliente foram mantidos com um tamanho bem pequeno. Cada representante de venda agora tinha uma planilha com o código do programa e dez ou mais arquivos de dados para cada cliente. À medida que as atualizações eram concluídas, nós distribuíamos novas pastas de trabalho com o código do programa. O representante de vendas abria sua pasta de trabalho com os dados dos clientes que, automaticamente, obtinha a nova pasta de trabalho de código.

Como o desenvolvedor anterior ficou sobrecarregado com o trabalho de tentar corrigir 500 pastas de trabalho, tomamos muito cuidado e escrevemos o menor número possível de linhas de código na pasta de trabalho do cliente. Ela talvez tenha dez linhas de código, as quais foram testadas minuciosamente antes de serem enviadas. Em contraste com isso, a pasta de trabalho de códigos contém mais de 3 mil linhas de código. Então, se alguma coisa der errado com o aplicativo, terei quase 100% de certeza de que o código ruim estará na pasta de trabalho de código, que é fácil de substituir.

Na pasta de trabalho de dados do cliente, o procedimento `Workbook_Open` tem este código:

```
Private Sub Workbook_Open()
 On Error Resume Next
 X = Workbooks("Código.xlsm").Name
 If Not Err = 0 Then
   On Error Goto 0
   Workbooks.Open Filename:= _
   ThisWorkbook.Path & Application.PathSeparator & "Código.xlsm"
 End If
 On Error Goto 0
 Application.Run "Código.xlsm!AbrirArqClnt"
End Sub
```

O procedimento `AbrirArqClnt` da pasta de trabalho de códigos também poderia adicionar um menu personalizado no aplicativo. Como guias personalizadas de pastas de trabalho ocultas não são visíveis, precisamos usar o antigo método `CommandBars` para criar um menu que aparece na guia Suplementos.

Essa solução com duas pastas de trabalho funciona bem e permite que as atualizações sejam entregues sem problemas aos clientes, sem mexer em nenhum dos seus 500 arquivos dos clientes.

Próximos passos

A Microsoft introduziu uma nova maneira de compartilhar aplicativos com clientes: Suplementos do Office. Esses são programas que, em termos simples, usam o JavaScript, o HTML e o XML para colocar uma página da internet em um quadro de uma planilha. O Capítulo 27 explica o que está envolvido na criação desses aplicativos e na implementação deles em uma rede.

CAPÍTULO 27

Uma introdução à criação de suplementos do Office

Neste capítulo, você vai:

- Criar um suplemento do Office.
- Incluir interatividade em um suplemento do Office.
- Aprender o básico sobre HTML e JavaScript.
- Usar o XML para definir um suplemento do Office.

Com o Office 2013, a Microsoft introduziu suplementos do Office, aplicativos que fornecem funcionalidade expandida para planilhas, como um calendário selecionável ou uma interface com internet para, por exemplo, obter informações da Wikipedia ou do Bing. Assim como suplementos do Excel, uma vez que os suplementos do Office são instalados, eles sempre estarão disponíveis. Mas, diferentemente dos suplementos do Excel, os suplementos do Office têm uma interação limitada com planilhas e não usam o VBA.

Um suplemento do Office consiste em um arquivo HTML que fornece a interface do usuário em um painel de tarefas ou de conteúdo, um arquivo CSS para fornecer estilos para o arquivo HTML, um arquivo JavaScript para fornecer interatividade para o arquivo HTML e um arquivo XML para registrar o suplemento do Office no Excel. Parece que vamos precisar desenvolver muitas novas habilidades de programação, mas esse não é o caso. Eu só projetei algumas páginas da internet bem básicas, e isso já faz anos. Mesmo assim, eu consegui aplicar minhas habilidades de programação em VBA no JavaScript, onde a maior parte da programação foi feita. A linguagem é um pouco diferente, mas não tão diferente a ponto de ser impossível criar um aplicativo simples e útil.

Este capítulo apresenta uma introdução de como criar um suplemento do Office que poderá ser distribuído localmente e os princípios para as várias linguagens de programação. A ideia não é fornecer uma instrução aprofundada, em especial para o JavaScript.

> **Nota** As funções personalizadas do JavaScript são funções definidas pelo usuário (UFDs) que criamos para serem usadas no Excel Online. Elas usam a mesma API do JavaScript que os suplementos do Office. Este livro não aborda como criá-las. Para mais informações, veja *Excel JavaScript UDFs Straight to the Point* de Suat M. Ozgur (ISBN 978-1-61547-247-5).

Dica Não precisamos de um programa chique para escrever os códigos de nenhum arquivo dos suplementos do Office. O programa Bloco de Notas, que vem com o Windows, pode ser usado para fazer isso. Mas quando consideramos a diferenciação entre maiúsculas e minúsculas de algumas linguagens de programação, como o JavaScript, usar um programa que ajuda com isso é uma boa ideia. Eu tive algumas horas de frustração com alguns dos exemplos deste capítulo, me perguntando por que eles não funcionavam, sendo que o código estava perfeito. Mas o código não estava perfeito. Vez após vez, eu me esquecia da diferenciação entre maiúsculas e minúsculas no JavaScript, no XML e, em um caso, eu coloquei um apóstrofo curvo em vez de um reto.

Passar a usar o Notepad++ (www.notepad-plus-plus.org) foi uma solução rápida e simples porque ele destaca palavras-chave e deixa sequências de caracteres em cinza (e foi assim que encontrei o apóstrofo errado em uma sequência de caracteres).

Criando o nosso primeiro suplemento do Office — Olá Mundo

O Olá Mundo é provavelmente o primeiro programa mais popular que os programadores experimentam. Esse é um programa simples que apenas exibe as palavras "Olá, Mundo", mas ele apresenta os princípios básicos necessários para o aplicativo. Dito isso, é hora de criarmos um suplemento Olá, Mundo do Office.

Atenção A rede é usada para distribuir o suplemento do Office localmente. Não podemos usar uma unidade local ou uma unidade de rede mapeada para uma letra de unidade. Se não tivermos acesso a uma rede, não conseguiremos testar o nosso suplemento do Office.

Nota Nos passos a seguir, vamos escrever em um editor de texto. Diferentemente do VB Editor, não teremos um compilador para indicar erros antes de executarmos o programa. É muito importante que digitemos o texto assim como está escrito, incluindo a distinção entre maiúsculas e minúsculas do texto entre aspas.

Para abrir um arquivo para edição, tal como o Bloco de Notas, clique no arquivo com o botão direito do mouse e selecione Abrir Com. Se vir Bloco de Notas, selecione-o; se não, selecione Abrir Com. Na caixa de diálogo que abrir, encontre o Bloco de Notas. Certifique-se de que Sempre Usar Este Aplicativo Para Abrir Arquivos *tipoarquivo não* esteja selecionado e clique em OK. Na próxima vez que você precisar editar o arquivo, o Bloco de Notas aparecerá na lista de acesso rápido dos programas disponíveis da opção Abrir Com.

Siga estes passos para criar seu suplemento do Office:

1. Crie uma pasta e dê-lhe o nome de OláMundo. Essa pasta pode ser criada na sua unidade local enquanto cria o programa. Todos os arquivos do programa deverão ser colocados nessa pasta. Quando terminar, ela será movida para a rede.
2. Crie o programa de HTML inserindo um arquivo de texto na pasta e dando-lhe o nome de OláMundo.html. Abra o arquivo HTML para edição e insira o seguinte código nele:

```
<!DOCTYPEhtml>
<html>
    <head>
```

```
        <meta charset="UTF-8"/>
        <meta http-equiv="X-UA-Compatible" content="IE=Edge"/>
        <link rel="stylesheet" type="text/css" href="programa.css"/>
    </head>
    <body>
        <p>Olá, Mundo!</p>
    </body>
</html>
```

Salve e feche o arquivo.

3. Crie o arquivo CSS para armazenar os estilos usados pelo arquivo HTML inserindo um arquivo de texto na pasta e dando-lhe o nome de programa.css. Perceba que esse é o mesmo nome usado no arquivo HTML na tag `<link rel>`. Abra o arquivo CSS para edição e insira o seguinte código nele:

```
body
{
 position:relative;
}
li :hover
{
   text-decoration: underline;
   cursor:pointer;
}
h1,h3,h4,p,a,li
{
   font-family: "Segoe UI Light","Segoe UI",Tahoma,sans-serif;
   text-decoration-color:#4ec724;
}
```

Salve e feche o arquivo.

4. Crie o arquivo XML inserindo um arquivo de texto na pasta e dando-lhe o nome de OláMundo.xml. Então, abra o arquivo XML para edição e insira o código a seguir nele.

> **Atenção** A amostra de código abaixo e as seguintes incluem linhas que se estendem além da largura da página. Portanto, precisamos adicionar um _ para indicar que a linha continua. Diferentemente do VBA, nesse caso, não devemos digitar os sublinhados. Em vez disso, ao nos depararmos com um, basta ignorá-lo e continuar a inserir o código depois dele na mesma linha.

```
<?xml version="1.0" encoding="utf-8"?>
<OfficeApp xmlns="http://schemas.microsoft.com/office/appforoffice/1.0"
 xmlns:xsi="http://www.w3.org/2001/XMLSchema-instance"
 xsi:type="TaskPaneApp">
 <Id>08afd7fe-1631-42f4-84f1-5ba51e242f98</Id>
 <Version>1.0</Version>
```

```
<ProviderName>Tracy Syrstad</ProviderName>
<DefaultLocale>EN-US</DefaultLocale>
<DisplayName DefaultValue="Aplicativo Olá Mundo"/>
<Description DefaultValue="Meu primeiro aplicativo."/>
<IconUrl DefaultValue=
"http://officeimg.vo.msecnd.net/_layouts/images/general/ _
officelogo.jpg"/>
<Capabilities>
  <Capability Name="Document"/>
  <Capability Name="Workbook"/>
</Capabilities>

<DefaultSettings>
<SourceLocation DefaultValue="\\workpc\MyApps\OláMundo\ _
OláMundo.html"/>
</DefaultSettings>
<Permissions>ReadWriteDocument</Permissions>
</OfficeApp>
```

Não o feche o arquivo XML ainda.

5. Enquanto o arquivo XML ainda estiver em aberto, observe a ID `08afd7fe-1631-42f4-84f1-5ba51e242f98`. Isso é um identificador único global (GUID). Se estivermos fazendo testes em uma rede privada e não distribuindo esse arquivo, provavelmente usaremos esse GUID. Mas, se estivermos em uma rede de negócios com outros programadores ou se estivermos distribuindo o arquivo, vamos precisar gerar nosso próprio GUID. Consulte a seção "Usando o XML para definir um suplemento do Office", mais adiante, neste capítulo, para obter mais informações sobre os GUIDs.

> **Nota** GUID significa *identificador único global*. Um GUID é um número de referência único que identifica o software. Em geral, ele é exibido como 32 dígitos alfanuméricos separados em cinco grupos (8-4-4-4-12) por hífens. Um GUID tem tantos dígitos que a geração de duas idênticas é algo raro.

6. Mova a pasta OláMundo para uma pasta de compartilhamento de rede, caso ela já não esteja lá. Anote o caminho para a pasta e para o arquivo HTML porque usaremos essa informação. O caminho para a pasta deverá ser \\meuservidor\minhapasta. Por exemplo, minha pasta OláMundo está localizada em \\workpc\MyApps\OláMundo.
7. Abra o arquivo XML para edição e mude o <`LocalDeOrigem`> (localizado na parte inferior do código) para o local do arquivo HTML da sua rede. Salve e feche o arquivo.

8. Configure o seu compartilhamento de rede como um Endereço de Catálogo Confiável seguindo estes passos:

   a. Inicie o Excel e selecione Arquivo, Opções, Central de Confiabilidade, Configurações da Central de Confiabilidade.

   b. Selecione Catálogos de Suplementos Confiáveis.

   c. Insira o caminho da sua pasta no campo URL do Catálogo e clique em Adicionar Catálogo. O caminho será adicionado à caixa de listagem.

   d. Selecione a caixa Mostrar no Menu.

   e. Clique em OK. Um prompt deverá surgir, indicando que o suplemento do Office estará disponível na próxima vez que o Excel for iniciado (veja a Figura 27-1). Clique em OK duas vezes.

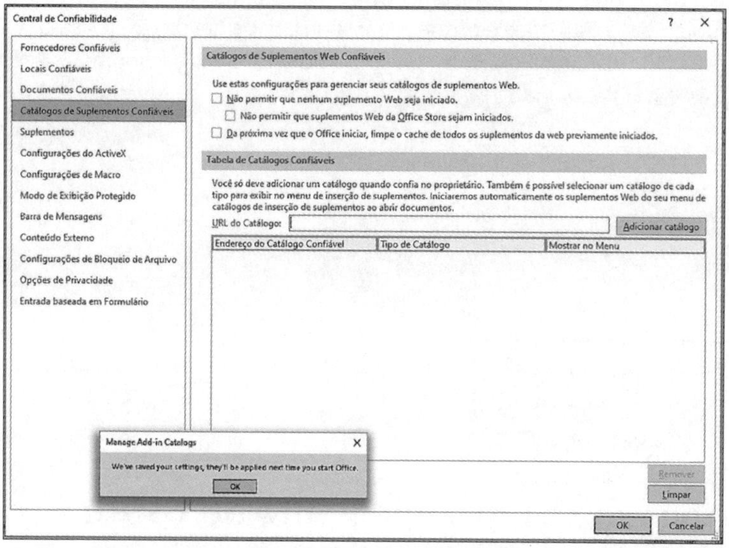

FIGURA 27-1 Configure a localização dos seus suplementos do Office em Catálogos de Suplementos Confiáveis.

9. Reinicie o Excel.

> **Atenção** Apenas um compartilhamento de rede de cada vez poderá ser configurado para ser exibido no catálogo. Se quisermos que os usuários tenham acesso a vários suplementos do Office ao mesmo tempo, os programas de XML para os suplementos do Office deverão estar armazenados no mesmo compartilhamento de rede. Caso contrário, os usuários terão que entrar em suas configurações e selecionar qual catálogo exibir.

10. Insira o suplemento do Office que você criou no Excel selecionando Inserir, Suplementos, Loja. Então, na caixa de diálogo Suplementos do Office, selecione Compartilhamento de Pasta. Caso não veja nada ao selecionar o link, clique em Atualizar. O suplemento do Office OláMundo deverá aparecer na lista, tal como ilustrado na Figura 27-2.

> **Nota** Caso ainda não tenha visto nada depois de atualizar, isso quer dizer que há algo errado com os arquivos ou com a configuração. Revise todo o código e o passo a passo com cuidado. Se não achar nada incorreto, tente mudar o GUID.

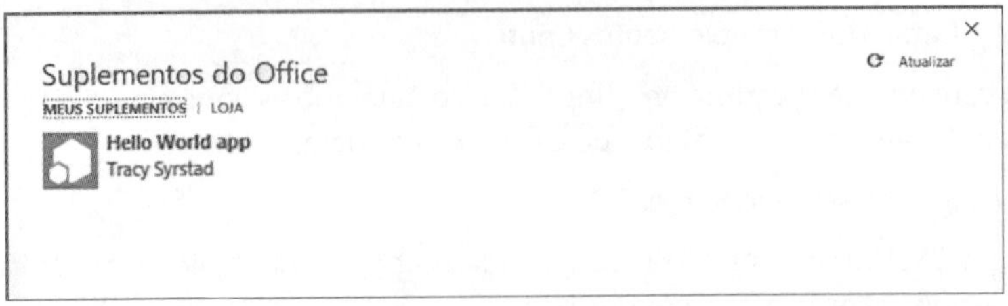

FIGURA 27-2 O Compartilhamento de Pasta lista todos os suplementos do Office disponíveis no catálogo ativo.

11. Selecione o suplemento do Office e clique em Inserir. Um painel de tarefas será aberto no lado direito da janela do Excel, tal como podemos ver na Figura 27-3, exibindo as palavras "Olá, Mundo!".

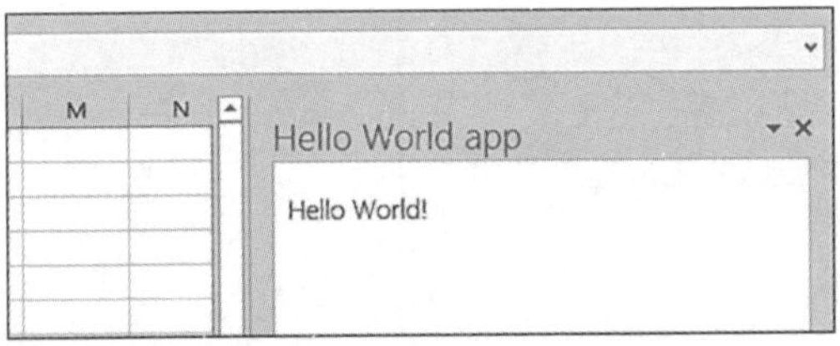

FIGURA 27-3 Por criar o Olá, Mundo, você dará o seu primeiro passo na criação de suplementos interativos do Office.

Incluindo interatividade a um suplemento do Office

O suplemento do Office Olá, Mundo criado na seção anterior é um suplemento estático. Ele não faz nada além de exibir as palavras do código. Mas, quando navegamos na internet, nós encontramos páginas dinâmicas. Algumas dessas páginas usam o JavaScript, uma linguagem de programação que adiciona automação aos elementos de sites que, de outra forma, seriam estáticos. Nesta seção, vamos modificar o suplemento do Office Olá, Mundo adicionando um botão para gravar dados em uma planilha e um outro botão para ler dados de uma planilha, realizar um cálculo e gravar os resultados no painel de tarefas.

> **Dica** Não precisamos reiniciar o Excel se estivermos editando o código de um suplemento do Office instalado. Em vez disso, clique com o botão direito do mouse no painel de tarefas do suplemento do Office e selecione Recarregar.

Para adicionar essas funcionalidades interativas ao suplemento do Office Olá, Mundo, siga estes passos:

1. Para criar o arquivo JavaScript que proporcionará a interatividade aos dois botões Gravar Dados na Planilha e Ler & Calcular Dados da Planilha, primeiro insira um arquivo de texto na pasta Olá, Mundo e nomeie o arquivo de programa.js. Então, abra o arquivo JavaScript para edição e insira o seguinte código nele:

```
Office.initialize = function (reason) {
//Insere qualquer inicialização necessária
}
//declara e configura os valores de uma matriz
var MinhaMatriz = [[234],[56],[1798], [52358]];

//grava o conteúdo de MinhaMatriz na planilha ativa
function writeData() {
   Office.context.document.setSelectedDataAsync(MinhaMatriz, _
{coercionType: 'matrix'});
}

/*lê os dados selecionados da planilha ativa
para que tenhamos um conteúdo para ler*/
function ReadData() {
    Office.context.document.getSelectedDataAsync("matrix", _
function (result) {
//se as células forem lidas com sucesso, apresenta os resultados no painel
de tarefas
    if (result.status === "succeeded"){
      sumData(result.value);
     }
//se houver algum erro, apresenta o erro no painel de tarefas
    else{
      document.getElementById("results").innerText = _
result.error.name;
    }
 });
}

/*a função que calcula e exibe o resultado
no painel de tarefas*/
function sumData(data) {
 var printOut = 0;
```

```
//soma os valores do intervalo selecionado
for (var x = 0 ; x < data.length; x++) {
    for (var y = 0; y < data[x].length; y++) {
        printOut += data[x][y];
        }
    }
//apresenta os resultados no painel de tarefas
 document.getElementById("results").innerText = printOut;
}
```

Salve e feche o arquivo.

Nota No JavaScript, linhas iniciadas por // e /* são comentários.

2. Edite o arquivo OláMundo.html para apontar para o arquivo JavaScript, programa.js, e adicione os dois botões usados pelo código de JavaScript. Para fazer isso, substitua o código existente pelo seguinte:

```
<!DOCTYPEhtml>
<html>
    <head>
        <meta charset="UTF-8"/>
        <meta http-equiv="X-UA-Compatible" content="IE=Edge"/>
        <link rel="stylesheet" type="text/css" href="programa.css"/>
<!--começa a apontar para o arquivo JavaScript-->
        <script src = "https://appsforoffice.microsoft.com/lib/1.0/ _
            hosted/office.js"></script>
        <script src= "programa.js"></script>
<!--acaba de apontar para o arquivo JavaScript-->
    </head>
    <body>
<!--começa a substituição do body-->
        <button onclick="writeData()">Gravar Dados na Planilha</button></br>
        <button onclick="ReadData()">Ler & Calcular Dados da Planilha _
</button></br>
        <h4>Resultados do Cálculo: <div id="results"></div> </h4>
<!--termina a substituição do body-->
    </body>
</html>
```

Nesse novo código, adicionamos as tags `<script>` e substituímos o código entre as tags `<body>`. Tags de comentário, `<!--comentários-->`, foram incluídas para mostrar onde estão as alterações.

3. Salve e feche o arquivo.

Depois de criar o arquivo JavaScript e atualizar o arquivo HTML, recarregue e teste o suplemento do Office e teste-o clicando no botão Gravar Dados na Planilha. Isso deverá inserir os números de `MinhaMatriz` na planilha. Com essas células selecionadas, clique em Ler & Calcular Dados da Planilha, e os resultados da soma dos números selecionados aparecerão na linha Resultados do Cálculo do painel de tarefas, tal como exibido na Figura 27-4.

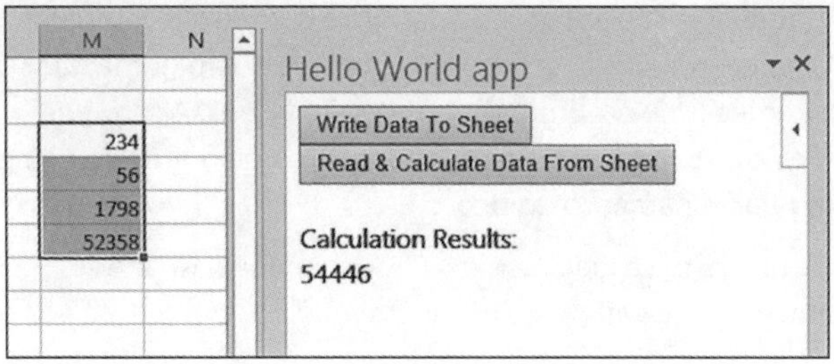

FIGURA 27-4 Use o JavaScript para criar um suplemento do Office que pode realizar um cálculo com os dados de uma planilha.

Uma introdução básica ao HTML

O código HTML em um suplemento do Office controla a aparência do painel de tarefas ou de conteúdo, tais como o texto e os botões. Se abrirmos o arquivo HTML por meio de qualquer um dos nossos arquivos do Olá, Mundo, ele será aberto no nosso navegador-padrão, mas parecerá que ele foi aberto no painel de tarefas do Excel (porém sem nenhuma funcionalidade). Podemos desenvolver o suplemento do Office como se fosse uma página da internet, incluindo imagens e links. As seções a seguir revisam alguns princípios básicos para começarmos a elaborar nossa própria interface de suplemento do Office.

Usando tags

HTML é composto de elementos, como imagens, links e controles, que são definidos pelo uso de tags entre colchetes angulares. Por exemplo, a tag inicial `<button>` diz que o código a seguir, dentro e fora dos colchetes da tag, está relacionado com o elemento de botão. Para cada tag inicial temos uma tag final, que normalmente é o mesmo que a tag inicial, mas com uma barra – como em `</button>` —, mas algumas tags podem estar vazias – como />. Um navegador não exibe as tags nem nada entre os colchetes da tag. O texto que queremos exibir precisa estar fora dos colchetes da tag.

Comentários possuem uma tag específica e não requerem as costumeiras tags finais. Assim como no VBA, o texto comentado não aparece na tela. Adicione comentários ao seu código HTML assim:

```
<!--Isso é um comentário-->
```

Um comentário de várias linhas é assim:

```
<--Este é um comentário de várias linhas.
Observe que nada de especial é necessário -->
```

Adicionando botões

Para criar o código para um botão, precisamos atribuir um rótulo para o botão e vinculá-lo a uma função do arquivo JavaScript que será executada quando clicarmos no botão. Veja um exemplo:

```
<button onclick="writeData()">Gravar Dados na Planilha</button>
```

A primeira parte, `<button onclick="writeData()">`, identifica o controle como um botão e atribui a função `writeData` ao evento de clicar o botão. Observe que o nome da função está entre aspas e inclui os parênteses de argumentos, que estão vazios. A segunda parte, `Gravar Dados na Planilha`, é o texto do rótulo do botão. O nome do rótulo não está entre aspas. A linha termina com a tag de fechamento do botão.

Para alterar outros atributos do botão, basta especificá-los. Por exemplo, para alterar o texto do botão para vermelho, adicione o atributo de estilo para a cor assim:

```
<button onclick="writeData()" style="color:Red">Gravar Dados na Planilha</button>
```

Para adicionar uma dica de ferramenta que aparece quando o mouse é colocado sobre o botão, como ilustrado na Figura 27-5, use o atributo de título, desta forma:

```
<button onclick="writeData()" style="color:Red"
 title = "Use para inserir números rapidamente na sua planilha">
 Gravar Dados na Planilha</button></br>
```

Use um espaço para separar múltiplos atributos. Depois do nome do atributo, como `style`, coloque um sinal de igual e o valor entre aspas. Além disso, observe que o HTML é bastante tolerante no que se refere a onde colocamos nossas quebras de linha. Só não as podemos inserir em uma sequência de caracteres, senão veremos uma quebra de linha nessa posição na tela.

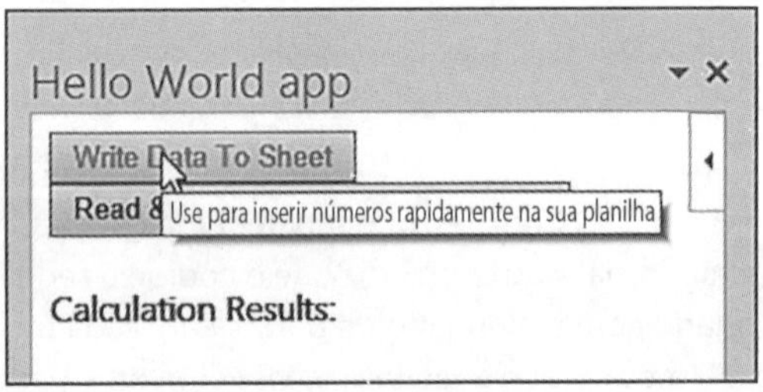

FIGURA 27-5 Adicione outros atributos ao seu botão para alterar as cores ou adicionar textos de dicas de ferramentas para os usuários.

Usando arquivos CSS

CSS significa Folhas em Estilo de Cascata. Nós criamos estilos no Excel e no Word para facilitar a modificação da aparência de um texto de um arquivo inteiro sem alterar cada ocorrência. Nós podemos fazer a mesma coisa com um suplemento do Office criando um arquivo de estilo separado (CSS) ao qual nosso código de HTML faz referência. No arquivo, definimos as regras de vários elementos do arquivo HTML, como layout, cores e fontes.

O arquivo CSS fornecido no exemplo Olá, Mundo pode ser usado em vários projetos. Ele inclui estilos para cabeçalhos h1, h3 e h4, hiperlinks (a), tags de parágrafos (p) e marcadores (li).

Usando o XML para definir um suplemento do Office

O XML define os elementos necessários para exibir e rodar um suplemento do Office no Excel, incluindo o GUID, o logotipo do suplemento do Office e a localização do arquivo HTML. O XML também configura como o suplemento do Office aparecerá na loja de Suplementos do Office e pode fornecer um número de versão do programa.

> **Atenção** As tags de XML diferenciam maiúsculas e minúsculas. Quando fizer alterações no exemplo Olá, Mundo fornecido, certifique-se de não alterar nenhuma das tags, apenas seus valores.

Dois tipos de interfaces de usuário estão disponíveis para suplementos do Office: um painel de tarefa ou um painel de conteúdo. Um painel de tarefa começa encaixado no lado direito da janela do Excel, mas o usuário pode desencaixá-lo e movê-lo ao redor da janela. Um painel de conteúdo se parece com um quadro no meio da janela do Excel. Você decide qual tipo usar. Para dizer ao suplemento do Office qual tipo de painel usar, defina o valor de `xsi:type` como `TaskPaneApp` ou `ContentApp`.

Sempre devemos usar um identificador único ao criar um suplemento do Office. Sites como o http://www.guidgen.com (conteúdo em inglês) geram GUIDs para nós.

No exemplo Olá, Mundo, o ícone da loja usado foi um ícone online que a Microsoft disponibilizou. Mas também podemos usar nossos próprios arquivos jpg. A imagem deve ser pequena, cerca de 32 pixels. Atualize o `IconURL` com o caminho completo para a imagem, assim:

```
<IconUrl DefaultValue="\\workpc\MyApps\OláMundo\logomrexcel.jpg"/>
```

A tag `SourceLocation` é usada para definir o caminho completo até o arquivo HTML. Se o arquivo HTML não for encontrado quando o suplemento do Office estiver sendo instalado, uma mensagem de erro será exibida, indicando que o arquivo não pôde ser encontrado.

> **Nota** Se você fizer alterações no código de XML depois de haver configurado a localização do catálogo ou instalado o suplemento do Office, certifique-se de clicar no link de Atualizar da caixa de diálogo Suplementos do Office. Por exemplo, se você trocar entre `TaskPaneApp` e `ContentApp`, essa alteração pode não se refletir, mesmo que escolha instalar o suplemento do Office novamente. Para se certificar, atualize a caixa de diálogo Suplementos do Office.

Usando o JavaScript para adicionar interatividade a um suplemento do Office

O JavaScript fornece o fator "uau" por trás de um suplemento do Office. Podemos criar uma referência muito útil apenas com o HTML, mas, para criar um suplemento do Office interativo, como uma calculadora de função, precisamos do JavaScript.

A seção a seguir fornece uma introdução básica ao JavaScript. Se já estiver familiarizado com o JavaScript, você pode pular para "Mudanças no JavaScript para trabalhar com suplementos do Office".

Nota O comando `document.getElementById("results").innerText` usado nos exemplos a seguir é o comando para o código inserir o valor retornado no espaço reservado para a variável "results" no arquivo HTML.

Nota A Microsoft está sempre fazendo melhorias no API do JavaScript, expandindo suas capacidades de lidar com objetos do Excel. Você pode se manter atualizado com essas alterações por meio do site de referência da API: https://docs.microsoft.com/en-us/javascript/api/excel?view=office-js (conteúdo em inglês).

A estrutura de uma função

O código do JavaScript é composto de funções chamadas pelo código de HTML e por outras funções do JavaScript. Assim como no VBA, cada função do JavaScript começa com `function`, seguida pelo nome da função e alguns argumentos entre parênteses. Diferentemente do VBA, porém, ele não leva `End Function` no final. Em vez disso, usamos chaves para agrupar as funções. Veja a subseção a seguir, "Chaves e espaços", para obter mais informações.

O JavaScript diferencia maiúsculas de minúsculas, incluindo variáveis e nomes de funções. Por exemplo, se criarmos uma função chamada `gravarDados`, mas tentarmos chamar `GravarDados` de uma outra função, esse código não vai funcionar porque, em um caso *gravar* está em minúsculo e o outro tem um *G* maiúsculo. O JavaScript as reconhece como funções diferentes. Crie regras de uso para si mesmo, como letras maiúsculas iniciais para cada palavra de uma variável e se apegue a elas. Isso ajuda a reduzir problemas com o código do JavaScript.

Chaves e espaços

As chaves ({}) são caracteres usados no JavaScript, mas não no VBA. Elas são usadas para agrupar blocos de código que devem ser executados juntos. Podemos ter vários conjuntos de chaves em uma função. Por exemplo, nós poderíamos usá-las para agrupar todo o código de uma função. Então, na função, poderíamos usá-las para agrupar linhas de código, como as que ficam dentro de uma instrução `if`.

Depois de escrever uma linha no VBA e passar para outra linha, talvez percebamos que a linha se ajusta sozinha, adicionando ou removendo espaços. No JavaScript, os espaços não têm importância. As exceções são os espaços de sequências de caracteres e entre palavras-chave e variáveis do código. Nas amostras de código desta seção, perceba que, às vezes, eu incluo espaços (a = 1) e, às vezes, não (a=1).

Pontos e vírgulas e quebras de linha

Você provavelmente percebeu que são usados pontos e vírgulas (;) no código de JavaScript. Eles podem ter aparecido no final de cada linha ou talvez apenas em algumas linhas. Talvez você tenha notado uma linha sem um ponto e vírgula ou tenha percebido um ponto e vírgula no meio de uma linha. O motivo do uso do ponto e vírgula parecer inconsistente é que, em circunstâncias normais, eles não são obrigatórios. Os pontos e vírgulas são quebras de linha. Se usarmos quebras incondicionais no nosso código, já estaremos inserindo quebras de linha. Assim, o ponto e vírgula não é necessário. Se combinarmos múltiplas linhas de código em uma única linha, porém, vamos precisar de um ponto e vírgula para informar o código de que a próxima seção do código não faz parte de código anterior.

Comentários

Existem duas maneiras de fazer comentários em linhas no JavaScript. Para comentar em uma única linha, insira duas barras (//) no início da linha desta forma:

```
//comente em uma única linha do código assim
```

Se quiser comentar em múltiplas linhas no VBA, precisamos inserir um apóstrofo no início de cada linha. O JavaScript tem um método mais limpo. No início da primeira linha em que deseja fazer um comentário, insira uma barra e um asterisco (/*). No final da última linha com comentários, insira um asterisco e uma barra (*/). Seria algo como isto:

```
/* Comente
em várias linhas de código
assim */
```

Variáveis

No VBA, temos a opção de declarar as variáveis. Quando as declaramos, não precisamos declarar os tipos das variáveis, mas, depois que um valor é atribuído a uma variável, nem sempre é fácil alterar o seu tipo. No JavaScript, nós não precisamos declarar as variáveis, com exceção das matrizes. (Veja, mais à frente, a subseção "Matrizes" para obter mais informações.) Quando um valor é atribuído a uma variável, ela se torna desse tipo, mas, se fizermos referência à variável de outra maneira, seu tipo poderá mudar.

No exemplo a seguir, a sequência de caracteres "`123`" é atribuída a `minhaVar`. Na próxima linha, porém, um número é subtraído dela:

```
minhaVar = "123"
minhaVar = minhaVar-2
```

O JavaScript apenas segue o ritmo, nos permitindo alterar a variável de uma sequência de caracteres para um número. Se executássemos esse código, `minhaVar` seria `121`. Perceba que `minhaVar+2` não produz o mesmo resultado. Consulte a próxima subseção, "Sequências de caracteres", para obter mais informações.

Se você precisar garantir que uma variável seja de um tipo específico, use uma destas funções para fazer isso: `Boolean`, `Number` ou `String`. Por exemplo, digamos que temos uma função que lê números importados para uma planilha. Como é comum nas importações, os números podem ser armazenados como texto. Em vez de precisar garantir que o usuário converta os dados, use a palavra-chave `Number` ao processar valores assim para obrigar o número a ser um número:

```
Number(valorImportado)
```

Sequências de caracteres

Assim como em VBA, no JavaScript fazemos referência a sequências de caracteres usando aspas duplas ("`sequência de caracteres`"), mas, diferentemente do VBA, nós também podemos usar aspas simples ('`sequência de caracteres`'). A escolha é sua; só não comece uma sequência de caracteres com um tipo de aspas e termine com outro. A capacidade de usar qualquer uma delas pode ser útil. Por exemplo, se quisermos exibir um texto entre aspas, colocaremos a sequência de caracteres inteira entre aspas simples assim:

```
document.getElementById("results").innerText = 'Ela o ouviu gritar: "Fique longe!"'
```

Este seria o resultado no painel:

```
Ela o ouviu gritar: "Fique longe!"
```

Para concatenar duas sequências de caracteres, use o sinal de mais (+). Também podemos usar o sinal de mais para somar dois números. Então, o que acontece se tivermos uma variável que está armazenando um número como texto e a somamos com um número, como neste exemplo?

```
minhaVar = "123"
minhaVar = minhaVar+2
```

Talvez pensemos que o resultado seria 125. Afinal, no exemplo anterior, com -2, o resultado foi 121. Nesse caso, a concatenação tem prioridade sobre a soma. Sendo assim, a resposta, na verdade, seria `1232`. Para garantir que a variável seja tratada como um número, use a função `Number`. Se a variável com o texto não puder ser convertida para um número, a função retornará NaN, de "not a number" (não é um número).

Matrizes

As matrizes são necessárias para processar múltiplas células no JavaScript. As matrizes do JavaScript não são tão diferentes das matrizes do VBA. Para declarar uma matriz de tamanho ilimitado, faça o seguinte:

```
var MinhaMatriz = new Array ()
```

> **Nota** Caso não esteja familiarizado com o uso de matrizes no VBA, veja o Capítulo 8, "Matrizes".

Para criar uma matriz de tamanho limitado — 3, por exemplo —, faça o seguinte:

```
var MinhaMatriz = new Array (3)
```

Nós também podemos preencher uma matriz enquanto a declaramos. O seguinte exemplo cria uma matriz de três elementos, dois dos quais são sequências de caracteres e o terceiro é um número:

```
var MinhaMatriz = ['primeiro valor', 'segundo valor', 3]
```

O índice da matriz sempre começa com 0. Para imprimir o segundo elemento, `segundo valor`, da matriz acima, faça o seguinte:

```
document.getElementById("results").innerText = MinhaMatriz[1]
```

Se já tivermos declarado uma matriz de um tamanho específico, mas precisarmos adicionar outro elemento, podemos adicioná-lo especificando o número do índice ou usando a função `push()`. Por exemplo, para adicionar um quarto elemento — 4 — à matriz declarada anteriormente, `MinhaMatriz`, faça o seguinte (como contador começa em 0, o quarto elemento terá o índice de 3):

```
MinhaMatriz[3] = 4
```

Se não souber qual o tamanho atual da matriz, use a função `push()` para adicionar um novo valor ao final da matriz. Por exemplo, se não soubermos qual é o valor de índice do último valor da matriz anterior, podemos adicionar um novo elemento, `quinto valor`, assim:

```
MinhaMatriz.push('quinto valor')
```

Consulte a seção "Como elaborar uma instrução `For each...next` no JavaScript" se precisar processar a matriz inteira de uma vez. O JavaScript possui outras funções para processar matrizes, como `concat()`, que pode unir duas matrizes, e `reverse()`, que inverte a ordem dos elementos da matriz. Como essa é apenas uma introdução básica ao JavaScript, essas funções não serão abordadas aqui. Para uma dica sobre como aplicar uma função matemática a uma matriz inteira com uma única linha de código, veja a seção "Funções matemáticas no JavaScript".

Loops for no JavaScript

Ao incluir a interatividade do suplemento do Office Olá, Mundo, mais acima, neste capítulo, usamos o seguinte código para somar o intervalo selecionado:

```
for (var x = 0 ; x < data.length; x++) {
 for (var y = 0; y < data[x].length; y++) {
   printOut += data[x][y];
 }
}
```

Os dois loops `for` processaram a matriz, `data`, que foi passada na função, com x como linha e y como coluna.

Um loop `for` é composto de três seções distintas separadas por ponto e vírgula. Quando o loop é iniciado, a primeira seção, `var x=0`, inicializa quaisquer variáveis usadas no loop. Múltiplas variáveis podem ser separadas por vírgulas. A segunda seção, `x < data.length`, testa se o loop deve ser iniciado. A terceira seção, x++, escolhe as variáveis para continuar o loop, nesse caso incrementando x em 1 (x++ é uma abreviação para x=x+1). Essa seção também pode ter mais de uma variável, com vírgulas separando cada uma.

> **Dica** Para sair de um loop mais cedo, use a palavra-chave `break`.

Como elaborar uma instrução `if` no JavaScript

A instrução `if` básica no JavaScript tem esta sintaxe:

```
if (expressão){
//faça isso
}
```

Aqui, expression é uma função lógica que retorna true ou false, assim como no VBA. Se a expressão for true, o código continua e executa as linhas de código da seção //faça isso. Para executar o código se a expressão for false, precisamos adicionar uma instrução else assim:

```
if (expressão){
//faça isso se for true
}
else{
//faça isso se for false
}
```

Como elaborar uma instrução Select...Case no JavaScript

As instruções Select...Case são muito úteis no VBA como uma alternativa para o uso de várias instruções If...Else. No JavaScript, algo que apresenta uma funcionalidade semelhante é a instrução switch(). Normalmente, esta é a sintaxe de uma instrução switch():

```
switch(expressão){
 case primeiracomparação : {
      //faça isso
      break;
      }
 case segundacomparação : {
      //faça isso
      break;
      }
 default : {
      //se não houver correspondência, faça isso
      break;
      }
}
```

Aqui, expression é o valor que queremos comparar com as instruções case. A palavra--chave break é usada para interromper o programa de fazer uma comparação com a próxima instrução, depois que uma comparação foi executada. Essa é uma diferença entre uma instrução Select: ao passo que, no VBA, após uma comparação bem-sucedida, o programa sai da instrução Select, no JavaScript, sem a palavra-chave break, e o programa continuará na instrução switch até chegar no final. Use default da mesma forma que usaria um Case Else no VBA — para cobrir eventuais comparações que não foram especificadas.

A sintaxe anterior funciona para comparações um-para-um. Se quisermos ver como uma expressão se encaixa em um intervalo, a sintaxe-padrão não funcionará. Precisamos substituir a expressão por true para forçar o código a executar a instrução switch. As instruções case ficam onde usamos a expressão que é comparada com intervalo. O código a seguir é uma calculadora de IMC de UDF que foi convertida para JavaScript. Ele compara o IMC calculado com vários intervalos e retorna uma descrição de texto para ser postada no painel de tarefas:

```
Office.initialize = function (reason) {
//Insere qualquer inicialização necessária.
}
```

```
function calcularIMC() {
      Office.context.document.getSelectedDataAsync("matrix", function (result) {
//chama a calculadora com a matriz, result.value, como o argumento
              minhaCalculadora(result.value);
      });
}

function minhaCalculadora(data){
    var calcIMC = 0;
    var IMC="";
    //Realiza o cálculo inicial de IMC para obter o valor numérico
    calcIMC = (data[1][0] / (data[0][0] *data [0][0]))* 703

/*avalia o IMC calculado para obter um valor de sequência de caracteres, como
queremos
avaliar o intervalo, em vez de switch(calcIMC), usamos switch (true) e, então,
usa nossa variável como parte dos intervalos */
    switch(true){
        //se calcIMC for menor do que 18,5
        case (calcIMC <= 18.5) : {
            IMC = "Abaixo do peso"
            break;
            }
        //se calcIMC for um valor entre 18,5 e (&&) 24,9
        case ((calcIMC > 18.5)&&(calcIMC <= 24.9)):{
            BMI = "Normal"
            break;
            }
        case ((calcIMC > 24.9)&&(calcIMC <= 29.9)) : {
            BMI = "Acima do peso"
            break;
            }
        //se calcIMC for maior do que 30
        case (calcIMC > 29.9) : IMC = "Obeso"
            default : {
            IMC = 'Tente novamente'
            break;
            }
    }
    document.getElementById("results").innerText = IMC;
}
```

Como elaborar uma instrução For each...next no JavaScript

Se tivermos uma coleção de itens para processar no VBA, podemos usar uma instrução `For each...next`. Uma opção no JavaScript seria `for (... in ...)`. Por exemplo, se tivermos uma matriz de itens, podemos usar o seguinte código para gerar a listagem:

```
//configura uma variável para armazenar o texto de saída
matrizSaída = ""
/*processa a matriz
i é uma variável que armazena o valor do índice.
Sua contagem começa em 0*/
for (i in MinhaMatriz) {
/*cria a saída somando o elemento
ao valor do elemento anterior.
\n é usado para inserir uma quebra de linha */
    matrizSaída += MinhaMatriz[i] + '\n'
    }
//exibe a saída na tela
document.getElementById("results").innerText = matrizSaída
```

Podemos fazer o que for necessário com cada elemento da matriz. Nesse exemplo, estamos criando uma sequência de caracteres para armazenar o valor do elemento e uma quebra de linha de modo que, quando ela for exibida em tela, cada elemento apareça em sua própria linha, tal como ilustrado na Figura 27-6. A variável `MinhaMatriz` usada nesse código foi preenchida na seção anterior, "Matrizes".

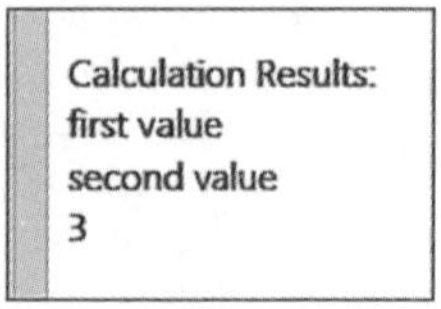

FIGURA 27-6 O JavaScript possui seus próprios equivalentes para muitas das instruções de loop do VBA, como o loop `for...in`, que foi usado para exibir cada resultado na sua própria linha.

Operadores Matemáticos, lógicos e de atribuição

O JavaScript nos oferece os mesmos operadores básicos do VBA, mais alguns outros para encurtar o nosso código. A Tabela 27-1 lista os vários operadores. Vamos supor aqui que x = 5.

TABELA 27-1 Operadores do JavaScript.

Operador	Descrição	Exemplo	Resultado
+	Soma	x+5	10
-	Subtração	x-5	0
/	Divisão	x/5	1
*	Multiplicação	x*5	25
%	Resto após divisão	11%x	1
()	Substituir a ordem normal das operações	(x+2)*5	35, ao passo que x+2*5=15
-	Menos unário (para números negativos)	-x	-5
==	Valores são iguais	x=='5'	true

Operador	Descrição	Exemplo	Resultado
===	Valores e tipos são iguais	x==='5'	false desde que os tipos não sejam correspondentes. x é um número sendo comparado a uma sequência de caracteres.
>	Maior do que	x>10	false
<	Menor do que	x<10	true
>=	Maior ou igual a	x>=5	true
<=	Menor ou igual a	x<=4	false
!=	Valores não são iguais	x!='5'	false
!==	Valores e tipos não são iguais	x!=='5'	true
&&	E	x==5 && 1==1	true
||	Ou	x=='5' || 1==2	false
!	Não	!(x==5)	false
++	Incremento	++x ou x++	6
--	Decremento	--x ou x--	4
+=	Igual a com soma	x += 11	16
-=	Igual a com subtração	x-=22	-17
*=	Igual a com multiplicação	x*=2	10
/=	Igual a com divisão	x/=30	6
%=	Igual a com o resto	x%=11	1

Os operadores de incremento e decremento são dois dos meus favoritos (gostaria que eles existissem no VBA). Eles não só reduzem o nosso código, mas também nos oferecem uma flexibilidade que falta ao VBA (pré e pós-incrementos). Talvez você se lembre do uso de x++ no programa Olá, Mundo que vimos antes, neste capítulo. Ele foi usado no lugar de x=x+1 para incrementar o loop for. Mas não somente incrementa o valor. Ele usa esse valor e o incrementa. Isso é chamado de pós-incremento. O JavaScript também oferece um pré-incremento, ou seja, o valor é incrementado e, então, usado. Então, se temos x=5, as duas linhas de código abaixo retornam 6:

```
//incrementaria x e, então, posta o valor
document.getElementById("results").innerText = ++x //retornaria 6
//postaria o valor de x (agora 6 após o incremento anterior) e, então, incrementa
document.getElementById("results2").innerText = x++ //retornaria 6
```

Funções matemáticas do JavaScript

O JavaScript tem várias funções matemáticas disponíveis, tal como mostra a Tabela 27-2. Essas funções são bem simples de se usar. Por exemplo, para retornar o valor absoluto da variável meuNúmero, faça o seguinte:

```
result = Math.abs(meuNúmero)
```

TABELA 27-2 Funções matemáticas do JavaScript.

Função	Descrição
`Math.abs(a)`	Retorna o valor absoluto de a.
`Math.acos(a)`	Retorna o arco cosseno de a.
`Math.asin(a)`	Retorna o arco seno de a.
`Math.atan(a)`	Retorna o arco tangente de a.
`Math.atan2(a,b)`	Retorna o arco tangente de a/b.
`Math.ceil(a)`	Retorna o número inteiro mais próximo de a que não seja menor do que a.
`Math.cos(a)`	Retorna o cosseno de a.
`Math.exp(a)`	Retorna o expoente de a (número de Euler da potência de a).
`Math.floor(a)`	Arredonda para baixo e retorna o número inteiro mais próximo de a.
`Math.log(a)`	Retorna o logaritmo de a, a base e.
`Math.max(a,b)`	Retorna o máximo de a e b.
`Math.min(a,b)`	Retorna o mínimo de a e b.
`Math.pow(a,b)`	Retorna a elevado a b.
`Math.random()`	Retorna um número aleatório entre 0 e 1 (mas não inclui 0 ou 1).
`Math.round(a)`	Arredonda para cima ou para baixo e retorna o número inteiro mais próximo de a.
`Math.sin(a)`	Retorna o seno de a.
`Math.sqrt(a)`	Retorna a raiz quadrada de a.
`Math.tan(a)`	Retorna a tangente de a.

Dica Se precisarmos aplicar uma função matemática a todos os elementos de uma matriz, podemos fazer isso usando a função `map()` e a função `Math` desejada. Por exemplo, para garantir que todos os valores de uma matriz sejam positivos, use a função `Math.abs`. O exemplo a seguir muda cada elemento de uma matriz em seu valor absoluto e apresenta os resultados na tela, tal como ilustrado na Figura 27-7:

```
result = 0
matrizSaída = ""
matNúms = [9, -16, 25, -34, 28.9]
result = matNúms.map(Math.abs)
for (i in result){
    matrizSaída += result[i] +'\n'
}
document.getElementById("results").innerText = matrizSaída
```

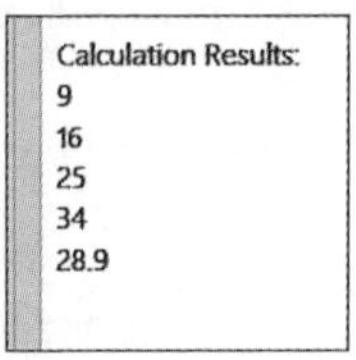

FIGURA 27-7 Usar matrizes é uma maneira comum de armazenar dados no JavaScript, que oferece diversas funções para simplificar o trabalho com essas matrizes.

Exibindo dados no painel de tarefas ou no painel de conteúdo

Depois de processarmos os dados dos usuários, precisamos exibir os resultados. Isso pode ser feito na planilha ou no painel do suplemento do Office. Supondo que `matrizSaída` esteja armazenando os dados que deseja exibir no painel, faça o seguinte:

```
document.getElementById("results").innerText = matrizSaída
```

Esse código exibe os dados no painel do suplemento do Office, mais especificamente na variável `results` reservada no código de HTML. Para exibir na planilha, veja a seção "Lendo de e gravando em uma planilha", mais à frente.

Mudanças no JavaScript para trabalhar com um suplemento do Office

Nem todos os códigos do JavaScript funcionarão em um suplemento do Office. Por exemplo, não podemos usar as instruções `alert` ou `document.write`. Também existem algumas novas instruções para interagir com o Excel fornecidas pela API do JavaScript que são vinculadas com o arquivo HTML com esta linha:

```
<script src = "https://appsforoffice.microsoft.com/lib/1.0/hosted/office.js">
</script>
```

Assim como as APIs usadas no VBA, a API do JavaScript nos dá acesso aos objetos, métodos, propriedades e eventos que o JavaScript pode usar para interagir com o Excel. Vimos, até agora, alguns dos objetos que são usados com mais frequência. Para obter mais informações sobre esses ou outros objetos disponíveis, acesse: https://docs.microsoft.com/pt-br/office/dev/add-ins/reference/javascript-api-for-office?redirectedfrom=MSDN.

Inicializando um suplemento do Office

A seguinte instrução de evento deve ser inserida no início do script do JavaScript:

```
Office.initialize = function (reason) { /*qualquer inicialização*/}
```

Ele inicializa o suplemento do Office para interagir com o Excel. O parâmetro `reason` retorna como o suplemento do Office foi inicializado. Se o suplemento do Office for inserido no documento, então `reason` será `inserted`. Se o suplemento do Office já fizer parte de uma pasta de trabalho que está sendo aberta, `reason` será `documentOpened`.

Lendo de e gravando em uma planilha

`Office.context.document` representa o objeto com o qual o suplemento do Office está interagindo — a planilha. Ele tem vários métodos disponíveis, sendo que os mais importantes são os dois que nos permitem ler dados selecionados e gravar em um intervalo.

A linha abaixo usa o método `setSelectedDataAsync` para escrever os valores em `MinhaMatriz` no intervalo selecionado de uma planilha:

```
Office.context.document.setSelectedDataAsync(MinhaMatriz, {coercionType: 'matrix'});
```

O primeiro argumento, MinhaMatriz, é obrigatório. Ele contém os valores a serem gravados no intervalo selecionado. O segundo argumento, coercionType, é opcional. Seu valor, matrix, diz ao código que queremos que os valores sejam tratados como uma matriz unidimensional.

O método para ler dados de uma planilha, getSelectDataAsync, é parecido com o método write:

```
Office.context.document.getSelectedDataAsync("matrix", function (result) {
    //código para manipular os dados lidos, result
});
```

O primeiro argumento, matrix, é o coercionType e é obrigatório. Ele diz ao método como os dados selecionados devem ser retornados — nesse caso, em uma matriz. O segundo argumento exibido é uma função de callback opcional, com result sendo uma variável que armazenará os valores retornados (result.value) se a chamada for bem-sucedida e um erro se não for.

Para descobrir se a chamada foi bem-sucedida, use a propriedade de status, result.status. Para obter a mensagem de erro, faça o seguinte:

```
result.error.name
```

Próximos passos

Leia o Capítulo 28, "O que há de novo e o que mudou no Excel 2019", para aprender mais sobre outro recursos que mudaram significativamente no Excel 2019.

CAPÍTULO 28

O que há de novo e o que mudou no Excel 2019

Neste capítulo, você vai:

- Entender como comprar o Excel 2019.
- Conhecer os novos recursos do Excel.
- Aprender como procurar informações sobre os novos objetos e métodos.
- Garantir que seu código funcionará em diferentes versões do Excel.

Este capítulo revisa mudanças desde o Excel 2007–2016. Além de revisar estas seções, seria bom se você revisasse as informações deste livro sobre tabelas, classificação e formatação condicional.

Assinatura do Office 365 e o Excel 2019 perpétuo

Existem duas maneiras de comprar o Excel 2019. Uma delas é por meio de uma assinatura do Office 365, que sempre nos fornece o mais atual e as maiores mudanças do Excel. Outra maneira é pagando uma única vez pelo Excel 2019. Embora ainda recebamos patches de atualização, a Microsoft poderá escolher não fornecer alguns recursos novos. Lembre-se de que se você tiver uma assinatura do Office 365 e estiver escrevendo programas para usuários do Excel 2019, eles poderão não ter acesso a um recurso que você está programando.

Se mudou no front end, mudou no VBA

Se estávamos usando o Excel 2003 (ou uma versão mais antiga) antes do Excel 2019, quase tudo que sabíamos sobre a programação de objetos do Excel mudou. A lógica básica ainda funciona (os loops For, por exemplo), mas a maioria dos objetos mudou.

Se estávamos usando o Excel 2007, 2010, 2013 ou 2016, ainda temos algumas mudanças a considerar, e elas serão abordadas neste capítulo. No caso da maioria dos itens, as mudanças são óbvias, pois, se a interface de usuário do Excel mudou, o VBA mudou.

A Faixa de Opções

Se trabalharmos com uma versão mais antiga do Excel, a Faixa de Opções será uma das primeiras mudanças que notaremos quando abrirmos o Excel 2019. Embora o objeto `CommandBars` ainda funcione até certo ponto, se quisermos integrar perfeitamente nossos controles personalizados à Faixa de Opções, vamos precisar fazer algumas grandes mudanças.

Nota Veja o Capítulo 25, "Personalizando a Faixa de Opções para executar macros", para obter mais informações.

Interface de documento único

Durante anos, se tivéssemos vários documentos abertos no Word, podíamos arrastar cada um deles para um monitor diferente. Essa capacidade não esteve disponível até o Excel 2013. Com o Excel 2013, o Excel passou de uma *interface de documentos múltiplos* para uma *interface de documento único (SDI)*. Isso significa que a janela de uma pasta de trabalho individual não está mais dentro de uma janela única do aplicativo. Em vez disso, cada pasta de trabalho é sua própria janela autônoma, separada de outras pastas de trabalho abertas.

Alterações no layout de uma janela não afetam janelas abertas anteriormente. Para ver isso na prática, abra duas pastas de trabalho. Na segunda pasta de trabalho, digite e execute o código a seguir, que adiciona um novo item, Opção de Exemplo, na parte inferior do menu do botão direito do mouse:

```
Sub AdicItemMenuBotãoDireito()
Dim bc As CommandBarButton
Set bc = CommandBars("Cell").Controls.Add  (Type:=msoControlButton, temporary:=True)
bc.Caption = "Opção de Exemplo"
End Sub
```

Clique com o botão direito do mouse em uma célula da segunda pasta de trabalho e Opção de Exemplo aparecerá no lugar apropriado. Clique com botão direito do mouse em uma célula da primeira pasta de trabalho; essa opção não aparece lá. Retorne para a segunda pasta de trabalho e pressione Ctrl+N para adicionar uma nova pasta de trabalho. Clique com o botão direito do mouse em uma célula da terceira pasta de trabalho e o item do menu aparecerá. Volte para a primeira pasta de trabalho, crie uma nova pasta de trabalho e verifique o menu clicando com o botão direito do mouse. A opção não aparece.

Agora, exclua o menu personalizado. Volte para a terceira pasta de trabalho e cole e execute o seguinte código:

```
Sub ExcluirItemMenuBotãoDireito()
CommandBars("Cell").Controls("Opção de Exemplo").Delete
End Sub
```

O item do menu é removido da terceira pasta de trabalho, mas, quando verificamos o menu do botão direito do mouse da segunda pasta de trabalho, o item ainda está lá. Embora o Excel tenha copiado o menu da pasta de trabalho ativa quando criou novas pastas de trabalho, a lógica de remover o item do menu não se propaga.

Nota Não se preocupe em precisar apagar todas as ocorrências do item de menu de exemplo. Ele foi criado para ser temporário e desaparecerá quando o Excel for reiniciado.

Outra mudança que precisamos ter em mente é que fazer uma alteração na janela de uma pasta de trabalho, como minimizá-la, não afetará as outras pastas de trabalho. Se quisermos minimizar todas as janelas, precisamos fazer um loop por meio das janelas do aplicativo, assim:

```
Sub MinimizarTodas()
Dim minhaJan As Window
For Each minhaJan In Application.Windows
    minhaJan.WindowState = xlMinimized
Next minhaJan
End Sub
```

Fórmulas modernas de matriz

Com a introdução de SEQUENCE, SORT, SORTBY, UNIQUE, FILTER, SINGLE e RANDARRAY no Office 365, criar fórmulas de matriz ficou mais fácil. Não precisamos mais usar `.FormulArray` para essas funções. Simplesmente use `.Formula` ou `.FormulaR1C1` para criar fórmulas de matriz. Por exemplo, para preencher A1:A10 com os números de 1 a 10, use este código:

```
Range("A1").Formula = "=SEQUENCE(10)"
```

Perceba que apenas a célula A1 informará que tem uma fórmula. As outras células informarão que têm um valor.

Ferramenta de Análise Rápida

Introduzida no Excel 2013, a ferramenta de Análise Rápida aparece no canto inferior direito quando um intervalo de dados é selecionado. Essa ferramenta sugere o que o usuário poderia fazer com os dados, como aplicar uma formatação condicional ou criar um gráfico. Podemos ativar uma aba específica, como Totais, quando o usuário selecionar um intervalo assim:

```
Private Sub Worksheet_SelectionChange(ByVal Target As Range)
Application.QuickAnalysis.Show (xlTotals)
End Sub
```

Gráficos

Os gráficos passaram por algumas encarnações desde o Excel 2003 e, com essas mudanças na interface, vieram algumas mudanças no modelo de objetos também. No Excel 2013, a Microsoft introduziu uma interface completamente nova e um método novo, o AddChart2, que não é compatível com versões anteriores, até mesmo com o Excel 2010. Com o Excel 2019, a Microsoft introduziu dois novos estilos de gráficos: os gráficos de funil e os gráficos de mapa preenchido. No início de 2019, o Office 365 começou a prover suporte a visuais personalizados do Power BI. Enquanto este livro estava sendo impresso, não havia código de VBA disponível para esses gráficos, mas eles provavelmente serão oferecidos.

Havia um bug no Excel 2016 que fazia com que apenas os novos gráficos introduzidos no Excel 2016 conseguissem usar o novo motor de gráficos Ivy. Se estivéssemos criando gráficos do estilo antigo, precisávamos usar o antigo método de programação. Esse bug foi corrigido no Excel 2019 e para assinantes do Office 365, mas ele não foi corrigido para usuários do Excel 2016 Perpétuo. Veja o Capítulo 15, "Criando gráficos", para obter mais informações sobre esse problema de compatibilidade de gráficos.

O Excel 2010 inseriu um tipo de gráficos pequenos, chamados de minigráficos. Um minigráfico é diferente de um gráfico-padrão no sentido de que ele pode ser inserido em uma célula. Os minigráficos não são compatíveis com versões anteriores.

Tabelas dinâmicas

As versões do Excel de 2007, 2010, 2013, 2016 e 2019 ofereceram muitos novos recursos de tabelas dinâmicas. Se usarmos um código para um novo recurso, esse código funcionará na versão atual, mas gerará uma falha nas versões anteriores do Excel.

No Excel 2019, podemos alterar a formatação de determinada célula de uma tabela dinâmica, e o Excel vai se lembrar dessa formatação mesmo que o formato da tabela dinâmica mude. Nenhuma propriedade especial for introduzida para isso — simplesmente formate a célula, como de costume.

O Excel 2019 nos oferece padrões de tabelas dinâmicas. Eles podem ser definidos no VBA usando `Application.DefaultPivotTableLayoutOptions`. Por exemplo, para criar futuras tabelas dinâmicas por meio do modo clássico de arrastar e soltar, use o seguinte:

```
Application.DefaultPivotTableLayoutOptions.InGridDropZones = True
```

> **Nota** Veja o Capítulo 12, "Usando o VBA para criar tabelas dinâmicas", para mais obter mais informações.

Segmentações de dados

As segmentações de dados foram um novo recurso do Excel 2010 para uso em tabelas dinâmicas. Elas não são compatíveis com as versões anteriores, nem mesmo com o Excel 2007. Elas são úteis em tabelas dinâmicas porque nos oferecem opções de filtragem de fácil visualização e uso. Se abrirmos uma pasta de trabalho com uma segmentação de dados em uma versão mais antiga do Excel, a segmentação de dados será substituída por uma forma que terá um texto explicando para que ela serve e que recurso não está disponível.

No Excel 2013, as segmentações de dados foram adicionadas às tabelas. Sua funcionalidade é a mesma que a das segmentações de dados para tabelas dinâmicas, mas essas novas segmentações de dados não são compatíveis com versões anteriores, nem mesmo com o Excel 2010.

> **Nota** Veja o Capítulo 12 para obter mais informações sobre a segmentação de dados de tabelas dinâmicas.

Ícones

A Microsoft adicionou botões de Ícones na aba Inserir da Faixa de Opções entre o Excel 2016 e 2019. Embora esse seja um comando novo na Faixa de Opções, o código para inserir um ícone usa `Pictures.Insert` com o argumento download sendo um local do Office.net. Use o Gravador de Macros para descobrir qual é o caminho correto até determinado ícone.

Modelos 3D

O suporte para exibir e girar Modelos 3D foi introduzido em junho de 2017. Podemos inserir e girar a maioria dos arquivos usados por Impressoras 3D. O suporte para o VBA foi acrescentado mais tarde. Podemos aplicar novos métodos `.IncrementRotationX`, `.IncrementRotationY` e `.IncrementRotationZ` ao objeto `Model3D`. O código abaixo gira um objeto chamado Bennu em 10 graus ao longo do eixo X.

```
ActiveSheet.Shapes.Range(Array("Bennu")).Model3D.IncrementRotationY 10
```

SmartArt

O SmartArt foi introduzido no Excel 2007 para substituir o recurso Diagrama das versões anteriores do Excel. A gravação é muito limitada, mas ela nos ajuda a encontrar o esquema correto. Depois disso, o gravador não capturará a entrada de texto ou mudanças de forma.

O exemplo a seguir criou a arte exibida na Figura 28-1. O nome do esquema utilizado é `hChevron3`. Nesse código, eu alterei o `SchemeColor` da divisa do meio e deixei as outras duas nas cores-padrão.

```
Sub AdicDiagrama()
With ActiveSheet
 Call .Shapes.AddSmartArt(Application.SmartArtLayouts( _
    "urn:microsoft.com/office/officeart/2005/8/layout/hChevron3")) .Select
 .Shapes.Range(Array("Diagram 1")).GroupItems(1).TextEffect.Text = "Bill"
 .Shapes.Range(Array("Diagram 1")).GroupItems(3).TextEffect.Text = "Tracy"
 With .Shapes.Range(Array("Diagram 1")).GroupItems(2)
     .Fill.BackColor.SchemeColor = 7
     .Fill.Visible = True
     .TextEffect.Text = "Barb"
 End With
End With
End Sub
```

FIGURA 28-1 O gravador de macro é limitado ao gravar a criação de SmartArt. Precisamos navegar pelas propriedades do objeto para encontrar o que precisamos.

Aprendendo os novos objetos e métodos

Quando clicamos no botão de Ajuda do VB Editor do Excel, somos levados ao recurso de Ajuda online da Microsoft. Selecione Referência do VBA do Excel, Modelos de Objeto para exibir uma lista de todos os objetos, propriedades, métodos e eventos do modelo de objeto do Excel 2019.

Modo de compatibilidade

Com todas as mudanças no Excel 2019, é importante verificar a versão do aplicativo. Duas propriedades que podemos usar para fazer isso são `Version` e `Excel8CompatibilityMode`.

Lidar com problemas de compatibilidade

Criar uma pasta de trabalho em modo de Compatibilidade pode ser problemático. A maioria dos códigos ainda será executada em versões anteriores do Excel, desde que o programa não se depare com um item do Excel 2007 ou com modelos de objeto mais recentes. Se usarmos algum item de modelos de objeto mais novos, porém, o código não será compilado em versões anteriores. Para contornar isso, transforme essa linha de código em um comentário, compile e volte a transformar as linhas em código.

Se o seu único problema de compatibilidade do Excel for a utilização de valores de constantes, trate o seu código parcialmente como se estivesse fazendo uma ligação tardia a um aplicativo externo. Se tiver apenas valores de constantes que são incompatíveis, trate-os como argumentos de ligação tardia, atribuindo o valor numérico da constante a uma variável. A seção seguinte apresenta um exemplo dessa abordagem.

Nota Veja "Usando valores de constantes", no Capítulo 20, para obter mais informações sobre o uso de valores de constantes.

Usando a propriedade `Version`

A propriedade `Version` retorna uma sequência de caracteres que contém a versão ativa do aplicativo Excel. Para as versões de 2016 e 2019, ela é 16.0. Isso pode ser útil se desenvolvemos um suplemento para usar em várias versões, mas algumas partes dele, como salvar a pasta de trabalho ativa, são específicas para algumas versões:

```
Sub SalvarPastaTrabalho()
Dim xlVersion As String, myxlOpenXMLWorkbook As String
myxlOpenXMLWorkbook = "51" 'pasta de trabalho com macros não habilitadas
xlVersion = Application.Version
Select Case xlVersion
    Case Is = "9.0", "10.0", "11.0"
        ActiveWorkbook.SaveAs Filename:="VersãoAntigaExcel.xls"
    Case Is = "12.0", "14.0", "15.0", "16.0" '12.0 é 2007, 14.0 é 2010
        ActiveWorkbook.SaveAs Filename:="VersãoExcel2019", _
            FileFormat:=myxlOpenXMLWorkbook
End Select
End Sub
```

Atenção Perceba que, para a propriedade `FileFormat` do Excel 12.0 e para a mais recente `Case`, eu precisei criar minha própria variável, `myxlOpenXMLWorkbook`, para armazenar o valor da constante `xlOpenXMLWorkbook`. Se eu fosse tentar executá-la em uma versão anterior do Excel usando apenas a constante do Excel `xlOpenXMLWorkbook`, o código nem sequer seria compilado.

Usando a propriedade Excel8CompatibilityMode

A propriedade `Excel8CompatibilityMode` retorna um valor booleano para nos informar se uma pasta de trabalho está no modo de Compatibilidade — ou seja, salva como um arquivo do Excel 97-2003. Podemos usar isso, por exemplo, se tivermos um suplemento que usa a formatação condicional, mas não queremos que o usuário tente utilizá-la na pasta de trabalho. A função a seguir, `VerificaçãoCompatibilidade`, retorna `True` se a pasta de trabalho ativa estiver no modo de compatibilidade e `False` se ela não estiver. O procedimento `VerificaçãoCompatibilidade` usa o resultado para informar ao usuário de um recurso incompatível:

```
Function VerificaçãoCompatibilidade() As Boolean
Dim blModo As Boolean
Dim matVersões()
matVersões = Array("12.0", "14,0", "15.0", "16.0")
If Application.IsNumber(Application.Match(Application.Version, matVersões, 0)) Then
    blModo = ActiveWorkbook.Excel8CompatibilityMode
    If blModo = True Then
        VerificaçãoCompatibilidade = True
    ElseIf blModo = False Then
        VerificaçãoCompatibilidade = False
    End If
End If
End Function

Sub VerificarCompatibilidadePastaTrabalho()
Dim xlCompatible As Boolean
xlCompatible = VerificaçãoCompatibilidade
If xlCompatible = True Then
   MsgBox "Você está tentando usar uma função do Excel 2007 ou mais nova " & _
   Chr(10) & "em uma pasta de trabalho no Modo de Compatibilidade 97-2003"
End If
End Sub
```

Próximos passos

Se nós, como autores, fizemos o nosso trabalho corretamente, agora você tem as ferramentas necessárias para desenvolver seus próprios aplicativos de VBA no Excel. Você entende as limitações do gravador de macros, mas sabe como usá-lo como um recurso para aprender a fazer alguma coisa. Você sabe como usar as poderosas ferramentas do VBA do Excel para criar rotinas produtivas que vão lhe economizar a cada semana. Você também aprendeu a fazer seu aplicativo interagir com os outros para criar aplicativos que poderão ser usados por outros na sua organização ou em outra organizações.

Caso tenha achado alguma seção do livro confusa ou acredite que elas poderiam ter sido explicadas de uma maneira mais clara, estaremos aguardando os seus comentários e os levaremos em consideração ao preparar a próxima edição deste livro. Entre em contato conosco:

Pub@MrExcel.com para contatar o Bill ou

ExcelGGirl@gmail.com para contatar a Tracy

Quer seu objetivo seja automatizar algumas de suas próprias tarefas ou se tornar um consultor pago de Excel, esperamos que tenhamos sido de ajuda. Ambos são objetivos recompensadores. Com 500 milhões de potenciais clientes, achamos que ser consultor de Excel é um ótimo negócio. Se estiver interessado em trabalhar conosco, você pode usar este livro como seu manual de treinamento. Domine seus tópicos e, então, você estará qualificado a se juntar a nós.

Caso tenha alguma pergunta sobre o VBA do Excel, poste sua pergunta como um Novo Tópico no Mural de Mensagens do MrExcel. Você não paga nada para postar, e essa comunidade devotada responde a cerca de 10 mil perguntas sobre o VBA do Excel por dia. Para começar, use o link no canto superior direito da página https://www.mrexcel.com/forum/index.php (conteúdo em inglês) para se registrar.

Índice

A

Access Multidimensional Database (MDB), 445
ActiveCell, 31
Adicionar
 campos numéricos, 255
 comentário, 102
 nome, 100
  método Add, 101
 registros, 449
Agendar macro para x minutos no futuro, 402
Alterar título de gráfico, 327
Ampliar e diminuir minigráficos, 373
Aninhar loops, 74
Aplicar X vermelho às células ruins, 359
Application.OnTime, 399
Argumento
 CaminhoCompleto, 301
 CélHiperlink, 317
 Int, 316
 MatrizOrig, 305
 minhaString, 309
 paraStr, 309
 .Style, 324
Arquivos
 de largura fixa, 411
  abrir, 411
 que permitem macros, 4
 RELS, 522
Atalho para fazer referência a intervalos, 55
Ativar referências no estilo R1C1, 90
Atualizar registros, 453
AutoFiltro, 181
 itens ocultos, 182
Avançar ou voltar entre as linhas do VB Editor, 40

B

BackColor, 484
Barra
 de dados, 350
 de ferramentas UserForm, 463
 de rolagem, 470
Bibliotecas de vínculo dinâmico (DLLs), 487
Bloquear código, 509
 não recomendado, 509

C

Caixas
 de entrada, 159
  InputBox, 159
 de mensagem, 160
  MsgBox, 160
Campos de formulários, 441
Cells, 57
 selecionar intervalo com, 57
Cliente FTP, 410
Código XML, 514
 estrutura básica, 514
 id, 515, 522
 Id, 522
 label, 515
 onAction, 516
 size, 516
 Target, 522
 texto comentado, 515
Coleções, 29, 139
 Areas, 66
 criar, 146
  em módulo padrão, 147
  em um módulo de classe, 148
 FormatConditions, 348
 usar, 146
Comando
 Create Table, 459
 Delete, 455
Como obter uma macro perfeita, 24
Compartilhar UDFs, 295
Conjuntos de ícones, 356
 conjuntos disponíveis e suas constantes, 357
 especificar intervalos, 358
Constantes de SetElement, 331
Consulta no modo Interromper, 41
 na janela Inspeção de Variáveis, 42
 na janela Verificação Imediata, 41
Controle
 Botão de Ativação, 469
 caixa de listagem, 168
  MultiSelect, 169
   fmMultiSelectExtended, 169
   fmMultiSelectMulti, 169
   fmMultiSelectSingle, 169
 Caixa de Seleção, 464
 caixas de combinação, 168
 da Faixa de Opções, 516
  argumentos, 519
  atributos, 516
 de botão de comando, 165
 de caixa de texto, 165
 de fluxo
  If...ElseIf...End If, 83
  If...Then...Else, 82
  If...Then...Else...End If, 83
  If...Then...End If, 83
  Select Case...End Select, 84
 de rótulo, 165
 RefEdit, 468
 TabStrip, 466
  Comparação com controle Multi-página, 466
Copiar e colar fórmulas, 91
 fórmulas R1C1 nos bastidores, 91
criar
 funções definidas pelo usuário, 293
 minigráficos, 371
  método SparklineGroups.Add, 371
  objeto SparklineGroup, 371
  parâmetro Type, 372
Criar
 painel, 386
CSS, 552
Custom UI Editor tool, 523

D

Declarações de API, 487
 compatibilidade entre 32 e 64 bits, 489
  #, 490
  LongPtr, 489
  PtrSafe, 489
 partes, 487
Depuração Total, 38
Dicas para limpar um código gravado, 45
Dicionários, 151

E

Encontrar erros de propósito, 504
Erro 1004, 208, 225
Erros
 invisíveis, 506

Application.Wait, 506
DoEvents, 506
que surgem depois de meses, 506
erro em tempo de execução 9, 507
erro em tempo de execução 1004, 508
Estilos de gráficos, 323
numeração, 323
Estudo de caso
aplicando uma visualização de dados, 261
configurando caixas de listagem multicolunas, 484
conserto de bug ao adicionar controles a um formulário existente, 165
criando um banco de dados compartilhado do Access, 447
criando um gráfico de combinação, 340
filtrando os 5 ou 10 primeiros usando um filtro, 242
gravando uma macro com referências relativas, 21
ignorando problemas de configuração de página, 503
quebrando senhas, 509
trabalhando com critérios muito complexos, 200
usando condições baseadas em fórmulas na interface de usuário do Excel, 201
usando o Ir Para Especial em vez de loops, 188
usando uma pasta de trabalho de código oculto para armazenar todas as macros e formulários, 541
usar A1 ou R1C1 no VBA, 92
utilizando dois tipos de filtros avançados para criar um relatórios para cada cliente, 212
Evento
BeforeDoubleClick, 142
BeforeRightClick, 142
button_click, 533
Change, 121, 275
Initialize, 168
NewWorkbook, 140
QueryClose, 178
Workbook_BeforePrint, 140
Eventos, 113
a nível de aplicação, 124
como usar, 114
de gráfico, 122
de pastas de trabalho, 115
de planilha, 120
de nível de pasta de trabalho, 118
parâmetros de, 114
Excluir
registros, 455
Executar
macro, 10
a cada dois minutos, 404
criar botão, 10
criar controle de formulário, caixa de texto ou forma, 12
Explicação do estilo R1C1, 93
com referências absolutas, 94
com referências mistas, 94
com referências relativas, 93

F

Fazer referência
a colunas e linhas inteiras, 95
a intervalos em outras planilhas, 55
a intervalos nomeados, 54
a um intervalo relativo a outro intervalo, 56
Fechamento ilegal de janela, 178
Ferramentas
de ADO, 448
de depuração, 38
Filtrar
conjunto de dados, 237
filtro de busca, 242
filtros conceituais, 238
manualmente, 237
tipos de filtros, 240
no local do Filtro Avançado, 207
desativar menus suspensos, 217
exibir todos os registros, 208
nenhuma correspondência, 207
xlFilterCopy, 208
copiar subconjunto de colunas e reordenar, 210
copiar todas as colunas, 209
Filtro Avançado
com intervalos de critérios, 197
unir critérios com E lógico, 199
unir critérios com OU lógico, 199
criar com a interface do Excel, 189
no VBA, 189
obter combinações exclusivas de dois ou mais campos, 196
usar condições baseadas em fórmulas com o VBA, 202
para retornar registros acima da média, 207
usar para extrair listas de valores exclusiva, 190
pela interface de usuário, 191
pela programação em VBA, 192
Formas de executar
uma macro, 530
atalho de teclado, 530
botão de comando, 530
controle ActiveX, 532
forma, 531
hiperlink, 533
Formatar
espaços em branco ou erros, 368
minigráficos, 377
cores de tema, 377
função RGB, 381
Formulários transparentes, 485
Fórmulas R1C1, 89
Função
Array, 133
ClassBolha, 312
ContémTexto, 315
CreateObject, 429
FreeFile, 419
GetObject, 429
InverterConteúdo(minhaCél, ÉTexto), 315
IsEmpty
GetObject, 62
NomeCol(Int), 317
NOW, 301
ObterEndereço(CélHiperlink), 317
RAND, 318
RetornarMaxs(Int), 316
TIME, 402
USERID, 299
Funções de API, 490
criar relógio, 495
desabilitar o X para fechar, 494
obter informações da resolução de vídeo, 492
obter o nome do computadorobter o nome do computador, 490
personalizar a caixa de diálogo Sobre, 493
tocar sons, 496
verificar se um arquivo do Excel está aberto em uma rede, 491

Funções definidas pelo usuário (UDFs)
buscar sequência de caracteres dentro de texto, 314
classificar caracteres numéricos e alfanuméricos, 313
classificar e concatenar, 311
contar número de pastas, 298
contar valores exclusivos, 304
converter o número da semana em data, 310
definir nome da pasta de trabalho, 296
definir nome e caminho da pasta de trabalho, 296
encontrar a primeira célula de comprimento diferente de zero, 307
extrair números de texto misto, 309
extrair um único elemento de uma sequência de caracteres delimitada, 310
inverter o conteúdo de uma célula, 315
recuperar data e hora do último salvamento, 301
recuperar data e hora permanentes, 301
recuperar ID do usuário, 299
remover duplicatas, 305
retornar a letra da coluna de um endereço de célula, 317
retornar endereço de hiperlink, 317
retornar os endereços de duplicatas de valores máximos, 316
somar células com base na cor, 303
substituir múltiplos caracteres, 308
usar o aleatório estático, 318
validar endereço de e-mail, 301
verificar existência de planilha, 297
verificar se uma pasta de trabalho está aberta, 297

G

Gatilhos do QueryClose, 179
Ggeração de erro, 497
botão Redefinir, 498
devido a versões diferentes, 511
erro enganoso, 499
mensagens erros, 498
o que fazer, 497
Gráficos
de ganhos/perdas, 384
de mapa preenchido, 342
em cascata, 343
incorporados, 122
incorporados e eventos de folha de gráfico, 123
Gravador de macros, 15
limitações, 15
Gravar macro, 8, 17
AutoSoma e Análise Rápida, 24
com referências relativas, 21
dicas para, 25
Guia
Desenvolvedor, 3
e grupo, 515
identificar, 515

H

Habilitar eventos, 115
Hierarquia de objetos, 53
Hiperlinks, 474
HTML, 551
botões, 552
tags, 551

I

Ícones do Microsoft Office, 523
Identificador único global (GUID), 546
Imagens em botões, 523
ícones de imagens personalizadas, 524
ícones do Microsoft Office, 523
Importância do estilo R1C1, 89
Importar arquivos de texto com mais de 1.048.576 linhas, 417
ler uma linha de cada vez, 418
Indicadores, 440
Inspeção de variáveis em um objeto, 44
Instrução
Case, 85
DIM
declarar variáveis, 80
Exit For, 73
For each...next, 559
if, 557
If
aninhar, 85
condições, 82
Print #1, 423
Select Case, 84, 160
Select...Case, 318, 558
Set, 81
switch(), 558
VLOOKUP, 396
Interceptar
eventos de aplicação, 140
eventos de gráficos incorporados, 141
Interface
de documento único (SDI), 513
de Programação de Aplicativos (API), 487
Interior.Color, 31
Intervalos, 53
nomeados para VLOOKUP, 109
Ir Para Especial, 64

J

JavaScript, 553
chaves, 554
comentários, 555
espaços, 554
exibir dados nos painéis, 563
funções, 554
funções matemáticas, 562
inicializar suplemento, 563
interatividade, 553
ler e gravar em planilha, 563
loops, 557
for, 557
for (... in ...), 559
if, 557
switch, 558
matrizes, 556
função push(), 557
operadores, 560
pontos e vírgulas, 554
sequências de caracteres, 555
variáveis, 555

L

Layout do relatório, 260
Lembrar dos números das colunas, 97
Lembrete verbal, 403
Lidar com erros, 500
Debug.Print i, 500
objeto Err, 502
On Error GoTo, 500
On Error Resume Next, 502
Ligação
antecipada, 425
tardia, 428
Linguagem procedural x linguagem orientada a objetos, 27
Local confiável, 6
Loops
Do, 75
Do...While, 418
For Each, 80
For...Next, 69
variações, 72
While...Wend, 79

M

Manipulador de erro, 502
configurar, 500

Matriz, 131
  declarar, 131
  dinâmica, 137
  extrair dados de, 134
  multidimensional, 132
  para acelerar o código, 136
  passar, 138
  preencher, 133
Mensagens de erro, 526
  caractere ilegal de nome qualificado, 527
  extensão de arquivo ou formato de arquivo inválido, 529
  nada acontece, 529
  número errado de argumentos ou atribuição inválida de propriedade, 529
  o atributo "Nome do Atributo" no elemento "customui ribbon" não está definido no DTD ou no esquema, 526
  o elemento "Nome da Tag customui" não está em conformidade com o modelo de conteúdo do elemento pai "Nome da Tag customui", 527
  o Excel encontrou conteúdo ilegível, 528
Método
  .Add, 146, 366, 367, 371, 477
  AddAboveAverage, 349, 363
  .AddChart, 345
  .AddChart2, 321, 322
  AddColorScale, 349, 355
  AddDataBar, 349
  AddIconSet, 356
  AddIconSetCondition, 349
  AddNew, 449
  AddTop10, 349, 364
    propriedade Percent, 364
    propriedade Rank, 364
    propriedade TopBottom, 364
  AddUniqueValues, 349, 365
    propriedade DupeUnique, 365
  AdvancedFilter, 192
  AutoFilter, 182
  .AutoShow, 242
  Clear, 226
  ClearAllFilters, 239
  CommandBars, 542
  CopyFromRecordset, 449
  CopyFromRecordSet, 451
  CreatePivotTable, 221
  Delete, 102
  Evaluate, 105
  Execute, 455
  Exists, 153
  ExportChart, 342, 344
  Format, 335
  .FormatConditions.AddDataBar, 350
  InsertLines, 291
  Intersect, 62
  Line Input, 420
  Lines, 291
  ModelRelationships.Add, 254
  Modify, 351
  OneColorGradient, 338
  OnTime, 399
    cancelar, 401
    intervalo de tempo, 400
    modo Pronto, 400
  OpenSchema, 458
  OpenText, 411
  .Patterned, 337
  PivotFilters.Add, 239
  PresetTextured, 337
  SelectAll, 471
  SetElement, 330
  SetFirstPriority, 349
  SetLastPriority, 349
  .SetSourceData, 321
  Show, 499
  ShowAllData, 208
  SpecialCells, 64, 207
    opção xlCellTypeVisible, 207
  TextToColumns, 419
  TwoColorGradient, 338
  Union, 61
  UnselectAll, 471
  Update, 449, 453
  UserPicture, 337
  Workbooks.OpenText, 411
Minigráficos, 371
  tipos, 371
Modelo de Dados, 252, 422
  adicionar ambas as tabelas, 253
  criar vínculo, 254
  definir o cache dinâmico e criar a tabela dinâmica, 254
Modo Interromper, 38, 40
Módulos, 15
  de classe, 15, 139
    inserir, 139
  modParaRegião, 290
MsgBox, 32
Mudanças
  Análise Rápida, 567
  Faixa de Opções, 565
  fórmulas de matriz, 567
  gráficos, 567
  ícones, 568
  interface de documento único (SDI), 566
  modelos 3D, 569
  segmentações de dados, 568
  SmartArt, 569
  tabelas dinâmicas, 568
Multiplan, 89
Múltiplas consultas, 395

N

Níveis de eventos, 113
Nomes
  como excluir, 102
  globais e locais, 99
  reservados, 107
    Area_de_impressao, 107
Notepad++, 514, 544

O

Objeto
  ActiveChart, 326
  Chart, 326
  ChartFormat, 335
  CommandBars, 565
  de acesso a dados (DAOs), 446
  de Dados do ActiveX (ADOs), 446
  Document, 433
    método Add, 433
    método Close, 434
    método Open, 434
    método PrintOut, 435
    método SaveAs2, 434
  FormatConditions, 348
  LineFormat, 338
  ListObjects, 67
  personalizados, 139
    criar, 143
    usar, 145
  Range, 53, 436
  Selection, 435
    método EndKey, 435
    método HomeKey, 435
    método TypeText, 435
  Shape, 326
  Workbook, 55
  Worksheet, 53
Obter
  nome de arquivo, 179
  registros, 451
Ocultar nomes, 108
  propriedade Visible, 108
Office 365 ou Excel 2019, 565
OFFSET, 183
Opções de .Calculation, 232

P

Palavra-chave
  New, 429
  Preserve, 137
  WithEvents, 140

Parâmetro
  .AutoSize, 478
  bstrProgId, 477
  VisibleDropDown, 217
Pasta
  de Trabalho Pessoal de Macros, 9
  e arquivo customui, 514
Pesquisador de Objeto, 44
Ponto de interrupção, 39
  com inspeção de variáveis, 43
  definindo um, 40
Power Query, 395
Preserve, 137
Print
  ActiveCell.Address, 42
  ActiveCell.Formula, 42
  ActiveCell.Value, 42
  Activesheet.Name, 42
  Selection.Address, 42
Problemas de compatibilidade, 570
  propriedade Excel8CompatibilityMode, 571
  propriedade Version, 570
ProgIds para diversos tipos de controles, 478
Programar controles, 164
Programas utilitários
  alterar letras entre maiúsculas e minúsculas, 287
  caixa de senha, 286
  combinar pastas de trabalho, 268
  copiar dados em planilhas distintas sem usar o Filtro, 270
  exportar dados para um arquivo XML, 271
  Extensibilidade do VBA, 290
  filtrar tabela dinâmica OLAP com filtro, 280
  importar e excluir arquivo CSV, 266
  indicador de progresso, 283
  inserir gráfico em comentário, 274
  ler e analisar arquivo TXT na memória, 267
  lista de classificação personalizada, 282
  listagem de arquivos, 263
  módulo de classe de estado, 277
  pesquisa em tabela dinâmica, 279
  rastrear alterações de usuários, 276
  redimensionar comentários, 273
  reiniciar formatação de tabela, 289
  selecionar com SpecialCells, 288
  separar planilhas em pastas de trabalho, 268
Propriedade
  AboveBelow, 363
  Accelerator, 482
  ActiveCell, 54
  AutoSize, 479
  BoundColumn, 485
  .Calculation, 231
  .Caption, 328
  Cells, 54
  .ChartColor, 328
  Columns, 61
  ControlTipText, 482
  .CurrentRegion, 372
  CurrentRegion, 63
  CursorLocation, 449
  de parte da tabela, 67
  Fields, 453
  Format, 328
  Formula, 360
  Height, 322
  Icon, 360
  .IsFiltered, 330
  .IsTotal, 343
  Item, 57
  Left, 322
  MultiSelect, 196
  NewLayout:=True, 322, 327
  NumberFormat, 369
  ObjectThemeColor, 336
  Offset, 58
  OnAction, 531
  Operator, 358
  Priority, 349
  Range, 54
  Range(), 46
  Resize, 60
  Rows, 61
  ShowModal, 473
  SpecialCells, 188
  StopIfTrue, 349
  Tag, 473
  TapStop, 483
  .ThemeColor, 379
  TintAndShade, 351
  Top, 322
  Type, 349
  Width, 322
Publicar
  dados em páginas, 405
  página personalizada, 406

R

RaiseEvent, 483
Range, 37
ReDim, 137
Referência do VBA do Excel, 570
Relatório dinâmico
  impossibilidade de mover ou alterar parte de, 225
    contornar, 225
Resultados inesperados, 96
Resumir registros, 456
Retorno de objetos, 37
RibbonX Visual Designer, 523

S

Salvar
  como Pasta de Trabalho Habilitada para Macro do Excel (*.xlsm), 5
  pasta de trabalho oculta, 541
Segmentações de dados, 245
  linha do tempo, 249
Segurança de macro, 6
Selecionar apenas células visíveis, 187
Select, 37
Selection, 37
ShowDetail, 259
Sistema de gerenciamento de conteúdo, 407
SubtotalLocation, 259
Suplemento
  alterar título e descrição, 536
  cliente instalar, 538
  converter um arquivo em, 537
    Salvar Como, 537
    VB Editor, 538
      propriedade IsAddin, 538
  do Office
    características, 543
    diferenças do suplemento do Excel, 543
    interatividade, 549
    Olá Mundo, 544
  fechar, 540
  padrão, 535
    bloquear, 540
  remover, 540
Suprimir
  alertas, 504
  subtotais, 260

T

Tabela
  de multiplicação, 95
  dinâmica, 219

adicionar campos de modelos à, 254
criar no VBA, 220
adicionar campos à área de dados, 222
criar e configurar, 221
definir cache dinâmico, 220
determinar o tamanho, 225
evolução, 219
objetivo, 219
outros recursos, 258
campos de dados calculados, 258
itens calculados, 259
recursos avançados, 228
agrupar as datas diárias, 229
controlar a ordem de classificação, 234
controlar a ordem de classificação - AutoSort, 234
eliminar células em branco, 233
exibir porcentagens, 231
múltiplos campos de valores, 228
múltiplos campos de valores - contar número de registros, 229
replicar o relatório, 234
Técnicas de AutoFiltro, 184
caixa de Pesquisa, 185
filtrar por cor, 185
filtrar por ícone, 185
intervalo dinâmico, 186
selecionar múltiplos itens, 184
Termo
Step, 72
Until, 78
While, 78
Tipo
definidos pelo usuário, 155
usar para criar propriedades personalizadas, 155
de gráficos, 324
de MinPoint e MaxPoint, 351
de nomes, 103
fórmulas, 103
matriz, 106
números, 105
sequências de caracteres, 103
método Evaluate, 105
tabelas, 105
ListObjects.Add, 105
válidos para condição de formação, 349, 351
xlExpression, 368
Treinar clientes, 505
diferença entre erro e MsgBox, 505

U

Usar
duas cores de barras de dados, 360
fórmulas R1C1 com fórmulas de matriz, 97
Userforms, 159, 173
botão de rotação, 173
botões de opção, 171
propriedade GroupName, 171
chamar, 162
controle Imagem, 173
controle Multi-Página, 175
controle Quadro, 171
criar, 161
eventos, 163
do controle Botão de Rotação, 175
do controle Imagem, 173
dos controles Botão de Opção e Quadro, 172
dos controles Caixa de Listagem e Caixa de Combinação, 170
dos controles Rótulo, Caixa de Texto e Botão de Comando, 167
método Hide, 162
método Load, 162
método Show, 162
método Unload, 162
palavra-chave Me, 162
programar, 162

V

Valores de constantes, 431
Inspeção de Variáveis, 431
Pesquisador de Objeto, 431
Variáveis
em For, 72
objeto, 80
Variant, 133
VB Editor, 14, 33, 139, 497
configurações, 14
janela do Project Explorer, 139
janela Inspeção de Variáveis, 42
janela Programação, 15, 18
janela Project Explorer, 14
janela Propriedades, 15, 161
janela Verificação Imediata, 41, 97
Verificação Imediata, 35
Verificar entrada dos campos, 177
Visual Basic for Applications (VBA), 1, 28
arquivos de ajuda do, 32
"classes gramaticais" do, 28
método, 28
objeto, 28
parâmetro, 29
omitir nomes dos parâmetros, 30
ordem dos parâmetros, 30
x BASIC, 27
Visualizações de dados, 347
acima/abaixo da média, 348
barras de dados, 347
conjuntos de ícones, 347
destacar células, 348
escalas de cores, 347
regras de primeiros/últimos, 348
valores duplicados, 348

X

xlDelimited, 35
xlFixedWidth, 35
XML, 553
interfaces de usuário, 553

Projetos corporativos e edições personalizadas dentro da sua estratégia de negócio. Já pensou nisso?

Coordenação de Eventos
Viviane Paiva
comercial@altabooks.com.br

Assistente Comercial
Fillipe Amorim
vendas.corporativas@altabooks.com.br

A Alta Books tem criado experiências incríveis no meio corporativo. Com a crescente implementação da educação corporativa nas empresas, o livro entra como uma importante fonte de conhecimento. Com atendimento personalizado, conseguimos identificar as principais necessidades, e criar uma seleção de livros que podem ser utilizados de diversas maneiras, como por exemplo, para fortalecer relacionamento com suas equipes/ seus clientes. Você já utilizou o livro para alguma ação estratégica na sua empresa?

Entre em contato com nosso time para entender melhor as possibilidades de personalização e incentivo ao desenvolvimento pessoal e profissional.

PUBLIQUE **SEU LIVRO**

Publique seu livro com a Alta Books. Para mais informações envie um e-mail para: autoria@altabooks.com.br

/altabooks /alta-books /altabooks /altabooks

CONHEÇA OUTROS LIVROS DA **ALTA BOOKS**

Todas as imagens são meramente ilustrativas.

ALTA LIFE EDITORA
ALTA CULT EDITORA
ALTA BOOKS EDITORA
alta club

Impressão e Acabamento | Gráfica Viena
Todo papel desta obra possui certificação FSC® do fabricante.
Produzido conforme melhores práticas de gestão ambiental (ISO 14001)
www.graficaviena.com.br